粤港澳大灣區國家珍貴古籍名録圖録

上

廣東省立中山圖書館
廣東省古籍保護中心 編

國家圖書館出版社

圖書在版編目（CIP）數據

粵港澳大灣區國家珍貴古籍名録圖録：全二册 / 廣東省立中山圖書館，廣東省古籍保護中心編. — 北京：國家圖書館出版社，2022.9

ISBN 978-7-5013-6929-4

Ⅰ. ①粵… Ⅱ. ①廣… ②廣… Ⅲ. ①古籍—圖書目録—廣東、香港、澳門 Ⅳ. ①Z838

中國版本圖書館CIP數據核字（2022）第120911號

書　　名　粵港澳大灣區國家珍貴古籍名録圖録（全二册）
著　　者　廣東省立中山圖書館　廣東省古籍保護中心　編
責任編輯　黄　鑫
校　　對　劉　倩

出版發行　國家圖書館出版社（北京市西城區文津街7號　100034）
（原書目文獻出版社　北京圖書館出版社）
010-66114536　63802249　nlcpress@nlc.cn（郵購）
網　　址　http://www.nlcpress.com
排　　版　愛圖工作室
印　　裝　北京金康利印刷有限公司
版次印次　2022年9月第1版　2022年9月第1次印刷

開　　本　889×1194　1/16
印　　張　27.5
書　　號　ISBN 978-7-5013-6929-4
定　　價　580.00圓

編纂委員會

前　言

中華文化源遠流長，中華民族在數千年的歷史發展過程中，留下了卷帙浩繁、燦若群星的古代文獻典籍，這是體現民族生命力和創造力的重要文明成果。加强古籍保護工作，守護歷史文脉，對於傳承和弘揚中華優秀傳統文化，意義重大。

粤港澳三地同根同源、文脉相親。加强粤港澳大灣區文化交流與合作，開展三地古籍文獻資源的整理研究和保護利用，對賡續地方文化根脉，凝聚鄉土文化認同，提升文化自信，建設人文灣區，具有積極意義。2019年2月，中共中央、國務院印發《粤港澳大灣區發展規劃綱要》，要求保護、宣傳、利用好灣區内的文化遺産；2020年12月，《粤港澳大灣區文化和旅游發展規劃》出臺，提出加强古籍保護、研究、利用，深入開展歷史文化、文物資源普查、保護，促進資源分享、活化利用。自2007年“中華古籍保護計劃”實施以來，粤港澳大灣區已有三百多部古籍善本先後入選第一至六批《國家珍貴古籍名録》。爲集中展示粤港澳大灣區近年古籍研究、保護的重要成果，我們特編纂《粤港澳大灣區國家珍貴古籍名録圖録》。

本書共收録16家藏書單位的378部古籍。這些單位分别爲：廣東省立中山圖書館（176部）、中山大學圖書館（108部）、香港中文大學圖書館（27部）、華南師範大學圖書館（19部）、廣東省博物館（10部）、暨南大學圖書館（9部）、香港中文大學文物館（8部）、深圳圖書館（5部）、廣東省社會科學院圖書館（4部）、澳門大學圖書館（3部）、佛山市圖書館（3部）、廣州圖書館（2部）、澳門特别行政區政府文化局（1部）、廣州中醫藥大學圖書館（1部）、華南農業大學中國農業歷史遺産研究所（1部）、江門市新會區景堂圖書館（1部）。

本《圖録》内容涵蓋經、史、子、集四部，有宋刻本兩種，即廣東省博物館藏宋刻本《重校添註音辨唐柳先生文集四十五卷》和廣東省立中山圖書館藏宋紹興二十一年（1151）兩浙西路轉運司王玨刻元明遞修本《臨川先生文集一百卷》。金元間刻本一種，爲廣東省立中山圖書館藏《金剛般若波羅蜜經》。元刻本十三種，中山大學圖書館藏元至大元年（1308）江浙行省儒學刻元明遞修本《六書統二十卷》、元大德九年（1305）建康路儒學刻明清遞修本《唐書二百二十五卷釋音二十五卷》、元刻本《五朝名臣言行録前集十卷後集十四卷續集八卷别集二十六卷外集十七卷》、元至正元年（1341）無相禪庵刻本《永嘉真覺大師證道歌一卷》、元至正元年（1341）集慶路儒學刻明修本《樂府詩集一百卷目録二卷》、元刻本《國朝文類七十卷目録三卷》，廣東省立中山圖書館藏元刻本《伊洛淵源録十四卷》、元刻十七史詳節明修本《參附羣書三劉互註西漢詳節三十卷》、元後至元五年（1339）胡氏古林書堂刻本《新刊素問入式運氣論奥三卷黄帝内經素問遺篇一卷》，香港中文大學圖書館藏元刻本《易本義附録纂疏十五卷》，廣東省博物館藏元至正八年（1348）建安劉叔簡日新堂刻本《春秋胡氏傳附録纂疏三十卷》，廣東省社會科學院圖書館藏元大德三山郡庠刻元明遞修本《通志二百卷》，暨南大學圖書館藏元刻明正德十年（1515）司禮監嘉靖萬曆南京國子監遞修本《晉書一百三十卷音義三卷》。宋元善拓二十種，均爲香港中文大學圖書館和文物館收藏。有明清各類文集百餘種，還有不少特色版本，如精刻本、多色套印本、鈐印本、彩繪本、活字印本、名家批校本和稿抄本，其中黄培芳、陳澧、康有爲等廣東名人手稿，乃海内遺珍，於研究清代學術頗具文獻價值。

本書的編輯出版得到粵港澳各地古籍收藏單位的積極配合，國家圖書館出版社爲本書出版付出辛勞，在此一并深致謝忱。書中瑕疵或難盡除，亦盼方家不吝指正。

《粵港澳大灣區國家珍貴古籍名録圖録》編纂委員會

二〇二二年七月十五日

凡　例

一、收録範圍：本書所收古籍，爲粤港澳大灣區收藏的、經國務院審批頒布的第一至六批《國家珍貴古籍名録》中的古籍。

二、編排次序：參考《中國古籍善本書目》《中國古籍總目》等書，按經、史、子、集四部分類排列，各類以著者時代先後爲序。同一種古籍，屬不同收藏單位者，按其在《國家珍貴古籍名録》中的次序排列。

三、選圖原則：每種古籍選擇一至二幀反映其版本特徵的書影。

四、著録内容：著録原書書名、著者、版本、版式、存卷、牌記或印鑒、批校者、現藏單位、入選國家珍貴古籍名録序號等，各項内容盡量依據原書客觀著録。

目　録

上　册

經部

史部

子部

下　册

子部

集部

粵港澳大灣區國家珍貴古籍名録圖録

【經部】

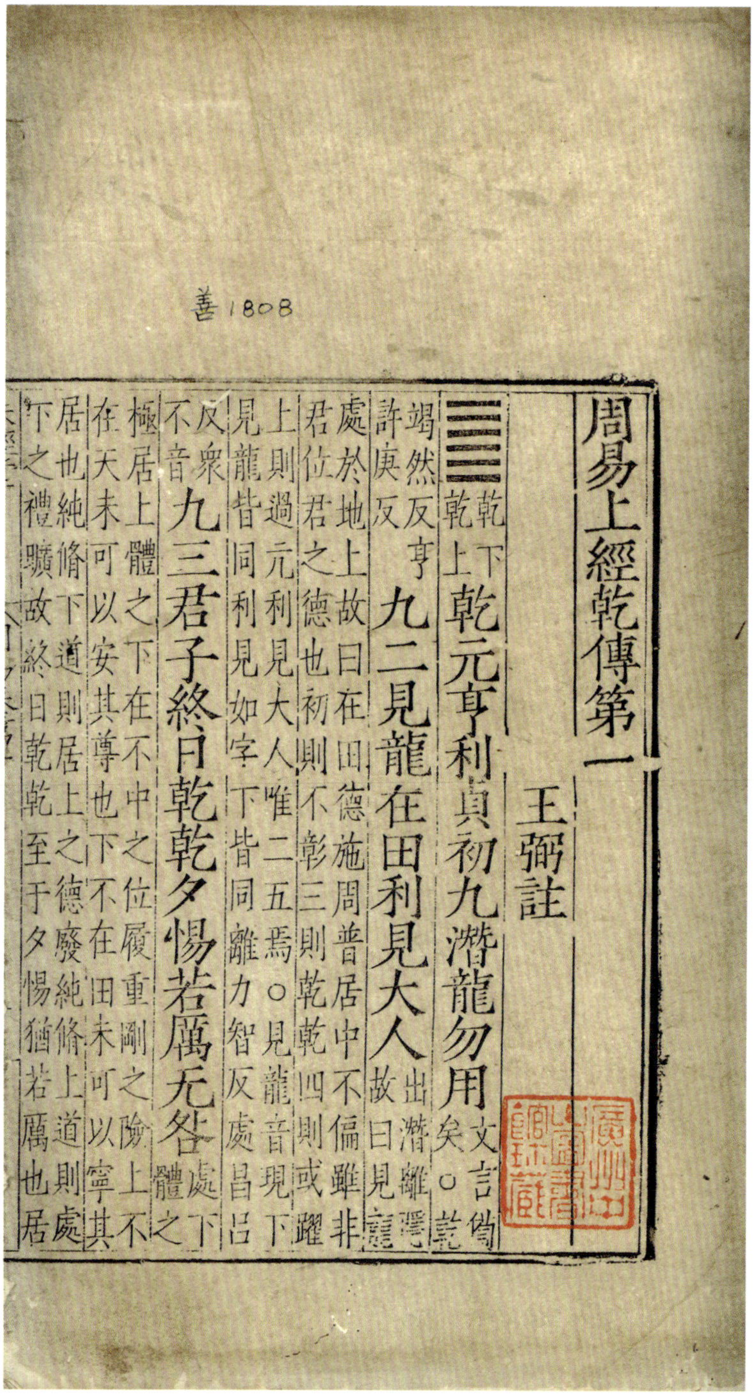
善1808

周易上經乾傳第一

王弼註

☰乾下乾上 乾元亨利貞初九潛龍勿用 文言備矣○乾竭然反亨許庚反 九二見龍在田利見大人 出潛離隱故曰見龍處於地上故曰在田德施周普居中不偏雖非君位君之德也初則不彰三則乾乾四則或躍上則過元利見大人唯二五焉○見龍音現下見龍皆同利見如字下皆同離力智反處昌呂反衆不音 九三君子終日乾乾夕惕若厲无咎 處下體之極居上體之下在不中之位履重剛之險上不在天未可以安其尊也下不在田未可以寧其居也純脩下道則居上之德廢純脩上道則處下之禮曠故終日乾乾至于夕惕猶若厲也居

周易九卷 （三國魏）王弼 （晉）韓康伯注 （唐）陸德明釋文 **略例一卷** （三國魏）王弼撰 （唐）邢璹注 明趙府味經堂刻本 八册

匡高 19.3 厘米，廣 14.3 厘米。半葉九行，行十八字，小字雙行同，白口，四周雙邊。廣東省立中山圖書館藏。第二批國家名録號 03204。

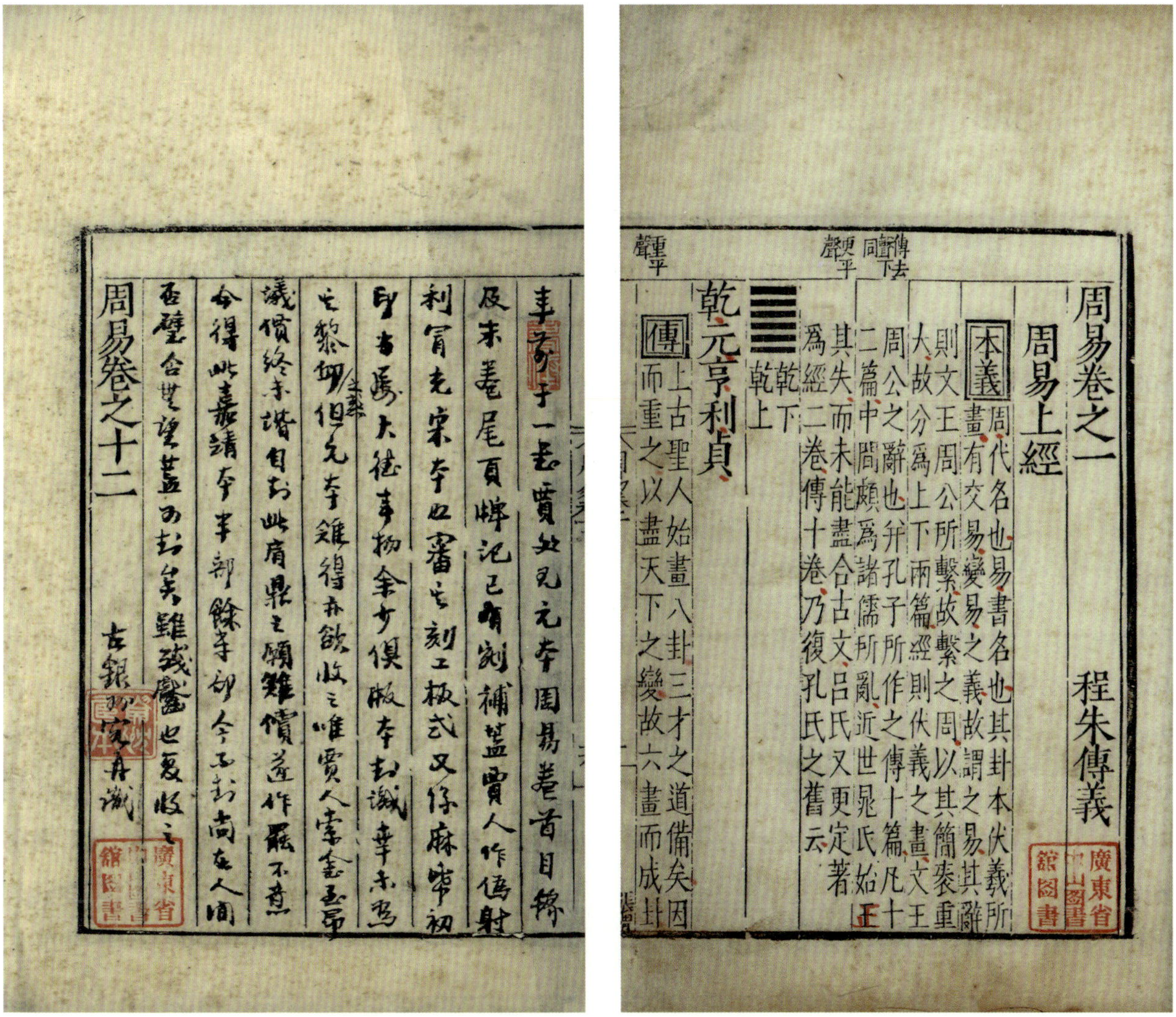

周易程朱傳義二十四卷　（宋）程頤　朱熹撰　明嘉靖四十三年（1564）黄希憲、徐節刻五經集注本　十册

匡高 20 厘米，廣 14.3 厘米。半葉九行，行十七字，小字雙行同，白口，左右雙邊。有“徐弜諺藏閲書”“番禺梁情卉珍藏書畫印”“王貴忱印”等印，王貴忱跋。廣東省立中山圖書館藏。第二批國家名録號 03223。

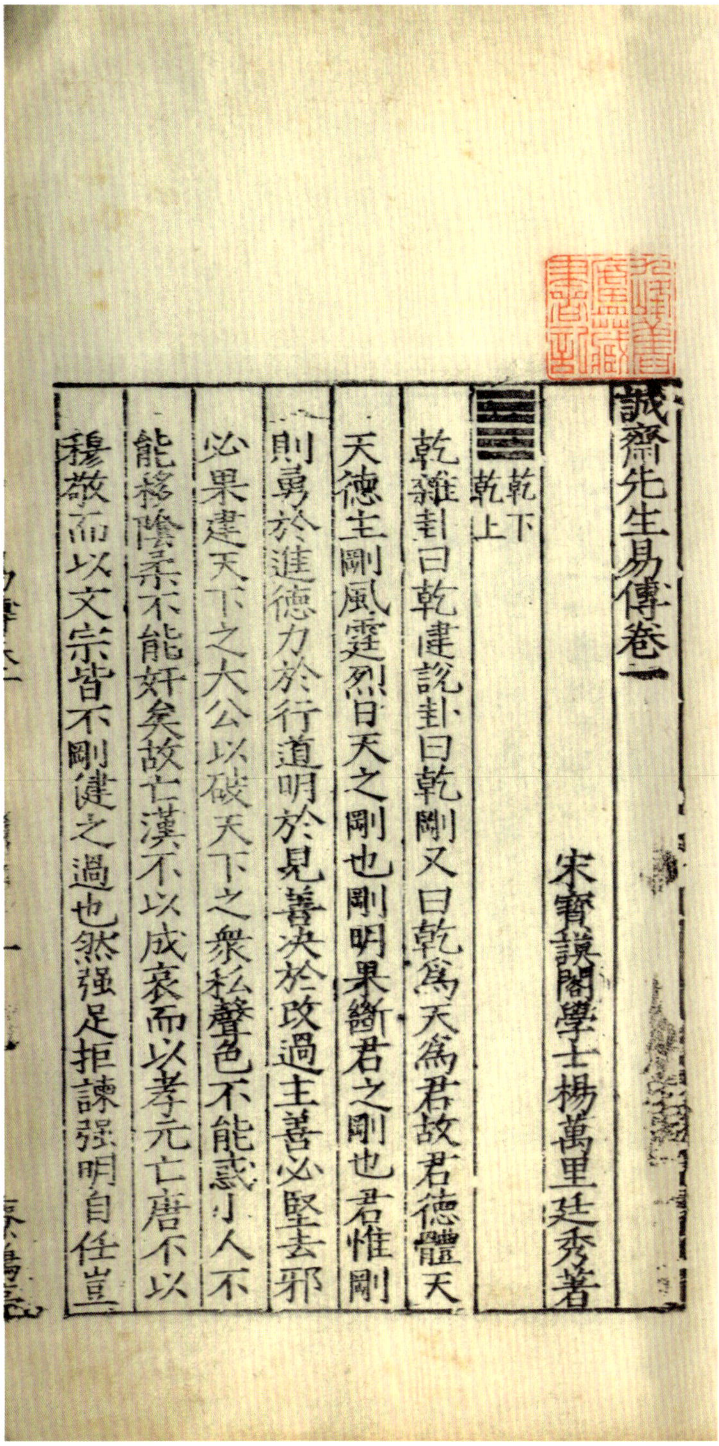
誠齋先生易傳卷一
宋寶謨閣學士楊萬里廷秀著
䷀ 乾下乾上
乾雜卦曰乾健說卦曰乾剛又曰乾爲天爲君故君德體天
天德主剛風霆烈日天之剛也剛明果斷君之剛也君惟剛
則勇於進德力於行道明於見善決於改過主善必堅去邪
必果建天下之大公以破天下之衆私聲色不能惑小人不
能移陰柔不能奸矣故亡漢不以成哀而以孝元亡唐不以
穆敬而以文宗皆不剛健之過也然强足拒諫强明自任豈

誠齋先生易傳二十卷　（宋）楊萬里撰　明嘉靖二十一年（1542）尹耕瘵鶴亭刻本八册

匡高 19.6 厘米，廣 13.7 厘米。半葉九行，行二十四字，白口，四周單邊。有“九峰舊廬藏書記”等印。華南師範大學圖書館藏。第二批國家名録號 03224。

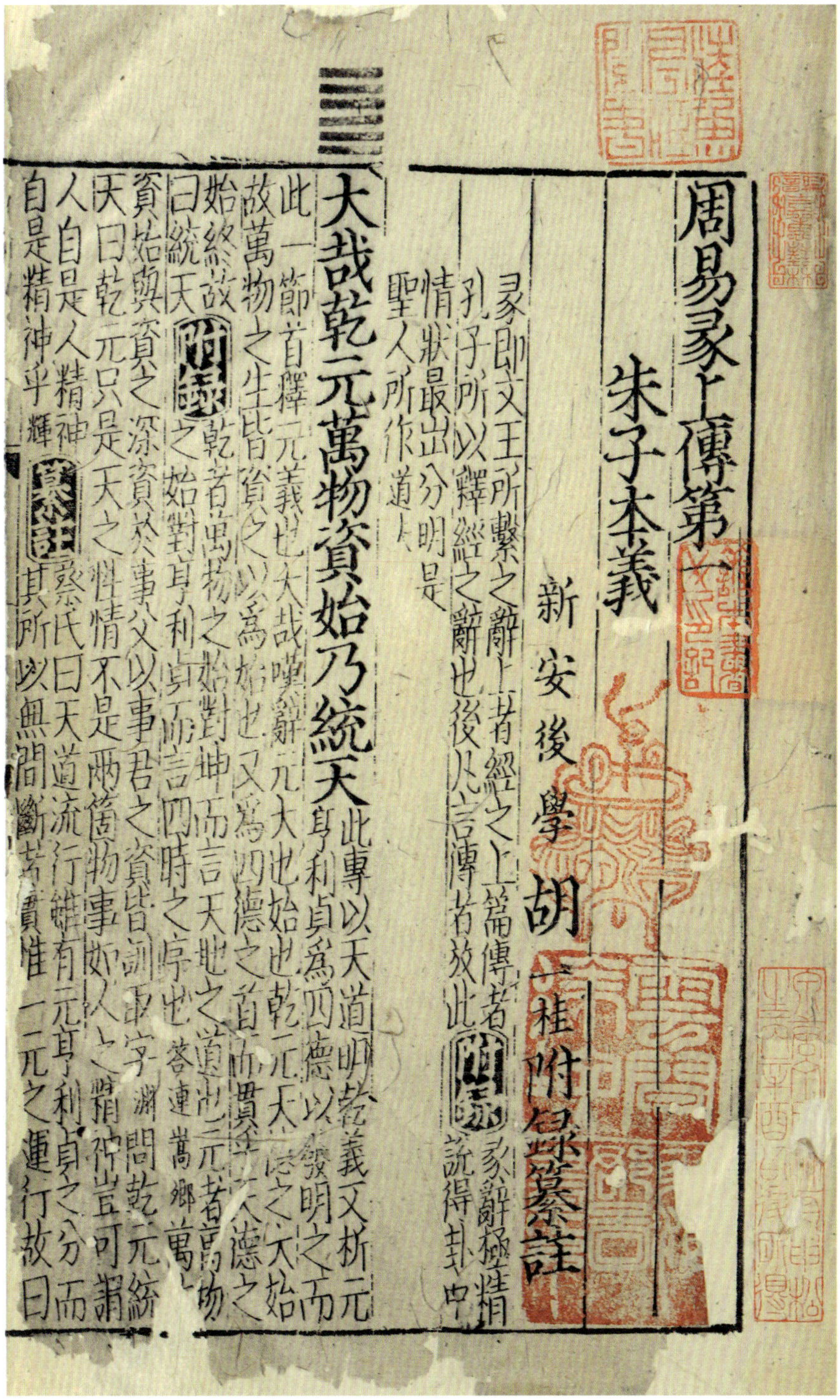
周易彖上傳第一
朱子本義
新安後學胡一桂附録纂註
大哉乾元萬物資始乃統天

易本義附録纂疏十五卷　（元）胡一桂撰　元刻本　二册

匡高 19.6 厘米，廣 12.4 厘米。半葉十行，行二十字，小字雙行二十四字，細黑口，左右雙邊。有"汪魚亭藏閲書""泉唐丁氏竹舟申松生丙辛酉以後所得"等印。香港中文大學圖書館藏，存十卷（三、四、八至十五）。第六批國家名録號 12328。

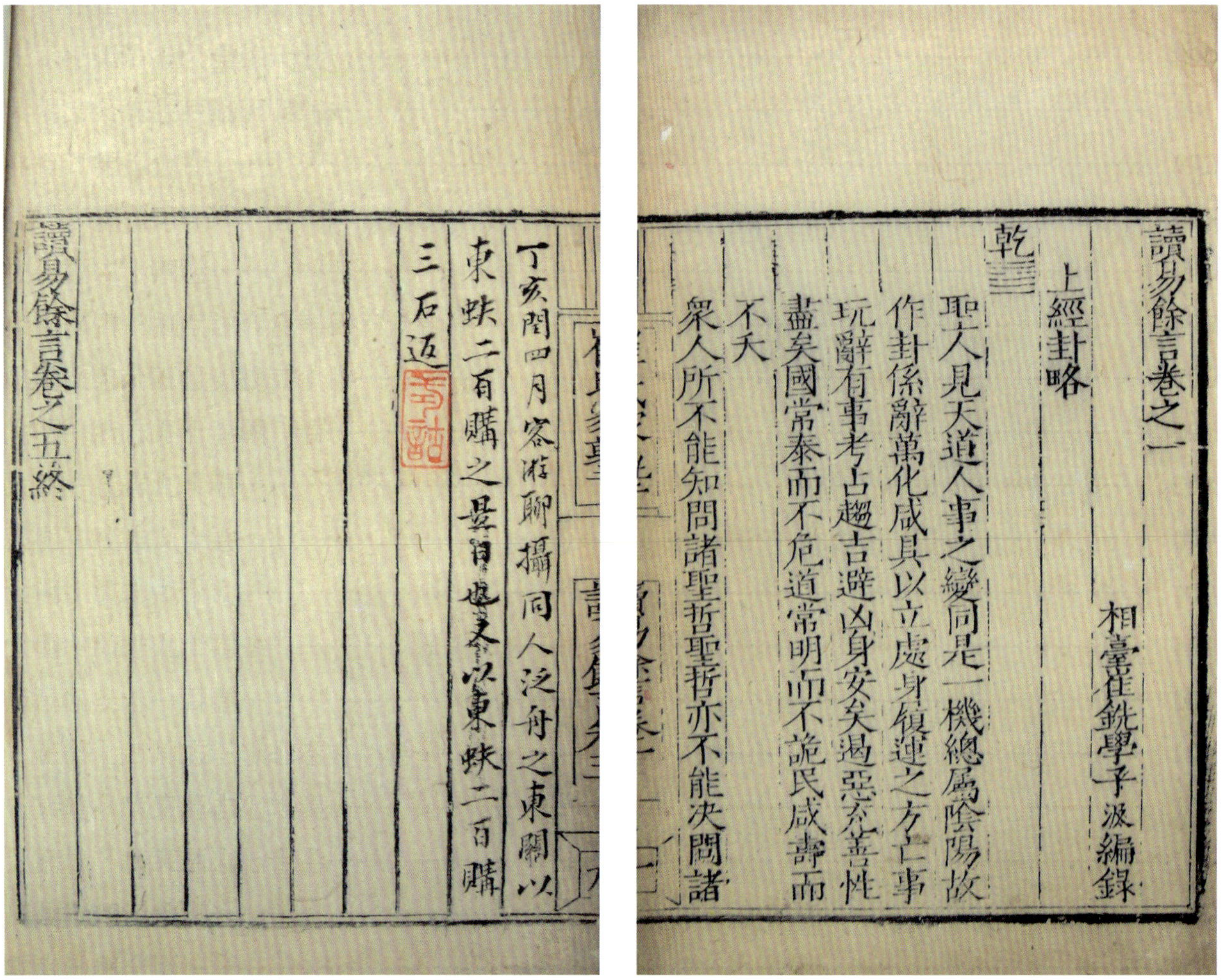
讀易餘言卷之一
相臺崔銑學子溆編録
上經卦略
乾䷀
聖人見天道人事之變同是一機總屬陰陽故
作卦係辭萬化咸具以立處身複逆之方亡事
玩辭有事考占趨吉避凶身安矣遏惡[illegible]善性
盡矣國常泰而不危道常明而不詭民咸壽而
不夭
衆人所不能知問諸聖哲聖哲亦不能決問諸

讀易餘言卷之五終
丁亥閏四月客游聊攝同人泛舟之東關以
東趺二百購之[illegible]以東趺二百購
三石迈

讀易餘言五卷　（明）崔銑撰　明崔氏家塾刻本　四册

匡高 17.7 厘米，廣 14 厘米。半葉十行，行二十字，細黑口，四周雙邊。有式詁題識。中山大學圖書館藏。第三批國家名録號 07267。

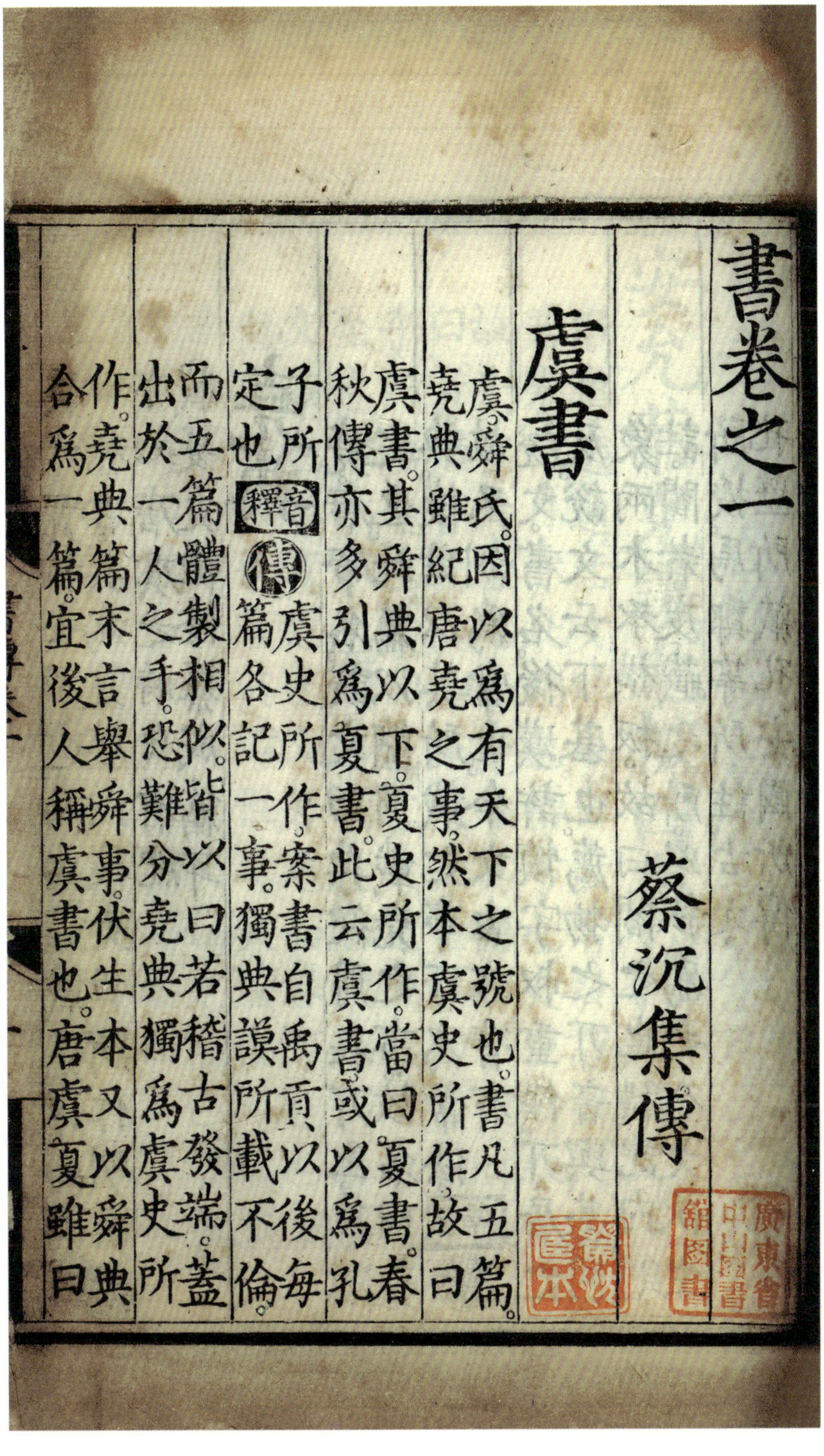
書卷之一
蔡沉集傳
虞書
虞舜氏因以爲有天下之號也書凡五篇
堯典雖紀唐堯之事然本虞史所作故曰
虞書其舜典以下夏史所作當曰夏書春
秋傳亦多引爲夏書此云虞書或以爲孔
子所定也音釋傳虞史所作案書自禹貢以後每
篇各記一事獨典謨所載不倫
而五篇體製相似皆以曰若稽古發端蓋
出於一人之手恐難分堯典獨爲虞史所
作堯典篇末言舉舜事伏生本又以舜典
合爲一篇宜後人稱虞書也唐虞夏雖曰

書集傳六卷圖一卷 （宋）蔡沈撰 （元）鄒季友音釋 **朱子說書綱領一卷** （宋）朱熹撰 明正統十二年（1447）司禮監刻本 六册

匡高23厘米，廣16厘米。半葉八行，行十四字，小字雙行十八字，黑口，四周雙邊。有“貴忱藏本”等印，王貴忱跋。廣東省立中山圖書館藏。第二批國家名録號03245。

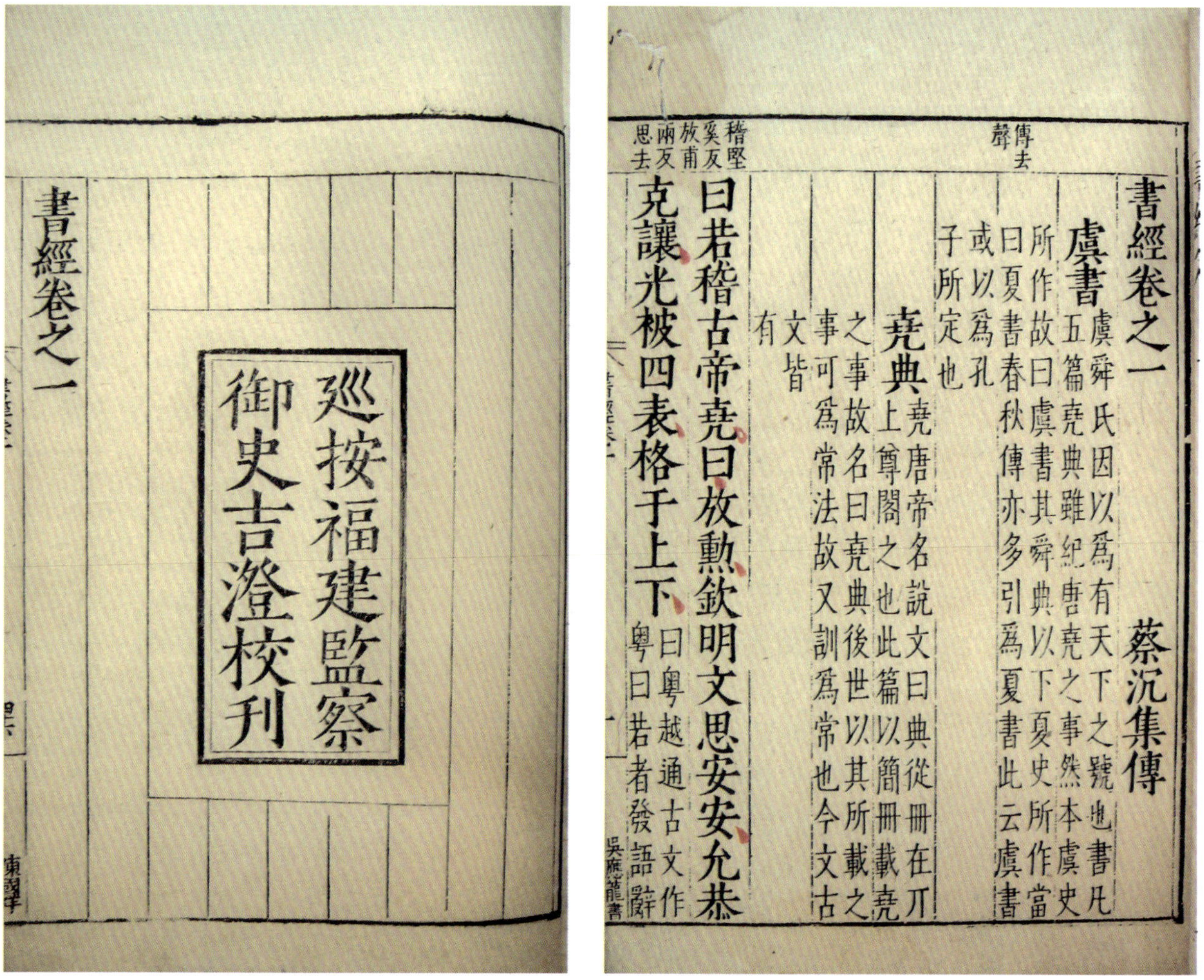

書經卷之一

巡按福建監察御史吉澄校刊

書經卷之一　　蔡沉集傳

傳去聲

虞書 虞舜氏因以爲有天下之號也書凡五篇堯典雖紀唐堯之事然本虞史所作故曰虞書其舜典以下夏史所作當曰夏書春秋傳亦多引爲夏書此云虞書或以爲孔子所定也

堯典 堯唐帝名說文曰典從冊在丌上尊閣之也此篇以簡冊載堯之事故名曰堯典後世以其所載之事可爲常法故又訓爲常也今文古文皆有

稽堅奚反　放甫兩反　思去

曰若稽古帝堯曰放勳欽明文思安安允恭克讓光被四表格于上下 曰粵越通古文作粵曰若者發語辭

書經集傳六卷　（宋）蔡沉撰　明嘉靖吉澄刻本　六册

匡高 20.2 厘米，廣 14.3 厘米。半葉九行，行十七字，小字雙行同，白口，左右雙邊。有“巡按福建監察御史吉澄校刊”牌記。中山大學圖書館藏。第二批國家名録號 03246。

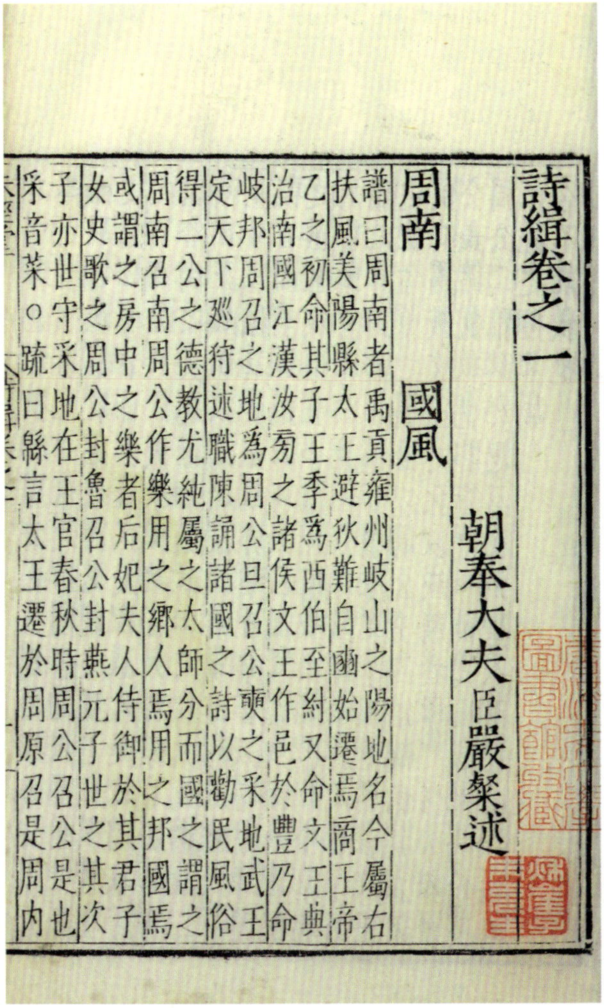
詩緝卷之一
朝奉大夫臣嚴粲述
周南　國風
譜曰周南者禹貢雍州岐山之陽地名今屬右
扶風美陽縣太王避狄難自豳始遷焉商王帝
乙之初命其子王季爲西伯至紂又命文王典
治南國江漢汝旁之諸侯文王作邑於豐乃命
岐邦周召之地爲周公旦召公奭之采地武王
定天下廵狩述職陳誦諸國之詩以觀民風俗
得二公之德教尤純屬之太師分而國之謂之
周南召南周公作樂用之鄉人焉用之邦國焉
或謂之房中之樂者后妃夫人侍御於其君子
女史歌之周公封魯召公封燕元子世之其次
子亦世守采地在王官春秋時周公召公是也
采音菜○疏曰縣言太王遷於周原召是周內

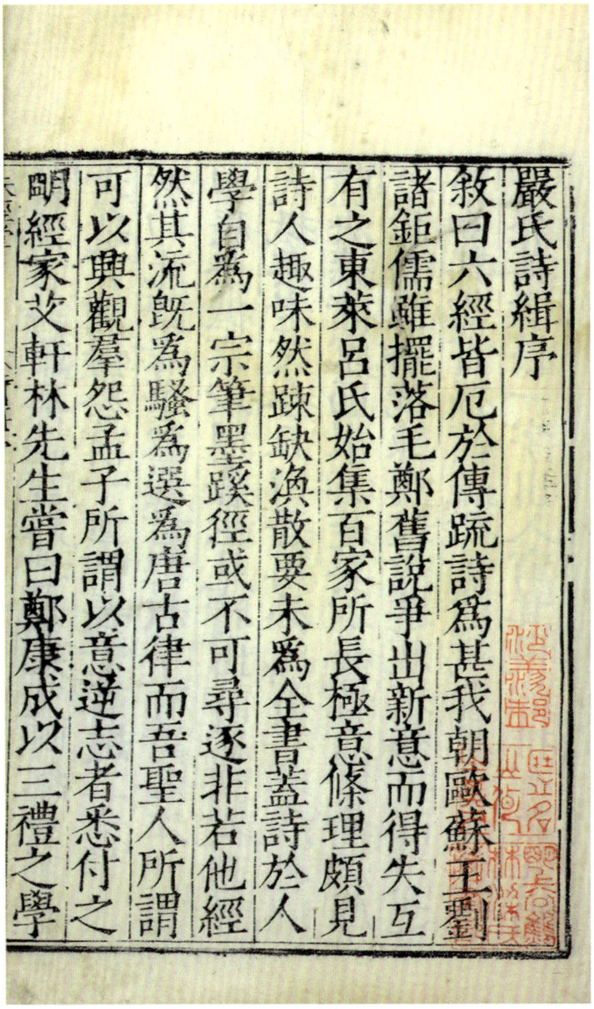
嚴氏詩緝序
敘曰六經皆戹於傳疏詩爲甚我朝歐蘇王劉
諸鉅儒雖擺落毛鄭舊說爭出新意而得失互
有之東萊呂氏始集百家所長極意條理頗見
詩人趣味然疏鈌渙散要未爲全書葢詩於人
學自爲一宗筆墨蹊徑或不可尋逐非若他經
然其流既爲騷爲選爲唐古律而吾聖人所謂
可以興觀羣怨孟子所謂以意逆志者悉付之
眀經家艾軒林先生嘗曰鄭康成以三禮之學

詩緝三十六卷　（宋）嚴粲撰　明趙府味經堂刻本　十二册

匡高20厘米，廣14.5厘米。半葉九行，行十八字，小字雙行同，白口，四周雙邊。有“秋崖子朱克生”“明上谷鶴林梁氏藏書記”等印。香港中文大學圖書館藏。第六批國家名録號12439。

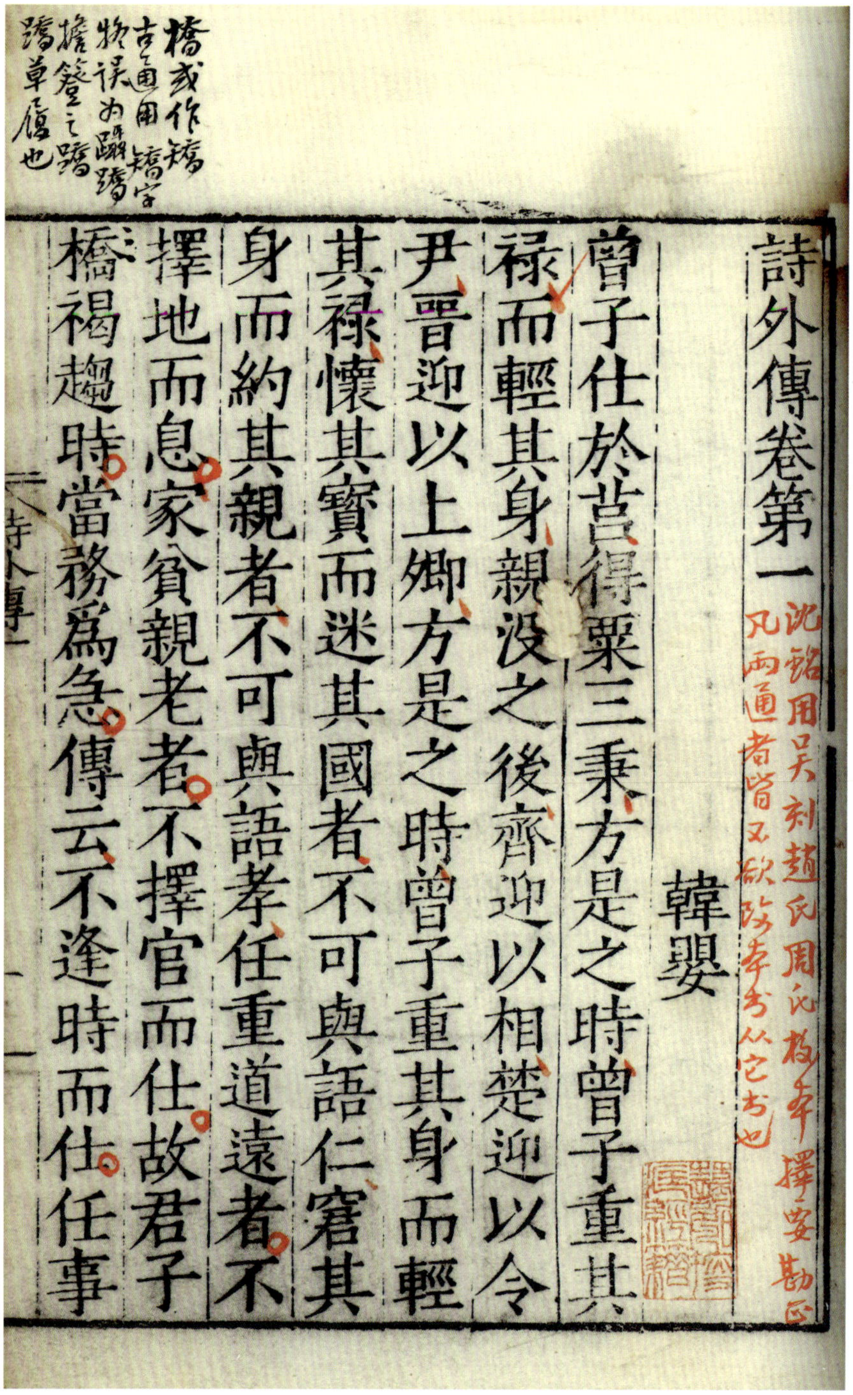
詩外傳卷第一

韓嬰

曾子仕於莒得粟三秉方是之時曾子重其祿而輕其身親没之後齊迎以相楚迎以令尹晋迎以上卿方是之時曾子重其身而輕其祿懷其寶而迷其國者不可與語仁窘其身而約其親者不可與語孝任重道遠者不擇地而息家貧親老者不擇官而仕故君子橋褐趨時當務爲急傳云不逢時而仕任事

詩外傳十卷　（漢）韓嬰撰　明嘉靖吴郡沈辨之野竹齋刻本　六册

匡高 19.9 厘米，廣 14.8 厘米。半葉九行，行十七字，白口，左右雙邊。有“東莞莫伯驥號天一藏書之印”“東莞莫氏福功堂藏書”“藹如搜藏經籍”等印，靄如朱墨批校。廣東省立中山圖書館藏。第三批國家名録號 07306。

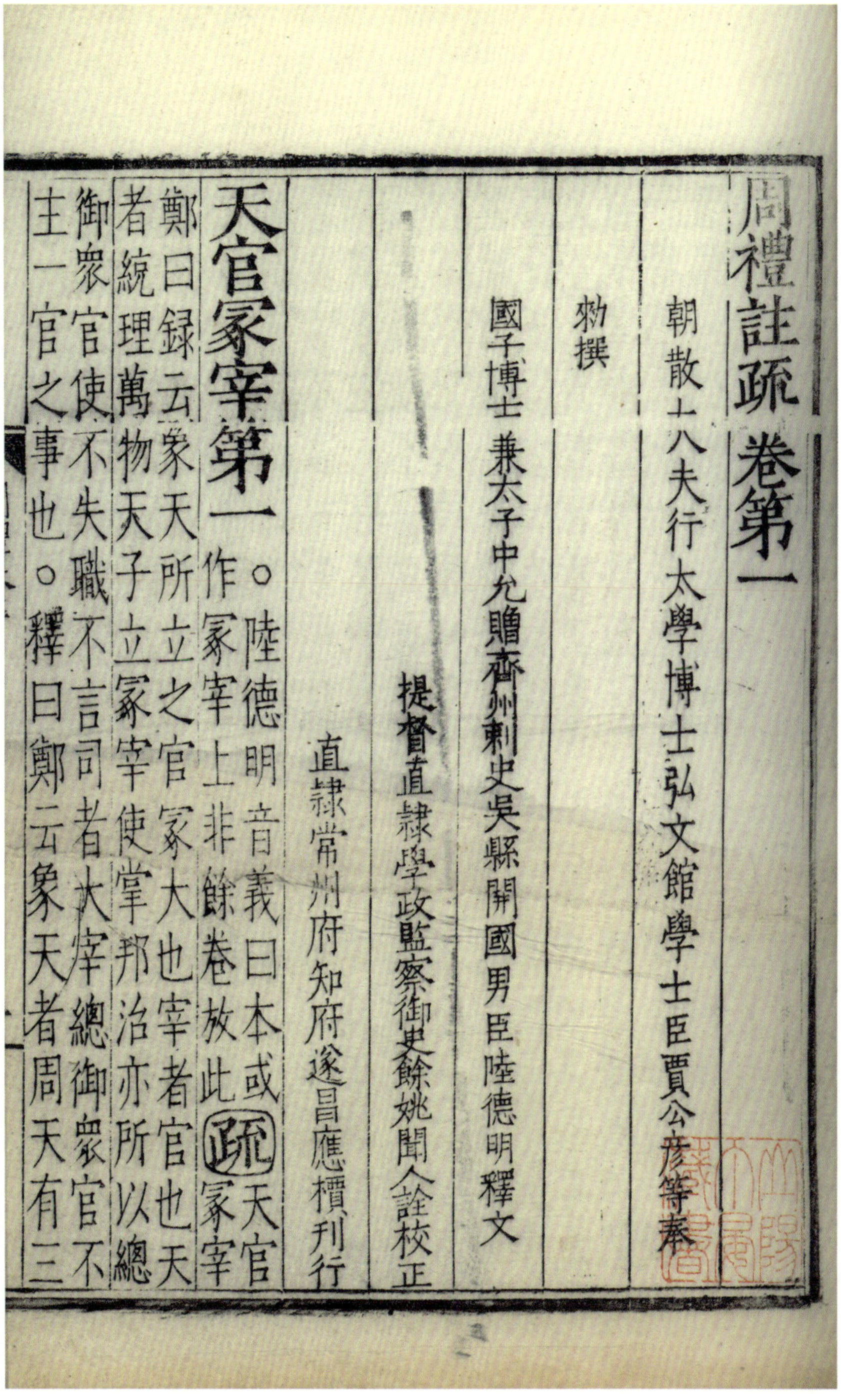
周禮註疏卷第一
朝散大夫行太學博士弘文館學士臣賈公彥等奉
勑撰
國子博士兼太子中允贈齊州刺史吳縣開國男臣陸德明釋文
提督直隸學政監察御史餘姚聞人詮校正
直隸常州府知府遂昌應檟刊行
天官冢宰第一 ○陸德明音義曰本或作冢宰上非餘卷放此 疏 天官冢宰
鄭目録云象天所立之官冢大也宰者官也天
者統理萬物天子立冢宰使掌邦治亦所以總
御衆官使不失職不言司者大宰總御衆官不
主一官之事也○釋曰鄭云象天者周天有三

周禮註疏四十二卷 （漢）鄭玄注　（唐）賈公彦等疏　（唐）陸德明釋文　明嘉靖應檟刻本　十四册

匡高 21 厘米，廣 15.7 厘米。半葉九行，行十八字，小字雙行同，白口，四周雙邊。有“毛氏子晉”“汲古主人”“真州吴氏有福讀書堂藏書”“山陽丁晏藏書”等印。中山大學圖書館藏。第二批國家名録號 03284。

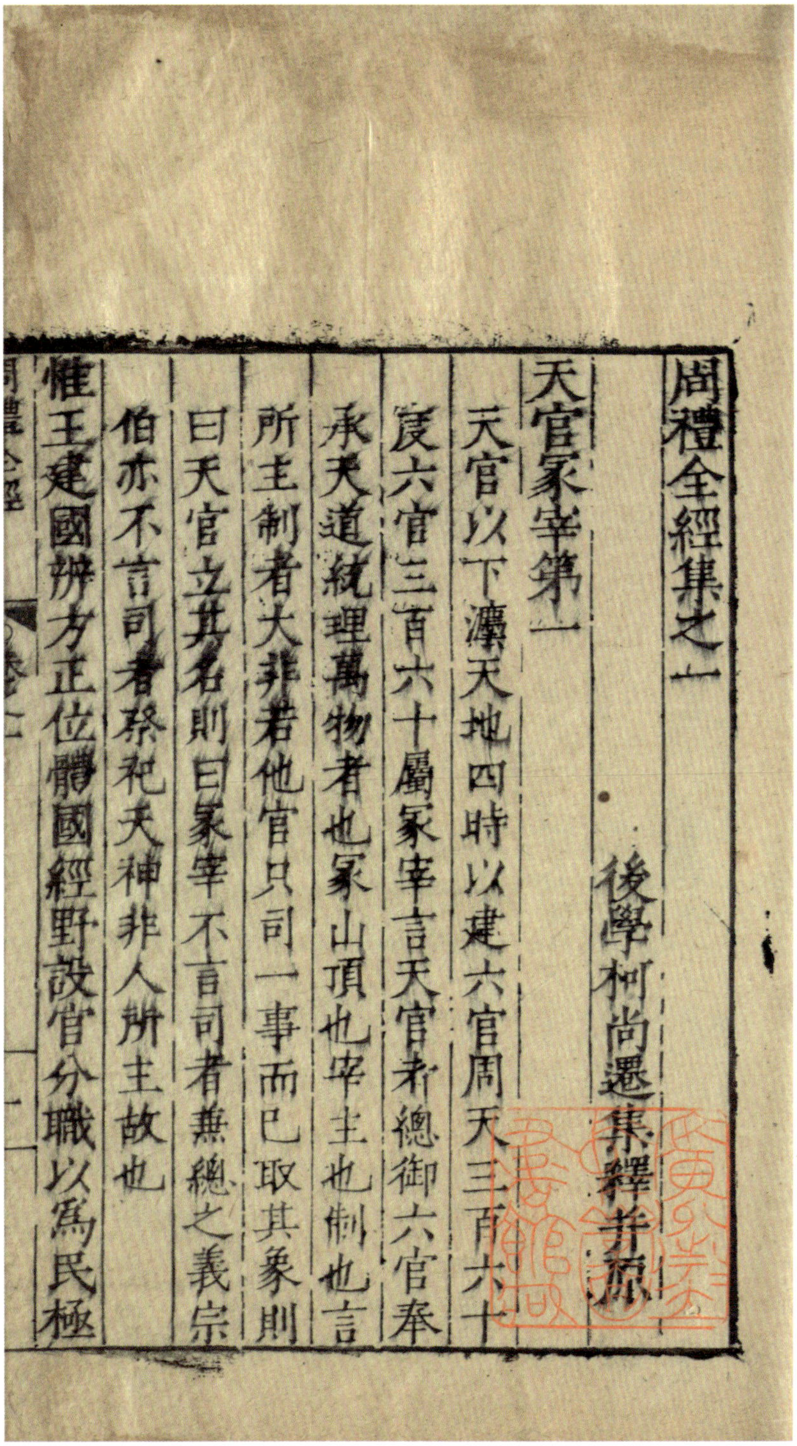
周禮全經集之一

後學柯尚遷集釋并原

天官冢宰第一

天官以下凜天地四時以建六官周天三百六十
度六官三百六十屬冢宰言天官者總御六官奉
承天道統理萬物者也冢山頂也宰主也制也言
所主制者大非若他官只司一事而已取其象則
曰天官立其名則曰冢宰不言司者無總之義宗
伯亦不言司者祭祀天神非人所主故也

惟王建國辨方正位體國經野設官分職以爲民極

周禮全經釋原十二卷周禮通論一卷周禮傳敘論一卷　（明）柯尚遷撰　明隆慶四年（1570）張大忠刻本　十四册

匡高 19.6 厘米，廣 14.1 厘米。半葉十行，行二十字，白口，四周單邊。華南師範大學圖書館藏。第二批國家名録號 03292。

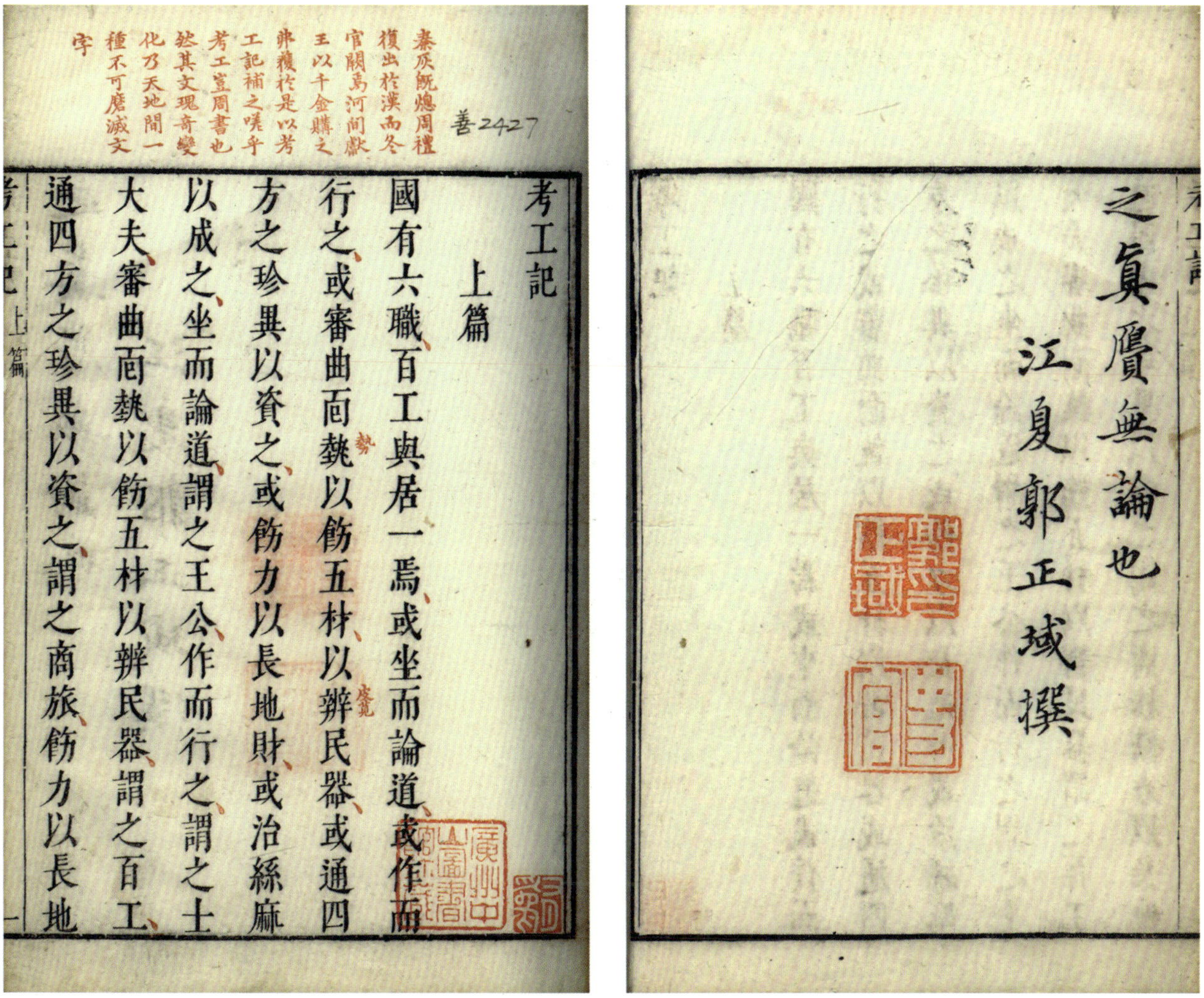
之眞贗無論也
江夏郭正域撰

考工記
上篇
國有六職百工與居一焉或坐而論道或作而
行之或審曲面埶以飭五材以辨民器或通四
方之珍異以資之或飭力以長地財或治絲麻
以成之坐而論道謂之王公作而行之謂之士
大夫審曲面埶以飭五材以辨民器謂之百工
通四方之珍異以資之謂之商旅飭力以長地

秦灰既熄周禮復出於漢而冬官闕焉河間獻王以千金購之弗獲於是以考工記補之嗟乎考工豈周書也然其文瑰奇變化乃天地間一種不可磨滅文字

考工記二卷　（明）郭正域批點　明萬曆四十四年（1616）吴興閔齊伋刻朱墨套印本　二册

匡高 20.5 厘米，廣 15.2 厘米。半葉八行，行十八字，小字雙行同，白口，左右雙邊。有“有爲”印。廣東省立中山圖書館藏。第一批國家名録號 01337。

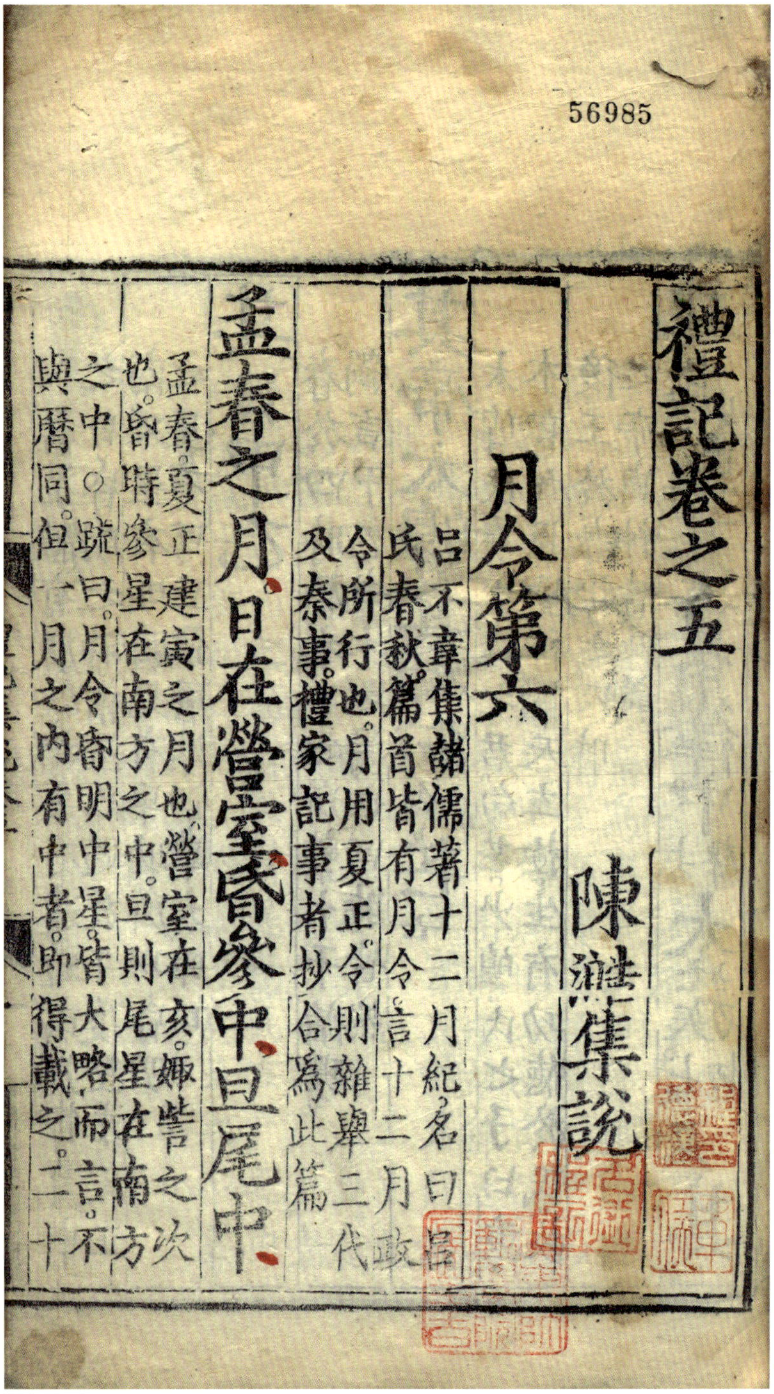

禮記集說十六卷　（元）陳澔撰　明正統十二年（1447）司禮監刻本　八册

匡高 23.2 厘米，廣 15.7 厘米。半葉八行，行十四字，黑口，四周雙邊。有“章侯”“程德漢印”“程名衡記”“程同倫記”等印。暨南大學圖書館藏。第三批國家名録號 07330。

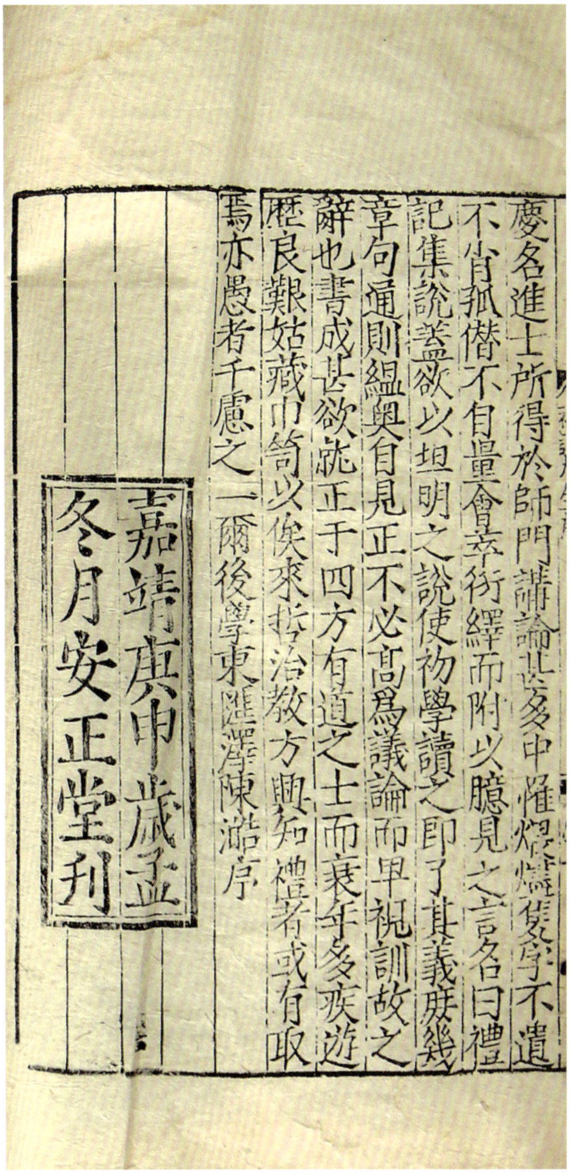
慶名進士所得於師門講論甚多中罹煨燼隻字不遺
不肖孤僭不自量會萃衍繹而附以臆見之言名曰禮
記集說蓋欲以坦明之說使初學讀之即了其義庶幾
章句通則緼奧自見正不必高為議論而卑視訓故之
辭也書成甚欲就正于四方有道之士而衰年多疾遊
歷良艱姑藏巾笥以俟來哲治教方興知禮者或有取
焉亦愚者千慮之一爾後學東匯澤陳澔序

嘉靖庚申歲孟冬月安正堂刊

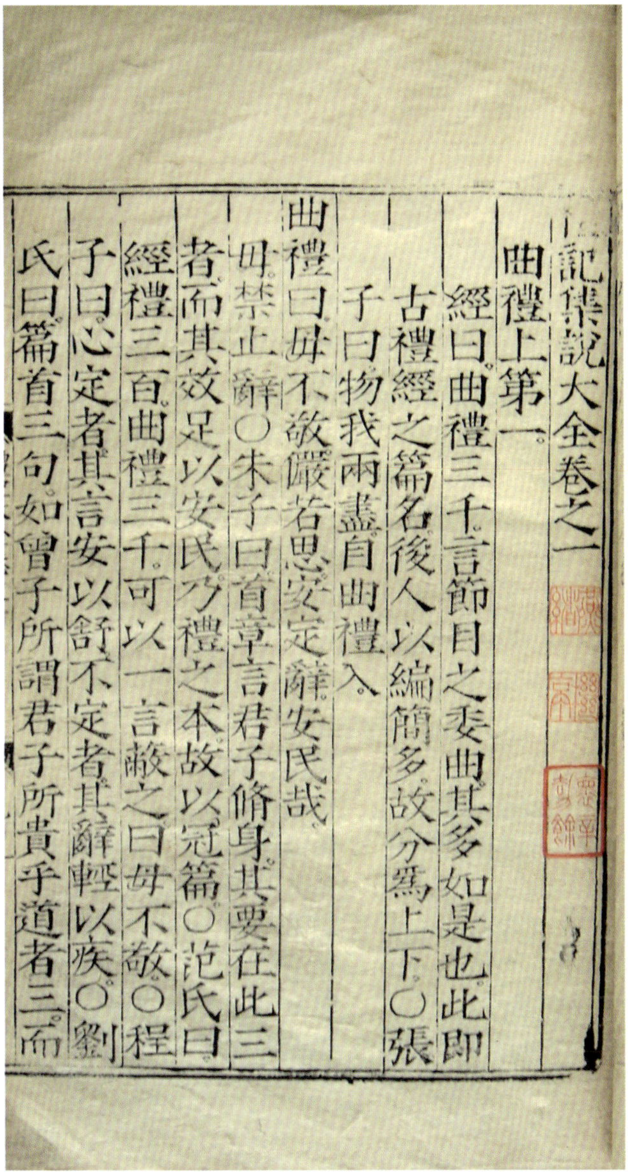
禮記集說大全卷之一
曲禮上第一
經曰曲禮三千言節目之委曲其多如是也此即
古禮經之篇名後人以編簡多故分為上下○張
子曰物我兩盡自曲禮入
曲禮曰毋不敬儼若思安定辭安民哉
毋禁止辭○朱子曰首章言君子脩身其要在此三
者而其效足以安民乃禮之本故以冠篇○范氏曰
經禮三百曲禮三千可以一言蔽之曰毋不敬○程
子曰心定者其言安以舒不定者其辭輕以疾○劉
氏曰篇首三句如曾子所謂君子所貴乎道者三而

禮記集說大全三十卷　（明）胡廣等輯　明嘉靖三十九年（1560）安正堂刻本　二十四册

匡高 19.8 厘米，廣 13 厘米。半葉十一行，行二十一字，白口，四周雙邊。有“嘉靖庚申歲孟冬月安正堂刊”牌記。有“懷辛劫餘”“欈亭”“燕緒”印。中山大學圖書館藏。第二批國家名録號 03314。

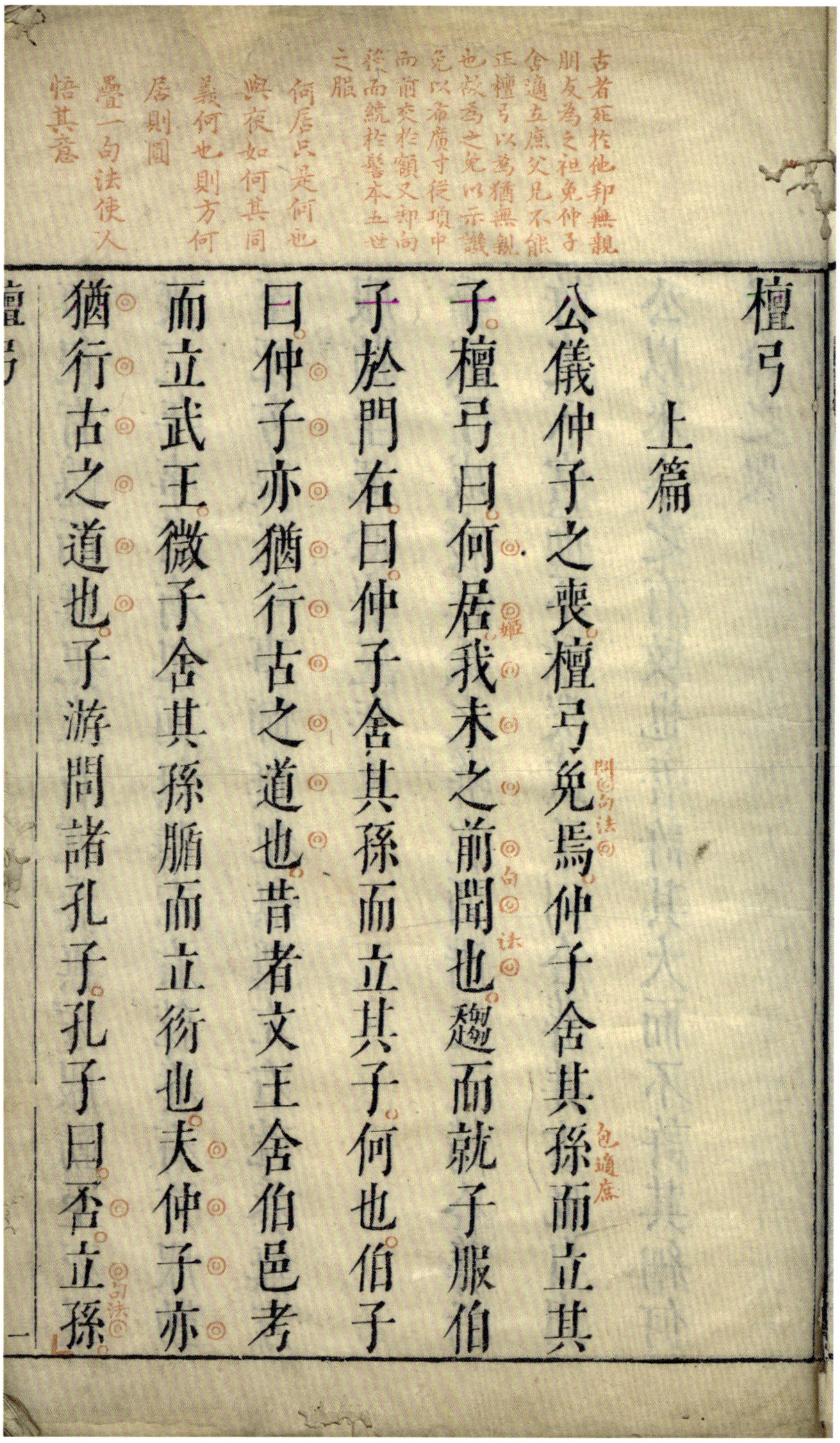

古者死於他邦無親朋友為之袒免仲子舍適立庶父兄不能正檀弓以為猶無親也故為之免以示譏免以布廣寸從項中而前交於額又卻向後而繞於髻本五世之服

何居只是何也與夜如何其同義何也則方何居則圓

疊一句法使人悟其意

檀弓

上篇

公儀仲子之喪檀弓免焉仲子舍其孫而立其子檀弓曰何居我未之前聞也趨而就子服伯子於門右曰仲子舍其孫而立其子何也伯子曰仲子亦猶行古之道也昔者文王舍伯邑考而立武王微子舍其孫腯而立衍也夫仲子亦猶行古之道也子游問諸孔子孔子曰否立孫

檀弓二卷　（宋）謝枋得批點　明萬曆四十四年（1616）吴興閔齊伋刻朱墨套印本　一册

匡高 20.4 厘米，廣 15.3 厘米。半葉八行，行十八字，白口，左右雙邊。廣東省立中山圖書館藏。第一批國家名録號 01345。

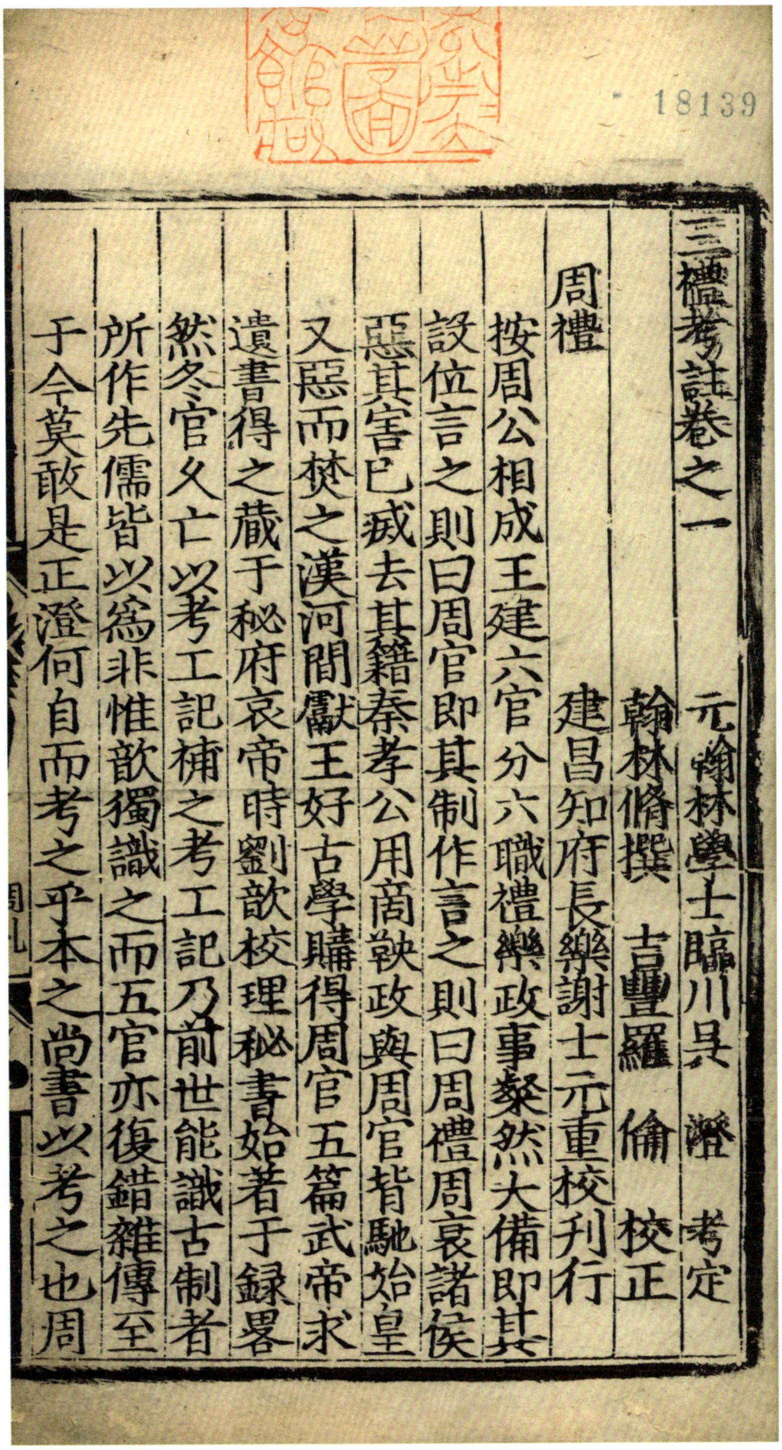
18139

三禮考註卷之一

元翰林學士臨川吳澄 考定

翰林脩撰 吉豐羅 倫 校正

建昌知府長樂謝士元重校刊行

周禮

按周公相成王建六官分六職禮樂政事粲然大備即其設位言之則曰周官即其制作言之則曰周禮周衰諸侯惡其害已滅去其籍秦孝公用商鞅政與周官背馳始皇又惡而焚之漢河間獻王好古學購得周官五篇武帝求遺書得之藏于秘府哀帝時劉歆校理秘書始著于録畧然冬官久亡以考工記補之考工記乃前世能識古制者所作先儒皆以爲非惟歆獨識之而五官亦復錯雜傳至于今莫敢是正澄何自而考之乎本之尚書以考之也周

三禮考註六十四卷序録一卷綱領一卷 （元）吴澄撰 **求校三禮考註書一卷**

（明）夏時正撰 明成化九年（1473）謝士元刻本 二十四册

匡高 22.1 厘米，廣 13.6 厘米。半葉十一行，行二十四字，黑口，四周雙邊。有“濮氏家藏”“延古堂”印。廣東省立中山圖書館藏。第二批國家名録號 03321。

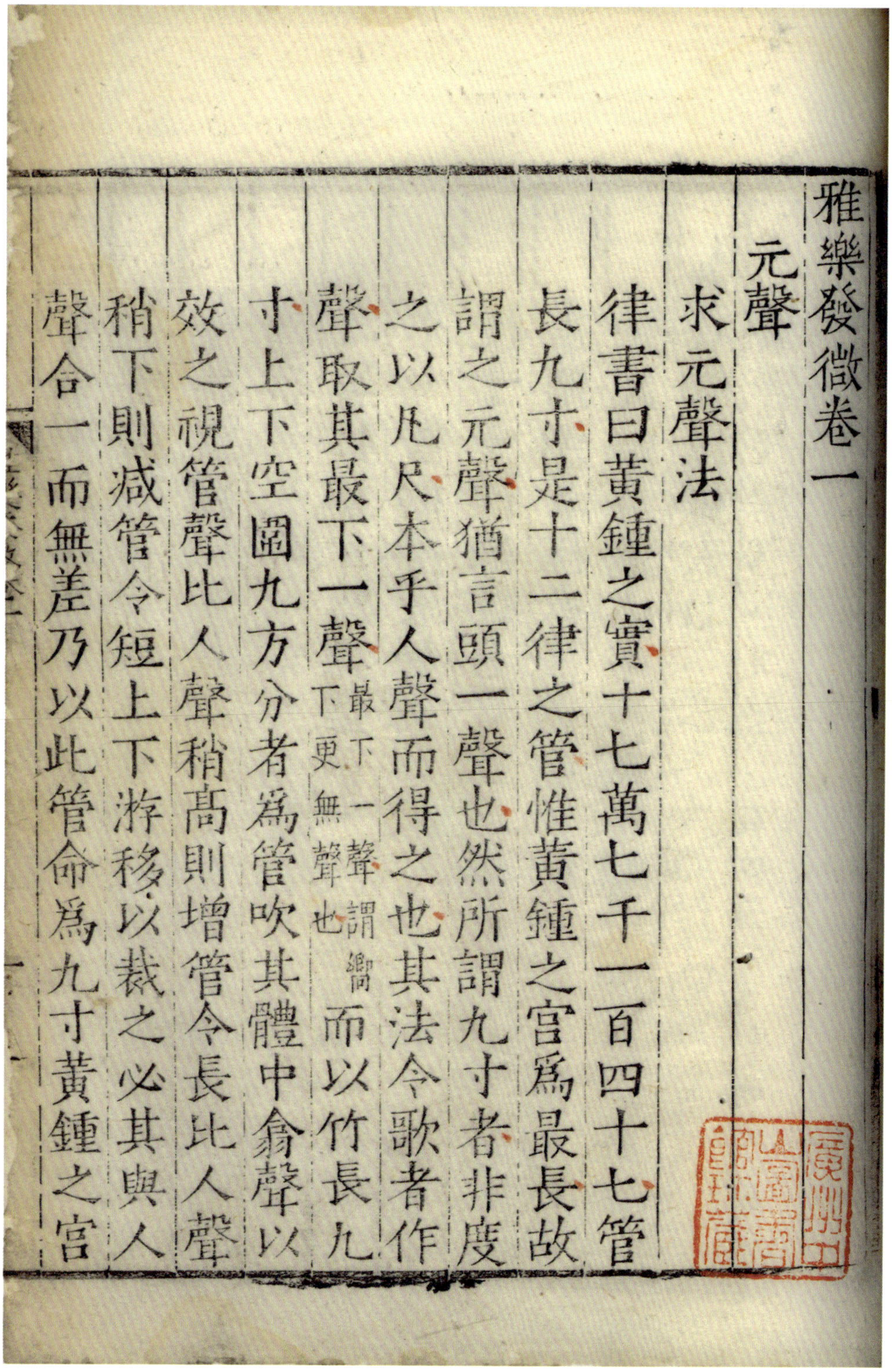

雅樂發微卷一

元聲

求元聲法

律書曰黃鍾之實十七萬七千一百四十七管長九寸是十二律之管惟黃鍾之宫爲最長故謂之元聲猶言頭一聲也然所謂九寸者非度之以凡尺本乎人聲而得之也其法令歌者作聲取其最下一聲（最下一聲謂嚮下更無聲也）而以竹長九寸上下空圍九方分者爲管吹其體中翕聲以效之視管聲比人聲稍高則增管令長比人聲稍下則減管令短上下游移以裁之必其與人聲合一而無差乃以此管命爲九寸黃鍾之宫

雅樂發微八卷　（明）張敔撰　明嘉靖刻本　二册

匡高 20.1 厘米，廣 15.9 厘米。半葉十二行，行二十字，小字雙行同，白口，左右雙邊。

廣東省立中山圖書館藏。第二批國家名録號 03327。

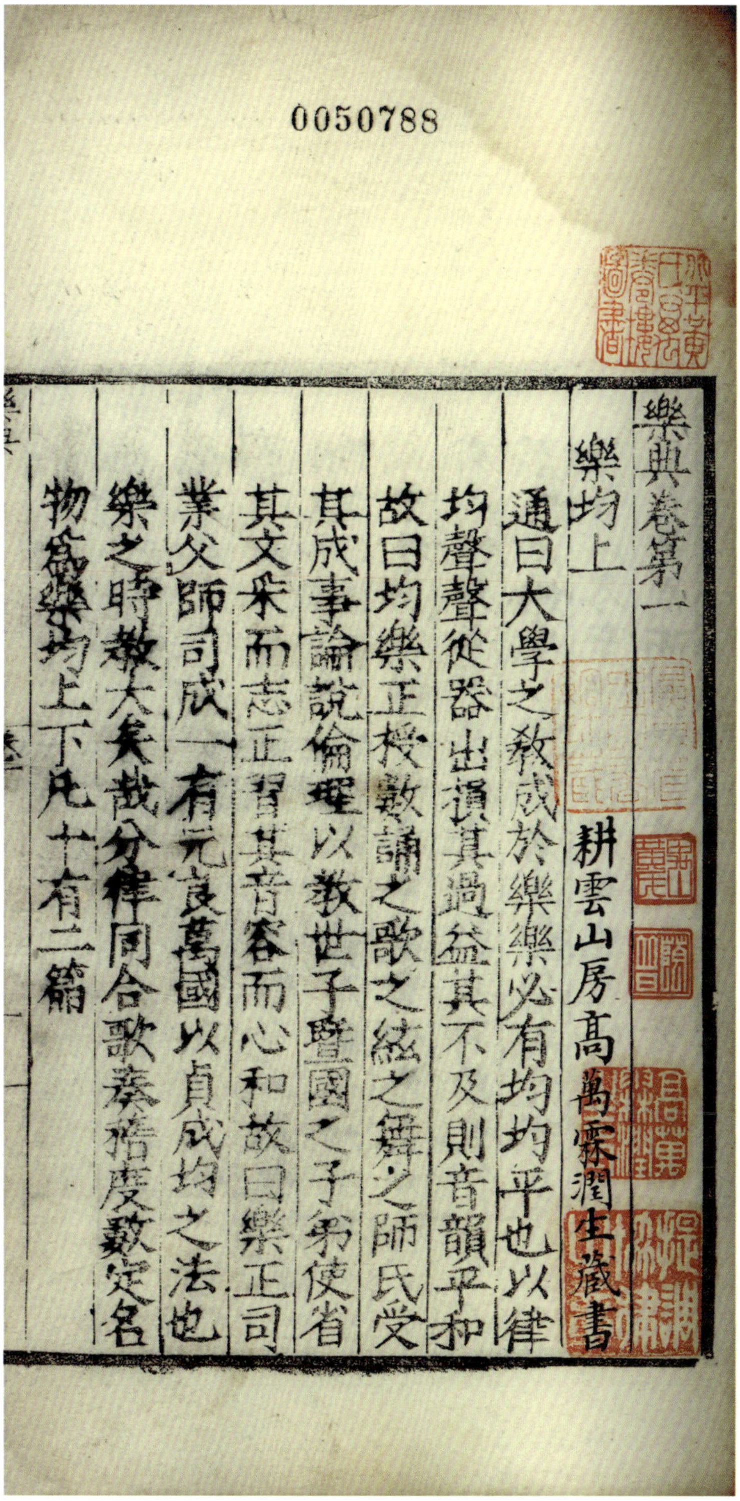
0050788

樂典卷第一
樂均上　　耕雲山房高萬霖潤生藏書
通曰大學之教成於樂樂必有均均平也以律
均聲聲從器出損其過益其不及則音韻平和
故曰均樂正授數誦之歌之絃之舞之師氏受
其成事論說倫理以教世子暨國之子弟使省
其文采而志正習其音容而心和故曰樂正司
業父師司成一有元良萬國以貞成均之法也
樂之時教大矣哉分律同合歌奏揩度數定名
物爲樂均上下凡十有二篇

樂典三十六卷　（明）黄佐撰　明嘉靖三十六年（1557）盧寧刻本　八册

匡高 19.1 厘米，廣 13.7 厘米。半葉十行，行二十字，白口，四周單邊。有“北平黄氏萬卷樓圖書”“翰林院印”等印。廣東省立中山圖書館藏。第二批國家名録號 03329。

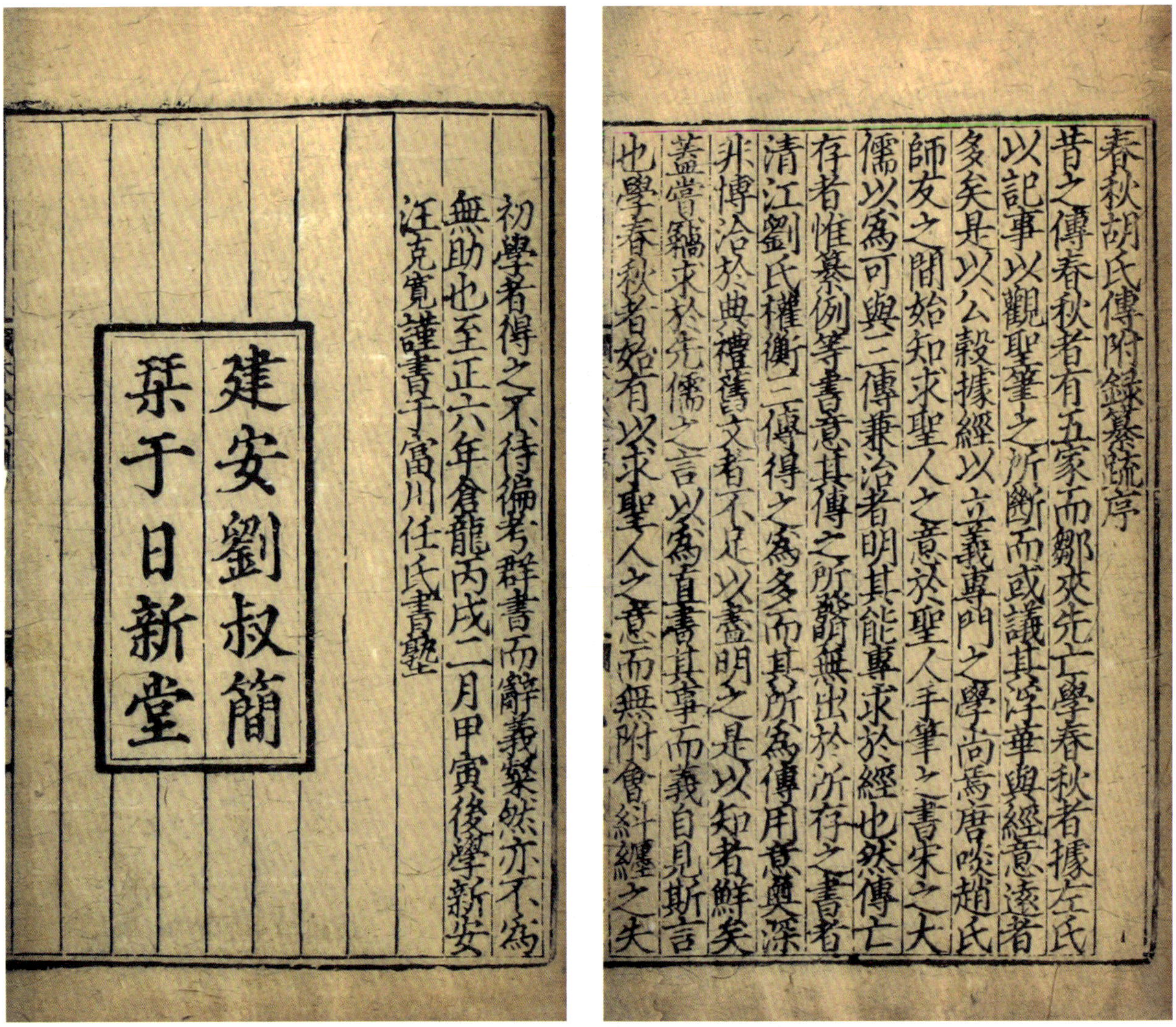

春秋胡氏傳附録纂疏三十卷　（元）汪克寛撰　元至正八年（1348）建安劉叔簡日新堂刻本　二册

匡高 19.5 厘米，廣 12.5 厘米。半葉十一行，行二十一字，小字雙行同，黑口，四周雙邊。有“建安劉叔簡梊于日新堂”牌記。有“莫氏子偲”“譚觀成印”等印，莫友芝跋。廣東省博物館藏，存一卷（一）。第二批國家名録號 02604。

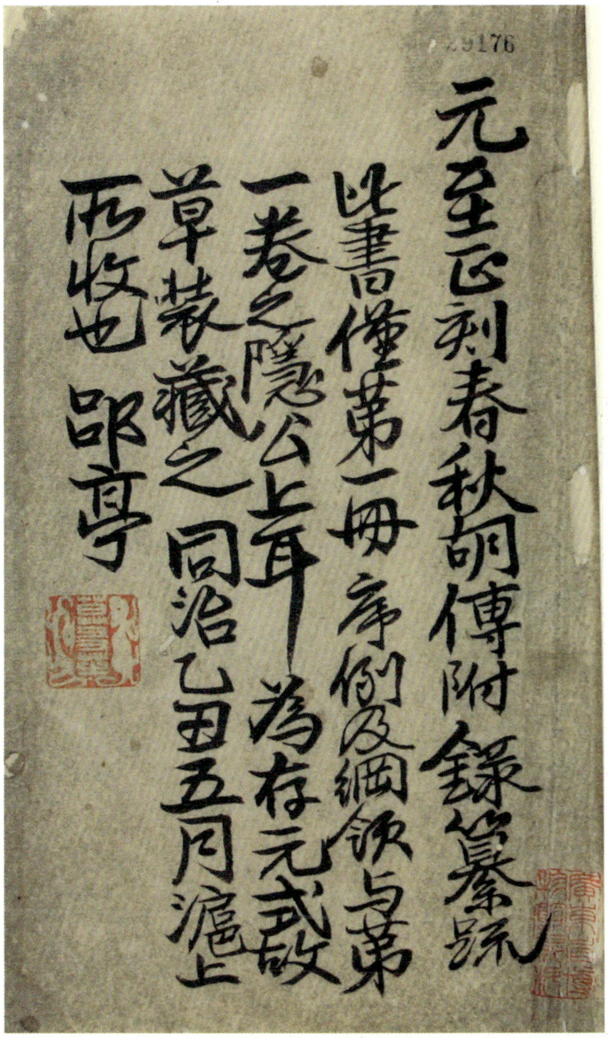
29176
元至正刻春秋胡傳附録纂疏
此書僅第一冊序例及綱領与第一卷之隱公上耳為存元式故草裝藏之同治乙丑五月滬上所收也　邵亭

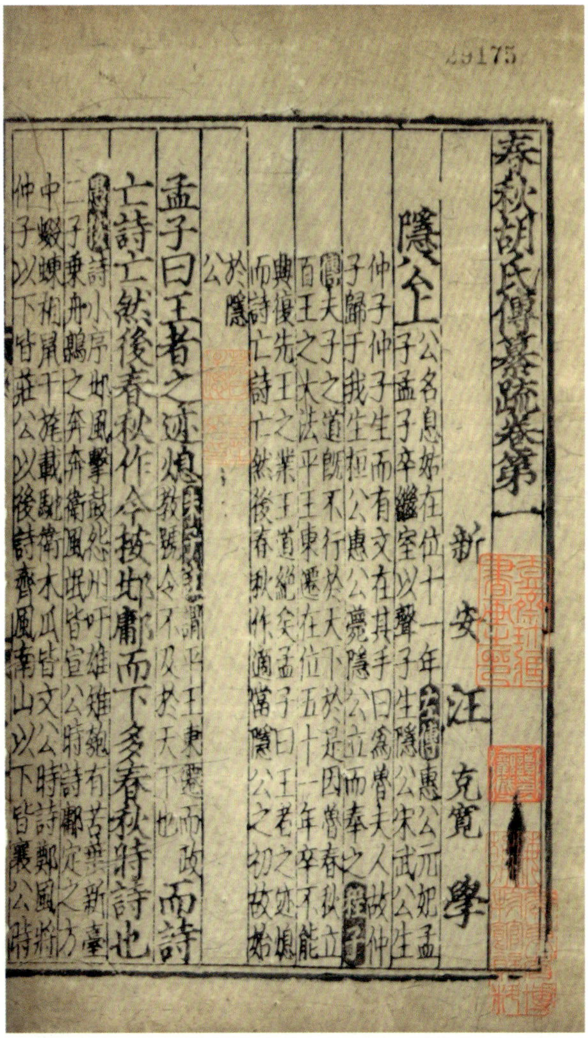
29175
春秋胡氏傳纂疏卷第一　新安汪克寛學
隱公上公名息姑在位十一年惠公元妃孟子孟子卒繼室以聲子生隱公宋武公生仲子仲子生而有文在其手曰為魯夫人故仲子歸于我生桓公惠公薨隱公立而奉之
夫子之道既不行於天下於是因魯春秋立百王之大法平王東遷在位五十一年卒不能興復先王之業王道絶矣孟子曰王者之迹熄而詩亡詩亡然後春秋作適當隱公之初故始於隱公
孟子曰王者之迹熄謂平王東遷而政教號令不及於天下也而詩亡詩亡然後春秋作今按也鄘而下多春秋時詩也
詩小序如風擊鼓怨州吁雄雉匏有苦葉新臺二子乘舟鶉之奔奔衛風氓皆宣公時詩鄘定之方中蝃蝀相鼠干旄載馳衛木瓜皆文公時詩鄭風將仲子以下皆莊公以後詩齊風南山以下皆襄公時

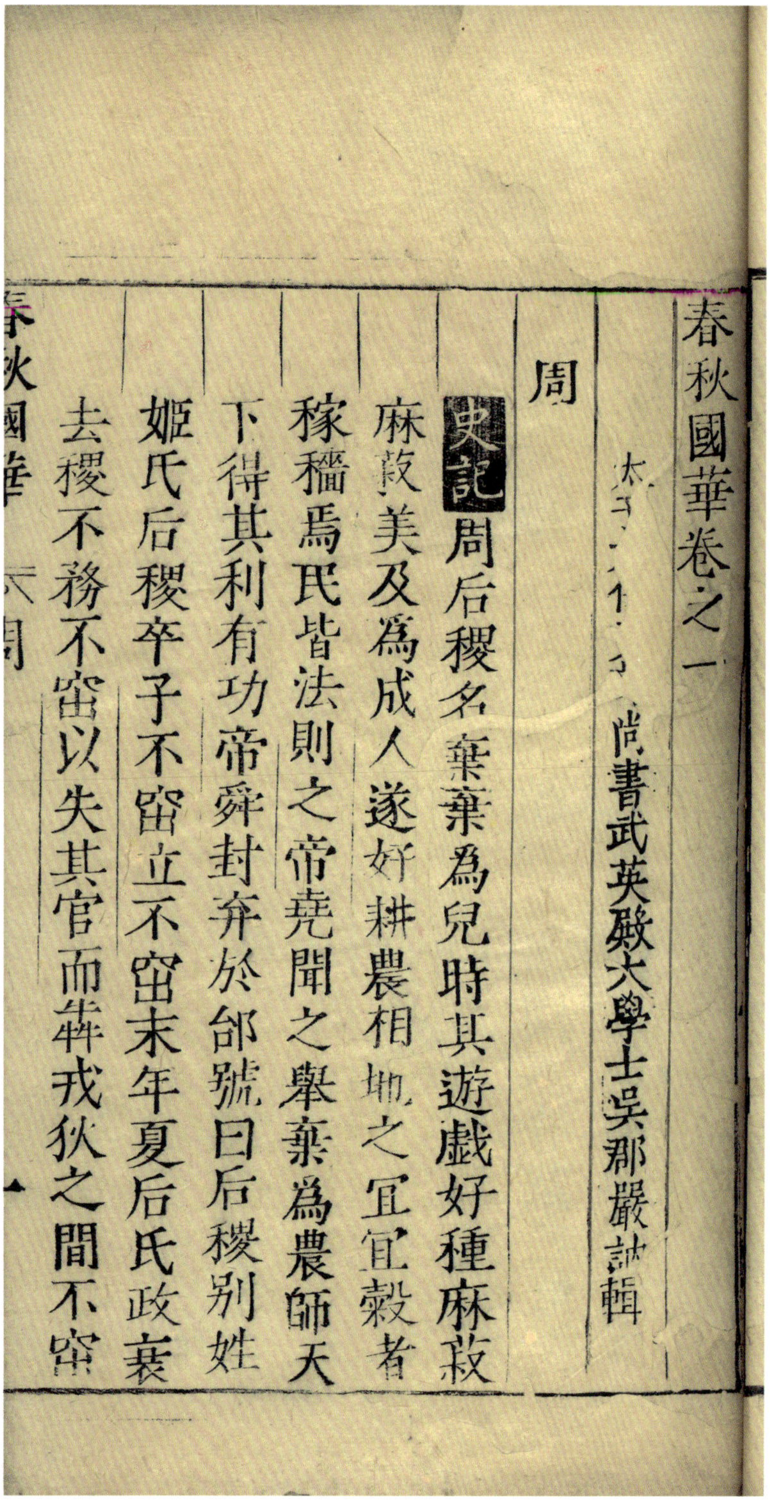
春秋國華卷之一

太子太保禮部尚書武英殿大學士吳郡嚴訥輯

周

史記 周后稷名棄棄為兒時其遊戲好種麻菽麻菽美及為成人遂好耕農相地之宜宜穀者稼穡焉民皆法則之帝堯聞之舉棄為農師天下得其利有功帝舜封弃於邰號曰后稷別姓姬氏后稷卒子不窋立不窋末年夏后氏政衰去稷不務不窋以失其官而犇戎狄之間不窋

春秋國華　卷一　周　一

春秋國華十七卷　（明）嚴訥輯　明萬曆三年（1575）活字印本　十二册

匡高 19 厘米，廣 12.5 厘米。半葉九行，行二十字，小字雙行同，白口，四周單邊。中山大學圖書館藏。第一批國家名録號 01363。

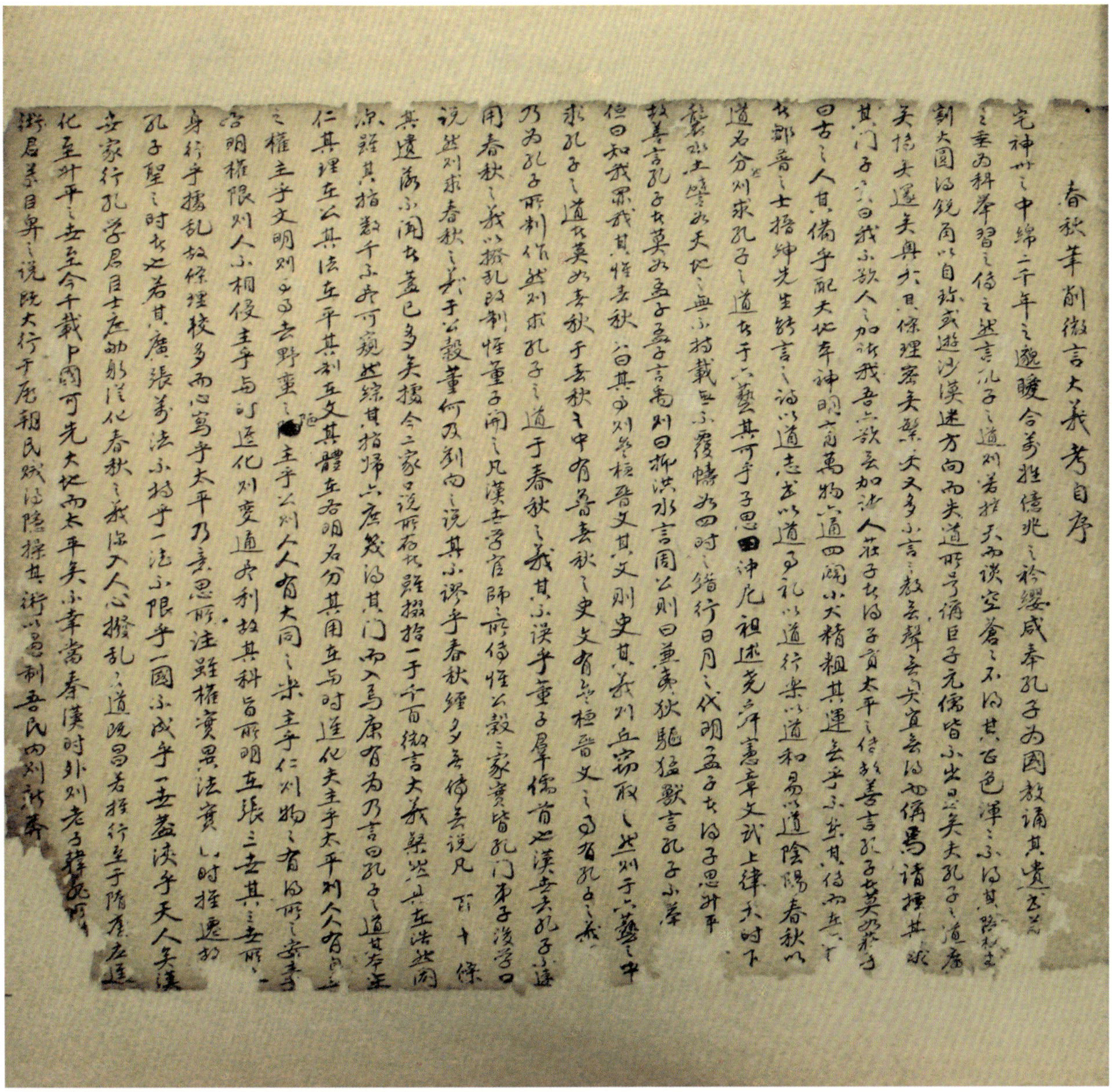
春秋筆削微言大義考自序

春秋筆削微言大義考十一卷　康有爲撰　稿本　四册

廣東省立中山圖書館藏，存六卷（一至六）。第四批國家名録號 10114。

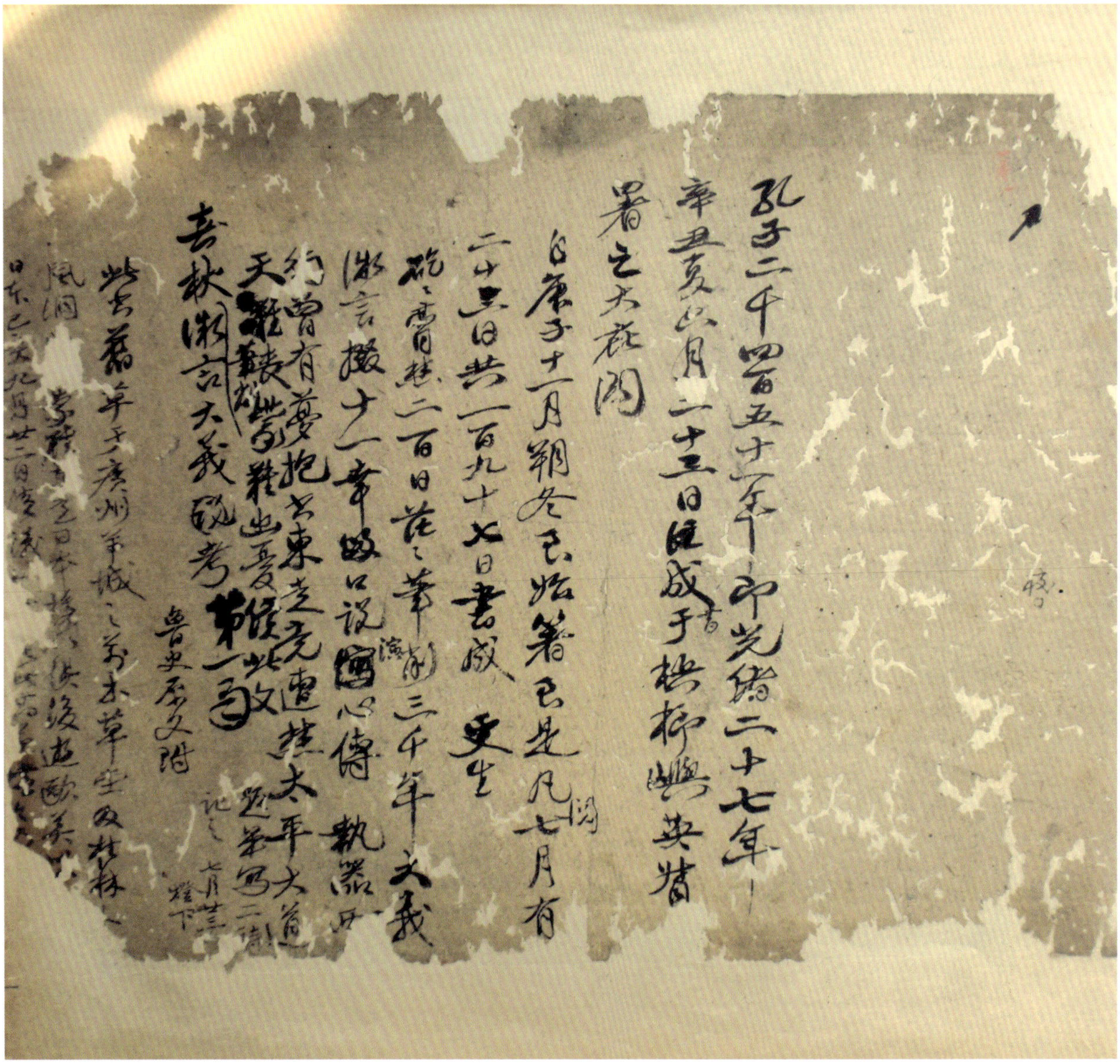
孔子二千四百五十二年即光緒二十七年
辛丑夏六月二十三日改成于檳榔嶼英督
署之大庇閣
自庚子十一月朔冬至始著已是凡閱七月有
二十三日共一百九十七日書成 更生

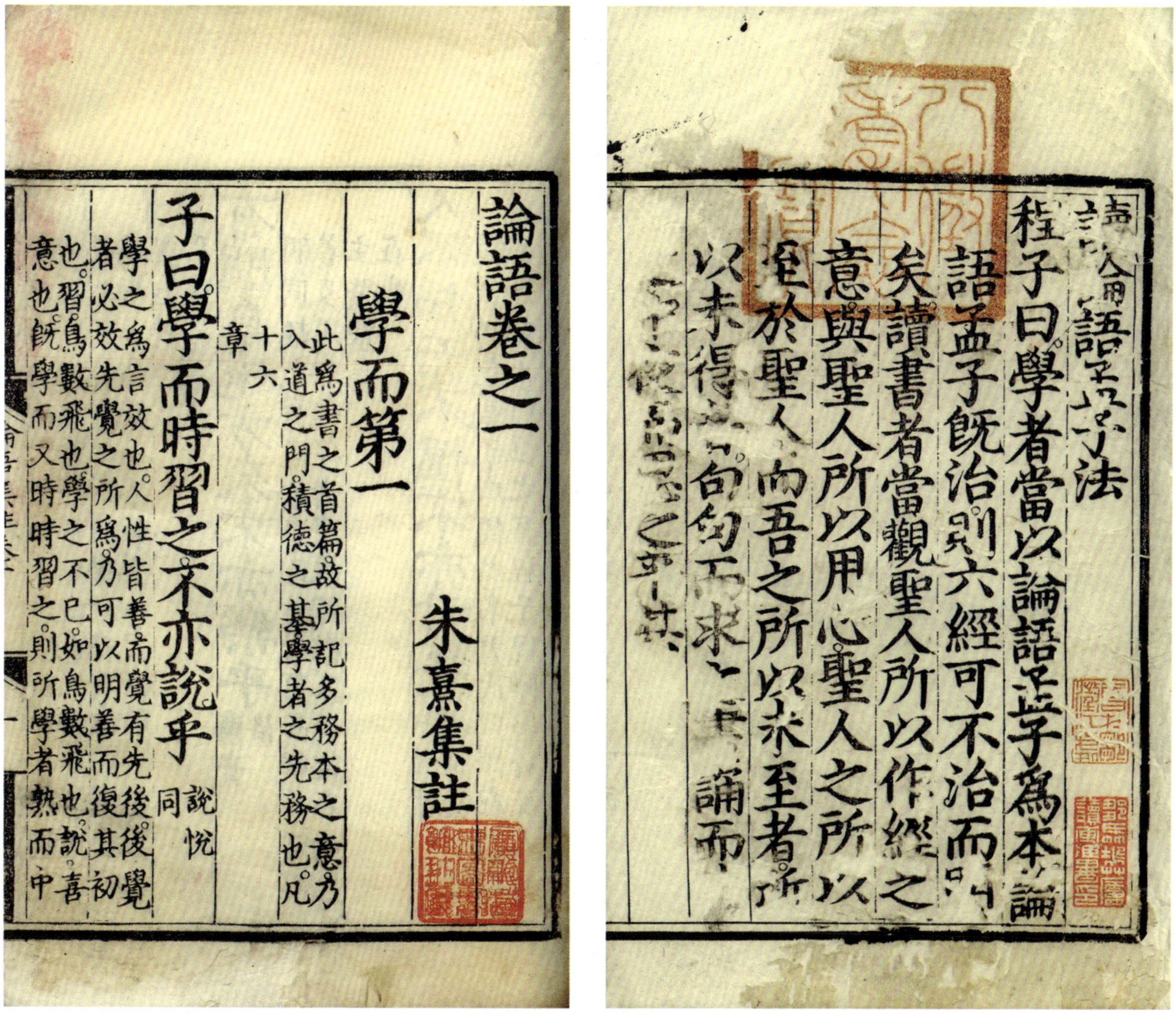

論語集註十卷序説一卷　（宋）朱熹撰　明正統十二年（1447）司禮監刻本　三册

匡高23厘米，廣16.4厘米。半葉八行，行十四字，小字雙行十八字，黑口，四周雙邊。有“八徵耄念之寶”“鄒氏竹塢草盧讀畫藏書印”“曾在鄒澄江處”等印。廣東省立中山圖書館藏，存七卷（一至七）。第一批國家名録號01394。

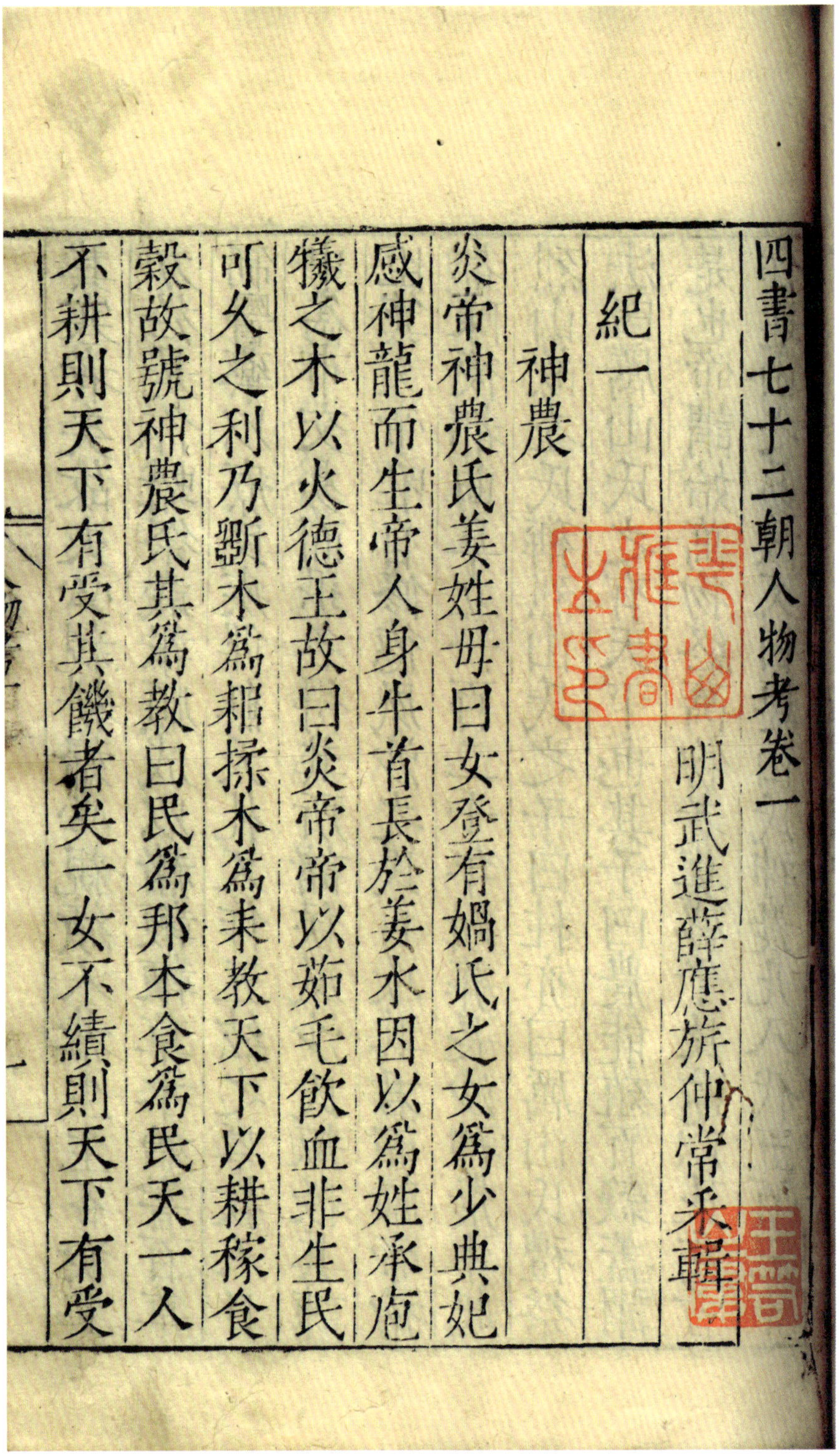
四書七十二朝人物考卷一
明武進薛應旂仲常父輯
紀一
神農
炎帝神農氏姜姓母曰女登有嬌氏之女爲少典妃感神龍而生帝人身牛首長於姜水因以爲姓承庖犧之木以火德王故曰炎帝帝以茹毛飲血非生民可久之利乃斵木爲耜揉木爲耒教天下以耕稼食穀故號神農氏其爲教曰民爲邦本食爲民天一人不耕則天下有受其饑者矣一女不績則天下有受

四書七十二朝人物考四十卷　（明）薛應旂輯　明嘉靖三十七年（1558）刻本　四册

匡高 19.3 厘米，廣 14.2 厘米。半葉十行，行二十字，白口，四周單邊。有“華山藏書之印”“玉笥山樓”印。廣東省立中山圖書館藏。第二批國家名録號 03391。

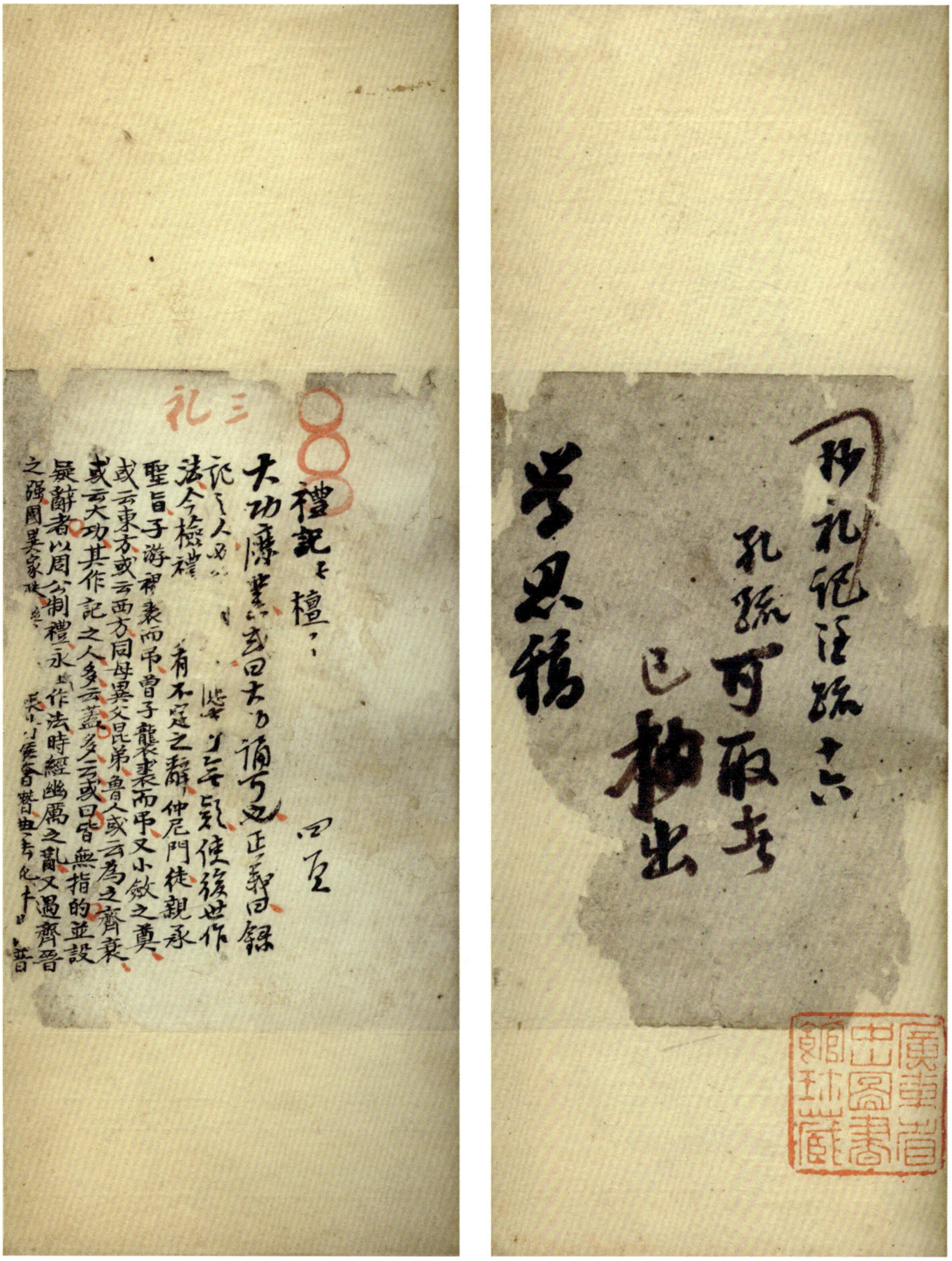

學思稿不分卷 （清）陳澧撰　稿本　十三册

廣東省立中山圖書館藏。第一批國家名録號01401。

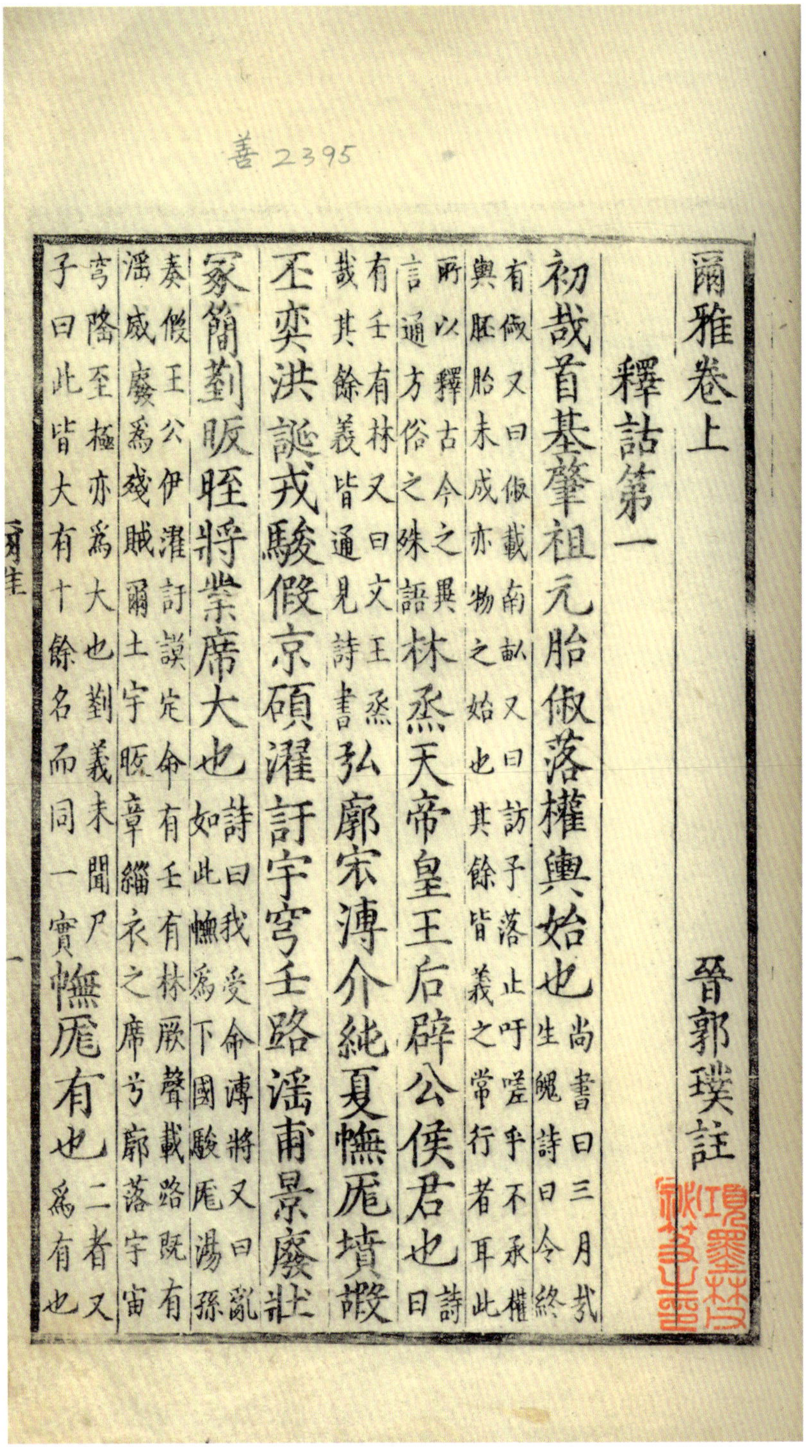
善2395

爾雅卷上　　晉郭璞註

釋詁第一

初哉首基肇祖元胎俶落權輿始也尚書曰三月哉生魄詩曰令終有俶又曰俶載南畝又曰訪予落止吁嗟乎不承權輿胚胎未成亦物之始也其餘皆義之常行者耳此所以釋古今之異言通方俗之殊語

林烝天帝皇王后辟公侯君也詩曰有壬有林又曰文王烝哉其餘義皆通見詩書

弘廓宏溥介純夏幠厖墳嘏丕奕洪誕戎駿假京碩濯訏宇穹壬路淫甫景廢壯冢簡箌昄晊將業席大也詩曰我受命溥將又曰亂如此幠為下國駿厖湯孫奏假王公伊濯訏謨定命有壬有林厥聲載路既有淫威廢為殘賊爾土宇昄章緇衣之席兮廓落宇宙穹隆至極亦為大也箌義未聞尸子曰此皆大有十餘名而同一實

幠厖有也二者又為有也

爾雅二卷　（晉）郭璞注　**音釋二卷**　明刻本　二册

匡高22.4厘米，廣14.3厘米。半葉十行，行二十字，小字雙行同，白口，四周單邊。有“項墨林父秘笈之印”“家住揚州文選樓隋曹憲故里”“夏辰源”等印。廣東省立中山圖書館藏。第四批國家名録號10132。

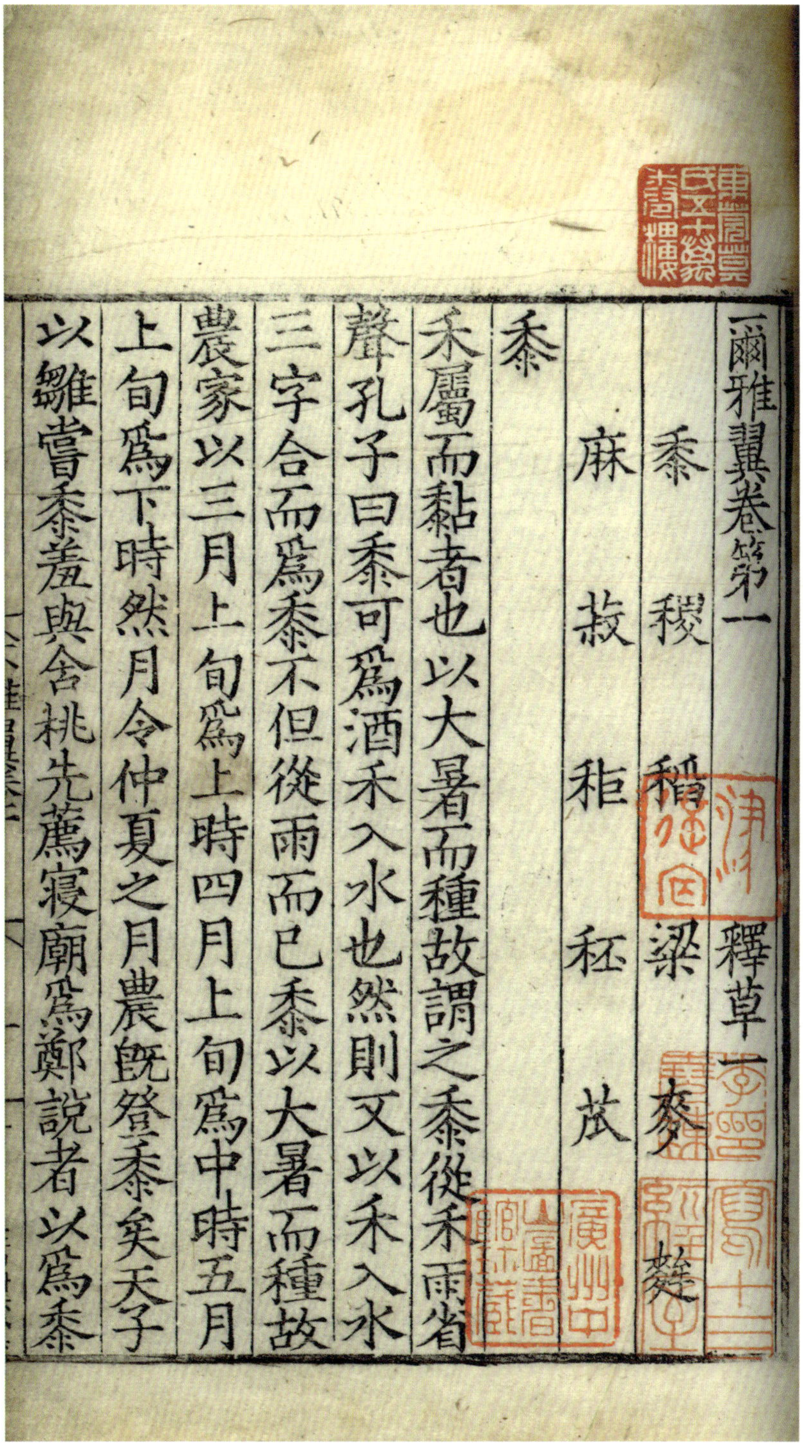
爾雅翼卷第一　　釋草一
黍　稷　稻　粱　麥　麰
麻　菽　秬　秠　苽
黍
禾屬而黏者也以大暑而種故謂之黍從禾雨省
聲孔子曰黍可爲酒禾入水也然則又以禾入水
三字合而爲黍黍不但從雨而已黍以大暑而種故
農家以三月上旬爲上時四月上旬爲中時五月
上旬爲下時然月令仲夏之月農既登黍矣天子
以雛嘗黍羞與含桃先薦寢廟鄭說者以爲黍

爾雅翼三十二卷　（宋）羅願撰　明正德十四年（1519）羅文殊刻本　八册

匡高 20.2 厘米，廣 14.8 厘米。半葉十行，行十九字，白口，左右雙邊。有“李堯棟印”“東莞莫氏五十萬卷樓”“漢陽周氏書種樓藏籍”“貞亮私印”等印，周貞亮跋。廣東省立中山圖書館藏。第二批國家名録號 03410。

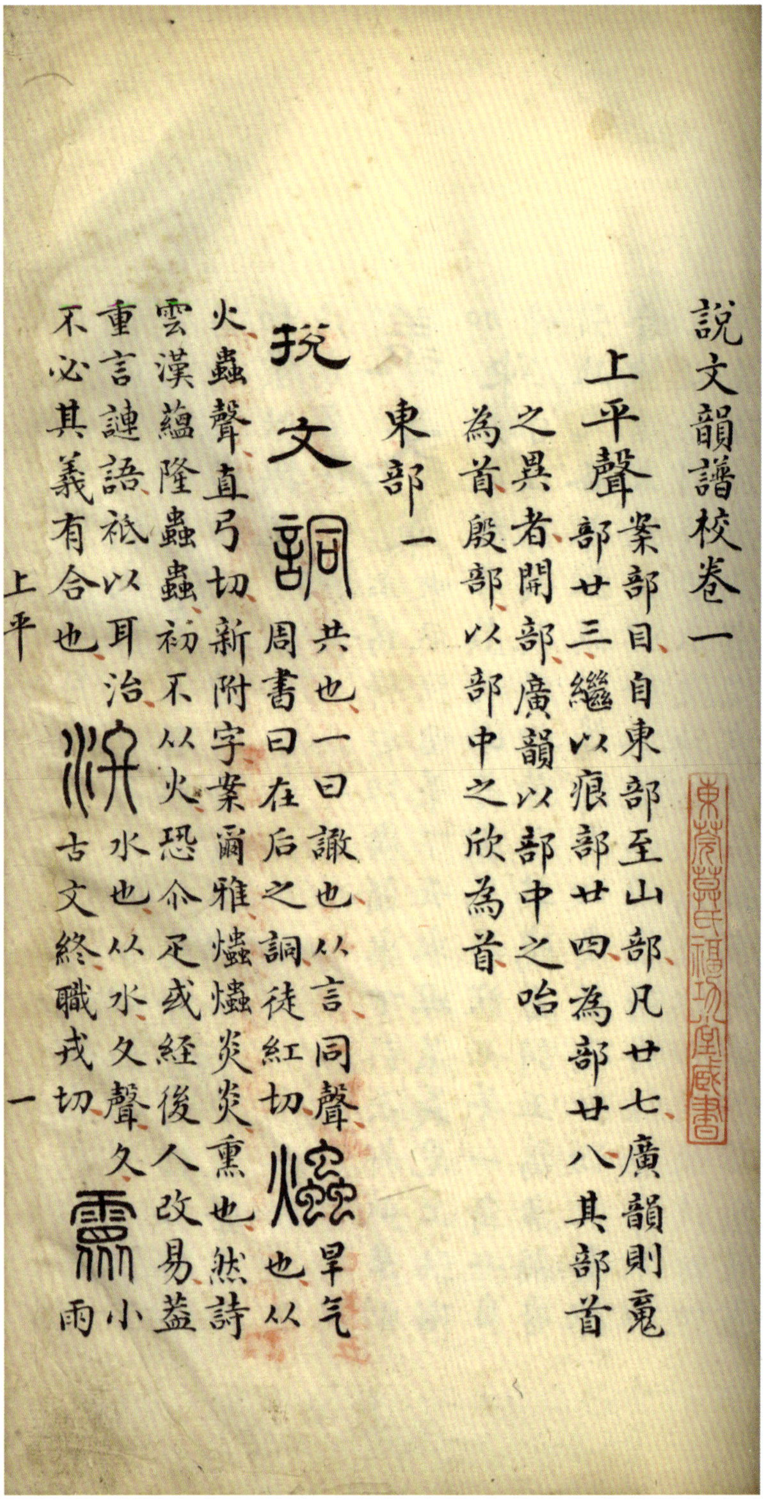

說文韻譜校五卷 （清）王筠撰 稿本 四册

有"東莞莫氏福功堂藏書"印。廣東省立中山圖書館藏，存四卷（一、三至五）。第二批國家名録號03421。

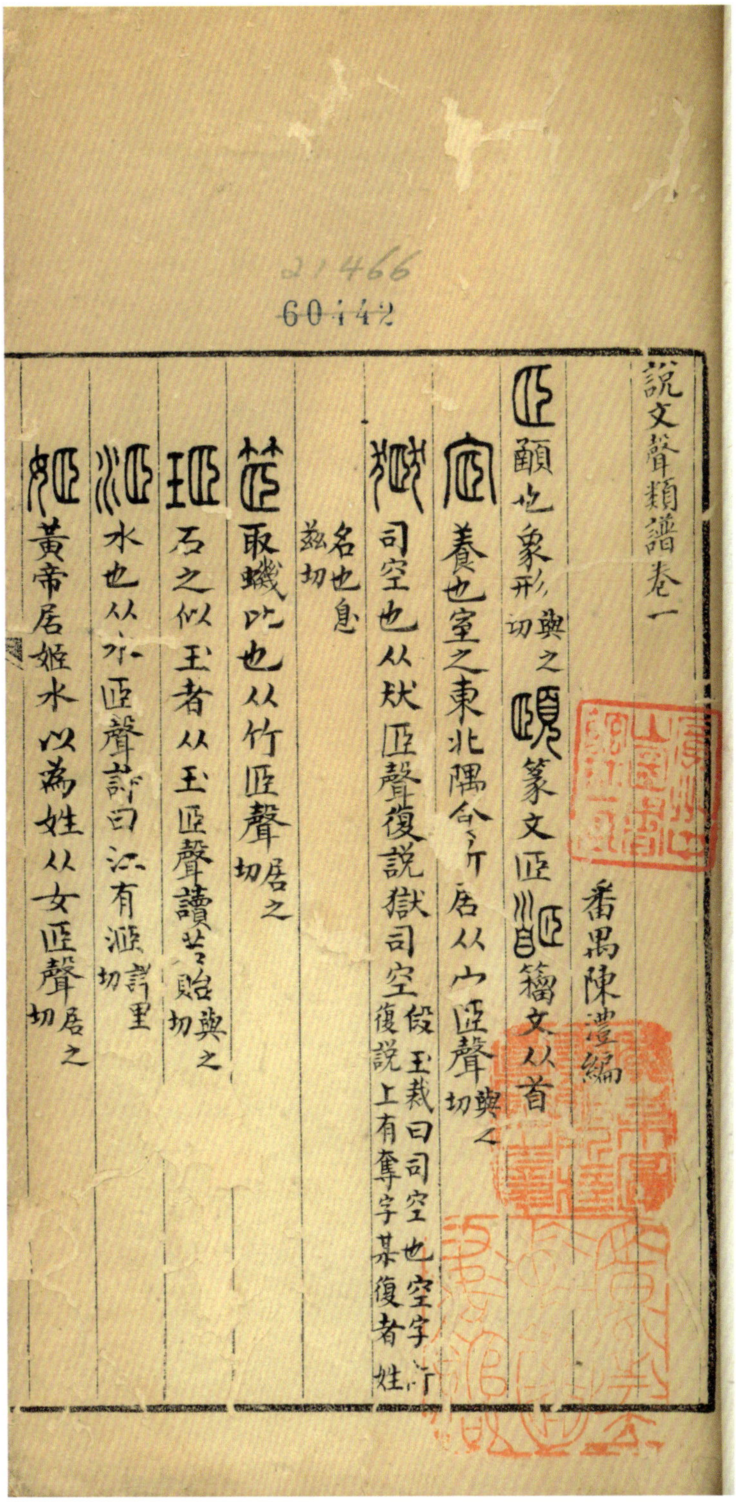

說文聲類譜十七卷　（清）陳澧撰　稿本　十八册

廣東省立中山圖書館藏。第四批國家名録號 10147。

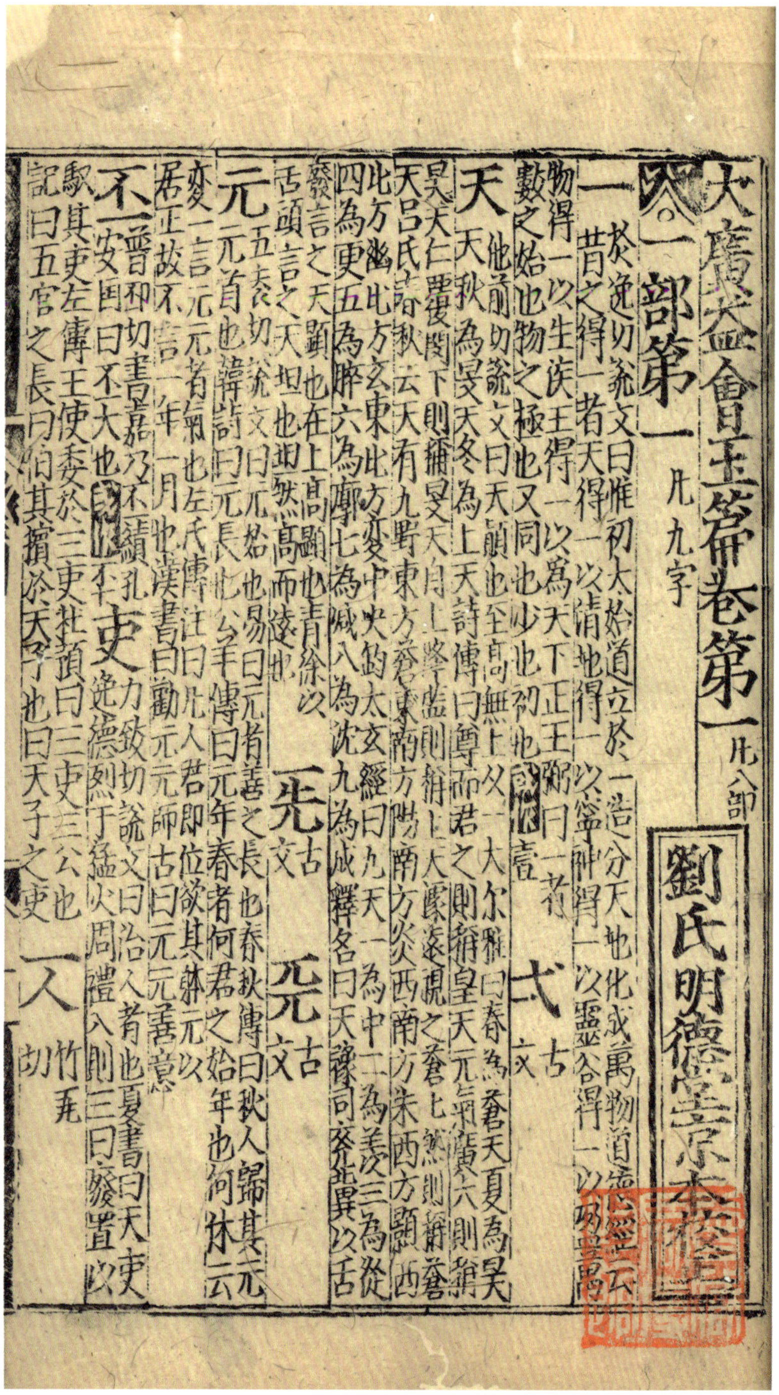
大廣益會玉篇卷第一 凡八部

一部第一 凡九字

劉氏明德堂京本校正

一 天 元 先古文 兀古文 不 吏

大廣益會玉篇三十卷　（南朝梁）顧野王撰　（唐）孫強增字　（宋）陳彭年等重修　**玉篇廣韻指南一卷**　明劉氏明德書堂刻本　六册

匡高 20.5 厘米，廣 13.4 厘米。半葉十二行，行字不等，小字雙行二十八字，黑口，四周雙邊。有“劉氏明德堂京本校正”“劉氏明德書堂新栞”等牌記。有“楊守敬印”“星吾海外訪得祕笈”等印。中山大學圖書館藏。第二批國家名録號 03432。

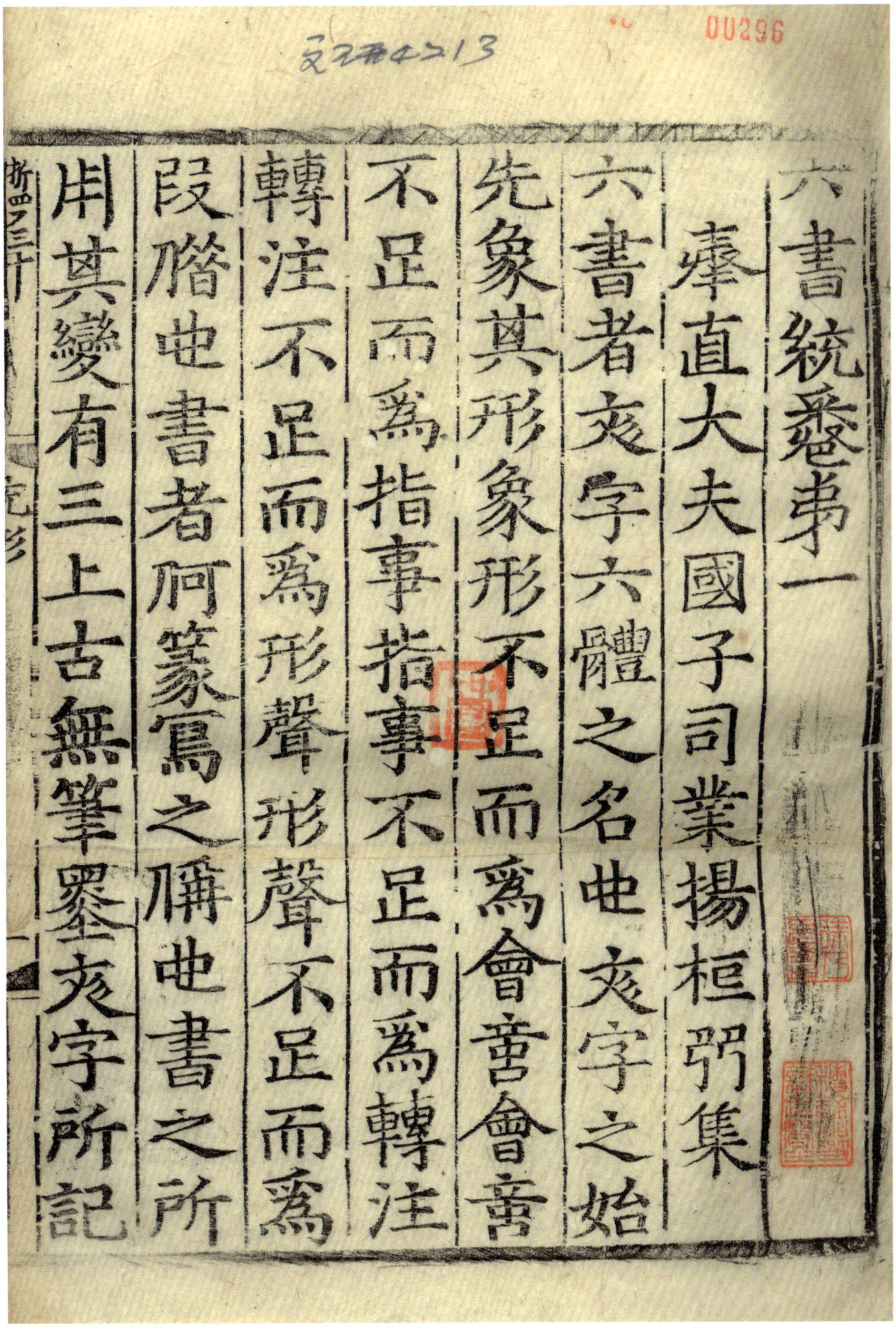

六書統卷弟一

奉直大夫國子司業楊桓弜集

六書者文字六體之名也文字之始先象其形形不足而爲會意會意不足而爲指事指事不足而爲轉注轉注不足而爲形聲形聲不足而爲叚借也書者所篆寫之稱也書之所用其變有三上古無筆墨文字所記

六書統二十卷　（元）楊桓撰　元至大元年（1308）江浙行省儒學刻元明遞修本

二十册

匡高 22.2 厘米，廣 17.1 厘米。半葉八行，行十四字，小字雙行二十三字，黑口，左右雙邊。有“積餘秘笈識者寶之”等印。中山大學圖書館藏。第一批國家名録號 00358。

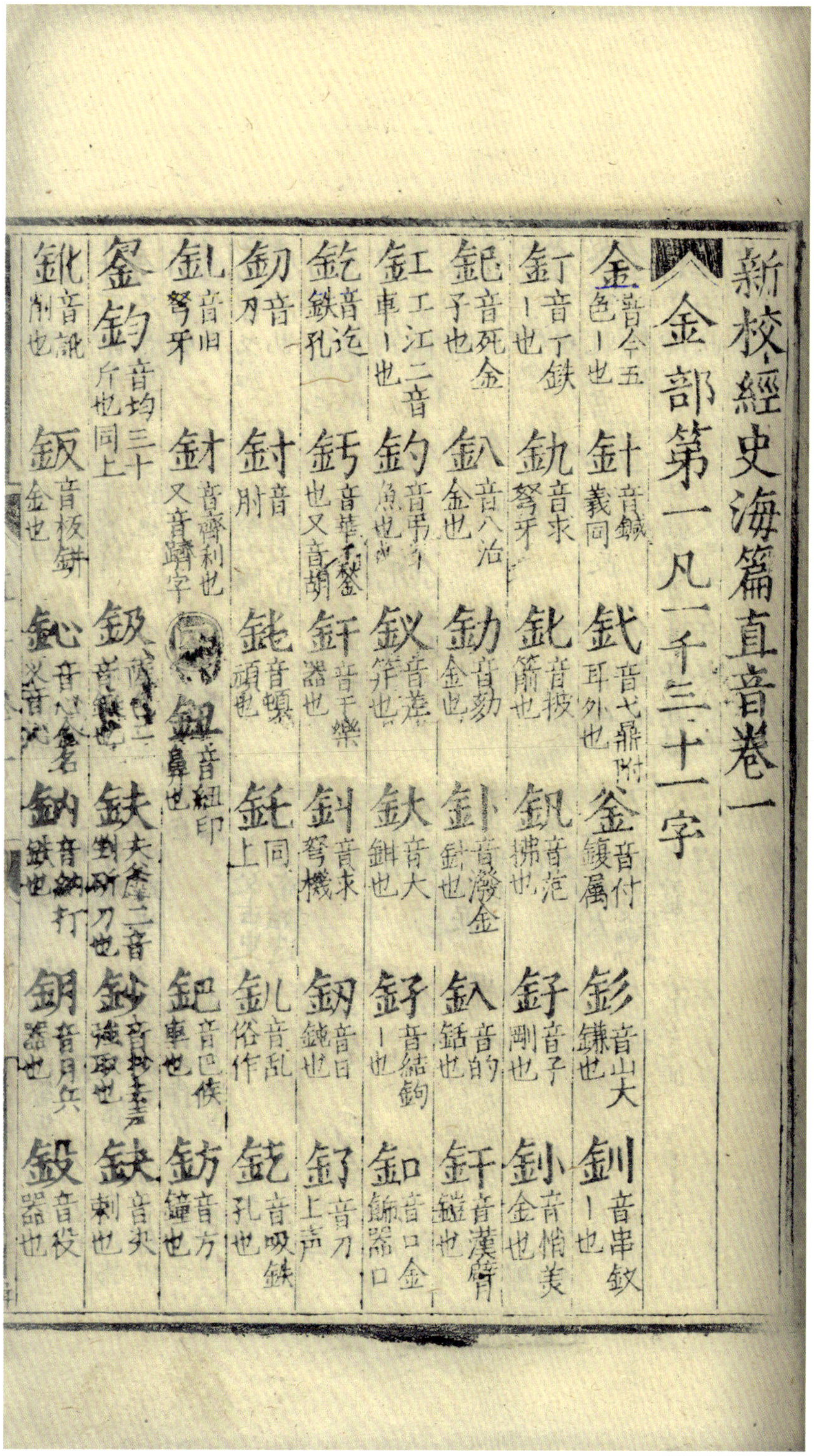
新校經史海篇直音卷一

金部第一 凡一千三十一字

新校經史海篇直音五卷　明刻藍印本　五册

匡高 23.3 厘米，廣 16.5 厘米。半葉十一行，行字不等，藍口，四周雙邊。中山大學圖書館藏。

第三批國家名録號 07450。

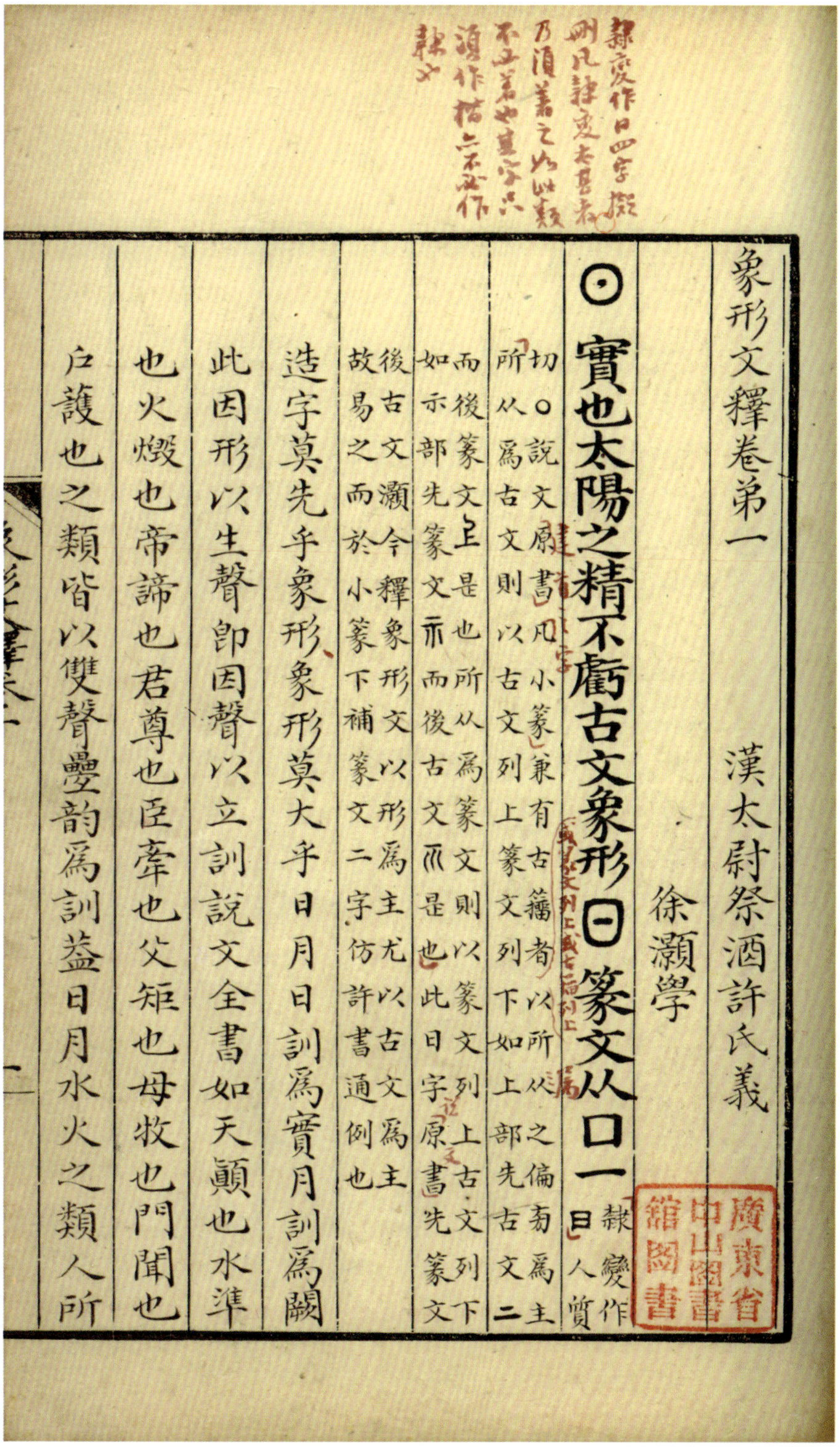
象形文釋卷第一

漢太尉祭酒許氏義

徐灝學

⊙實也太陽之精不虧古文象形㊐篆文从口一隸變作日人質切⊙說文原書凡小篆兼有古籀者以所从之偏旁爲主所从爲古文則以古文列上篆文列下如上部先古文二而後篆文丄是也所从爲篆文則以篆文列上古文列下如示部先篆文示而後古文𥘅是也此日字原書先篆文後古文灝今釋象形文以形爲主尤以古文爲主故易之而於小篆下補篆文二字仿許書通例也

造字莫先乎象形象形莫大乎日月日訓爲實月訓爲闕此因形以生聲即因聲以立訓說文全書如天顛也水準也火燬也帝諦也君尊也臣牽也父矩也母牧也門聞也户護也之類皆以雙聲疊韵爲訓葢日月水火之類人所

象形文釋一卷　（清）徐灝撰　稿本　一册

陳澧批校。廣東省立中山圖書館藏。第二批國家名録號03447。

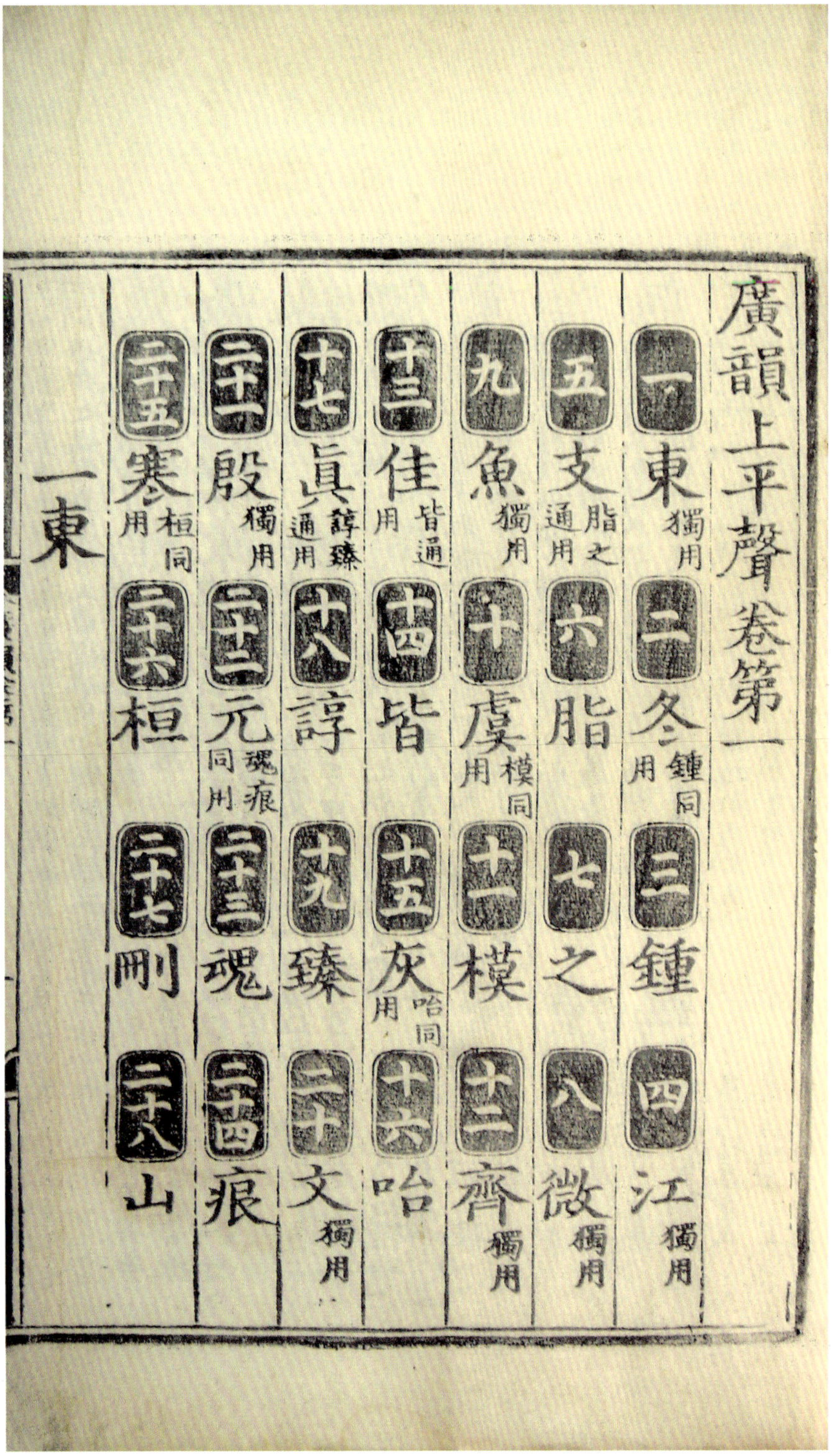
廣韻上平聲卷第一

一東獨用 二冬鍾同用 三鍾 四江獨用
五支脂之通用 六脂 七之 八微獨用
九魚獨用 十虞模同用 十一模 十二齊獨用
十三佳皆通用 十四皆 十五灰咍同用 十六咍
十七真諄臻通用 十八諄 十九臻 二十文獨用
二十一殷獨用 二十二元魂痕同用 二十三魂 二十四痕
二十五寒桓同用 二十六桓 二十七刪 二十八山

一東

廣韻五卷 明刻本 五册

匡高24.8厘米，廣18厘米。半葉九行，行字不等，黑口，四周雙邊。中山大學圖書館藏。

第二批國家名録號03454。

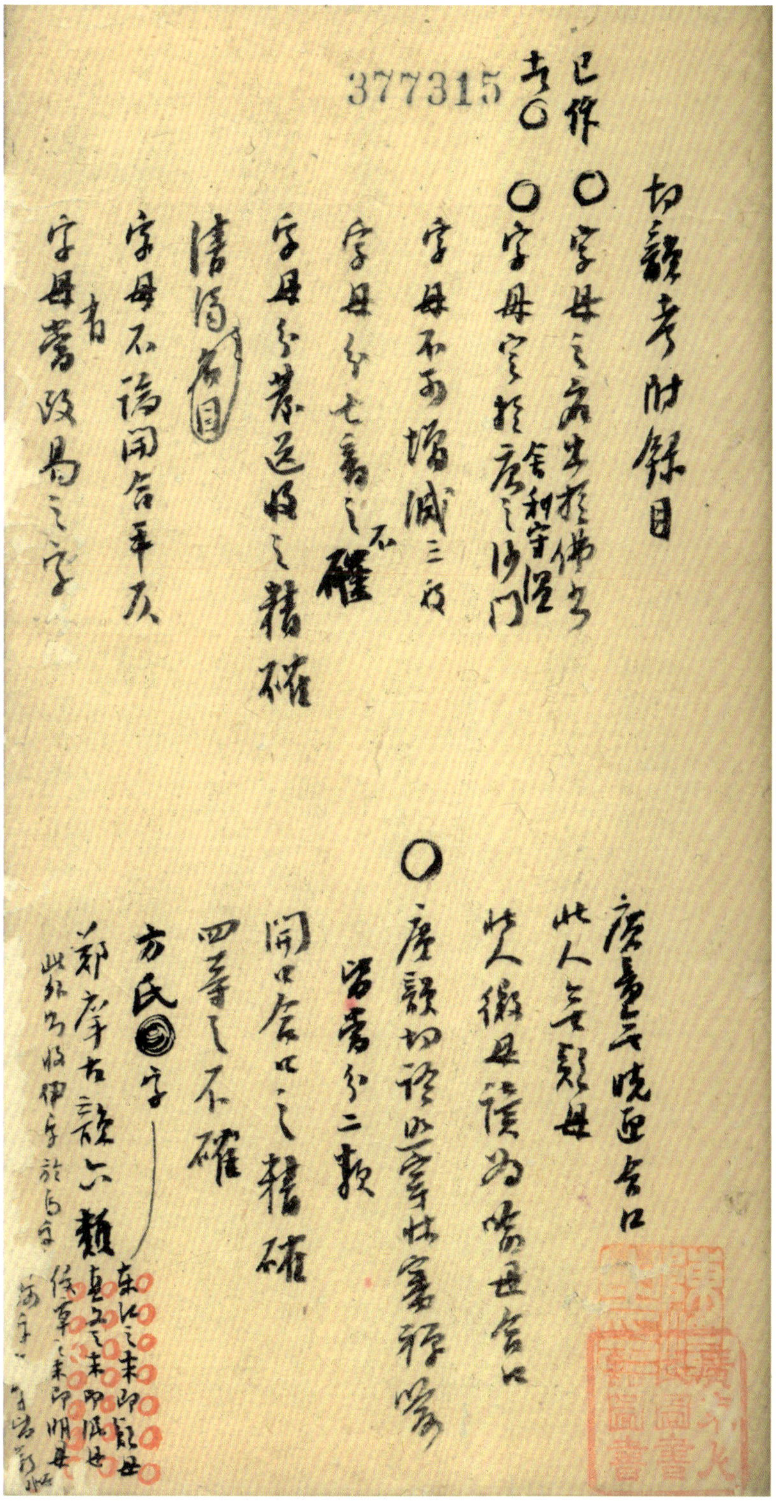
377315
切韻考附錄目

切韻考一卷　（清）陳澧撰　稿本　一册

有“陳澧之印”等印。廣東省立中山圖書館藏。第五批國家名録號 11545。

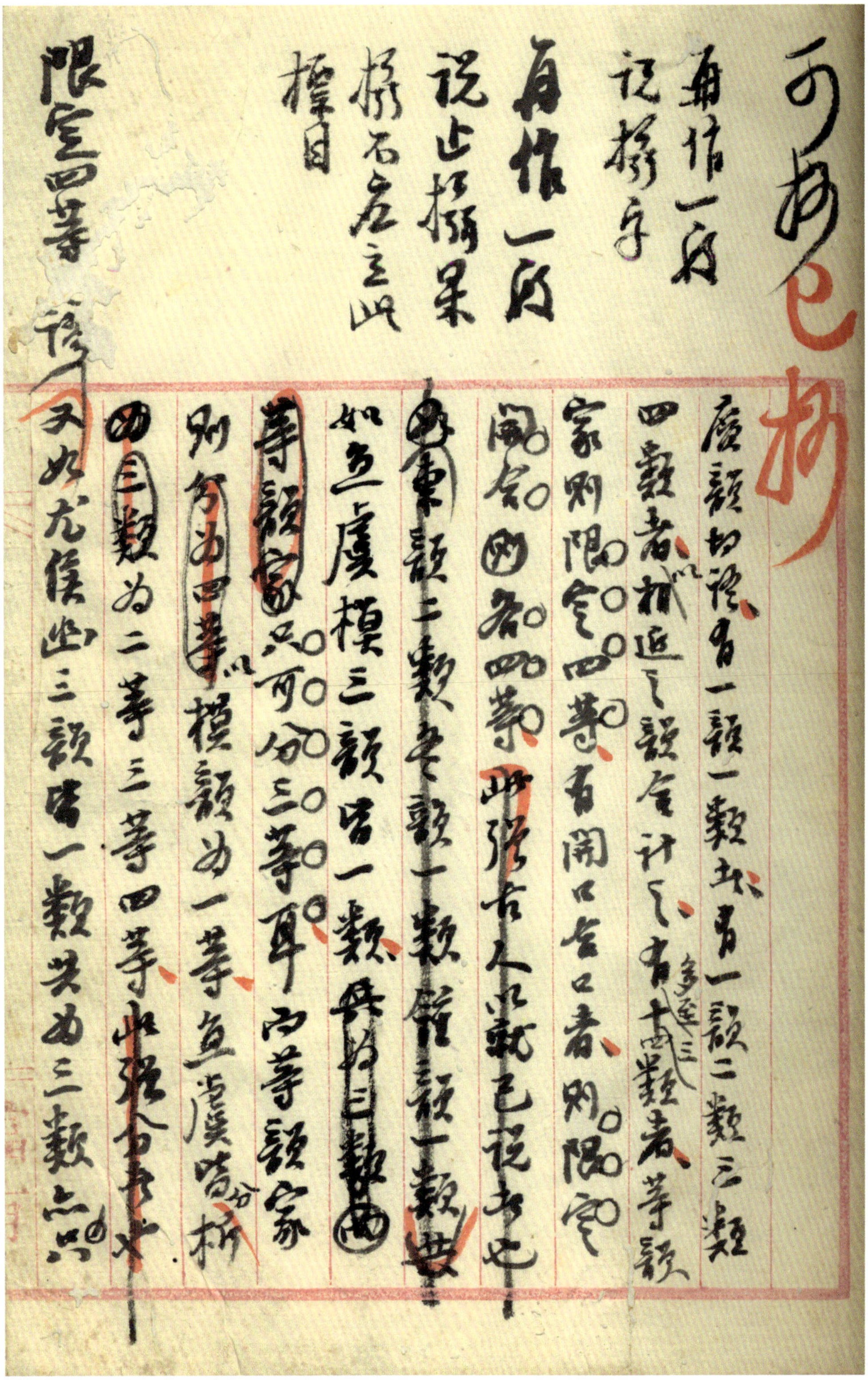

切韻考殘稿一卷　（清）陳澧撰　稿本　一册

廣東省立中山圖書館藏。第五批國家名録號 11546。

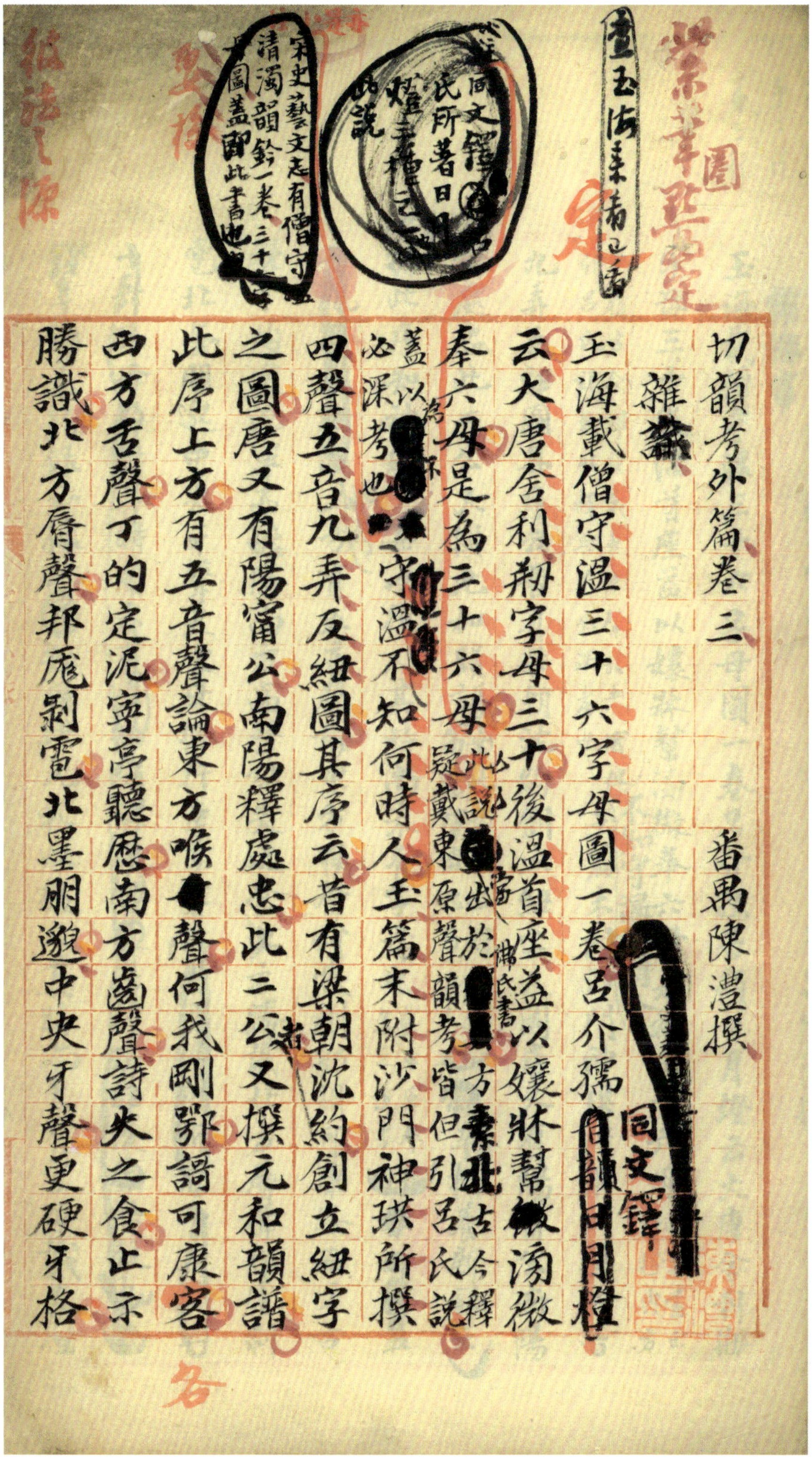
切韻考外篇卷三　番禺陳澧撰

云大唐舍利剏字母三十後温首座益以孃牀幫微滂微

四聲五音九弄反紐圖其序云昔有梁朝沈約創立紐字

之圖唐又有陽甯公南陽釋處忠此二公又撰元和韻譜

此序上方有五音聲論東方喉聲何我剛鄂謌可康客

西方舌聲丁的定泥寧亭聽歷南方齒聲詩失之食止示

勝識北方脣聲邦尨剝雹北墨朋邈中央牙聲更硬牙格

切韻考外編三卷　（清）陳澧撰　稿本　二册

有“陳澧之印”等印。廣東省立中山圖書館藏。第五批國家名録號 11547。

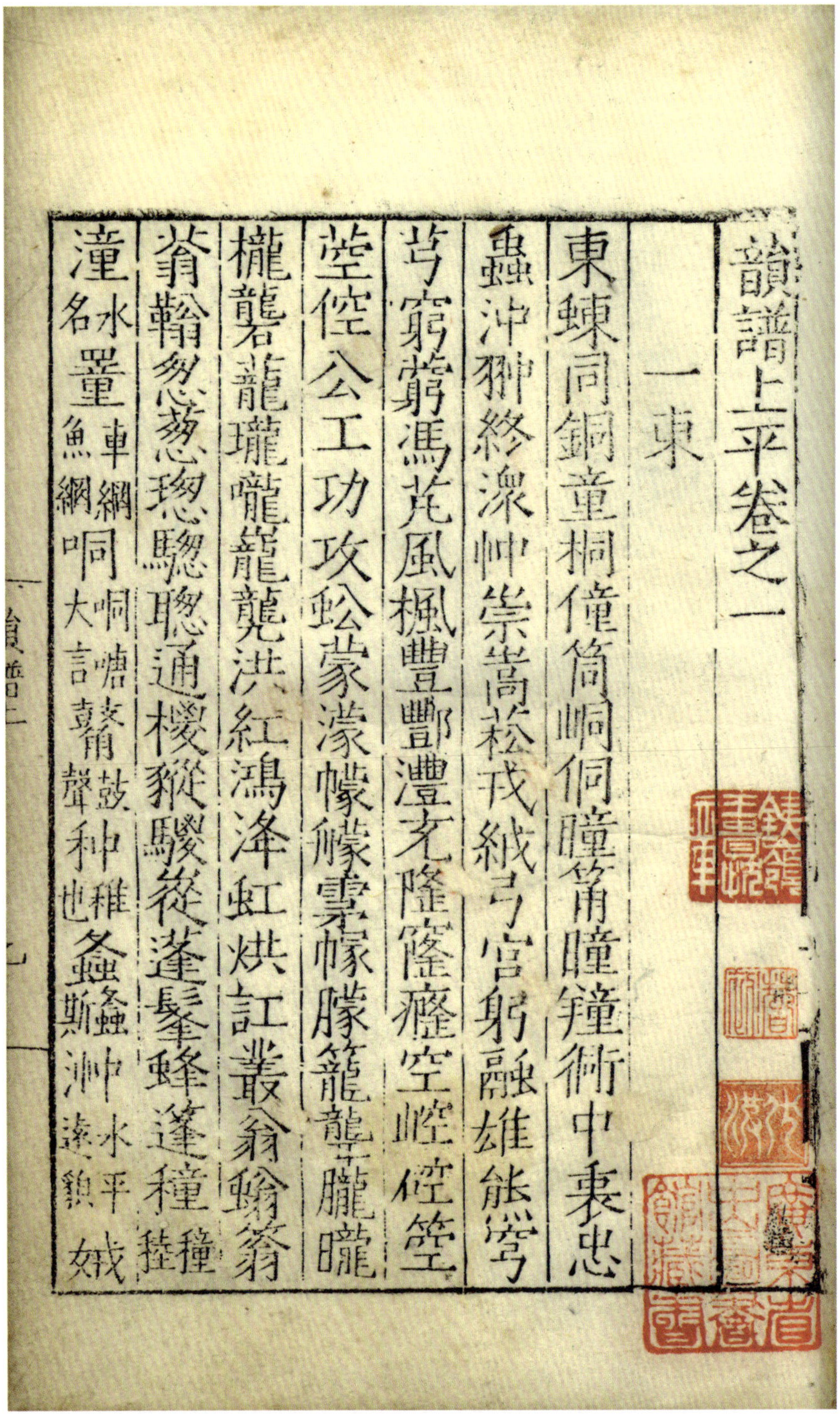
韻譜上平卷之一
一東
東鶇同銅童桐僮筒峒侗曈筩瞳鐘衕中衷忠
蟲沖翀終潨忡崇嵩菘戎絨弓宮躬融雄熊穹
芎窮藭馮芃風楓豐酆灃充隆窿癃空崆倥箜
埪倥公工功攻蚣蒙濛幪艨霿朦籠聾朧曨
櫳龔龍瓏嚨蘢蘢洪紅鴻洚虹烘訌叢翁螉蓊
蓊鞥怱葱蔥璁驄聰通樬豵騣䑸蓬鬔蜂篷穜
潼名水罿車網魚網哃大言䪦聲和也

韻譜二卷　（明）朱睦㮮撰　明嘉靖二十四年（1545）白濬刻本　二册

匡高 18.2 厘米，廣 13.5 厘米。半葉九行，行十八字，小字雙行不等，白口，四周單邊。有“伏波”“濬初”“鐵嶺王貴忱章”等印。廣東省立中山圖書館藏。第一批國家名録號 01457。

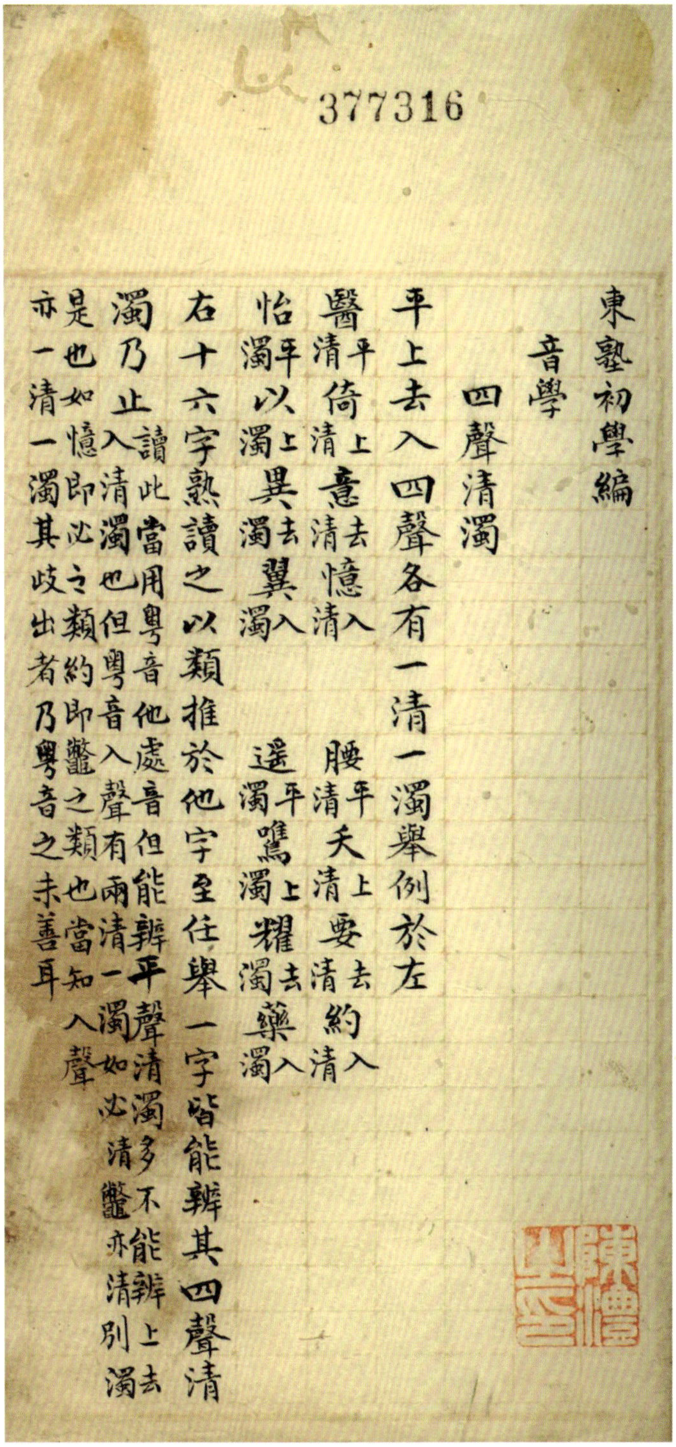

東塾初學編一卷　（清）陳澧撰　稿本　一册

有“陳澧之印”。廣東省立中山圖書館藏。第一批國家名録號 01461。

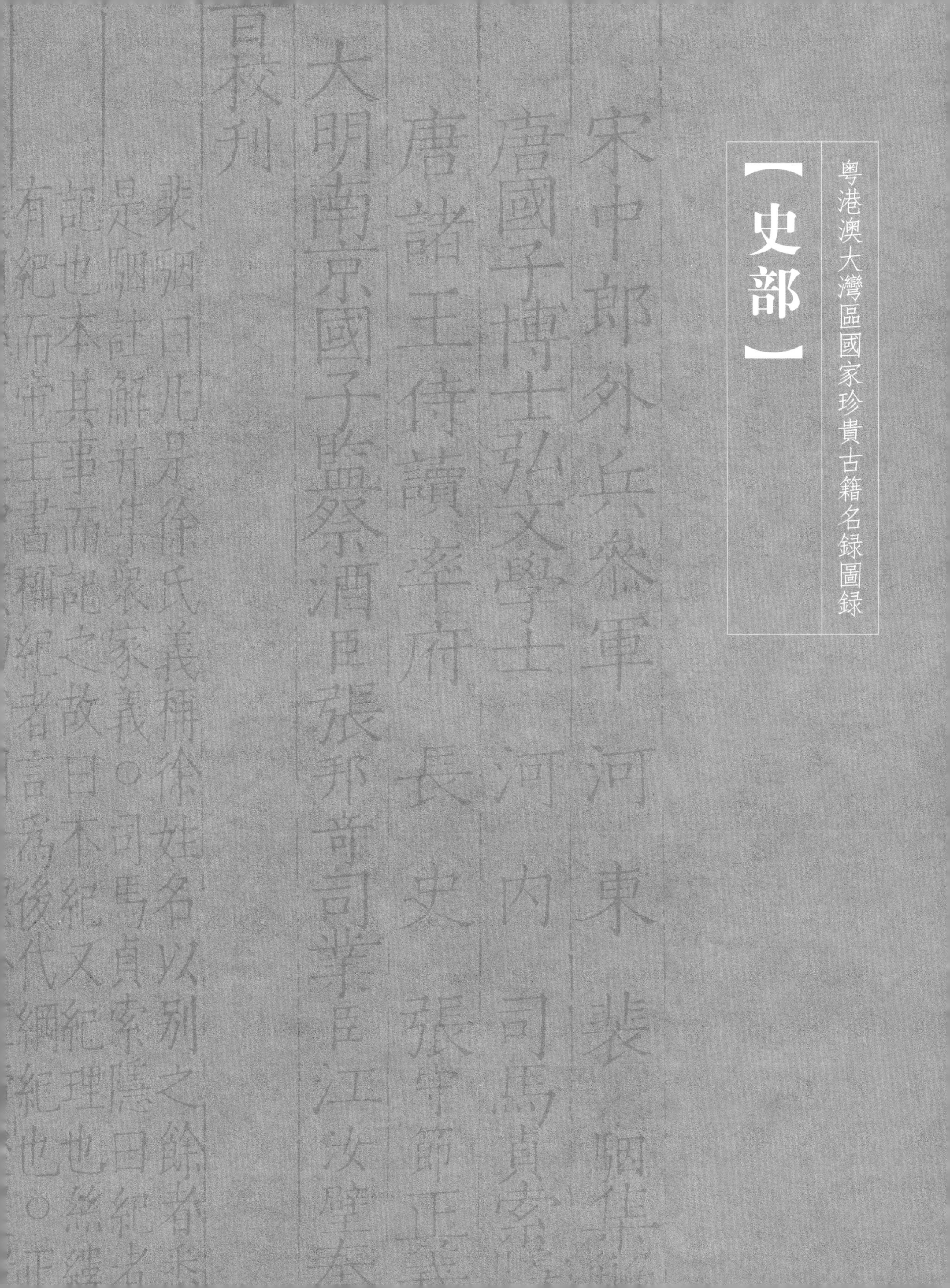

粵港澳大灣區國家珍貴古籍名録圖録

【史部】

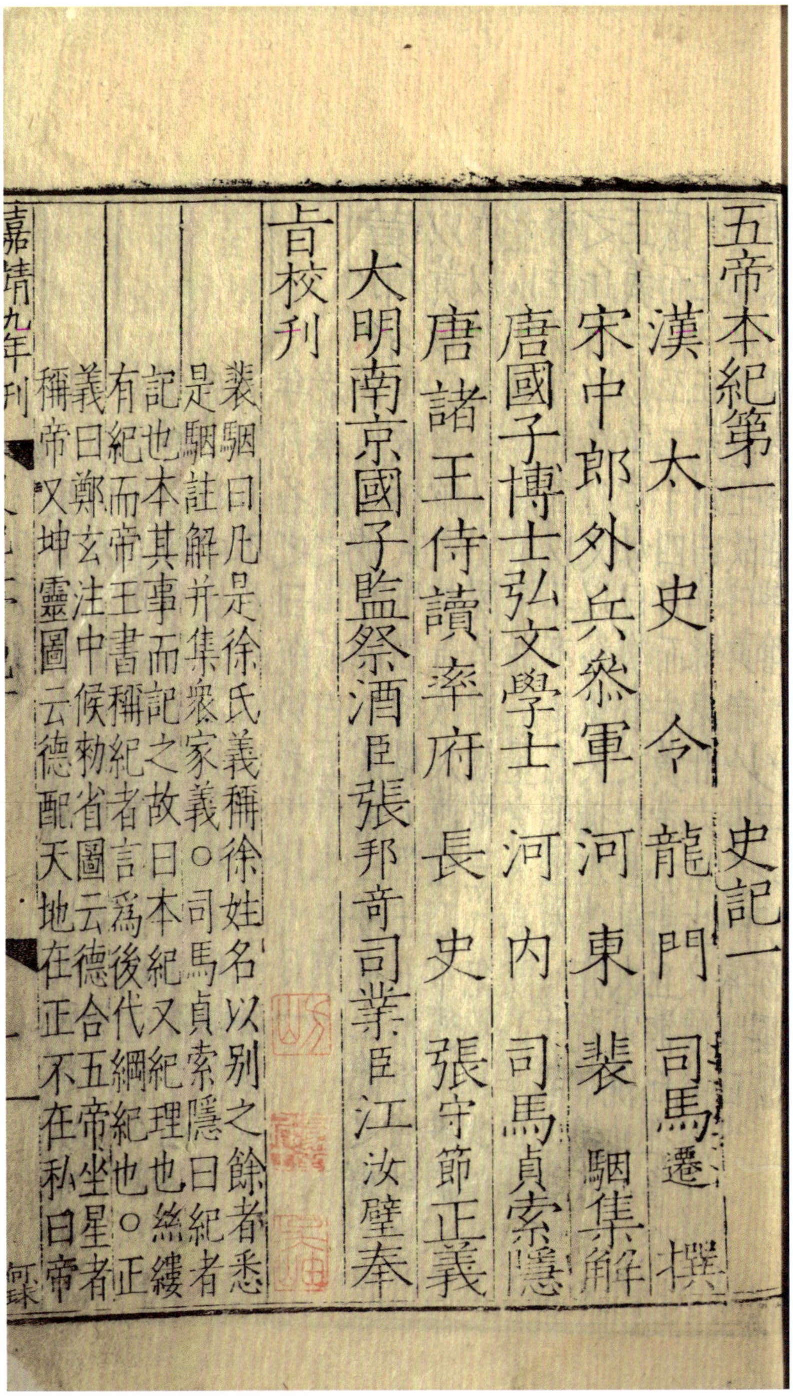
五帝本紀第一　史記一
漢　太　史　令　龍　門　司馬遷　撰
宋中郎外兵參軍　河　東　裴　駰集解
唐國子博士弘文學士　河　内　司馬貞索隱
唐諸王侍讀率府　長　史　張守節正義
大明南京國子監祭酒臣張邦奇司業臣江汝璧奉
旨校刊
裴駰曰凡是徐氏義稱徐姓名以別之餘者悉是駰註解并集衆家義○司馬貞索隱曰紀者記也本其事而記之故曰本紀又紀理也絲縷有紀而帝王書稱紀者言爲後代綱紀也○正義曰鄭玄注中候勑省圖云德合五帝坐星者稱帝又坤靈圖云德配天地在正不在私曰帝
嘉靖九年刊

史記一百三十卷　（漢）司馬遷撰　（南朝宋）裴駰集解　（唐）司馬貞索隱　（唐）張守節正義　明嘉靖八至九年（1529—1530）南京國子監刻本　二十四册

匡高 22.3 厘米，廣 15.3 厘米。半葉十行，行二十一字，小字雙行同，細黑口，四周雙邊。有“吴岫”“濠南居士”等印。華南師範大學圖書館藏。第三批國家名録號 07484。

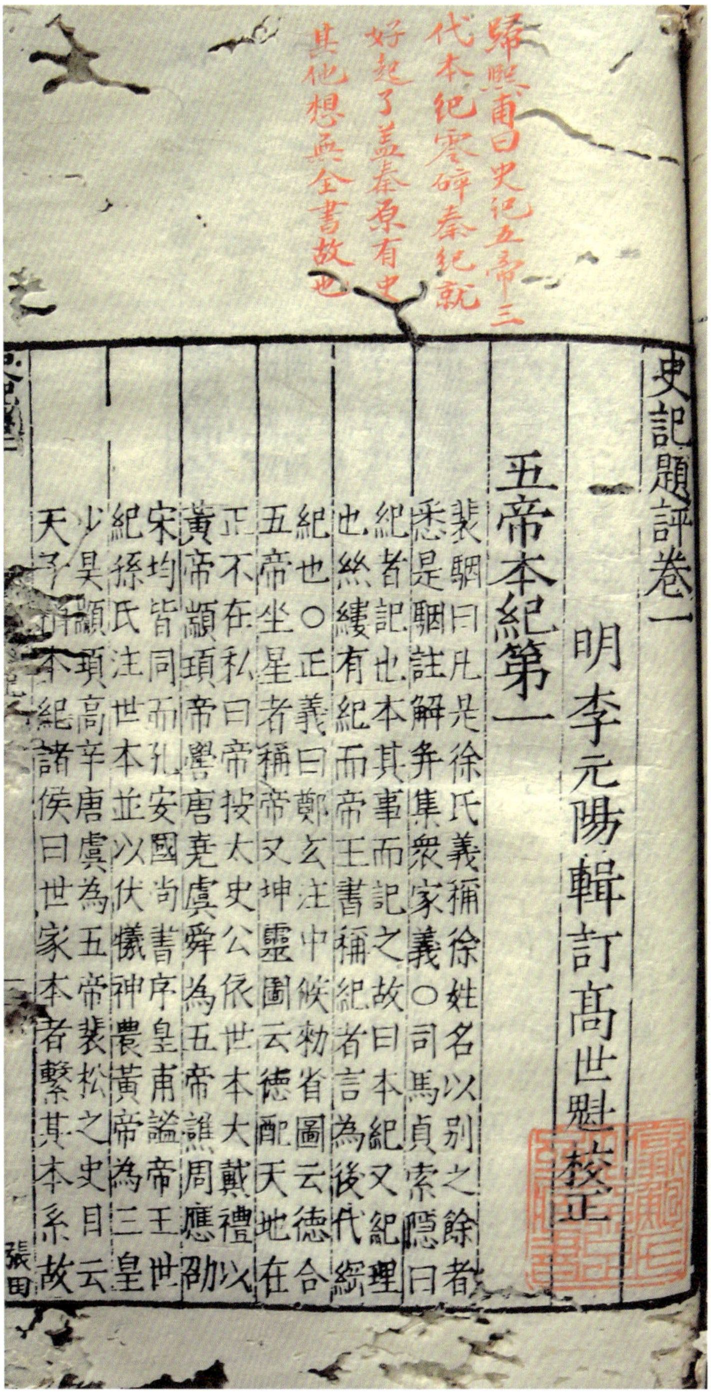

史記題評一百三十卷 （明）楊慎　李元陽輯　明嘉靖十六年（1537）胡有恒、胡瑞敦刻本　二十六册

匡高 17.6 厘米，廣 12.5 厘米。半葉九行，行二十字，小字雙行同，白口，左右雙邊。有“歙鮑氏知不足齋藏書”“汪秋浦藏書”等印，在宥録諸家批校並跋。中山大學圖書館藏。第二批國家名録號 03503。

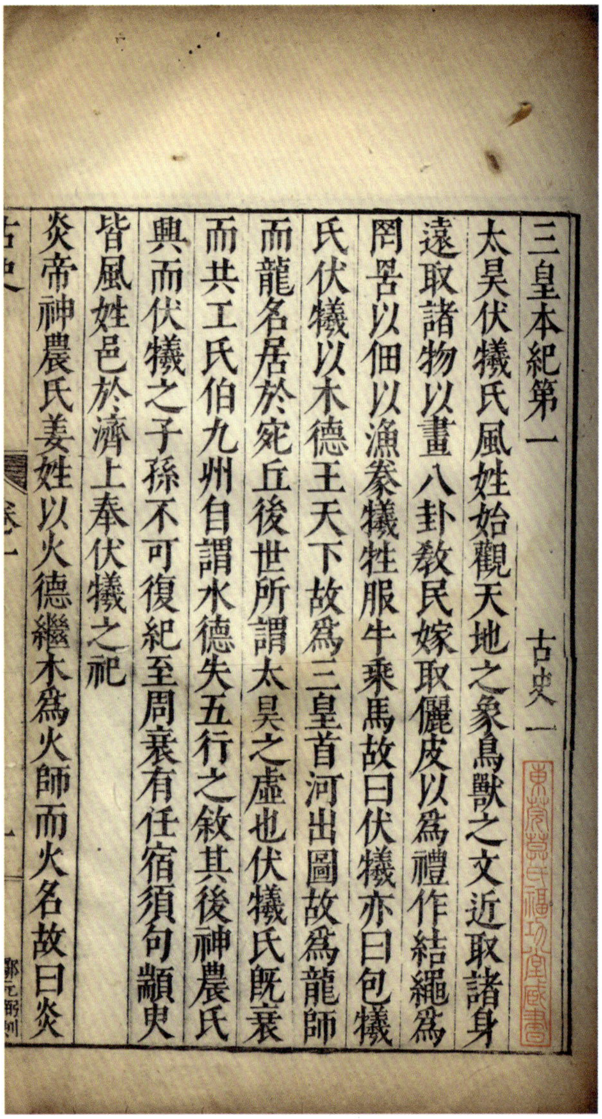
三皇本紀第一　古史一
太昊伏犧氏風姓始觀天地之象鳥獸之文近取諸身
遠取諸物以畫八卦教民嫁取儷皮以爲禮作結繩爲
罔罟以佃以漁豢犧牲服牛乘馬故曰伏犧亦曰包犧
氏伏犧以木德王天下故爲三皇首河出圖故爲龍師
而龍名居於宛丘後世所謂太昊之虛也伏犧氏既衰
而共工氏伯九州自謂水德失五行之敘其後神農氏
興而伏犧之子孫不可復紀至周衰有任宿須句顓臾
皆風姓邑於濟上奉伏犧之祀
炎帝神農氏姜姓以火德繼木爲火師而火名故曰炎

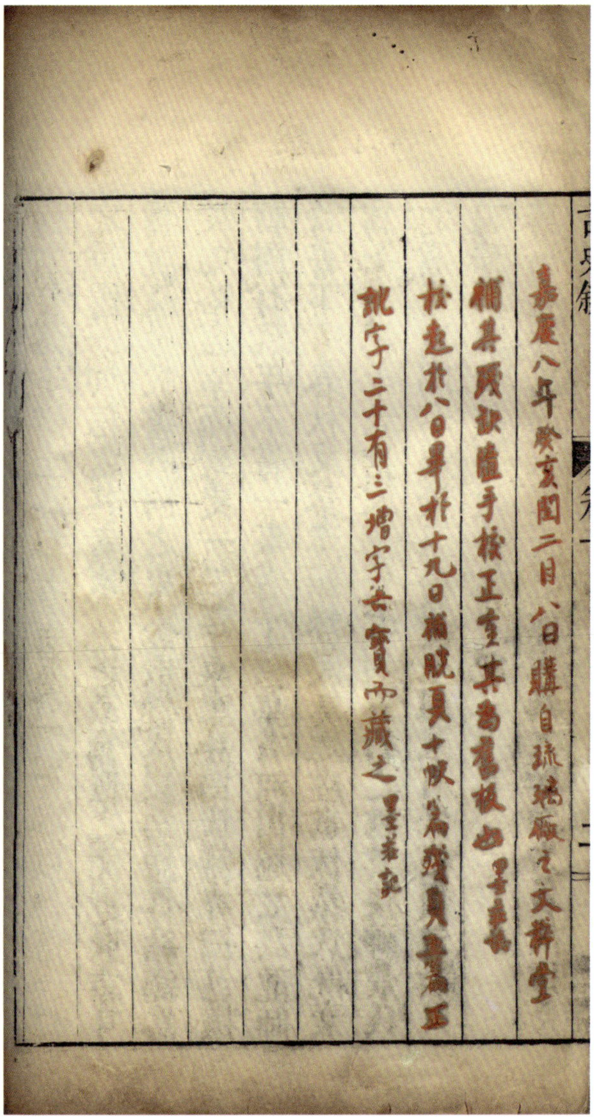
嘉慶八年癸亥閏二月八日購自琉璃廠之文粹堂
補其殘缺隨手校正其爲舊板也
校起於八日畢於十九日補脫頁十版又補殘頁五葉爲正
訛字二十有三增字廿寶而藏之

古史六十卷　（宋）蘇轍撰　明萬曆刻本　一册

匡高 22.2 厘米，廣 15.1 厘米。半葉十行，行二十一字，小字雙行同，白口，左右雙邊。有“晉安徐興公家藏書”“東漢傳經之家”“天一”“東莞莫氏福功堂藏書”“王貴忱印”等印，胡承珙批校並跋，莫伯驥跋。廣州圖書館藏，存六卷（一至六）。第三批國家名録號 07495。

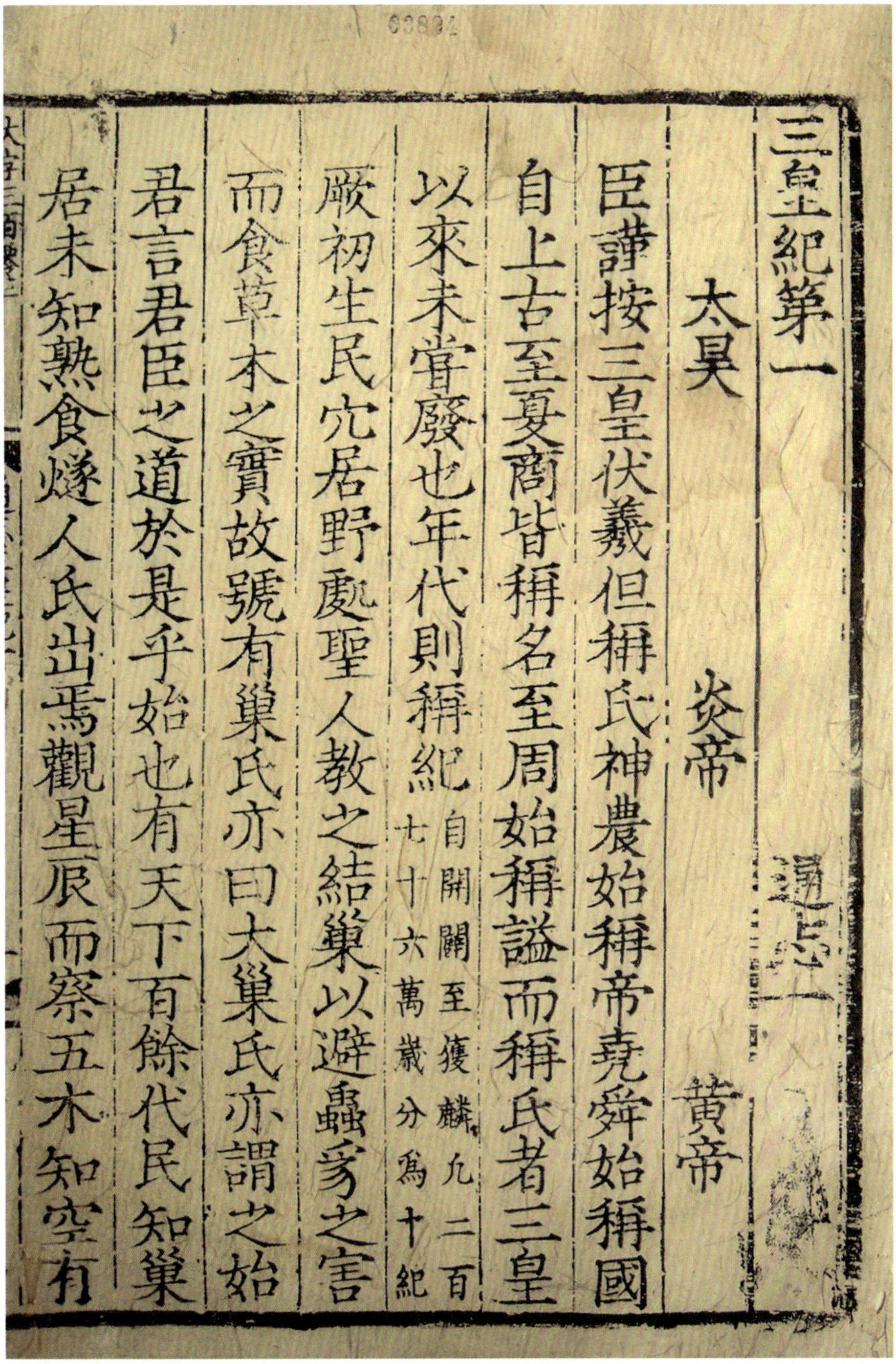
三皇紀第一
太昊　炎帝　黄帝　通志一
臣謹按三皇伏羲但稱氏神農始稱帝堯舜始稱國
自上古至夏商皆稱名至周始稱謚而稱氏者三皇
以來未嘗廢也年代則稱紀自開闢至獲麟凡二百七十六萬歲分爲十紀
厥初生民穴居野處聖人教之結巢以避蟲豸之害
而食草木之實故號有巢氏亦曰大巢氏亦謂之始
君言君臣之道於是乎始也有天下百餘代民知巢
居未知熟食燧人氏出焉觀星辰而察五木知空有

通志二百卷　（宋）鄭樵撰　元大德三山郡庠刻元明遞修本（有補配）　二百二十六册

匡高 29.2 厘米，廣 20.8 厘米。半葉九行，行二十一字，小字雙行同，白口，左右雙邊。廣東省社會科學院圖書館藏（卷九、十上、十五上、二十一至二十四、三十八至四十三、八十一、九十一至九十二抄配，卷一百七十五至一百七十七補配）。第二批國家名録號 02646。

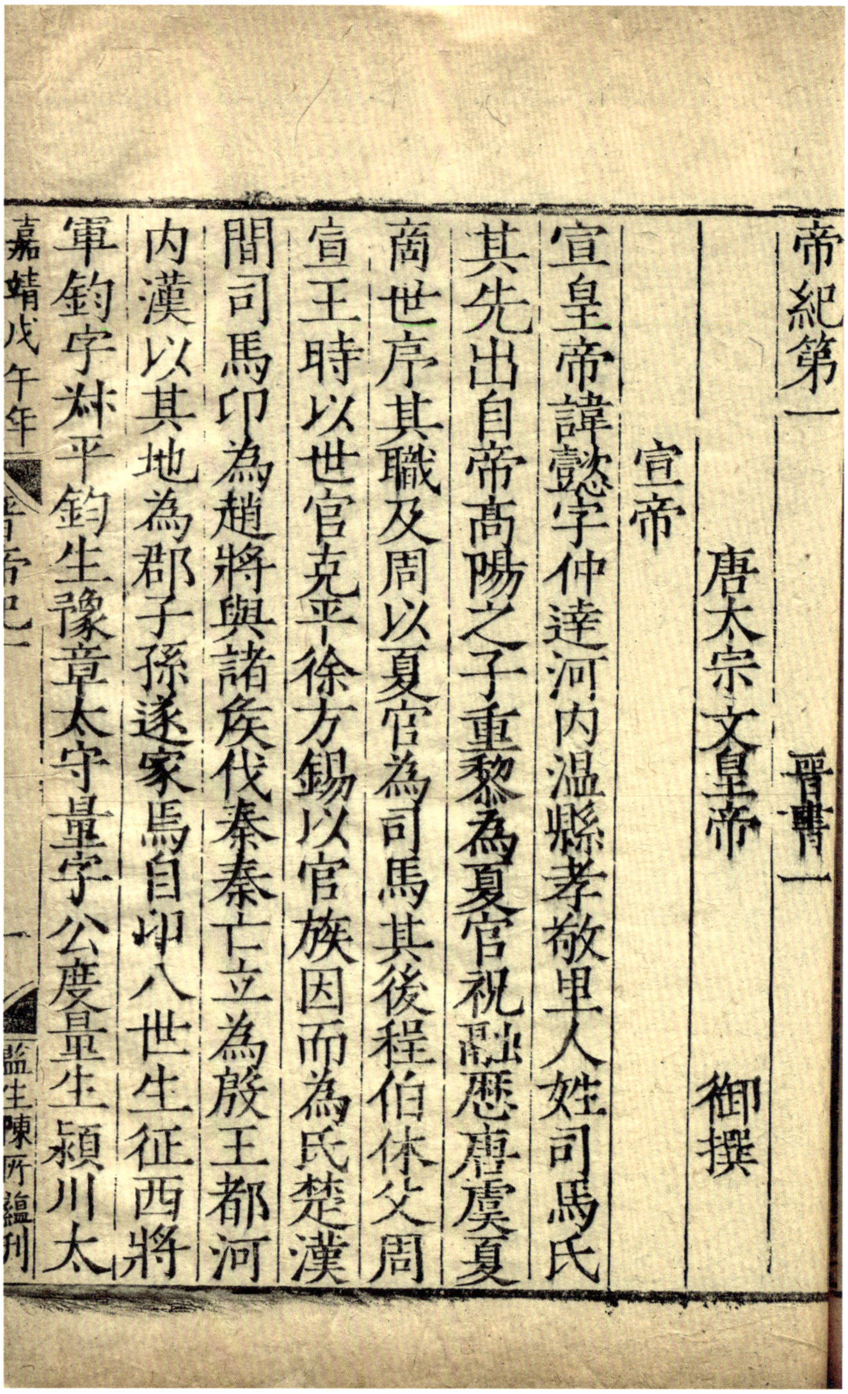
帝紀第一　晉書一

唐太宗文皇帝　御撰

宣帝

宣皇帝諱懿字仲達河内温縣孝敬里人姓司馬氏其先出自帝高陽之子重黎為夏官祝融歷唐虞夏商世序其職及周以夏官為司馬其後程伯休父周宣王時以世官克平徐方錫以官族因而為氏楚漢閒司馬卬為趙將與諸侯伐秦秦亡立為殷王都河内漢以其地為郡子孫遂家焉自卬八世生征西將軍鈞字叔平鈞生豫章太守量字公度量生潁川太

嘉靖戊午年　晉帝紀一　一　監生陳所蘊刊

晉書一百三十卷　（唐）房玄齡等撰　**音義三卷**　（唐）何超撰　元刻明正德十年（1515）司禮監嘉靖萬曆南京國子監遞修本　六十四册

匡高 22.5 厘米，廣 17.8 厘米。半葉十行，行二十字，小字雙行同，細黑口，左右雙邊。有“葯漢老子藏書”“章炳麟”等印。暨南大學圖書館藏。第三批國家名録號 07044。

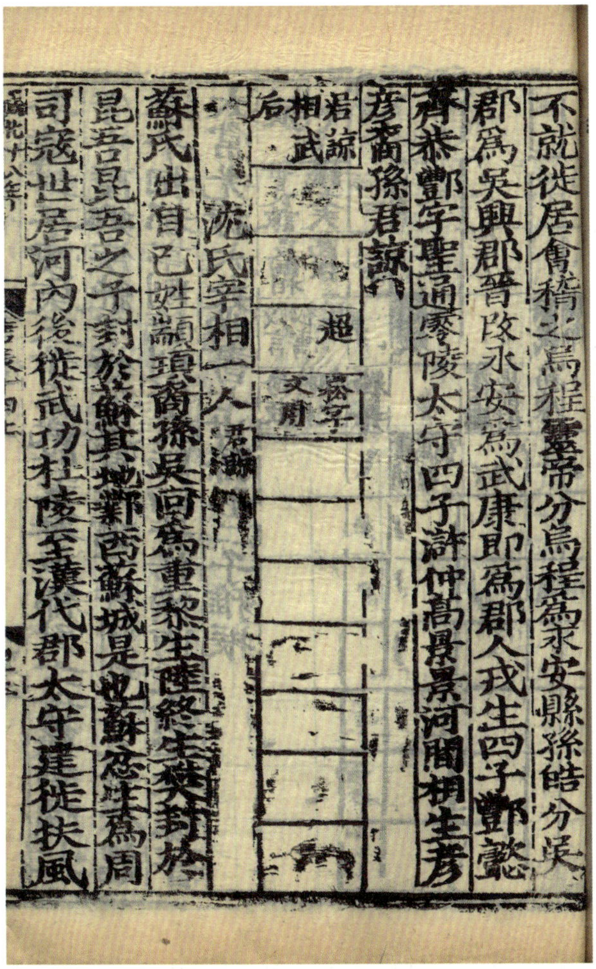
不就徙居會稽之烏程靈帝分烏程爲永安縣孫皓分吳
郡爲吳興郡晉改永安爲武康即爲郡人戎生四子鄧懿
孝恭鄧字聖通零陵太守四子許仲高昺景河間相生彥
彥裔孫君諒
沈氏宰相一人君諒
蘇氏出自己姓顓頊裔孫吳回爲重黎生陸終生樊封於
昆吾昆吾之子封於蘇其地鄴西蘇城是也蘇忿生爲周
司寇世居河內後徙武功杜陵至漢代郡太守建徙扶風

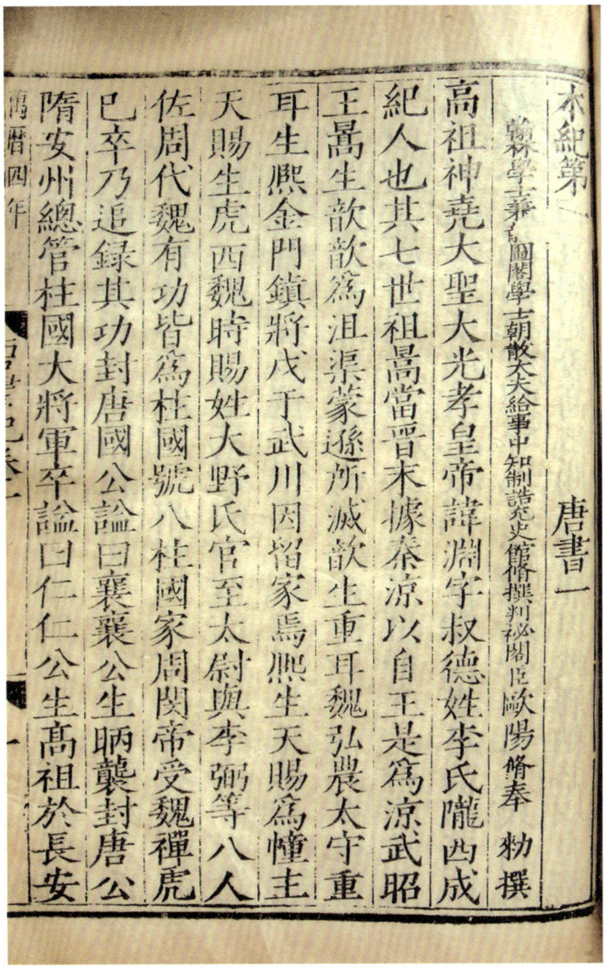
本紀第一　唐書一
翰林學士兼龍圖閣學士朝散大夫給事中知制誥充史館脩撰判秘閣臣歐陽脩奉　敕撰
高祖神堯大聖大光孝皇帝諱淵字叔德姓李氏隴西成
紀人也其七世祖暠當晉末據秦涼以自王是爲涼武昭
王暠生歆歆爲沮渠蒙遜所滅歆生重耳魏弘農太守重
耳生熙金門鎮將戍于武川因留家焉熙生天賜爲幢主
天賜生虎西魏時賜姓大野氏官至太尉與李弼等八人
佐周代魏有功皆爲柱國號八柱國家周閔帝受魏禪虎
已卒乃追録其功封唐國公謚曰襄襄公生昞襲封唐公
隋安州總管柱國大將軍卒謚曰仁仁公生高祖於長安

唐書二百二十五卷　（宋）歐陽修　宋祁等撰　**釋音二十五卷**　（宋）董衝撰

元大德九年（1305）建康路儒學刻明清遞修本　四十四册

匡高 22.3 厘米，廣 16 厘米。半葉十行，行二十二字，白口或黑口，左右雙邊、四周雙邊或四周單邊。有“四明盧氏抱經樓藏書印”。中山大學圖書館藏。第三批國家名録號 07069。

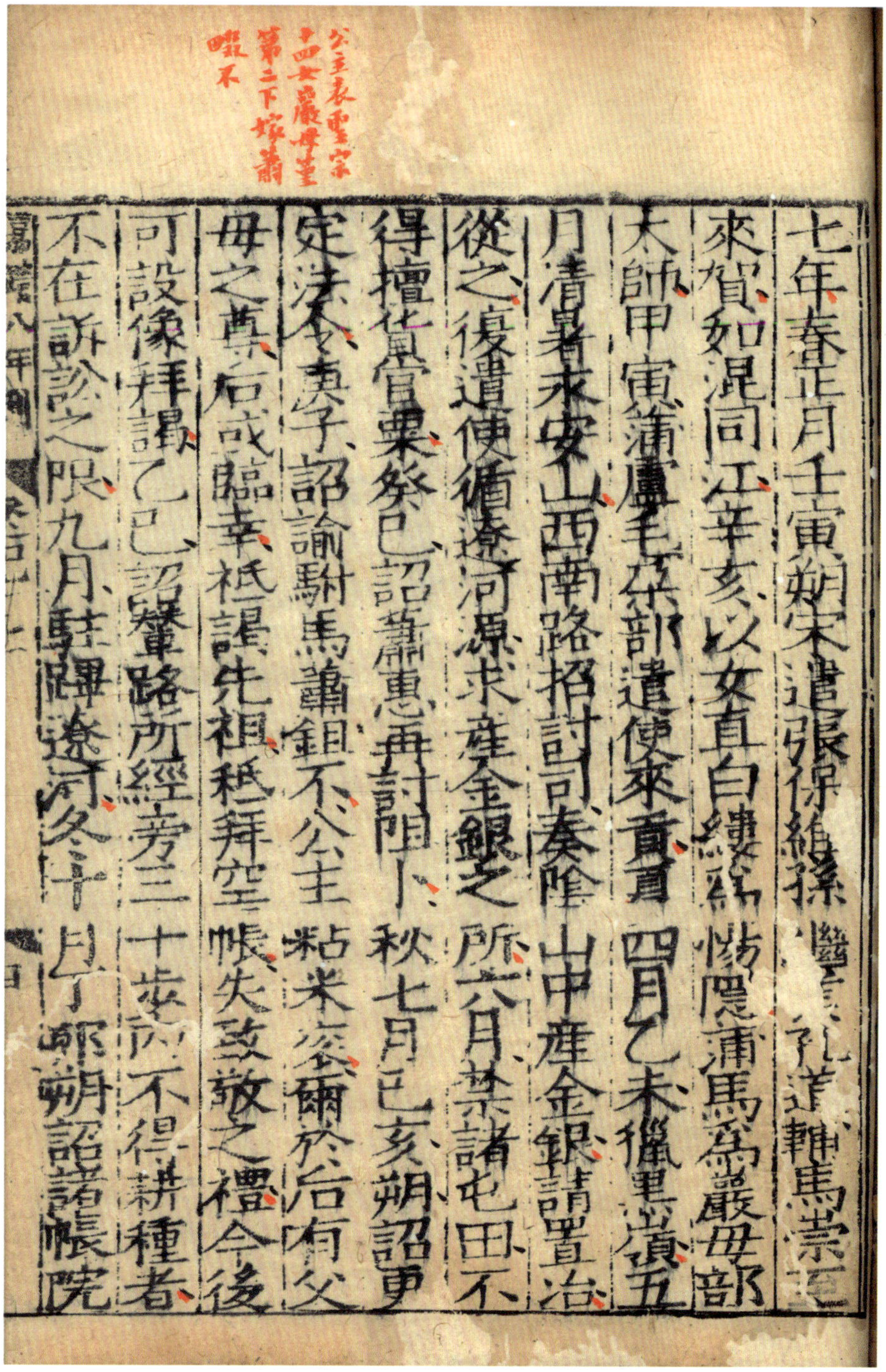

七年春正月壬寅朔宋遣張保綸孫繼業孔道輔馬崇正
來賀如混同江辛亥以女直白縷為惕隱蒲馬為嚴母部
太師甲寅蒲盧毛朵部遣使來貢夏四月乙未獵黑嶺五
月清暑永安山西南路招討司奏陰山中產金銀請置冶
從之復遣使循遼河源求產金銀之所六月禁諸屯田不
得擅貨官粟癸巳詔蕭惠再討阻卜秋七月己亥朔詔更
定法令戊子詔諭駙馬蕭鉏不公主粘米袞爾於后尚父
母之尊后或臨幸祗謁先祖祗拜空帳失致敬之禮今後
可設像拜謁乙巳詔輦路所經旁三十步內不得耕種者
不在所訟之限九月駐蹕遼河冬十月丁卯朔詔諸帳院

遼史一百十六卷　（元）脱脱等撰　明嘉靖八年（1529）南京國子監刻明清遞修本　二十四册

匡高 21.7 厘米，廣 16.1 厘米。半葉十行，行二十二字，細黑口，左右雙邊。有“番禺陳氏東塾藏書印”“王濱”等印，陳澧批點。中山大學圖書館藏。第三批國家名録號 07570。

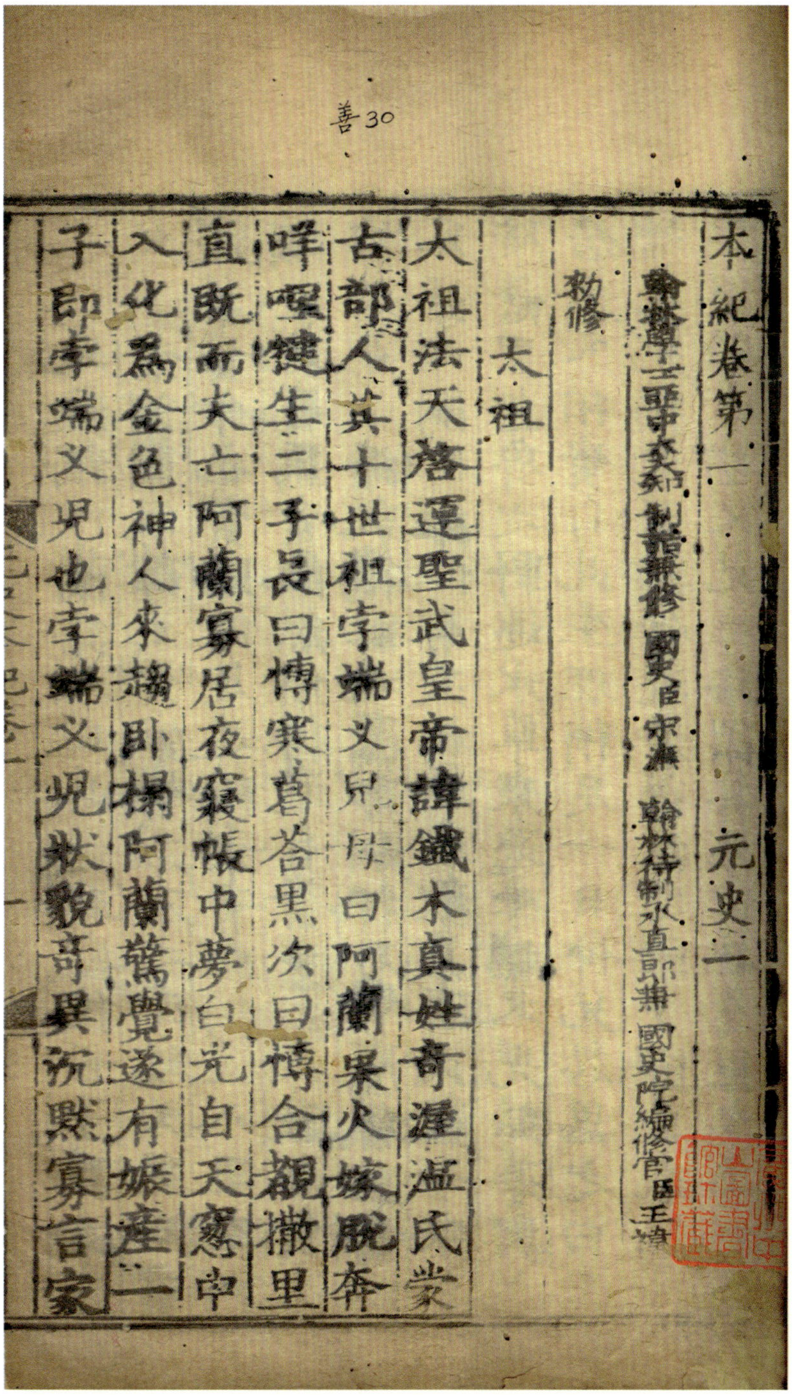
善30

本紀卷第一　元史一

翰林學士亞中大夫知制誥兼修國史臣宋濂　翰林待制承直郎兼國史院編修官臣王禕

勑修

太祖

太祖法天啓運聖武皇帝諱鐵木真姓奇渥溫氏蒙古部人其十世祖孛端叉兒母曰阿蘭果火嫁脫奔咩哩犍生二子長曰博寒葛荅黑次曰博合覩撒里直既而夫亡阿蘭寡居夜寢帳中夢白光自天窻中入化為金色神人來趨臥榻阿蘭驚覺遂有娠產一子即孛端叉兒也孛端叉兒狀貌奇異沉默寡言家

元史二百十卷目録二卷　（明）宋濂等撰　明洪武三年（1370）内府刻嘉靖九至十年（1530–1531）南京國子監遞修本　六十册

匡高25.9厘米，廣17厘米。半葉十行，行二十字，細黑口，四周雙邊。有“夷白長壽”“李文田印”等印。廣東省立中山圖書館藏。第三批國家名録號07581。

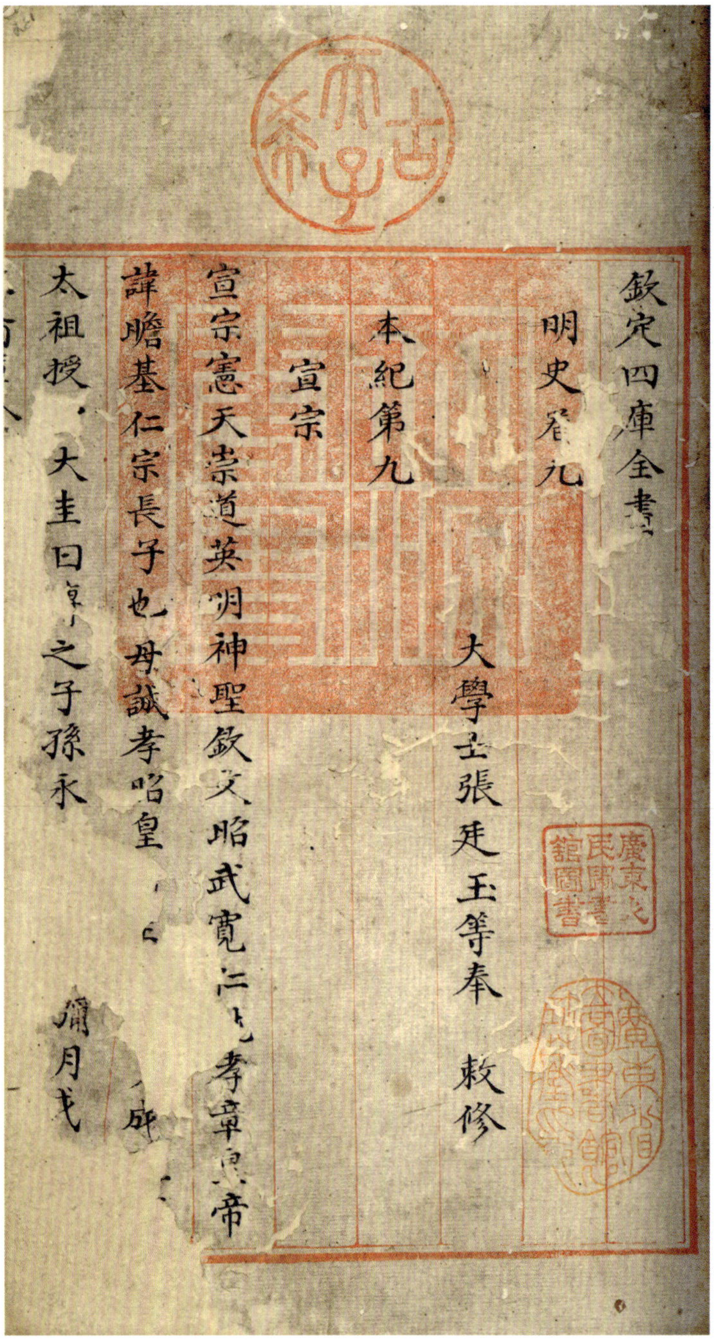
欽定四庫全書
明史卷九
本紀第九　大學士張廷玉等奉　敕修
宣宗
宣宗憲天崇道英明神聖欽文昭武寬仁純孝章皇帝
諱瞻基仁宗長子也母誠孝昭皇
太祖授大圭曰傳之子孫永
彌月

明史三百三十六卷　（清）張廷玉等撰　清乾隆内府寫文源閣四庫全書本　一册

匡高 22 厘米，廣 15.2 厘米。半葉八行，行二十一字，白口，四周雙邊。有“文源閣寶”“古稀天子”等印。廣東省立中山圖書館藏，存五卷（九至十三）。第一批國家名録號 01489。

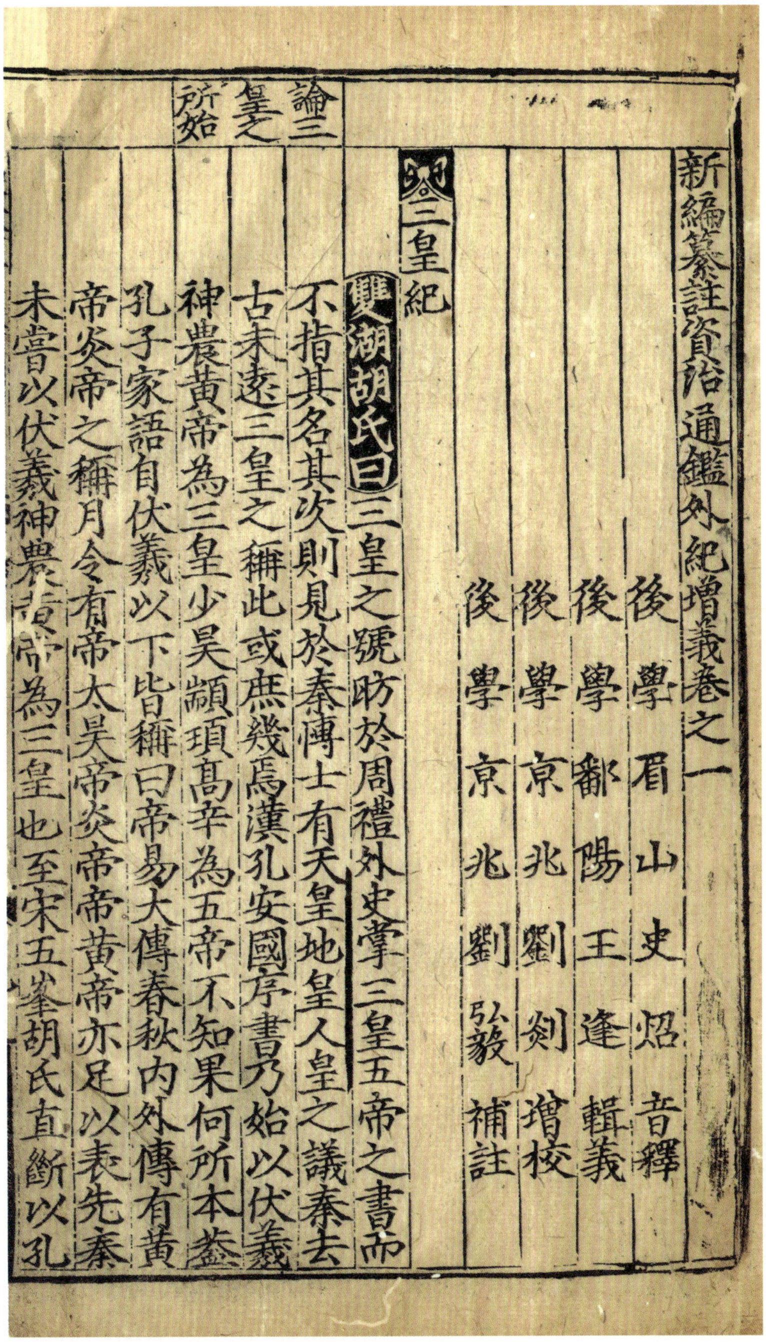
新編纂註資治通鑑外紀增義卷之一
後學眉山史炤音釋
後學鄱陽王逢輯義
後學京兆劉剡增校
後學京兆劉弘毅補註
三皇紀
雙湖胡氏曰三皇之號昉於周禮外史掌三皇五帝之書而
不指其名其次則見於秦博士有天皇地皇人皇之議秦去
古未遠三皇之稱此或庶幾焉漢孔安國序書乃始以伏羲
神農黃帝為三皇少昊顓頊高辛為五帝不知果何所本蓋
孔子家語自伏羲以下皆稱曰帝易大傳春秋内外傳有黃
帝炎帝之稱月令有帝太昊帝炎帝帝黃帝亦足以表先秦
未嘗以伏羲神農黃帝為三皇也至宋五峯胡氏直斷以孔
論三皇之所始

新編纂註資治通鑑外紀增義五卷　（宋）劉恕撰　（宋）史炤音釋　（明）王逢輯義　（明）劉剡增校　（明）劉弘毅補注　**資治通鑑釋例一卷**　明劉氏慎獨齋刻本　二册

匡高 21.5 厘米，廣 13.3 厘米。半葉十三行，行二十六字，小字雙行同，黑口，四周雙邊。有“明善堂覽書画印記”“安樂堂藏書記”等印，汪宗衍跋。澳門大學圖書館藏。第二批國家名録號 03594。

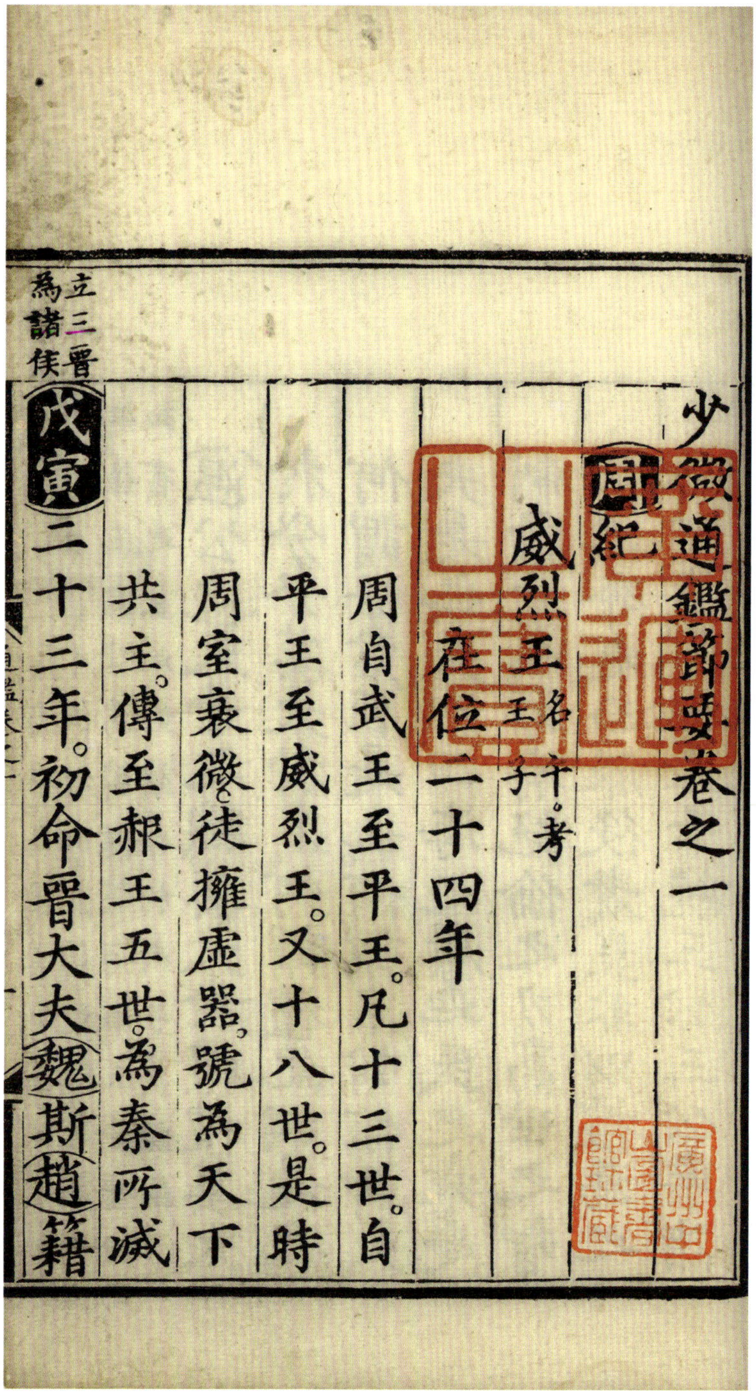
少微通鑑節要卷之一
周紀
威烈王名午。考王子
在位二十四年
周自武王至平王。凡十三世。自平王至威烈王。又十八世。是時周室衰微。徒擁虛器。號為天下共主。傳至赧王五世。為秦所滅
戊寅 二十三年。初命晉大夫魏斯趙籍
立三晉為諸侯

少微通鑑節要五十卷外紀四卷　（宋）江贄撰　明正德九年（1514）司禮監刻本　二十册

匡高 22 厘米，廣 16.1 厘米。半葉九行，行十五字，小字雙行同，黑口，四周雙邊。有“廣運之寶”印。廣東省立中山圖書館藏。第二批國家名録號 03599。

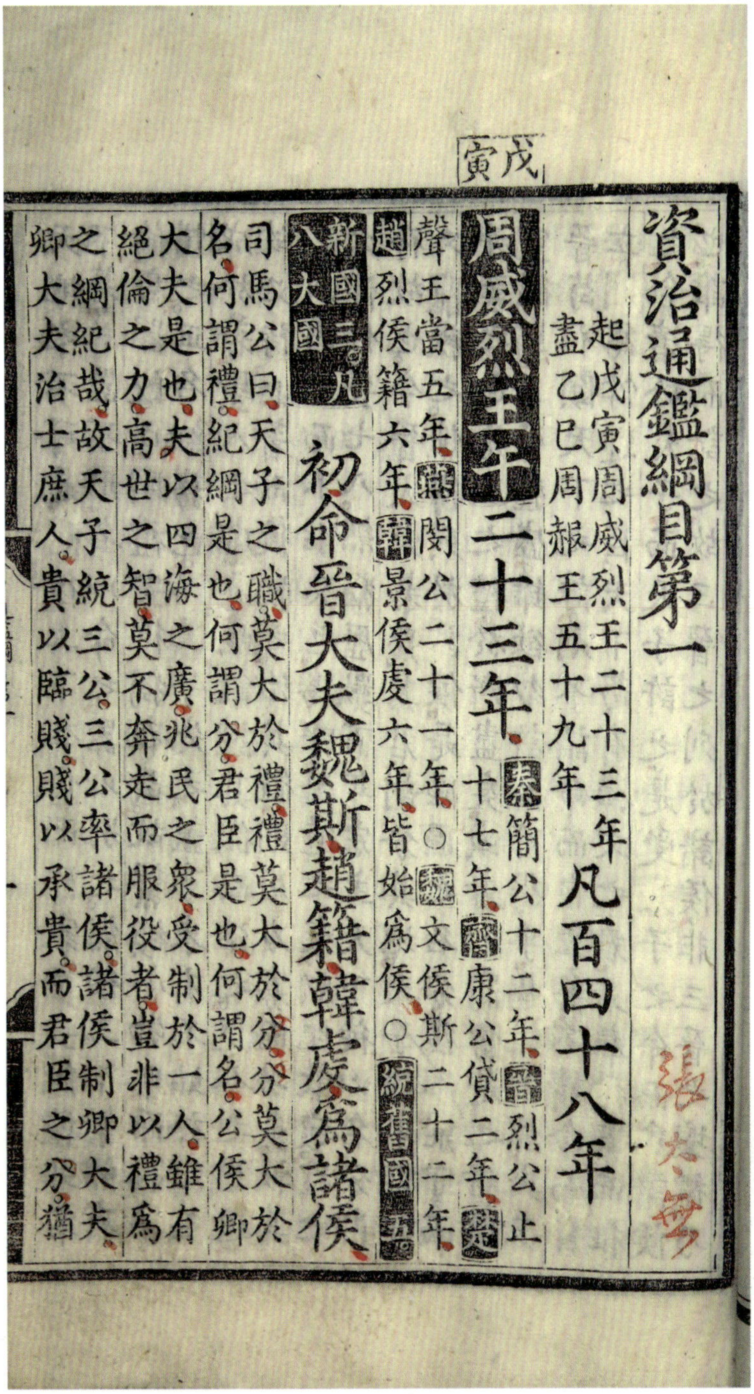

資治通鑑綱目五十九卷　（宋）朱熹撰　明成化九年（1473）内府刻本（有補配）　三十二册

匡高27.6厘米，廣18.4厘米。半葉八行，行十八字，小字雙行二十一字，黑口，四周雙邊。深圳圖書館藏，存五十七卷（存卷一至三十五、四十、四十一、四十四至五十九，卷三十六、三十七、四十二、四十三配清刻本）。第三批國家名録號07620。

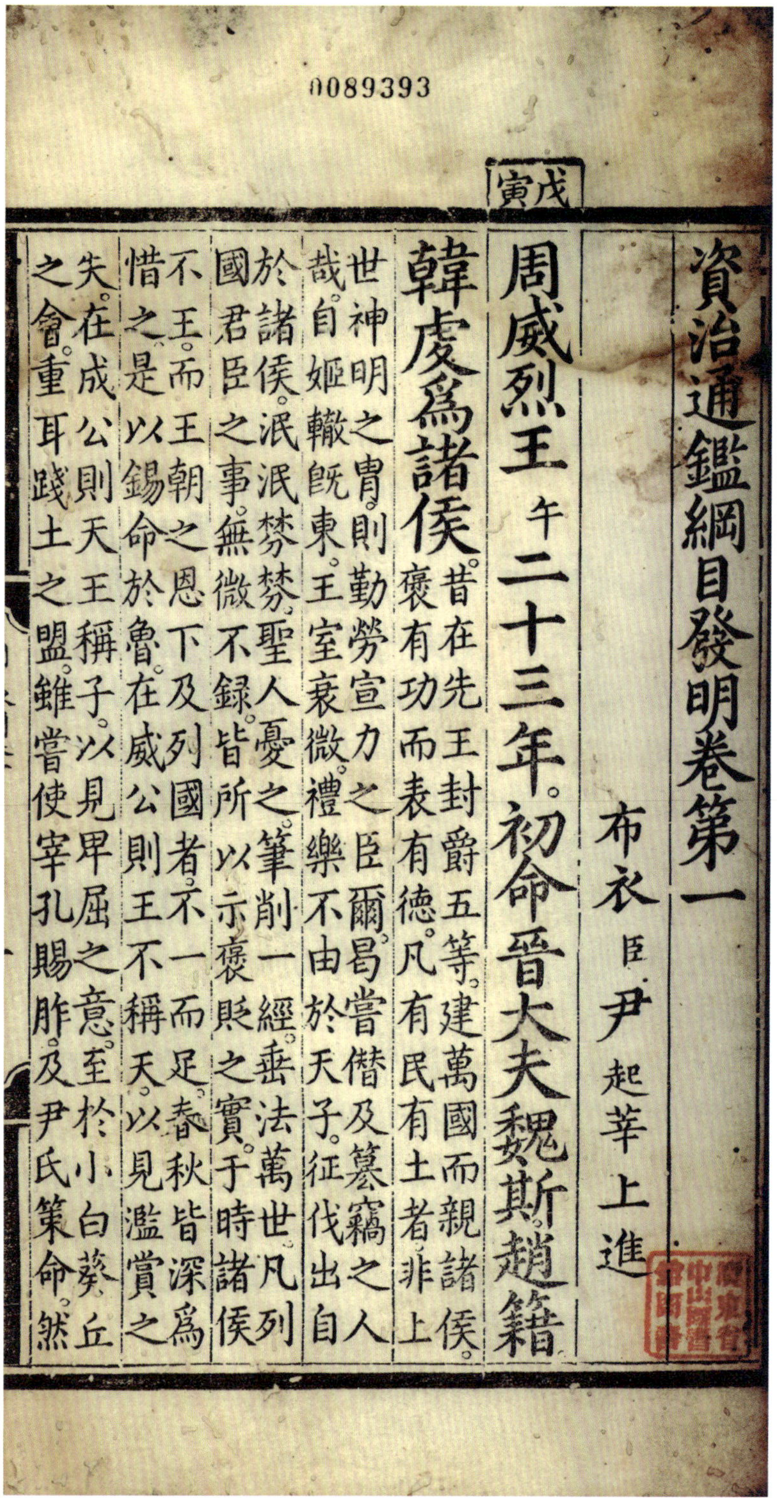
0089393

戊寅

資治通鑑綱目發明卷第一
布衣臣尹起莘上進
周威烈王午二十三年。初命晉大夫魏斯趙籍
韓虔爲諸侯。昔在先王封爵五等，建萬國而親諸侯。
褒有功而表有德。凡有民有土者，非上
世神明之胄，則勤勞宣力之臣，爾曷嘗僭及篡竊之人
哉。自姬轍既東，王室衰微，禮樂不由於天子，征伐出自
於諸侯。泯泯棼棼，聖人憂之，筆削一經，垂法萬世。凡列
國君臣之事，無微不録，皆所以示褒貶之實。于時諸侯
不王，而王朝之恩下及列國者不一而足，春秋皆深爲
惜之，是以錫命於魯，在威公則王不稱天，以見濫賞之
失。在成公則天王稱子，以見卑屈之意。至於小白葵丘
之會，重耳踐土之盟，雖嘗使宰孔賜胙，及尹氏策命，然

資治通鑑綱目發明五十九卷　（宋）尹起莘撰　明内府刻本　十册

匡高 27.8 厘米，廣 18 厘米。半葉八行，行十八字，小字雙行二十一字，黑口，四周雙邊。

廣東省立中山圖書館藏。第二批國家名録號 03636。

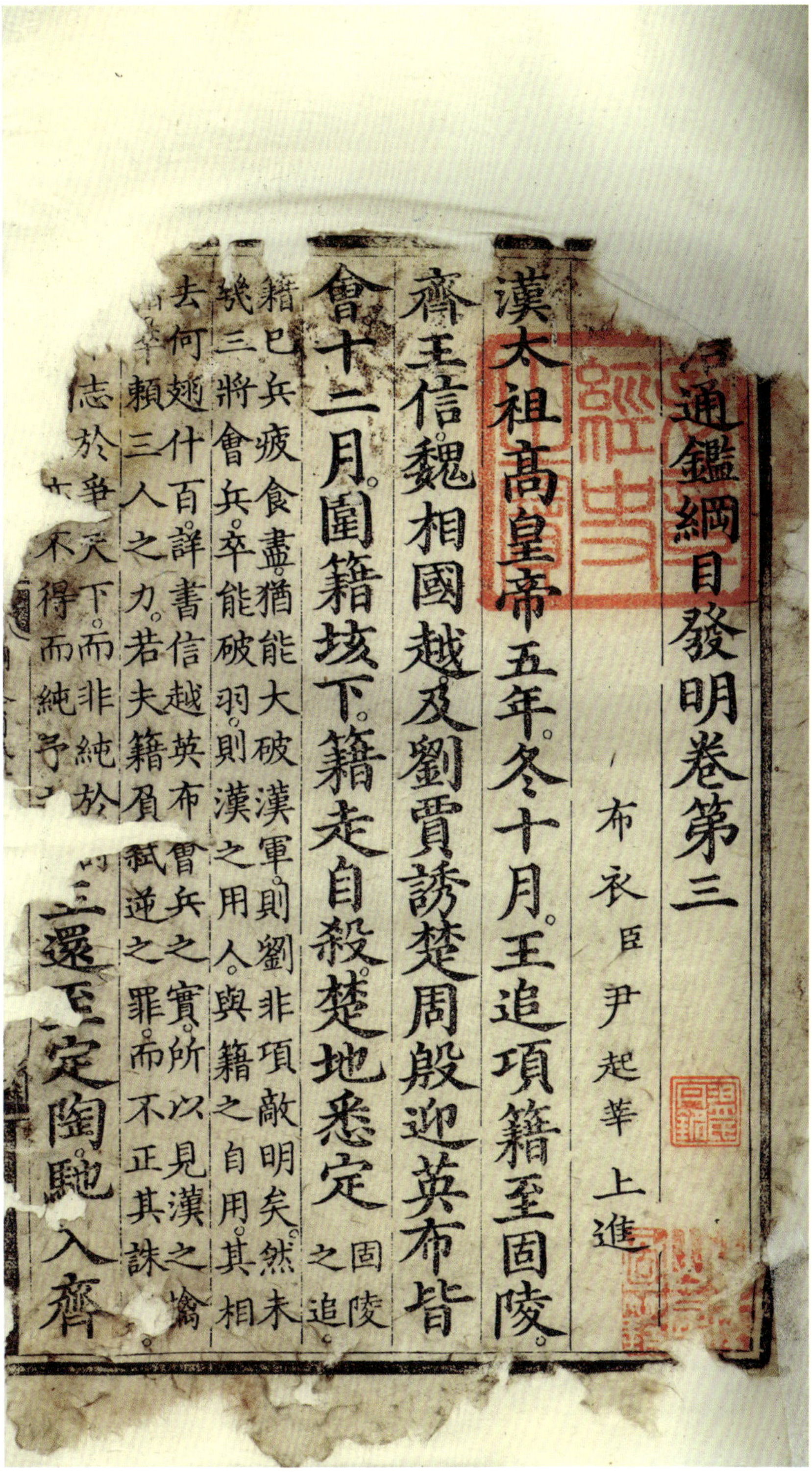
[illegible]通鑑綱目發明卷第三
布衣臣尹起莘上進
漢太祖高皇帝五年。冬十月。王追項籍至固陵。
齊王信魏相國越及劉賈誘楚周殷迎英布皆
會十二月。圍籍垓下。籍走自殺。楚地悉定
固陵之追
籍已兵疲食盡。猶能大破漢軍。則劉非項敵明矣。然未
幾三將會兵。卒能破羽。則漢之用人。與籍之自用。其相
去何翅什百。詳書信越英布會兵之實。所以見漢之禽
羽亦賴三人之力。若夫籍負弑逆之罪。而不正其誅
[illegible]志於爭天下。而非純於[illegible]
[illegible]不得而純予[illegible]
還至定陶。馳入齊

資治通鑑綱目發明五十九卷　（宋）尹起莘撰　明内府刻本　八册

匡高27.1厘米，廣18.4厘米。半葉八行，行十八字，小字雙行二十一字，黑口，四周雙邊。有“温氏丹銘”等印。廣東省立中山圖書館藏。第三批國家名録號07633。

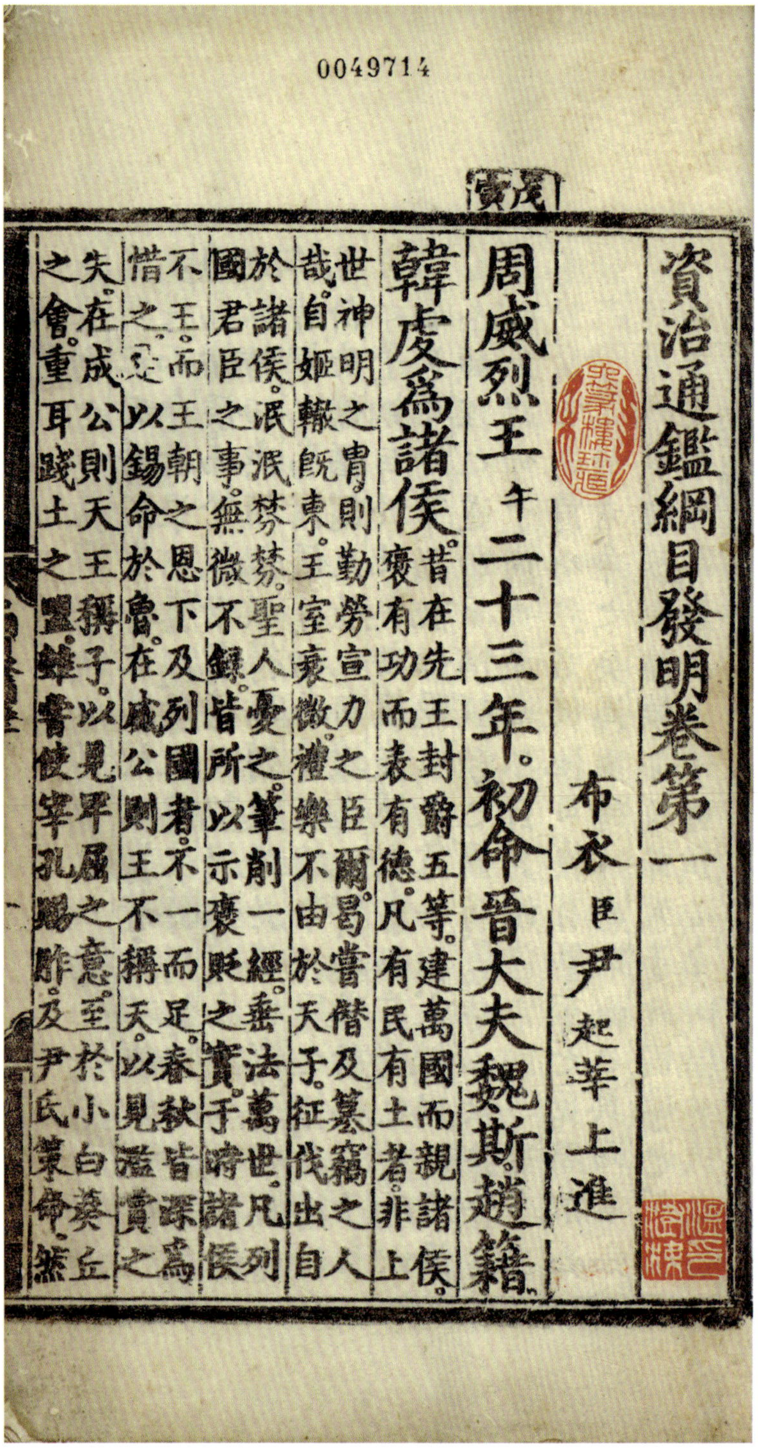
0049714

戊寅

資治通鑑綱目發明卷第一

布衣臣尹起莘上進

周威烈王午二十三年。初命晉大夫魏斯趙籍韓虔爲諸侯。昔在先王封爵五等。建萬國而親諸侯。褒有功而表有德。凡有民有土者。非上世神明之胄。則勤勞宣力之臣。爾曷嘗僭及篡竊之人哉。自姬轍既東。王室衰微。禮樂不由於天子。征伐出自於諸侯。泯泯棼棼。聖人憂之。筆削一經。垂法萬世。凡列國君臣之事。無微不錄。皆所以示褒貶之實。于時諸侯不王。而王朝之恩下及列國者。不一而足。春秋皆深爲惜之。至以錫命於魯。在威公則王不稱天。以見溢賞之失。在成公則天王稱子。以見畀屬之意。至於小白葵丘之會。重耳踐土之盟。襄嘗使宰孔賜胙。及尹氏策命。然

資治通鑑綱目發明五十九卷　（宋）尹起莘撰　明内府刻本　八册

匡高 27.1 厘米，廣 18.4 厘米。半葉八行，行十八字，小字雙行二十一字，黑口，四周雙邊。有“六篆樓珍藏”“温澍梁印”等印。廣東省立中山圖書館藏。第三批國家名録號07634。

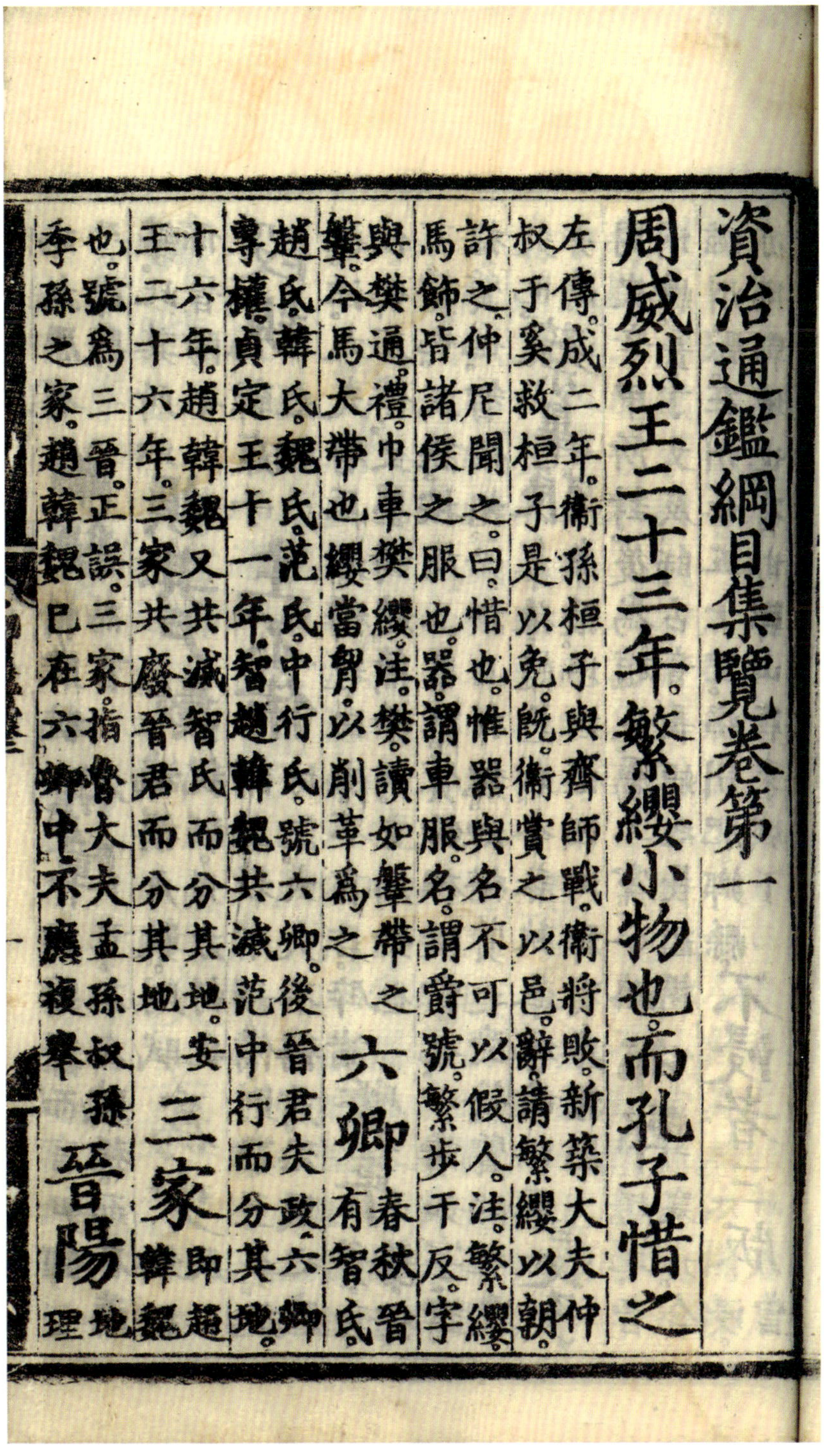
資治通鑑綱目集覽卷第一
周威烈王二十三年繁纓小物也而孔子惜之
左傳成二年衛孫桓子與齊師戰衛將敗新築大夫仲
叔于奚救桓子是以免既衛賞之以邑辭請繁纓以朝
許之仲尼聞之曰惜也惟器與名不可以假人注繁纓
馬飾皆諸侯之服也器謂車服名謂爵號繁步干反字
與樊通禮巾車樊纓注樊讀如鞶帶之鞶 六卿 春秋晉
今馬大帶也纓當胷以削革為之 有智氏
趙氏韓氏魏氏范氏中行氏號六卿後晉君失政六卿
專權貞定王十一年智趙韓魏共滅范中行而分其地
十六年趙韓魏又共滅智氏而分其地安 三家 即趙
王二十六年三家共廢晉君而分其地 韓魏
也號為三晉正誤三家指魯大夫孟孫叔孫 晉陽 地
季孫之家趙韓魏已在六卿中不應複舉 理

資治通鑑綱目集覽五十九卷　（元）王幼學撰　明内府刻本　十册

匡高 27.2 厘米，廣 18.4 厘米。半葉八行，行十八字，小字雙行二十一字，黑口，四周雙邊。

有“葉叔魚藏書”印。廣東省立中山圖書館藏。第二批國家名録號 03649。

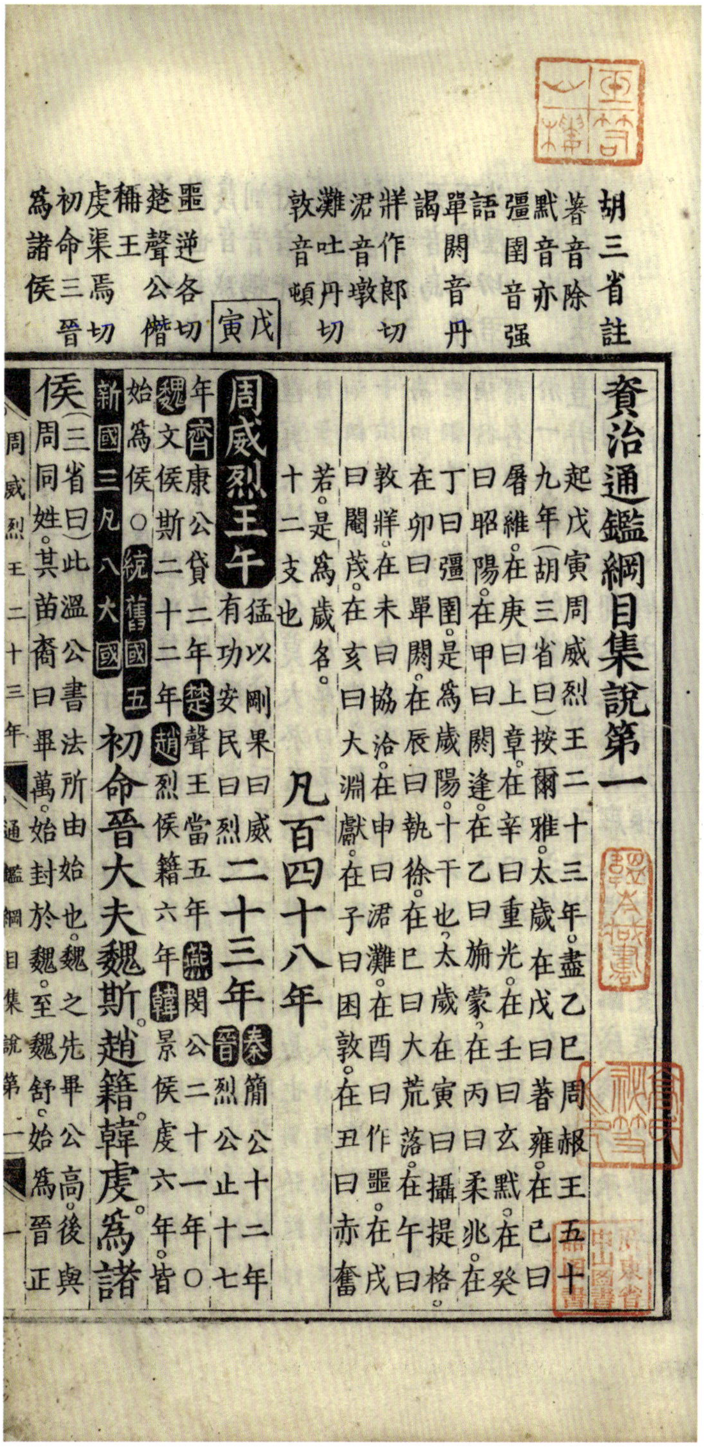
胡三省註
著音除
黓音亦
彊圉音强
語
單閼音丹
謁
牂作郎切
涒音墩
灘吐丹切
敦音頓
戊寅
噩逆各切
楚聲公僭
稱王
虔渠焉切
初命三晉
爲諸侯

資治通鑑綱目集說第一
起戊寅周威烈王二十三年盡乙巳周赧王五十
九年（胡三省曰）按爾雅。太歲在戊曰著雍。在己曰
屠維。在庚曰上章。在辛曰重光。在壬曰玄黓。在癸
曰昭陽。在甲曰閼逢。在乙曰旃蒙。在丙曰柔兆。在
丁曰彊圉。是爲歲陽。十干也。太歲在寅曰攝提格。
在卯曰單閼。在辰曰執徐。在巳曰大荒落。在午曰
敦牂。在未曰協洽。在申曰涒灘。在酉曰作噩。在戌
曰閹茂。在亥曰大淵獻。在子曰困敦。在丑曰赤奮
若。是爲歲名。
十二支也
凡百四十八年
周威烈王午
猛以剛果曰威
有功安民曰烈
二十三年
秦簡公十二年
晉烈公止十七
年齊康公貸二年楚聲王當五年燕閔公二十
魏文侯斯二十二年趙烈侯籍六年韓景侯虔六
始爲侯○統舊國五
新國三凡八大國
一年○皆
初命晉大夫魏斯。趙籍。韓虔。爲諸
侯（三省曰）此溫公書法所由始也。魏之先畢公高。後與
周同姓。其苗裔曰畢萬。始封於魏。至魏舒。始爲晉正
周威烈王二十三年
通鑑綱目集說第一

資治通鑑綱目集說五十九卷前編二卷　（明）扶安輯　（明）晏宏校補　明嘉靖晏宏刻本　六十册

匡高25.7厘米，廣16.9厘米。半葉十行，行二十一字，小字雙行同，白口，四周雙邊。有“玉笥山樓”等印。廣東省立中山圖書館藏。第二批國家名録號03675。

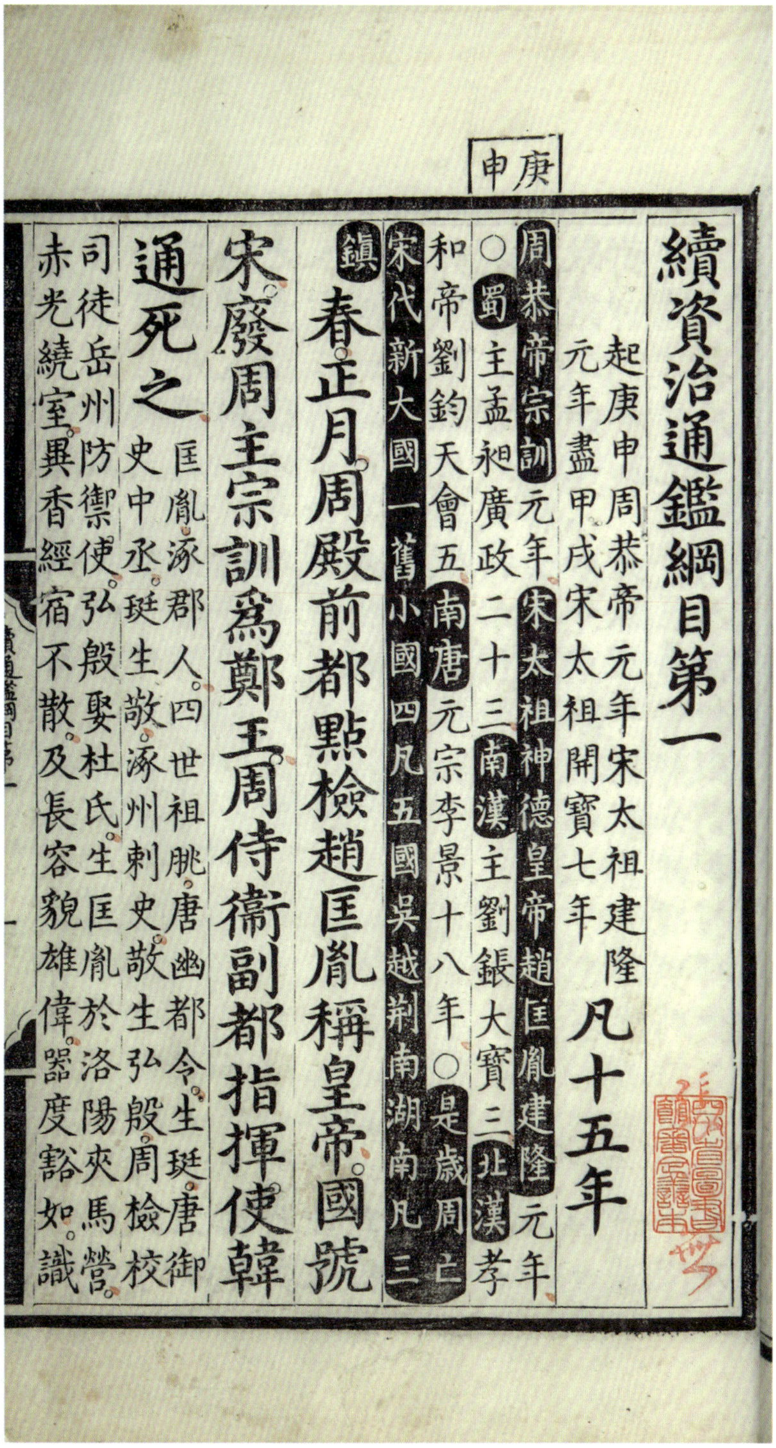

庚申

續資治通鑑綱目第一

起庚申周恭帝元年宋太祖建隆元年盡甲戌宋太祖開寶七年 凡十五年

周恭帝宗訓元年宋太祖神德皇帝趙匡胤建隆元年○蜀主孟昶廣政二十三南漢主劉鋹大寶三北漢孝和帝劉鈞天會五南唐元宗李景十八年○是歲周亡宋代新大國一舊小國四凡五國吳越荆南湖南凡三鎮

春正月周殿前都點檢趙匡胤稱皇帝國號宋廢周主宗訓爲鄭王周侍衛副都指揮使韓通死之 匡胤涿郡人四世祖朓唐幽都令生珽唐御史中丞珽生敬涿州刺史敬生弘殷周檢校司徒岳州防禦使弘殷娶杜氏生匡胤於洛陽夾馬營赤光繞室異香經宿不散及長容貌雄偉器度豁如識

續資治通鑑綱目二十七卷　（明）商輅等撰　明成化十二年（1476）内府刻本（有補配）　十五册

匡高 27 厘米，廣 17.8 厘米。半葉八行，行十八字，小字雙行二十一字，黑口，四周雙邊。深圳圖書館藏（卷二、十七、十八配清刻本）。第三批國家名録號 07661。

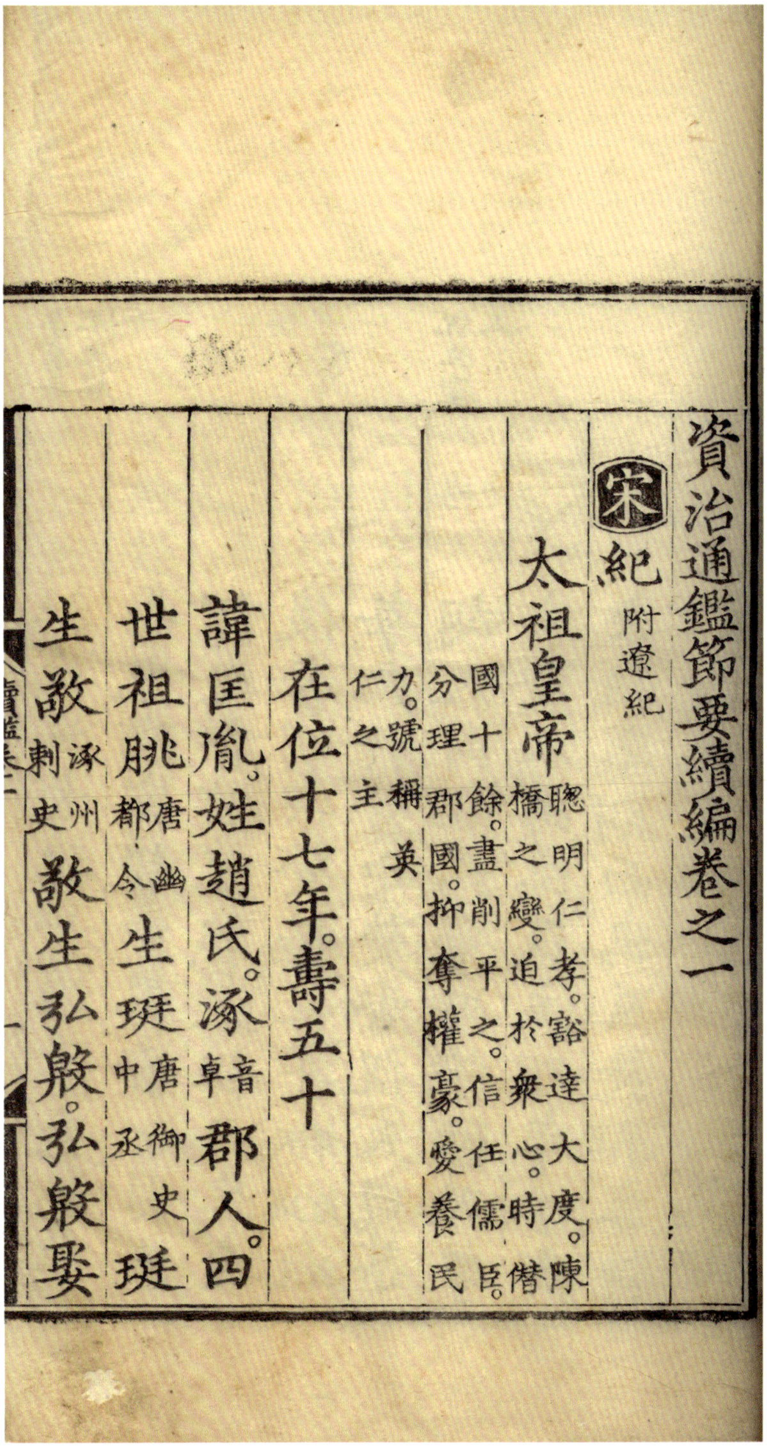
資治通鑑節要續編卷之一

宋紀 附遼紀

太祖皇帝 聰明仁孝。豁達大度。陳橋之變。迫於衆心。時偕國十餘。盡削平之。信任儒臣。分理郡國。抑奪權豪。愛養民力。號稱英仁之主

在位十七年。壽五十

諱匡胤。姓趙氏。涿音卓郡人。四世祖朓唐幽都令生珽唐御史中丞珽生敬涿州刺史敬生弘殷。弘殷娶

資治通鑑節要續編三十卷　（明）張光啓撰　明正德九年（1514）司禮監刻本

二十四册

匡高 22.1 厘米，廣 15.5 厘米。半葉九行，行十五字，小字雙行同，黑口，四周雙邊。中山大學圖書館藏。第二批國家名録號 03706。

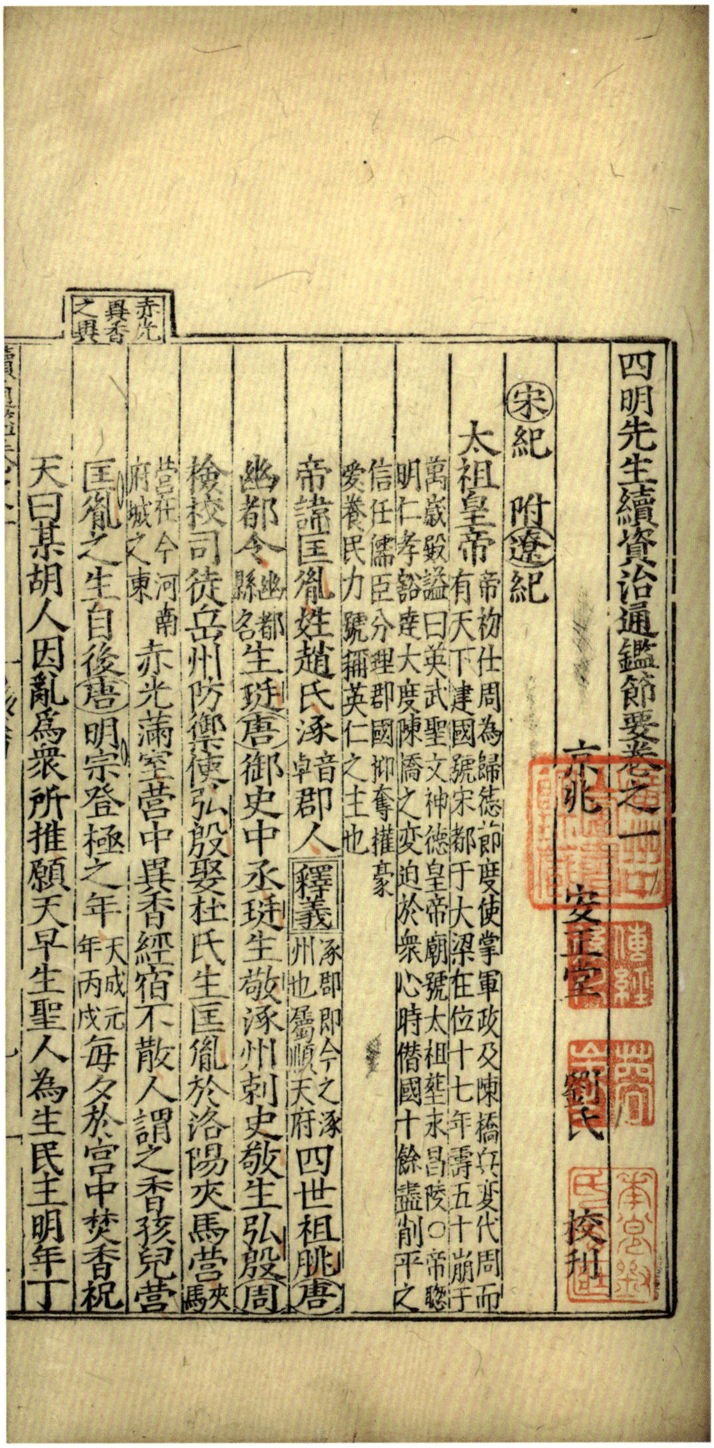
赤光異香之異

四明先生續資治通鑑節要卷之一　京兆安正堂劉氏校刊

宋紀　附遼紀

太祖皇帝 帝初仕周為歸德節度使掌軍政及陳橋兵變代周而有天下建國號宋都于大梁在位十七年壽五十崩于萬歲殿謚曰英武聖文神德皇帝廟號太祖葬永昌陵○帝聰明仁孝豁達大度陳橋之變迫於衆心時僭國十餘盡削平之信任儒臣分理郡國抑奪權豪愛養民力號稱英仁之主也

帝諱匡胤姓趙氏涿音卓郡人【釋義】涿郡即今之涿州也屬順天府 四世祖朓（唐）幽都令幽都縣名生珽（唐）御史中丞珽生敬涿州刺史敬生弘殷（周）檢校司徒岳州防禦使弘殷娶杜氏生匡胤於洛陽夾馬營夾馬營在今河南府城之東 赤光滿室營中異香經宿不散人謂之香孩兒營匡胤之生自後（唐）明宗登極之年天成元年丙戌每夕於宮中焚香祝天曰某胡人因亂為衆所推願天早生聖人為生民主明年丁

四明先生續資治通鑑節要二十卷　（明）張光啓撰　（明）劉剡編輯　明嘉靖二十八年（1549）劉氏安正堂刻本　十六册

匡高 19.5 厘米，廣 13.2 厘米。半葉十二行，行二十七字，小字雙行同，白口，四周雙邊。有“傳經堂鑒藏”等印。廣東省立中山圖書館藏。第二批國家名録號 03717。

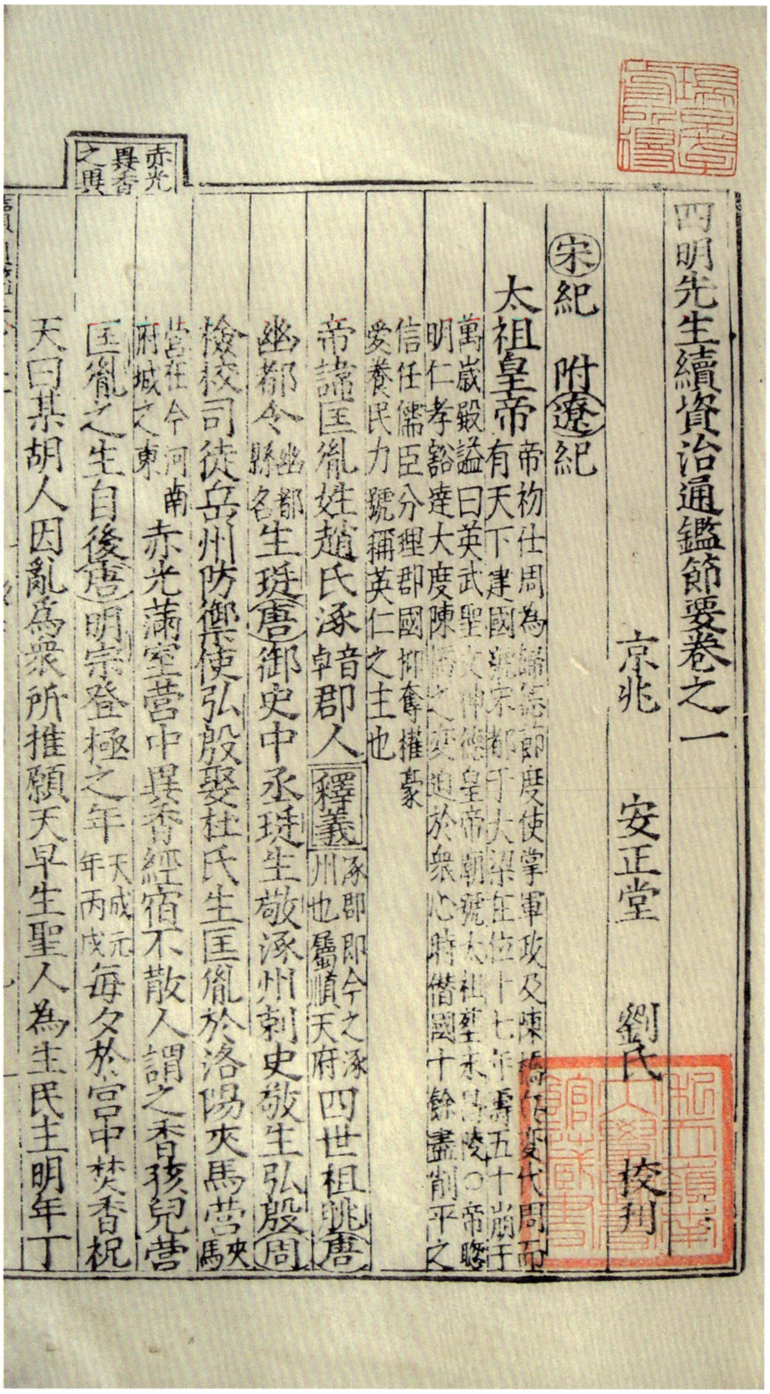
四明先生續資治通鑑節要卷之一

京兆　安正堂　劉氏　校刊

宋紀　附遼紀

太祖皇帝 帝初仕周為歸德節度使掌軍政及陳橋兵變代周而有天下建國號宋都于大梁在位十七年壽五十崩于萬歲殿謚曰英武聖文神德皇帝廟號太祖至末陵○帝聰明仁孝豁達大度陳橋之變迫於衆心時借國十餘盡削平之信任儒臣分理郡國抑奪權豪愛養民力號稱英仁之主也

帝諱匡胤姓趙氏涿音卓郡人 釋義 涿郡即今之涿州也屬順天府 四世祖朓唐幽都令 幽都縣名 生珽唐御史中丞珽生敬涿州刺史敬生弘殷周檢校司徒岳州防禦使弘殷娶杜氏生匡胤於洛陽夾馬營 夾馬營在今河南府城之東 赤光滿室營中異香經宿不散人謂之香孩兒營 匡胤之生自後唐明宗登極之年 天成元年丙戌 每夕於宮中焚香祝天曰某胡人因亂為衆所推願天早生聖人為生民主明年丁

赤光異香之異

四明先生續資治通鑑節要二十卷　（明）張光啓撰　（明）劉剡編輯　明嘉靖二十八年（1549）劉氏安正堂刻本　二十册

匡高 19.5 厘米，廣 13.2 厘米。半葉十二行，行二十七字，小字雙行同，白口，四周雙邊。有“嘉靖己酉歲孟冬月吉安正堂校刊”牌記。有“四明盧氏抱經樓藏書印”等印。中山大學圖書館藏。第二批國家名録號 03718。

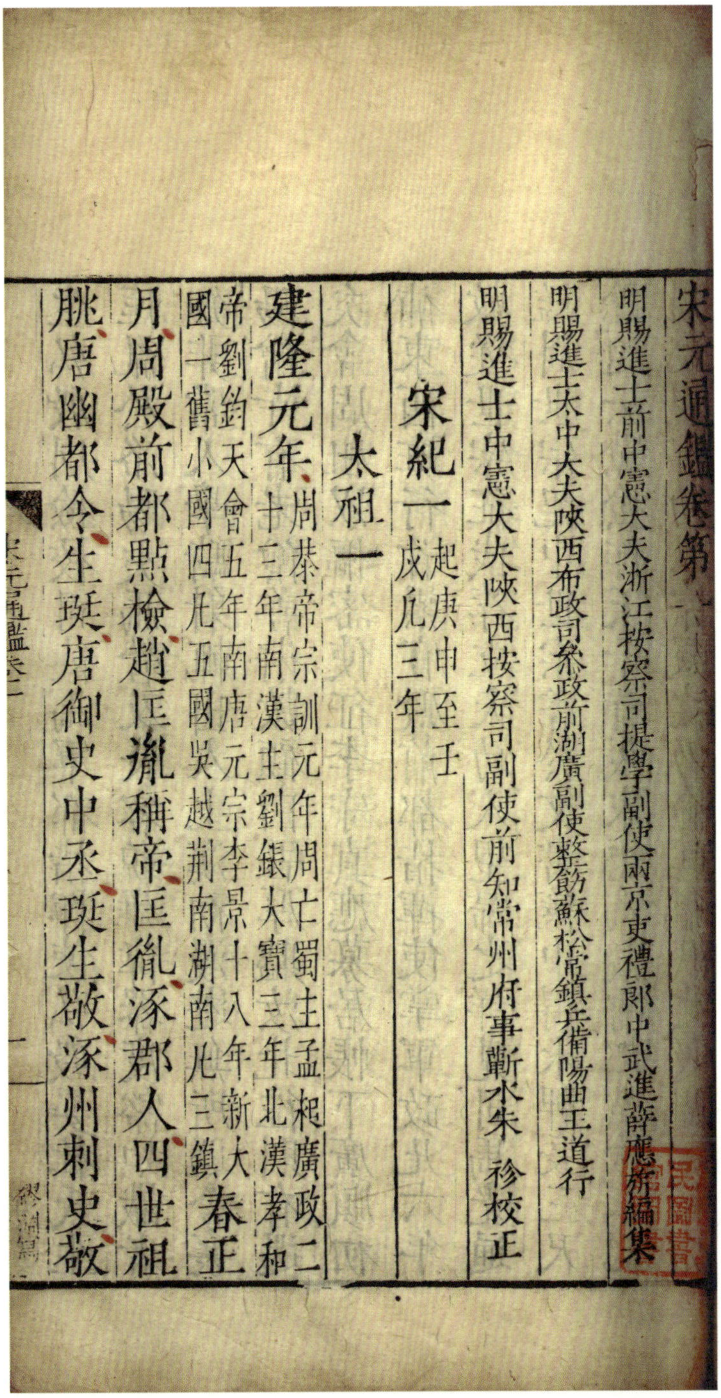

宋元通鑑卷第一

明賜進士前中憲大夫浙江按察司提學副使兩京吏禮郎中武進薛應旂編集

明賜進士太中大夫陝西布政司叅政前湖廣副使整飭蘇松常鎮兵備陽曲王道行

明賜進士中憲大夫陝西按察司副使前知常州府事蘄水朱　袗校正

宋紀一 起庚申至壬戌凡三年

太祖一

建隆元年 周恭帝宗訓元年周亡蜀主孟昶廣政二十三年南漢主劉鋹大寶三年北漢孝和帝劉鈞天會五年南唐元宗李景十八年新大國一舊小國四凡五國吳越荆南湖南凡三鎮 春正月周殿前都點檢趙匡胤稱帝匡胤涿郡人四世祖朓唐幽都令生珽唐御史中丞珽生敬涿州刺史敬

宋元通鑑一百五十七卷　（明）薛應旂撰　明嘉靖四十五年（1566）自刻本　十二册

匡高 20.2 厘米，廣 14.5 厘米。半葉十行，行二十字，小字雙行同，白口，四周單邊。廣東省立中山圖書館藏。第二批國家名録號 03721。

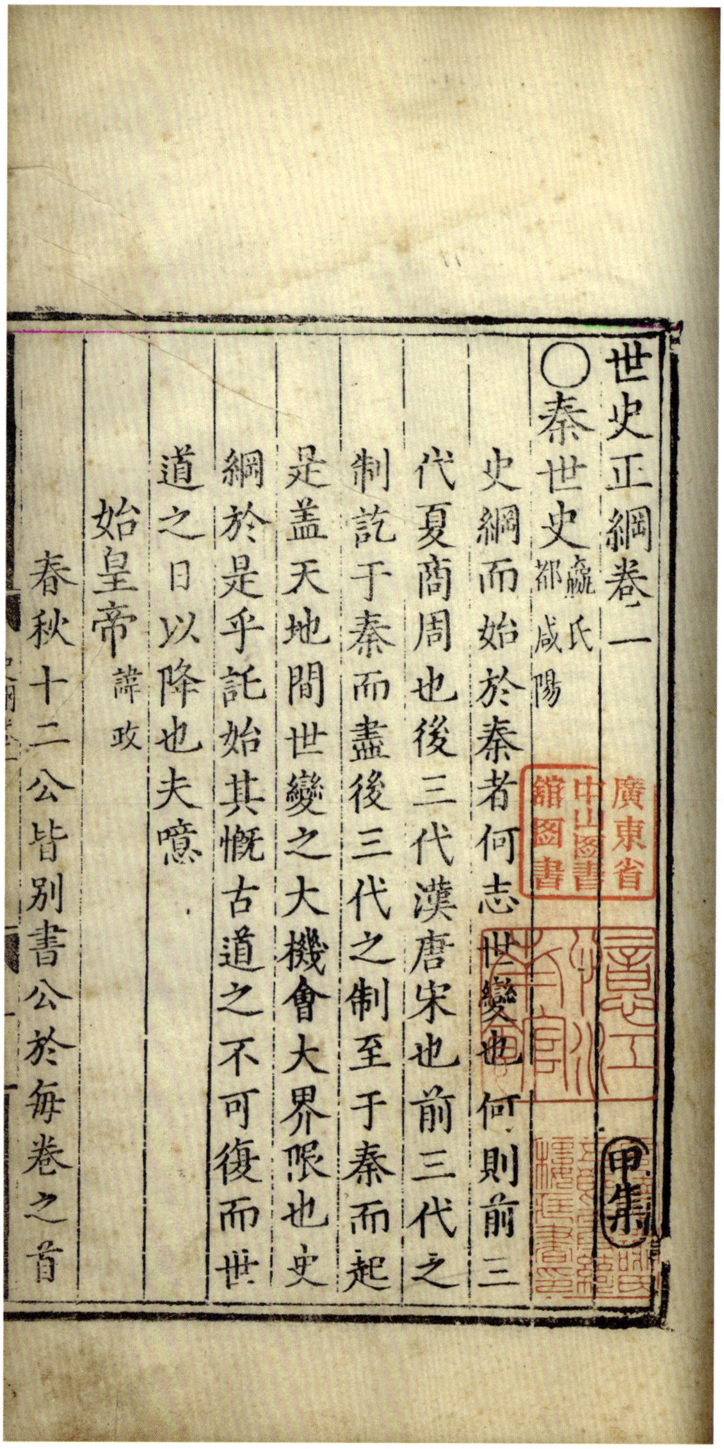
世史正綱卷之一
○秦世史嬴氏都咸陽
史綱而始於秦者何志世變也何則前三
代夏商周也後三代漢唐宋也前三代之
制訖于秦而盡後三代之制至于秦而起
是蓋天地間世變之大機會大界限也史
綱於是乎託始其慨古道之不可復而世
道之日以降也夫噫
始皇帝諱政
春秋十二公皆別書公於每卷之首

世史正綱三十二卷　（明）丘濬撰　明嘉靖四十二年（1563）孫應鰲刻本　十六册

匡高 18.8 厘米，廣 12.3 厘米。半葉十行，行十八字，黑口，四周雙邊。有“安德謝氏五郎霞綺樓藏書印”等印。廣東省立中山圖書館藏。第二批國家名録號 03747。

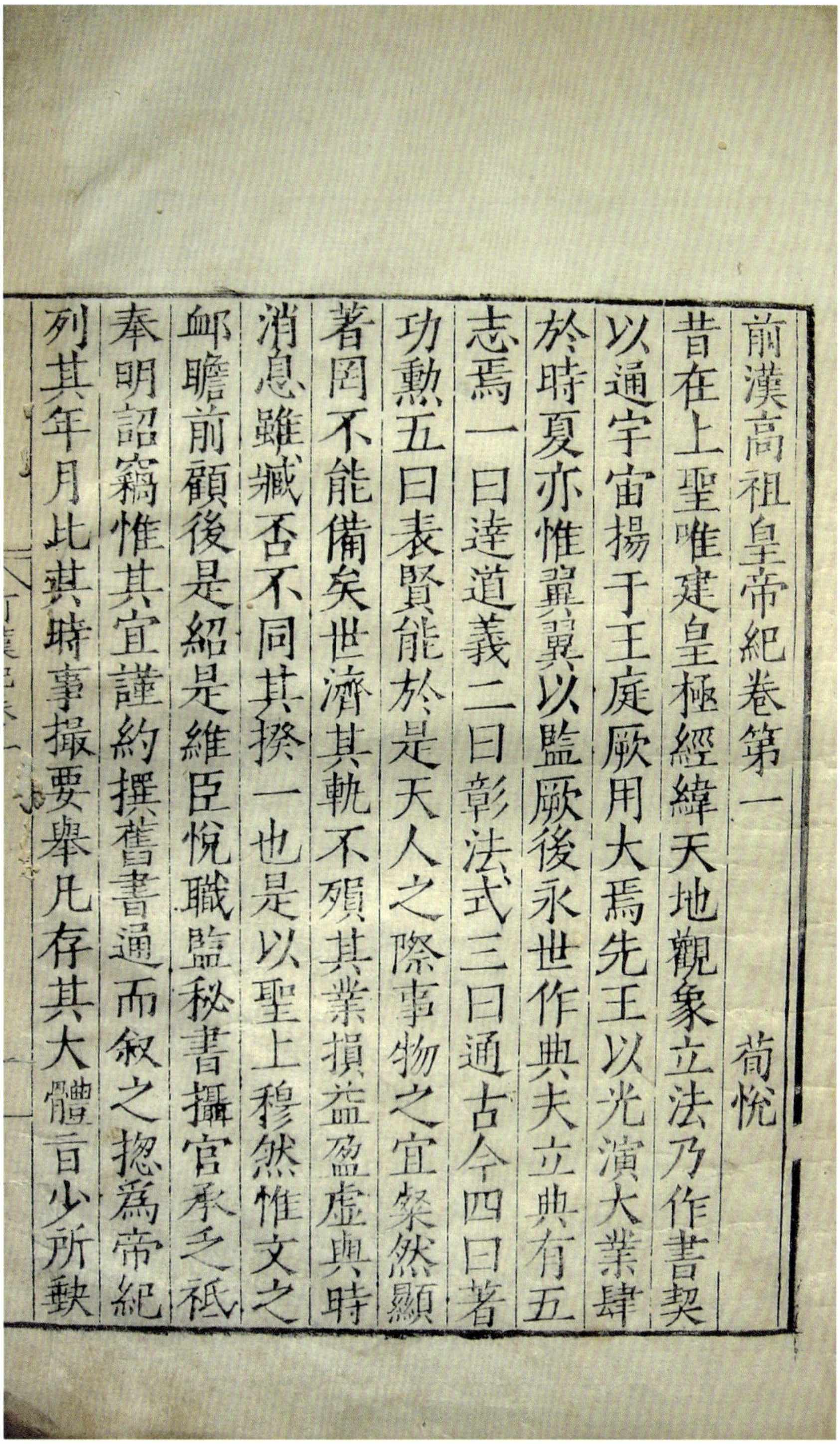
前漢高祖皇帝紀卷第一　　荀悅
昔在上聖唯建皇極經緯天地觀象立法乃作書契
以通宇宙揚于王庭厥用大焉先王以光演大業肆
於時夏亦惟翼翼以監厥後永世作典夫立典有五
志焉一曰達道義二曰彰法式三曰通古今四曰著
功勲五曰表賢能於是天人之際事物之宜粲然顯
著罔不能備矣世濟其軌不殞其業損益盈虛與時
消息雖臧否不同其揆一也是以聖上穆然惟文之
卹瞻前顧後是紹是維臣悅職監秘書攝官承乏祇
奉明詔竊惟其宜謹約撰舊書通而叙之揔爲帝紀
列其年月比其時事撮要舉凡存其大體旨少所缺

兩漢紀六十卷　（漢）荀悅　（晉）袁宏撰　明嘉靖二十七年（1548）黃姬水刻本　二十六册

匡高 19.3 厘米，廣 14.7 厘米。半葉十一行，行二十字，白口，左右雙邊。中山大學圖書館藏。第二批國家名録號 03758。

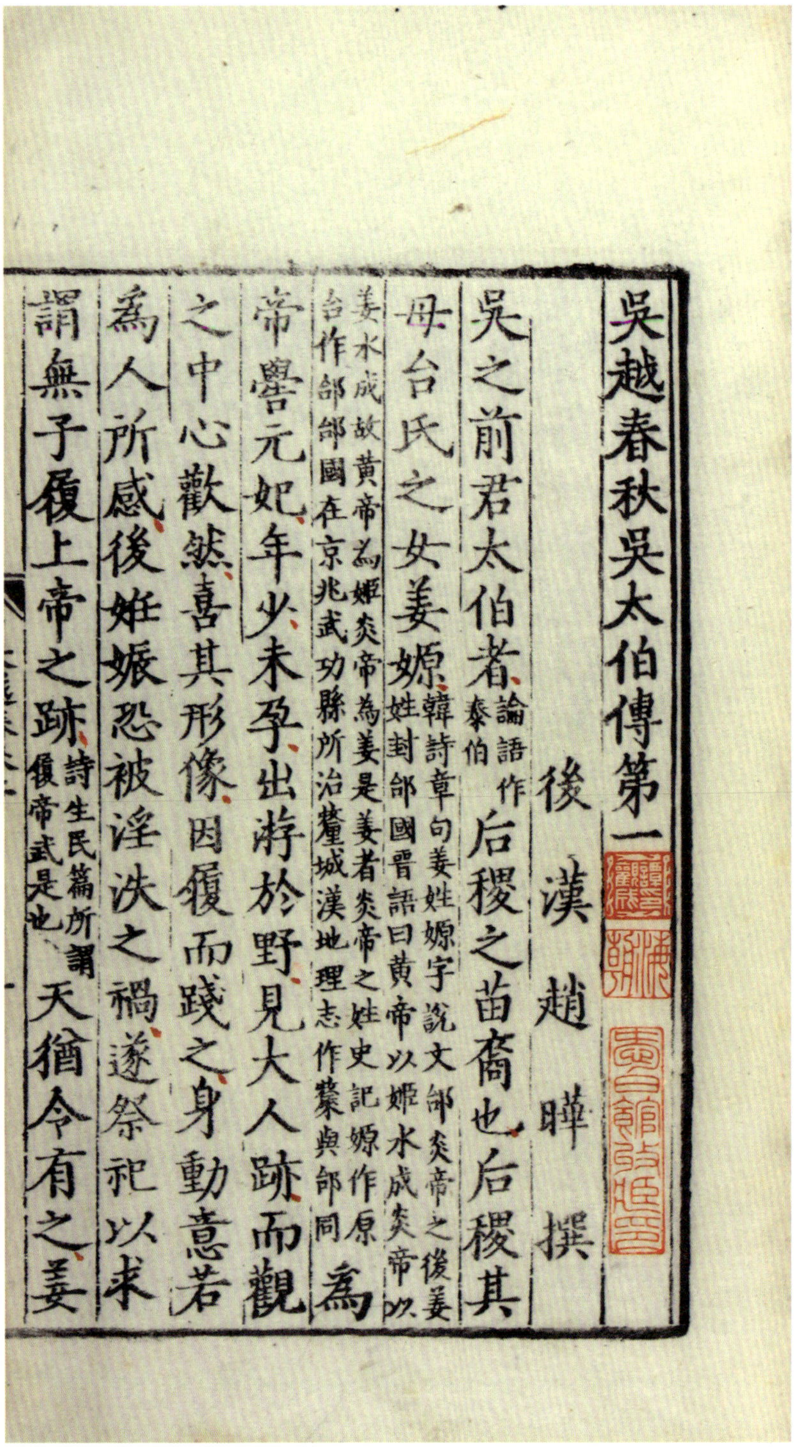
吳越春秋吳太伯傳第一
後漢　趙曄　撰
吳之前君太伯者論語作泰伯后稷之苗裔也后稷其
母台氏之女姜嫄韓詩章句姜姓嫄字說文邰炎帝之後姜姓封邰國晋語曰黃帝以姬水成炎帝以
姜水成故黃帝為姬炎帝為姜是姜者炎帝之姓史記嫄作原台作邰邰國在京兆武功縣所治斄城漢地理志作斄與邰同為
帝嚳元妃年少未孕出游於野見大人跡而觀
之中心歡然喜其形像因履而踐之身動意若
為人所感後妊娠恐被淫泆之禍遂祭祀以求
謂無子履上帝之跡詩生民篇所謂履帝武是也天猶令有之姜

吴越春秋十卷　（漢）趙曄撰　（元）徐天祜音注　**補注一卷**　（元）徐天祜撰

明弘治十四年（1501）鄺廷瑞、馮弋刻本　四册

匡高20厘米，廣12.8厘米。半葉九行，行十八字，白口，左右雙邊。有“愛日館收藏印”“譚觀成印”“海朝”等印。廣東省博物館藏。第六批國家名録號12506。

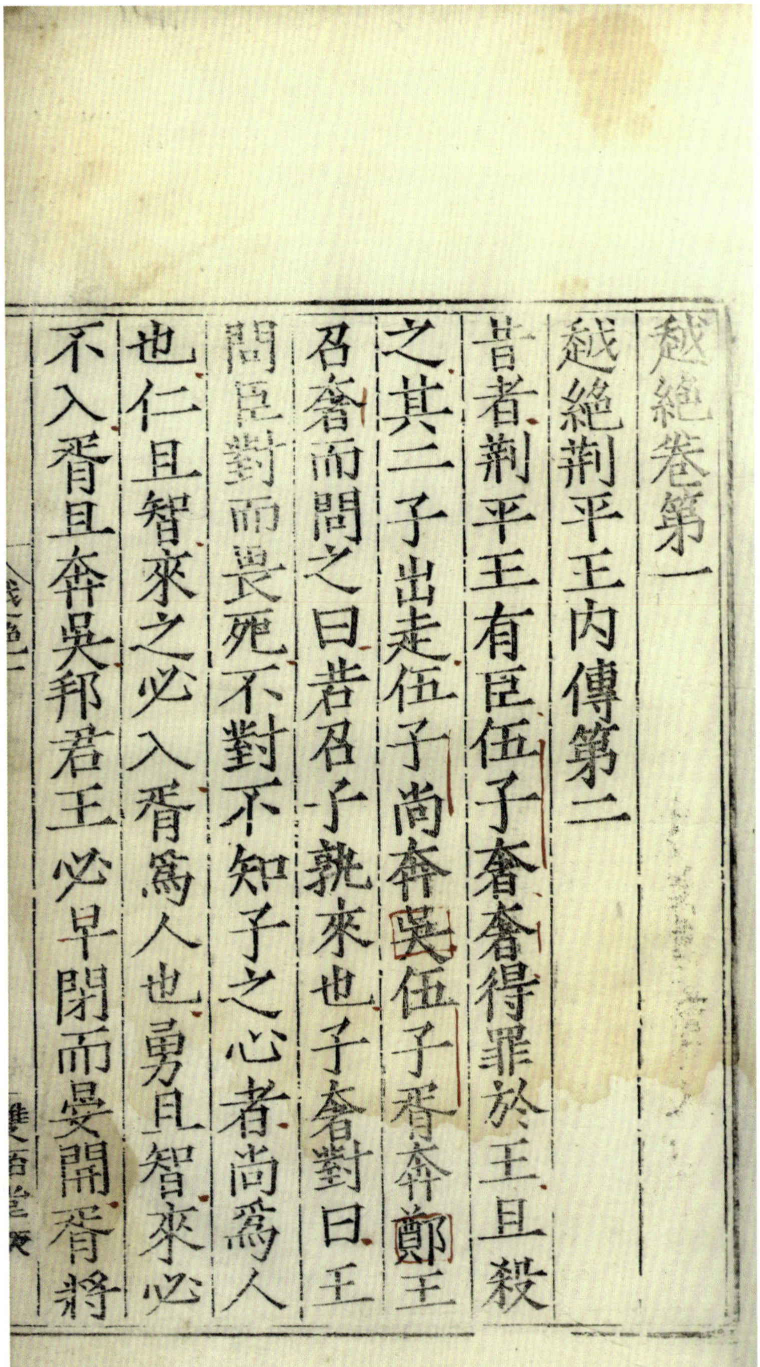
越絶卷第一
越絶荆平王内傳第二
昔者荆平王有臣伍子奢奢得罪於王且殺
之其二子出走伍子尚奔吳伍子胥奔鄭王
召奢而問之曰若召子孰來也子奢對曰王
問臣對而畏死不對不知子之心者尚爲人
也仁且智來之必入胥爲人也勇且智來必
不入胥且奔吳邦君王必早閉而晏開胥將

越絶書十五卷　（漢）袁康撰　明嘉靖三十三年（1554）張佳胤雙柏堂刻本　四册

匡高 19.9 厘米，廣 14.2 厘米。半葉八行，行十七字，白口，四周雙邊。廣東省立中山圖書館藏。第二批國家名録號 03821。

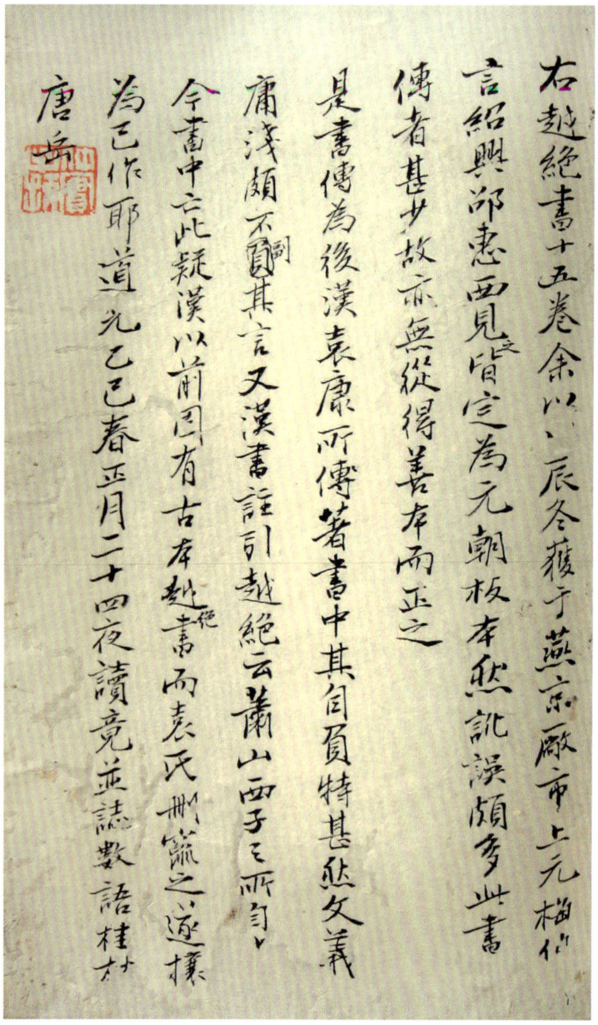
右越絶書十五卷余以戊辰冬獲于燕京廠市上元梅仙
言紹興郡志兩見皆定為元朝板本然訛誤頗多此書
傳者甚少故亦無從得善本而正之
是書傳為後漢袁康所傳著書中其自賛特甚然文義
庸淺頗不類其言又漢書註引越絶云蕭山西子之所自
今書中亡此疑漢以前固有古本越絶書而袁氏刪節之遂攘
為己作耶道光乙巳春正月二十四夜讀竟並誌數語桂林
唐岳

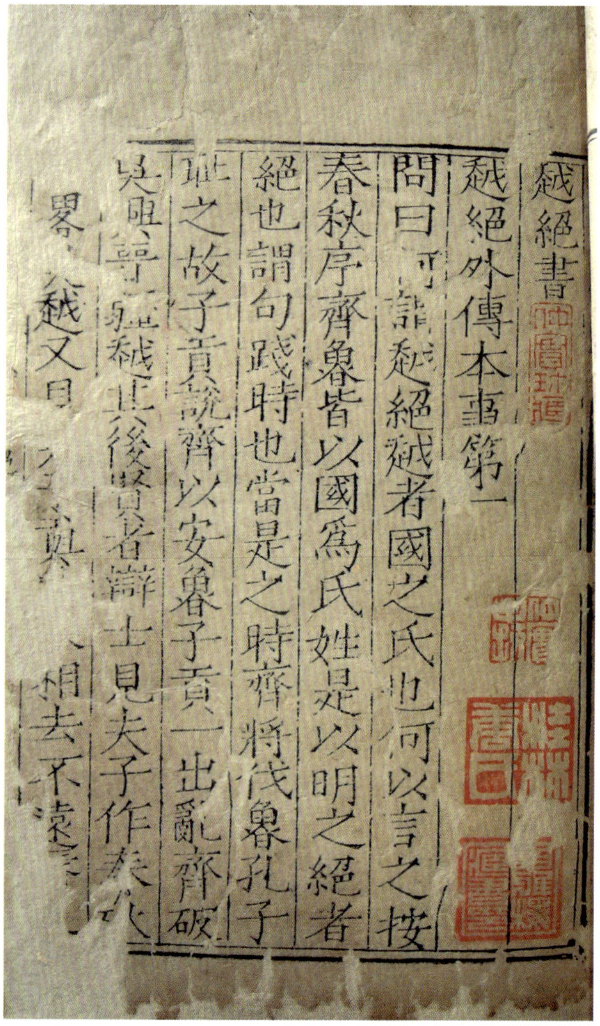
越絶書
越絶外傳本事第一
問曰何謂越絶越者國之氏也何以言之按
春秋序齊魯皆以國為氏姓是以明之絶者
絶也謂句踐時也當是之時齊將伐魯孔子
恥之故子貢說齊以安魯子貢一出亂齊破
吳興晉彊越其後賢者辯士見夫子作春秋
畧吳越又見[illegible]相去不遠

越絶書十五卷　（漢）袁康撰　明嘉靖三十三年（1554）張佳胤雙柏堂刻本　四册

匡高 19.9 厘米，廣 14.2 厘米。半葉八行，行十七字，白口，四周雙邊。有“何恩澤”等印，唐岳、何恩澤跋。中山大學圖書館藏。第二批國家名録號 03823。

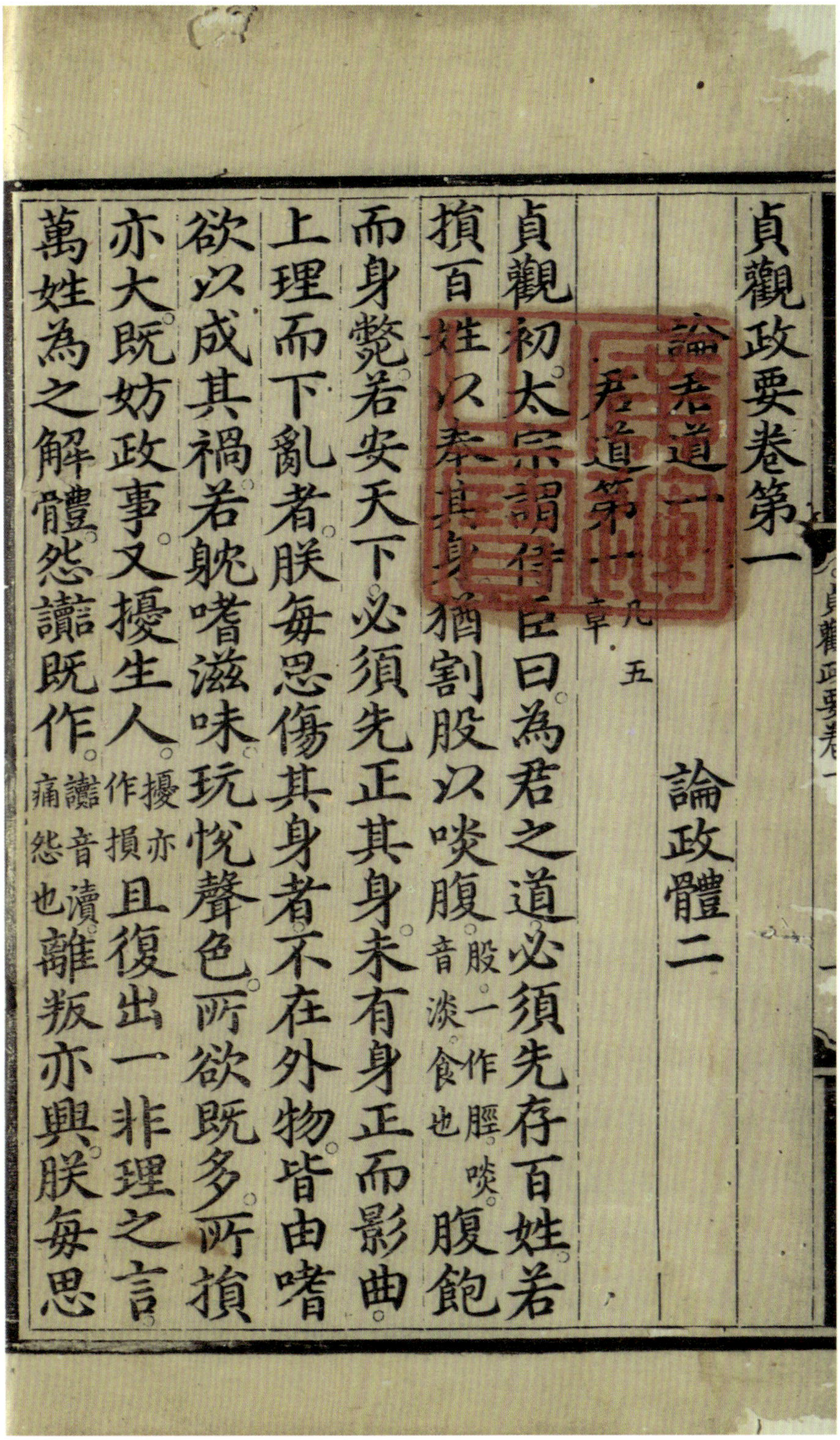
貞觀政要卷第一
論君道一
論政體二
君道第一 凡五章
貞觀初太宗謂侍臣曰為君之道必須先存百姓若損百姓以奉其身猶割股以啖腹（股一作脛啖音淡食也）腹飽而身斃若安天下必須先正其身未有身正而影曲上理而下亂者朕每思傷其身者不在外物皆由嗜欲以成其禍若躭嗜滋味玩悅聲色所欲既多所損亦大既妨政事又擾生人（擾亦作損）且復出一非理之言萬姓為之解體怨讟既作（讟音瀆痛怨也）離叛亦興朕每思

貞觀政要十卷 （唐）吴兢撰 （元）戈直集論 明成化元年（1465）内府刻本 八册

匡高 26.4 厘米，廣 19.1 厘米。半葉十行，行二十字，小字雙行同，黑口，四周雙邊。有“廣運之寶”等印。華南師範大學圖書館藏。第二批國家名録號 03832。

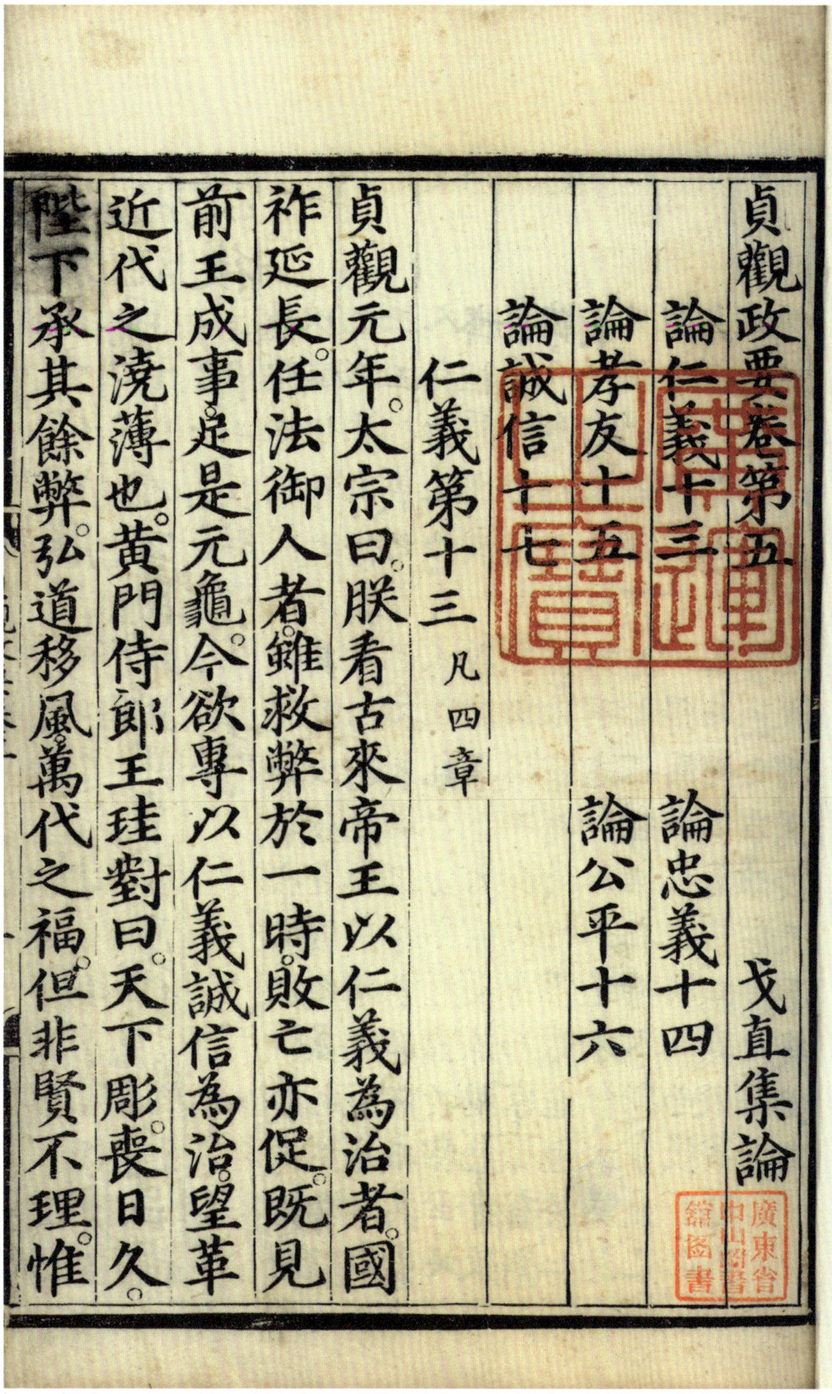
貞觀政要卷第五　　戈直集論
論仁義十三　論忠義十四
論孝友十五　論公平十六
論誠信十七

仁義第十三　凡四章
貞觀元年太宗曰朕看古來帝王以仁義爲治者國祚延長任法御人者雖救弊於一時敗亡亦促既見前王成事足是元龜今欲專以仁義誠信爲治望革近代之澆薄也黄門侍郎王珪對曰天下彫喪日久陛下承其餘弊弘道移風萬代之福但非賢不理惟

貞觀政要十卷　（唐）吴兢撰　（元）戈直集論　明成化元年（1465）内府刻本（有抄配）六册

匡高25.6厘米，廣18.4厘米。半葉十行，行二十字，小字雙行同，黑口，四周雙邊。有“廣運之寶”等印。廣東省立中山圖書館藏。第二批國家名録號03839。

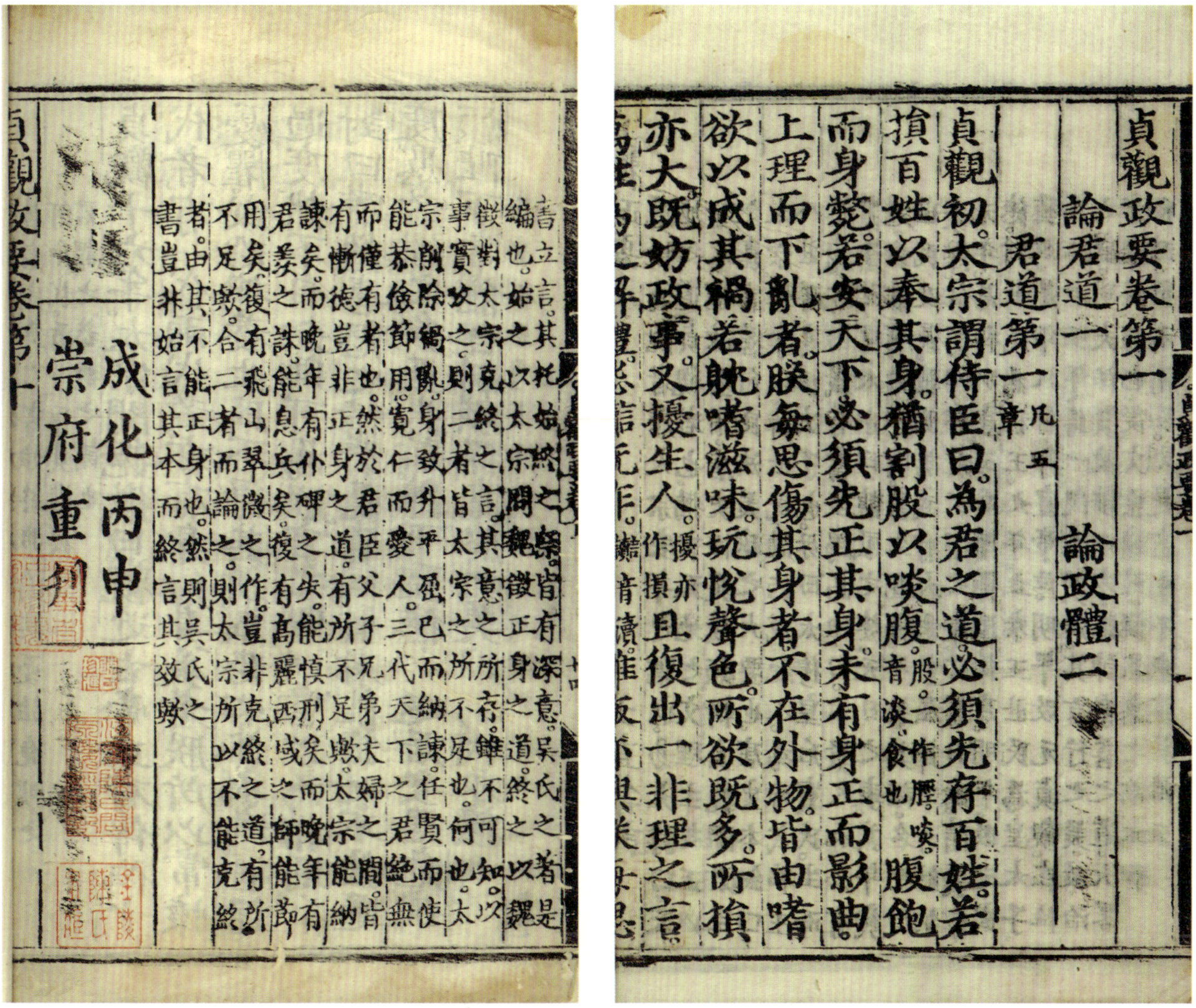

貞觀政要十卷　（唐）吴兢撰　（元）戈直集論　明成化十二年（1476）崇府刻本　四册

匡高 26.5 厘米，廣 18.8 厘米。半葉十行，行二十字，小字雙行同，黑口，四周雙邊。有“成化丙申崇府重刻”牌記。有“江寧陳氏問原樓經籍記”“楚寶堂藏書印”“問原樓藏書記”等印。廣東省立中山圖書館藏。第三批國家名録號 07758。

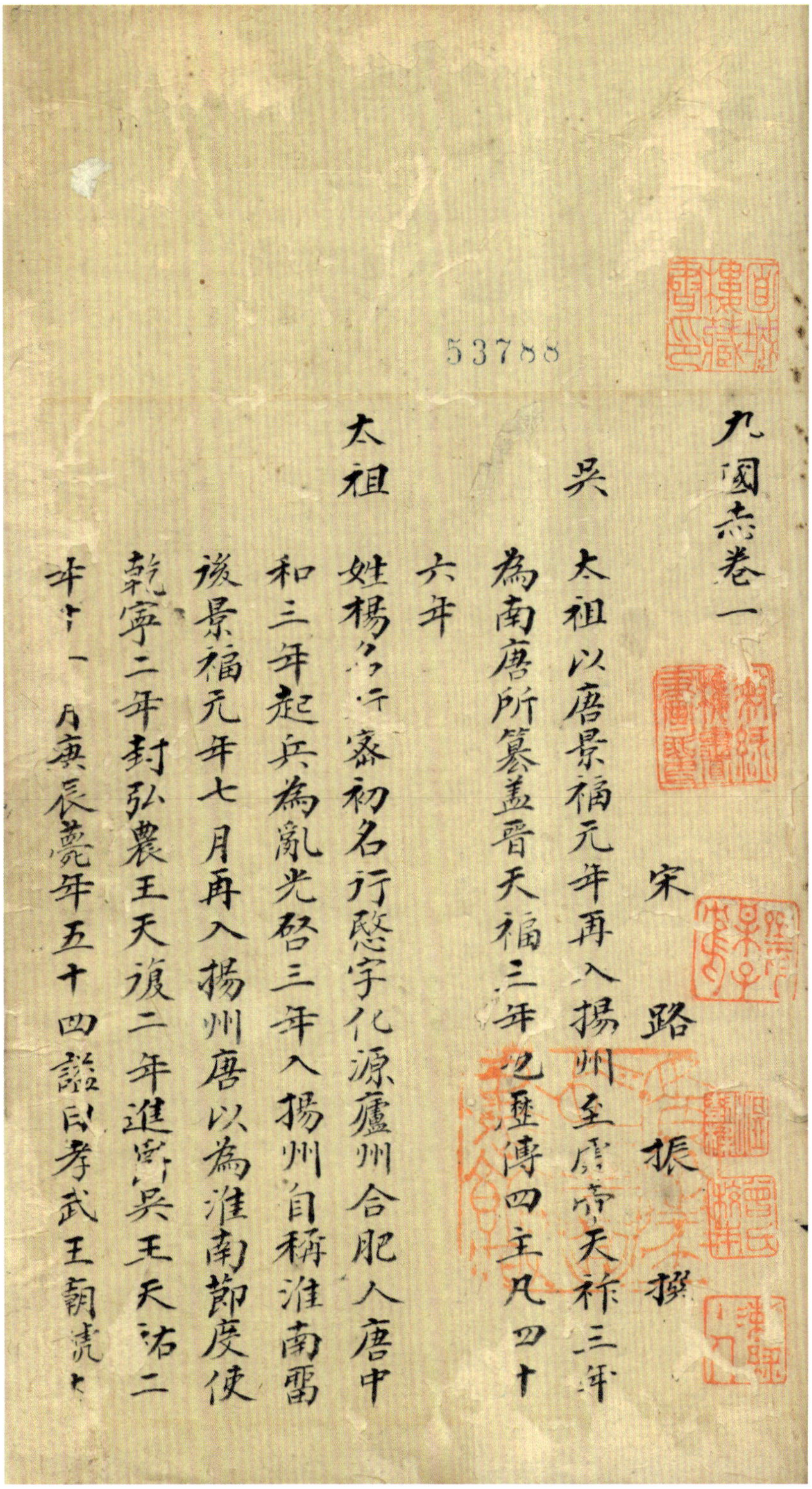
53788

九國志卷一

宋 路振 撰

吴

太祖以唐景福元年再入揚州至唐帝天祐三年
爲南唐所篡蓋晉天福三年也歷傳四主凡四十
六年

太祖

姓楊名行密初名行愍字化源廬州合肥人唐中
和三年起兵爲亂光啓三年入揚州自稱淮南留
後景福元年七月再入揚州唐以爲淮南節度使
乾寧二年封弘農王天復二年進爵吴王天祐二
年十一月庚辰薨年五十四謚曰孝武王廟號太

九國志十二卷　（宋）路振撰　清曾氏面城樓抄本　四册

有“面城樓藏書印”“曾氏校本”“漱緑主人”等印，曾釗批校。廣東省立中山圖書館藏。

第六批國家名録號 12508。

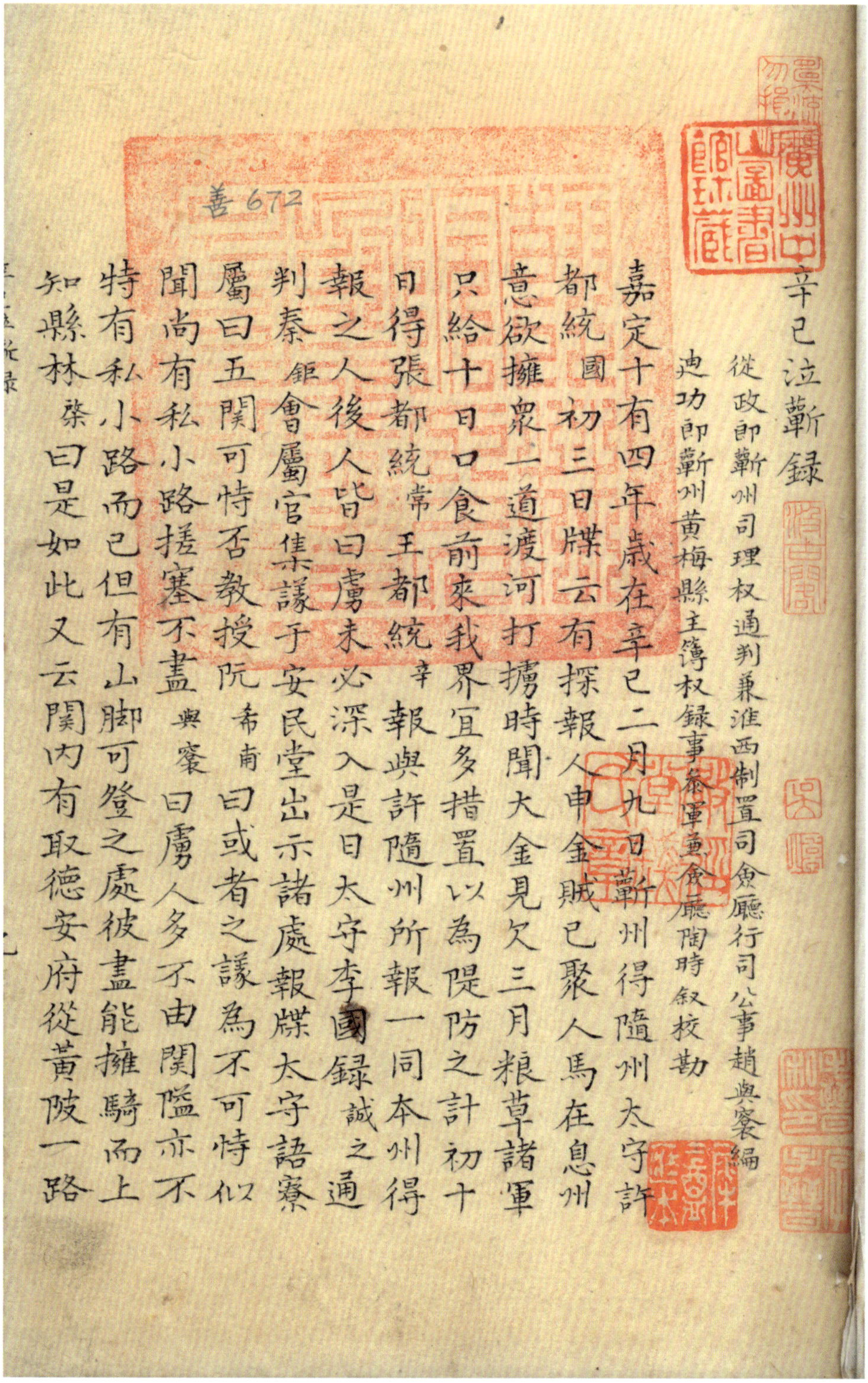

辛巳泣蘄録一卷　（宋）趙與褣撰　清初抄本　一册

有“翰林院印”“毛晉私印”“吴焯”“犀庵藏本”等印。廣東省立中山圖書館藏。第五批國家名録號11611。

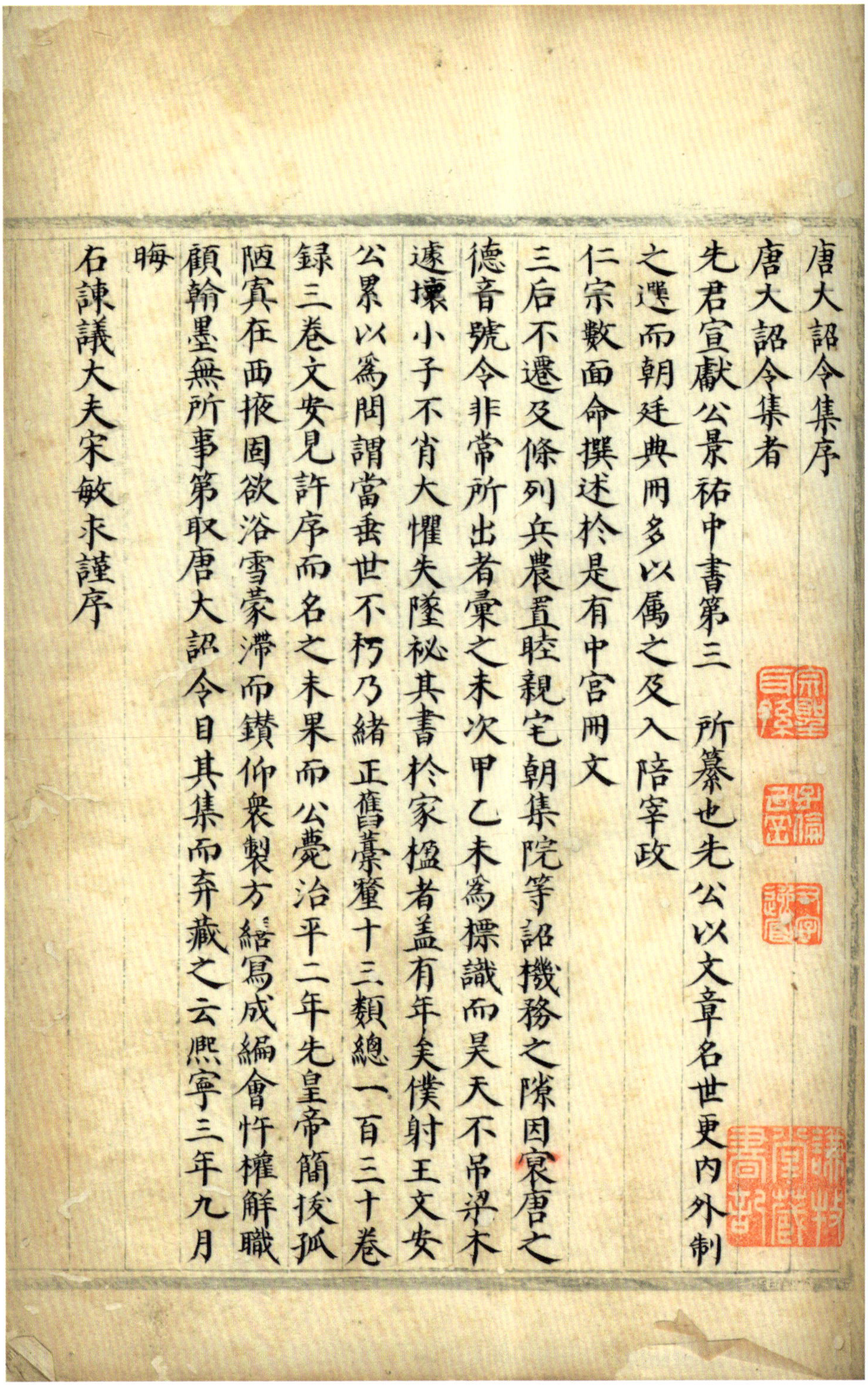

唐大詔令集序

唐大詔令集者

先君宣獻公景祐中書第三　所纂也先公以文章名世更內外制之選而朝廷典冊多以屬之及入陪宰政

仁宗數面命撰述於是有中宮冊文

三后不遷及條列兵農置睦親宅朝集院等詔機務之隙因裒唐之

德音號令非常所出者彙之未次甲乙未爲標識而昊天不吊梁木遽壞小子不肖大懼失墜祕其書於家櫝者蓋有年矣僕射王文安

公累以爲問謂當垂世不朽乃緒正舊槀釐十三類總一百三十卷録三卷文安見許序而名之未果而公薨治平二年先皇帝簡拔孤陋寘在西掖固欲浴雪蒙滯而鑽仰衆製方繕寫成編會忤權解職顧翰墨無所事第取唐大詔令目其集而弃藏之云熙寧三年九月晦

右諫議大夫宋敏求謹序

唐大詔令集一百三十卷　（宋）宋敏求輯　明抄本　十三册

有“謙牧堂藏書記”“湘潭曾紀冈子倫藏”等印。廣東省立中山圖書館藏，存一百七卷（一至十三、二十五至八十六、九十九至一百三十）。第六批國家名録號12514。

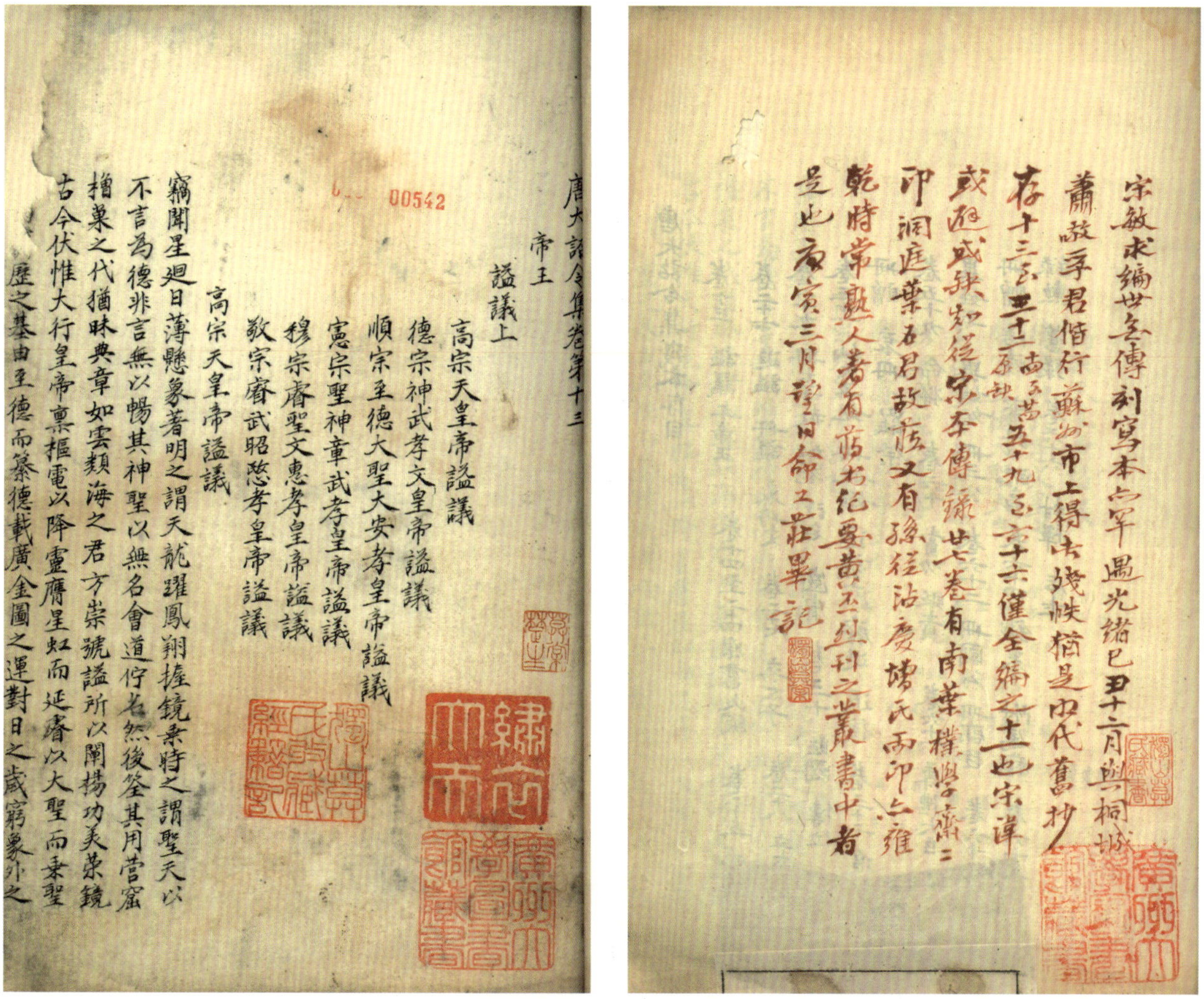
唐大詔令集卷第十三
帝王
謚議上
高宗天皇帝謚議
德宗神武孝文皇帝謚議
順宗至德大聖大安孝皇帝謚議
憲宗聖神章武孝皇帝謚議
穆宗睿聖文惠孝皇帝謚議
敬宗睿武昭愍孝皇帝謚議
高宗天皇帝謚議
竊聞星廻日薄懸象著明之謂天龍躍鳳翔握鏡乘時之謂聖天以
不言爲德非言無以暢其神聖以無名會道佇名然後筌其用營窟
橧巢之代猶昧典章如雲類海之君方崇號謚所以闡揚功美蘂鏡
古今伏惟大行皇帝稟樞電以降靈膺星虹而延瑢以大聖而乘聖
歷之基由至德而纂德載廣金圖之運對日之歲窮象外之

宋敏求編世無傳刻寫本亦罕遇光緒己丑十二月與桐城
蕭敬孚君偕行蘇州市上得此殘帙猶是明代舊抄
存十三至三十二原缺十四至廿四五十九至六十僅全編之十一也宋諱
或避或缺知從宋本傳錄廿七卷有南葉樸學齋二
印洞庭葉石君故藏又有孫從添慶增氏兩印亦雍
乾時常熟人著有藏書紀要黃丕烈刊之叢書中者
是也庚寅三月望日命之莊畢記

唐大詔令集一百三十卷　（宋）宋敏求輯　明抄本　二册

有"獨山莫氏收藏經籍記"等印，莫棠批校並跋。中山大學圖書館藏，存十一卷（十三、二十五至三十二、五十九、六十）。第二批國家名録號 03860。

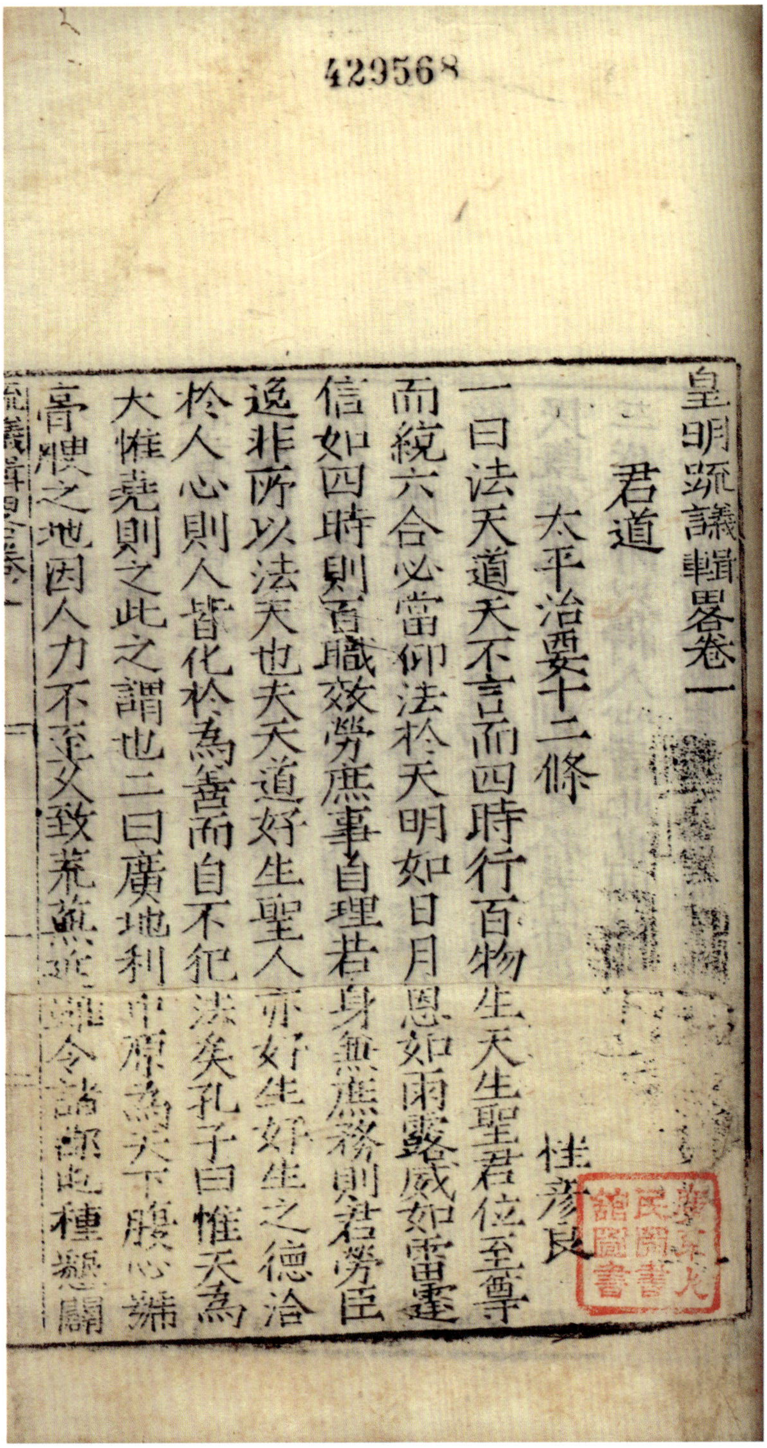
429568
皇明疏議輯畧卷一
君道
太平治要十二條　佳彦良
一曰法天道天不言而四時行百物生天生聖君位至尊
而統六合必當仰法於天明如日月恩如雨露威如雷霆
信如四時則百職效勞庶事自理君身無庶務則君勞臣
逸非所以法天也夫天道好生聖人亦好生好生之德洽
於人心則人皆化於為善而自不犯法矣孔子曰惟天為
大惟堯則之此之謂也二曰廣地利中原為天下腹心號
膏腴之地因人力不至久致荒蕪近雖令諸郡種藝闢

皇明疏議輯畧三十七卷　（明）張瀚輯　明嘉靖三十一年（1552）大名府刻本
十五册

匡高 17.5 厘米，廣 13.4 厘米。半葉十行，行二十二字，白口，四周單邊。廣東省立中山圖書館藏。第三批國家名録號 07797。

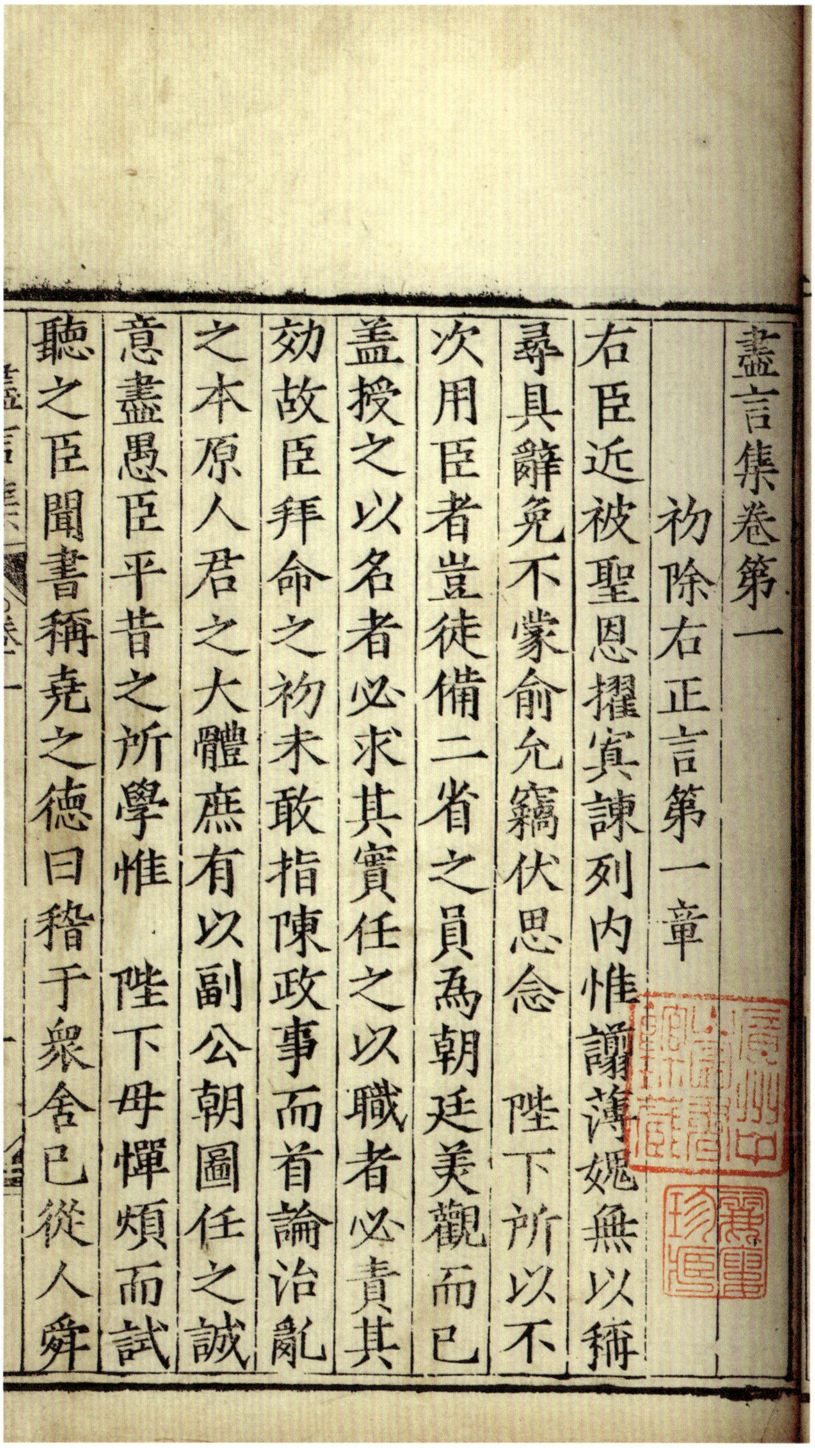

盡言集卷第一
初除右正言第一章
右臣近被聖恩擢寘諫列内惟譾薄娩無以稱
尋具辭免不蒙俞允竊伏思念 陛下所以不
次用臣者豈徒備二省之員為朝廷美觀而已
蓋授之以名者必求其實任之以職者必責其
効故臣拜命之初未敢指陳政事而首論治亂
之本原人君之大體庶有以副公朝圖任之誠
意盡愚臣平昔之所學惟 陛下毋憚煩而試
聽之臣聞書稱堯之德曰稽于衆舍己從人舜

盡言集十三卷　（宋）劉安世撰　明隆慶五年（1571）張佳胤、王叔杲刻本　六册

匡高 18.1 厘米，廣 13.4 厘米。半葉十行，行十八字，白口，四周雙邊。有“德輝”等印，葉德輝跋。廣東省立中山圖書館藏。第二批國家名録號 03888。

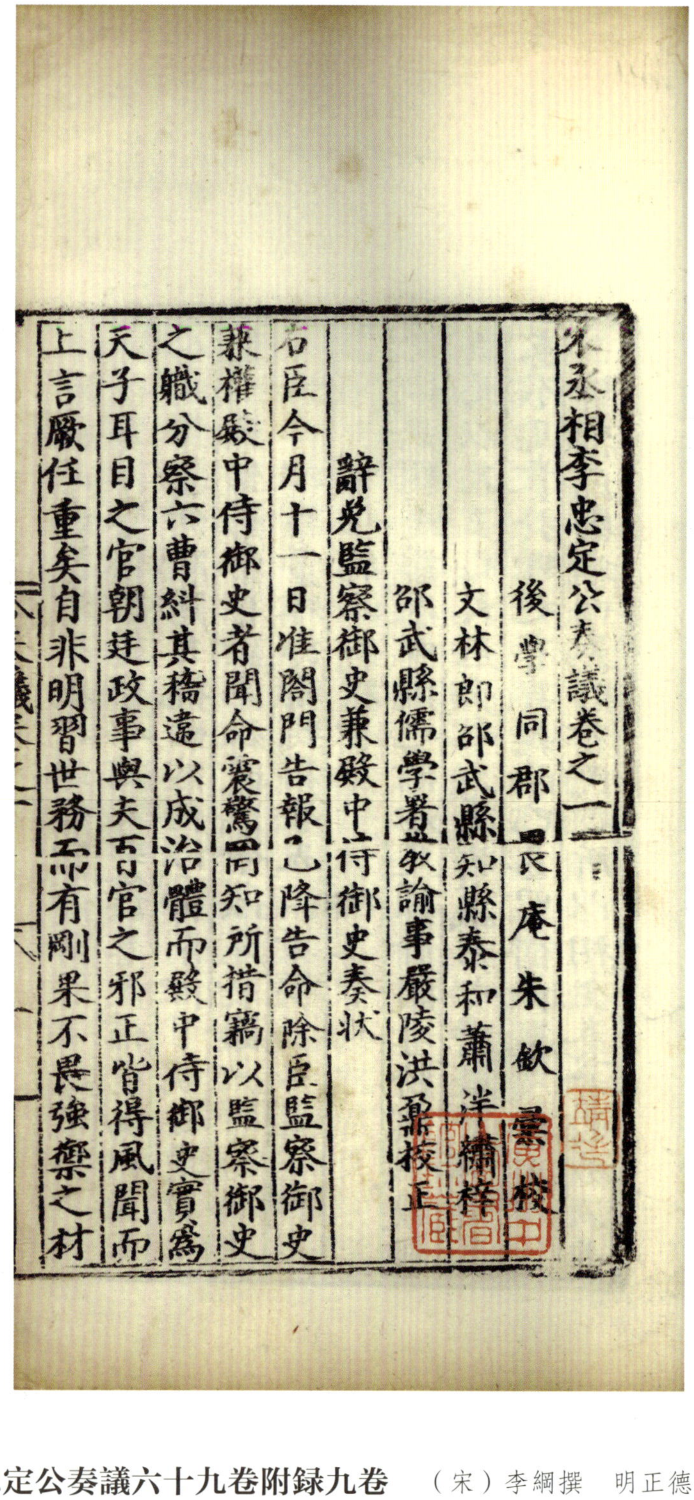

宋丞相李忠定公奏議卷之一
後學同郡艮庵朱欽重校
文林郎邵武縣知縣泰和蕭泮補梓
邵武縣儒學署教諭事嚴陵洪翥校正
辭免監察御史兼殿中侍御史奏狀
右臣今月十一日准閤門告報已降告命除臣監察御史
兼權殿中侍御史者聞命震驚罔知所措竊以監察御史
之職分察六曹糾其稽違以成治體而殿中侍御史實為
天子耳目之官朝廷政事與夫百官之邪正皆得風聞而
上言厥任重矣自非明習世務而有剛果不畏强禦之材

宋丞相李忠定公奏議六十九卷附録九卷　（宋）李綱撰　明正德十一年（1516）胡文静、蕭泮刻本　十册

匡高 20.1 厘米，廣 12.8 厘米。半葉十行，行二十二字，小字雙行同，細黑口，四周雙邊。有“靖廷”“延古堂珍藏”“靈石書駿”等印。廣東省立中山圖書館藏。第二批國家名録號 03890。

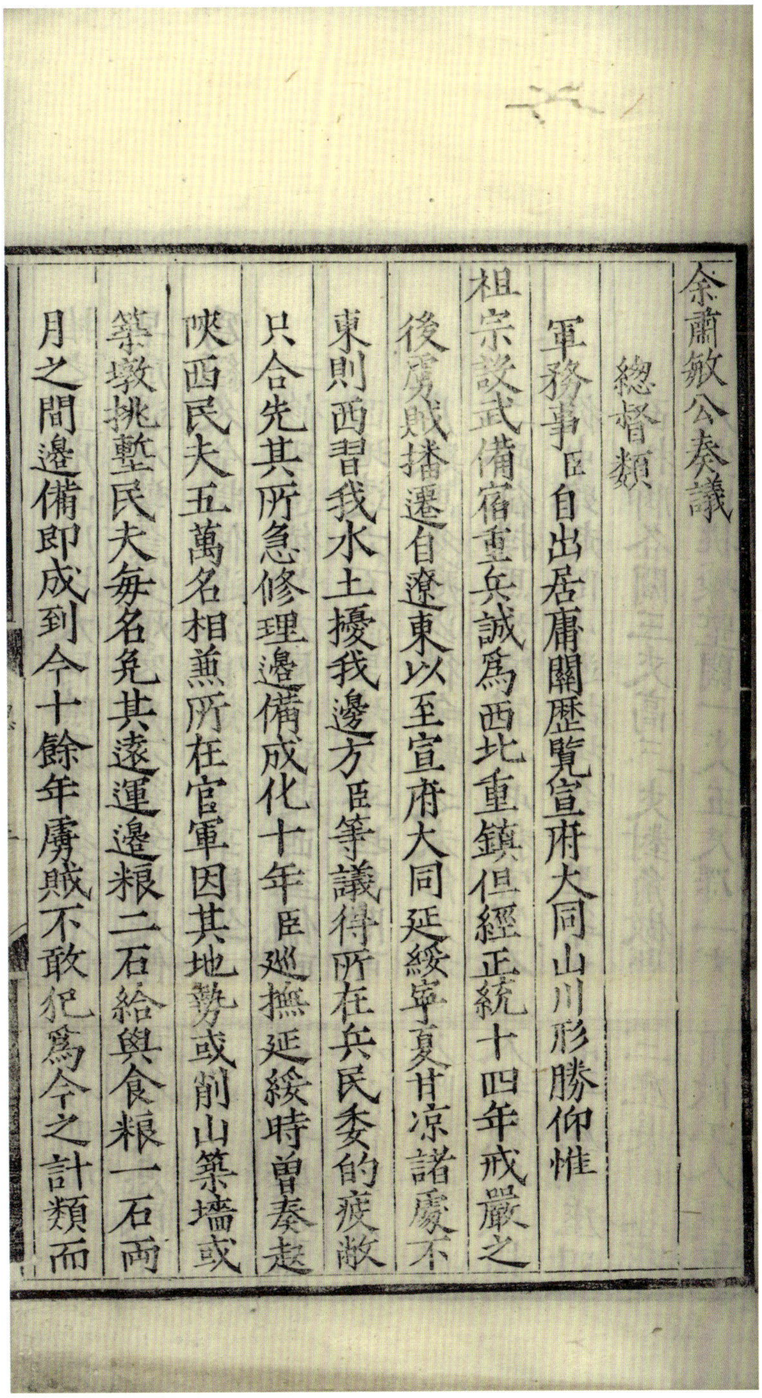

余肅敏公奏議三卷　（明）余子俊撰　明刻本　三册

匡高 23.5 厘米，廣 16.5 厘米。半葉十行，行二十四字，黑口，四周雙邊。中山大學圖書館藏。

第三批國家名録號 07809。

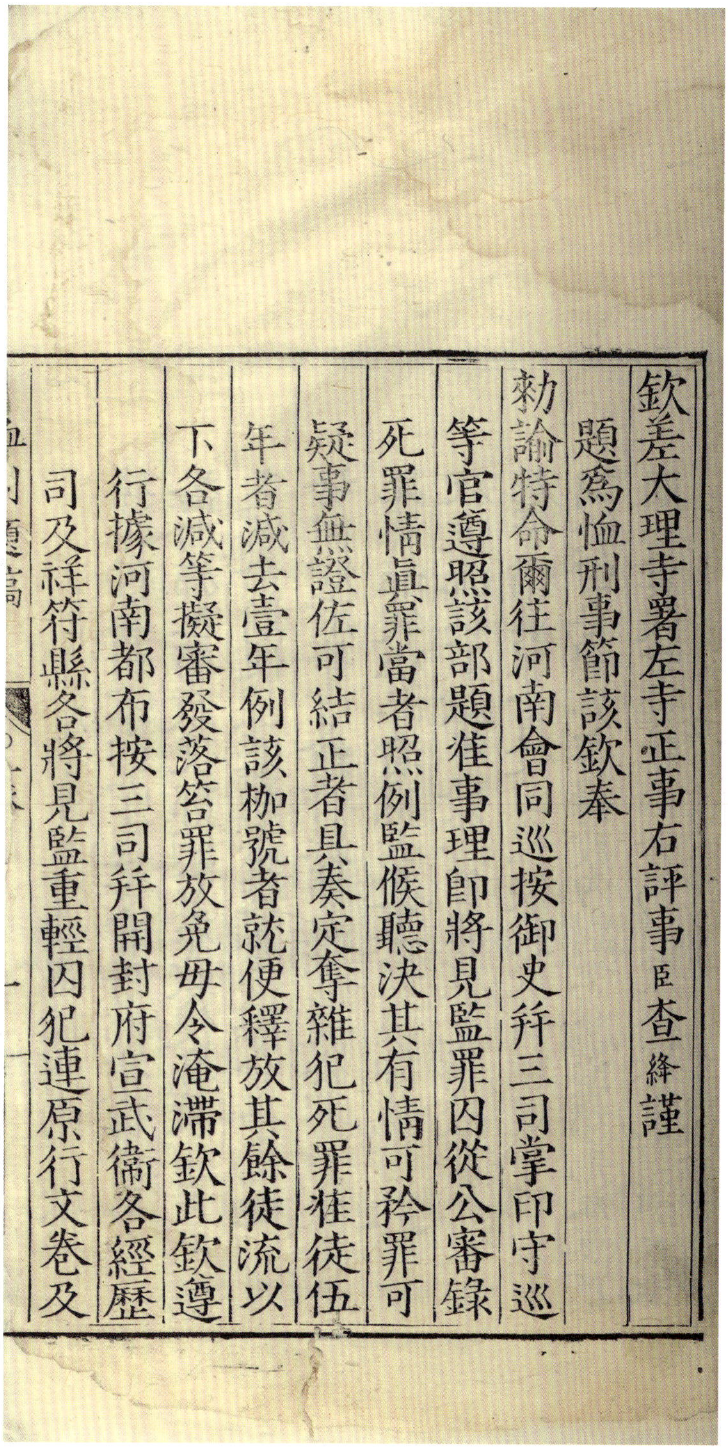
欽差大理寺署左寺正事右評事臣查絳謹
題爲恤刑事節該欽奉
勅諭特命爾往河南會同巡按御史并三司掌印守巡
等官遵照該部題准事理卽將見監罪囚從公審録
死罪情眞罪當者照例監候聽決其有情可矜罪可
疑事無證佐可結正者具奏定奪雜犯死罪准徒伍
年者減去壹年例該枷號者就便釋放其餘徒流以
下各減等擬審發落笞罪放免毋令淹滯欽此欽遵
行據河南都布按三司幷開封府宣武衛各經歷
司及祥符縣各將見監重輕囚犯連原行文卷及

恤刑題稿十四卷　（明）查絳撰　明嘉靖刻本　七册

匡高 20.6 厘米，廣 14.8 厘米。半葉十行，行二十一字，細黑口，四周雙邊。中山大學圖書館藏。第二批國家名録號 03902。

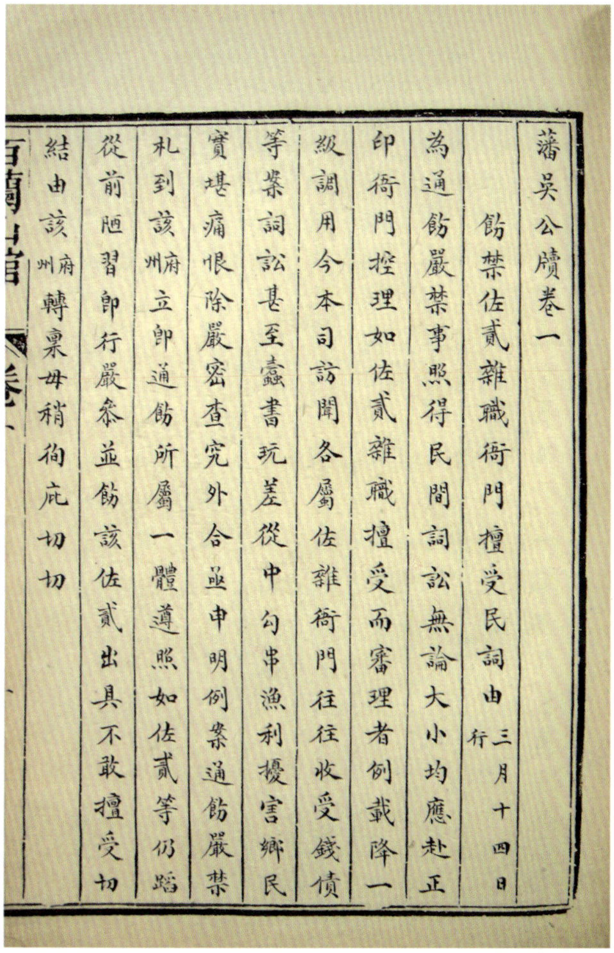

藩吳公牘卷一
飭禁佐貳雜職衙門擅受民詞由 三月十四日行
為通飭嚴禁事照得民間詞訟無論大小均應赴正
印衙門控理如佐貳雜職擅受而審理者例載降一
級調用今本司訪聞各屬佐雜衙門往往收受錢債
等案詞訟甚至蠹書玩差從中勾串漁利擾害鄉民
實堪痛恨除嚴密查究外合亟申明例案通飭嚴禁
札到該府州立即通飭所屬一體遵照如佐貳等仍蹈
從前陋習即行嚴參並飭該佐貳出具不敢擅受切
結由該府州轉稟毋稍徇庇切切

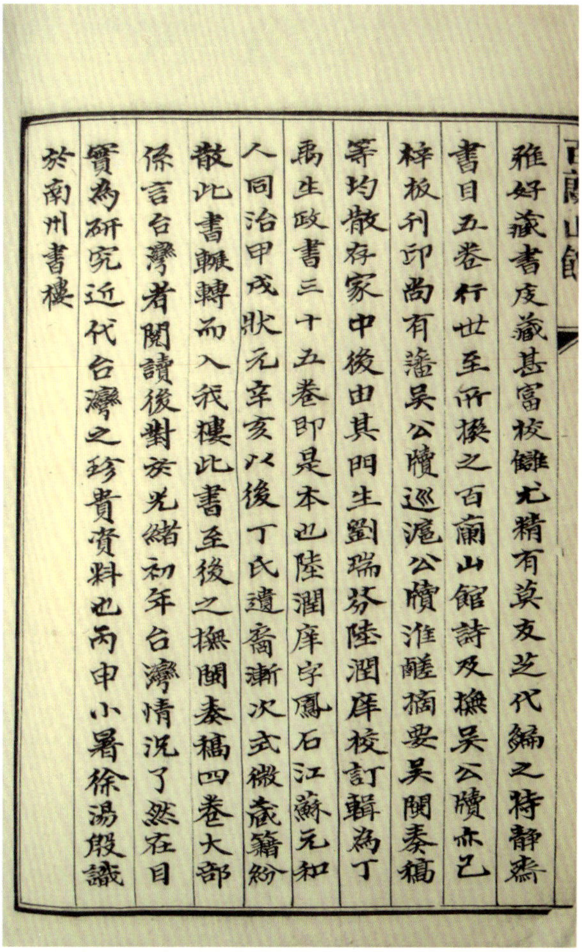

雅好藏書庋藏甚富校讎尤精有莫友芝代編之持靜齋
書目五卷行世至所撰之百蘭山館詩及撫吳公牘亦已
梓板刊印尚有藩吳公牘巡滬公牘淮鹺摘要吳閩奏稿
等均散存家中後由其門生劉瑞芬陸潤庠校訂輯為丁
禹生政書三十五卷即是本也陸潤庠字鳳石江蘇元和
人同治甲戌狀元辛亥以後丁氏遺裔漸次式微藏籍紛
散此書輾轉而入我樓此書至後之撫閩奏稿四卷大部
係言台灣者閱讀後對於光緒初年台灣情況了然在目
實為研究近代台灣之珍貴資料也丙申小暑徐湯殷識
於南州書樓

丁禹生政書三十五卷 （清）丁日昌撰 （清）劉瑞芬 陸潤庠校訂 謄清稿本

二十一册

有“徐信符藏”等印，徐信符題識。廣東省社會科學院圖書館藏。第二批國家名録號03906。

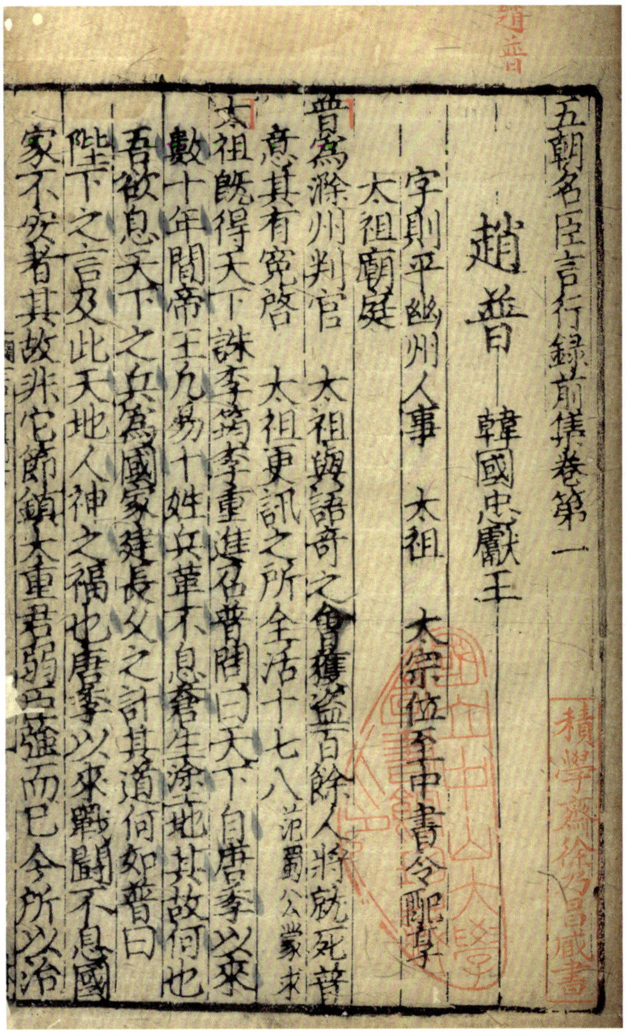

五朝名臣言行録前集卷第一
趙普　韓國忠獻王
字則平幽州人事　太祖　太宗位至中書令配享
太祖廟廷
普為滁州判官　太祖與語奇之會獲盜百餘人將就死普
意其有冤啓　太祖更訊之所全活十七八 泥蜀公蒙求
太祖既得天下誅李筠李重進召普問曰天下自唐季以來
數十年間帝王凡易十姓兵革不息蒼生塗地其故何也
吾欲息天下之兵為國家建長久之計其道何如普曰
陛下之言及此天地人神之福也唐季以來戰鬬不息國
家不安者其故非它節鎮太重君弱臣强而已今所以治

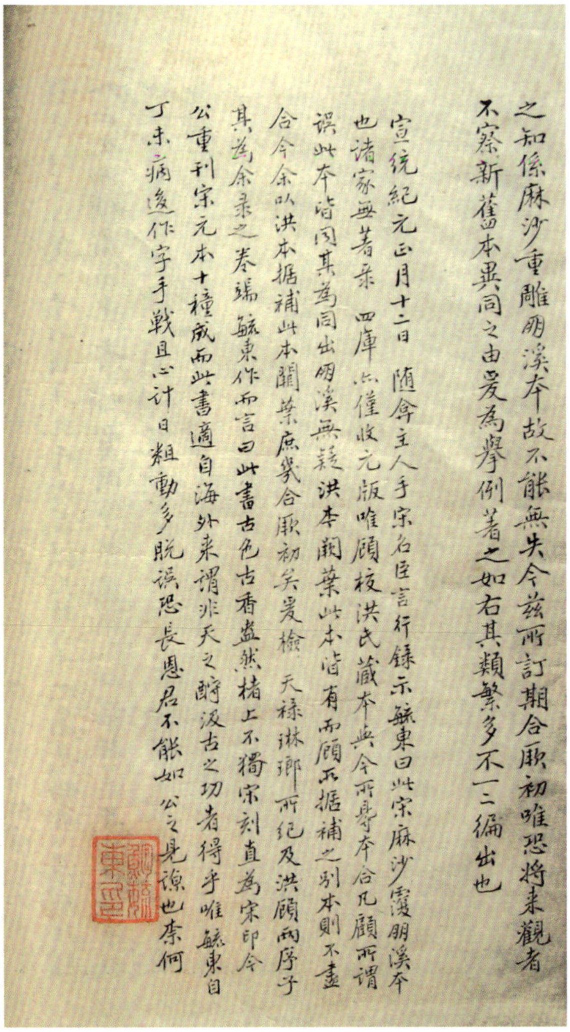

之知係麻沙重雕明溪本故不能無失今茲所訂期合厥初唯恐將來觀者
不察新舊本異同之由爰為舉例著之如右其類繁多不一二徧出也
宣統紀元正月十二日　隨盦主人手宋名臣言行録示毓東曰此宋麻沙覆明溪本
也諸家無著录　四庫亦僅收元版唯顧校洪氏藏本與今所寫本合凡顧所謂
誤此本皆同其為同出明溪無疑洪本闕葉此本皆有而顧不據補之别本則不盡
合今余以洪本據補此本闕葉庶幾合厥初矣爰檢　天禄琳瑯所紀及洪顧兩序予
其為余录之卷端毓東作而言曰此書古色古香盎然楮上不獨宋刻直為宋印令
公重刊宋元本十種成而此書適自海外來謂非天之酧汲古之功者得乎唯毓東自
丁未病後作字手戰且亡計日粗動多脫誤恐長恩君不能如　公之見諒也柰何

五朝名臣言行録前集十卷後集十四卷　（宋）朱熹輯　**續集八卷别集二十六卷外集十七卷**　（宋）李幼武輯　元刻本（有抄配）　三十二册

匡高 19.9 厘米，廣 13 厘米。半葉十二行，行二十三字，小字雙行同，細黑口，左右雙邊。有“延古堂李氏珍藏”“南陵徐乃昌校勘經籍記”等印，松崎慊堂題識、鮑毓東録諸家序並題識。中山大學圖書館藏（别集目録抄配）。第二批國家名録號 02844。

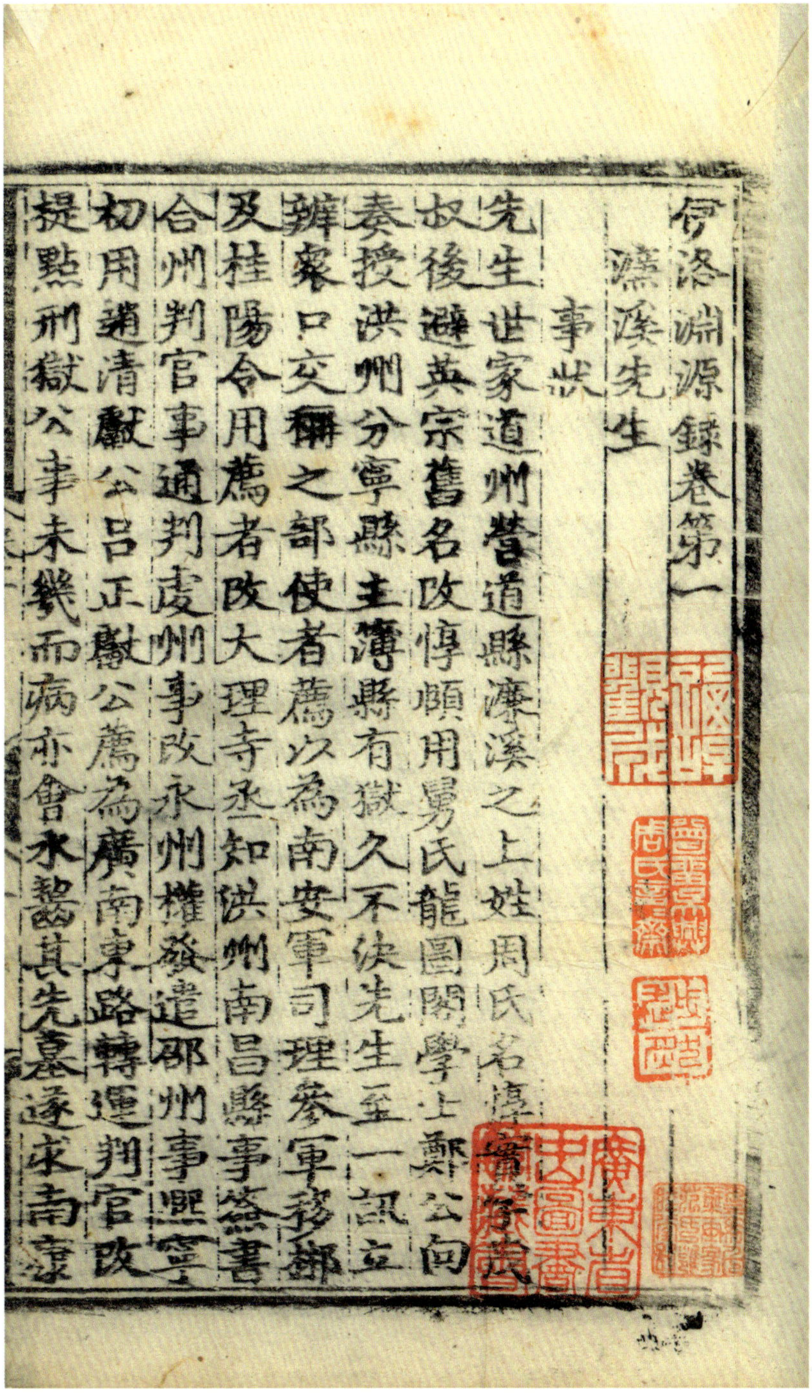
伊洛淵源録卷第一
濂溪先生
事狀
先生世家道州營道縣濂溪之上姓周氏名惇實
故後避英宗舊名改惇頤用舅氏龍圖閣學士鄭公向
奏授洪州分寧縣主簿縣有獄久不決先生至一訊立
辨衆口交稱之部使者薦以為南安軍司理參軍移郴
及桂陽令用薦者改大理寺丞知洪州南昌縣事簽書
合州判官事通判虔州事改永州權發遣邵州事熙寧
初用趙清獻公呂正獻公薦為廣南東路轉運判官改
提點刑獄以公事未幾而病亦會水齧其先墓遂求南康

伊洛淵源録十四卷　（宋）朱熹撰　元刻本　四册

匡高20.3厘米，廣13.3厘米。半葉十一行，行二十一至二十二字，黑口，四周雙邊。有“越然”“觀成”等印。廣東省立中山圖書館藏。第一批國家名録號00511。

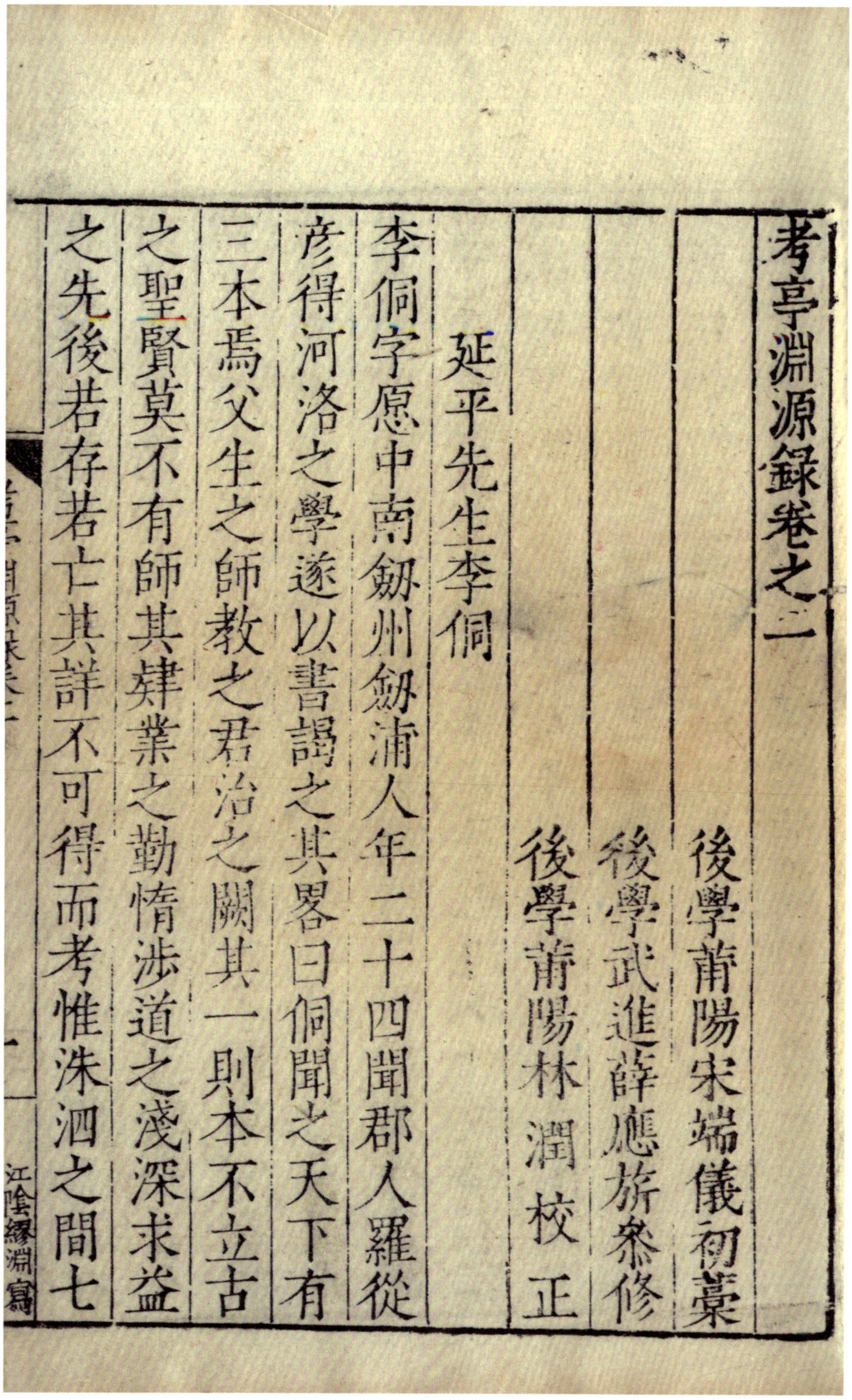

考亭淵源録卷之二

後學莆陽宋端儀初稾

後學武進薛應旂条修

後學莆陽林　潤　校正

延平先生李侗

李侗字愿中南劍州劍浦人年二十四聞郡人羅從彦得河洛之學遂以書謁之其畧曰侗聞之天下有三本焉父生之師教之君治之闕其一則本不立古之聖賢莫不有師其肄業之勤惰涉道之淺深求益之先後若存若亡其詳不可得而考惟洙泗之間七

江陰繆淵寫

考亭淵源録二十四卷　（明）宋端儀撰　（明）薛應旂重輯　明隆慶三年（1569）刻本　十六册

匡高 19.5 厘米，廣 14.3 厘米。半葉十行，行二十字，白口，四周單邊。華南師範大學圖書館藏。第二批國家名録號 03940。

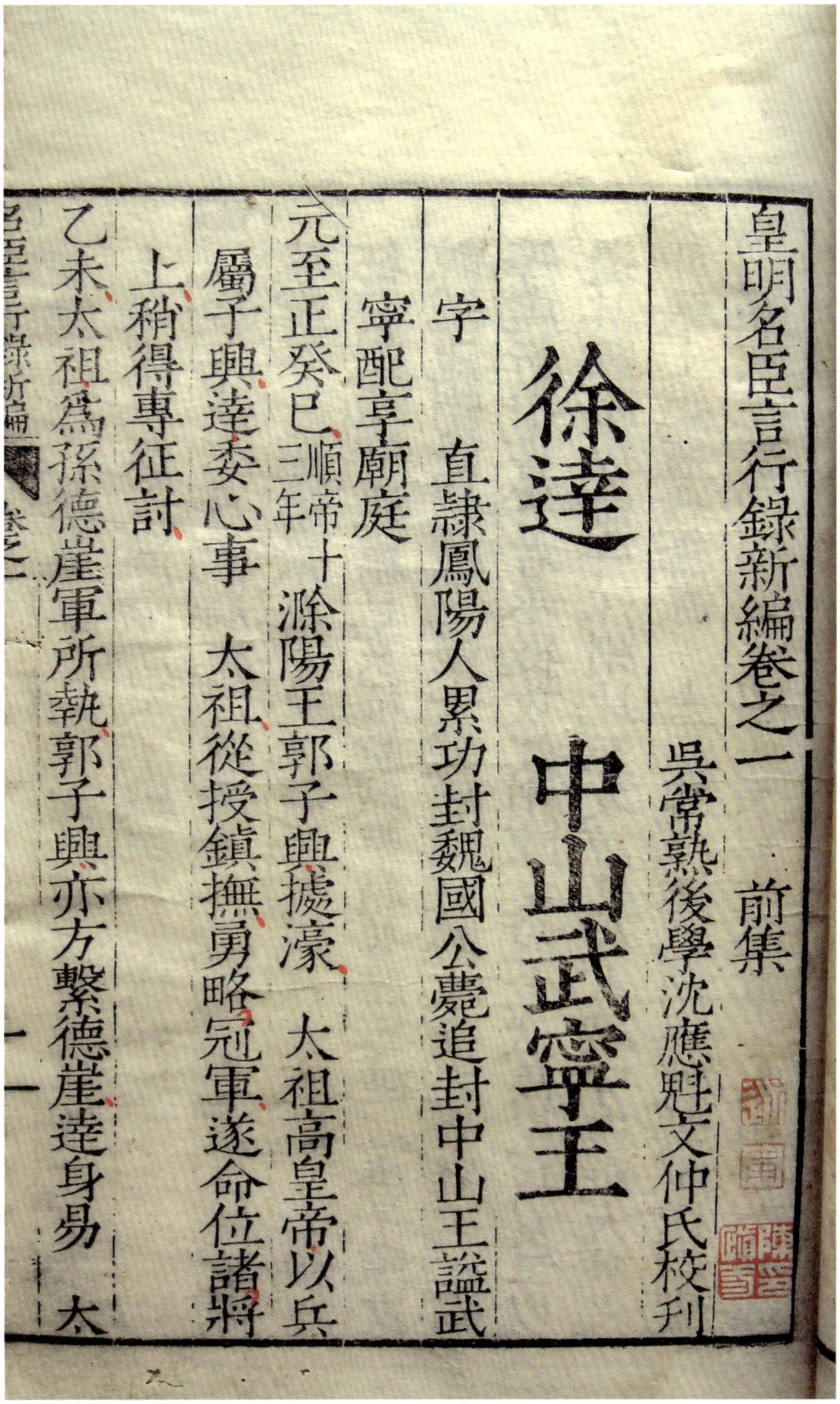
皇明名臣言行錄新編卷之一　前集
吳常熟後學沈應魁文仲氏校刊
徐達　中山武寧王
字　直隸鳳陽人累功封魏國公薨追封中山王謚武
寧配享廟庭
元至正癸巳順帝十三年　滁陽王郭子興據濠　太祖高皇帝以兵
屬子興達委心事　太祖從授鎮撫勇略冠軍遂命位諸將
上稍得專征討
乙未太祖爲孫德崖軍所執郭子興亦方繫德崖達身易　太
名臣言行錄新編　卷之一　一

皇明名臣言行錄新編三十四卷　（明）沈應魁輯　明嘉靖三十二年（1553）自刻本　六册

匡高20.7厘米，廣14.2厘米。半葉十行，行二十四字，白口，四周單邊。有“陳慎三印”“述甫”印。中山大學圖書館藏。第二批國家名録號03950。

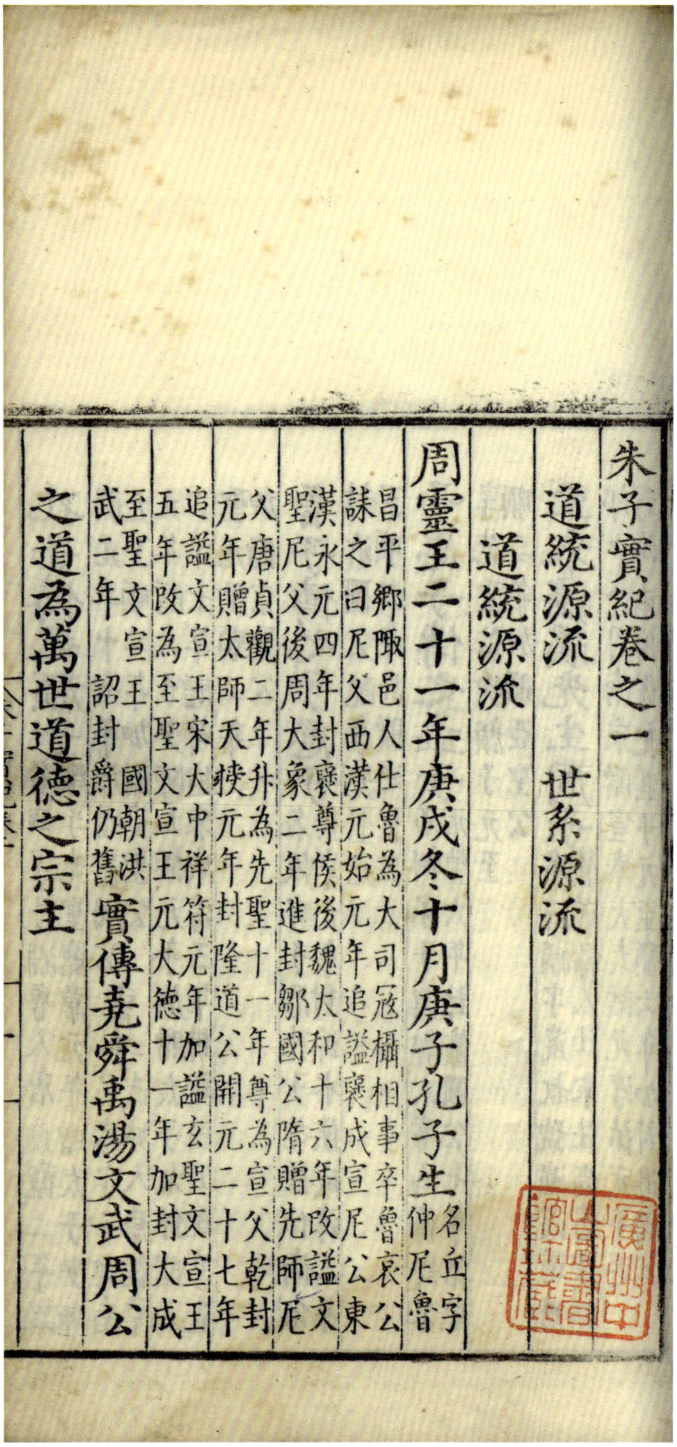
朱子實紀卷之一
道統源流　世系源流
道統源流
周靈王二十一年庚戌冬十月庚子孔子生名丘字仲尼魯昌平鄉陬邑人仕魯為大司寇攝相事卒魯哀公誄之曰尼父西漢元始元年追謚褒成宣尼公東漢永元四年封褒尊侯後魏太和十六年改謚文聖尼父後周大象二年進封鄒國公隋贈先師尼父唐貞觀二年升為先聖十一年尊為宣父乾封元年贈太師天授元年封隆道公開元二十七年追謚文宣王宋大中祥符元年加謚玄聖文宣王五年改為至聖文宣王元大德十一年加封大成至聖文宣王國朝洪武二年詔封爵仍舊實傳堯舜禹湯文武周公之道為萬世道德之宗主

朱子實紀十二卷　（明）戴銑輯　明正德八年（1513）鮑雄刻本　四册

匡高18.8厘米，廣12.9厘米。半葉十行，行二十字，小字雙行同，白口，四周單邊。有“侯山主人”印。廣東省立中山圖書館藏。第二批國家名録號03963。

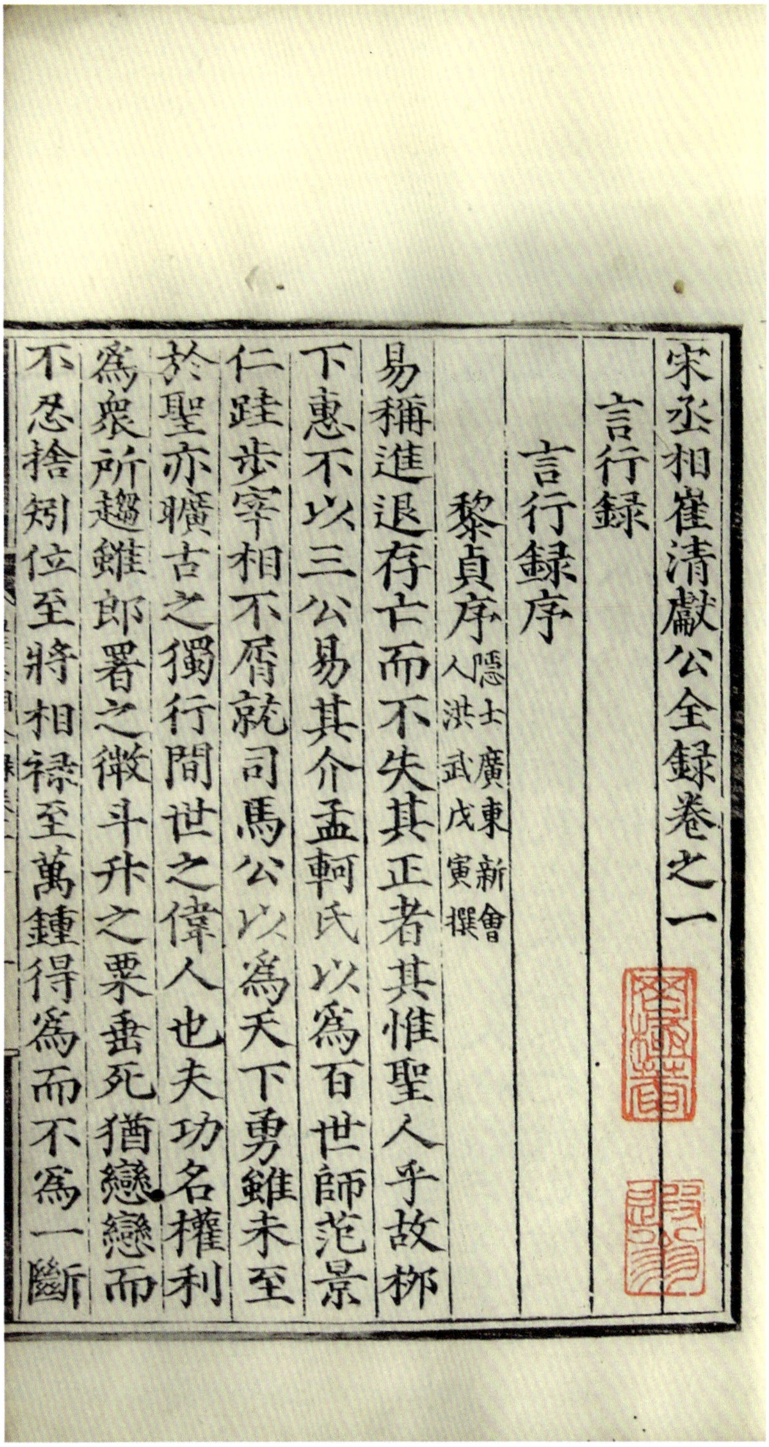
宋丞相崔清獻公全録卷之一

言行録

言行録序

黎貞序 隱士廣東新會人洪武戊寅撰

易稱進退存亡而不失其正者其惟聖人乎故柳下惠不以三公易其介孟軻氏以爲百世師范景仁跬步寧相不屑就司馬公以爲天下勇雖未至於聖亦賾古之獨行間世之偉人也夫功名權利爲衆所趨雖郎署之微斗升之粟垂死猶戀戀而不忍捨剡位至將相禄至萬鍾得爲而不爲一斷

宋丞相崔清獻公全録十卷　（宋）崔與之撰　（明）崔子璲輯　（明）崔曉增輯

明嘉靖十三年（1534）唐胄、邵煉刻本　四册

匡高 19.3 厘米，廣 13.9 厘米。半葉十行，行十九字，小字雙行同，黑口，四周雙邊。有“恭綽之印”等印，葉恭綽跋。中山大學圖書館藏。第二批國家名録號 03965。

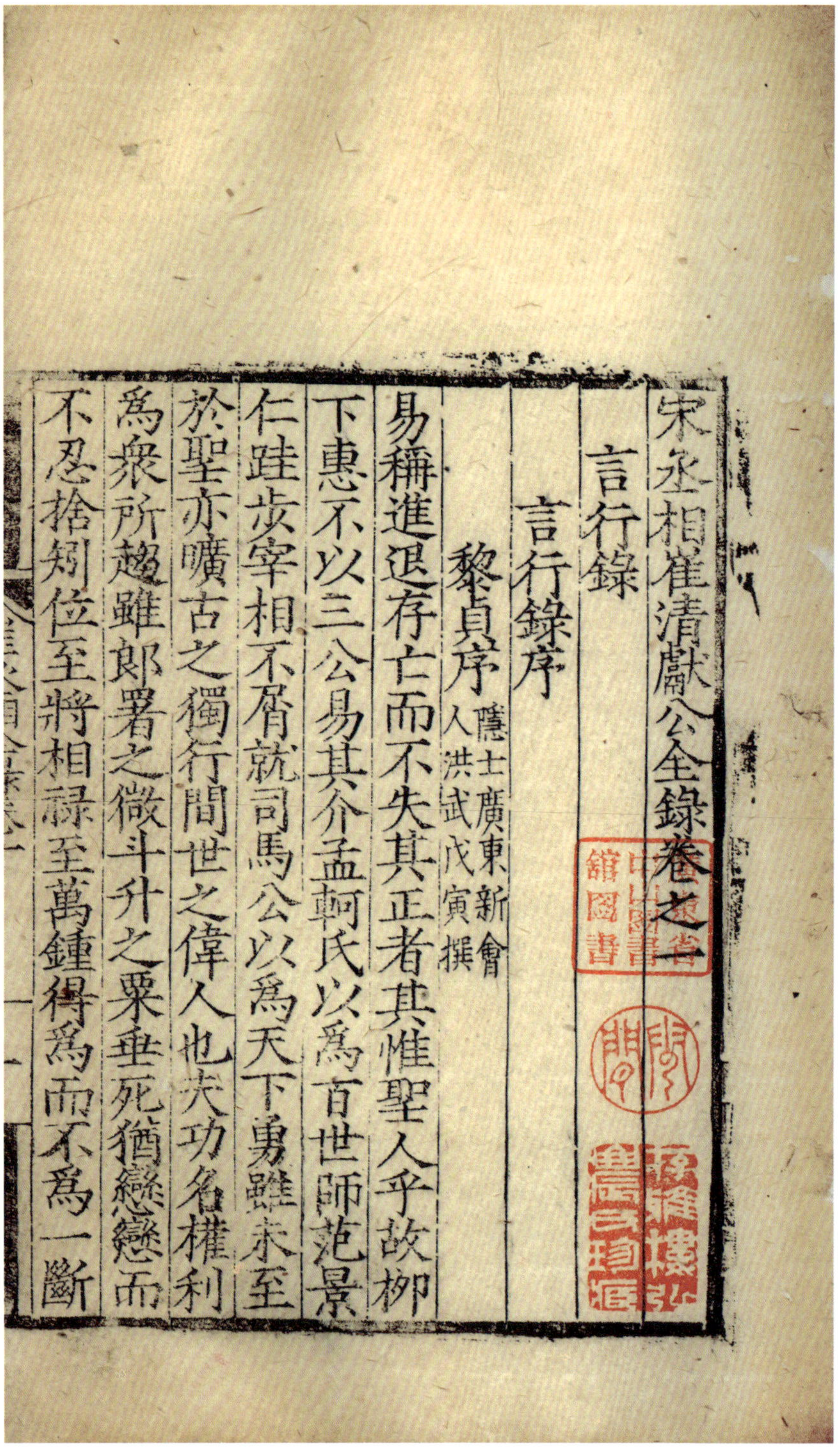
宋丞相崔清獻公全錄卷之一
言行錄
言行錄序
黎貞序 隱士廣東新會人洪武戊寅撰
易稱進退存亡而不失其正者其惟聖人乎故柳下惠不以三公易其介孟軻氏以爲百世師范景仁跬步宰相不屑就司馬公以爲天下勇雖未至於聖亦曠古之獨行間世之偉人也夫功名權利爲衆所趨雖郎署之微斗升之粟垂死猶戀戀而不忍捨矧位至將相禄至萬鍾得爲而不爲一斷

宋丞相崔清獻公全錄十卷　（宋）崔與之撰　（明）崔子璲輯　（明）崔曉增輯

明嘉靖三十二年（1553）刻本　四册

匡高 17.6 厘米，廣 13.4 厘米。半葉十行，行十九字，小字雙行同，黑口，四周單邊。有“存雅樓弘農氏珍藏”等印。廣東省立中山圖書館藏。第二批國家名録號 03967。

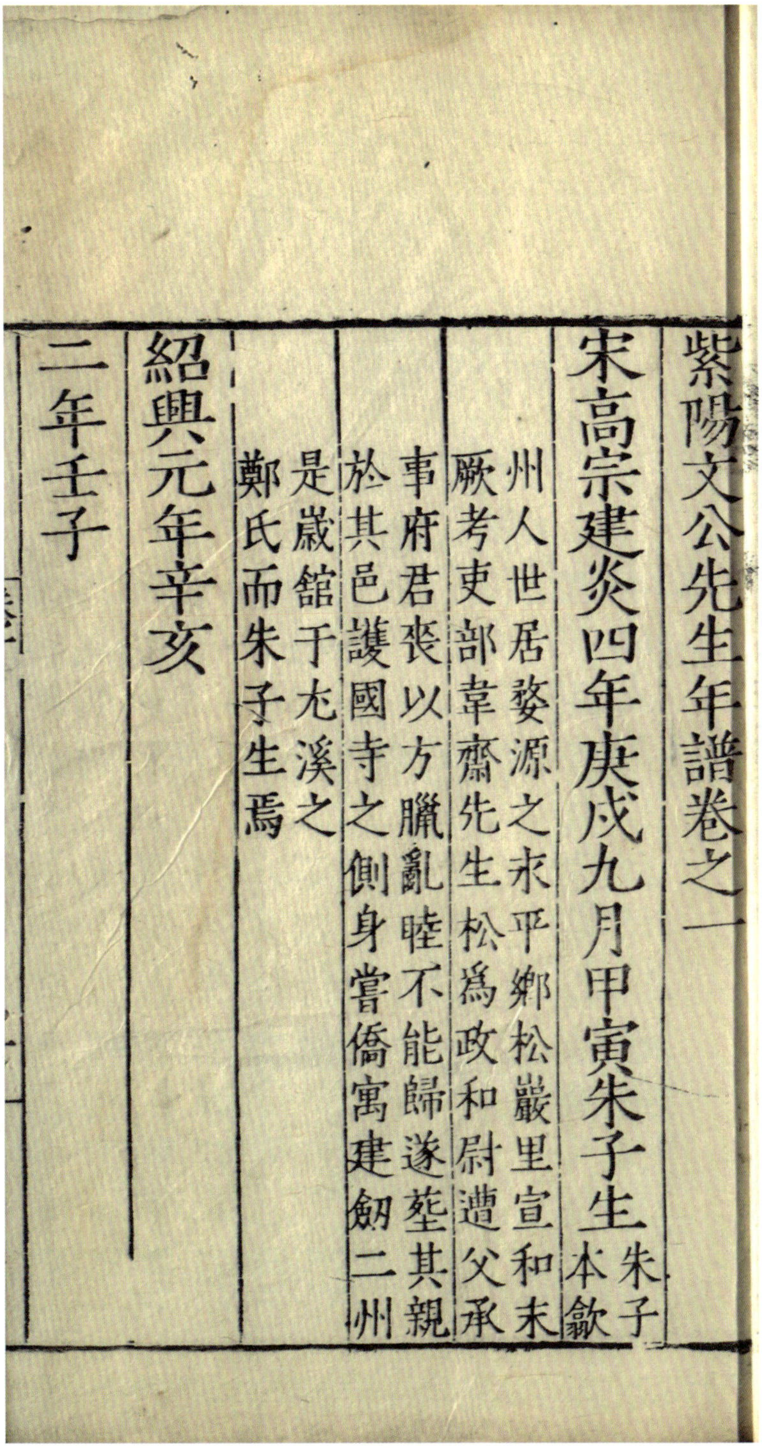
紫陽文公先生年譜卷之一

宋高宗建炎四年庚戌九月甲寅朱子生朱子本歙州人世居婺源之永平鄉松巖里宣和末厥考吏部韋齋先生松爲政和尉遭父承事府君喪以方臘亂睦不能歸遂葬其親於其邑護國寺之側身嘗僑寓建劍二州是歲館于尤溪之鄭氏而朱子生焉

紹興元年辛亥

二年壬子

紫陽文公先生年譜五卷 （宋）李方子編 （明）李默 朱河重訂 明嘉靖三十六年（1557）建寧董燧刻本 四册

匡高 20.3 厘米，廣 14.9 厘米。半葉七行，行十八字，小字雙行同，白口，四周單邊。華南師範大學圖書館藏。第二批國家名録號 03975。

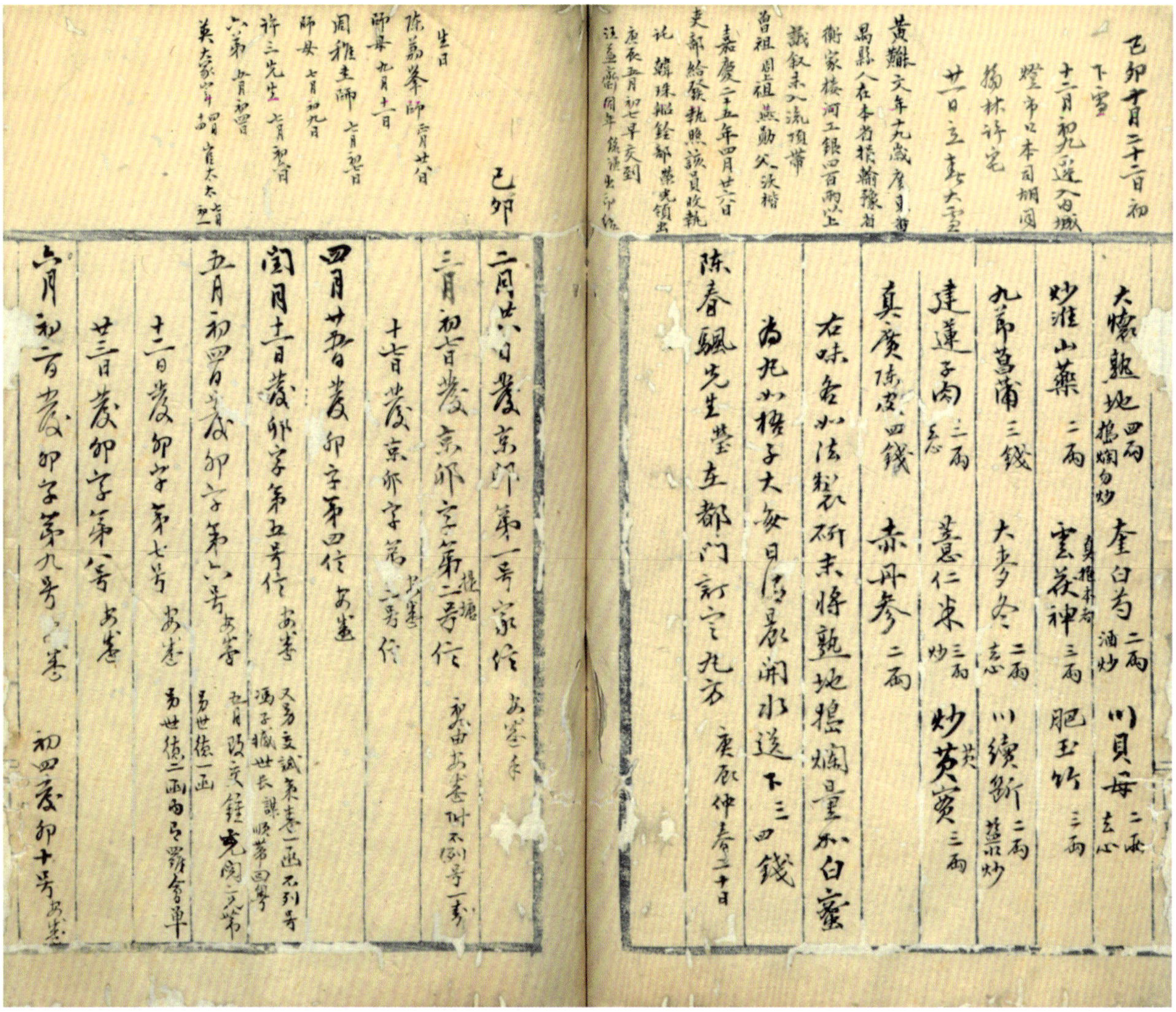

北行日記不分卷 （清）黄培芳撰　稿本　一册

廣東省立中山圖書館藏，存清嘉慶二十三年（1818）十一月初九日至二十四年（1819）閏四月十四日。第三批國家名録號07883。

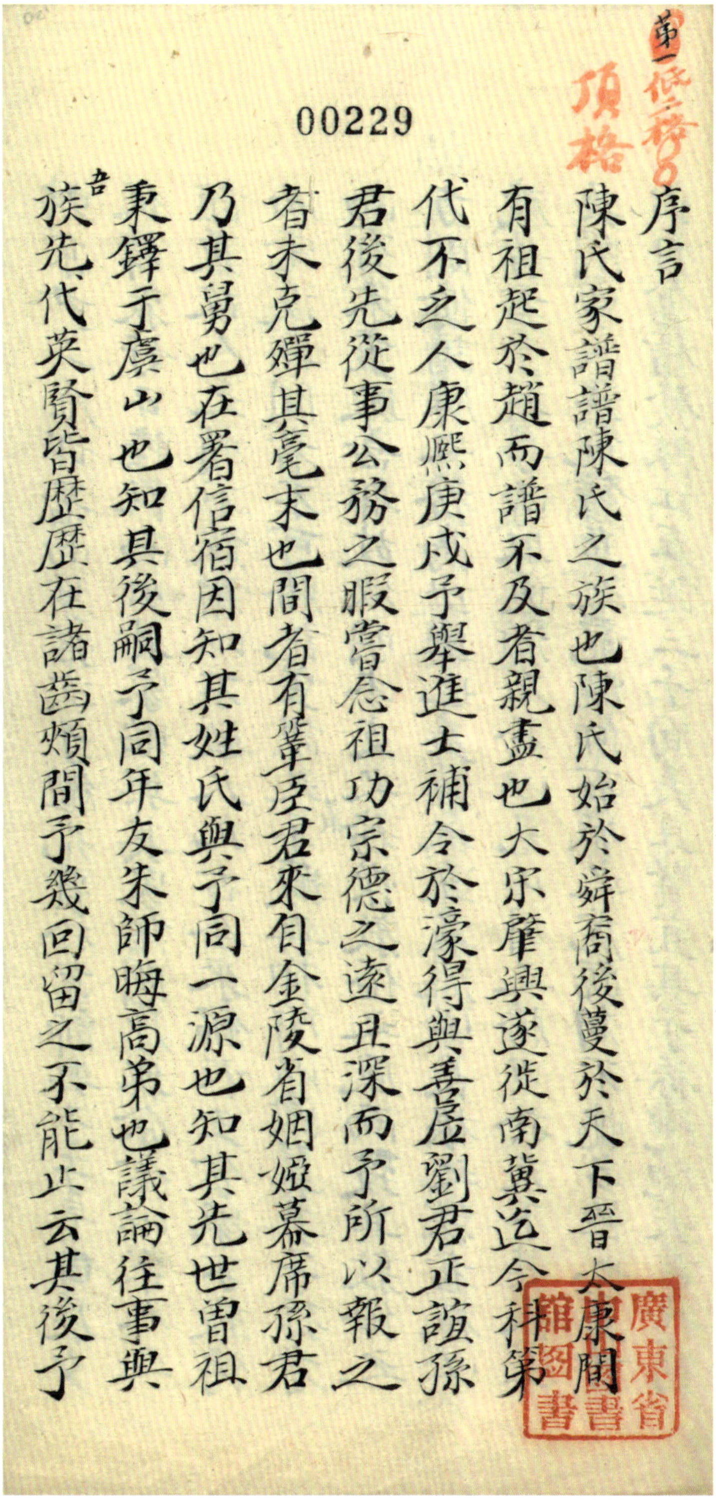
第一低二格 頂格

00229

序言
陳氏家譜譜陳氏之族也陳氏始於舜商後蔓於天下晉太康間
有祖起於趙而譜不及者親盡也大宋肇興遂從南冀迄今我第
代不乏人康熙庚戌予舉進士補令於濠得與善臣劉君正誼孫
君後先從事公務之暇嘗念祖功宗德之遠且深而予所以報之
者未克殫其毫末也間者有肇臣君來自金陵省姻婭幕席孫君
乃其甥也在署信宿因知其姓氏與予同一源也知其先世曾祖
秉鐸于虞山也知其後嗣予同年友朱師晦高弟也議論往事與
吾族先代英賢皆歷歷在諸齒頰間予幾回留之不能止云其後予

陳氏家乘舊譜序跋一卷　（清）陳澧輯　稿本　二册

廣東省立中山圖書館藏。第五批國家名録號 11650。

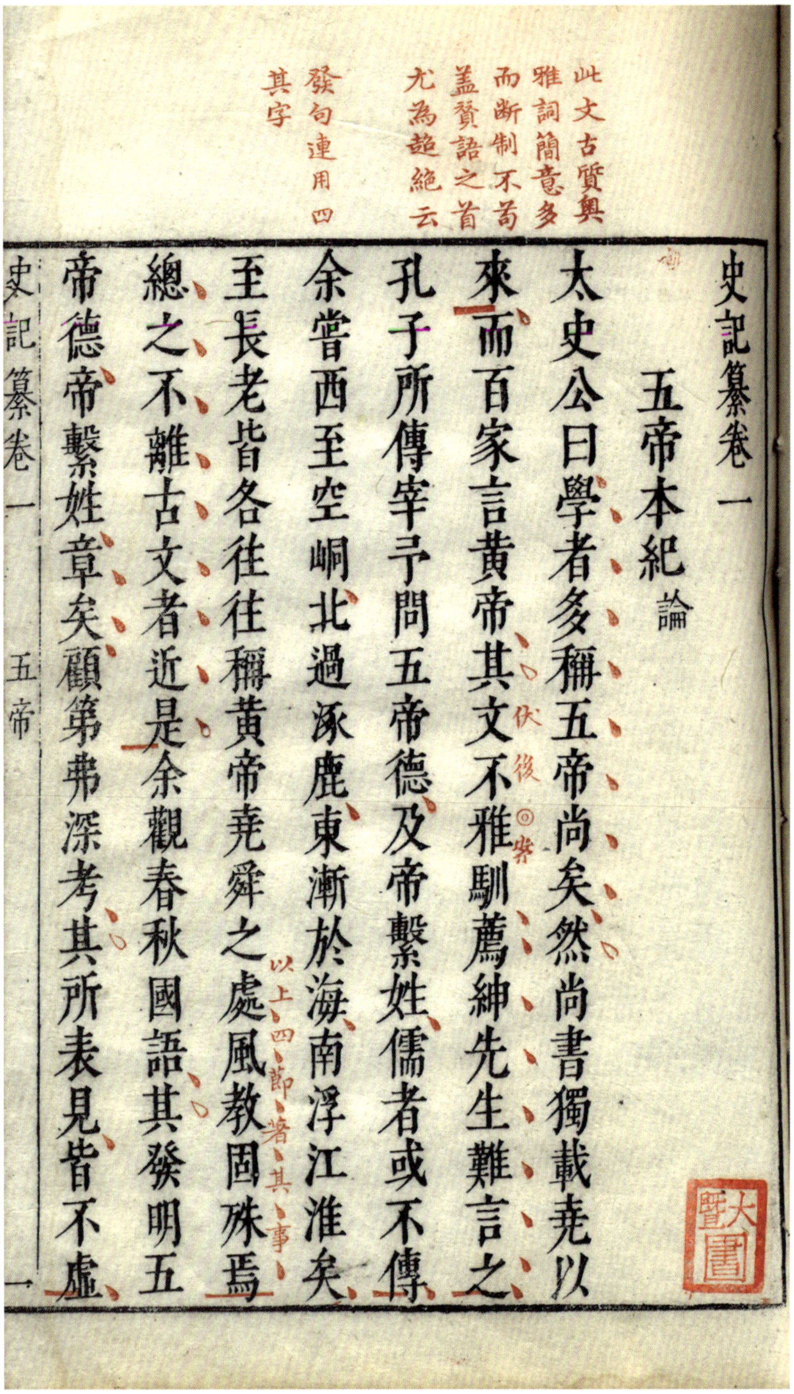

史記纂二十四卷　（明）凌稚隆輯　明萬曆凌稚隆刻朱墨套印本　二十四册

匡高 20.5 厘米，廣 14.7 厘米。半葉九行，行十九字，白口，四周單邊。暨南大學圖書館藏。

第二批國家名録號 04057。

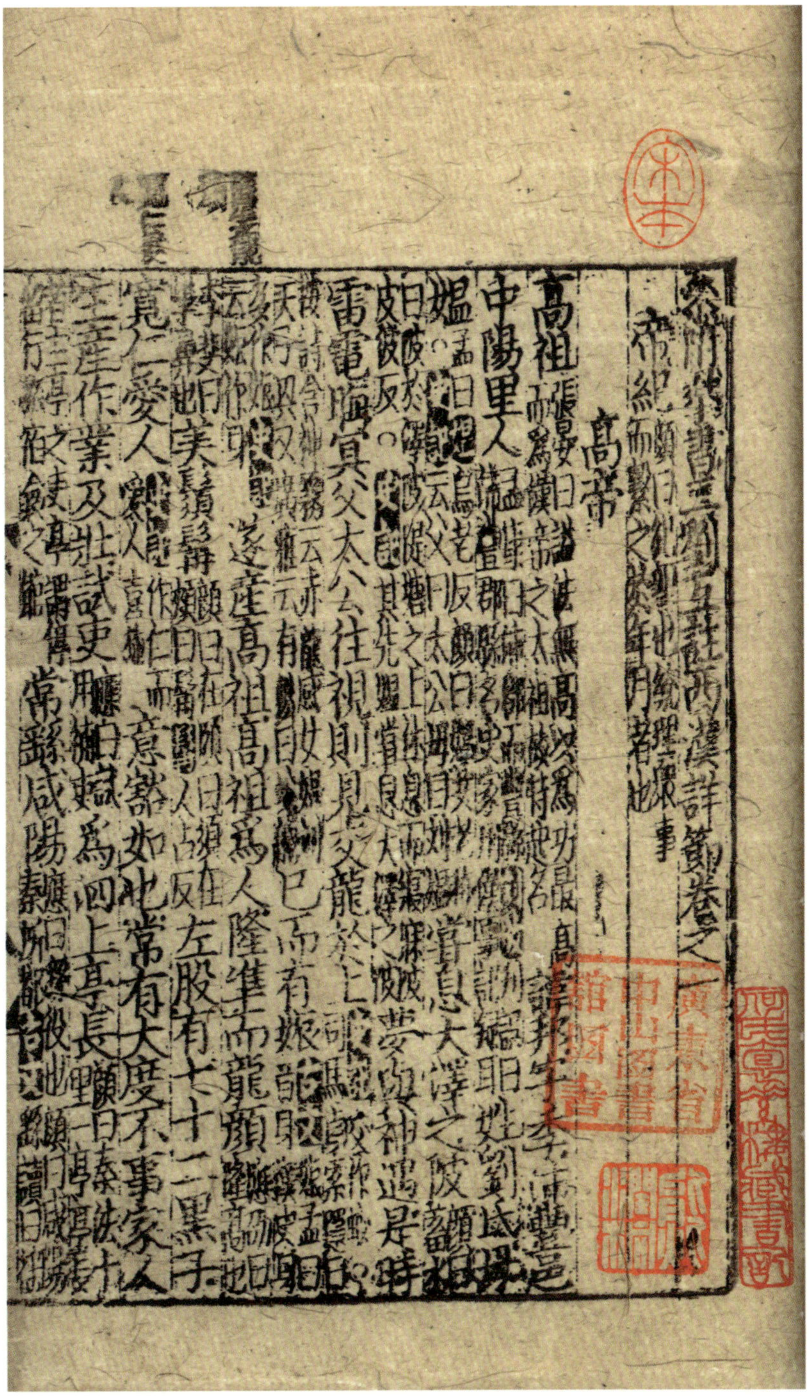

參附羣書三劉互註西漢詳節三十卷　（宋）吕祖謙輯　元刻十七史詳節明修本　十二册

匡高 15 厘米，廣 10.4 厘米。半葉十四行，行二十四字，小字雙行同，細黑口，左右雙邊。有“抱素樓”“東莞莫氏五十萬卷樓”等印。廣東省立中山圖書館藏。第二批國家名録號 02862。

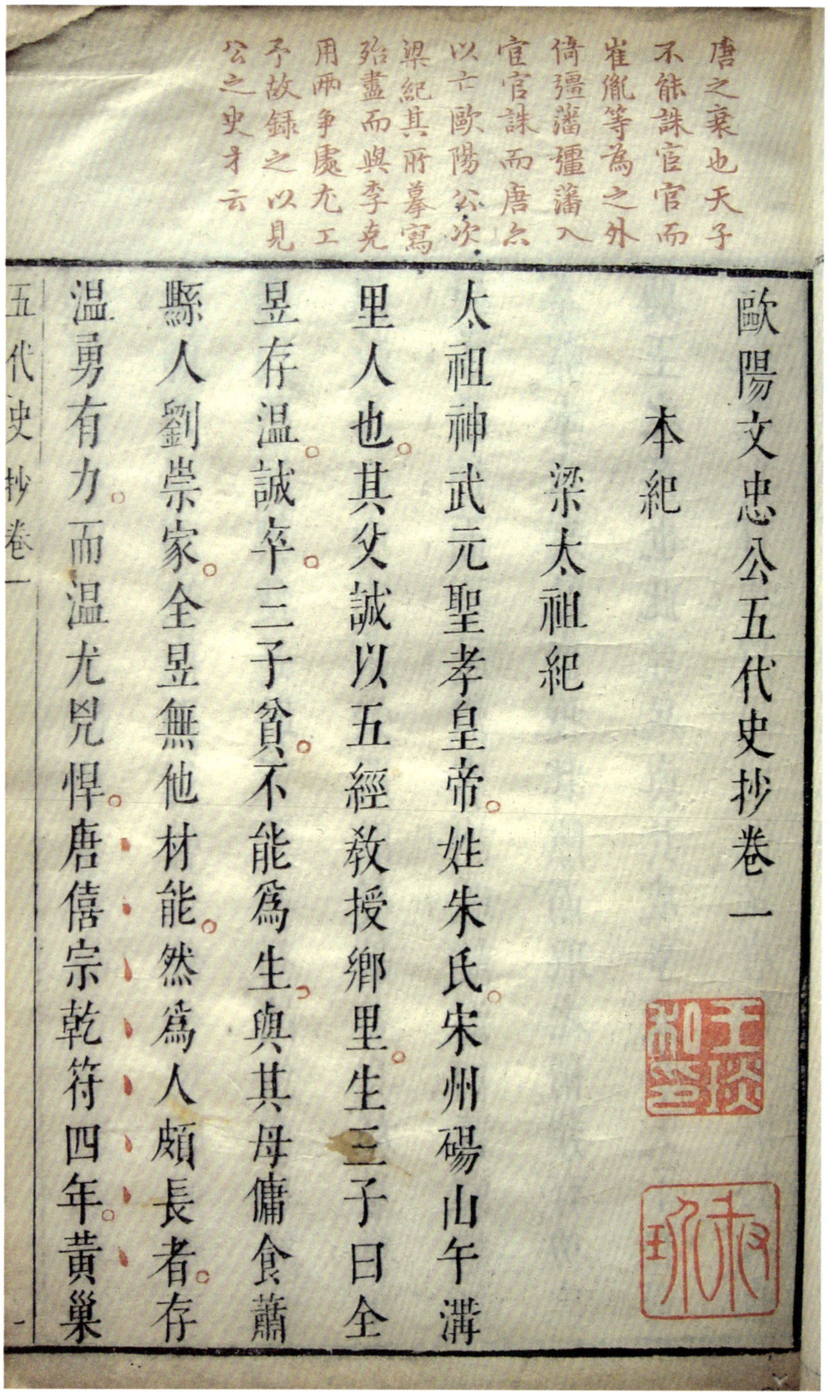

歐陽文忠公五代史抄二十卷　（明）茅坤輯　明閔氏刻朱墨套印本　十册

匡高20厘米，廣15厘米。半葉八行，行十八字，白口，四周單邊。有“王氏大雅堂珍藏”“王琰私印”等印。中山大學圖書館藏。第一批國家名録號01550。

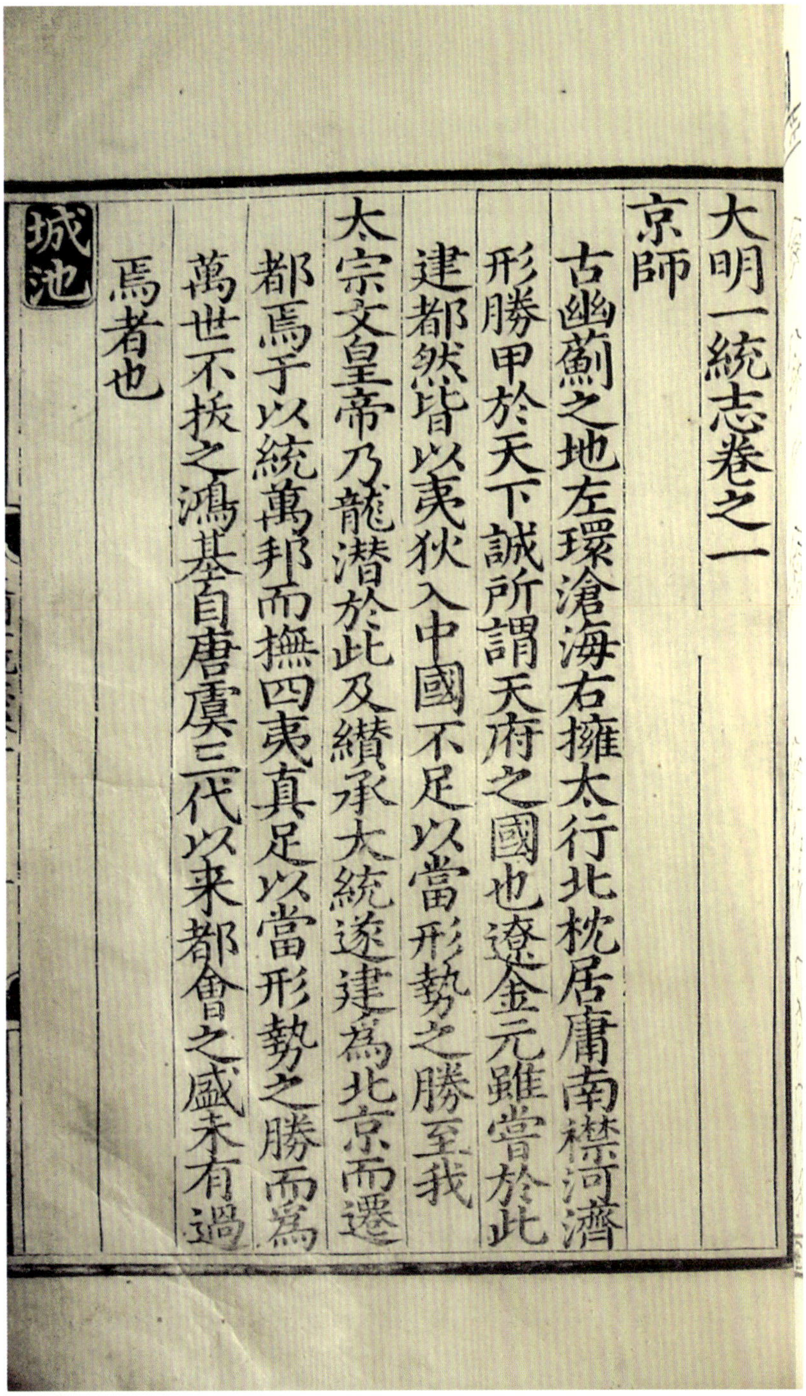
大明一統志卷之一

京師

古幽薊之地左環滄海右擁太行北枕居庸南襟河濟形勝甲於天下誠所謂天府之國也遼金元雖嘗於此建都然皆以夷狄入中國不足以當形勢之勝至我

太宗文皇帝乃龍潜於此及纘承大統遂建爲北京而遷都焉于以統萬邦而撫四夷真足以當形勢之勝而爲萬世不拔之鴻基自唐虞三代以来都會之盛未有過焉者也

城池

大明一統志九十卷圖一卷　（明）李賢　萬安等纂修　明天順五年（1461）内府刻本　六十册

匡高27厘米，廣17.5厘米。半葉十行，行二十二字，小字雙行同，黑口，四周雙邊。有“少南”“念祖堂藏書印”等印。中山大學圖書館藏，存八十七卷（一至七十三、七十七至九十）。第一批國家名録號01649。

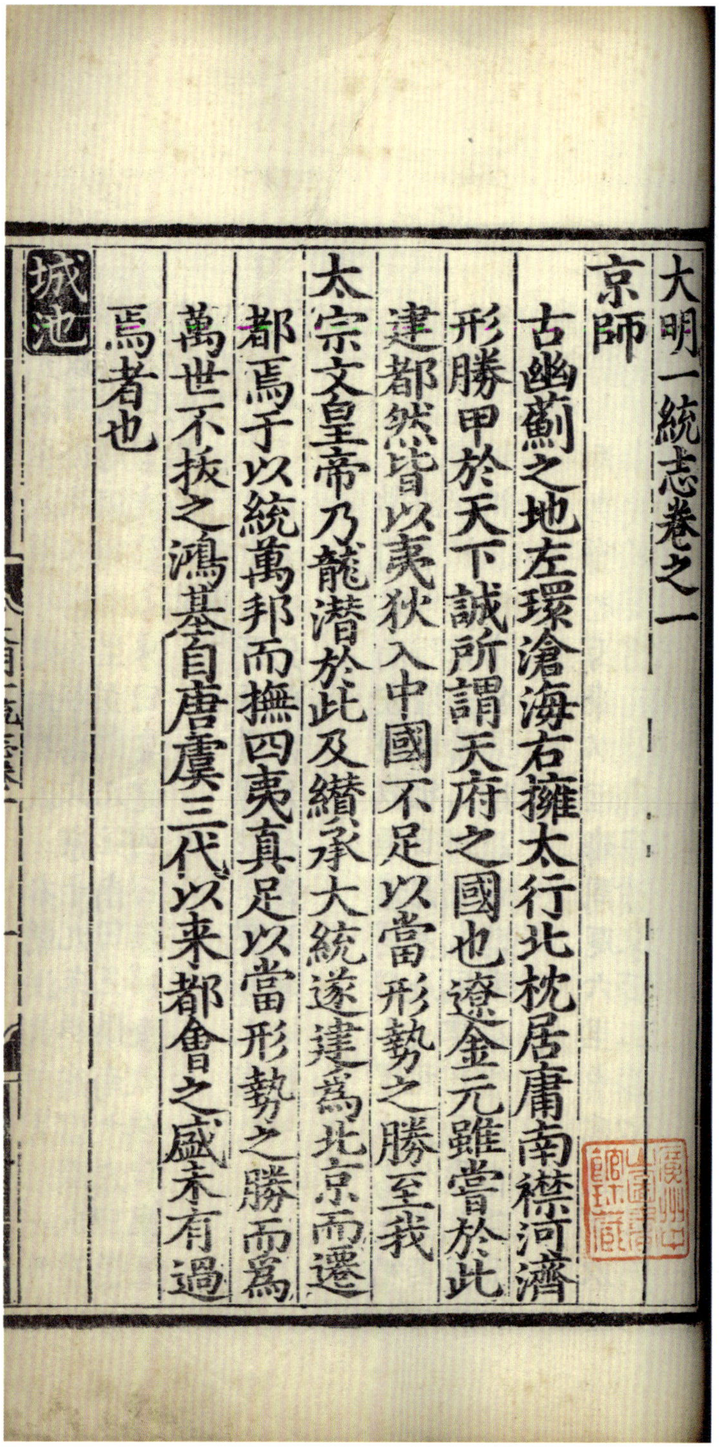

大明一統志卷之一
京師
古幽薊之地左環滄海右擁太行北枕居庸南襟河濟形勝甲於天下誠所謂天府之國也遼金元雖嘗於此建都然皆以夷狄入中國不足以當形勢之勝至我
太宗文皇帝乃龍潛於此及纘承大統遂建爲北京而遷都焉于以統萬邦而撫四夷真足以當形勢之勝而爲萬世不拔之鴻基自唐虞三代以來都會之盛未有過焉者也
城池

大明一統志九十卷　（明）李賢　萬安等纂修　明天順五年（1461）內府刻本　四十册

匡高 27 厘米，廣 18 厘米。半葉十行，行二十二字，小字雙行同，黑口，四周雙邊。廣東省立中山圖書館藏。第二批國家名録號 04107。

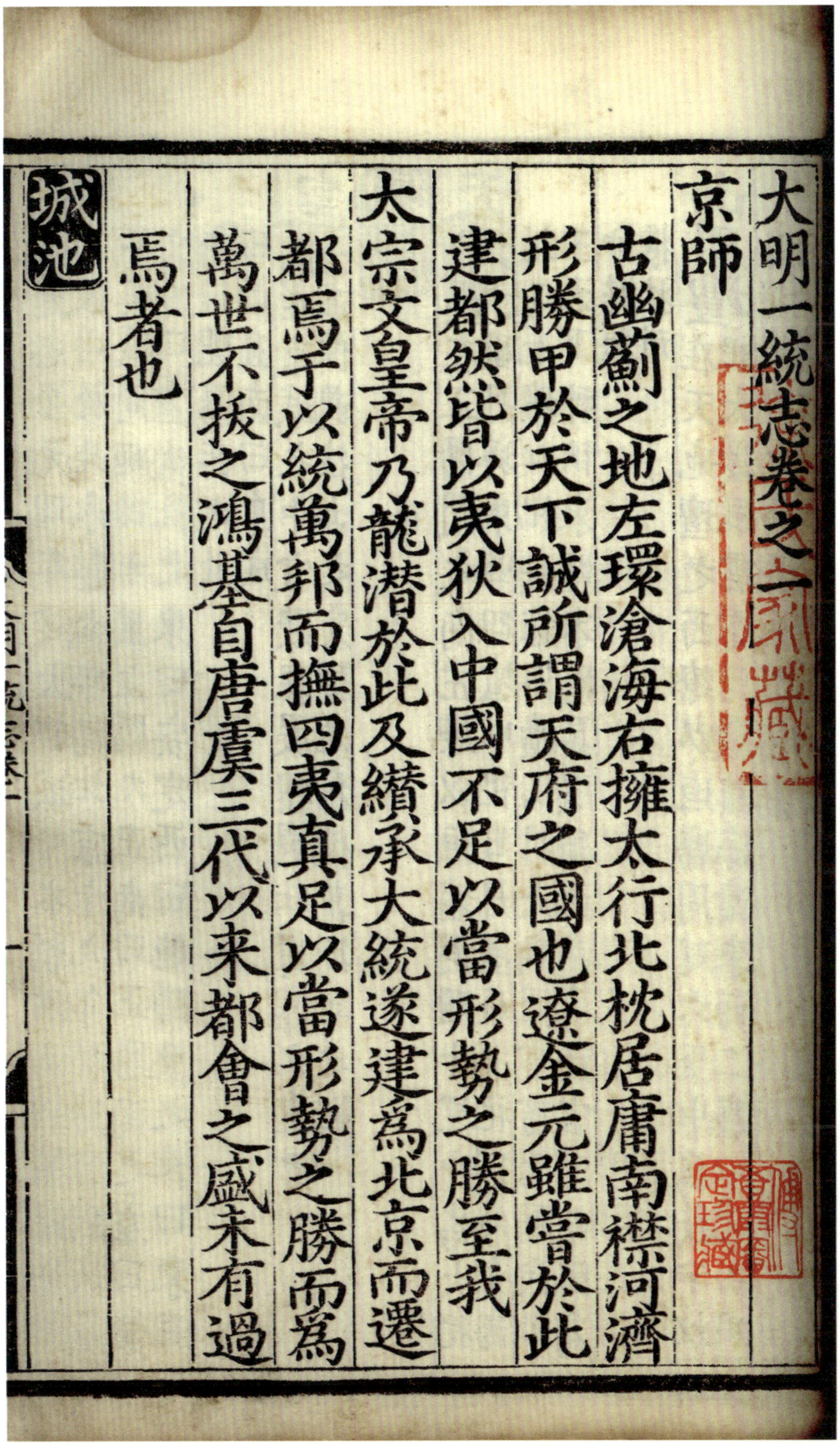
大明一統志卷之一
京師
古幽薊之地左環滄海右擁太行北枕居庸南襟河濟
形勝甲於天下誠所謂天府之國也遼金元雖嘗於此
建都然皆以夷狄入中國不足以當形勢之勝至我
太宗文皇帝乃龍潜於此及纘承大統遂建爲北京而遷
都焉于以統萬邦而撫四夷真足以當形勢之勝而爲
萬世不拔之鴻基自唐虞三代以来都會之盛未有過
焉者也
城池

大明一統志九十卷　（明）李賢　萬安等纂修　明天順五年（1461）内府刻本　四十册

匡高26.8厘米，廣17.9厘米。半葉十行，行二十二字，小字雙行同，黑口，四周雙邊。有“徐元穀印”“徐氏家藏”“傅吾康審定珍藏”印。廣東省立中山圖書館藏。第三批國家名録號07943。

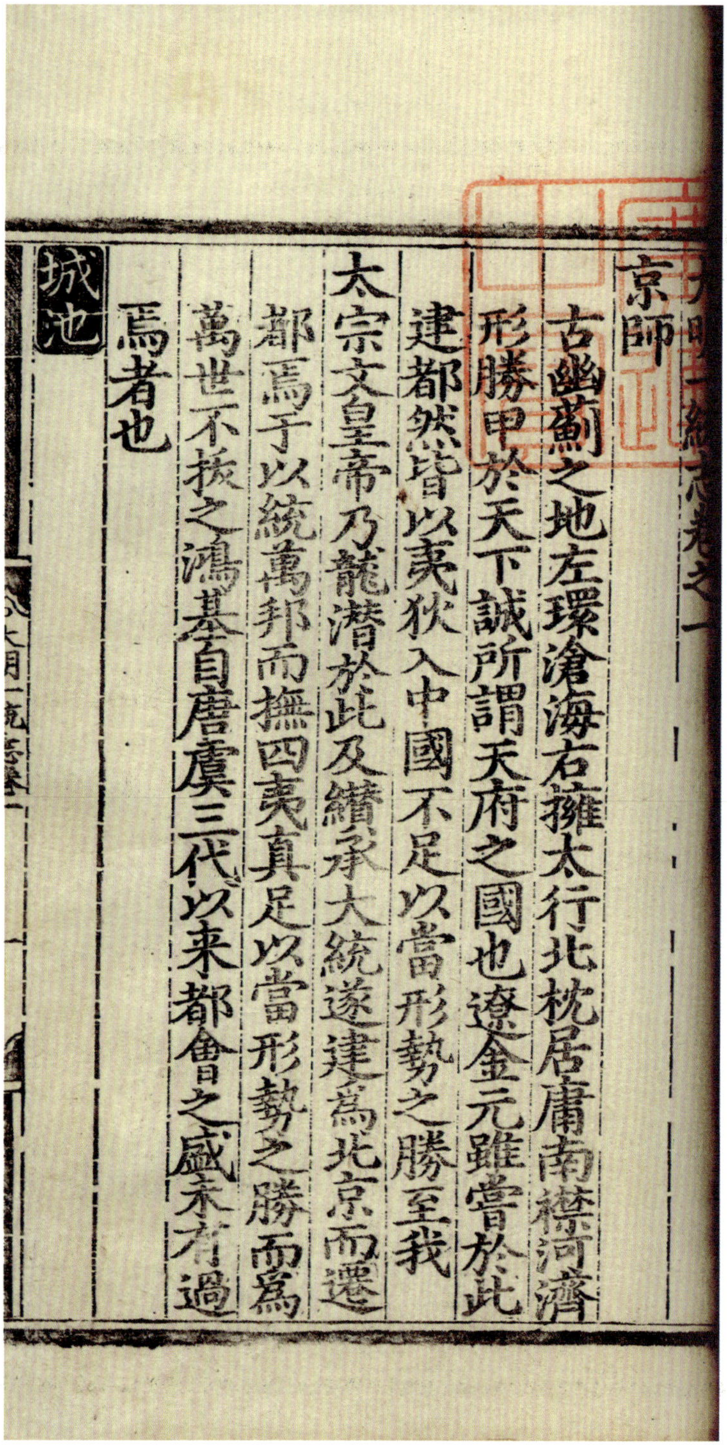

大明一統志卷之一

京師

古幽薊之地左環滄海右擁太行北枕居庸南襟河濟形勝甲於天下誠所謂天府之國也遼金元雖嘗於此建都然皆以夷狄入中國不足以當形勢之勝至我

太宗文皇帝乃龍潛於此及纘承大統遂建爲北京而遷都焉于以統萬邦而撫四夷真足以當形勢之勝而爲萬世不拔之鴻基自唐虞三代以來都會之盛未有過焉者也

城池

大明一統志九十卷　（明）李賢　萬安等纂修　明天順五年（1461）内府刻本（有抄配）

四十册

匡高 26.8 厘米，廣 17.9 厘米。半葉十行，行二十二字，小字雙行同，黑口，四周雙邊。有“廣運之寶”等印。廣東省立中山圖書館藏（卷四、五抄配）。第三批國家名録號 07944。

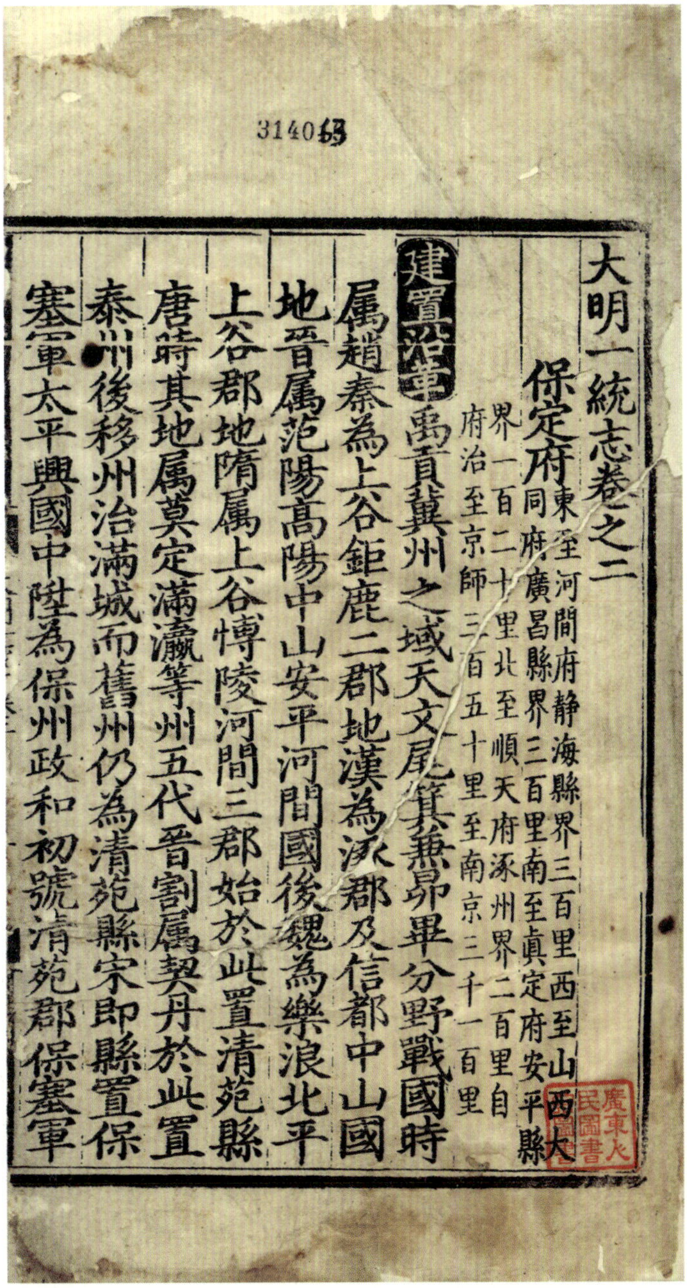
大明一統志卷之二
保定府東至河間府靜海縣界三百里西至山西大同府廣昌縣界三百里南至眞定府安平縣界一百二十里北至順天府涿州界二百里自府治至京師三百五十里至南京三千一百里
建置沿革禹貢冀州之域天文尾箕兼昴畢分野戰國時屬趙秦爲上谷鉅鹿二郡地漢爲涿郡及信都中山國地晉屬范陽高陽中山安平河間國後魏爲樂浪北平上谷郡地隋屬上谷博陵河間三郡始於此置清苑縣唐時其地屬莫定滿瀛等州五代晉割屬契丹於此置泰州後移州治滿城而舊州仍爲清苑縣宋即縣置保塞軍太平興國中陞爲保州政和初號清苑郡保塞軍

大明一統志九十卷　（明）李賢　萬安等纂修　明天順五年（1461）内府刻本（有抄配）　七十册

匡高 26.8 厘米，廣 17.9 厘米。半葉十行，行二十二字，小字雙行同，黑口，四周雙邊。廣東省立中山圖書館藏，存七十五卷（存卷二、三、六至十、十四至十八、二十一至二十五、二十八、三十二、三十三、三十六至六十、六十三至七十三、八十三至九十，卷十九、二十、二十六、二十七、二十九、三十一、三十四、三十五、七十四至七十六抄配）。第三批國家名録號 07945。

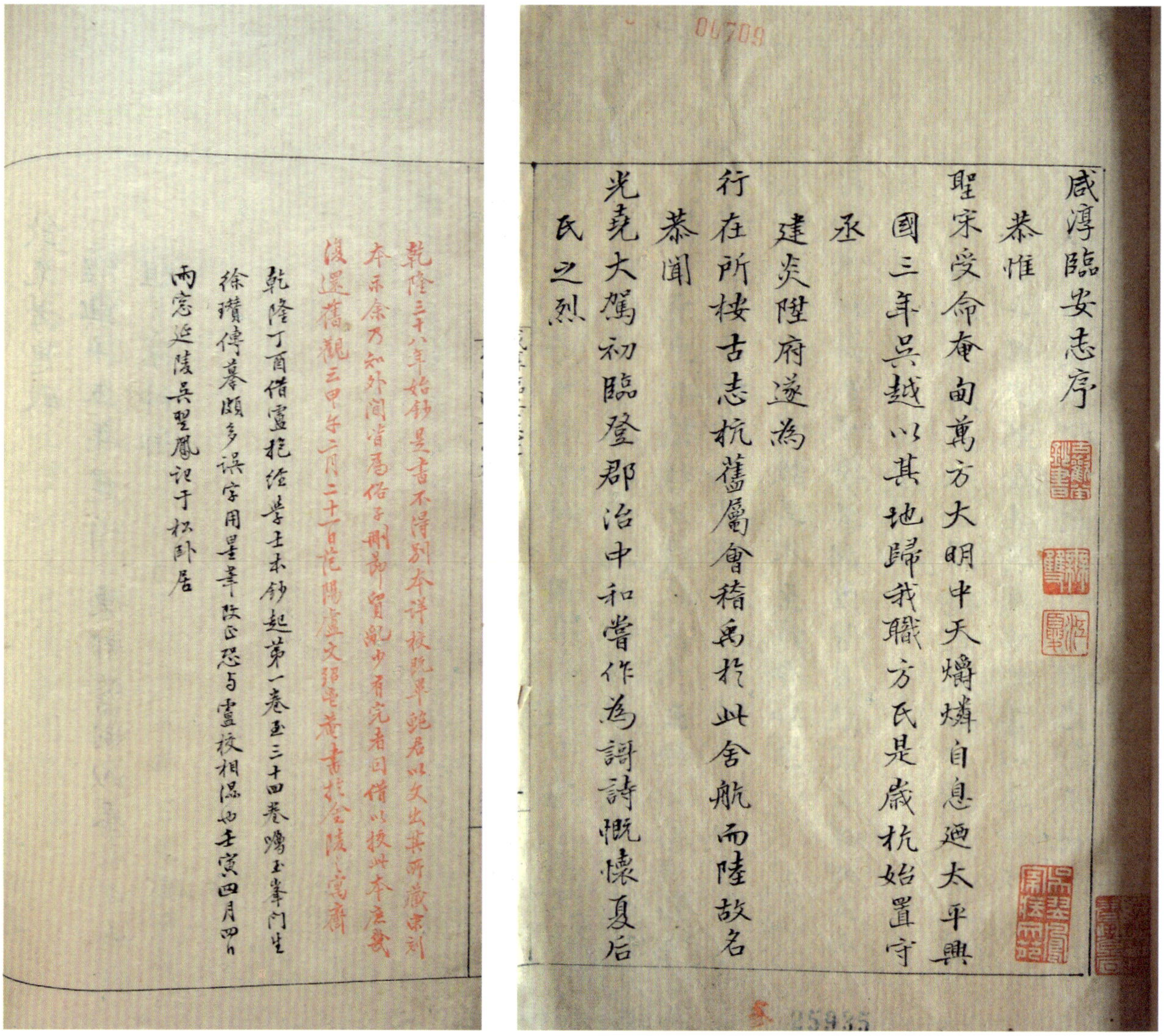

咸淳臨安志一百卷　（宋）潛說友纂修　清吴氏古歡堂抄本　十六册

有"吴翌鳳家藏文苑""古歡堂鈔書"等印，吴翌鳳校並録盧文弨校跋。中山大學圖書館藏，存八十九卷（一至六十三、六十五至九十）。第二批國家名録號04169。

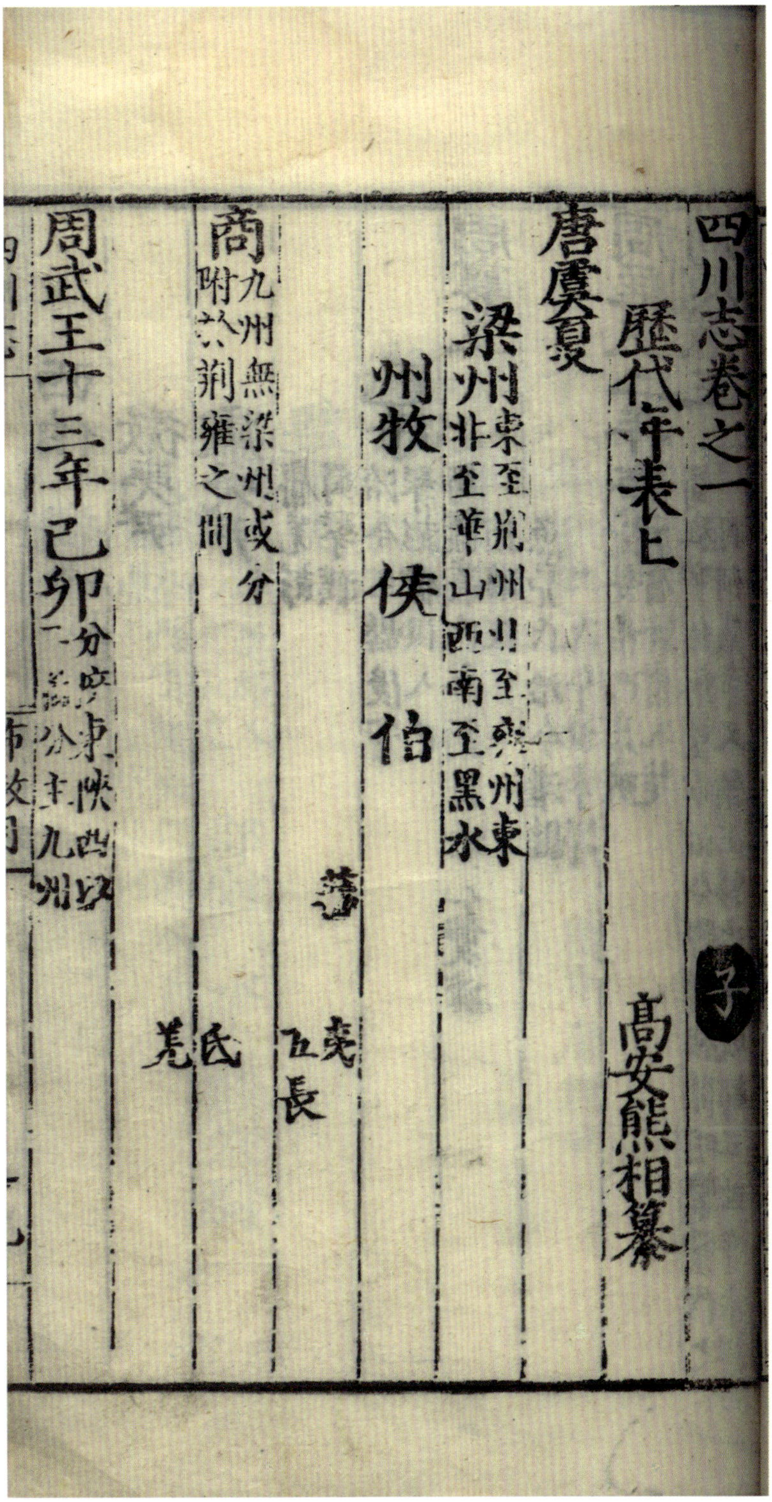

［正德］四川志三十七卷首一卷　（明）熊相纂修　明正德刻嘉靖增刻本　十二册

匡高23.5厘米，廣15.2厘米。半葉九行，行二十三字，小字雙行同，白口，四周單邊。有“季材”“温澍梁印”“徐甘棠藏書”等印。中山大學圖書館藏。第二批國家名録號04174。

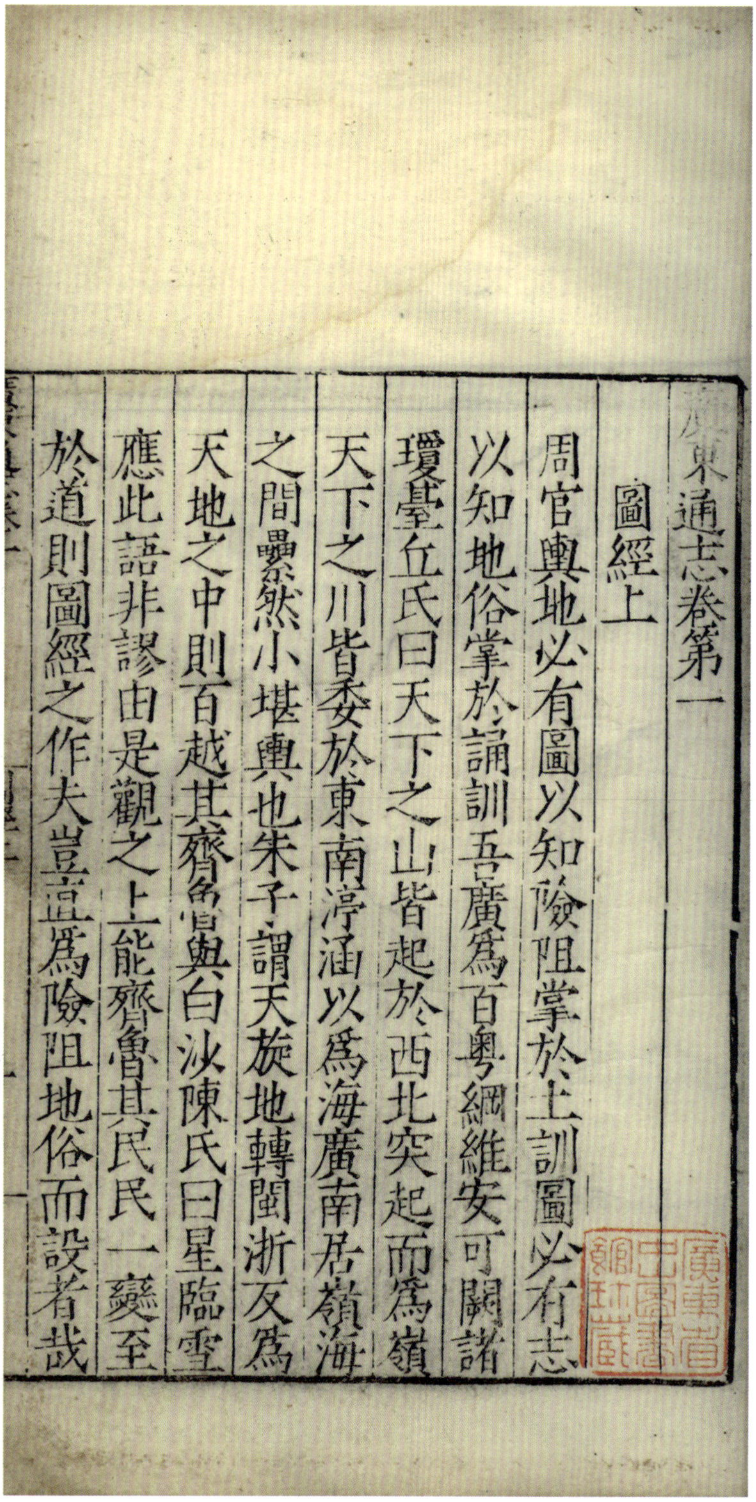
廣東通志卷第一

圖經上

周官輿地必有圖以知險阻掌於土訓圖必有志以知地俗掌於誦訓吾廣爲百粤綱維安可闕諸瓊臺丘氏曰天下之山皆起於西北突起而爲嶺天下之川皆委於東南渟涵以爲海廣南居嶺海之間纍然小堪輿也朱子謂天旋地轉閩浙反爲天地之中則百越其齊魯與白沙陳氏曰星臨雪應此語非謬由是觀之上能齊魯其民民一變至於道則圖經之作夫豈直爲險阻地俗而設者哉

［嘉靖］廣東通志七十卷　（明）黄佐纂修　明嘉靖刻本　六十册

匡高 20.8 厘米，廣 15 厘米。半葉十行，行二十字，白口，四周單邊。有“漱緑樓藏書記”“嶺南温氏季棣漱緑樓藏本”等印。廣東省立中山圖書館藏。第一批國家名録號 01673。

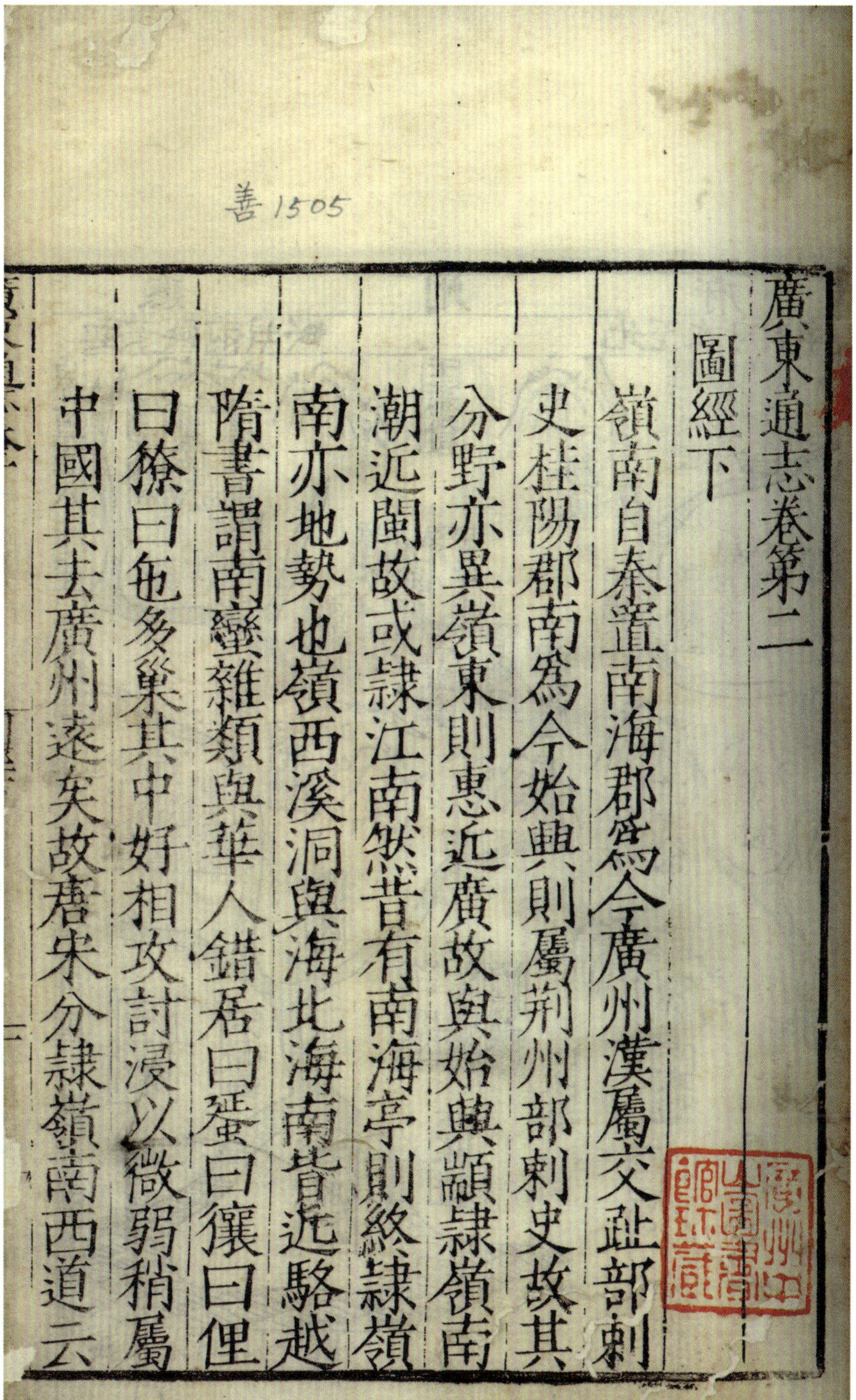

［嘉靖］廣東通志七十卷　（明）黄佐纂修　明嘉靖刻本（有抄配）　五十册

匡高 20.7 厘米，廣 14.8 厘米。半葉十行，行二十字，白口，四周單邊。廣東省立中山圖書館藏。第三批國家名録號 08025。

廣州十四屬地圖　（清）禹之鼎繪　清康熙三十六年（1697）禹氏彩繪本　十三張
中山大學圖書館藏，存廣州府、東莞縣、順德縣、新會縣、香山縣、增城縣、三水縣、清遠縣、花縣、新寧縣、新安縣、從化縣、龍門縣。第四批國家名録號 11050。

雲南地輿全圖　（清）佚名繪並寫　清彩色絹繪本　二册

中山大學圖書館藏。第四批國家名録號 11051。

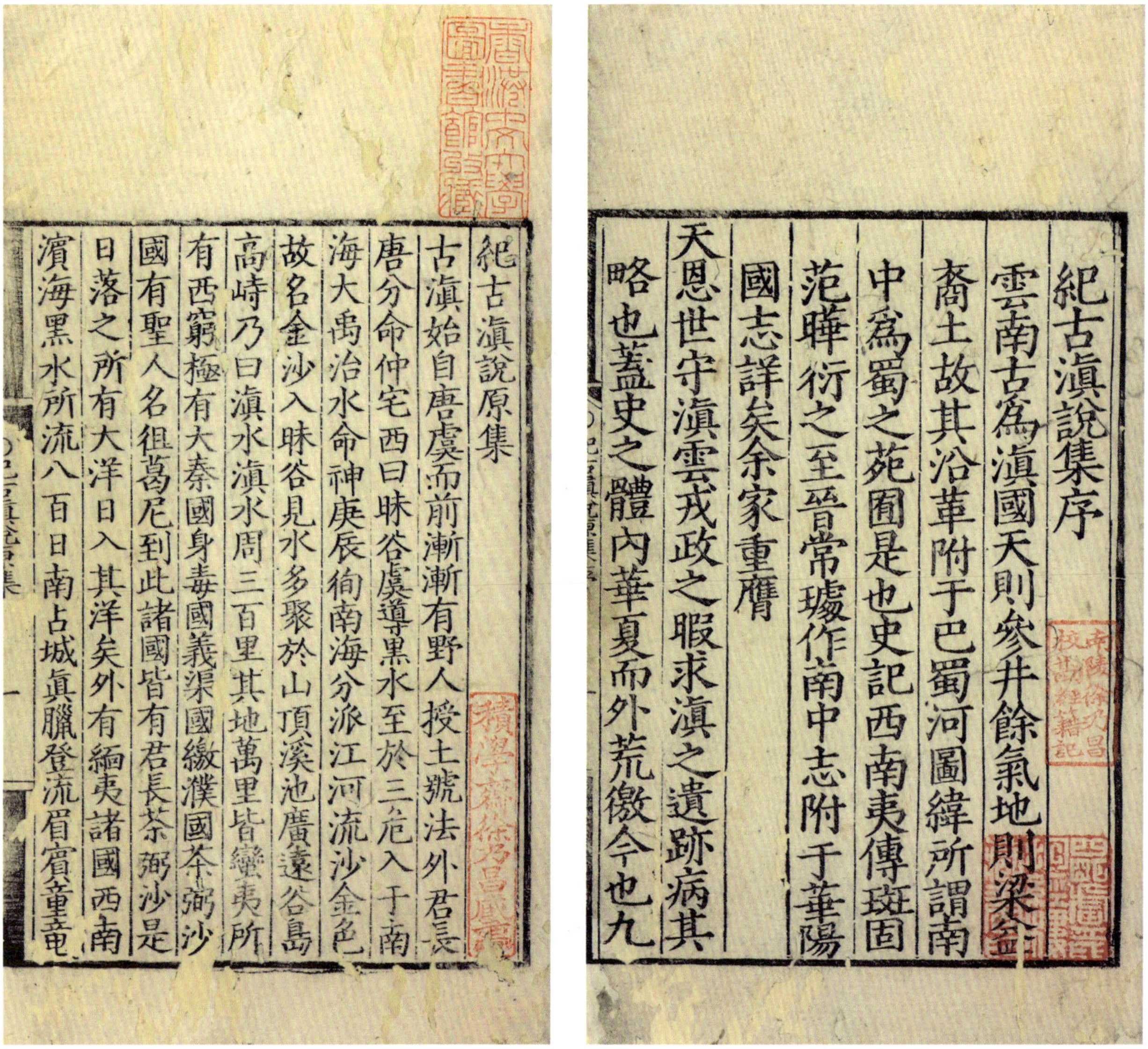
紀古滇說集序
雲南古爲滇國天則參井餘氣地則梁益
裔土故其沿革附于巴蜀河圖緯所謂南
中爲蜀之苑囿是也史記西南夷傳斑固
范曄衍之至晉常璩作南中志附于華陽
國志詳矣余家重膺
天恩世守滇雲戎政之暇求滇之遺跡病其
略也蓋史之體內華夏而外荒徼今也九

紀古滇說原集
古滇始自唐虞而前漸漸有野人授土號法外君長
唐分命仲宅西曰昧谷虞導黑水至於三危入于南
海大禹治水命神庚辰徇南海分派江河流沙金色
故名金沙入昧谷見水多聚於山頂溪池廣遠谷島
高峙乃曰滇水滇水周三百里其地萬里皆蠻夷所
有西窮極有大秦國身毒國義渠國緬濮國茶弼沙
國有聖人名徂葛尼到此諸國皆有君長茶弼沙是
日落之所有大洋日入 其洋矣外有緬夷諸國西南
濱海黑水所流八百日南占城眞臘登流眉賓童竜

紀古滇說原集一卷　題（宋）張道宗撰　明嘉靖二十八年（1549）刻本　一册

匡高 18.5 厘米，廣 13.2 厘米。半葉十行，行二十字，黑口，左右雙邊。有“四明盧氏抱經樓藏書印”“南陵徐乃昌校勘經籍記”“積學齋徐乃昌藏書”等印。香港中文大學圖書館藏。第六批國家名録號 12591。

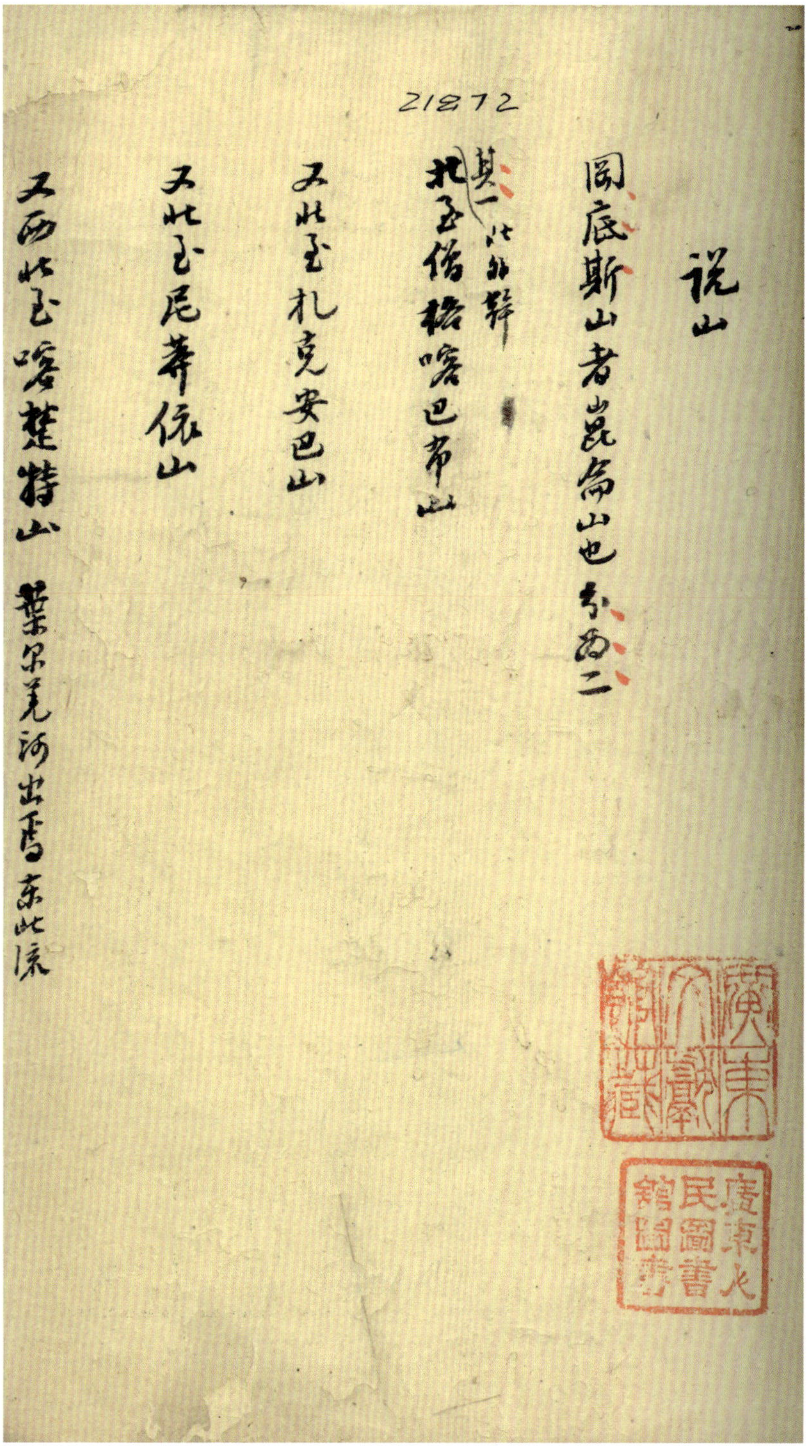
21872

説山

岡底斯山者崑崙山也分西二

其一北外幹

北支僧格喀巴布山

又北支札克安巴山

又北支尼莽依山

又西北支喀楚特山　葉爾羌河出焉　東北流

説山一卷　（清）陳澧撰　稿本　一册

廣東省立中山圖書館藏。第三批國家名録號 08037。

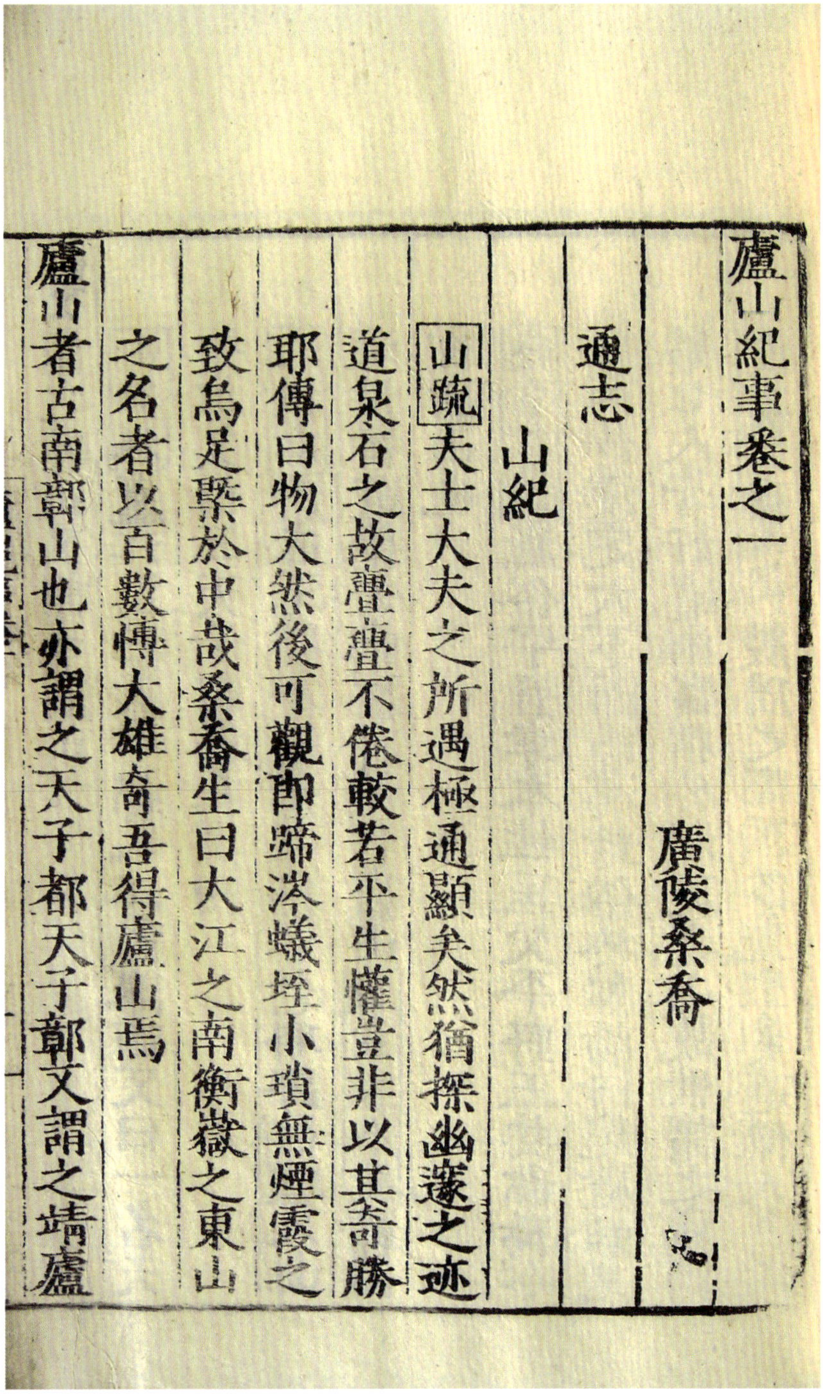
廬山紀事卷之一

廣陵桑喬

通志

山紀

山疏天士大夫之所遇極通顯矣然猶探幽邃之迹道泉石之故亹亹不倦較若平生懽豈非以其奇勝耶傳曰物大然後可觀即蹄涔蟻垤小瑣無煙霞之致烏足繫於中哉桑喬生曰大江之南衡嶽之東山之名者以百數傳大雄奇吾得廬山焉

廬山者古南鄣山也亦謂之天子都天子鄣又謂之靖廬

廬山紀事十二卷　（明）桑喬撰　明嘉靖刻本　六册

匡高 20.7 厘米，廣 15.2 厘米。半葉十行，行二十二字，白口，四周單邊。中山大學圖書館藏。第二批國家名録號 04196。

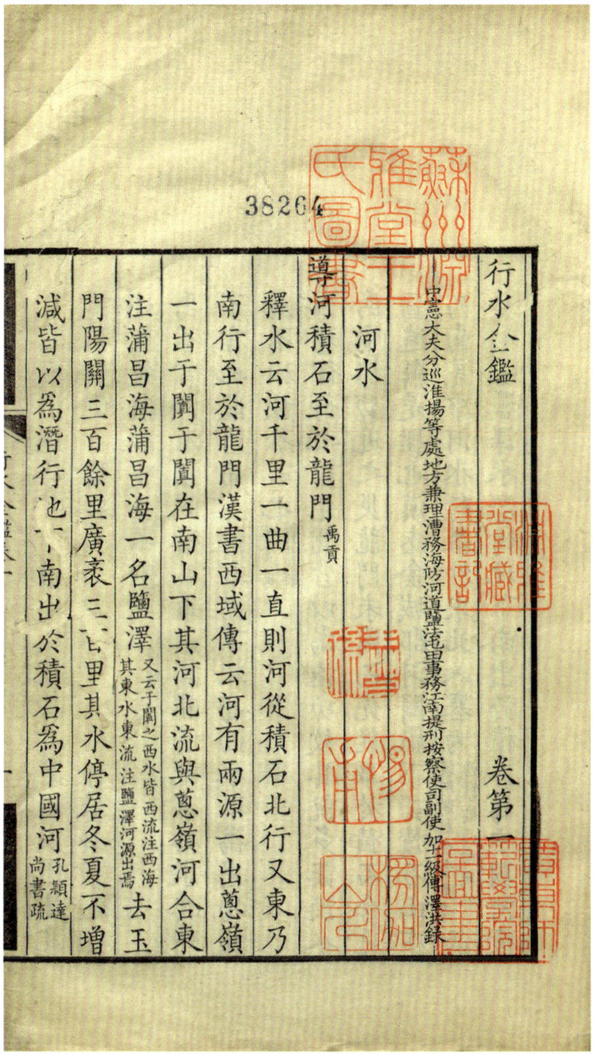

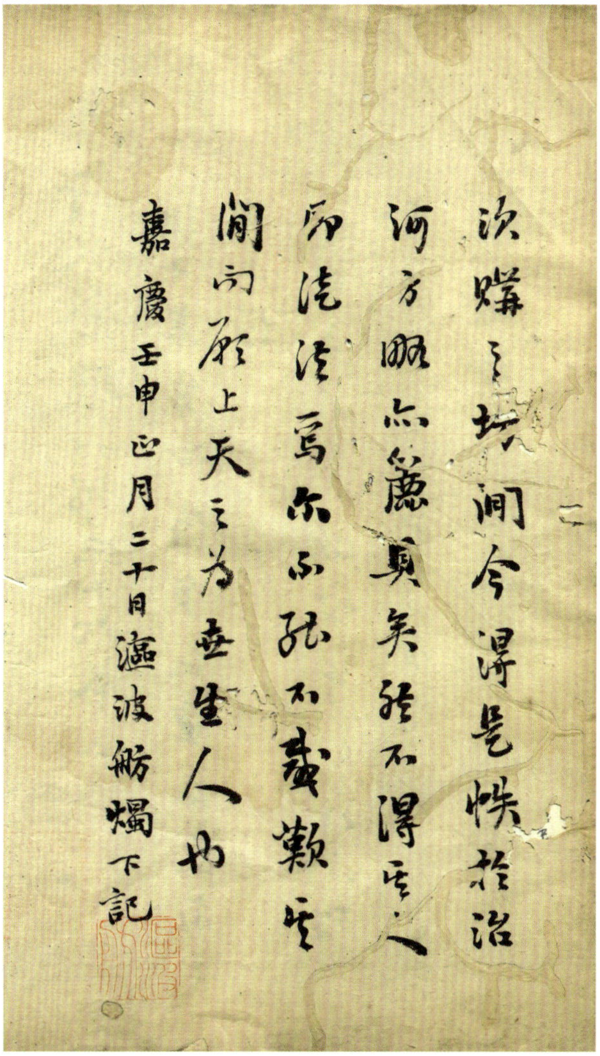

行水金鑑一百七十五卷首一卷　（清）傅澤洪撰　清雍正三年（1725）淮揚官署刻本　三十六册

匡高 18.3 厘米，廣 13.6 厘米。半葉十一行，行二十一字，小字雙行三十二字，黑口，左右雙邊。有“淵雅堂藏書記”“愓甫經眼”等印，王芑孫跋。暨南大學圖書館藏。第五批國家名録號 11683。

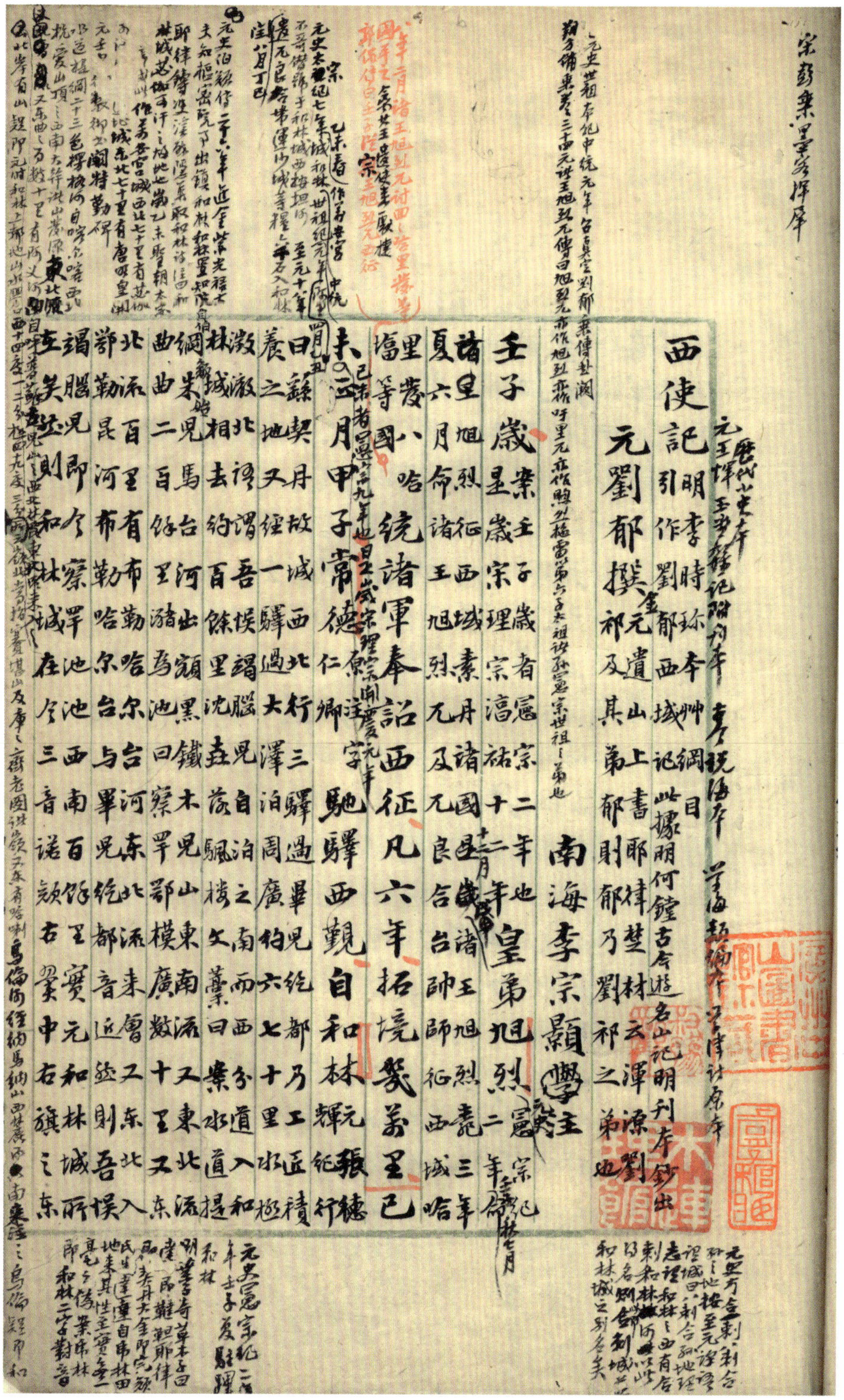

西使記一卷　（元）劉郁撰　（清）李宗顯注　稿本　一册

有“盧子樞藏”等印。廣東省立中山圖書館藏。第二批國家名録號04222。

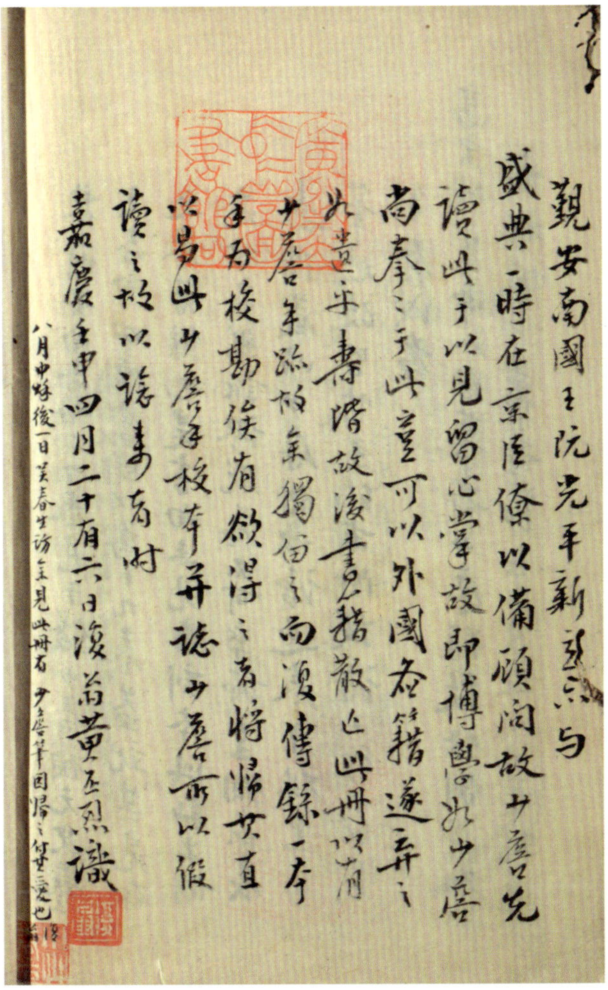
覲安南國王阮光平新[illegible]與
盛典一時在京臣僚以備顧問故少詹先
讀此于以見留心掌故即博學如少詹
尚孳孳于此豈可以外國志籍遂弃之
[illegible]壽階故後書籍散亡此冊以[illegible]
廿餘年踪跡杳然獨留之而復傳錄一本
手為校勘俟有欲得之者將歸其直
以易此少詹手校本并誌少詹所以假
讀之故以語來者附
嘉慶壬申四月二十有六日復翁黃丕烈識
八月中澣後一日芙春生訪余見此冊有少詹筆因歸之付[illegible]也

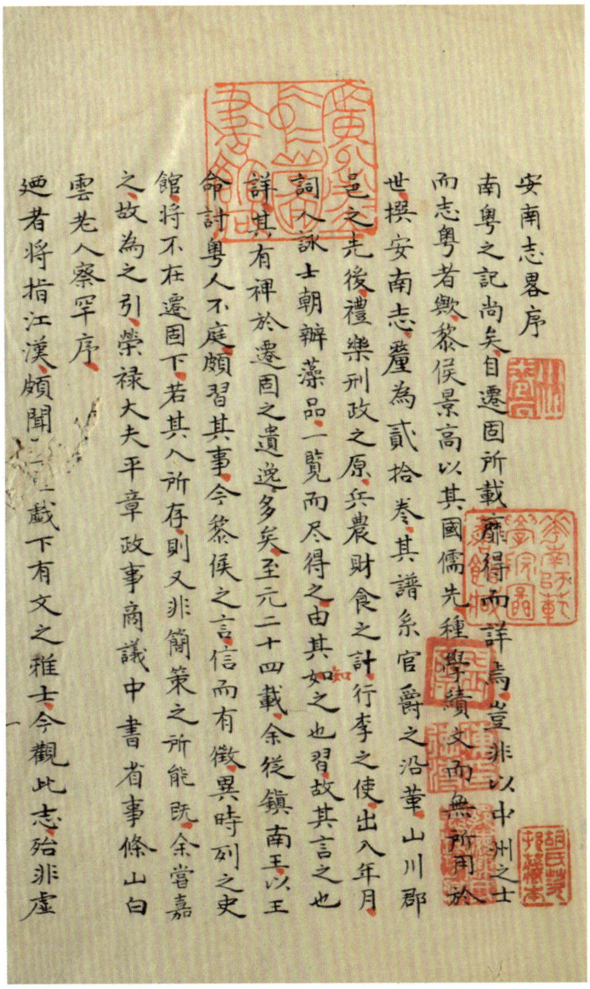
安南志畧序
南粤之記尚矣自遷固所載靡得而詳焉豈非以中州之士
而志粤者歟黎侯景高以其國儒先種學績文而無所用於
世撰安南志畧為貳拾卷其譜系官爵之沿革山川郡
邑之先後禮樂刑政之原兵農財食之計行李之使出入年月
詞人詠士朝辨藻品一覽而尽得之由其如之也習故其言之也
詳其有禅於遷固之遺逸多矣至元二十四載余從鎮南王以王
命討粤人不庭頗習其事今黎侯之言信而有徵異時列之史
館將不在遷固下若其人所存則又非簡策之所能旣余嘗嘉
之故為之引榮祿大夫平章政事商議中書省事條山白
雲老人察罕序
廼者將指江漢頗聞[illegible]載下有文之稚士今觀此志殆非虛

安南志畧十九卷　（元）黎崱撰　清抄本　四册

有“胡氏茨邨藏本”“陳德溥印”“復翁”等印，黄丕烈校並跋。華南師範大學圖書館藏。

第二批國家名録號 04228。

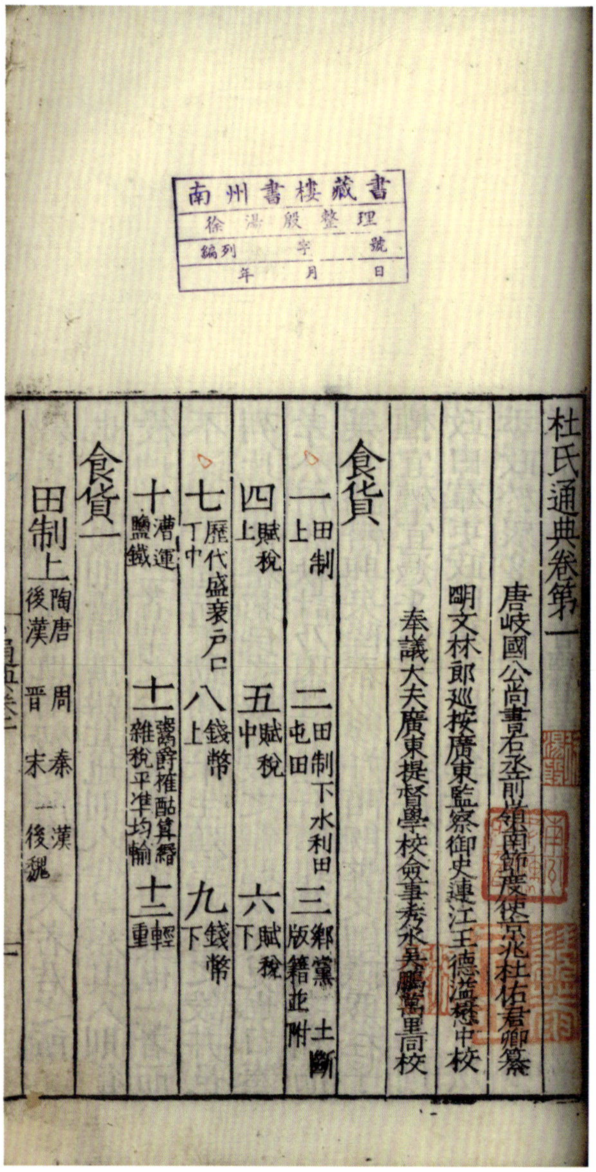

南州書樓藏書
徐湯殷整理
編列 字 號
年 月 日

杜氏通典卷第一
唐岐國公尚書右丞前淮南節度使京兆杜佑君卿纂
明文林郎巡按廣東監察御史連江王德溢懋中校
奉議大夫廣東提督學校僉事秀水吴鵬萬里同校
食貨
一田制上 二田制下水利田屯田 三鄉黨土斷版籍并附
四賦税上 五賦税中 六賦税下
七歷代盛衰戶口丁中 八錢幣上 九錢幣下
十漕運鹽鐵 十一鬻爵賣官榷酤算緡雜税平準均輸 十二輕重
食貨一
田制上 陶唐 周 秦 漢 後漢 晉 宋 後魏

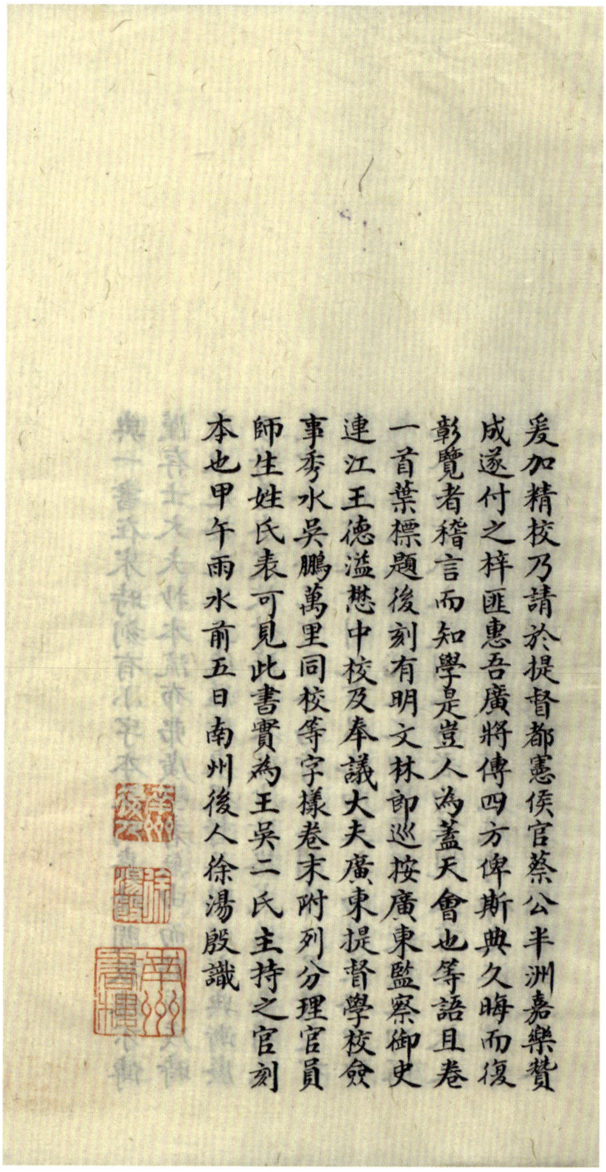

爰加精校乃請於提督都憲侯官蔡公半洲嘉樂贊
成遂付之梓匯惠吾廣將傳四方俾斯典久晦而復
彰覽者稽言而知學是豈人為蓋天會也等語且卷
一首葉標題後刻有明文林郎巡按廣東監察御史
連江王德溢懋中校及奉議大夫廣東提督學校僉
事秀水吴鵬萬里同校等字樣卷末附列分理官員
師生姓氏表可見此書實為王吴二氏主持之官刻
本也甲午雨水前五日南州後人徐湯殷識

杜氏通典二百卷　（唐）杜佑撰　明嘉靖十八年（1539）王德溢、吴鵬刻本（有抄配）

五十册

匡高 18.2 厘米，廣 15.4 厘米。半葉十一行，行二十字，白口，四周單邊。有“徐湯殷”等印，徐湯殷跋。廣東省立中山圖書館藏。第二批國家名録號 04239。

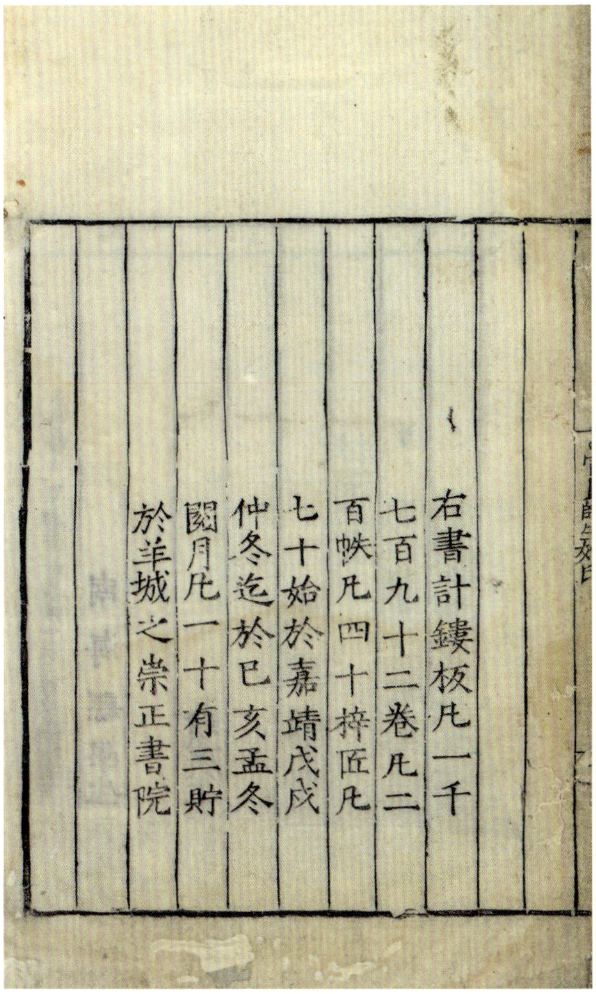

右書計鏤板凡一千
七百九十二卷凡二
百帙凡四十梓匠凡
七十始於嘉靖戊戌
仲冬迄於巳亥孟冬
閱月凡一十有三貯
於羊城之崇正書院

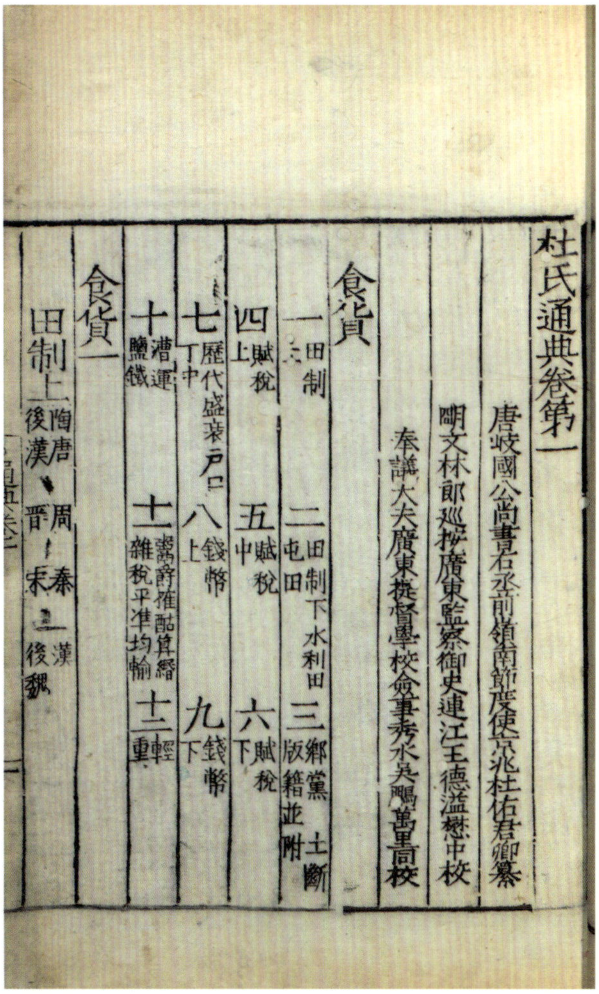

杜氏通典卷第一
唐岐國公尚書右丞相領南節度使京兆杜佑君卿纂
明文林郎巡按廣東監察御史連江王德溢懋中校
奉議大夫廣東提督學校僉事秀水吳鵬萬里同校
食貨
一田制上　二田制下 水利田 屯田　三鄉黨 土斷 版籍並附
四賦税上　五賦税中　六賦税下
七歷代盛衰戶口 丁中　八錢幣上　九錢幣下
十漕運 鹽鐵　十一鬻爵 榷酤 算緡 雜税 平準 均輸　十二輕重
食貨一
田制上 陶唐 周 秦 漢 後漢 晉 宋 後魏

杜氏通典二百卷　（唐）杜佑撰　明嘉靖十八年（1539）王德溢、吴鵬刻本　四十册

匡高 18.3 厘米，廣 15.3 厘米。半葉十一行，行二十字，白口，四周單邊。有“韶州府印”“粵人吴榮光印”“筠清館印”“吴氏筠清館所藏書畫”等印。廣東省博物館藏。第三批國家名録號 08092。

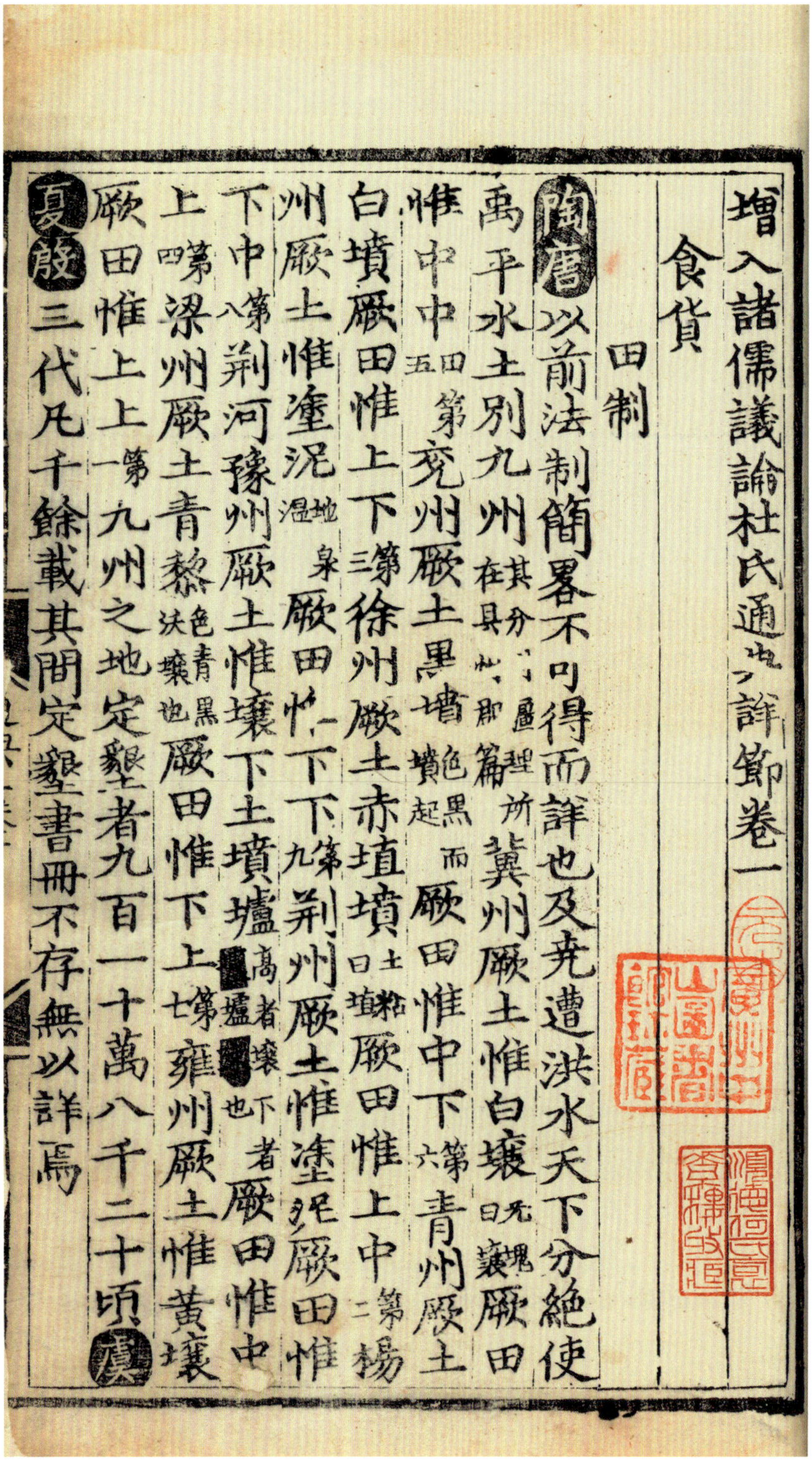
增入諸儒議論杜氏通典詳節卷一

食貨

田制

陶唐以前法制簡畧不可得而詳也及堯遭洪水天下分絶使禹平水土別九州其分□畫理所在具州郡篇冀州厥土惟白壤無塊曰壤厥田惟中中田第五兗州厥土黑墳色黑而墳起厥田惟中下第六青州厥土白墳厥田惟上下第三徐州厥土赤埴墳土黏曰埴厥田惟上中第二揚州厥土惟塗泥地泉濕厥田惟下下第九荊州厥土惟塗泥厥田惟下中第八荊河豫州厥土惟壤下土墳壚高者壤下者□壚□也厥田惟中上第四梁州厥土青黎色青黑沃壤也厥田惟下上第七雍州厥土惟黃壤厥田惟上上第一九州之地定墾者九百一十萬八千二十頃虞夏殷三代凡千餘載其間定墾書冊不存無以詳焉

增入諸儒議論杜氏通典詳節四十二卷圖譜一卷　明刻本　十四册

匡高 23.5 厘米，廣 15 厘米。半葉十二行，行二十四字，黑口，四周雙邊。有“于氏東始山房印記”“抱素樓”等印。廣東省立中山圖書館藏。第三批國家名録號 08099。

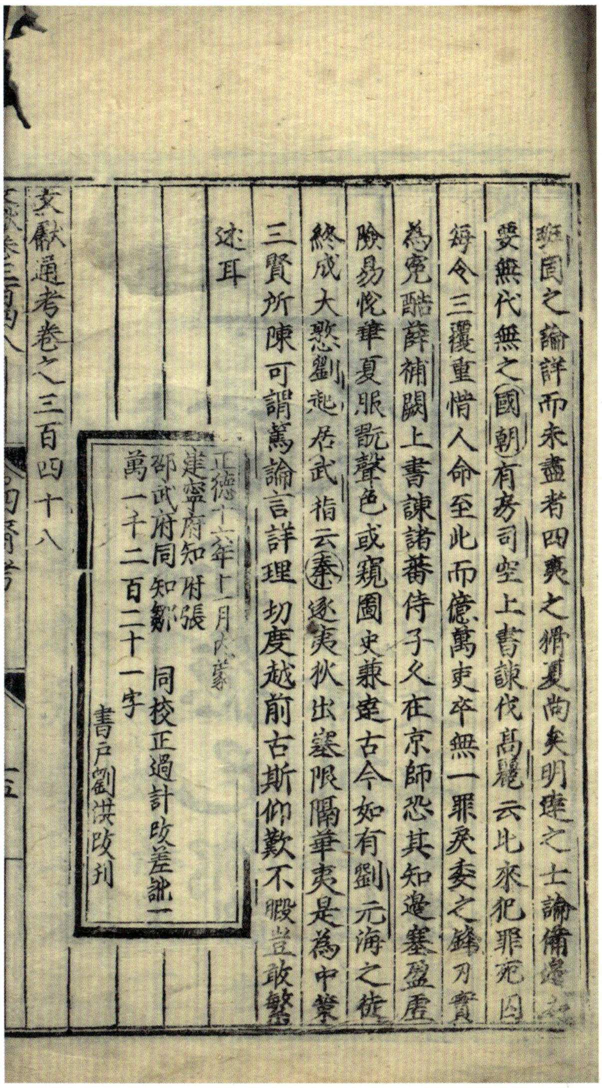

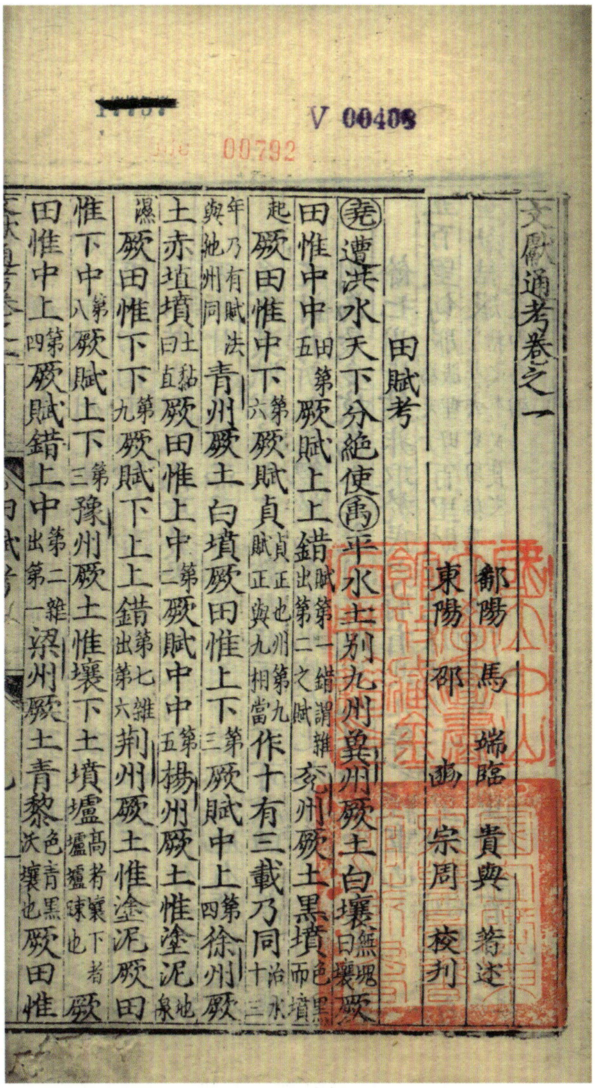

文獻通考三百四十八卷　（元）馬端臨撰　明正德十一至十四年（1516—1519）劉洪慎獨齋刻十六年（1521）重修本（有抄配）　八十册

匡高 19.5 厘米，廣 13 厘米。半葉十二行，行二十五字，小字雙行同，細黑口，四周雙邊。有“皇明正德戊寅慎獨精舍刊行”等牌記。有“長笛一聲人倚樓”印。中山大學圖書館藏，存三百三十七卷（一至一百四十五、一百五十八至三百四十八、首一卷）。第二批國家名録號 04255。

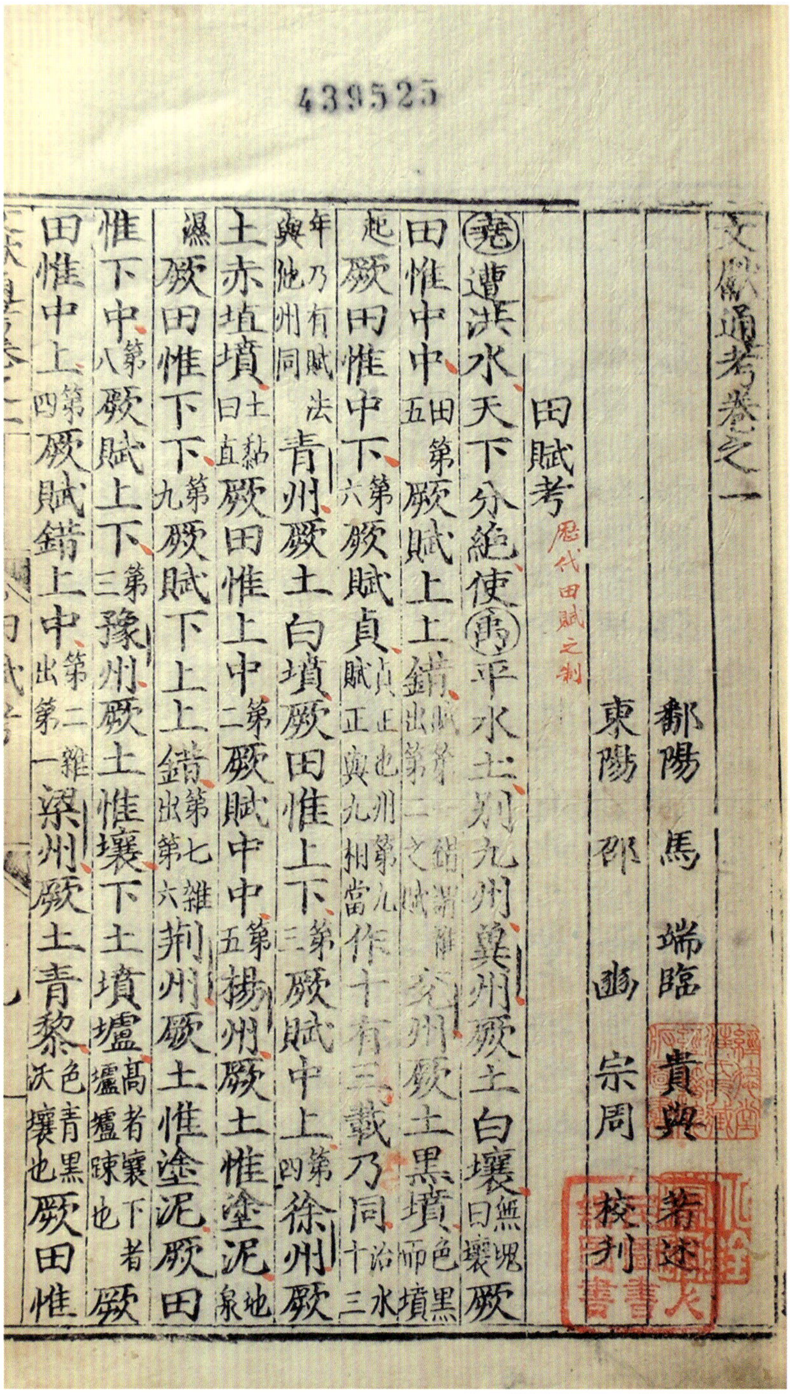

文獻通考卷之一

鄱陽 馬 端臨 貴與 著述

東陽 邵 豳 宗周 校刊

田賦考 歷代田賦之制

堯遭洪水天下分絶使禹平水土别九州冀州厥土白壤（無塊曰壤）厥田惟中中（田第五）厥賦上上錯（賦第一錯出第二之賦錯謂雜）兗州厥土黑墳（色黑而墳起）厥田惟中下（第六）厥賦貞（貞正也州第九賦正與九州相當）作十有三載乃同（治水十三年乃有賦法與他州同）青州厥土白墳厥田惟上下（第三）厥賦中上（第四）徐州厥土赤埴墳（土黏曰埴）厥田惟上中（第二）厥賦中中（第五）揚州厥土惟塗泥（地泉濕）厥田惟下下（第九）厥賦下上上錯（第七雜出第六）荊州厥土惟塗泥厥田惟下中（第八）厥賦上下（第三）豫州厥土惟壤下土墳壚（高者壤下者壚壚疏也）厥田惟中上（第四）厥賦錯上中（第二雜出第一）梁州厥土青黎（色青黑沃壤也）厥田惟

文獻通考三百四十八卷　（元）馬端臨撰　明正德十一至十四年（1516–1519）劉洪慎獨齋刻十六年（1521）重修本（有抄配）　一百二十六册

匡高 19.4 厘米，廣 12.9 厘米。半葉十二行，行二十五字，小字雙行同，細黑口，四周雙邊。有“經德堂汪氏所藏經籍碑版圖書”“曹溶”等印。廣東省立中山圖書館藏。第三批國家名録號 08105。

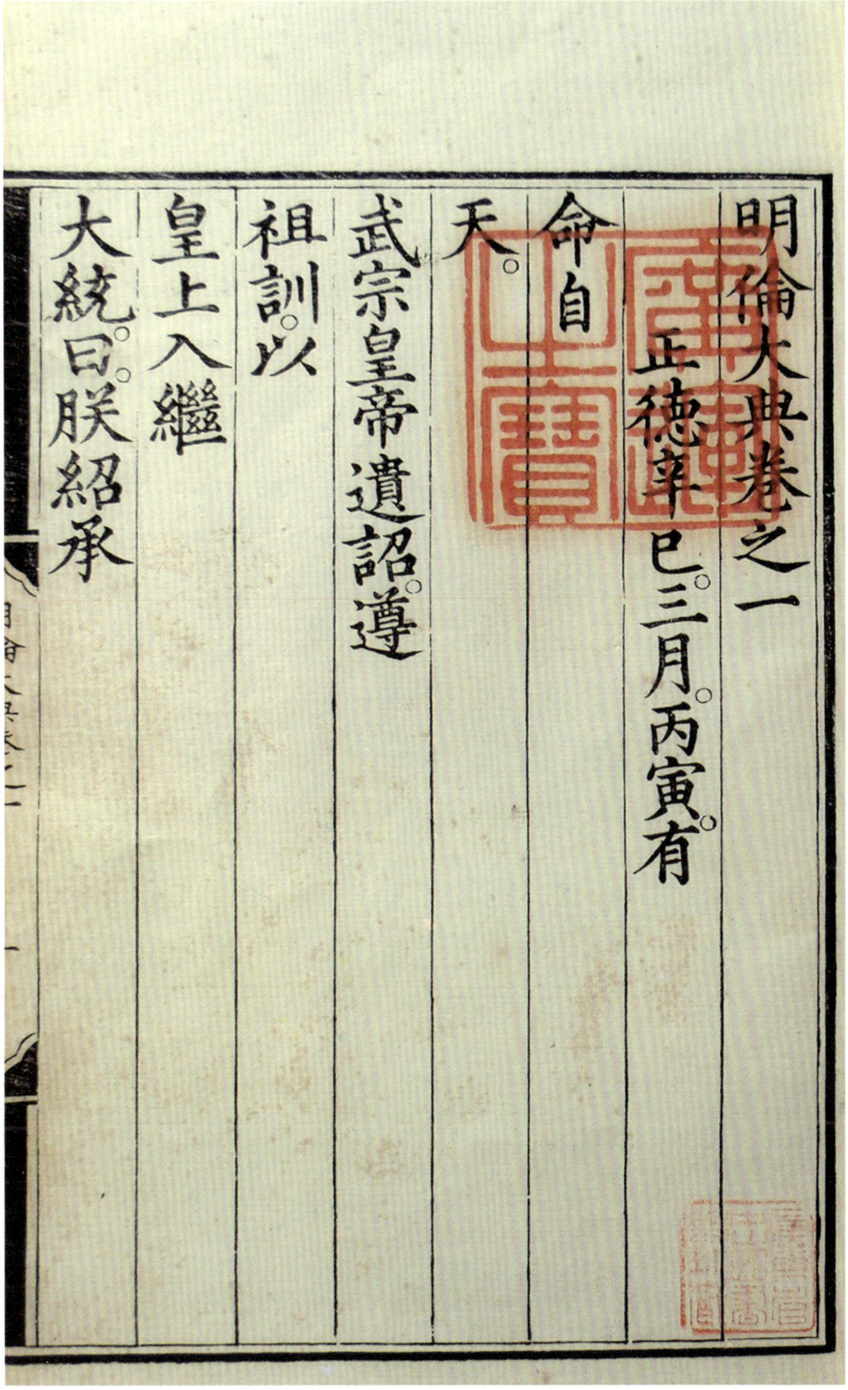
明倫大典卷之一
正德辛巳三月丙寅有
命自
天。
武宗皇帝遺詔。遵
祖訓。以
皇上入繼
大統。曰。朕紹承

明倫大典二十四卷　（明）楊一清　熊浹等纂修　明嘉靖七年（1528）内府刻本　二十五册

匡高 27 厘米，廣 18.1 厘米。半葉八行，行十八字，黑口，四周雙邊。有“廣運之寶”“欽文之璽”等印。廣東省立中山圖書館藏。第二批國家名録號 04299。

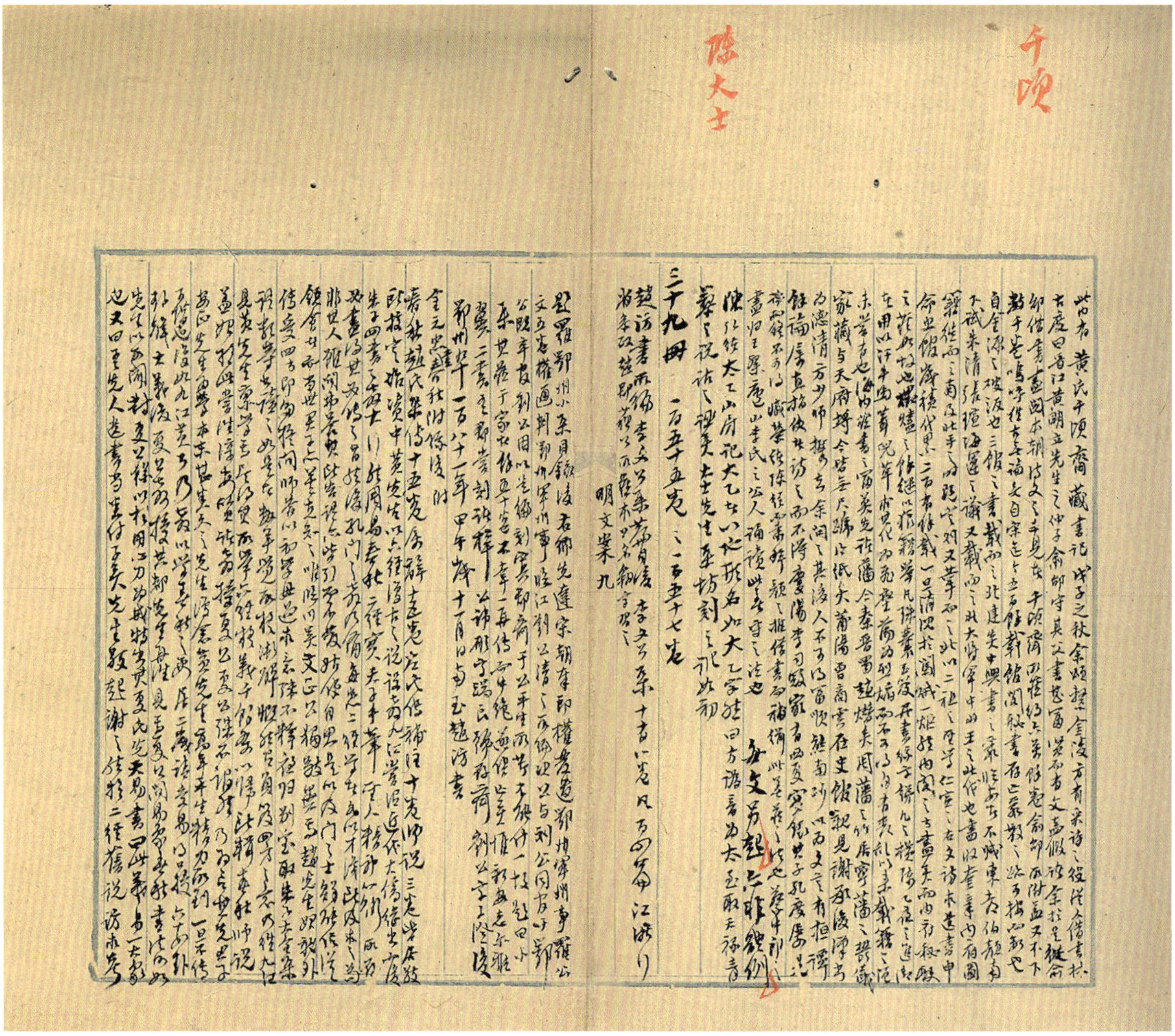

四庫全書提要稿不分卷 （清）翁方綱撰 稿本 一百五十册

經折裝。有"文淵閣校理印""張叔平""朱嘉賓""貴池劉子""世珩審定""劉蒽石藏"等印。澳門特別行政區政府文化局藏。第三批國家名録號 08139。

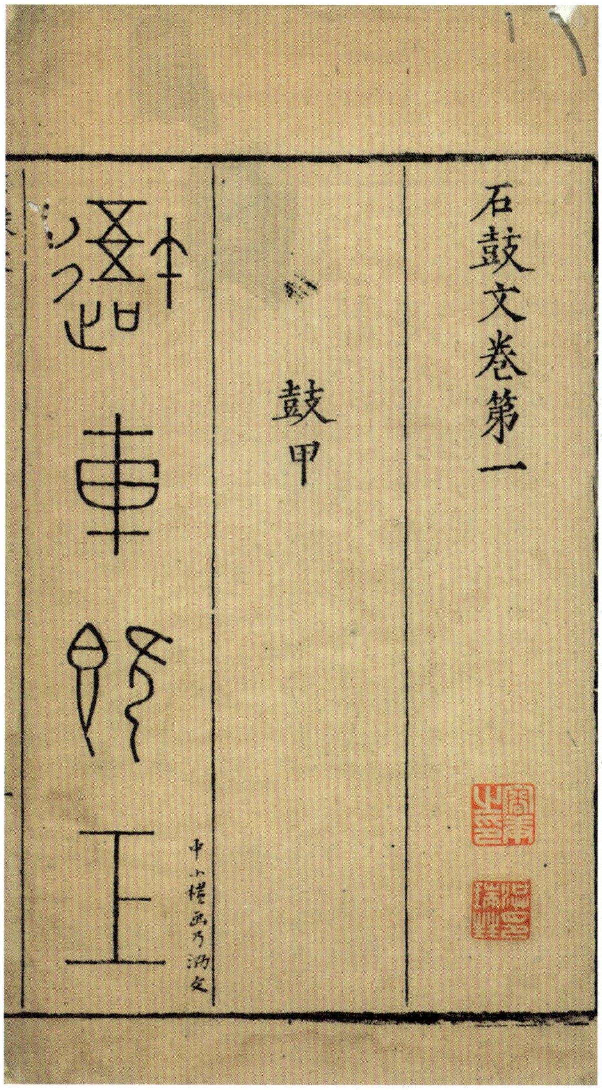

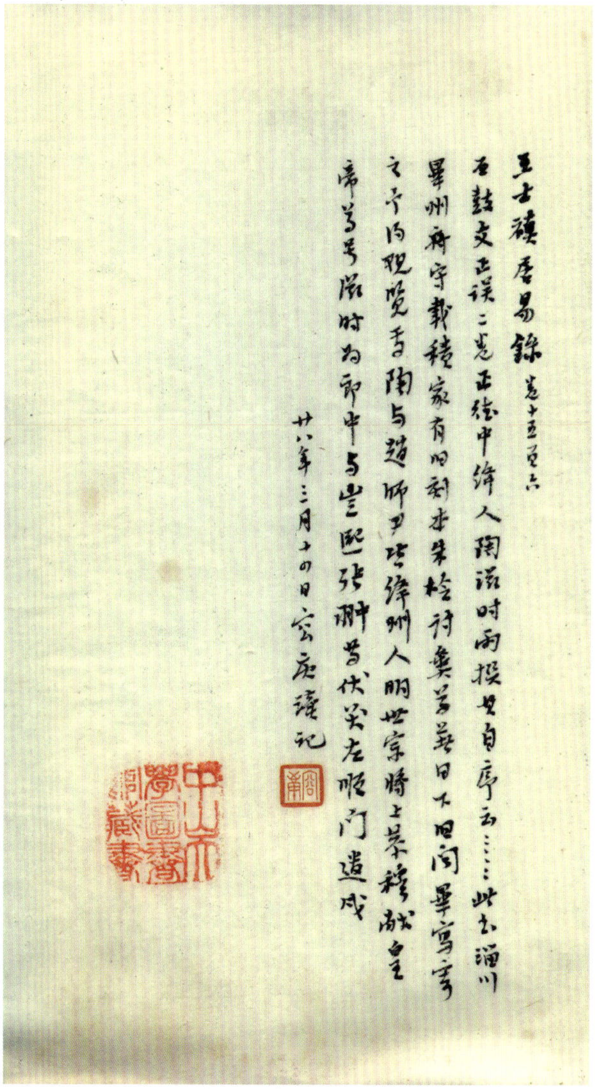

石鼓文正誤四卷　（明）陶滋撰　明嘉靖十二年（1533）錢貢刻本　二册

匡高20.3厘米，廣14.6厘米。行字不等，白口，四周單邊或左右雙邊。有"山陰瑞甡小印""繼芉""容庚"等印，容庚校並跋。中山大學圖書館藏。第二批國家名録號04342。

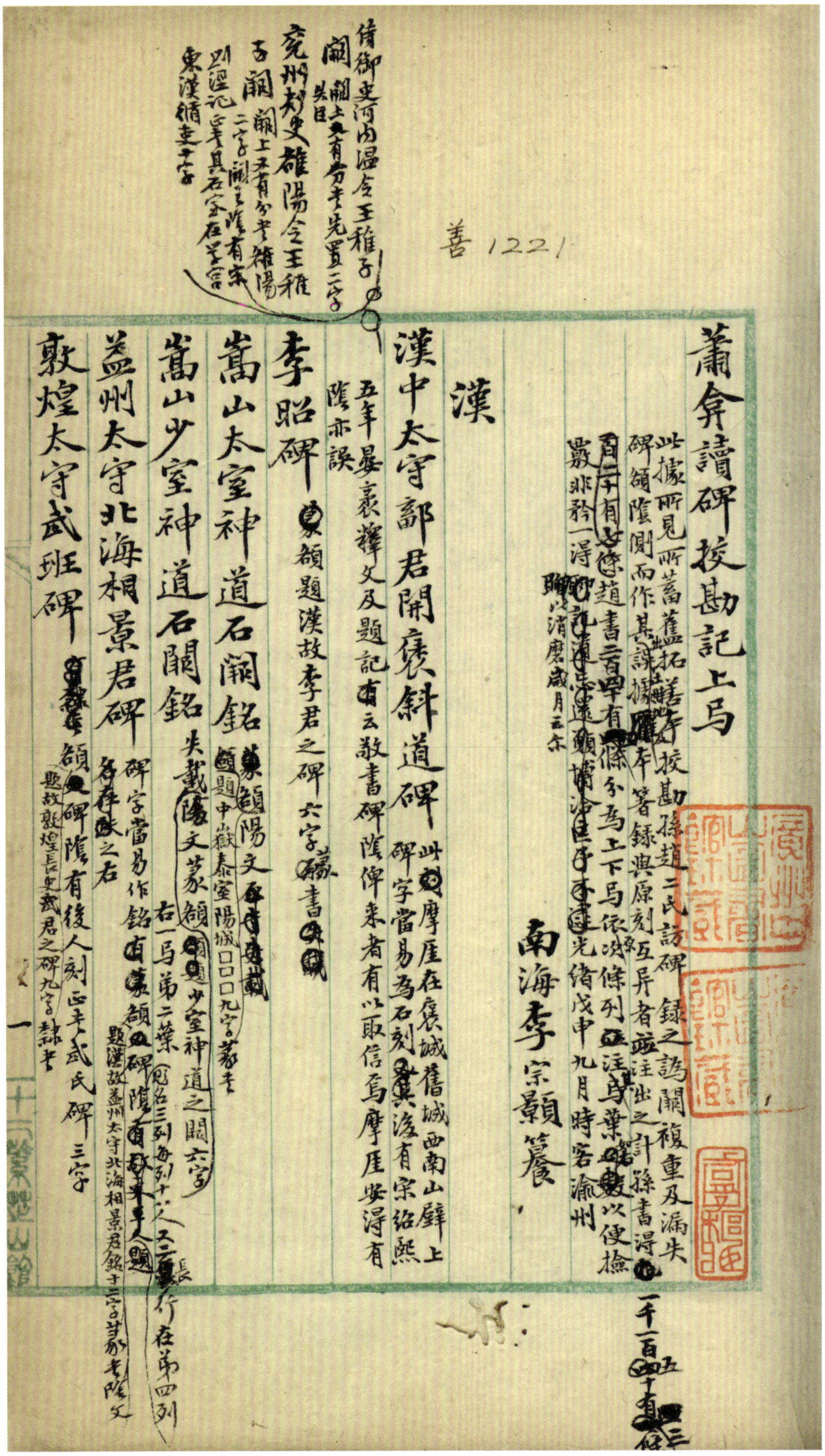
蕭弇讀碑挍勘記上卷
漢
漢中太守鄐君開襃斜道碑
李昭碑
嵩山太室神道石闕銘
嵩山少室神道石闕銘
益州太守北海相景君碑
敦煌太守武班碑
南海李宗顥纂

蕭弇讀碑校勘記二卷　（清）李宗顥撰　稿本　一册

有“盧字樞藏”印。廣東省立中山圖書館藏。第二批國家名録號 04346。

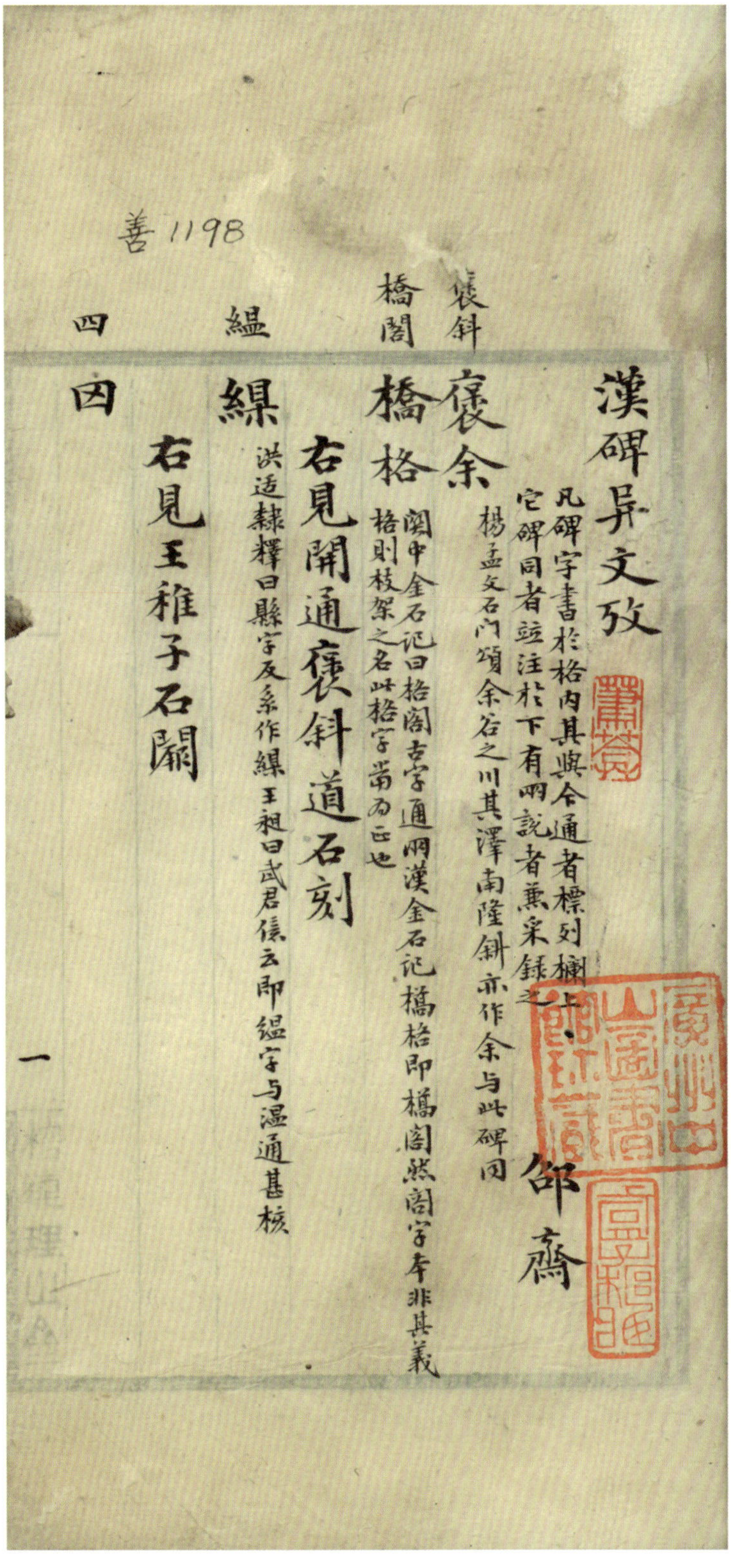
善1198

褎斜 橋閣 緼 四

漢碑异文攷

凡碑字書於格内其與今通者標列欄上它碑同者竝注於下有兩說者兼采録之

褎余

楊孟文石門頌余谷之川其澤南隆斜亦作余与此碑同

橋格

閣中金石記曰格閣古字通兩漢金石記橋格即橋閣然閣字本非其義格則枝架之名此格字當為正也

右見開通褎斜道石刻

緜

洪适隸釋曰縣字及系作緜王祖曰武君傳云即緼字与溫通甚核

右見王稚子石闕

囚

一

郤齋

漢碑异文攷一卷　（清）李宗顥撰　稿本　一册

有“蕭蓀”“盧子樞藏”印。廣東省立中山圖書館藏。第二批國家名録號04347。

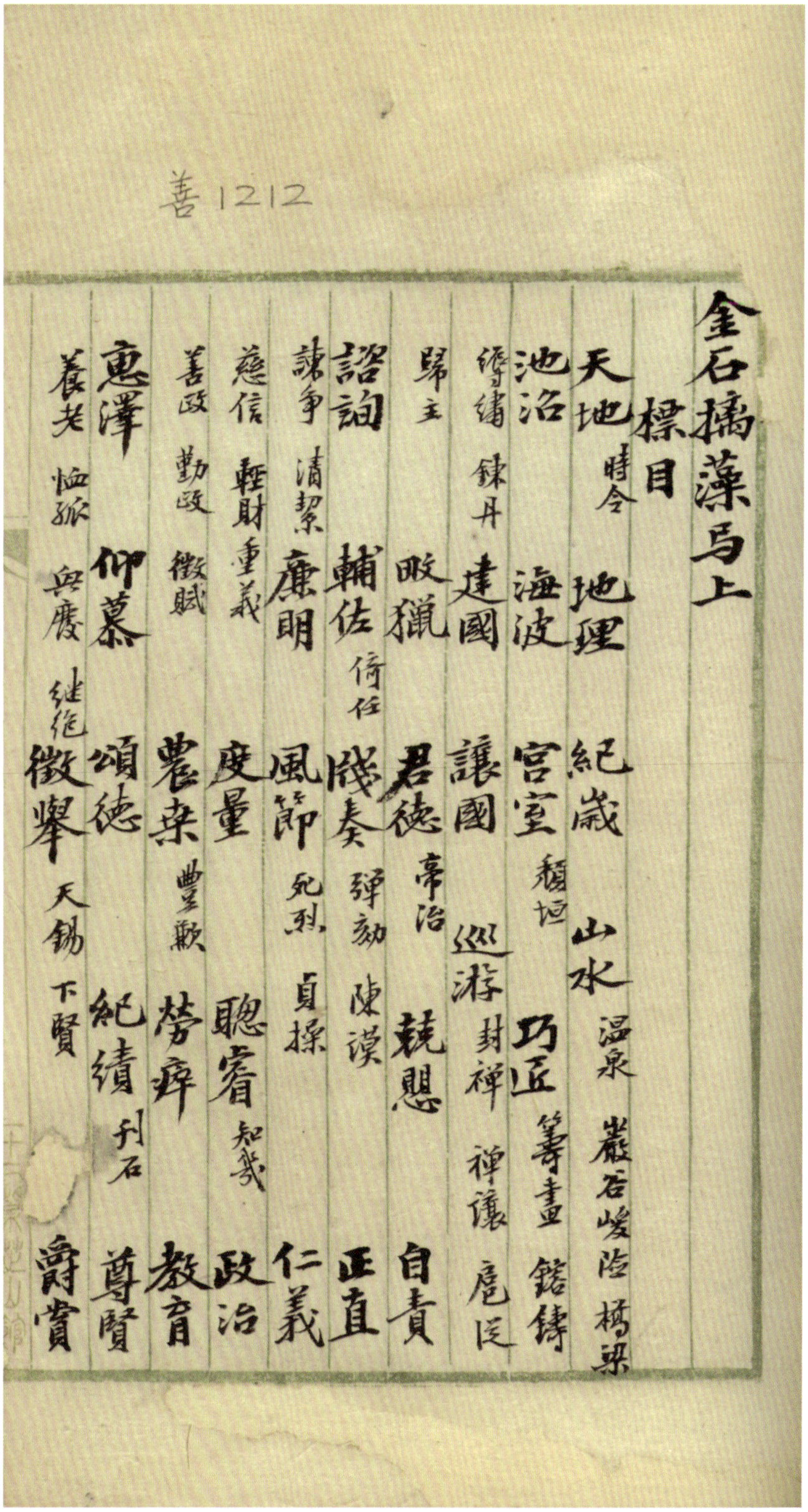

金石摛藻卷上

標目

天地 時令 地理 紀歲 山水 溫泉 巖石 峻岭 橋梁

池沼 海波 宮室 頹垣 巧匠 籌畫 鎔鑄

繕補 錄丹 建國 讓國 巡游 封禪 禪讓 遷徙

歸主 畋獵 君德 帝治 兢懇 自責

詔詢 輔佐 倚任 牋奏 彈劾 陳謨 正直

諫爭 清潔 廉明 風節 死烈 貞操 仁義

慈信 輕財重義 度量 聰睿 知幾 政治

善政 勤政 徵賦 農桑 豐歉 勞瘁 教育

惠澤 仰慕 頌德 紀績 刊石 尊賢

養老 恤孤 興廢 繼絕 徵舉 天錫 下賢 爵賞

金石摛藻二卷 （清）李宗顥撰 稿本 二册

廣東省立中山圖書館藏。第三批國家名録號08169。

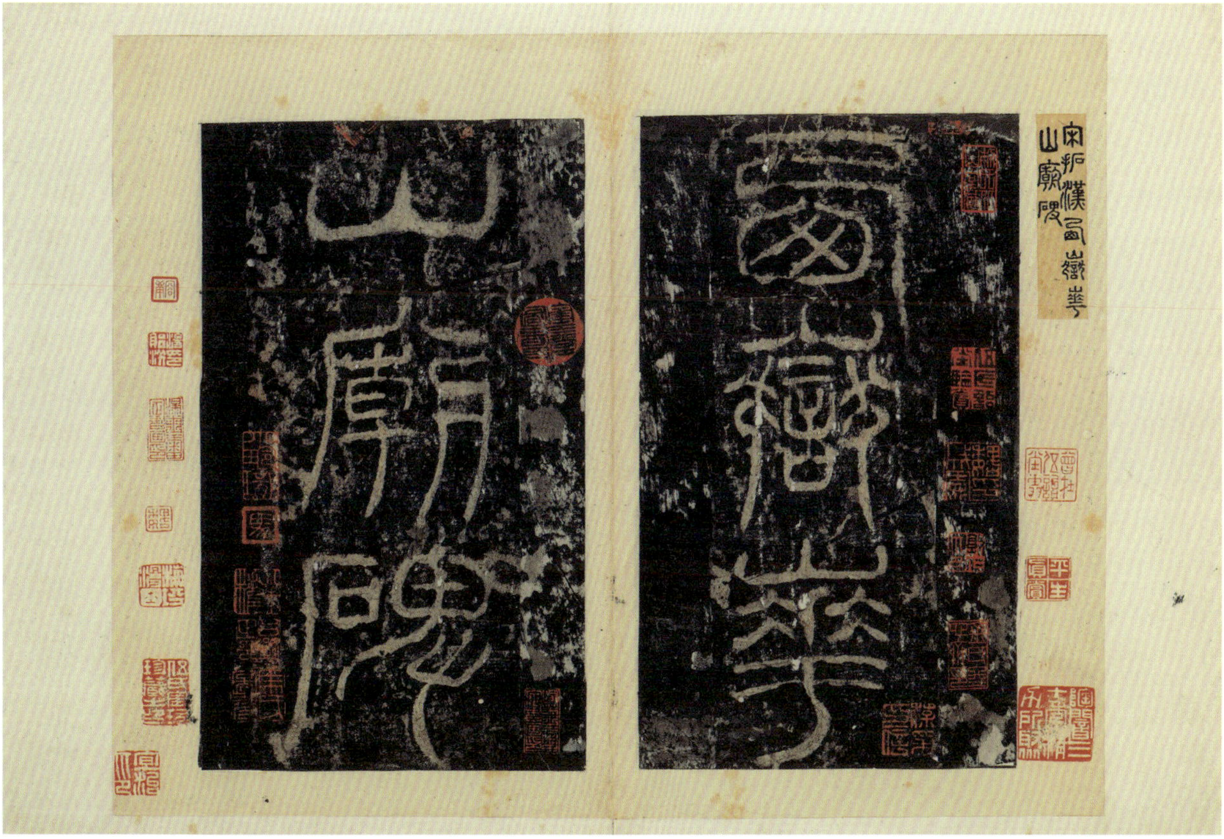

華山廟碑　（漢）郭香察書　東漢延熹八年（165）四月刻石宋拓本　一册

墨本高 25 厘米，廣 17.6 厘米。有"曰璐之印""敦仁印""薦楽珍賞"等印，姚鼐、趙之謙、羅惇曧、李文田、胡毅生、李棪題簽，孫星衍、伊秉綬、趙魏、唐仲冕、張敦仁、湯貽汾、顧廣圻、龔自珍、宗源瀚、潘祖蔭、完顔崇實、沈秉成、陳澧、李文田等跋。香港中文大學文物館藏（拓本十三開半，雙鉤補摹四開，題跋及題簽九開半）。第五批國家名録號 11470。

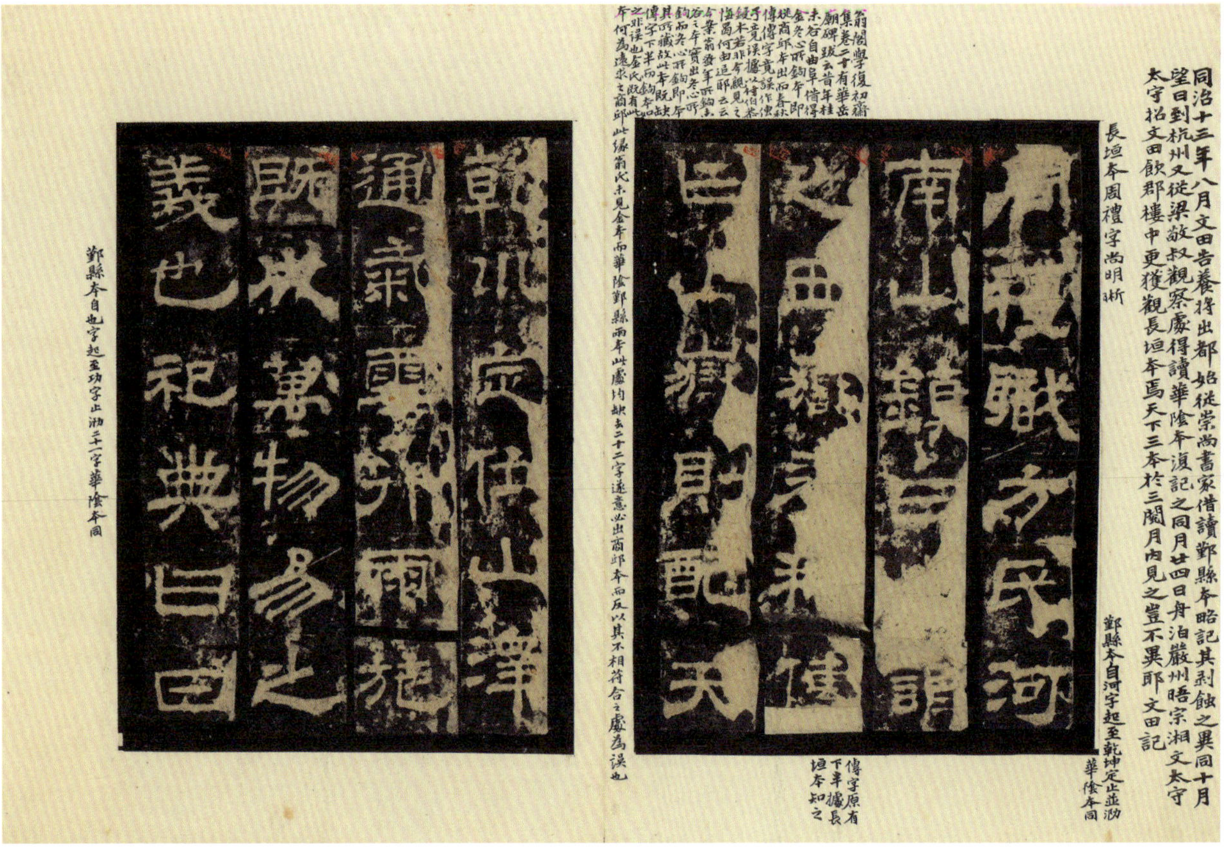
同治十三年八月文田告養將出都始從崇尚書家借讀鄞縣本略記其剝蝕之異同十月望日到杭州又從梁敬叔觀察處得讀華陰本復記之同月廿四日舟泊嚴州晤宗湘文太守太守招文田飲郡樓中更獲觀長垣本焉天下三本於三閱月內見之豈不異耶 文田記
長垣本周禮字尚明晰
鄞縣本自河字起至乾坤定止並泐 華陰本同
傳字原有下半據長垣本知之
鄞縣本自也字起至功字止泐三十一字華陰本同

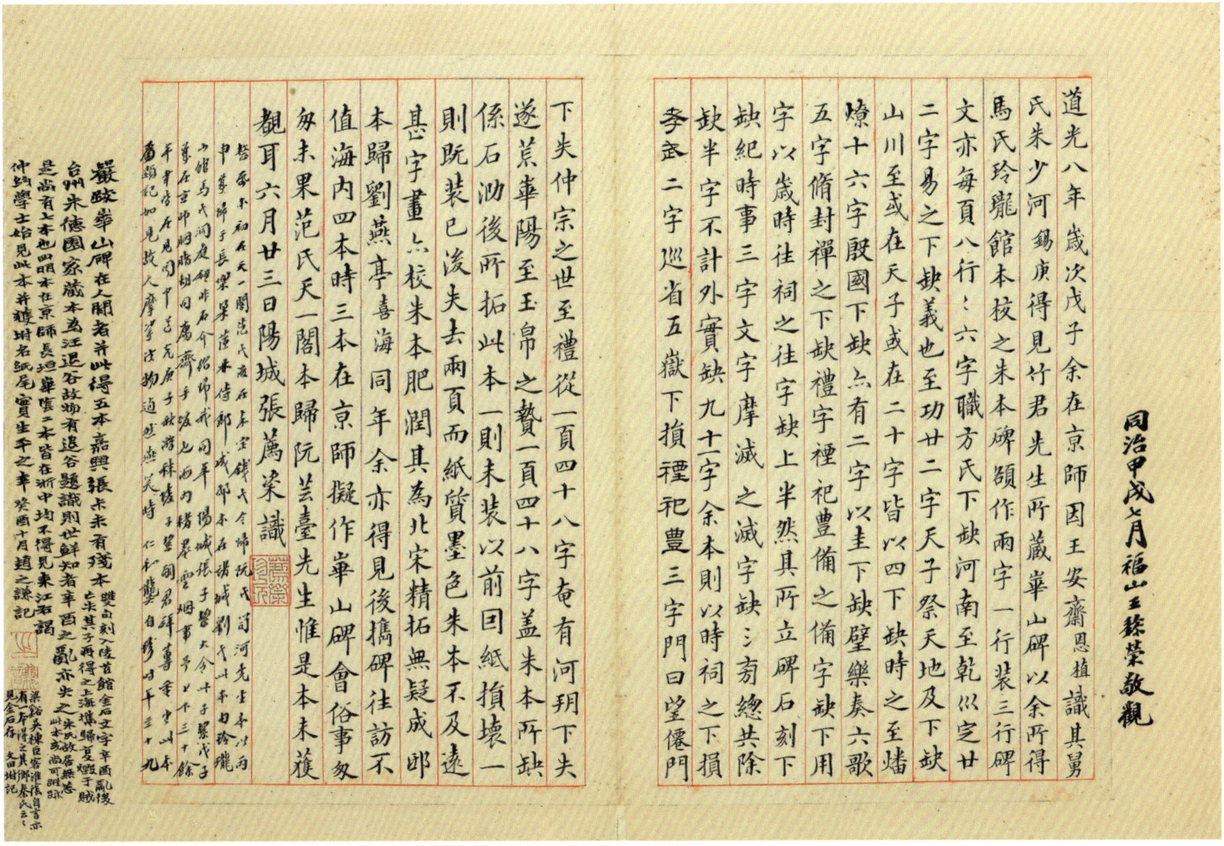
同治甲戌七月福山王懿榮敬觀

道光八年歲次戊子余在京師因王安齋恩植識其舅氏朱少河錫庚得見竹君先生所藏華山碑以余所得馬氏玲瓏館本校之朱本碑額作兩字一行裝三行碑文亦每頁八行〻六字職方氏下缺河南至乾以定廿二字易之下缺義也至功廿二字天子祭天地及下缺山川至或在天子或在二十字皆以四下缺時之至燔燎十六字殷國下缺亦有二字以圭下缺壁樂奏六歌五字脩封禪之下缺禮字禋祀豐備之備字缺下用字以歲時往祠之往字缺上半然其所立碑石刻下缺紀時事三字文字摩滅之滅字缺〻旁總共除缺半字不計外實缺九十一字余本則以時祠之下損李甚二字巡省五嶽下損禋祀豐三字門曰望僊門下失仲宗之世至禮從一頁四十八字奄有河朔下失遂荒華陽至玉帛之贄一頁四十八字蓋朱本所缺係石泐後所拓此本一則未裝以前因紙損壞一則既裝已後失去兩頁而紙質墨色朱本不及遠甚字畫亦校朱本肥潤其為北宋精拓無疑成邸本歸劉燕亭喜海同年余亦得見後攜碑往訪不值海内四本時三本在京師擬作華山碑會俗事匆匆未果范氏天一閣本歸阮芸臺先生惟是本未獲觀耳六月廿三日陽城張萬榮識

昔余未知有天一閣范氏藏有宋宣錢氏今歸阮氏司河先生本以丙申夏歸于長洲吳荷屋侍郎成都本在諸城劉氏此本曰玲瓏山館馬氏洞庭研非石今昭師我同年陽城張子閣大令十子聚戊子夏在京師胡雒胡同寓齋手跋此西河精摹雲烟事有以下三十餘年其存在見聞中者光庚子秋灣秣陵子望同君祥專會中山本留題記如見故人摩挲此物適然無笑時 仁和龔自珍時年三十九

嶽跋華山碑在人間者祇此得五本嘉興張未未有殘本雙勾刻入陵吉館金石文字辛酉亂後亡失其子再得之上海携歸夏燬于賊台州朱德園家藏本為汪退谷故物有退谷題識則世鮮知者辛酉之亂亦失之朱氏故居無恙此本或尚可蹤跡是尚有七本也四明本在京師長垣華陰二本皆在浙中均不得見來江右謁仲鈞學士始見此本并獲附名紙尾實生平之幸 癸酉十月趙之謙記

梁溪吳棣臣家淮陰自言亦有一本得之其鄉秦氏云云見金石存 又田坿記

夏承碑 傳（漢）蔡邕書 東漢建寧三年（170）刻石宋拓本 一册

墨本高 26.4 厘米，廣 14.6 厘米。有“繩祖圖書”“臨川李氏”等印，黄易、翁方綱、張塤題簽，潘奕雋題端，豐道生、楊繩祖、翁方綱、李宗瀚、潘奕雋、宋葆淳、吴榮光、鄭孝胥、于右任等跋。香港中文大學文物館藏（拓本二十一開半，雙鉤補摹二開，引首及題跋五開半）。第五批國家名録號 11471。

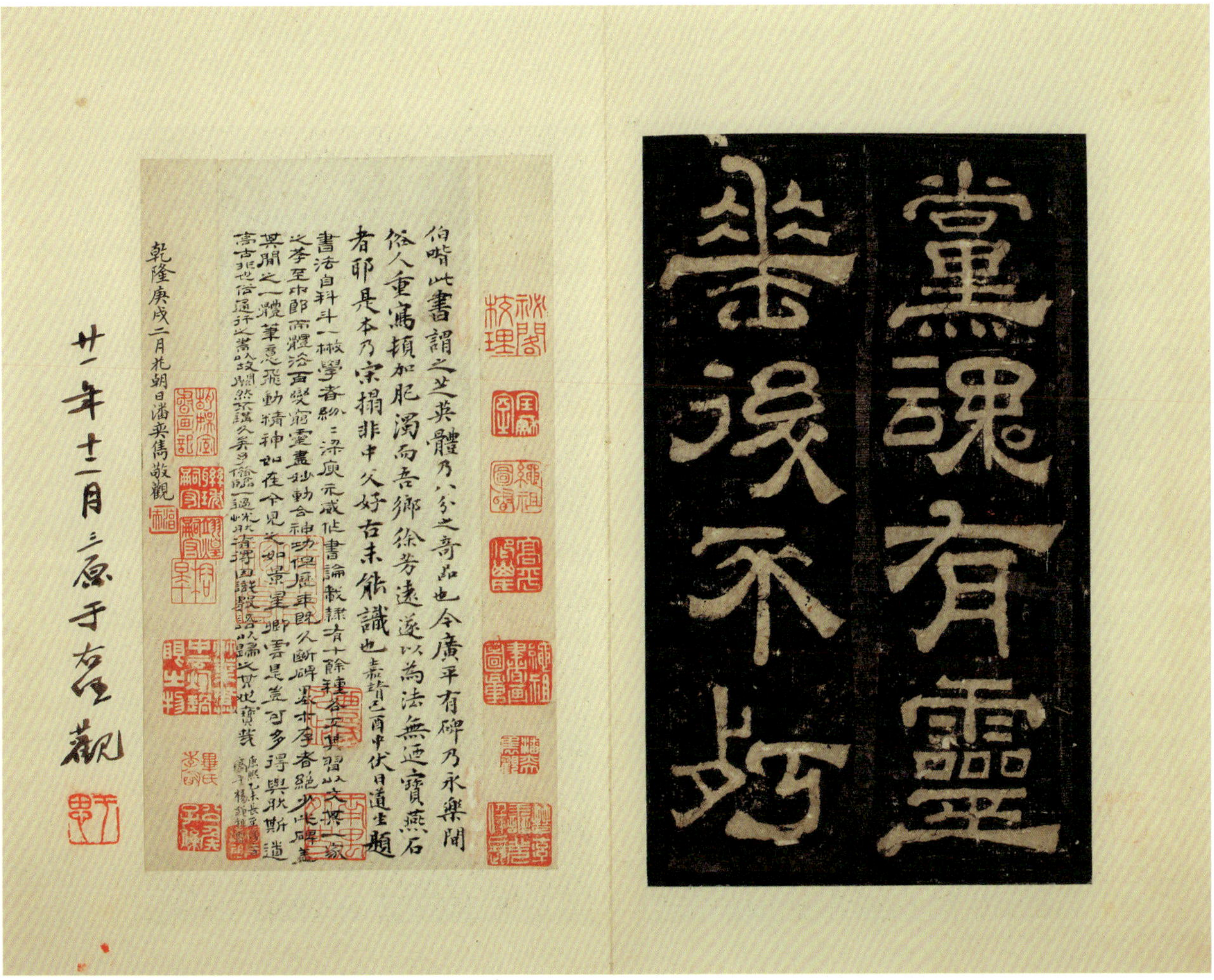

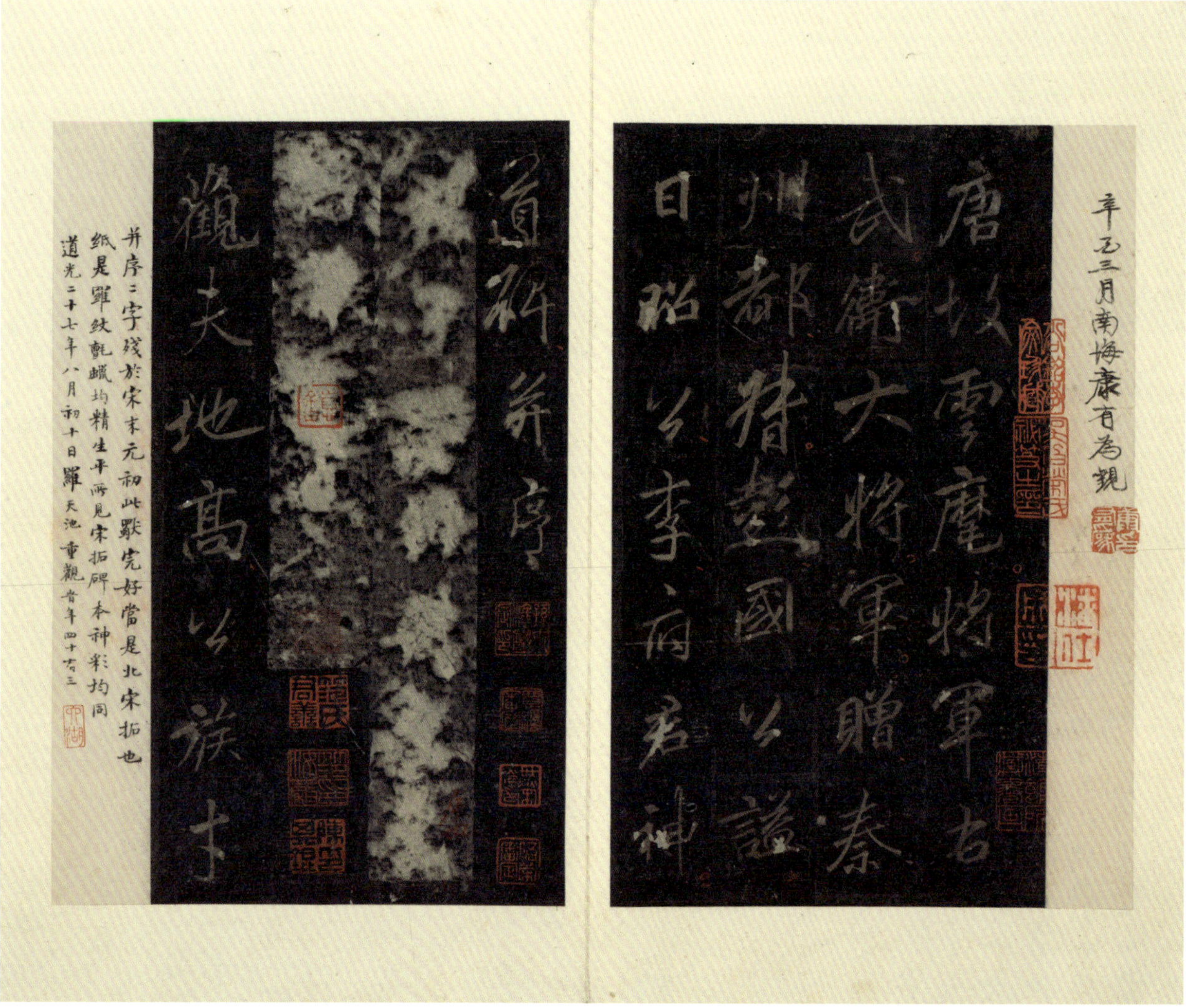

李思訓碑 （唐）李邕撰並書　唐開元八年（720）刻石南宋拓本（有補配）　一册

墨本高 29 厘米，廣 15.7 厘米。有“吴榮光印”“潘仕成印”“康有爲印”等印，翁方綱題簽並跋，魏廣微、永瑆、英和、陳其錕、羅天池、康有爲、黄賓虹、羅振玉、羅惇㬊、梁啓超、王國維、羅原覺等跋。香港中文大學文物館藏（拓本三十八開，題簽及鈐印二開半，題跋十開半）。第五批國家名録號 11473。

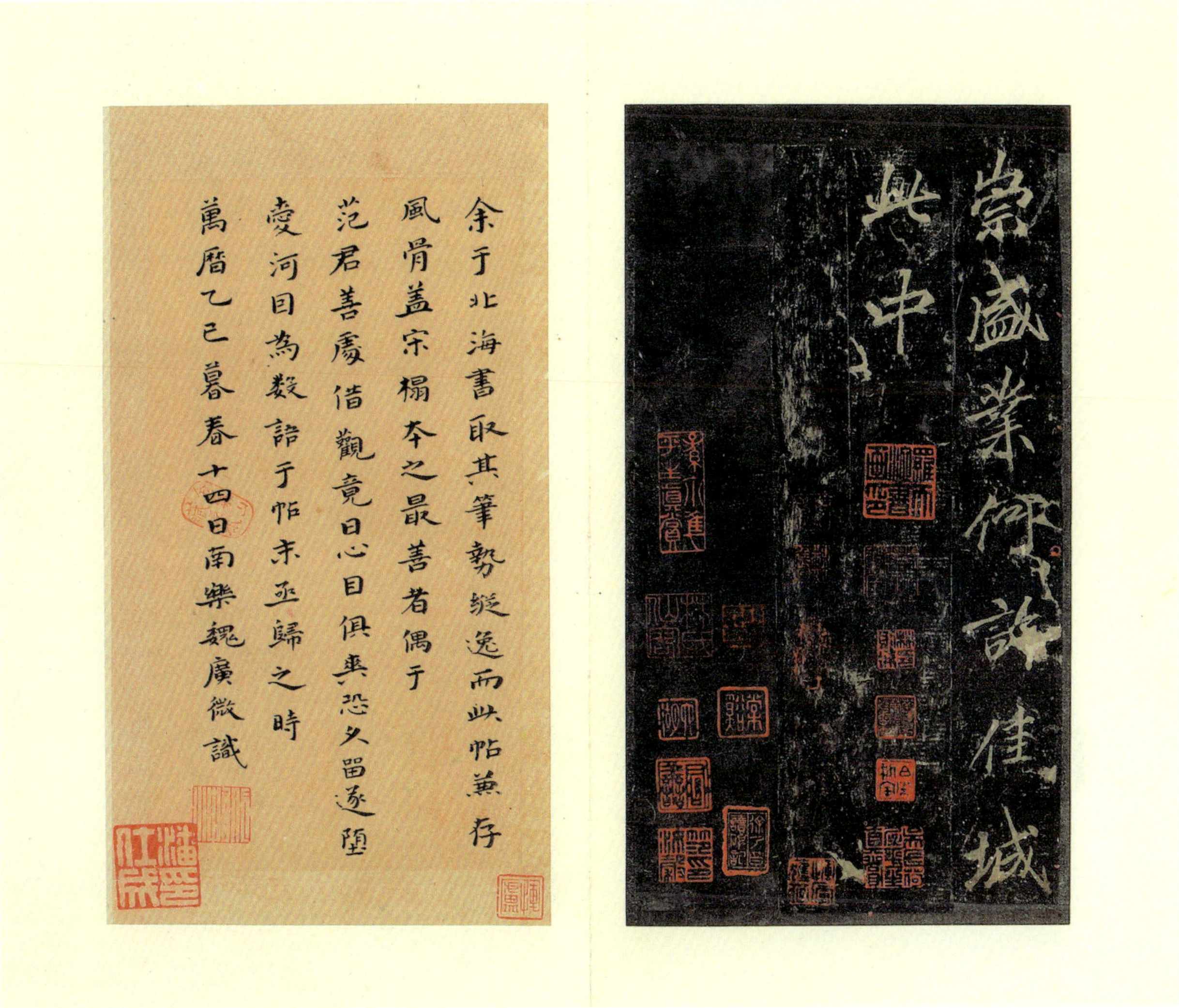
余于北海書取其筆勢縱逸而此帖兼存
風骨蓋宋榻本之最善者偶于
范君善處借觀竟日心目俱爽恐久留遂墮
夔河因為數語于帖末亟歸之時
萬曆乙巳暮春十四日南樂魏廣微識
崇盛業何詳佳城
此中

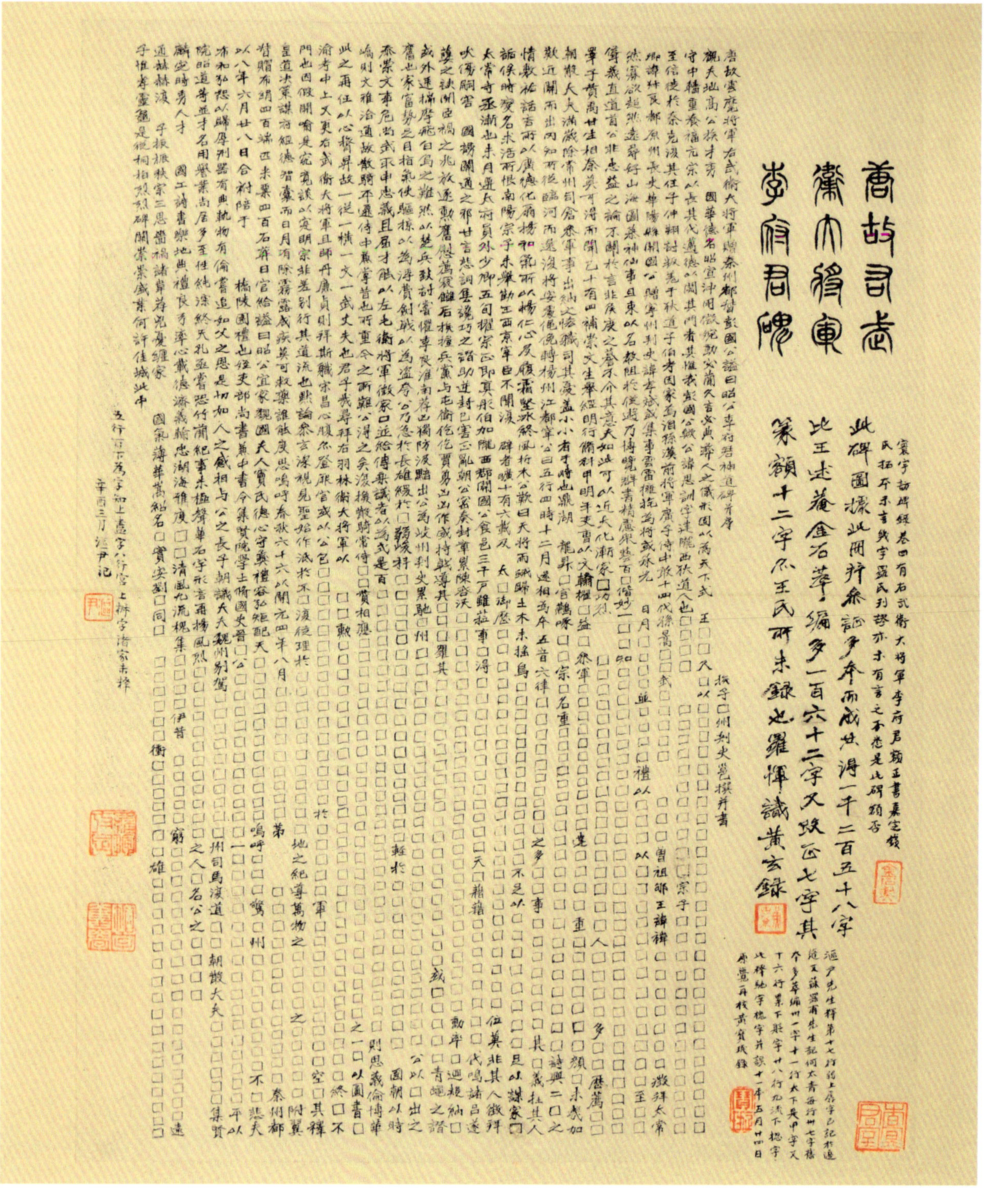

唐故右武衛大將軍李府君碑

唐故雲麾將軍右武衛大將軍贈秦州都督彭國公謚曰昭公李府君神道碑并序

衮字訪碑録卷四有右武衛大將軍李府君碑正書 嘉定錢氏拓本未言幾字 羅氏刊誤亦未有言之 不悉是此碑頽否

此碑圖據此冊并參訂多本而成共得一千二百五十八字 比王述庵金石萃編多一百六十二字 又改正七字 其篆額十二字尤王氏所未録也 羅惲識 黄玄録

【子部】

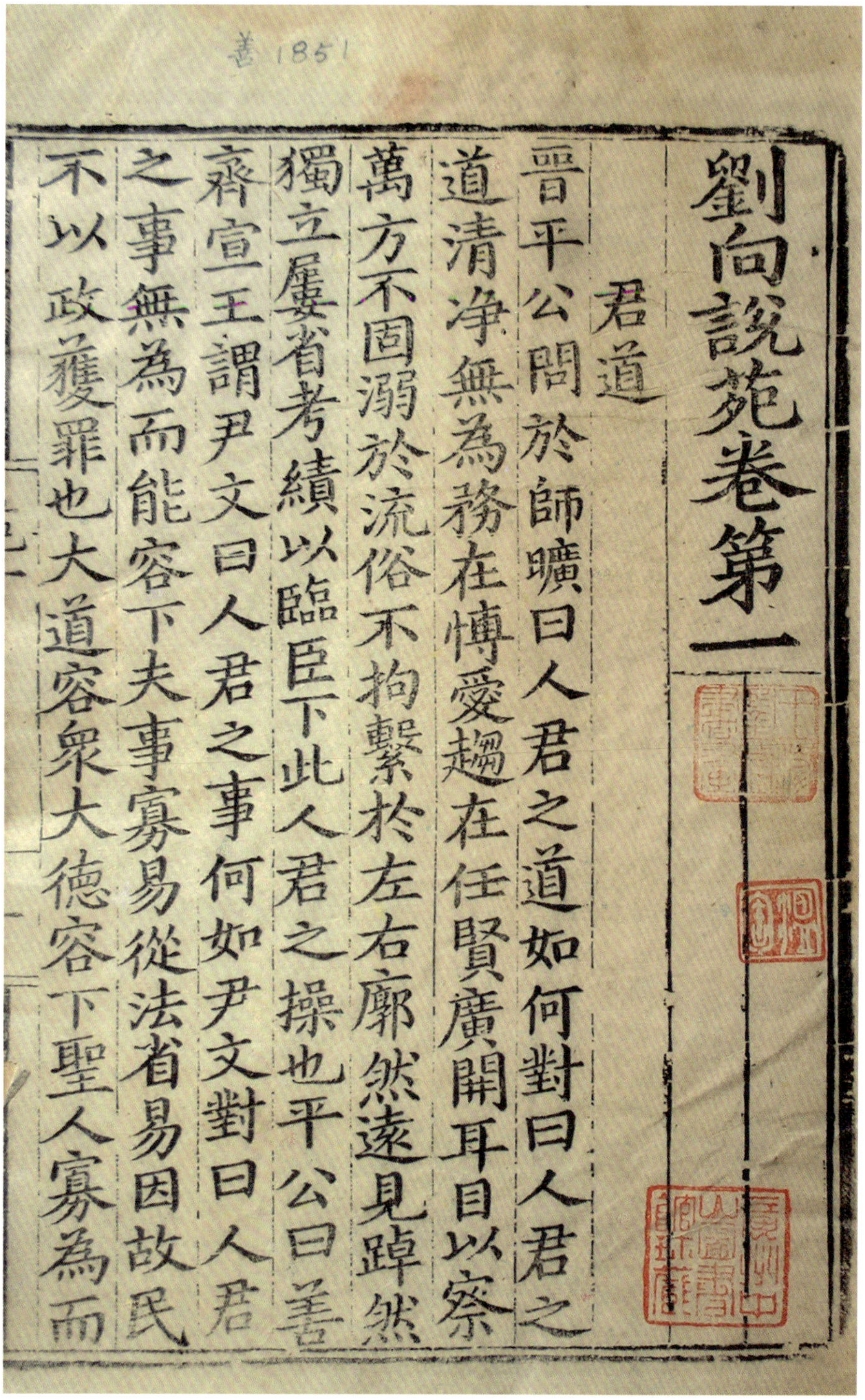

善 1851

劉向說苑卷第一

君道

晋平公問於師曠曰人君之道如何對曰人君之道清淨無為務在博愛趨在任賢廣開耳目以察萬方不固溺於流俗不拘繫於左右廓然遠見踔然獨立屢省考績以臨臣下此人君之操也平公曰善

齊宣王謂尹文曰人君之事何如尹文對曰人君之事無為而能容下夫事寡易從法省易因故民不以政獲罪也大道容衆大德容下聖人寡為而

劉向說苑二十卷 （漢）劉向撰　明刻本　十册

匡高 26.3 厘米，廣 17.2 厘米。半葉十行，行十九字，黑口，四周雙邊。有"詒莊樓藏書記""王修鑑藏書畫" "胡憲仲印"等印。廣東省立中山圖書館藏。第三批國家名録號 08235。

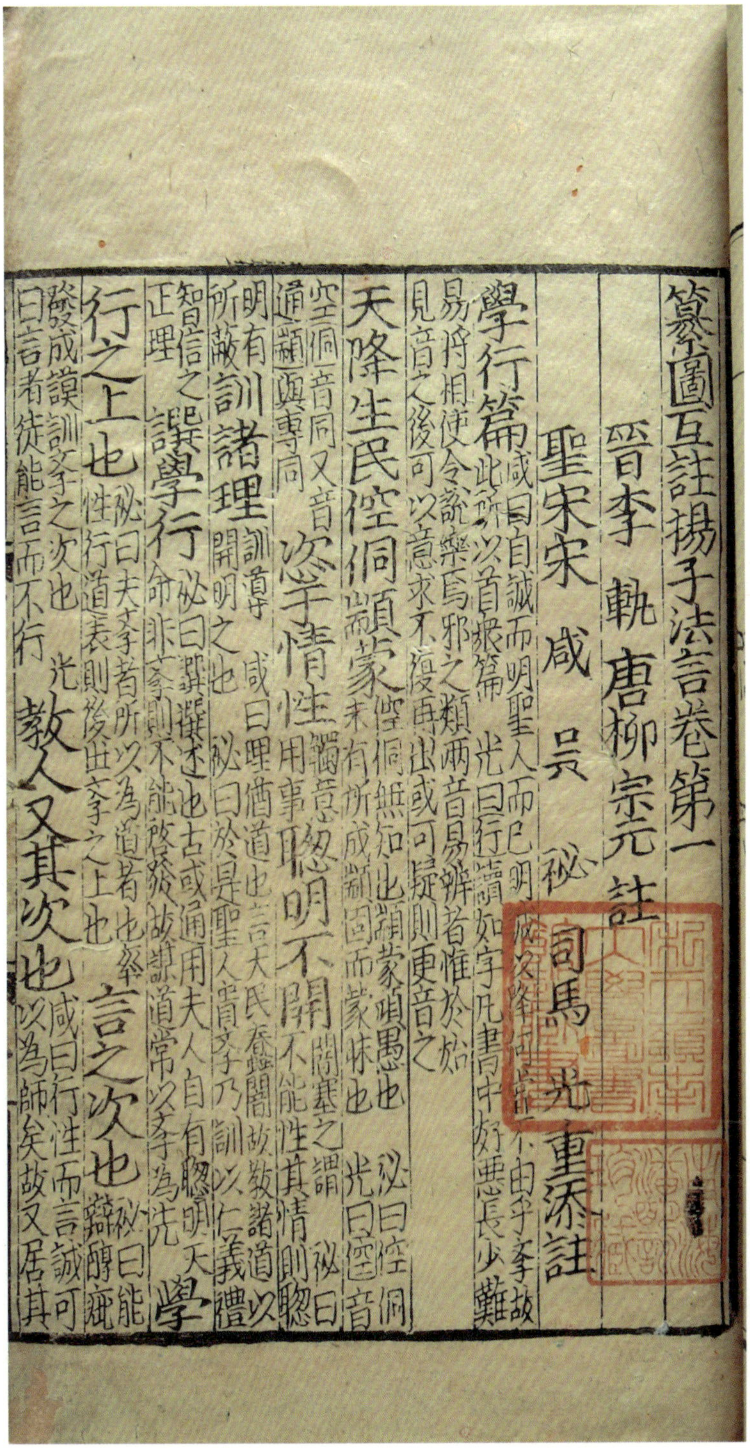
纂圖互註揚子法言卷第一
晉李軌 唐柳宗元 註
聖宋宋咸 吴祕 司馬光重添註
學行篇 咸曰自誠而明聖人而已明……由乎學故 此篇所以首衆篇 光曰行讀如字凡書中好惡長少難易將相使令說樂焉邪之類兩音易辨者惟於始見音之後可以意求不復再出或可疑則更音之
天降生民倥侗顓蒙 倥侗無知也顓蒙頑愚也未有所成顓固而蒙昧也 祕曰倥侗空侗音同又音通顓與專同 光曰倥音
恣乎情性 聰意用事 聰明不開 闇塞之謂不能性其情則聰明有所蔽 祕曰
訓諸理 訓導開明之也 咸曰理猶道也言天民蚤蠢闇故教諸道以正理 祕曰於是聖人肯學乃訓以仁義禮智信之
譔學行 祕曰譔述也古或通用夫人自有聰明天命非學則不能啓發故譔道常以學為先
學行之上也 祕曰夫學者所以為道者也舉性行道表則後出學之上也
言之次也 祕曰能辭醇疵發成謨訓學之次也 光曰言者徒能言而不行
教人又其次也 咸曰行性而言誠可以為師矣故又居其

纂圖互註揚子法言十卷　（漢）揚雄撰　（晉）李軌　（唐）柳宗元　（宋）宋咸　吴祕　司馬光注　明刻本（有抄配）　二册

匡高 18 厘米，廣 12.1 厘米。半葉十一行，行字不等，小字雙行不等，黑口，左右雙邊。有“南海潘明訓珍藏”等印，佚名批校。中山大學圖書館藏。第三批國家名録號 08241。

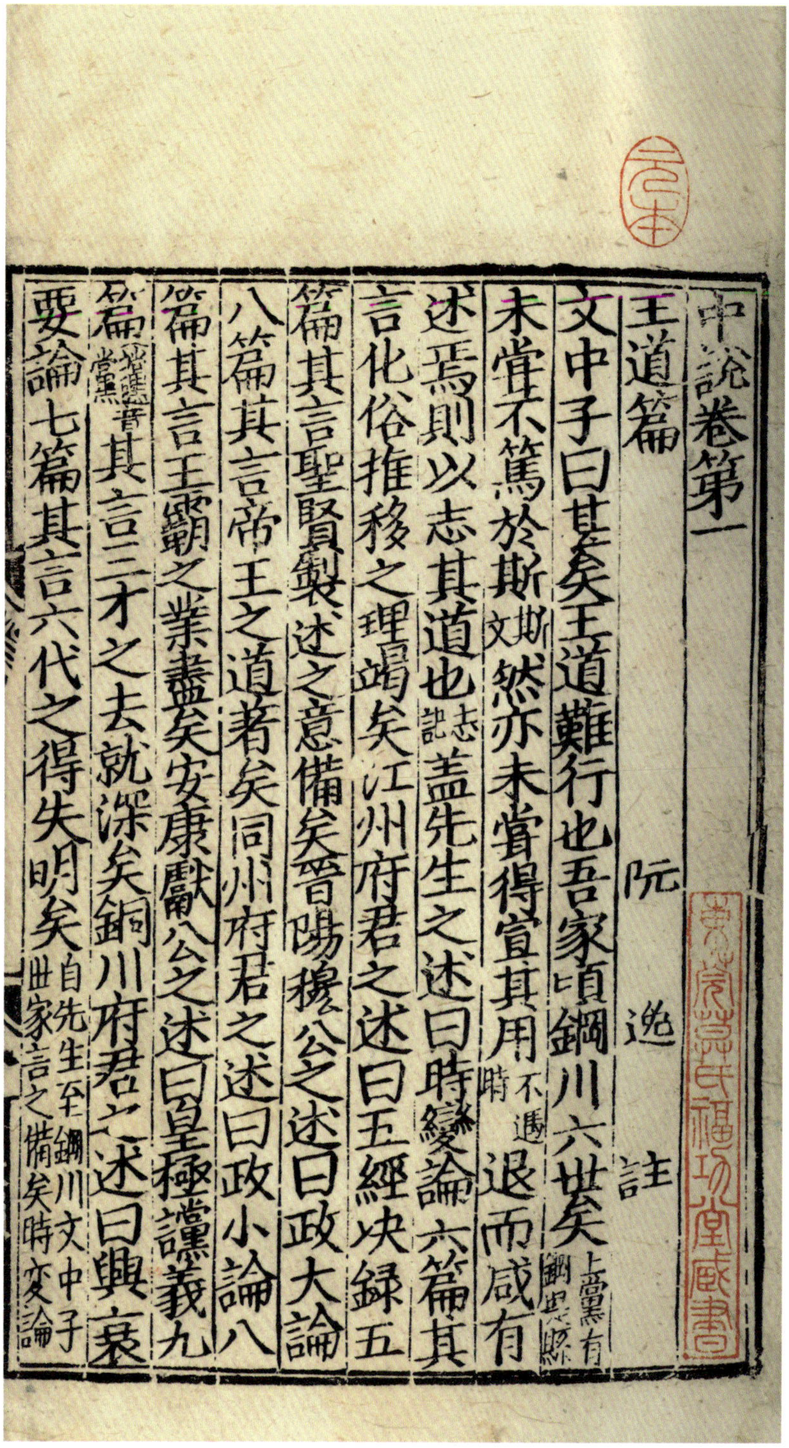

中說卷第一

王道篇　阮逸註

文中子曰甚矣王道難行也吾家頃銅川六世矣（上黨有銅鞮縣）未嘗不篤於斯（斯文）然亦未嘗得宣其用（不遇時）退而咸有述焉則以志其道也（志記）蓋先生之述曰時變論六篇其言化俗推移之理竭矣江州府君之述曰五經決録五篇其言聖賢制述之意備矣晉陽穆公之述曰政大論八篇其言帝王之道著矣同州府君之述曰政小論八篇其言王霸之業盡矣安康獻公之述曰皇極讜義九篇（讜音黨）其言三才之去就深矣銅川府君之述曰興衰要論七篇其言六代之得失明矣（自先生至銅川文中子世家言之備矣時變論）

中說十卷　題（隋）王通撰　（宋）阮逸注　明初刻本　三册

匡高 18.4 厘米，廣 12.3 厘米。半葉十一行，行二十一字，小字雙行二十五字，黑口，四周雙邊。有“元本”“東莞莫氏福功堂藏書”等印。廣東省立中山圖書館藏。第一批國家名録號 01736。

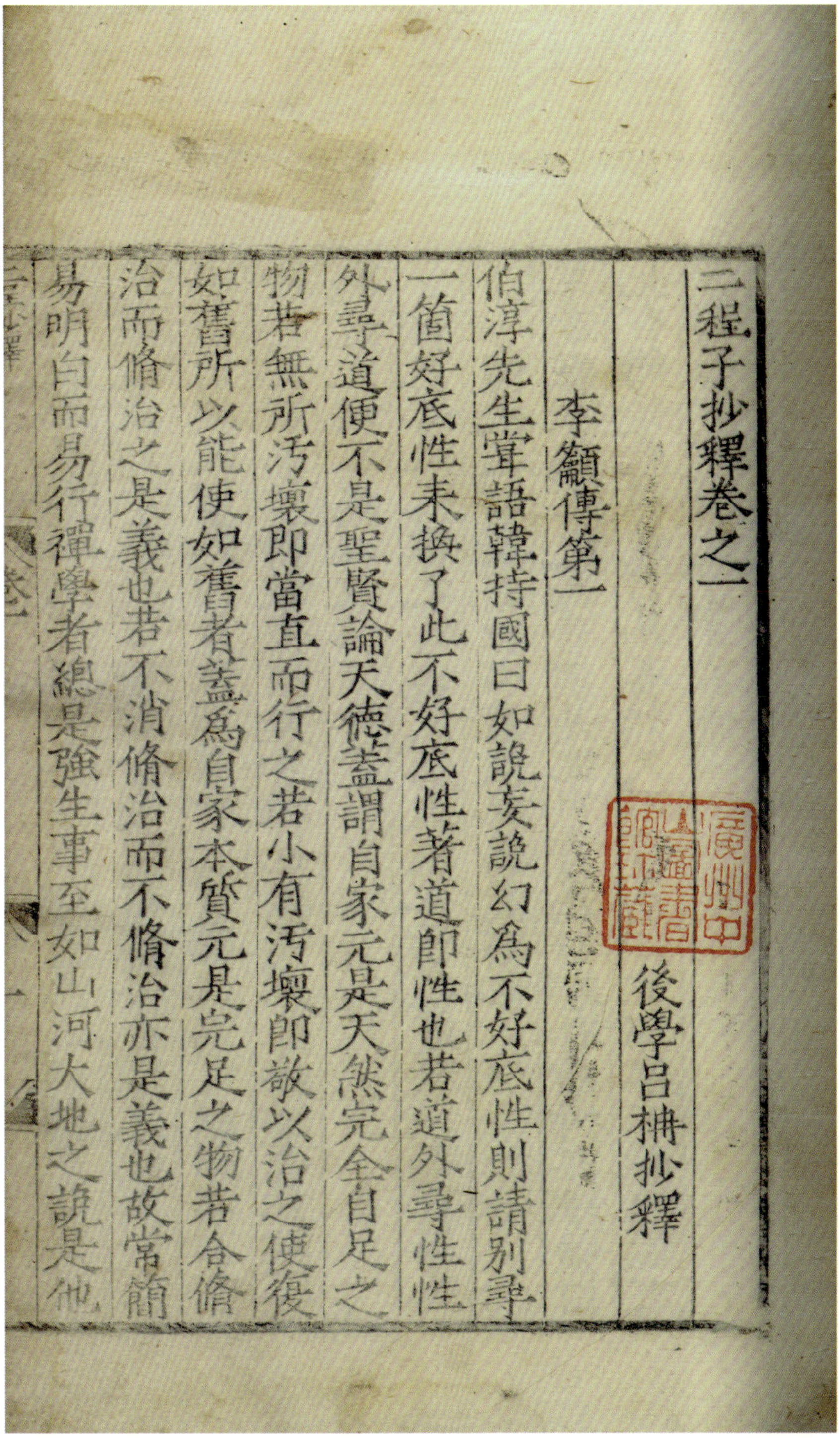
二程子抄釋卷之一
李籲傳第一
後學呂柟抄釋
伯淳先生嘗語韓持國曰如說妄說幻爲不好底性則請別尋
一箇好底性來換了此不好底性着道卽性也若道外尋性性
外尋道便不是聖賢論天德蓋謂自家元是天然完全自足之
物若無所汚壞卽當直而行之若小有汚壞卽敬以治之使復
如舊所以能使如舊者蓋爲自家本質元是完足之物若合脩
治而脩治之是義也若不消脩治而不脩治亦是義也故常簡
易明白而易行禪學者總是强生事至如山河大地之說是他

二程子抄釋十卷　（明）吕柟撰　明嘉靖二十七年（1548）周璞刻藍印本（有抄配）六册

匡高 20.5 厘米，廣 14.4 厘米。半葉十行，行二十四字，白口，四周單邊。廣東省立中山圖書館藏。第一批國家名録號 01737。

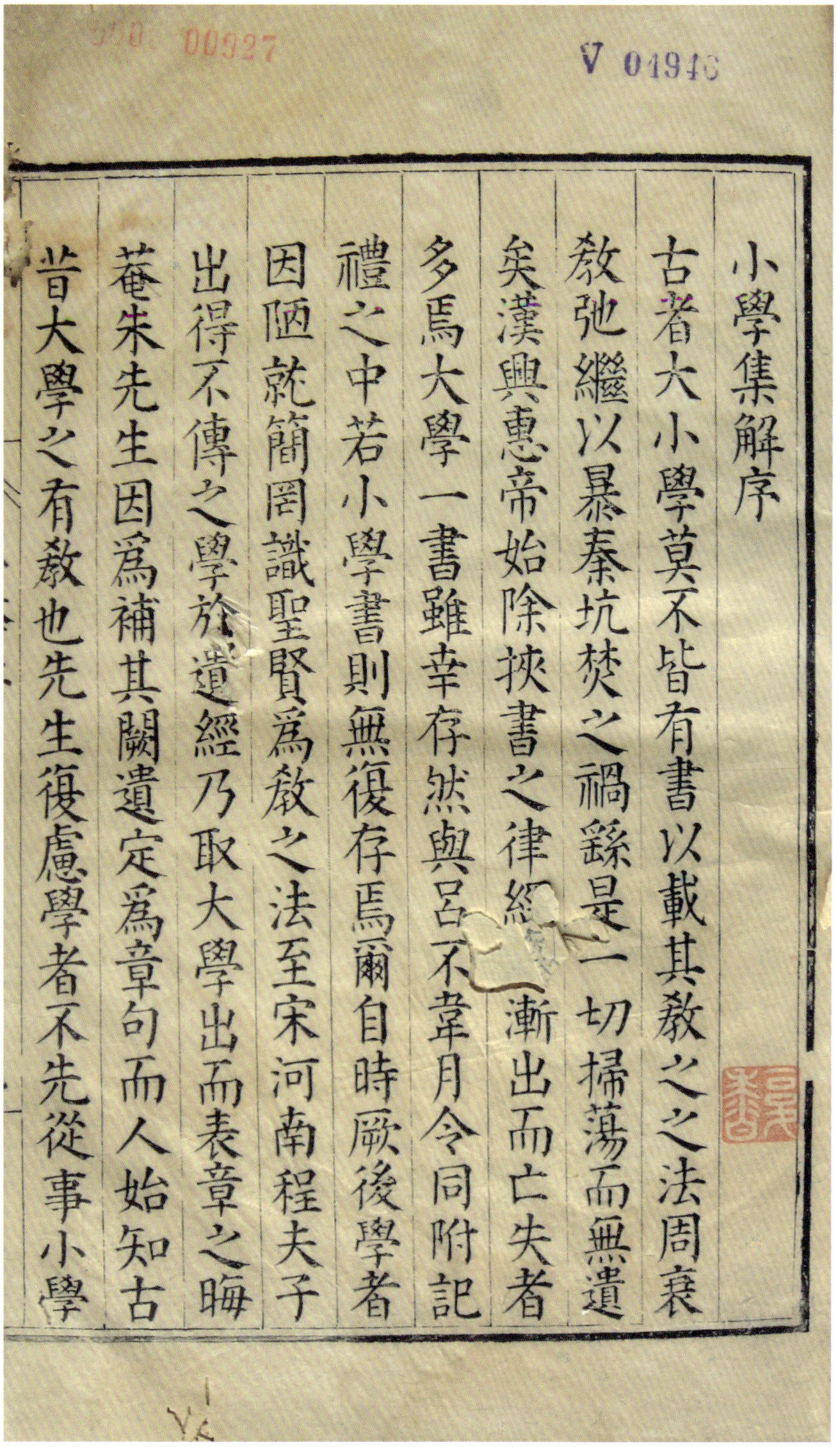
小學集解序
古者大小學莫不皆有書以載其敎之之法周衰
敎弛繼以暴秦坑焚之禍繇是一切掃蕩而無遺
矣漢興惠帝始除挾書之律經[illegible]漸出而亡失者
多焉大學一書雖幸存然與呂不韋月令同附記
禮之中若小學書則無復存焉爾自時厥後學者
因陋就簡罔識聖賢爲敎之法至宋河南程夫子
出得不傳之學於遺經乃取大學出而表章之晦
菴朱先生因爲補其闕遺定爲章句而人始知古
昔大學之有敎也先生復慮學者不先從事小學

小學句讀十卷　（宋）朱熹撰　（明）吴訥集解　（明）陳選增注　（明）王雲鳳輯

明刻本　六册

匡高 20.8 厘米，廣 14 厘米。半葉十行，行二十字，小字雙行同，白口，四周雙邊。有“馥”印，佚名批校。中山大學圖書館藏。第三批國家名録號 08260。

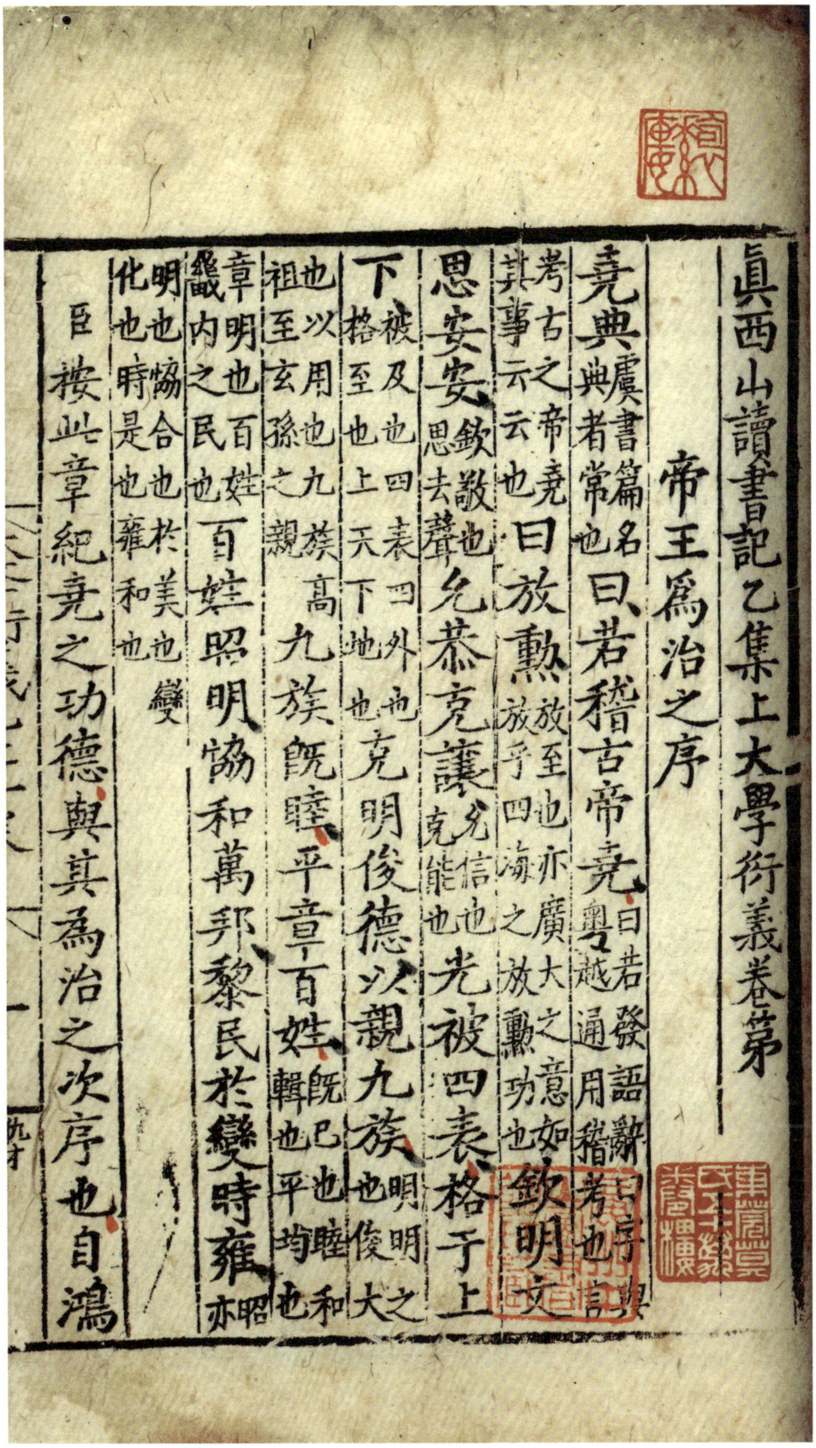
眞西山讀書記乙集上大學衍義卷第
帝王爲治之序
堯典虞書篇名典者常也曰若稽古帝堯曰若發語辭越通用稽考也
考古之帝堯云云也曰放勳放至也亦廣大之意如放勳功也欽明文
思安安欽敬也思去聲允恭克讓允信也克能也光被四表格于上
下被及也四表四外也格至也上天下地也克明俊德以親九族明明之也俊大
也以用也九族高祖至玄孫之親九族既睦平章百姓既已也睦和也平均也
章明也百姓畿內之民也百姓昭明協和萬邦黎民於變時雍昭亦
明也協合也於美也變化也時是也雍和也
臣按此章紀堯之功德與其爲治之次序也自鴻

真西山讀書記乙集上大學衍義四十三卷　（宋）真德秀撰　明刻本　十六册

匡高 21.3 厘米，廣 14.9 厘米。半葉九至十行，行十七至二十字，白口，四周單邊。有“東莞莫氏五十萬卷樓”“抱素樓”等印。廣東省立中山圖書館藏。第三批國家名録號 08271。

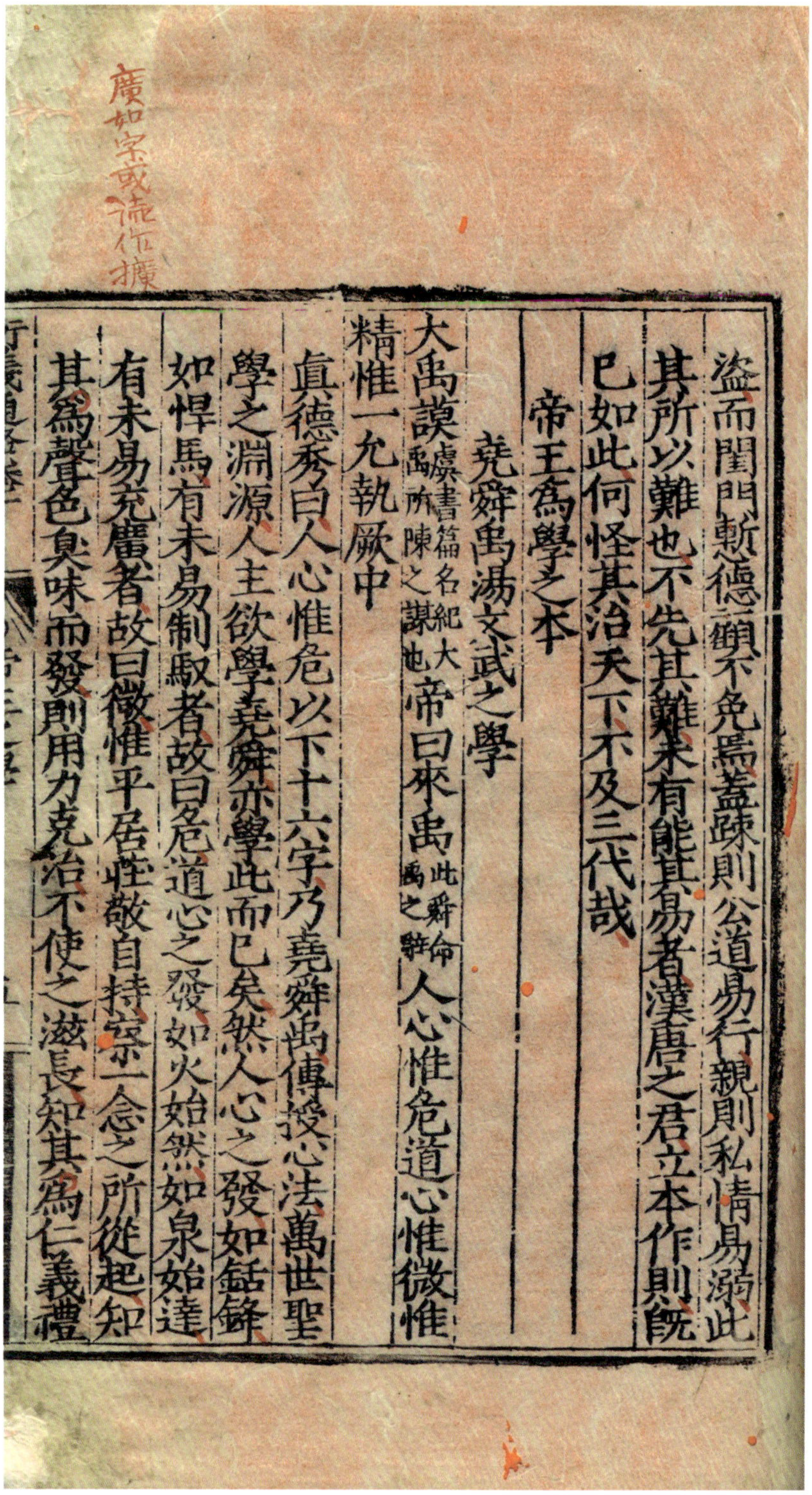

盜而閨門慙德二顏不免焉蓋疏則公道易行親則私情易溺此其所以難也不先其難未有能其易者漢唐之君立本作則既已如此何怪其治天下不及三代哉

帝王爲學之本

堯舜禹湯文武之學

大禹謨 虞書篇名紀大禹所陳之謀也 帝曰來禹 此舜命禹之辭 人心惟危道心惟微惟精惟一允執厥中

眞德秀曰人心惟危以下十六字乃堯舜禹傳授心法萬世聖學之淵源人主欲學堯舜亦學此而已矣然人心之發如鋸鋒如悍馬有未易制馭者故曰危道心之發如火始然如泉始達有未易充廣者故曰微惟平居莊敬自持察一念之所從起知其爲聲色臭味而發則用力克治不使之滋長知其爲仁義禮

大學衍義通略三十卷　（明）王諍輯　明嘉靖四十三年（1564）刻本　十二册

匡高 19.7 厘米，廣 14.5 厘米。半葉十二行，行二十五字，小字雙行同，黑口，四周雙邊。

江門市新會區景堂圖書館藏。第三批國家名録號 08294。

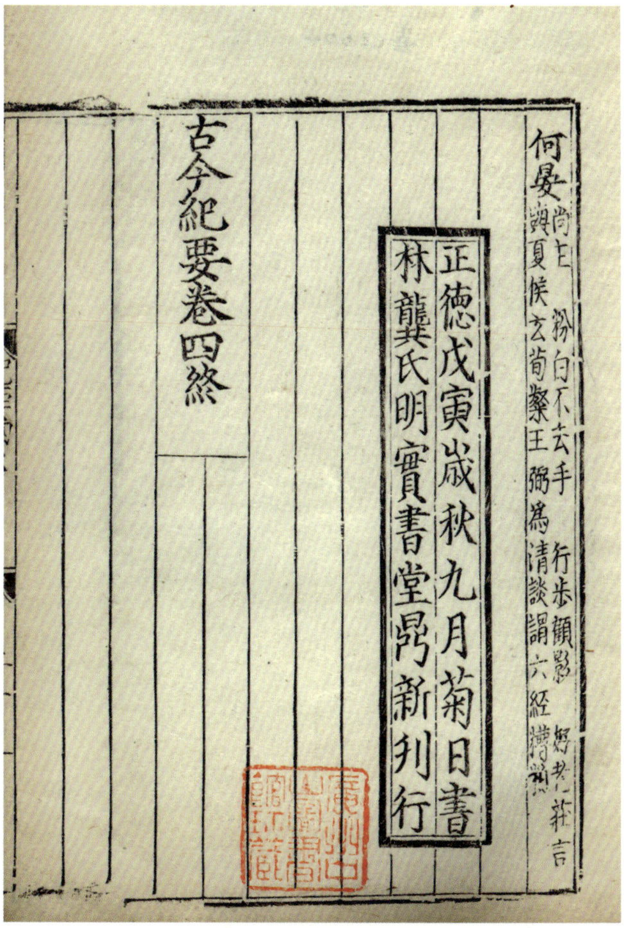
何晏尚主

正德戊寅歲秋九月菊日書
林龔氏明實書堂昂新刊行

古今紀要卷四終

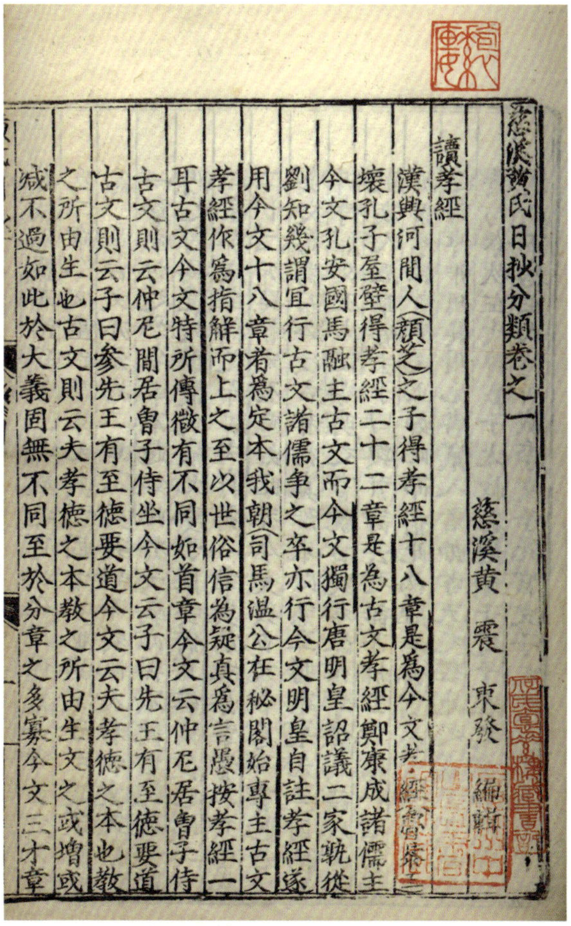
慈溪黄氏日抄分類卷之一

慈溪黄 震 東發

讀孝經

漢興河間人顔芝之子得孝經十八章是爲今文
壞孔子屋壁得孝經二十二章是爲古文孝經鄭康成諸儒主
今文孔安國馬融主古文而今文獨行唐明皇詔議二家孰從
劉知幾謂宜行古文諸儒爭之卒亦行今文明皇自註孝經遂
用今文十八章者爲定本我朝司馬温公在秘閣始專主古文
孝經作爲指解而上之至以世俗信爲疑真爲言愚按孝經一
耳古文今文特所傳微有不同如首章今文云仲尼居曾子侍
古文則云仲尼閒居曾子侍坐今文云子曰先王有至德要道
古文則云子曰參先王有至德要道今文云夫孝德之本也教
之所由生也古文則云夫孝德之本教之所由生文之或增或
減不過如此於大義固無不同至於分章之多寡今文三才章

慈溪黄氏日抄分類九十七卷古今紀要十九卷　（宋）黄震撰　明正德十四年（1519）書林龔氏明實堂刻本（有抄配）　四十册

匡高19.2厘米，廣13厘米。慈溪黄氏日抄分類半葉十四行，行二十六字，小字雙行二十五字，古今紀要半葉十二行，行二十二字，小字雙行二十字，黑口，四周雙邊。有“正德戊寅歲秋九月菊日書林龔氏明實書堂鼎新刊行”牌記。有“東莞莫氏五十萬卷樓”“何氏抱素樓藏書記”等印。廣東省立中山圖書館藏。第二批國家名録號04450。

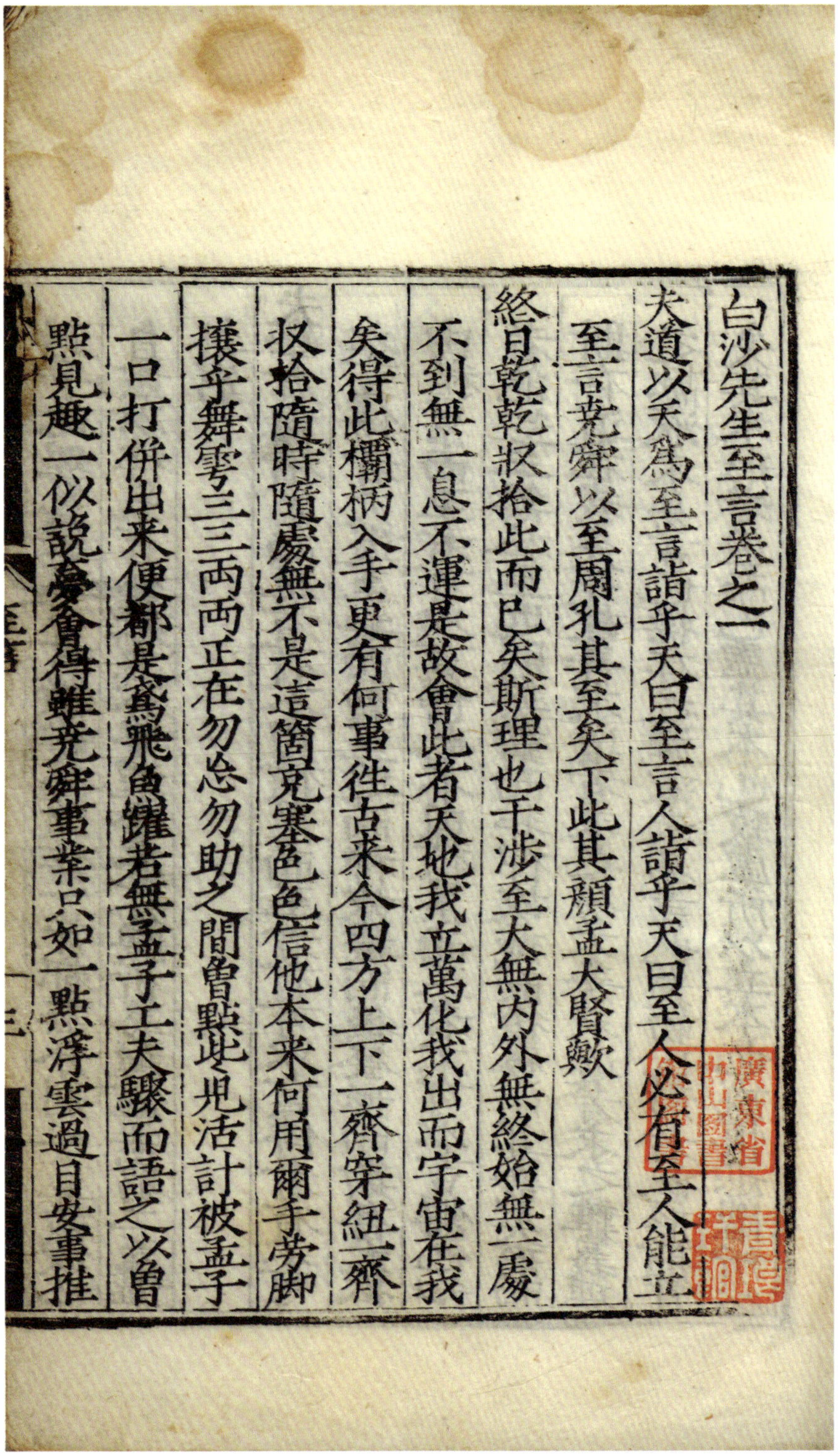
白沙先生至言卷之一
夫道以天爲至言詣乎天曰至言人詣乎天曰至人必有至人能立
至言堯舜以至周孔其至矣下此其顔孟大賢歟
終日乾乾収拾此而已矣斯理也干涉至大無内外無終始無一處
不到無一息不運是故會此者天地我立萬化我出而宇宙在我
矣得此欛柄入手更有何事往古来今四方上下一齊穿紐一齊
収拾隨時隨處無不是這箇充塞色色信他本来何用爾手勞脚
攘乎舞雩三三兩兩正在勿忘勿助之間曾點些兒活計被孟子
一口打併出来便都是鳶飛魚躍若無孟子工夫驟而語之以曾
點見趣一似說夢會得雖堯舜事業只如一點浮雲過目安事推

白沙先生至言十卷　（明）陳獻章撰　明嘉靖二十六年（1547）刻本　一册

匡高 20.4 厘米，廣 15.1 厘米。半葉十行，行二十六字，黑口，四周雙邊。有“青琅玕館”等印。廣東省立中山圖書館藏。第三批國家名録號 08316。

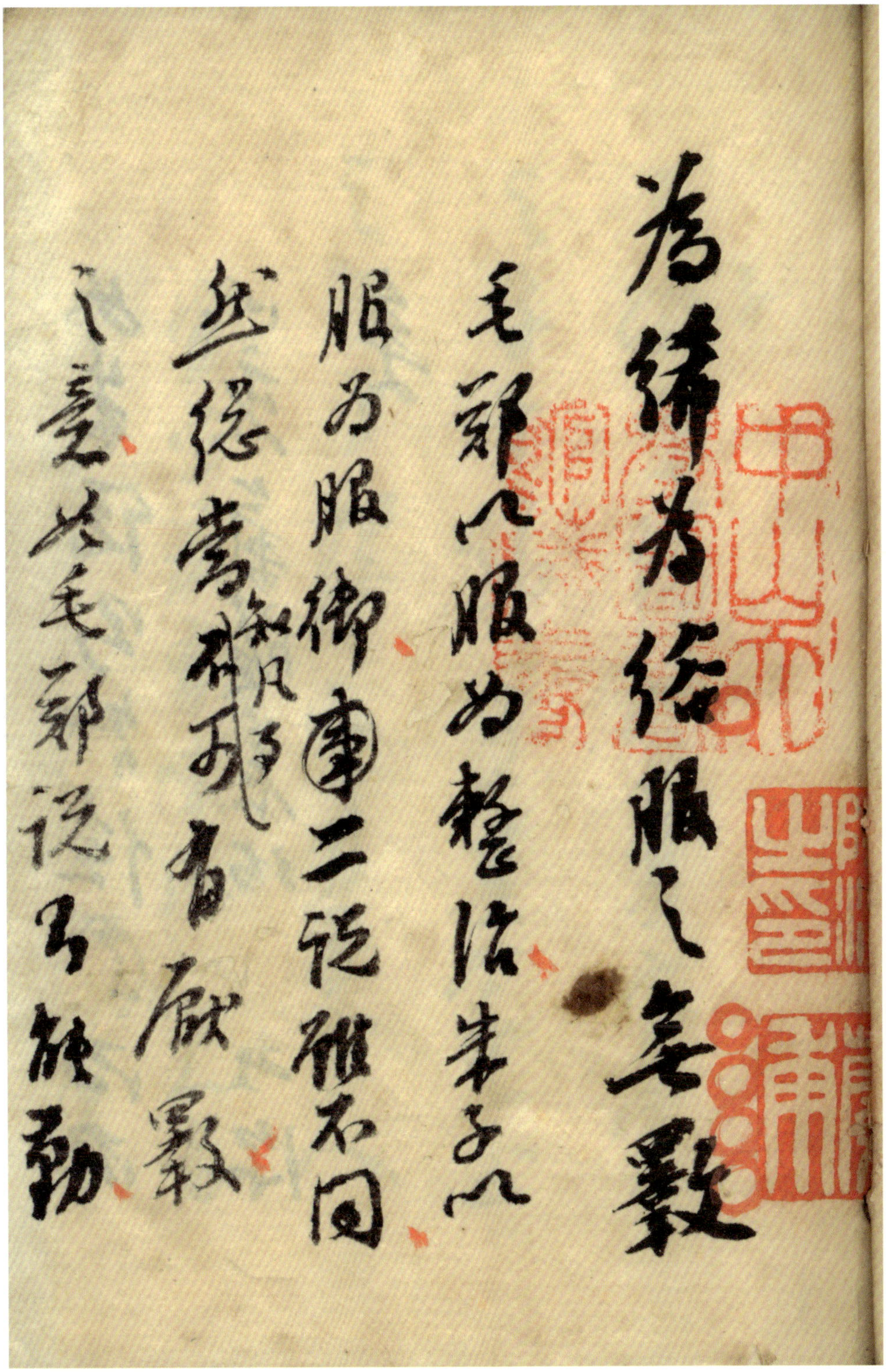

陳澧遺稿不分卷　（清）陳澧撰　稿本　四册

有“陳澧之印”“蘭甫”等印。中山大學圖書館藏。第二批國家名録號 04488。

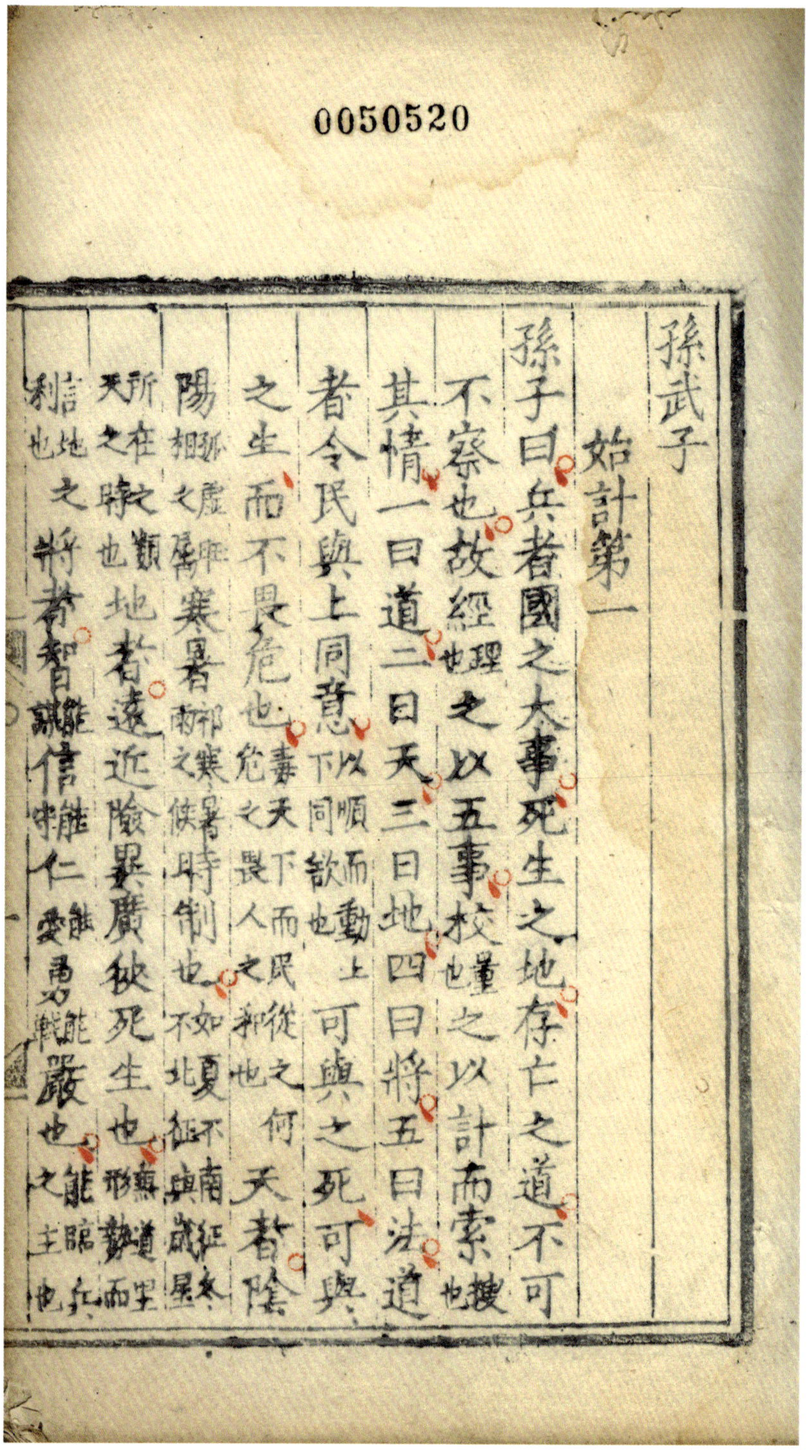

武經摘要六卷　（明）吴相輯　明嘉靖二十七年（1548）張玭刻藍印本　六册

匡高 19.6 厘米，廣 13.5 厘米。半葉十行，行十九字，小字雙行同，白口，四周雙邊。有“閩中徐惟起藏書印”等印。廣東省立中山圖書館藏。第一批國家名録號 01763。

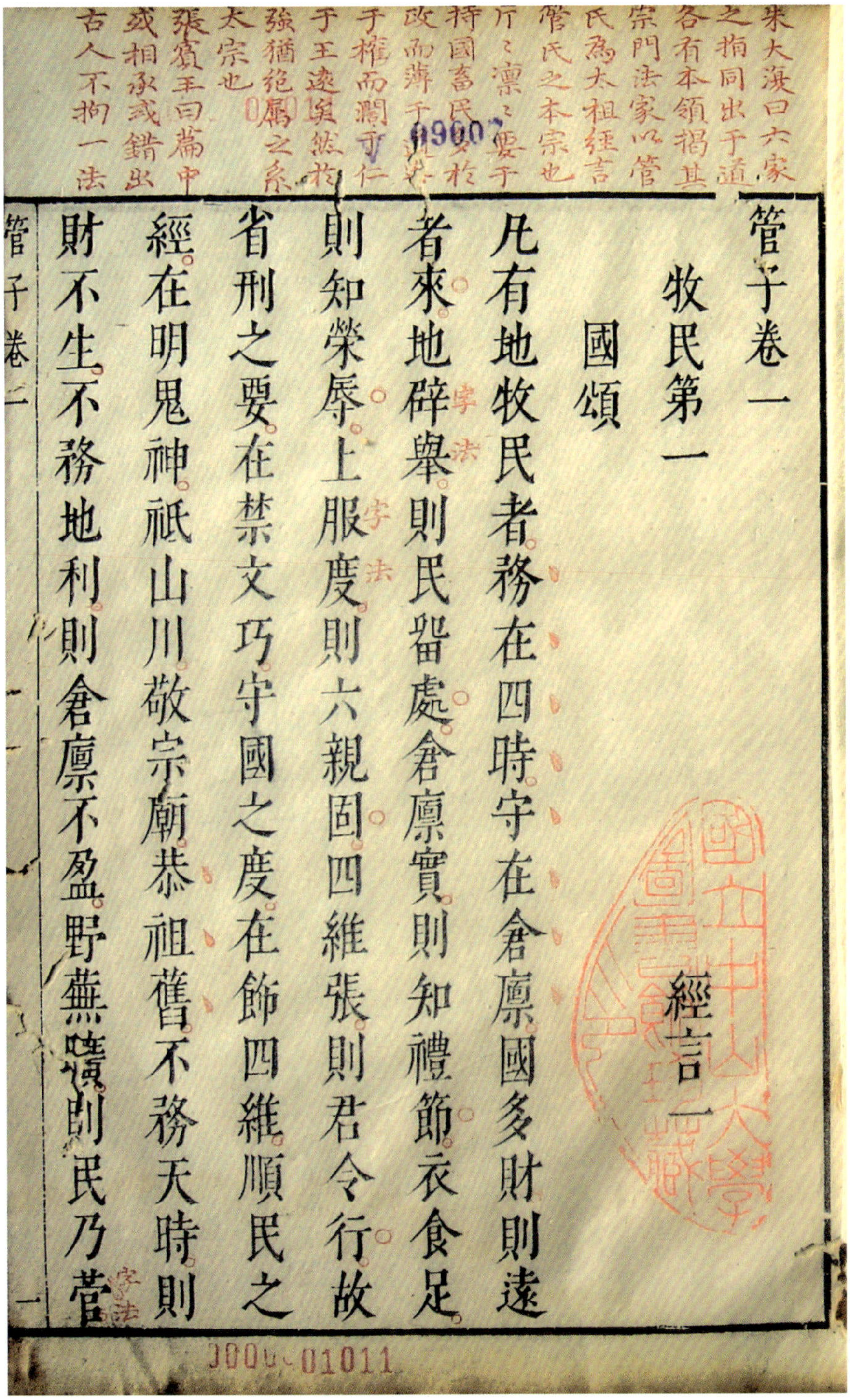
管子卷一
牧民第一　　經言一
國頌
凡有地牧民者務在四時守在倉廩國多財則遠
者來地辟舉則民畱處倉廩實則知禮節衣食足
則知榮辱上服度則六親固四維張則君令行故
省刑之要在禁文巧守國之度在飾四維順民之
經在明鬼神祇山川敬宗廟恭祖舊不務天時則
財不生不務地利則倉廩不盈野蕪曠則民乃菅
管子卷一　　一

管子二十四卷　（明）趙用賢　朱長春等評　明萬曆四十八年（1620）凌汝亨刻朱墨套印本　十六册

匡高 20.7 厘米，廣 14.6 厘米。半葉九行，行十九字，白口，四周單邊。中山大學圖書館藏。

第一批國家名録號 01775。

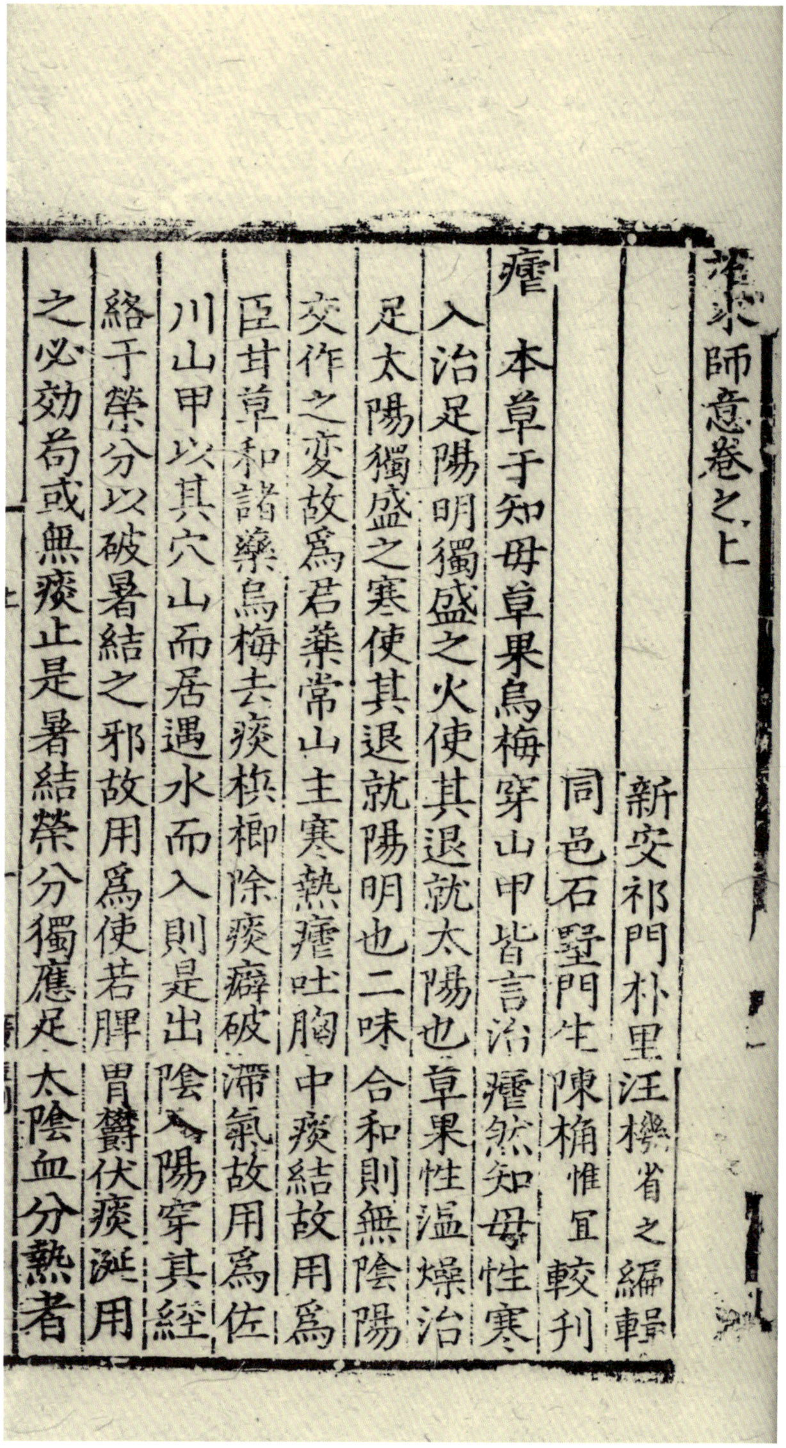

推求師意卷之上

新安祁門朴里汪機省之編輯

同邑石墅門生陳桷惟宜校刊

瘧　本草于知母草果烏梅穿山甲皆言治瘧然知母性寒入治足陽明獨盛之火使其退就太陽也草果性溫燥治足太陽獨盛之寒使其退就陽明也二味合和則無陰陽交作之變故爲君藥常山主寒熱瘧吐胷中痰結故用爲臣甘草和諸藥烏梅去痰檳榔除痰癖破滯氣故用爲佐川山甲以其穴山而居遇水而入則是出陰入陽穿其經絡于榮分以破暑結之邪故用爲使若脾胃鬱伏痰涎用之必効苟或無痰止是暑結榮分獨應足太陰血分熱者

汪石山醫書八種三十卷　（明）汪機撰　明嘉靖刻崇禎祁門樸墅增刻匯印本　二十九册

匡高 19.1 厘米，廣 12.9 厘米。半葉十一行，行二十三字，白口或黑口，四周單邊。廣州中醫藥大學圖書館藏，存二十九卷（第一種卷下至第八種）。第二批國家名録號 04522。

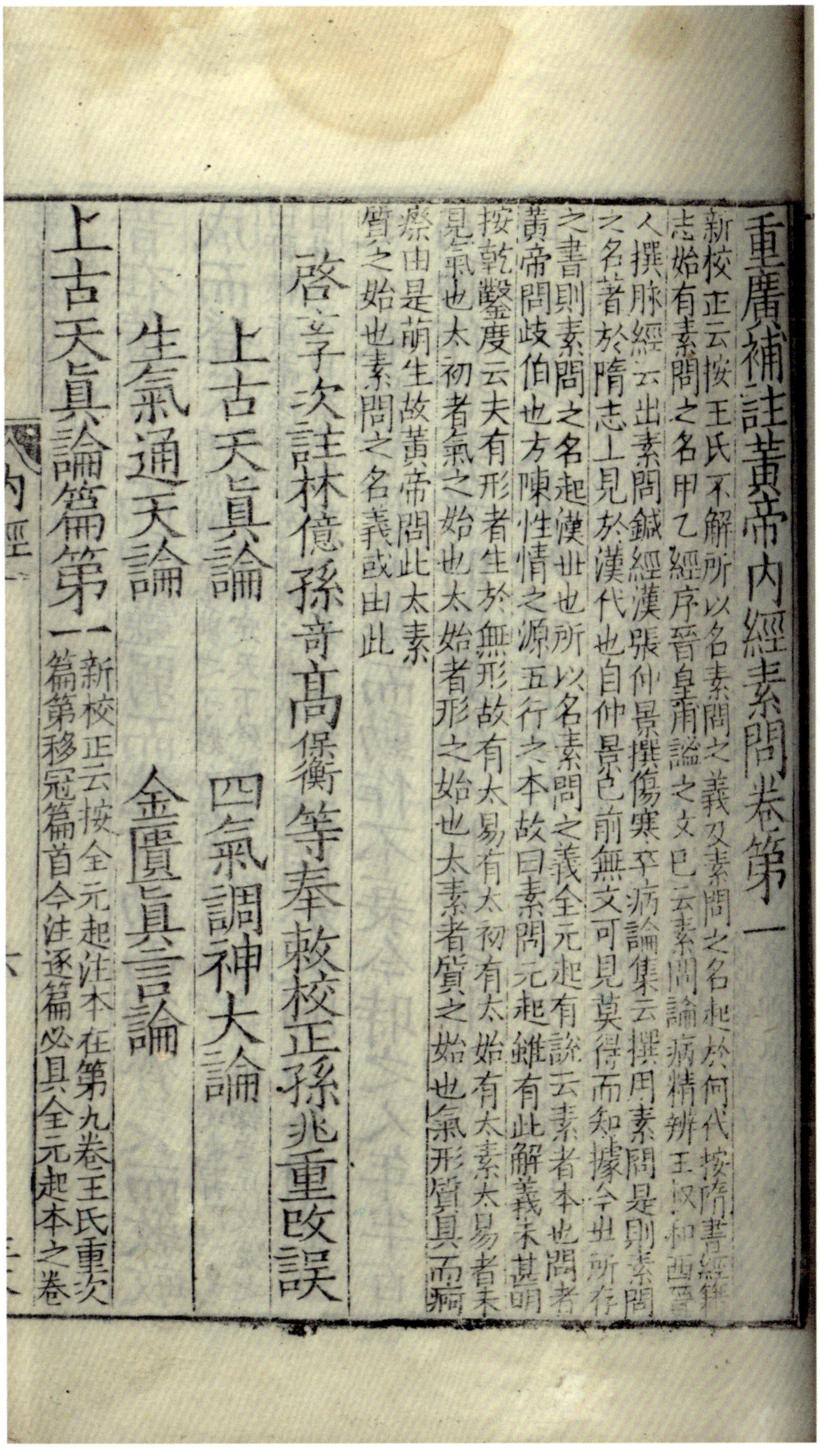

重廣補註黃帝内經素問卷第一
新校正云按王氏不解所以名素問之義及素問之名起於何代按隋書經籍志始有素問之名甲乙經序晉皇甫謐之文已云素問論病精辨王叔和西晉人撰脉經云出素問鍼經漢張仲景撰傷寒卒病論集云撰用素問是則素問之名著於隋志上見於漢代也自仲景已前無文可見莫得而知據今世所存之書則素問之名起漢世也所以名素問之義全元起有說云素者本也問者黃帝問岐伯也方陳性情之源五行之本故曰素問元起雖有此解義未甚明按乾鑿度云夫有形者生於無形故有太易有太初有太始有太素太易者未見氣也太初者氣之始也太始者形之始也太素者質之始也氣形質具而痾瘵由是萌生故黃帝問此太素質之始也素問之名義或由此
啓玄子次註林億孫奇高保衡等奉勑校正孫兆重改誤
上古天眞論　四氣調神大論
生氣通天論　金匱眞言論
上古天眞論篇第一 新校正云按全元起注本在第九卷王氏重次篇第移冠篇首今注逐篇必具全元起本之卷

重廣補註黃帝内經素問二十四卷　（唐）王冰注　（宋）林億等校正　（宋）孫兆改誤　明嘉靖二十九年（1550）顧從德影宋刻本　四册

匡高 21.9 厘米，廣 15.6 厘米。半葉十行，行二十字，小字雙行三十字，白口，左右雙邊。

中山大學圖書館藏。第二批國家名録號 04532。

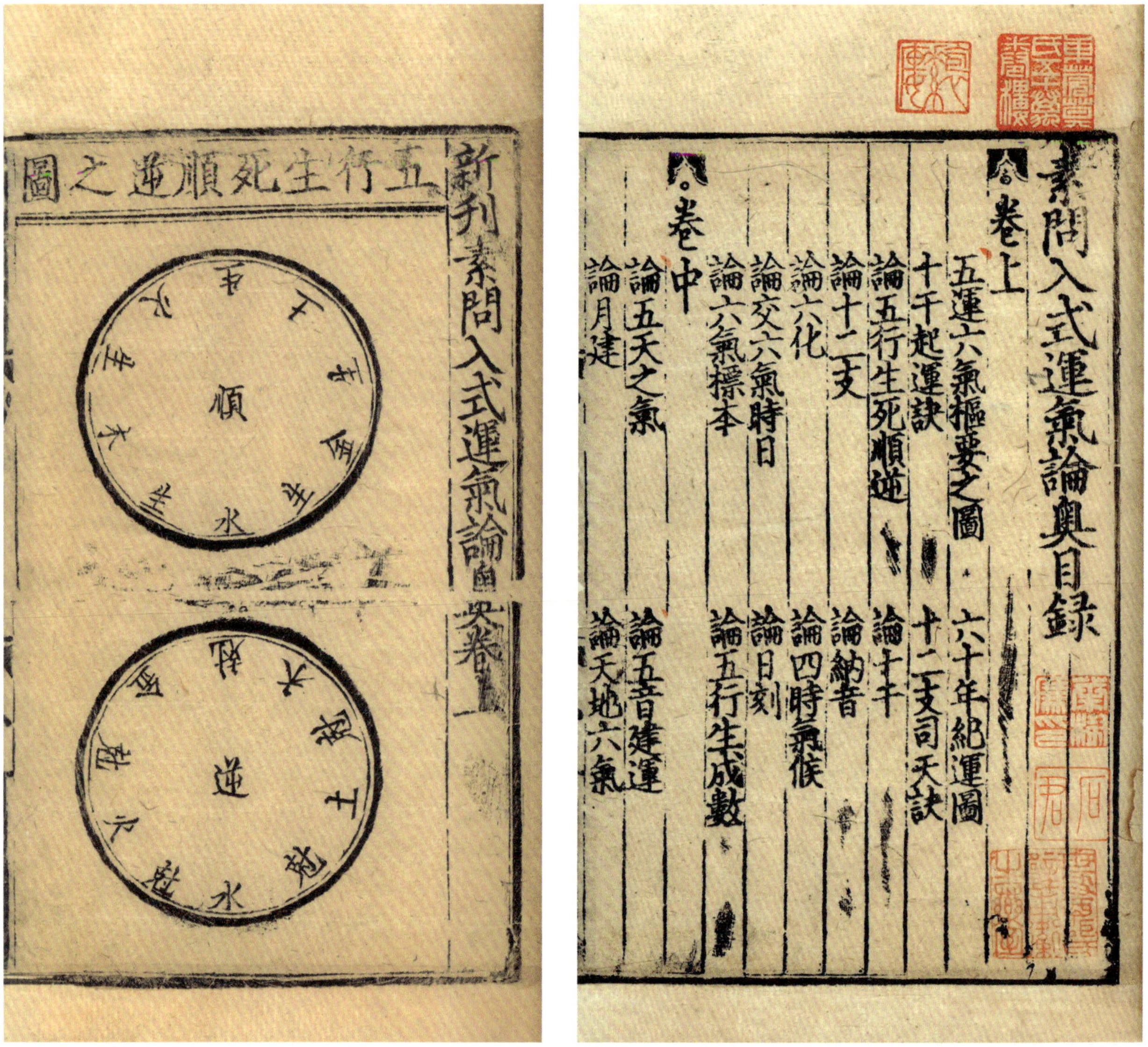

新刊素問入式運氣論奥卷上

五行生死順逆之圖

順

逆

素問入式運氣論奥目録

卷上

五運六氣樞要之圖　六十年紀運圖

十干起運訣　十二支司天訣

論五行生死順逆　論十干

論十二支　論納音

論六化　論四時氣候

論交六氣時日　論日刻

論六氣標本　論五行生成數

卷中

論五天之氣　論五音建運

論月建　論天地六氣

新刊素問入式運氣論奥三卷　（宋）劉温舒撰　**黄帝内經素問遺篇一卷**　元後至元五年（1339）胡氏古林書堂刻本　二册

匡高 20.1 厘米，廣 12.4 厘米。半葉十三至十四行不等，行二十二至二十四字不等，黑口，四周雙邊。有“葉樹廉印”“東莞莫氏五十萬卷樓”等印。廣東省立中山圖書館藏。第一批國家名録號 00631。

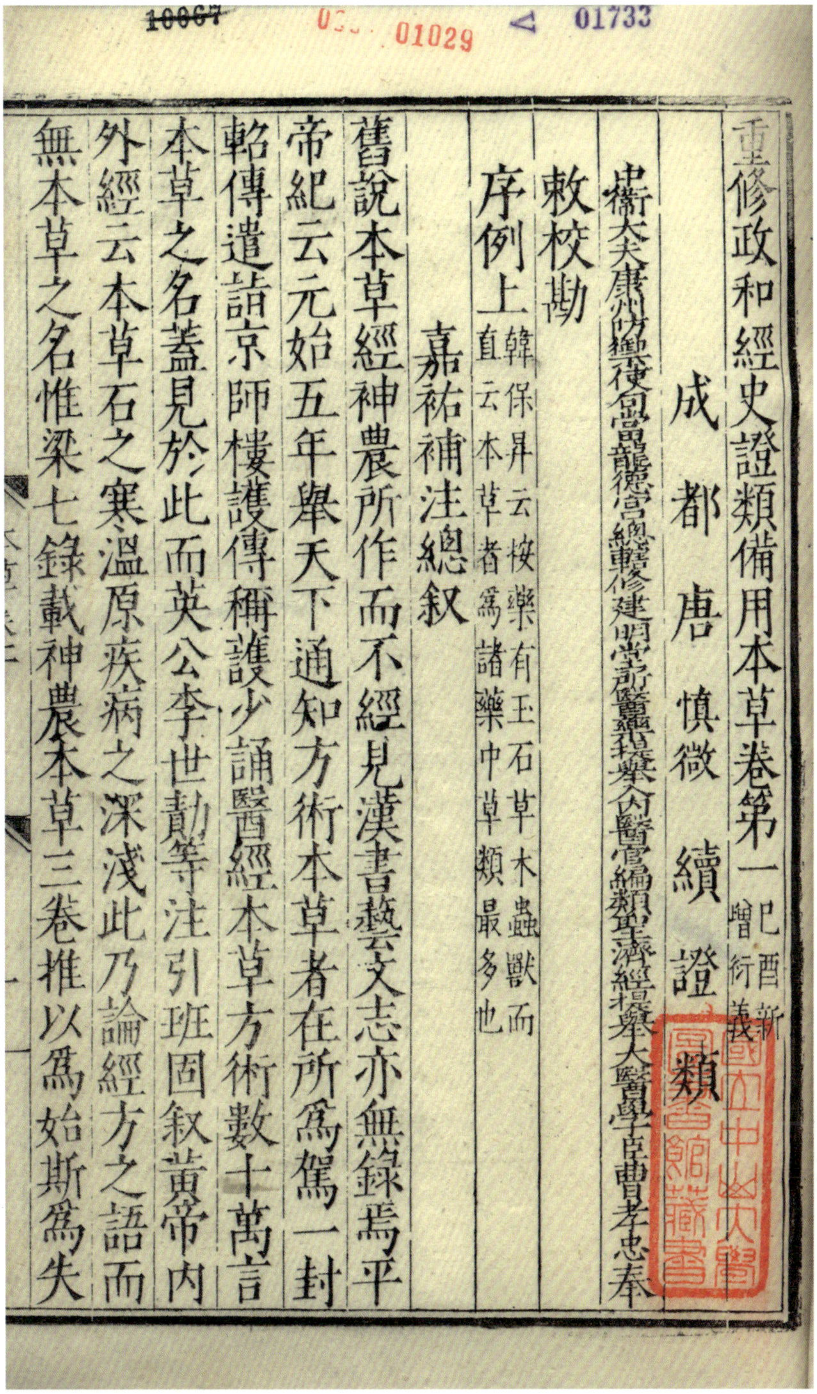
重修政和經史證類備用本草卷第一 己酉新增衍義
成都唐慎微續證類
中衛大夫康州防禦使句當龍德宮總轄修建明堂所醫藥提舉入內醫官編類聖濟經提舉太醫學臣曹孝忠奉
敕校勘
序例上 韓保昇云按藥有玉石草木蟲獸而直云本草者爲諸藥中草類最多也
嘉祐補注總叙
舊說本草經神農所作而不經見漢書藝文志亦無錄焉平
帝紀云元始五年舉天下通知方術本草者在所爲駕一封
軺傳遣詣京師樓護傳稱護少誦醫經本草方術數十萬言
本草之名蓋見於此而英公李世勣等注引班固叙黃帝內
外經云本草石之寒溫原疾病之深淺此乃論經方之語而
無本草之名惟梁七錄載神農本草三卷推以爲始斯爲失

重修政和經史證類備用本草三十卷 （宋）唐慎微撰 （宋）寇宗奭衍義 明隆慶三年（1569）刻本 六十册

匡高 26.3 厘米，廣 17.1 厘米。半葉十二行，行二十三字，小字雙行同，白口，四周雙邊。有“隆慶三年歲次己巳秋八月吉旦重刊”署記。有“豐華堂書庫寶藏印”。中山大學圖書館藏。第二批國家名録號 04559。

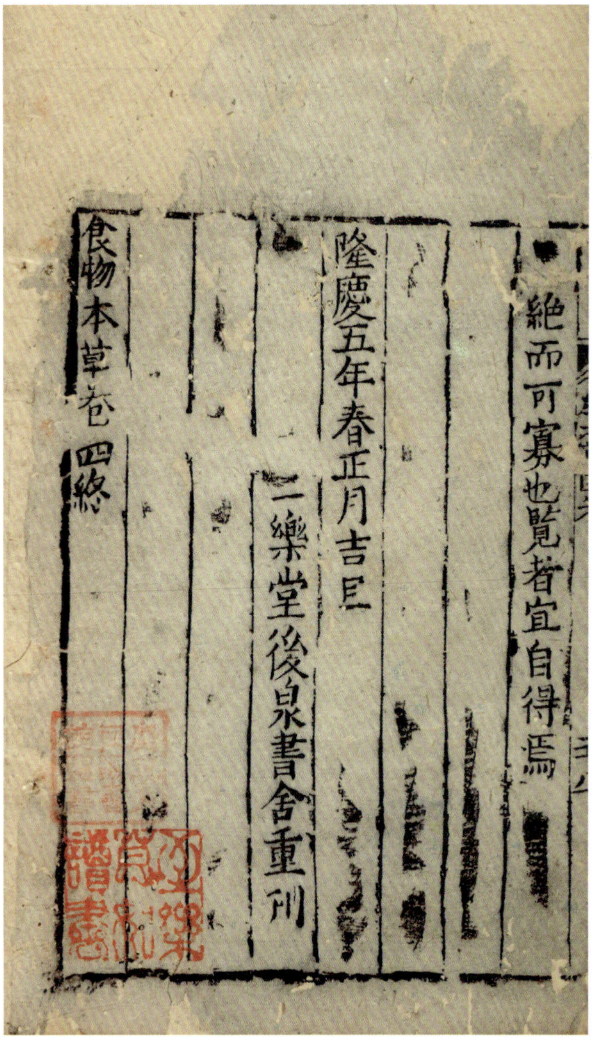
絶而可寡也覧者宜自得焉
隆慶五年春正月吉旦
一樂堂後泉書舍重刊
食物本草卷四終

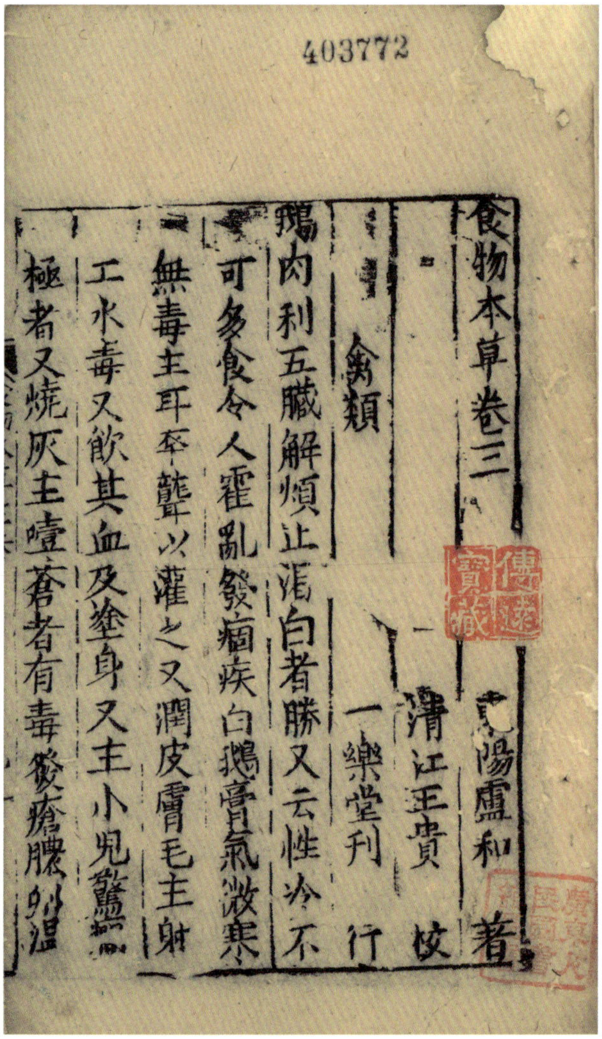

食物本草卷三
[illegible]陽盧和　著
清江汪貴　校
一樂堂刊　行
禽類
鵝肉利五臟解煩止渴白者勝又云性冷不
可多食令人霍亂發痼疾白鵝膏氣微寒
無毒主耳卒聾以灌之又潤皮膚毛主射
工水毒又飲其血及塗身又主小兒驚癇
極者又燒灰主噎蒼者有毒發瘡膿[illegible]温

食物本草四卷　（明）盧和撰　明隆慶五年（1571）一樂堂後泉書舍刻本　二册

匡高 17.4 厘米，廣 11.7 厘米。半葉八行，行十七字，白口，四周單邊。有“傳遠寶藏”“至樂莫如讀書”印。廣東省立中山圖書館藏。第二批國家名録號 04562。

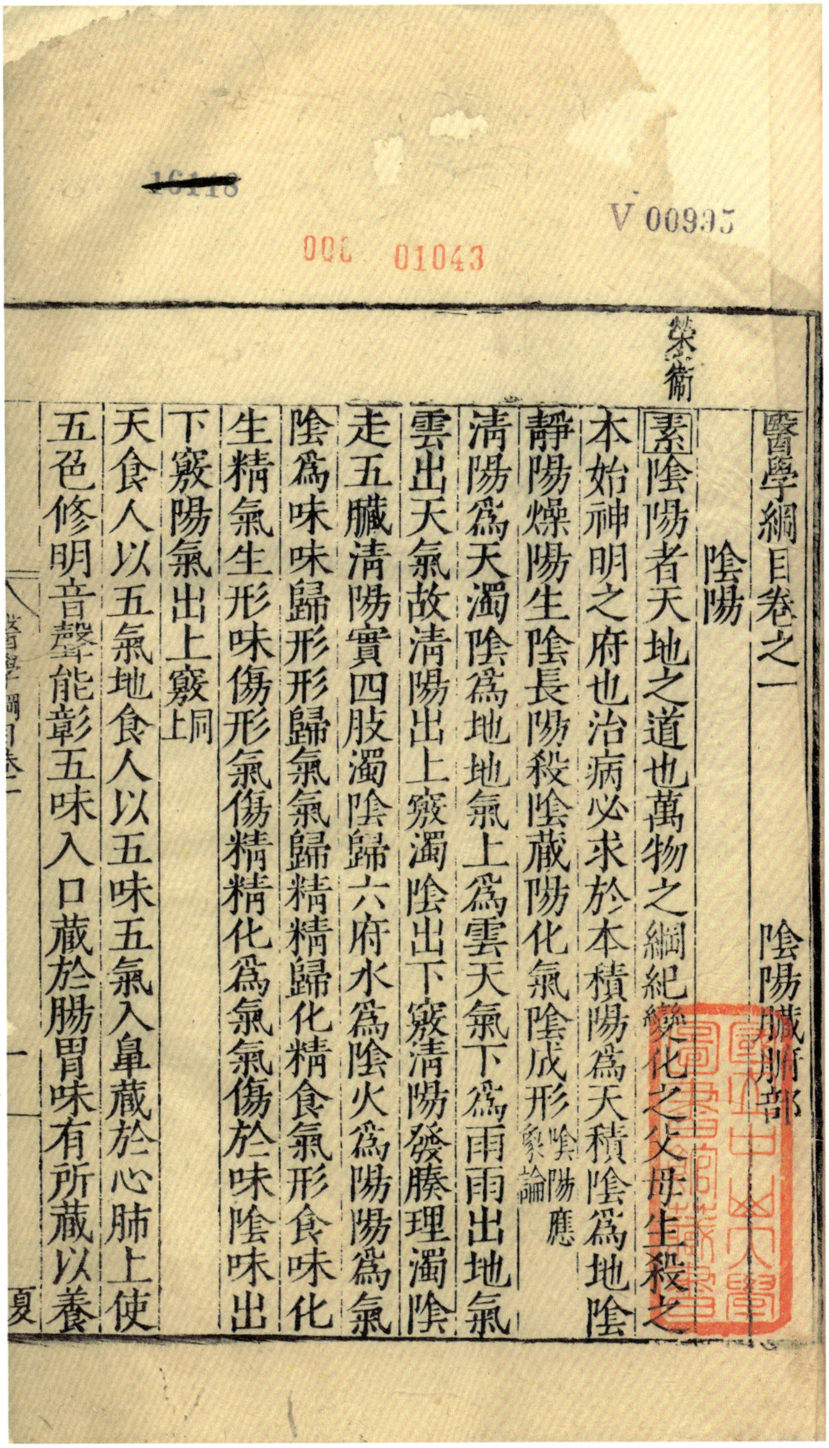
醫學綱目卷之一
陰陽　　陰陽臓腑部
素陰陽者天地之道也萬物之綱紀變化之父母生殺之
本始神明之府也治病必求於本積陽爲天積陰爲地陰
靜陽燥陽生陰長陽殺陰藏陽化氣陰成形陰陽應象論
清陽爲天濁陰爲地地氣上爲雲天氣下爲雨雨出地氣
雲出天氣故清陽出上竅濁陰出下竅清陽發腠理濁陰
走五臟清陽實四肢濁陰歸六府水爲陰火爲陽陽爲氣
陰爲味味歸形形歸氣氣歸精精歸化精食氣形食味化
生精氣生形味傷形氣傷精精化爲氣氣傷於味陰味出
下竅陽氣出上竅上同
天食人以五氣地食人以五味五氣入鼻藏於心肺上使
五色修明音聲能彰五味入口藏於腸胃味有所藏以養

醫學綱目四十卷　（明）樓英撰　**運氣占候補遺一卷**　明嘉靖四十四年（1565）曹灼刻本（有抄配）　四十册

匡高 19.2 厘米，廣 15.1 厘米。半葉十三行，行二十二字，小字雙行同，白口，左右雙邊。

中山大學圖書館藏。第二批國家名録號 04593。

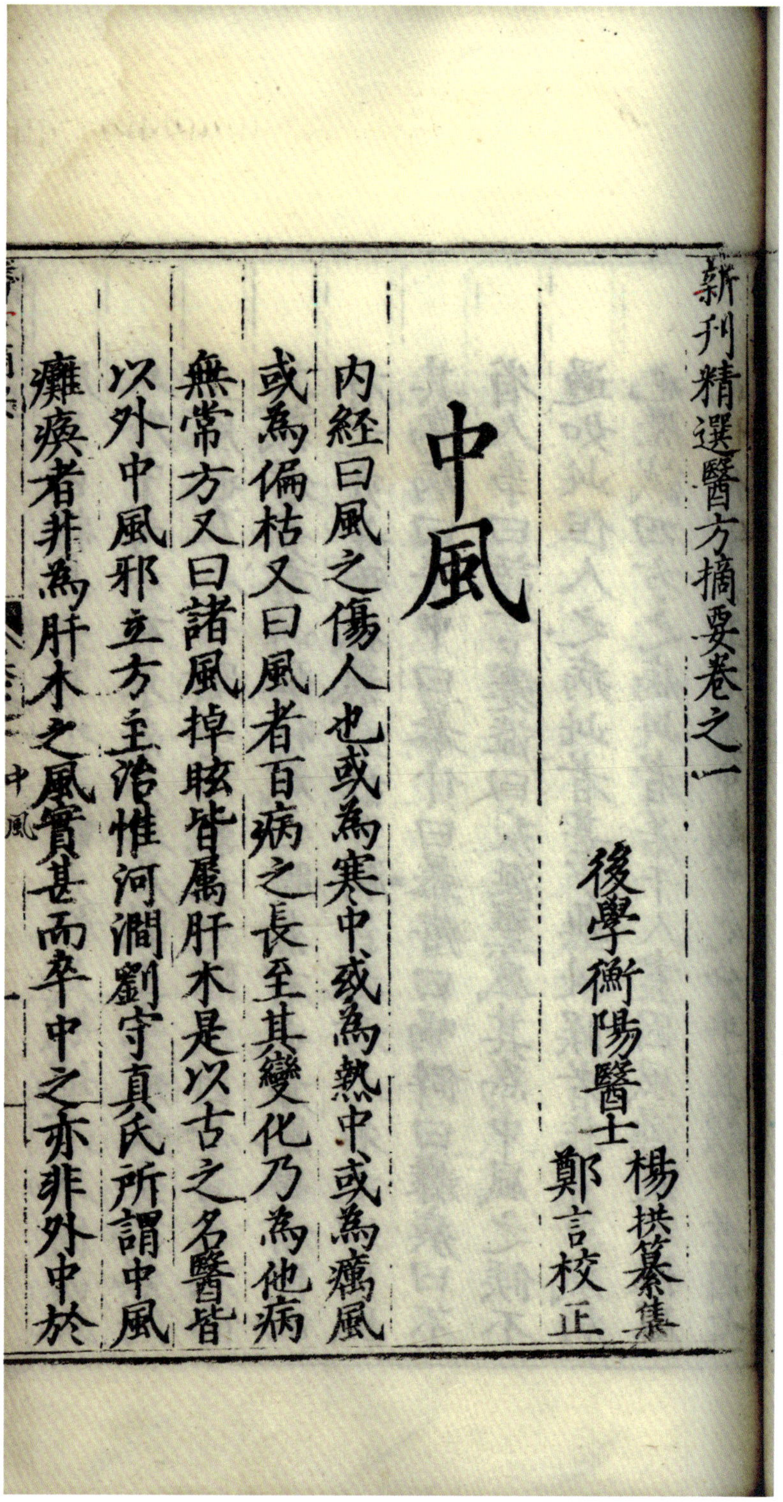
新刊精選醫方摘要卷之一
後學衡陽醫士　楊拱纂集
鄭言校正
中風
内經曰風之傷人也或為寒中或為熱中或為癘風
或為偏枯又曰風者百病之長至其變化乃為他病
無常方又曰諸風掉眩皆屬肝木是以古之名醫皆
以外中風邪立方主治惟河澗劉守真氏所謂中風
癱瘓者非為肝木之風實甚而卒中之亦非外中於

新刊精選醫方摘要十二卷　（明）楊拱撰　明隆慶六年（1572）陳燕野刻本　六册

匡高 22.2 厘米，廣 15.3 厘米。半葉十行，行字不等，白口，四周雙邊。廣東省立中山圖書館藏。第二批國家名録號 04617。

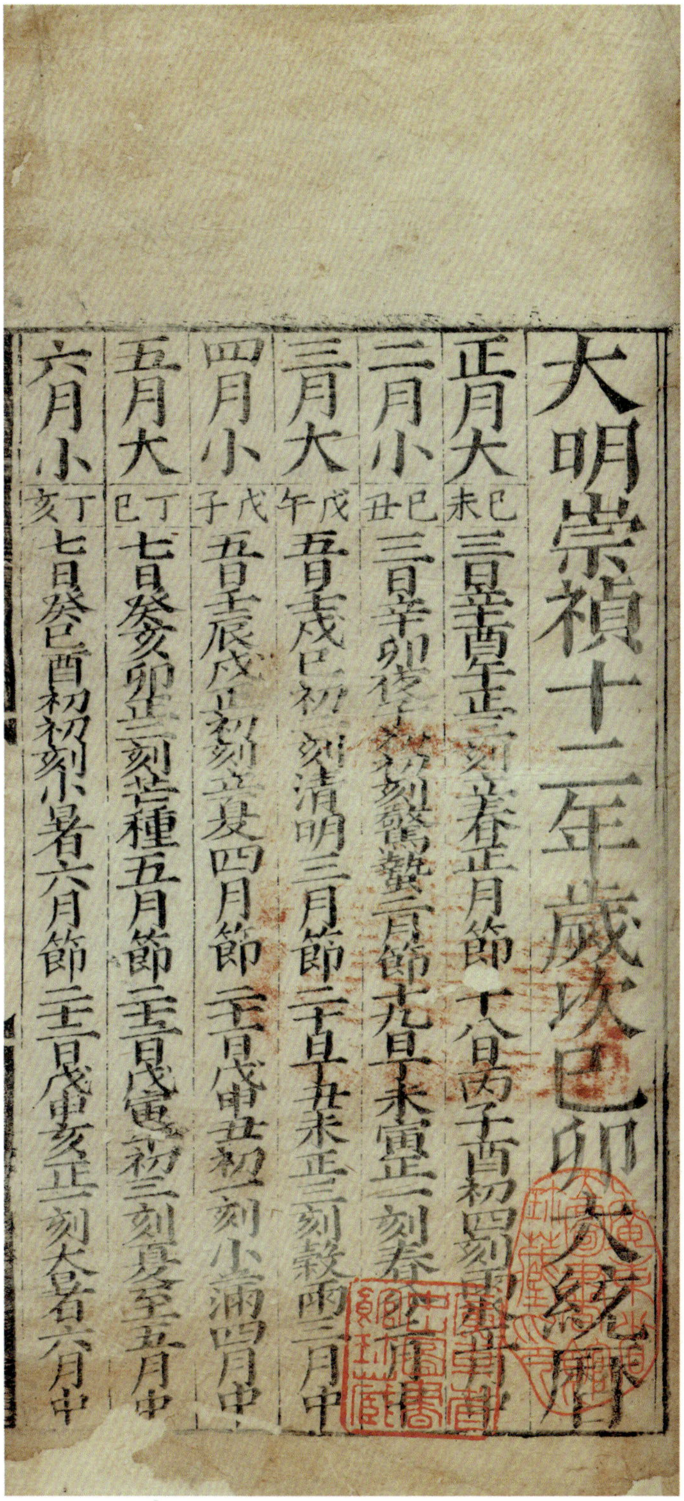
大明崇禎十二年歲次己卯大統曆
正月大 己未 三日辛酉亥正三刻立春正月節 十八日丙子酉初四刻雨水正月中
二月小 己丑 三日辛卯亥初初刻驚蟄二月節 十九日丁未寅正一刻春分二月中
三月大 戊午 五日壬戌巳初一刻清明三月節 二十日丁丑未正三刻穀雨三月中
四月小 戊子 五日壬辰戌正初刻立夏四月節 二十一日戊申丑初一刻小滿四月中
五月大 丁巳 七日癸亥卯正二刻芒種五月節 二十二日戊寅酉初三刻夏至五月中
六月小 丁亥 七日癸巳酉初初刻小暑六月節 二十二日戊申亥正一刻大暑六月中

大明崇禎十二年歲次己卯大統曆一卷 明崇禎十二年（1639）刻藍印本 一册

匡高 21.2 厘米，廣 12.5 厘米。半葉七至十七行，行字不等，藍口，左右雙邊。廣東省立中山圖書館藏。第一批國家名録號 01824。

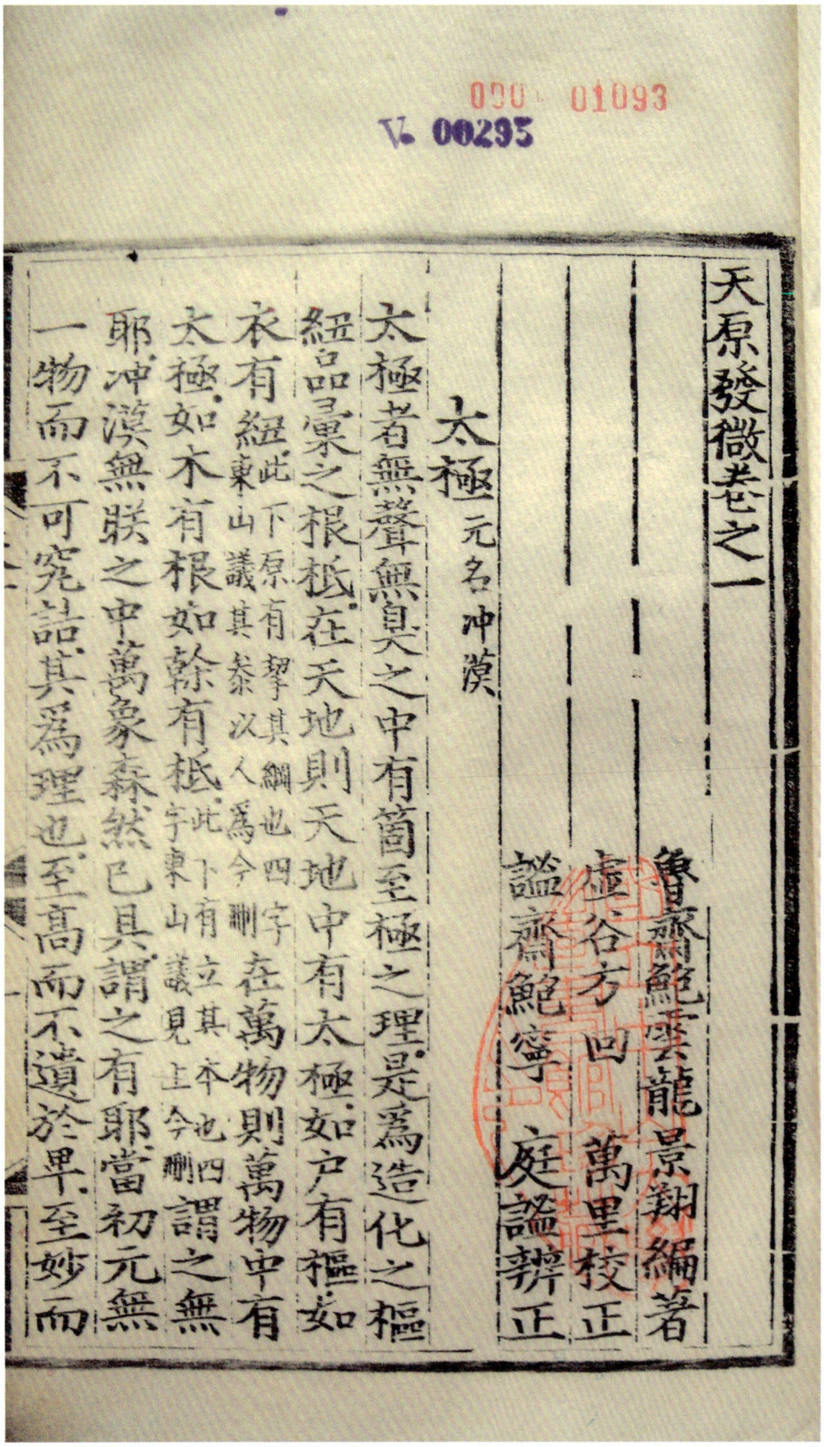
天原發微卷之一
魯齋鮑雲龍景翔編著
虛谷方回萬里校正
謐齋鮑寧庭謐辨正
太極 元名冲漠
太極者無聲無臭之中有箇至極之理是爲造化之樞
紐品彙之根柢在天地則天地中有太極如户有樞如
衣有紐此下原有擧其綱也四字東山議其叅以人爲今刪在萬物則萬物中有
太極如木有根如榦有柢此下有立其本也四字東山議見上今刪謂之無
耶冲漠無朕之中萬象森然已具謂之有耶當初元無
一物而不可究詰其爲理也至高而不遺於卑至妙而

天原發微五卷圖一卷篇目名義一卷　（宋）鮑雲龍撰　（明）鮑寧辨正　**問答節要一卷**　（明）鮑寧輯　明天順五年（1461）鮑氏耕讀書堂刻本（有抄配）　八册

匡高 19.2 厘米，廣 13.4 厘米。半葉十一行，行二十二字，黑口，四周雙邊。有“積學齋徐乃昌藏書”“延古堂李氏珍藏”等印。中山大學圖書館藏。第二批國家名録號 04645。

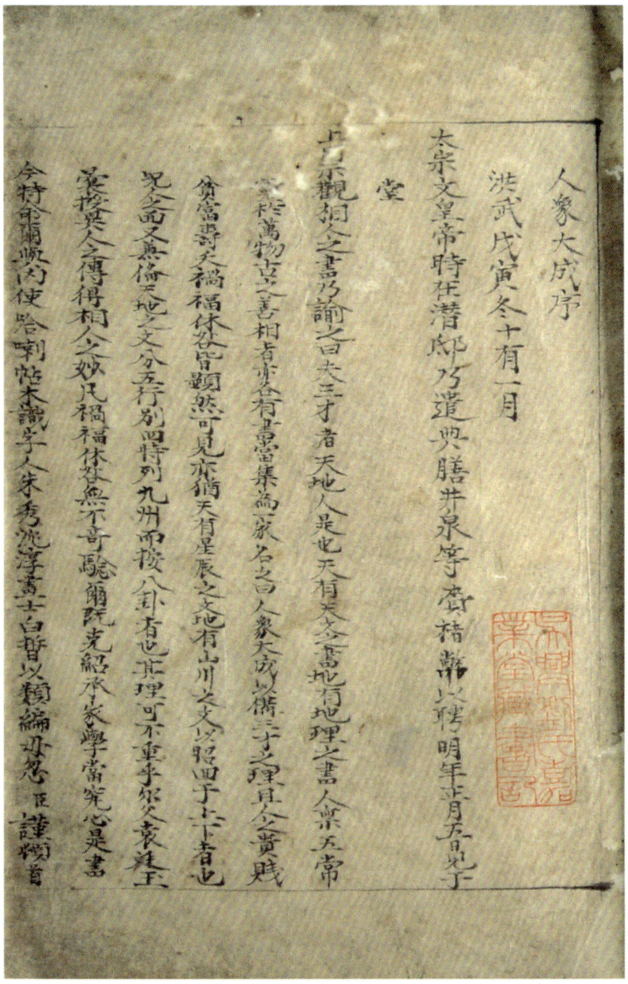

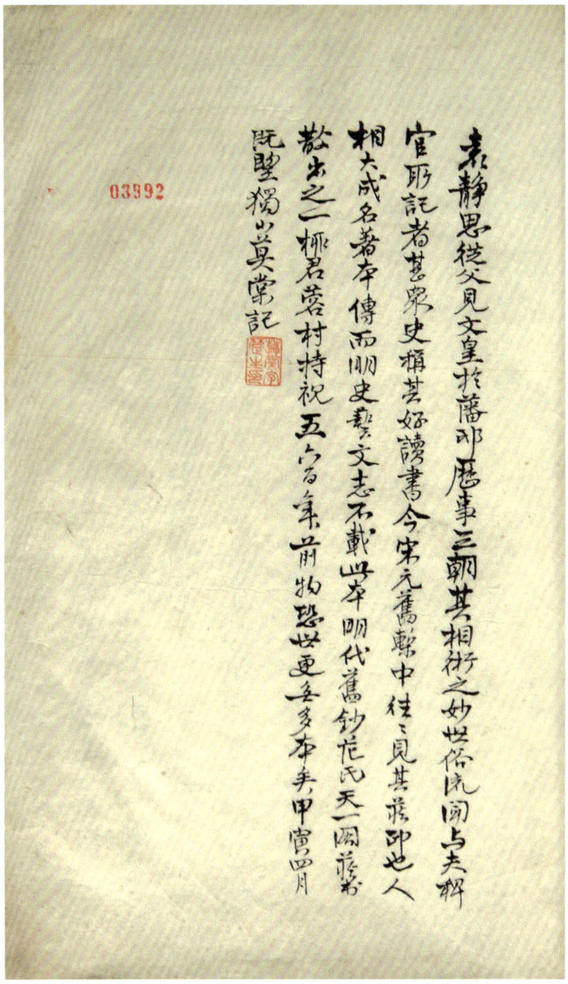

人象大成不分卷　（明）袁忠徹等撰　明抄本　四册

有“吴興劉氏嘉業堂藏書記”等印，莫棠跋。中山大學圖書館藏。第二批國家名録號04658。

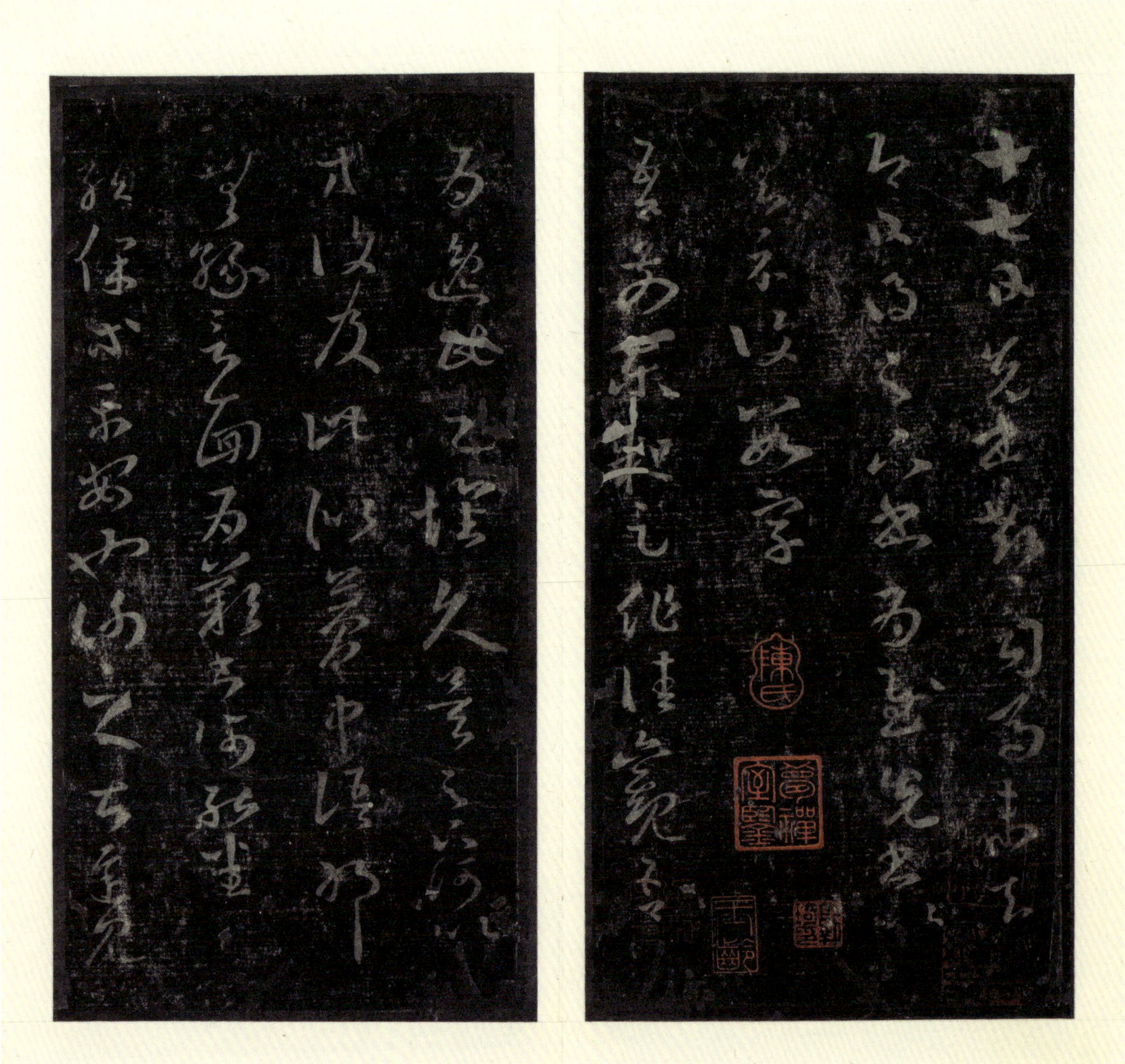

十七帖　（晉）王羲之書　宋拓本　一册

墨本高 25.5 厘米，廣 13 厘米。有“張雨私印”“宋濂”“姚公綬印”“元美”等印，邢侗、湯焕、徐守和、潘寧、陳撰、梁同書、王文治、吴照、潘奕雋、顔培瑚、孔廣陶等跋或題簽。香港中文大學文物館藏（拓本十七開半）。第六批國家名録號 12410。

葯洲勘書圖
乾隆五十九年
清和上浣寫
風偃夛旗日影舒雲飛南浦畵堂虛蕭踈竹響玲瓏韵知是中丞静校書
手集瑯邪去取嚴公集瑯邪王氏法書凡二十四人王敦迸亦不載夢禪鍠春細下踈簾雲烟過眼裝成帙我是親題甲乙藏
吳照題

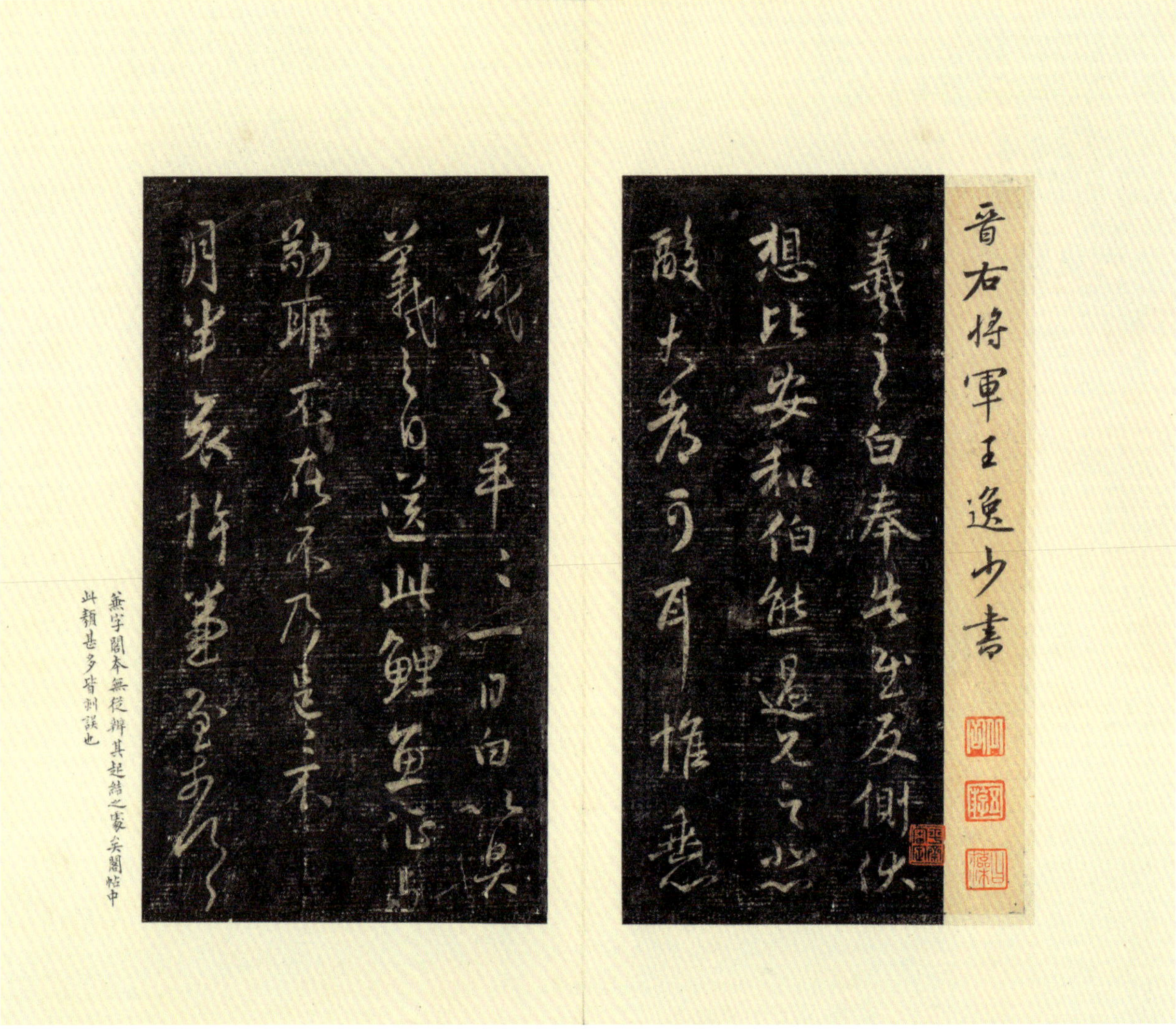

淳化閣帖十卷　（宋）王著摹　北宋淳化三年（992）原刻南宋重刻南宋拓泉州本　一册

墨本高 25 厘米，廣 13.6 厘米。有“曰藻”“平齋審定”等印，繆曰藻、褚德彝、吴昌碩題簽，王文治題簽並跋，彭紹升、潘奕雋、陸恭、顧蒓跋。香港中文大學文物館藏，存三卷（六至八，拓本三十三開，題簽及題跋六開）。第五批國家名録號 11474。

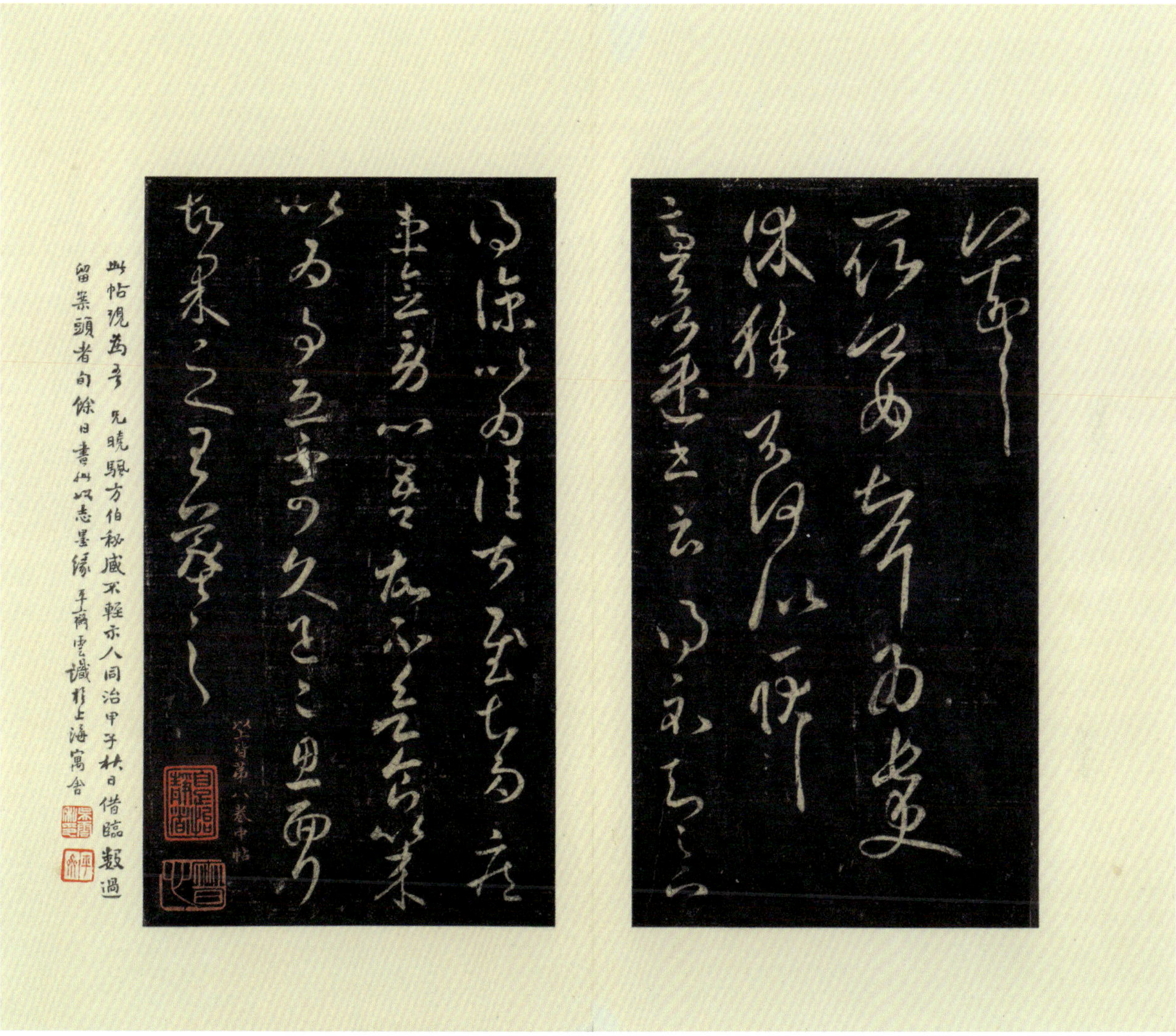

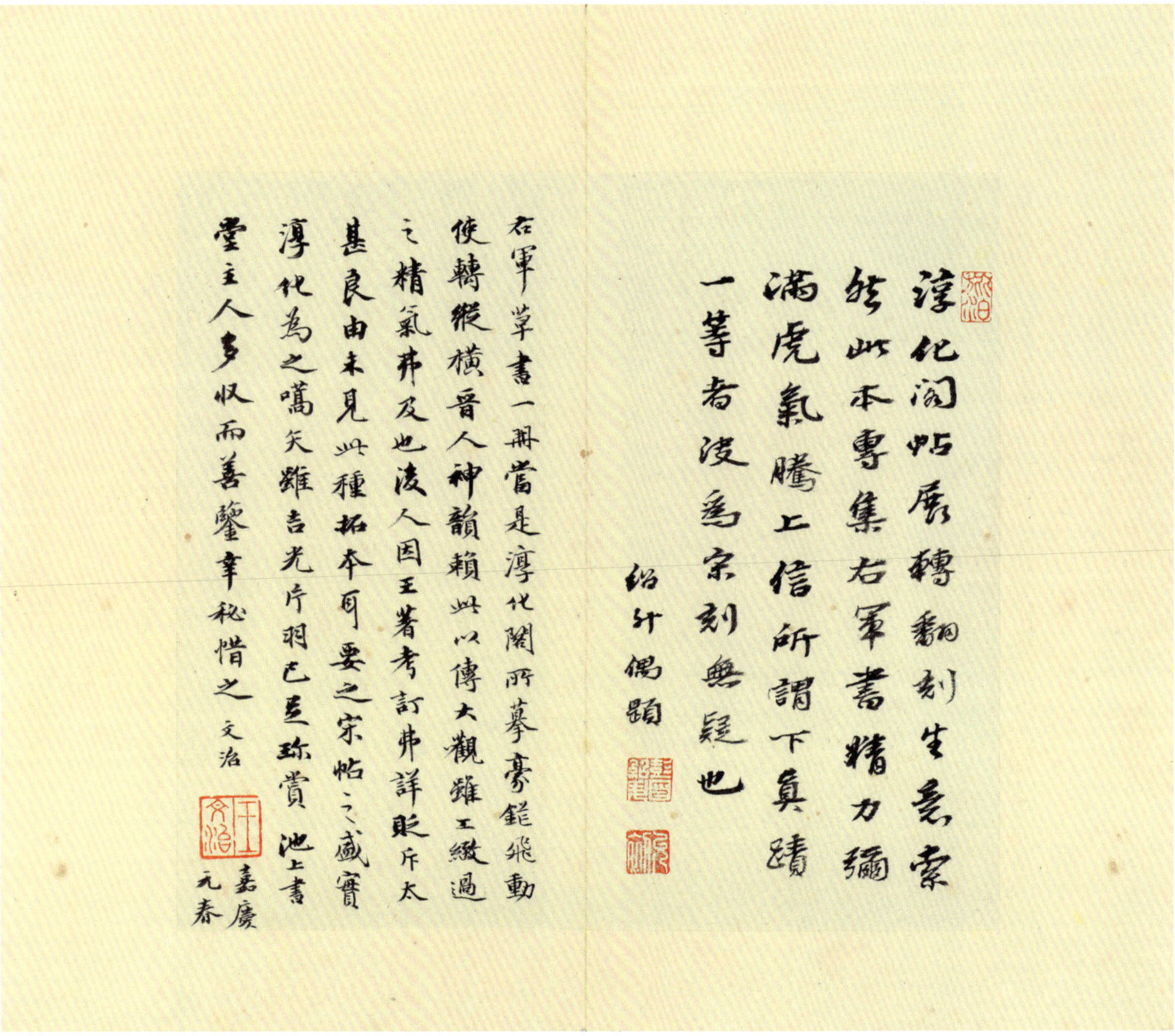
淳化閣帖展轉翻刻生意索
然此本專集右軍書精力彌
滿虎氣騰上信所謂下真蹟
一等者復爲宋刻無疑也
紹竹偶題

右軍草書一冊當是淳化閣所摹豪鋩飛動
使轉縱橫晉人神韻賴此以傳大觀雖工緻過
之精氣弗及也後人因王著考訂弗詳貶斥太
甚良由未見此種拓本耳要之宋帖〻〻盛寶
淳化爲之嚆矢雖吉光片羽已足珍賞 池上書
堂主人多收而善鑒韋秘惜之 文治
嘉慶元春

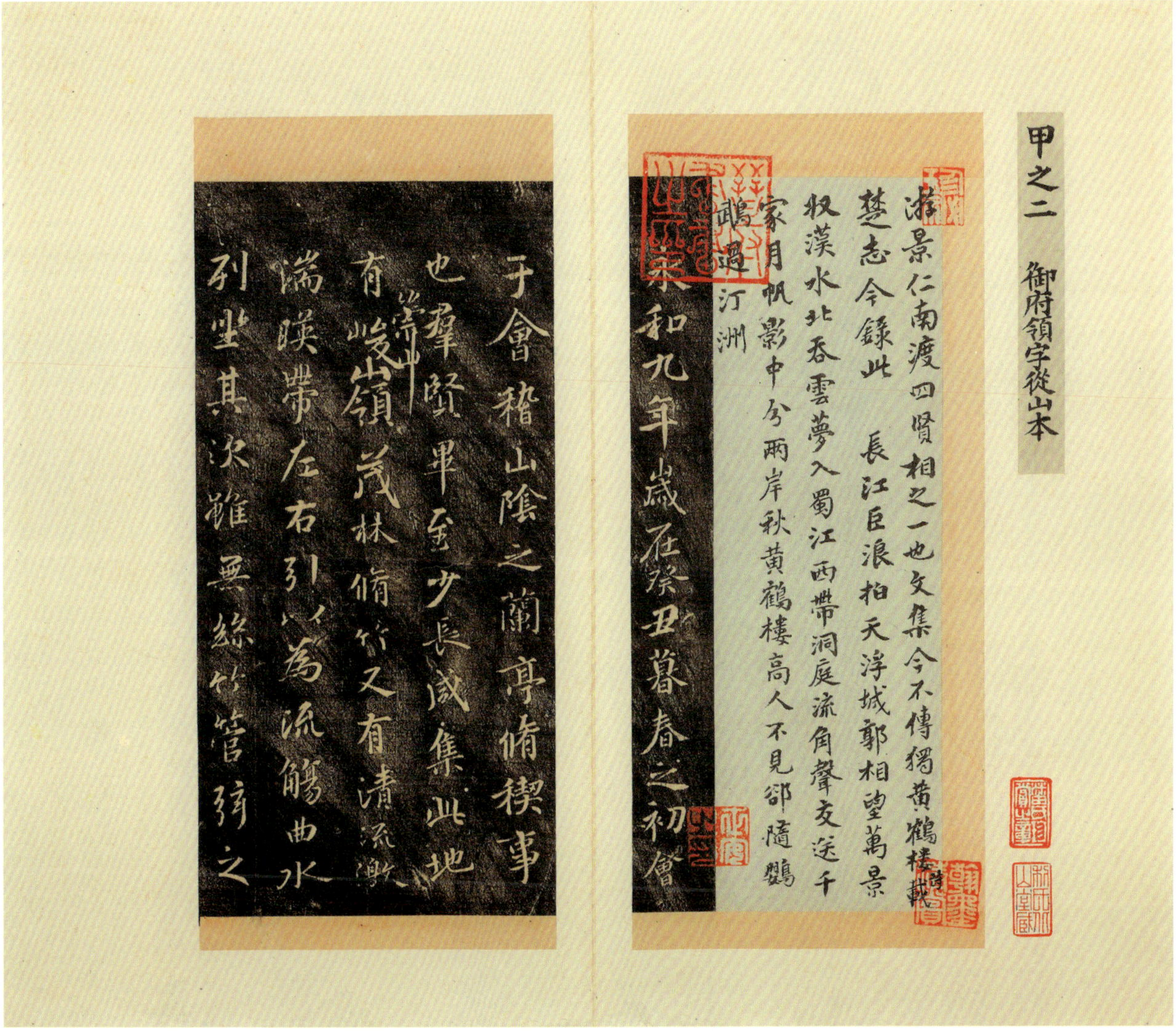

蘭亭序　（晉）王羲之撰並書　南宋拓御府領字從山本（游似藏甲之二）　與其他九種《蘭亭序》合裝爲一册

有"晉府書畫之印""敬德堂圖書印""世安之印""潘氏珍賞之章"等印，游似題字，佚名跋。香港中文大學文物館藏（拓本三開半，題跋鈐印約半開）。第五批國家名録號11475。

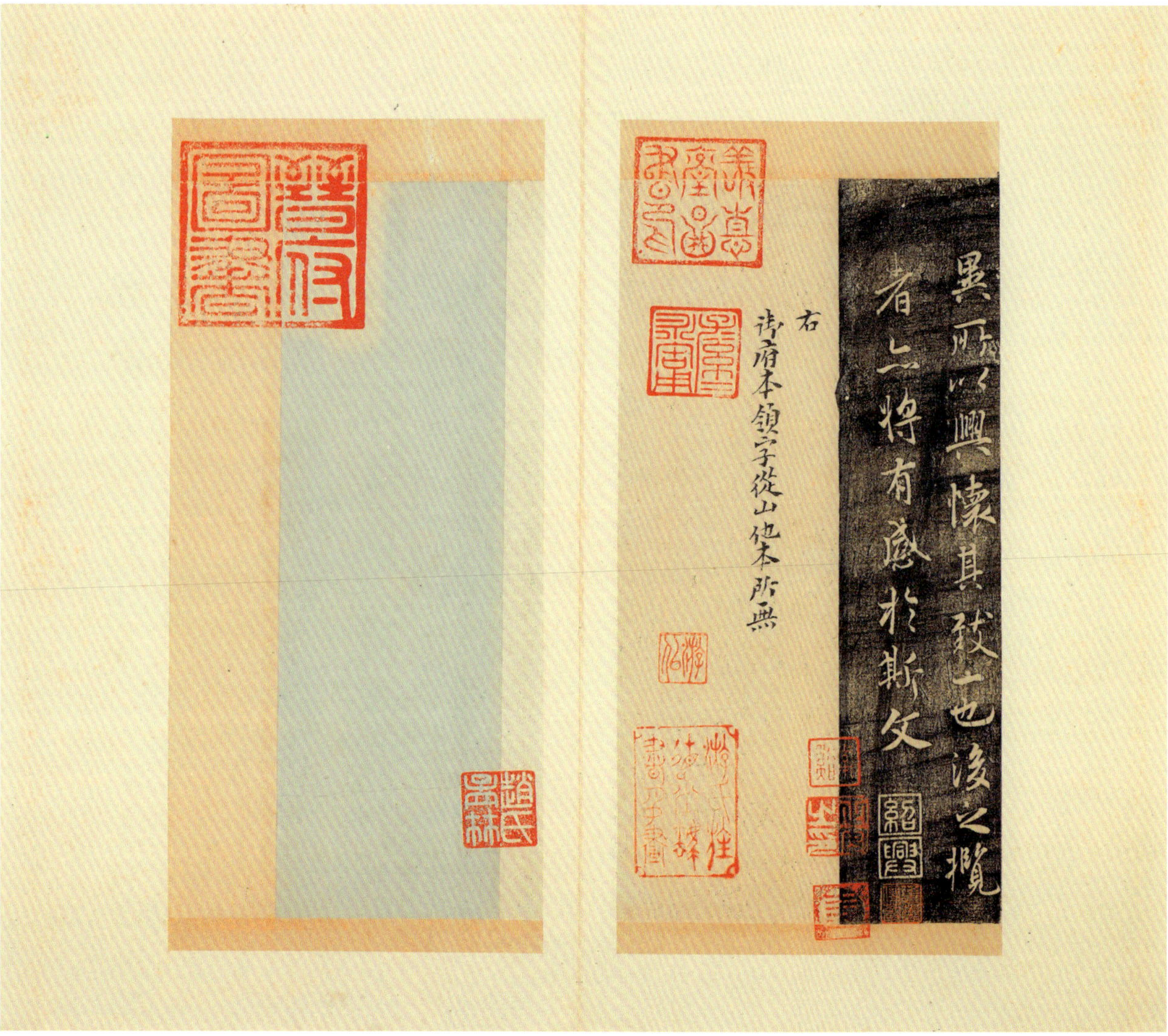
異所以興懷其致一也後之覽
者亦將有感於斯文
右
御府本領字從山他本所無

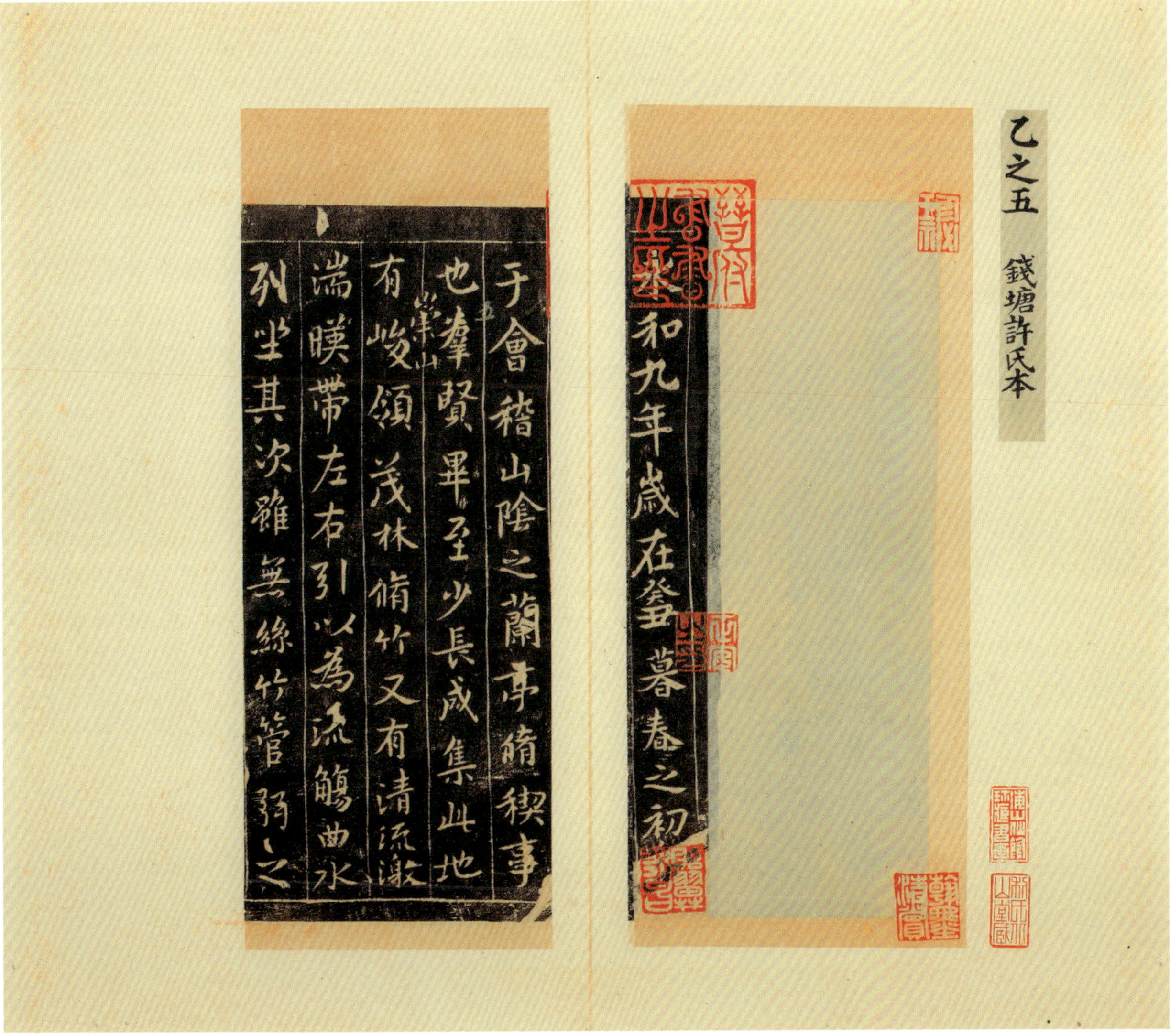

蘭亭序　（晉）王羲之撰並書　傳（唐）歐陽詢臨　南宋拓錢塘許氏本（游似藏乙之五）與其他九種《蘭亭序》合裝爲一册

有“晉府書畫之印”“貽翼永昌”“世安之印”“敬德堂圖書印”等印，游似題字。香港中文大學文物館藏（拓本三開半，題跋鈐印約半開）。第五批國家名録號 11476。

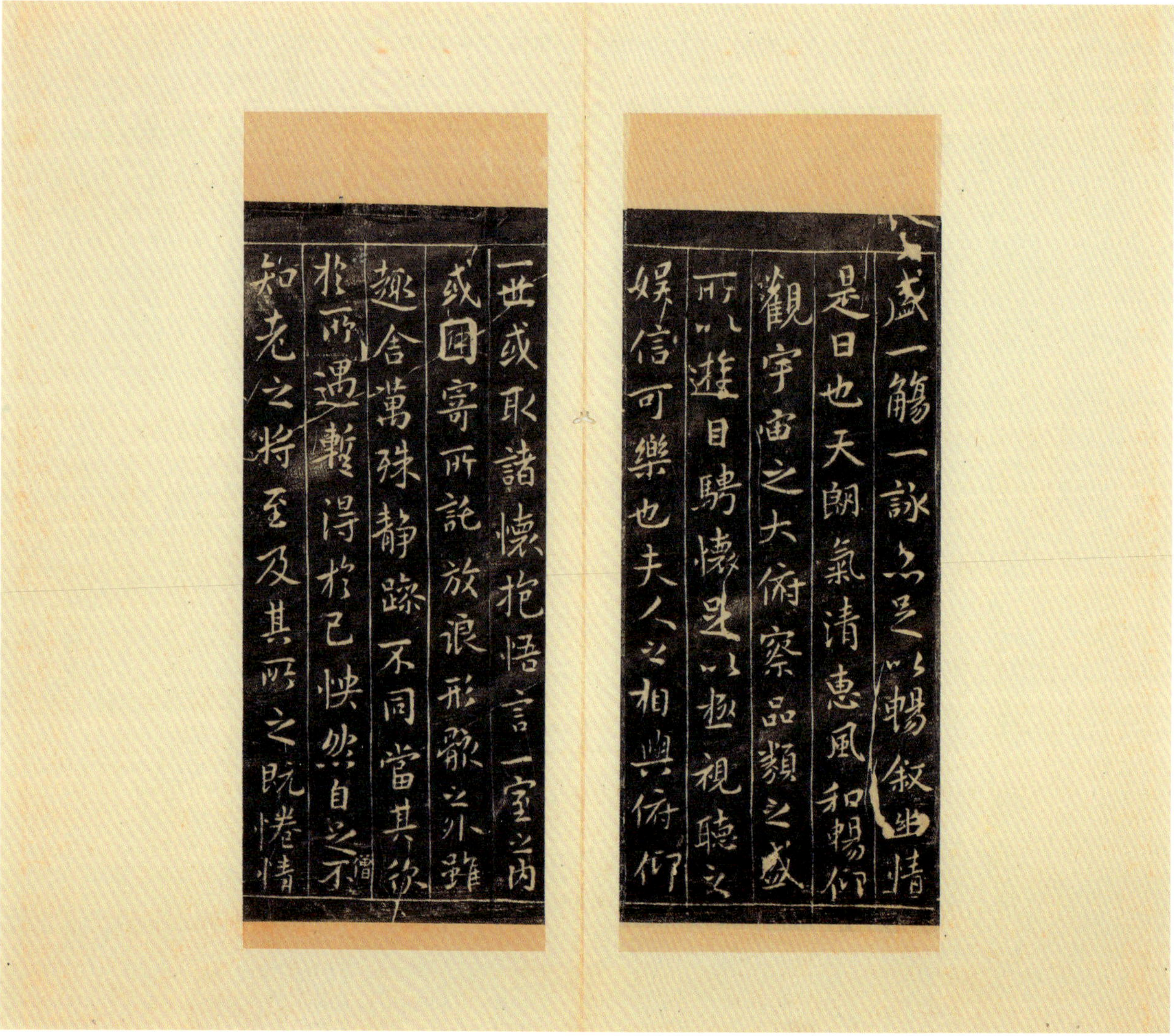
盛一觴一詠亦足以暢叙幽情
是日也天朗氣清惠風和暢仰
觀宇宙之大俯察品類之盛
所以遊目騁懷足以極視聽之
娛信可樂也夫人之相與俯仰
一世或取諸懷抱悟言一室之內
或因寄所託放浪形骸之外雖
趣舍萬殊靜躁不同當其欣
於所遇暫得於己快然自足曾不
知老之將至及其所之既惓情

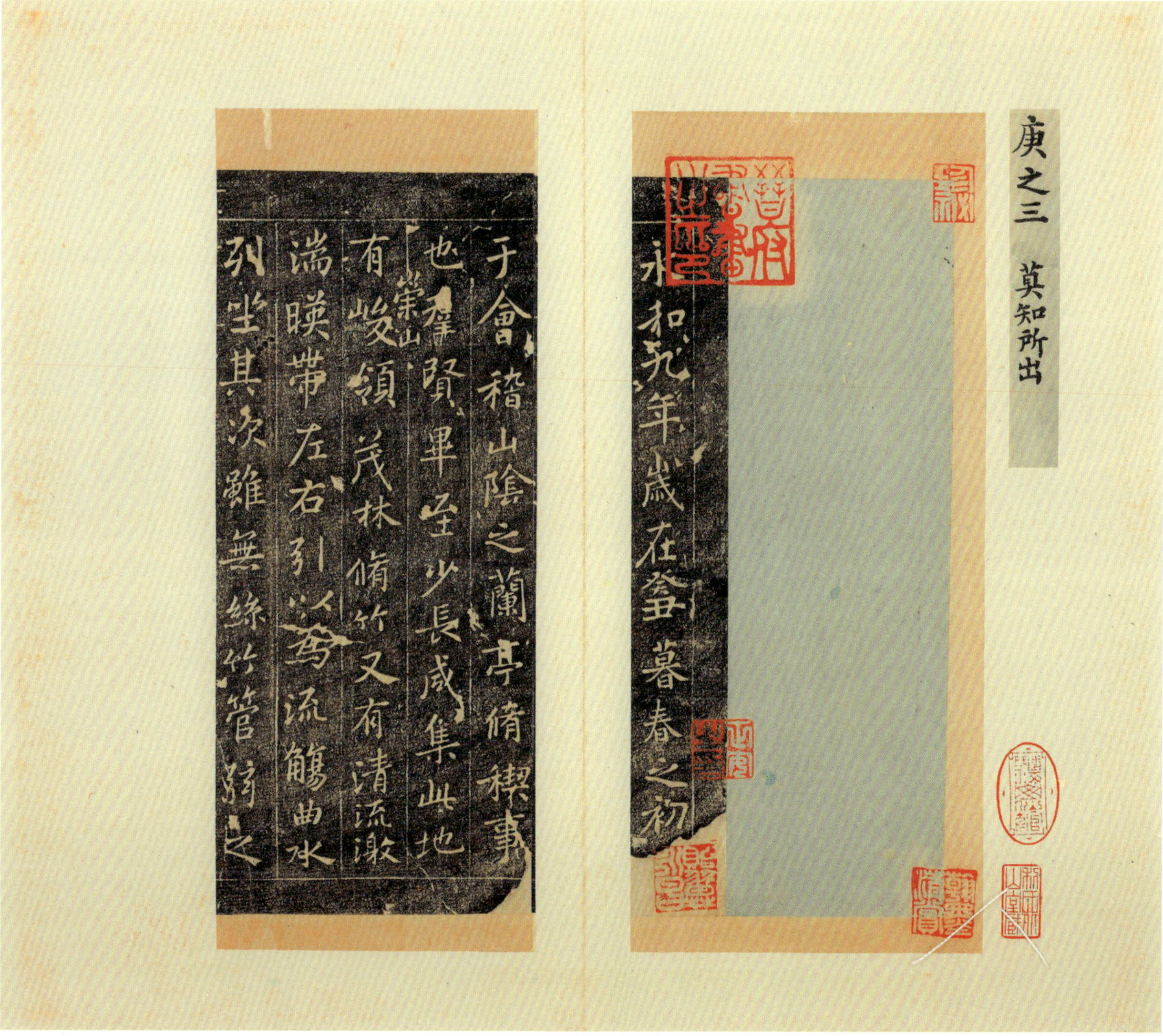

蘭亭序　（晉）王羲之撰並書　南宋拓本（游似藏庚之三）　與其他九種《蘭亭序》合裝爲一册

有“晉府書畫之印”“敬德堂圖書印”“世安之印”“潘氏海山仙館”等印，游似題字。

香港中文大學文物館藏（拓本三開半，題跋鈐印約半開）。第五批國家名録號 11477。

蘭亭序　（晉）王羲之撰並書　南宋拓中山王氏家藏本（游似藏甲之四）　與其他九種《蘭亭序》合裝爲一册

墨本高 26.2 厘米，廣 11 厘米。有“旌德游似”“晉府書畫之印”“敬德堂圖書印”“晉府圖書”“世安之印”“潘氏珍賞之章”等印，游似等題字。香港中文大學文物館藏（拓本三開半）。第六批國家名録號 12411。

仙井何㮚文縝觀
異所以興懷其致一也後之攬
者亦將有感於斯文

此本得之初寮家初
寮中山人疑其為舊
物云三衢鄭昉識
右得之於永嘉曹西士 西士亦得之它人未知
石在何處

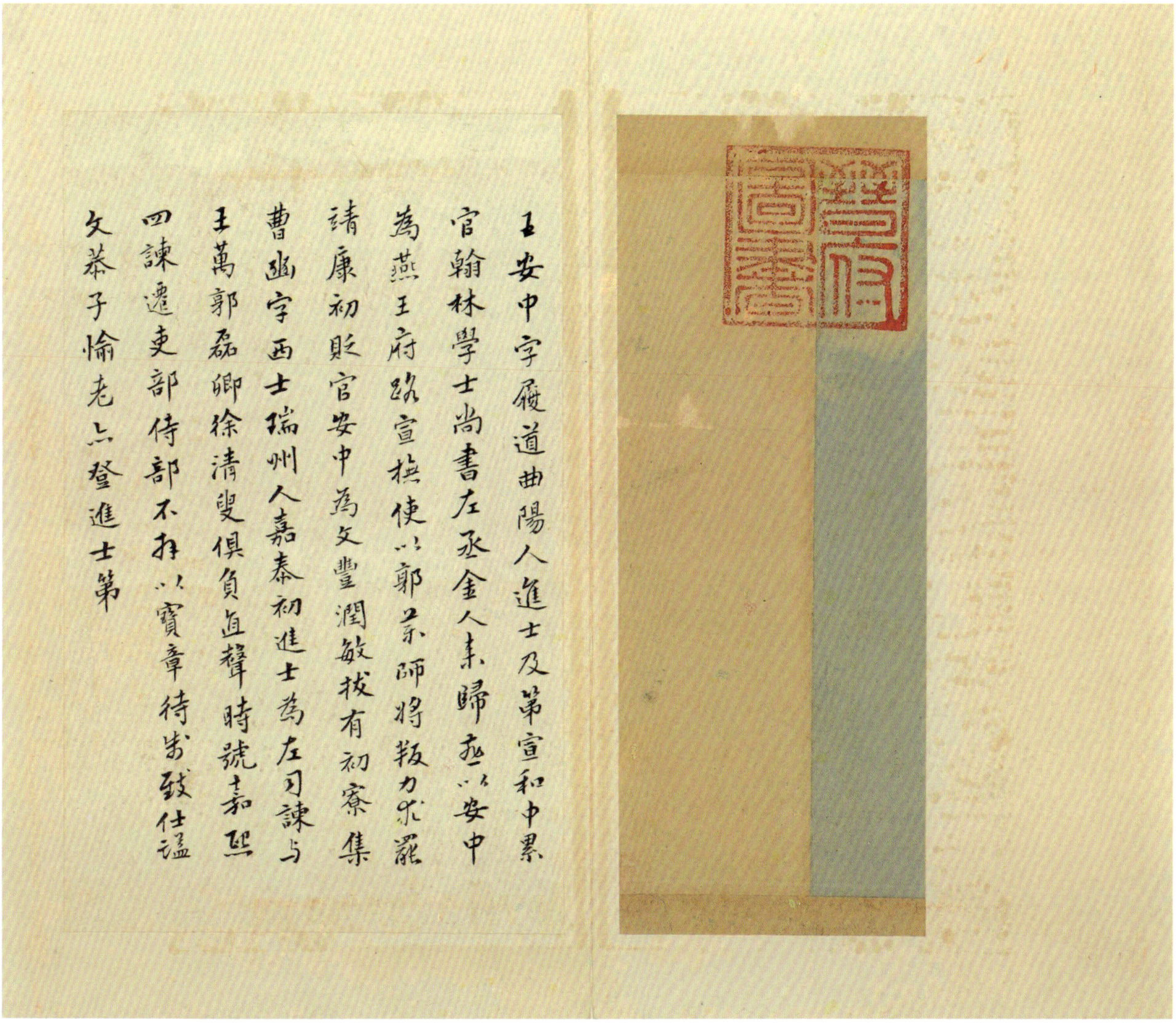
王安中字履道曲陽人進士及第宣和中累
官翰林學士尚書左丞金人來歸燕々以安中
為燕王府路宣撫使以郭藥師將叛力求罷
靖康初貶官安中為文豐潤敏拔有初寮集
曹豳字西士瑞州人嘉泰初進士為左司諫与
王萬郭磊卿徐清叟俱負直聲時號嘉熙
四諫遷吏部侍郎不拜以寶章待制致仕謚
文恭子愉老亦登進士第

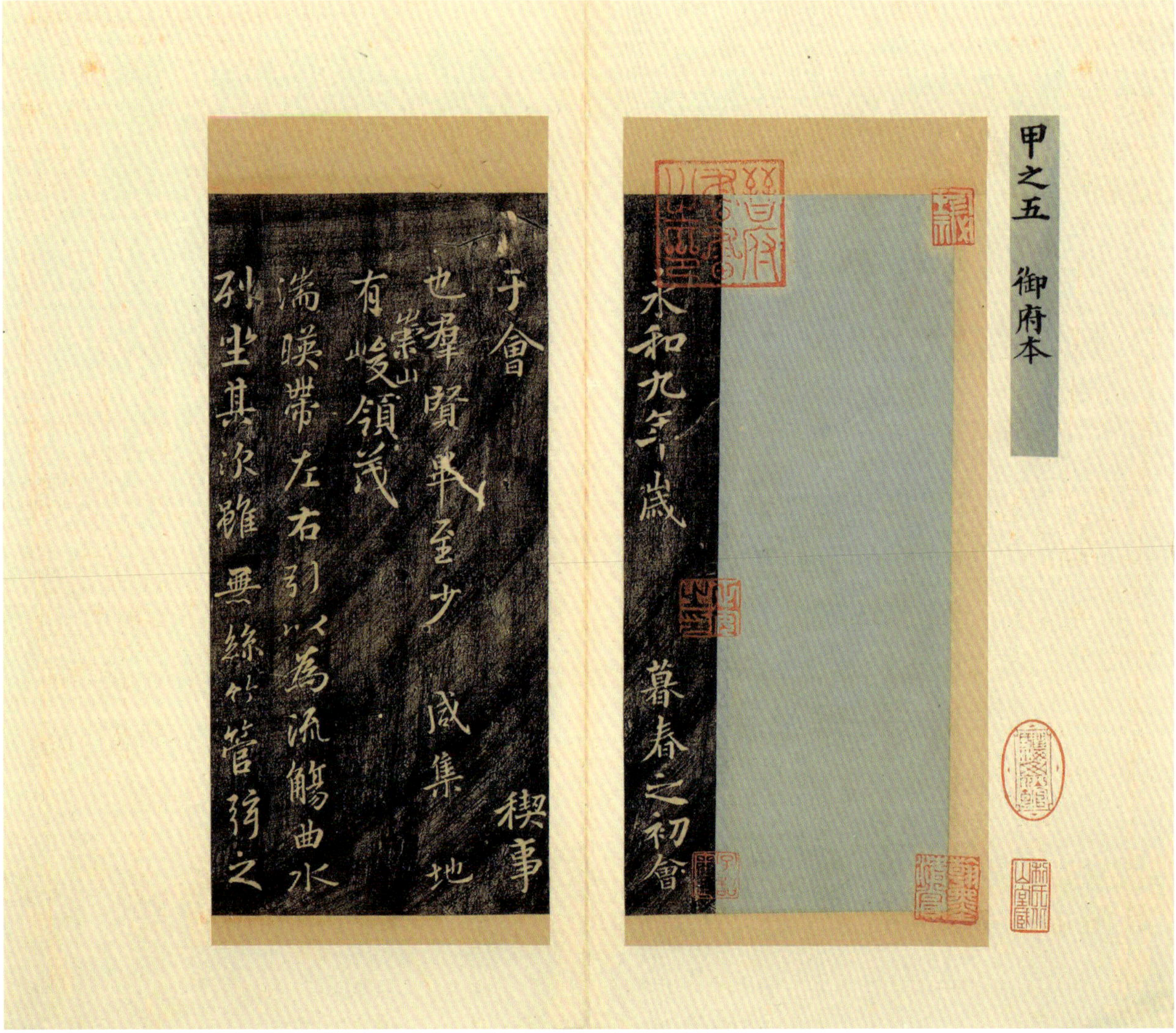

蘭亭序　（晉）王羲之撰並書　南宋拓御府本（游似藏甲之五）　與其他九種《蘭亭序》合裝爲一册

墨本高 25.8 厘米，廣 12.6 厘米。有“游氏旌德堂法書名畫”“晉府書畫之印”“敬德堂圖書印”“世安之印”“德畲收藏吉金貞石”等印，游似題字。香港中文大學文物館藏（拓本三開半）。第六批國家名録號 12412。

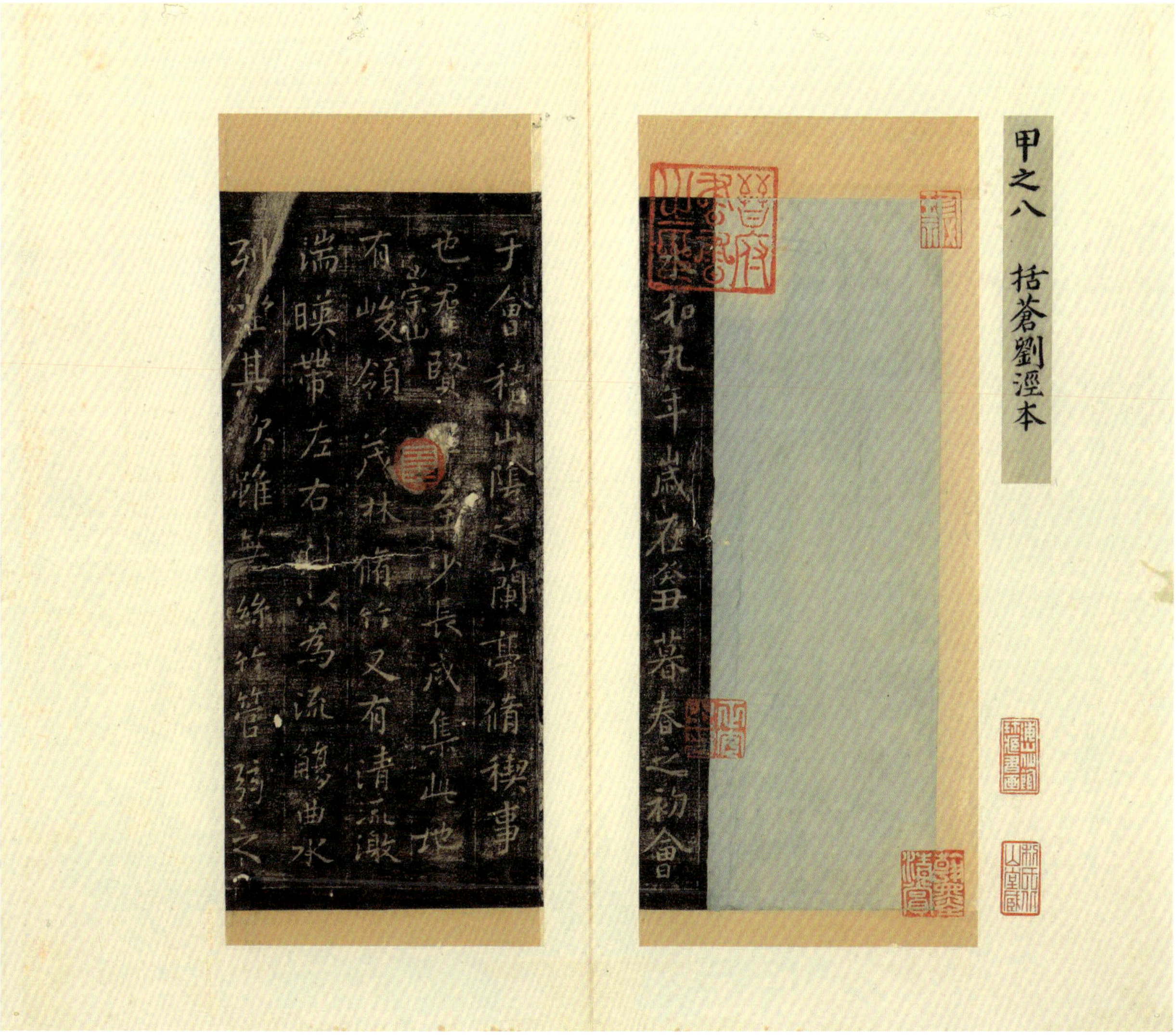

蘭亭序　（晉）王羲之撰並書　南宋拓括蒼劉涇本（游似藏甲之八）　與其他九種《蘭亭序》合裝爲一册

墨本高 25.4 厘米，廣 11.3 厘米。有“游氏圖書”“晉府書畫之印”“敬德堂圖書印”“世安之印”“海山仙館珍藏書畫”等印，游似等題字。香港中文大學文物館藏（拓本三開半）。第六批國家名録號 12413。

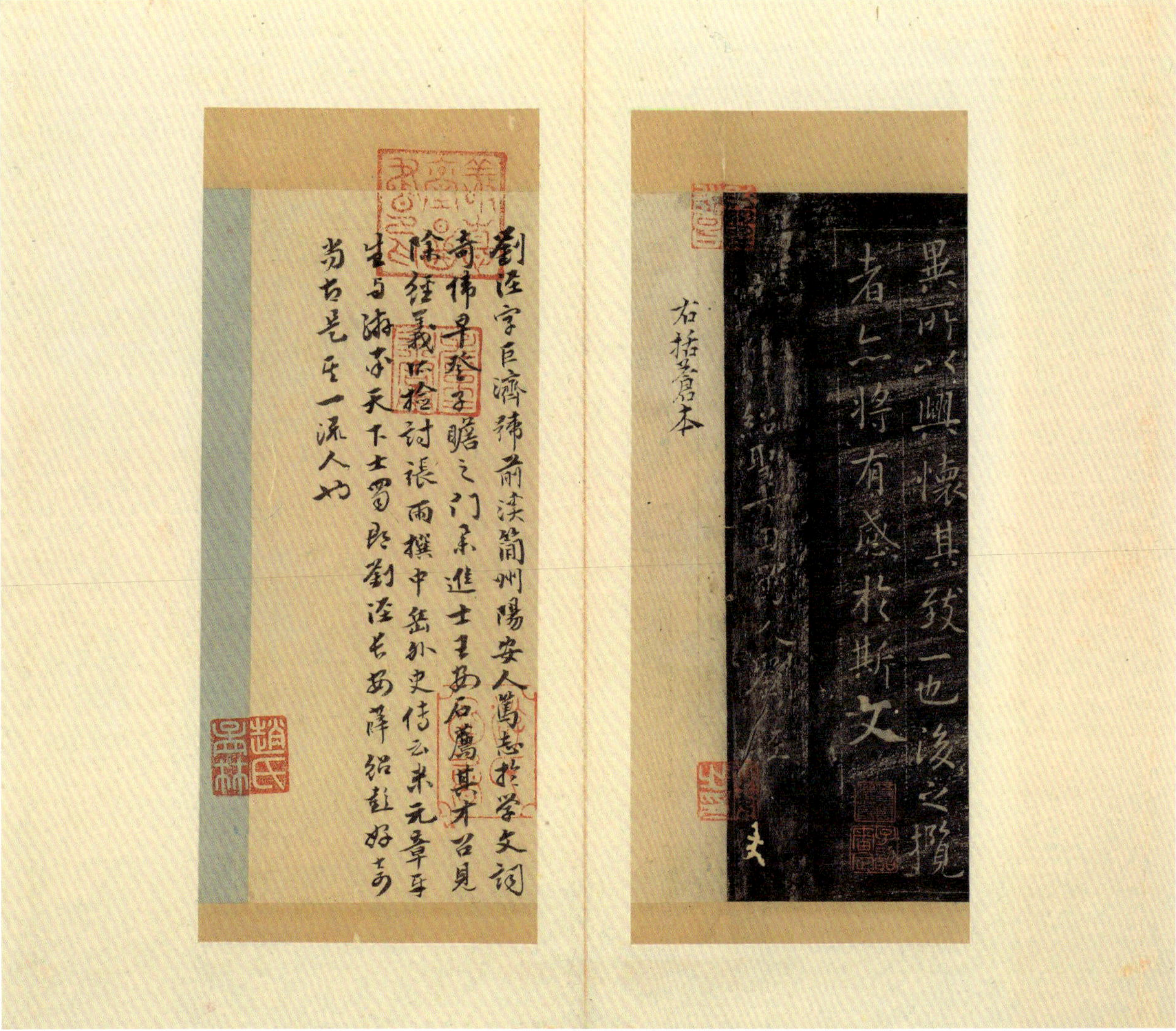
異所以興懷其致一也後之攬
者亦將有感於斯文
右括蒼本

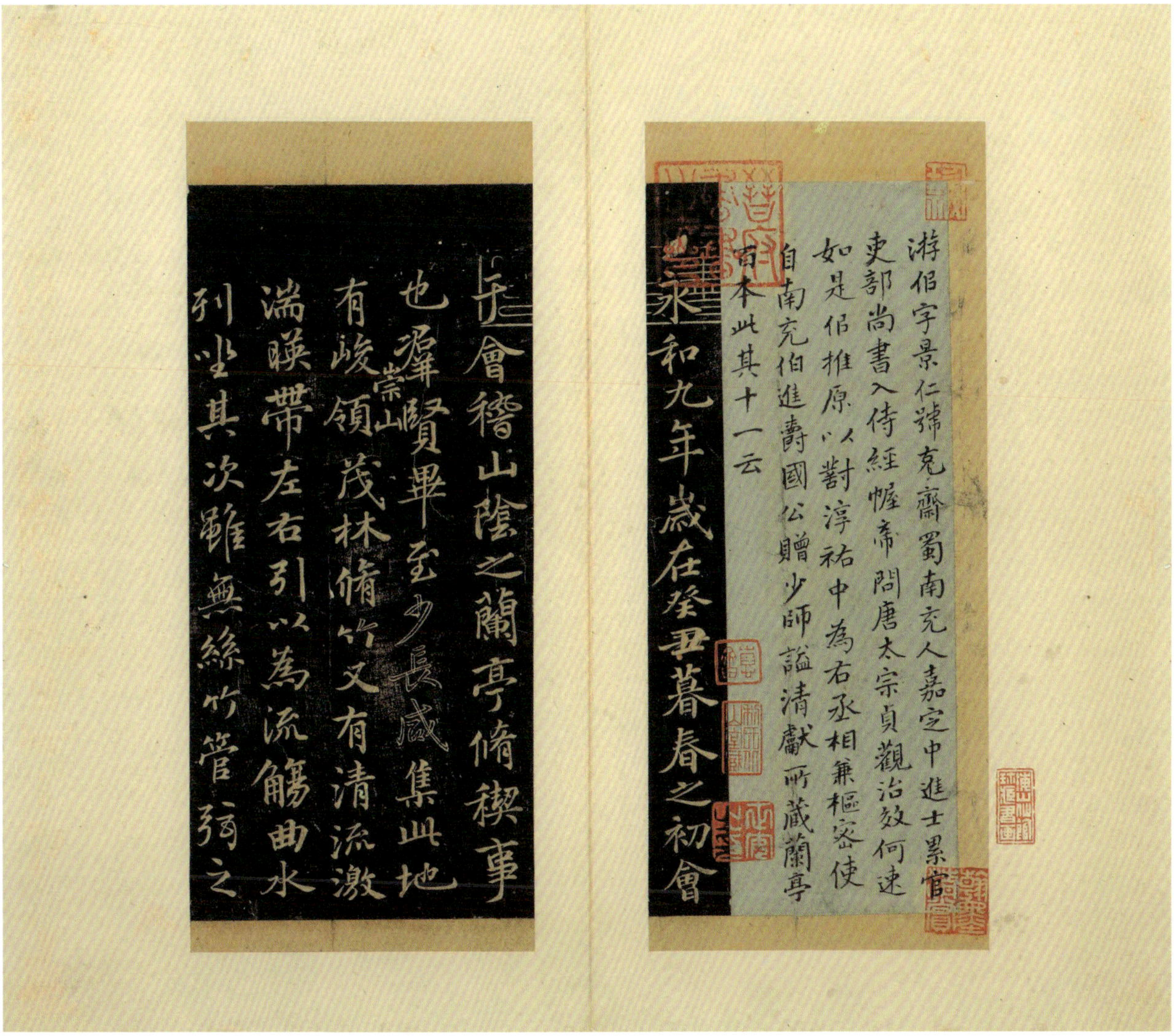

蘭亭序　（晉）王羲之撰並書　南宋拓本（游似藏乙之一）　與其他九種《蘭亭序》合裝爲一册

墨本高 26.2 厘米，廣 15.9 厘米。有“晉府書畫之印”“世安之印”“海山仙館珍藏書畫”等印，胡世安題字。香港中文大學文物館藏（拓本二開半，雙鉤部分字）。第六批國家名録號 12414。

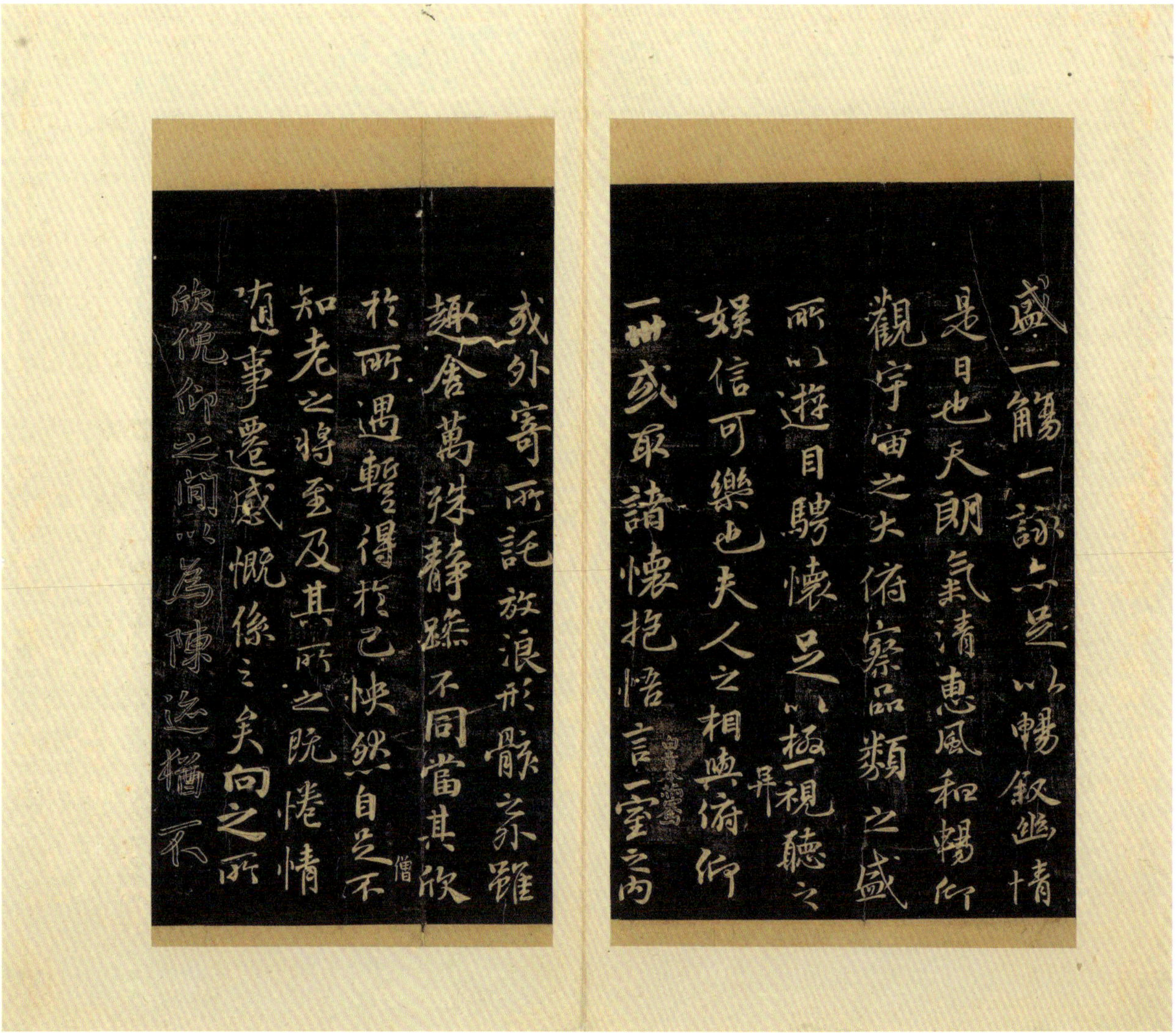
盛一觴一詠亦足以暢敘幽情
是日也天朗氣清惠風和暢仰
觀宇宙之大俯察品類之盛
所以遊目騁懷足以極視聽之
娛信可樂也夫人之相與俯仰
一世或取諸懷抱悟言一室之內
或外寄所託放浪形骸之外雖
趣舍萬殊靜躁不同當其欣
於所遇暫得於己快然自足不
知老之將至及其所之既倦情
隨事遷感慨係之矣向之所
欣俛仰之間以為陳迹猶不

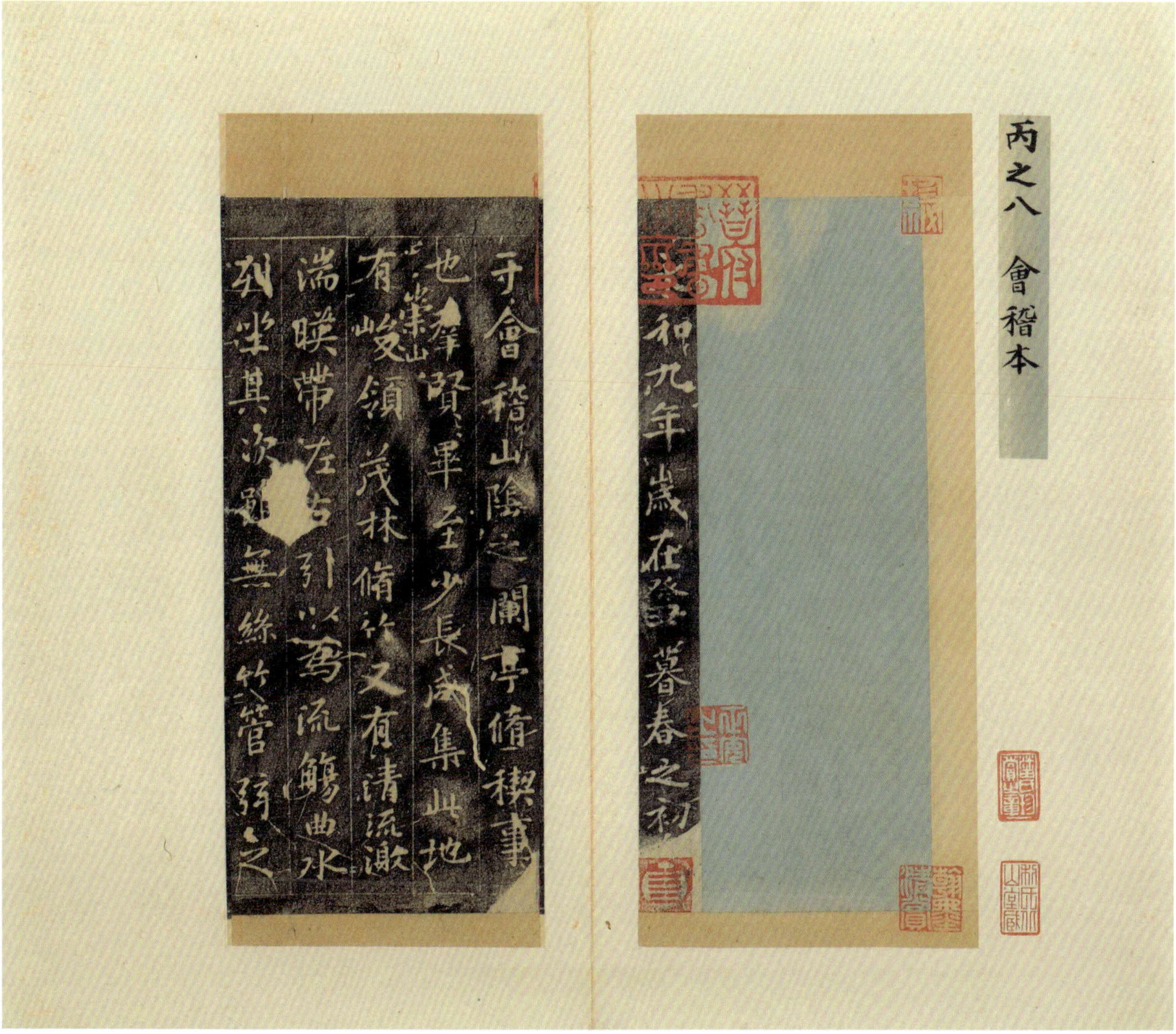

蘭亭序　（晉）王羲之撰並書　南宋拓會稽本（游似藏丙之八）　與其他九種《蘭亭序》合裝爲一册

墨本高 25.8 厘米，廣 11.1 厘米。有“克齋”“晉府書畫之印”“世安之印”“德畲”等印，游似題字。香港中文大學文物館藏（拓本三開半）。第六批國家名録號 12415。

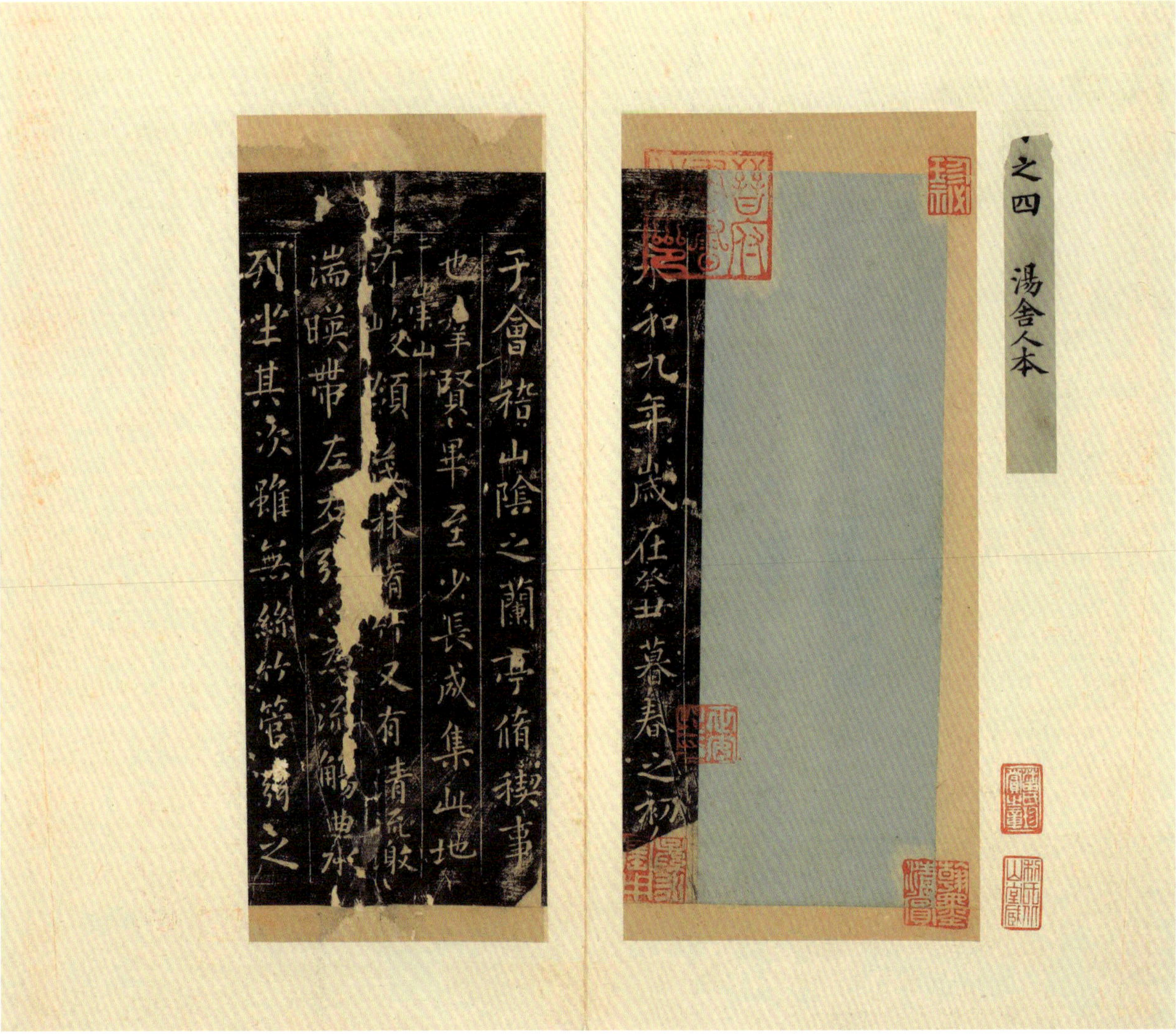

蘭亭序　（晉）王羲之撰並書　南宋拓湯舍人本（游似藏□之四）　與其他九種《蘭亭序》合裝爲一册

墨本高25.4厘米，廣11厘米。有“景仁”“晉府書畫之印”“世安之印”“德畬”等印，游似題字。香港中文大學文物館藏（拓本三開半）。第六批國家名録號12416。

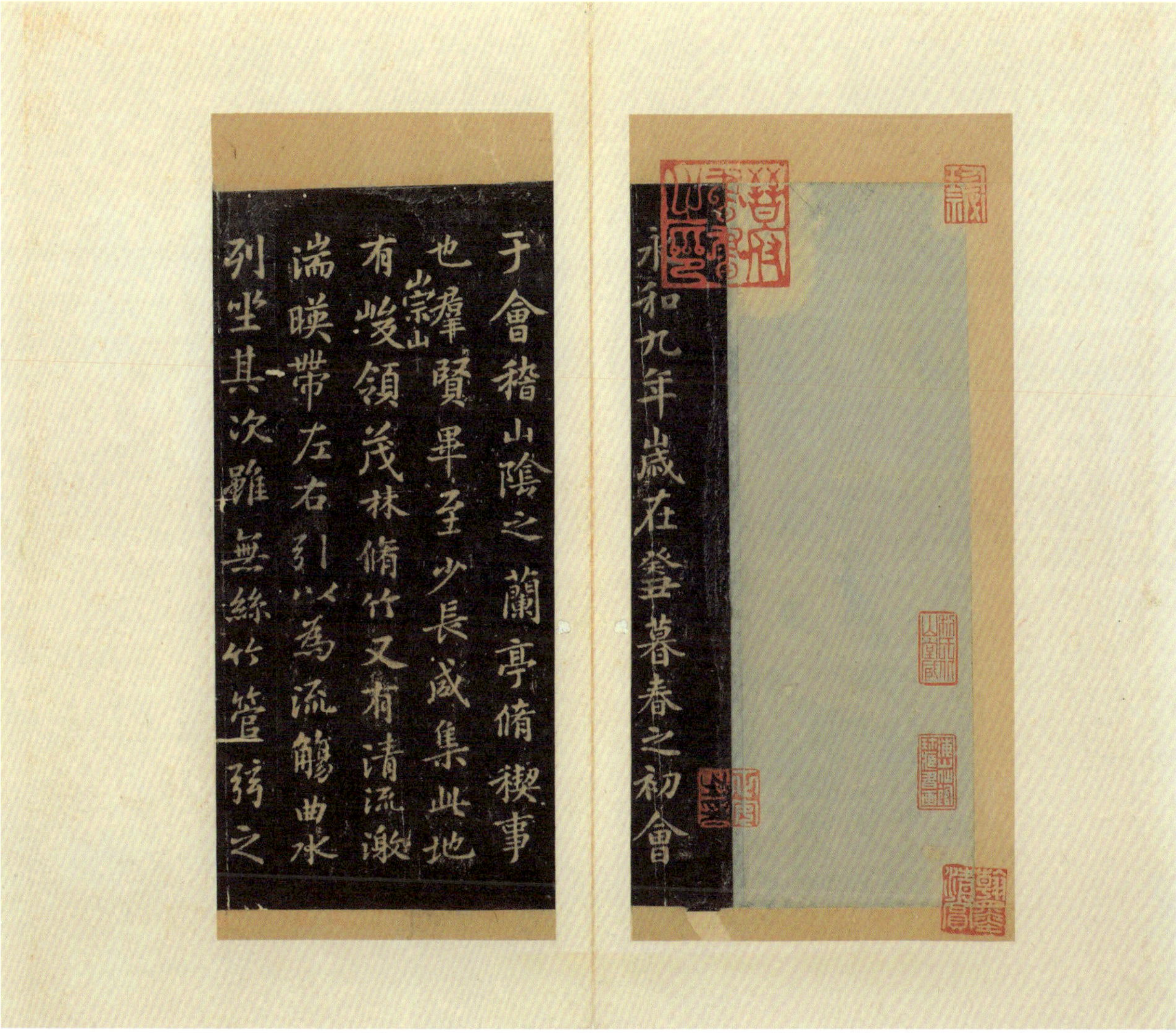

蘭亭序　（晉）王羲之撰並書　南宋拓臨川本（游似藏）　與其他九種《蘭亭序》合裝爲一册

墨本高 26.5 厘米，廣 11.9 厘米。有“克齋”“晉府書畫之印”“世安之印”“海山仙館珍藏書畫”等印，游似題字。香港中文大學文物館藏（拓本三開半）。第六批國家名録號 12417。

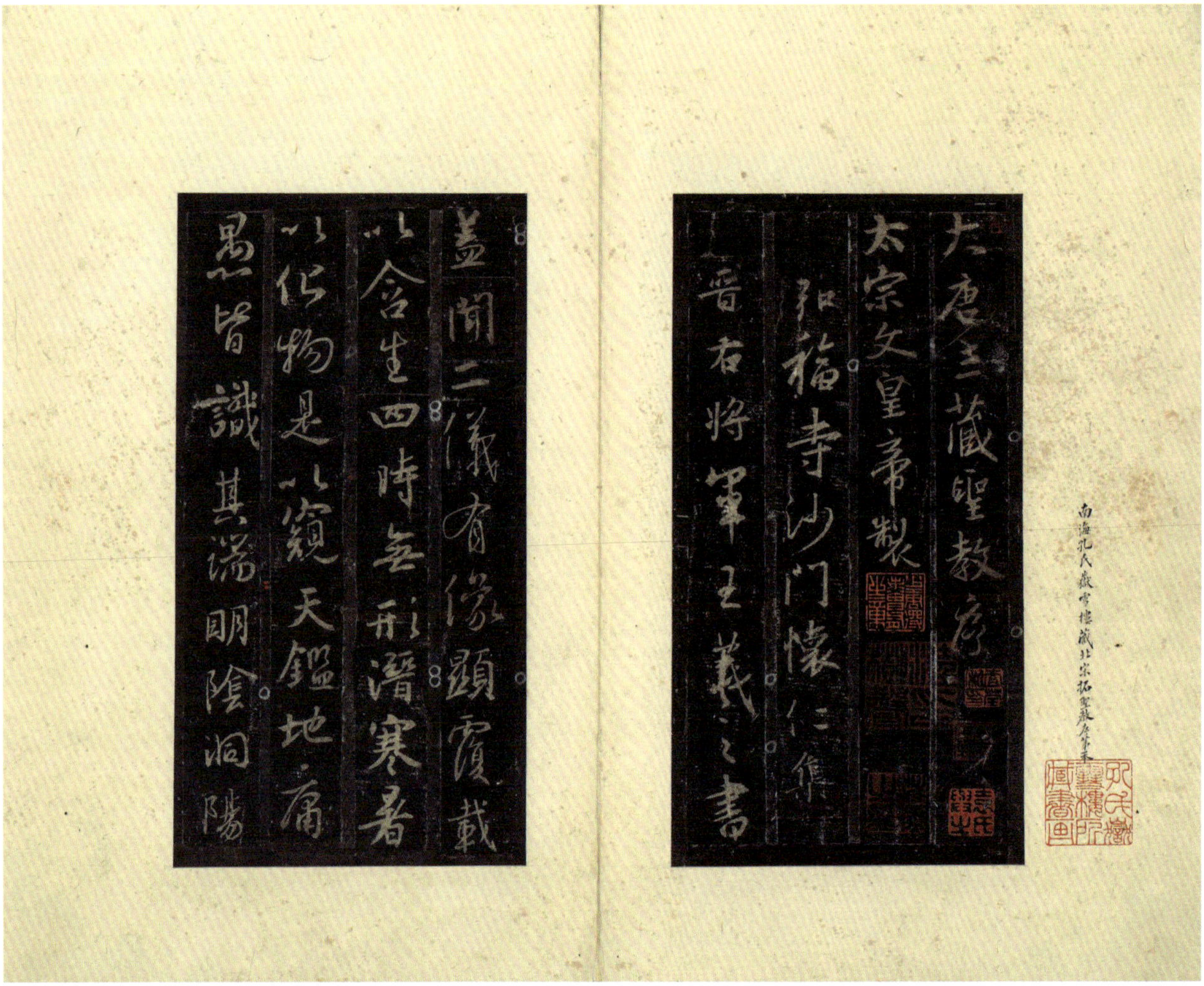

三藏聖教序　（唐）太宗李世民撰序　（唐）高宗李治撰記　（唐）釋懷仁集晉王羲之書　唐咸亨三年（672）刻石南宋拓本　一册

墨本高 23.6 厘米，廣 12.2 厘米。有“袁氏舆之”“蕉窗”“孔氏嶽雪樓所藏書畫”等印，姜宸英、陳邦彦、汪灝、金祖静、李宗瀚、孔廣陶等跋，周浚霖抄方士庶録蘇軾跋，文彭、沈尹默等觀款，顔培瑚、徐叔勤題簽。香港中文大學文物館藏（拓本二十七開）。第六批國家名録號 12406。

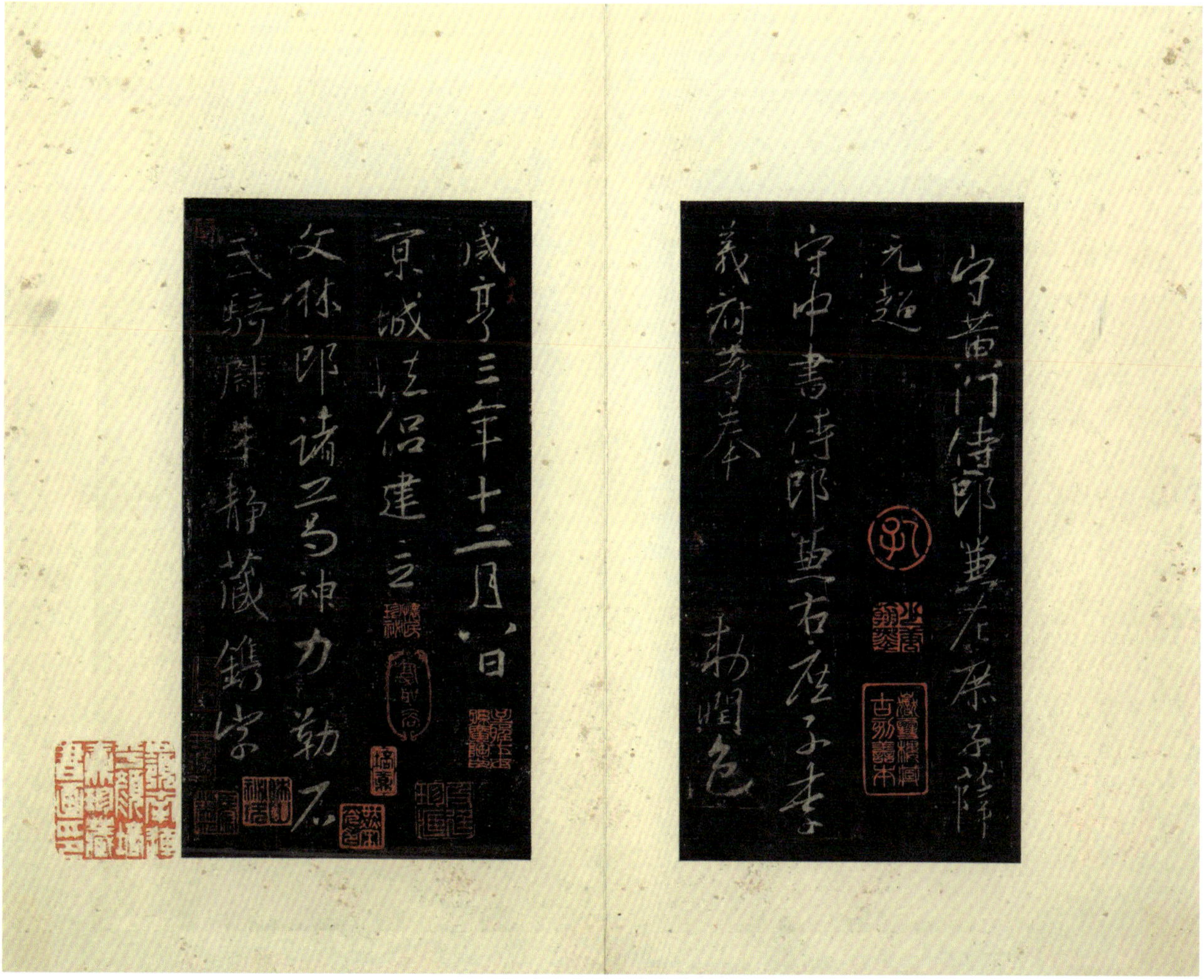

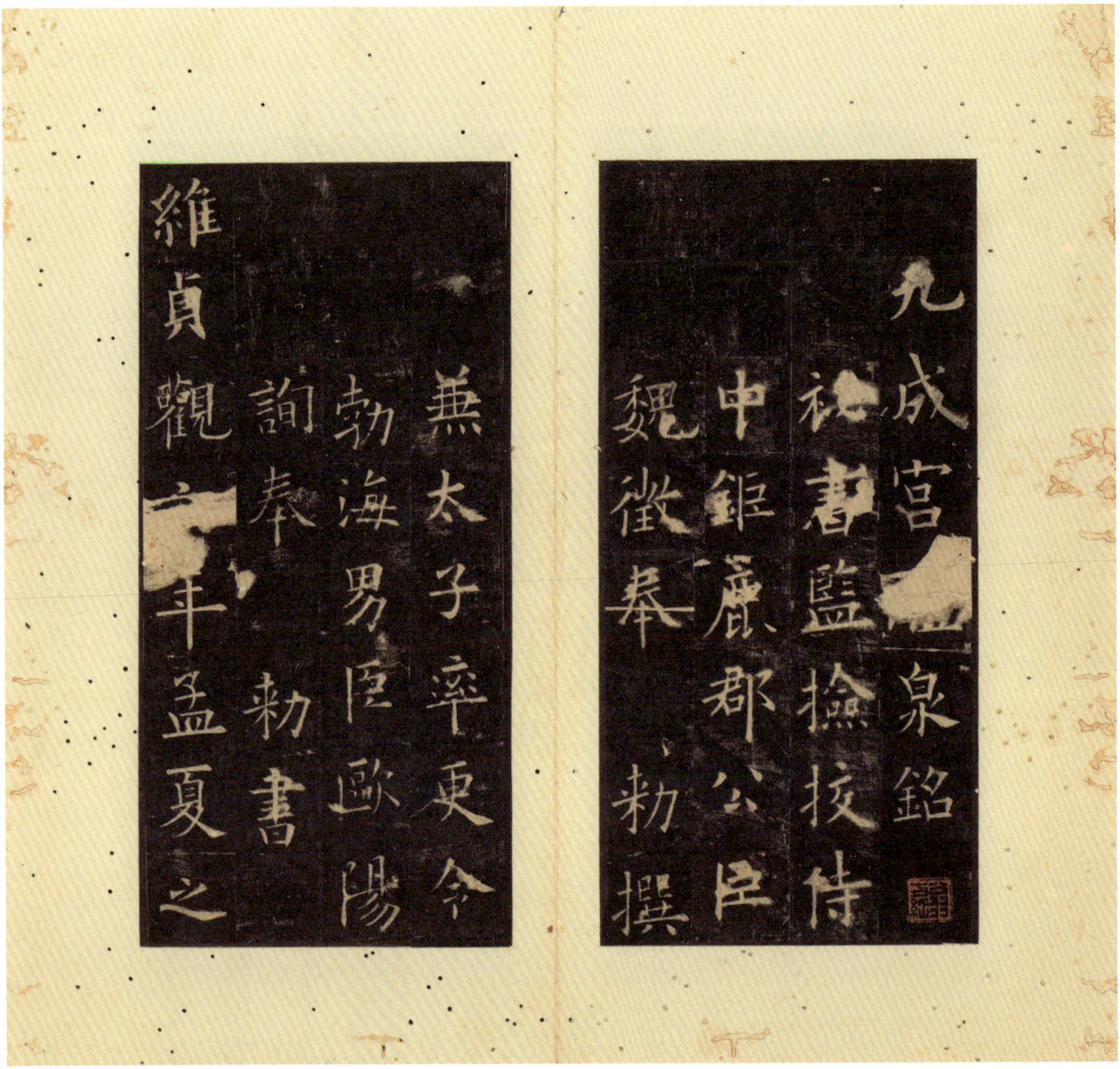

九成宮醴泉銘 （唐）魏徵撰 （唐）歐陽詢書 唐貞觀六年（632）刻石南宋拓本 一册

墨本高 28.3 厘米，廣 13.3 厘米。有“汪令聞曾經收藏”“孔繼幹印”“雩谷氏”“覃溪審定”“徐堅曾觀”等印，汪廷璋、翁方綱題簽，沈鳳、翁方綱等跋。香港中文大學文物館藏（拓本十八開，題簽及題跋六開）。第五批國家名録號 11472。

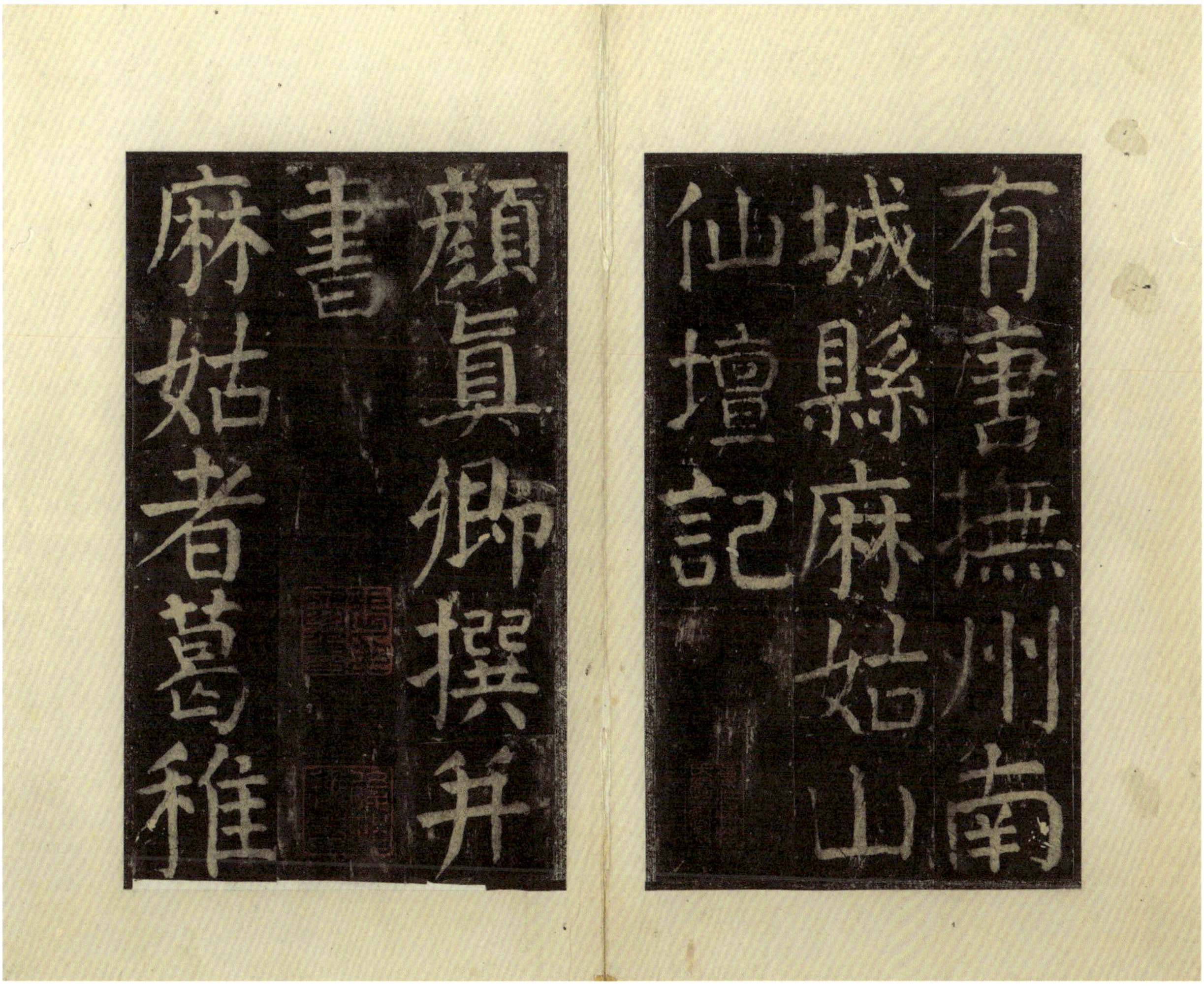
有唐撫州南
城縣麻姑山
仙壇記
顏真卿撰并
書
麻姑者葛稚

大字麻姑仙壇記　（唐）顔真卿撰並書　唐大曆六年（771）刻石宋拓本　一册

墨本高 25.8 厘米，廣 15.3 厘米。有“張印參魯”“後邨逸史”等印，何紹基題簽並跋，崇恩跋。香港中文大學文物館藏（拓本三十開半）。第六批國家名録號 12407。

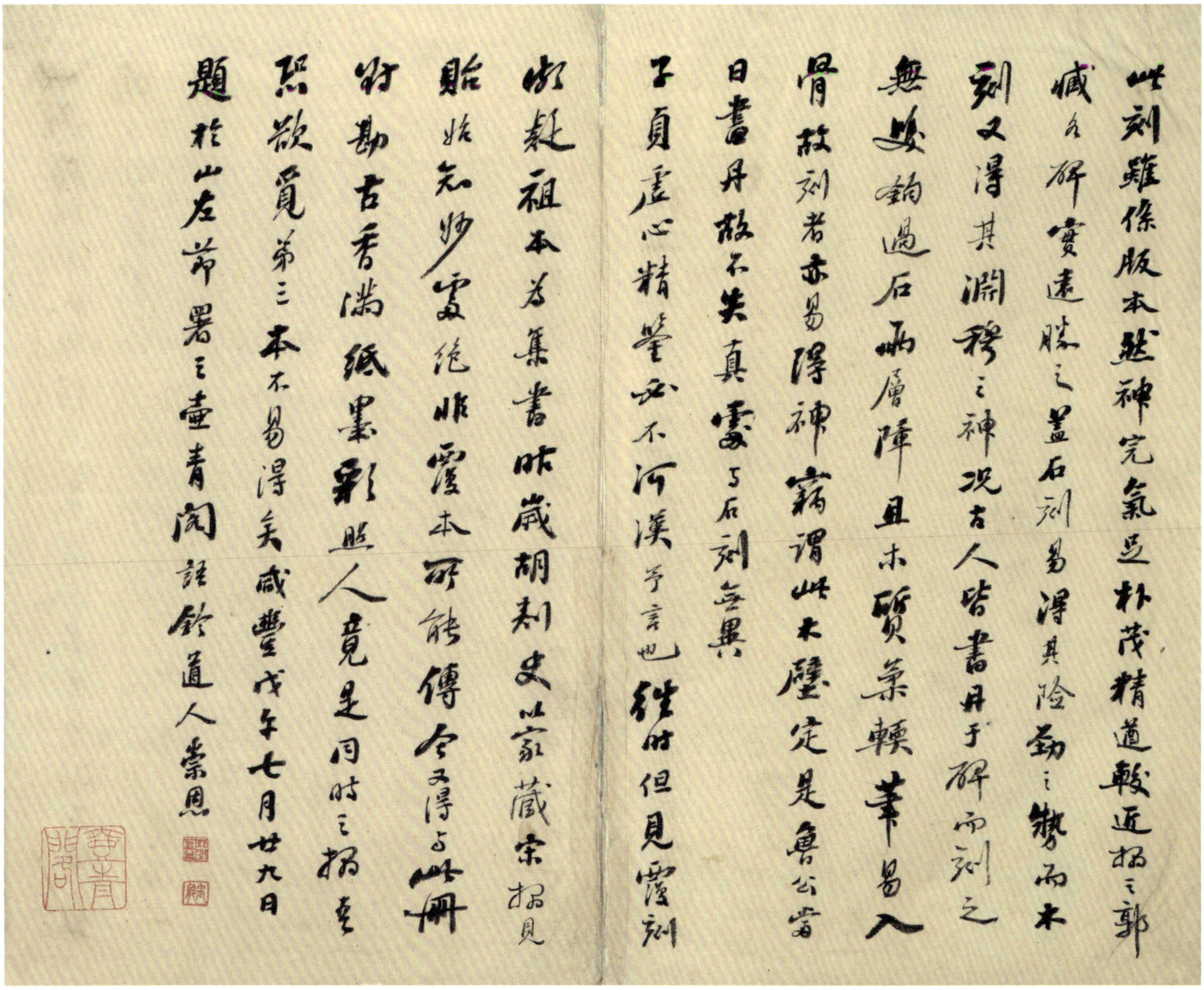
此刻雖係版本然神完氣足朴茂精道較近拓之郭
藏之碑實遠勝之蓋石刻易得其險勁之勢而木
刻又得其淵穆之神况古人皆書丹于碑而刻之
無毀鈎過石兩層障且木質柔輭筆易入
骨故刻者亦易得神竊謂此木壓定是魯公當
日書丹故不失真處與石刻無異
予負虛心精鑒必不河漢予言也 往時但見霞刻
此擬祖本為集書昨歲胡刺史以家藏宋拓見
貽始知妙處絕非霞本所能傳今又得與此冊
對勘古香滿紙墨彩照人竟是同時之拓甚
然欲覓第三本不易得矣咸豐戊午七月廿九日
題於山左節署之壺青閣 拙鈴道人崇恩

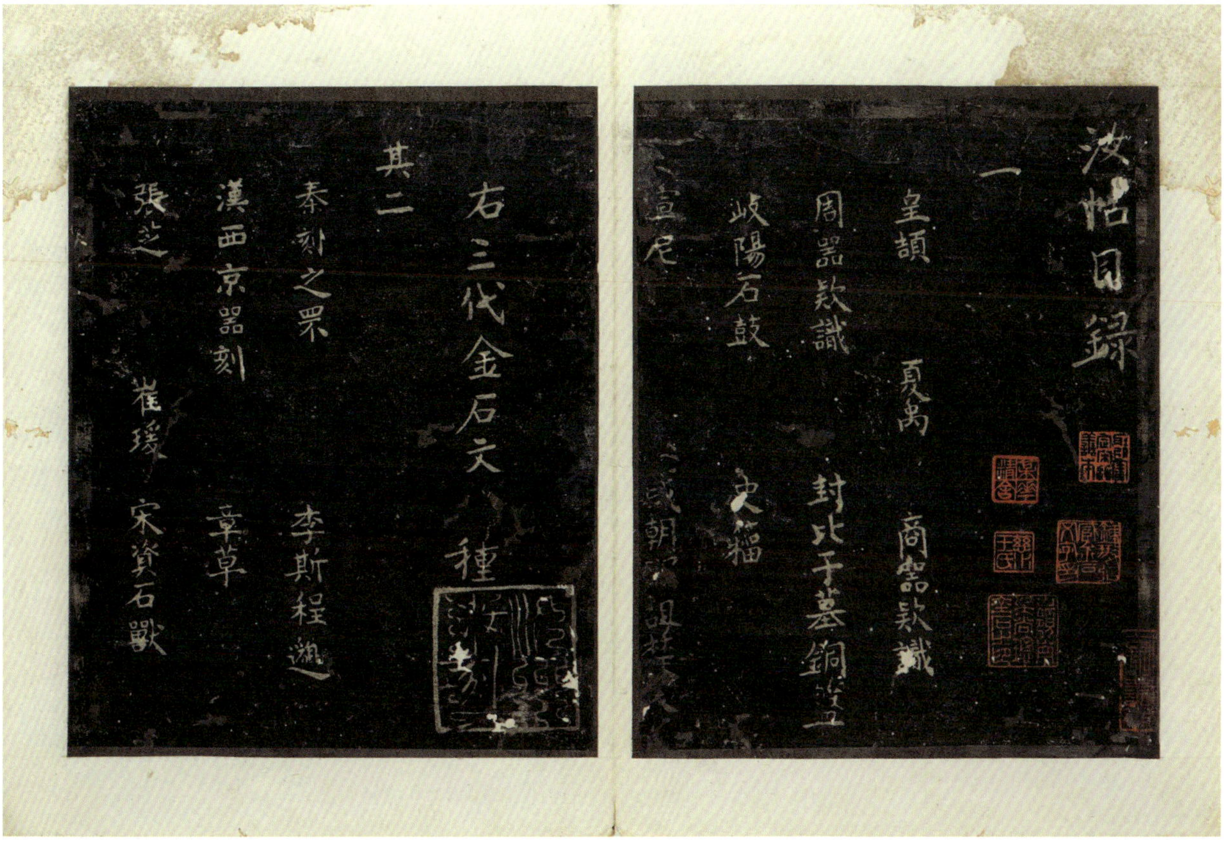

汝帖十二卷　（宋）王寀輯　北宋大觀三年（1109）刻石宋拓本　三册

墨本高 26.3 厘米，廣 20.8 厘米。有“曾在吴石雲處”“嶺南吴尚璁金石之印”“鍾毅弘藏金石文字印”“曉清樓藏”等印，吴榮光題簽，吴尚璁釋文並跋，鍾毅弘眉批並釋文校正。香港中文大學文物館藏（拓本一百零一開半）。第六批國家名録號 12408。

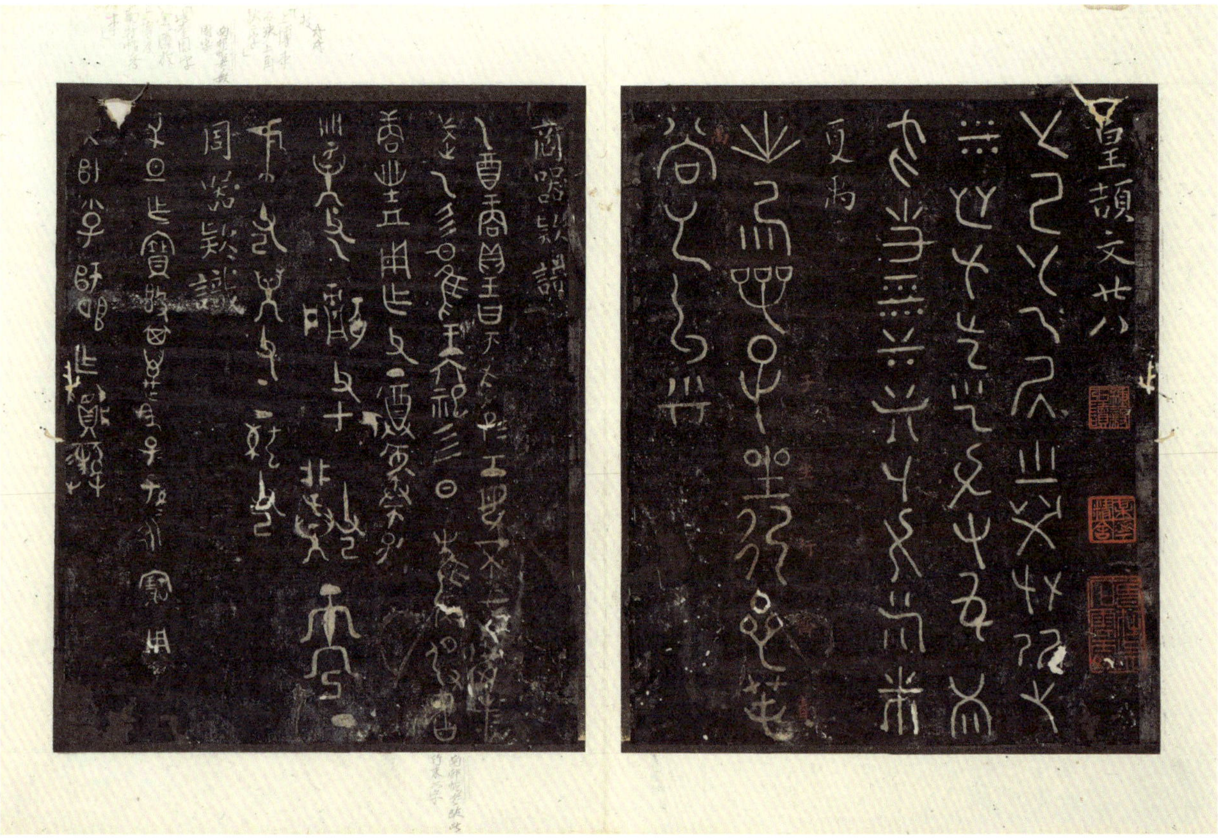
商器款識
周器款識
夏禹

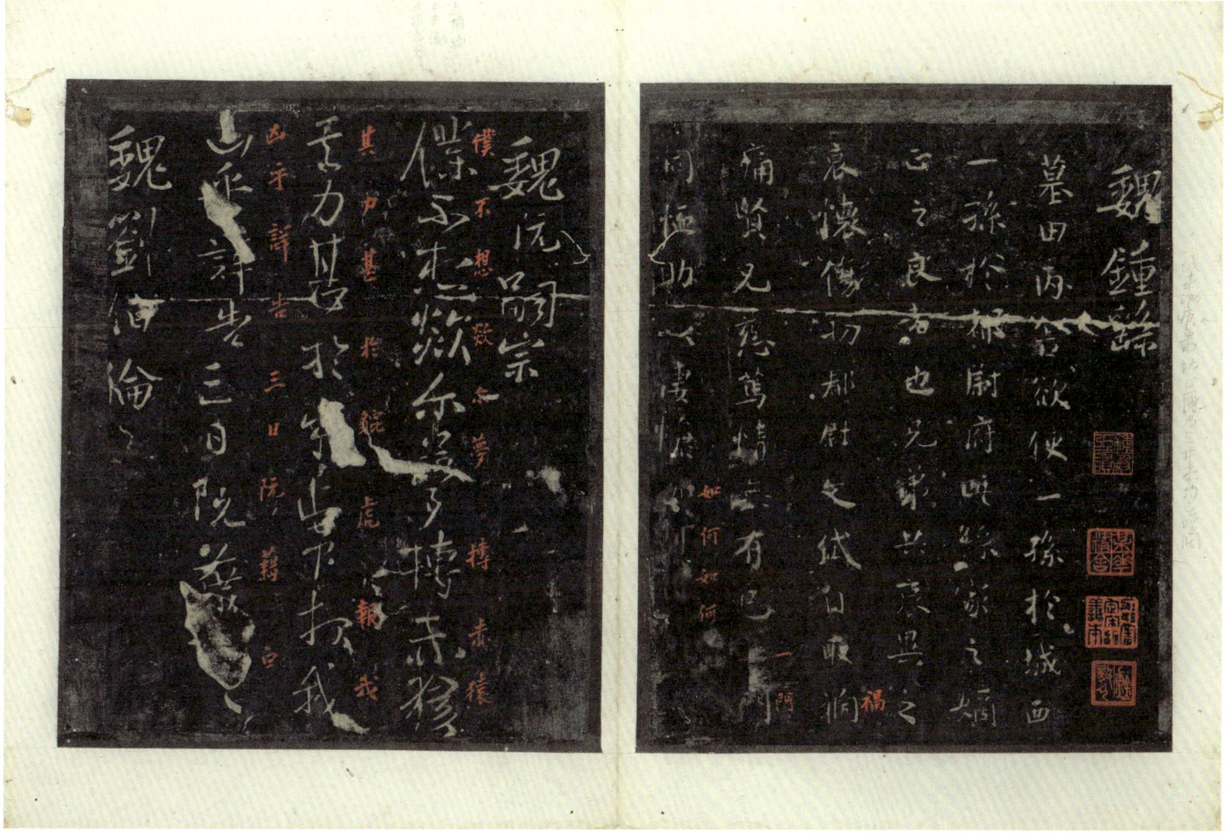

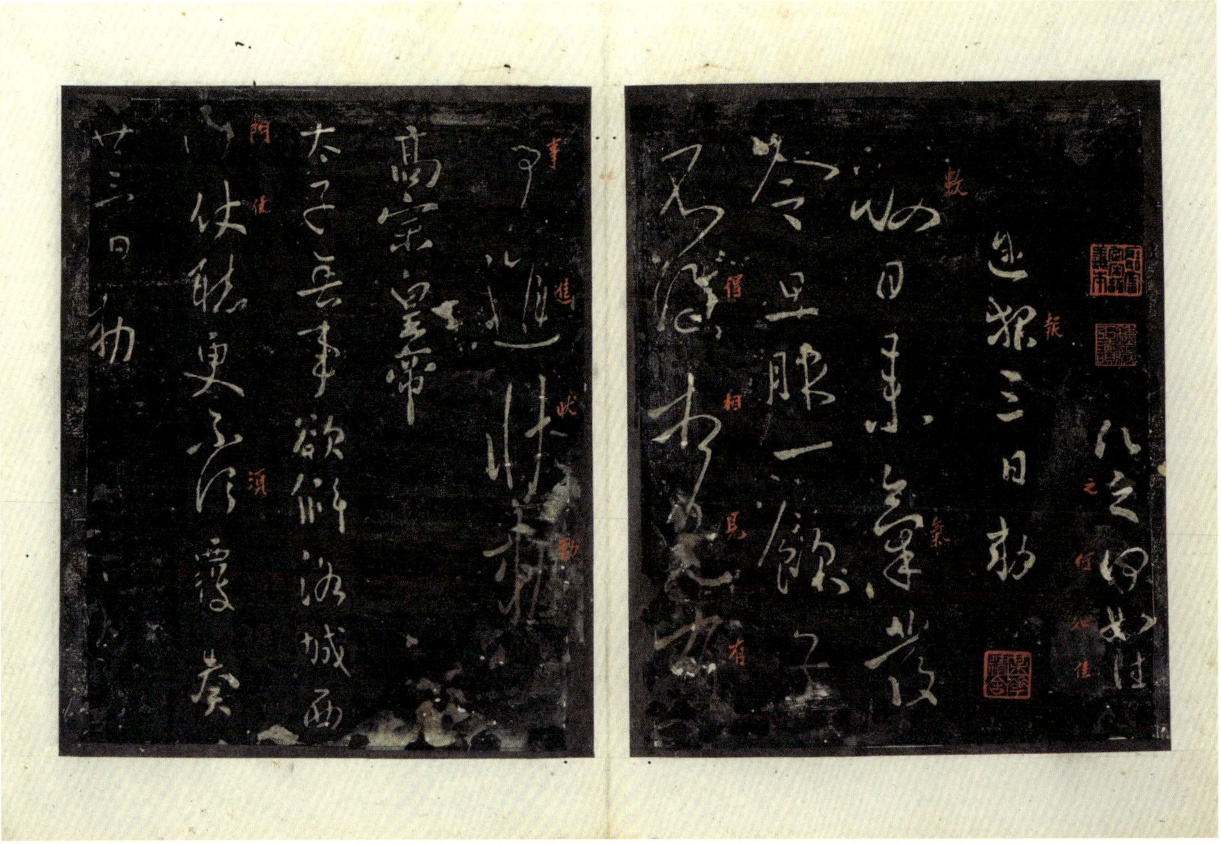

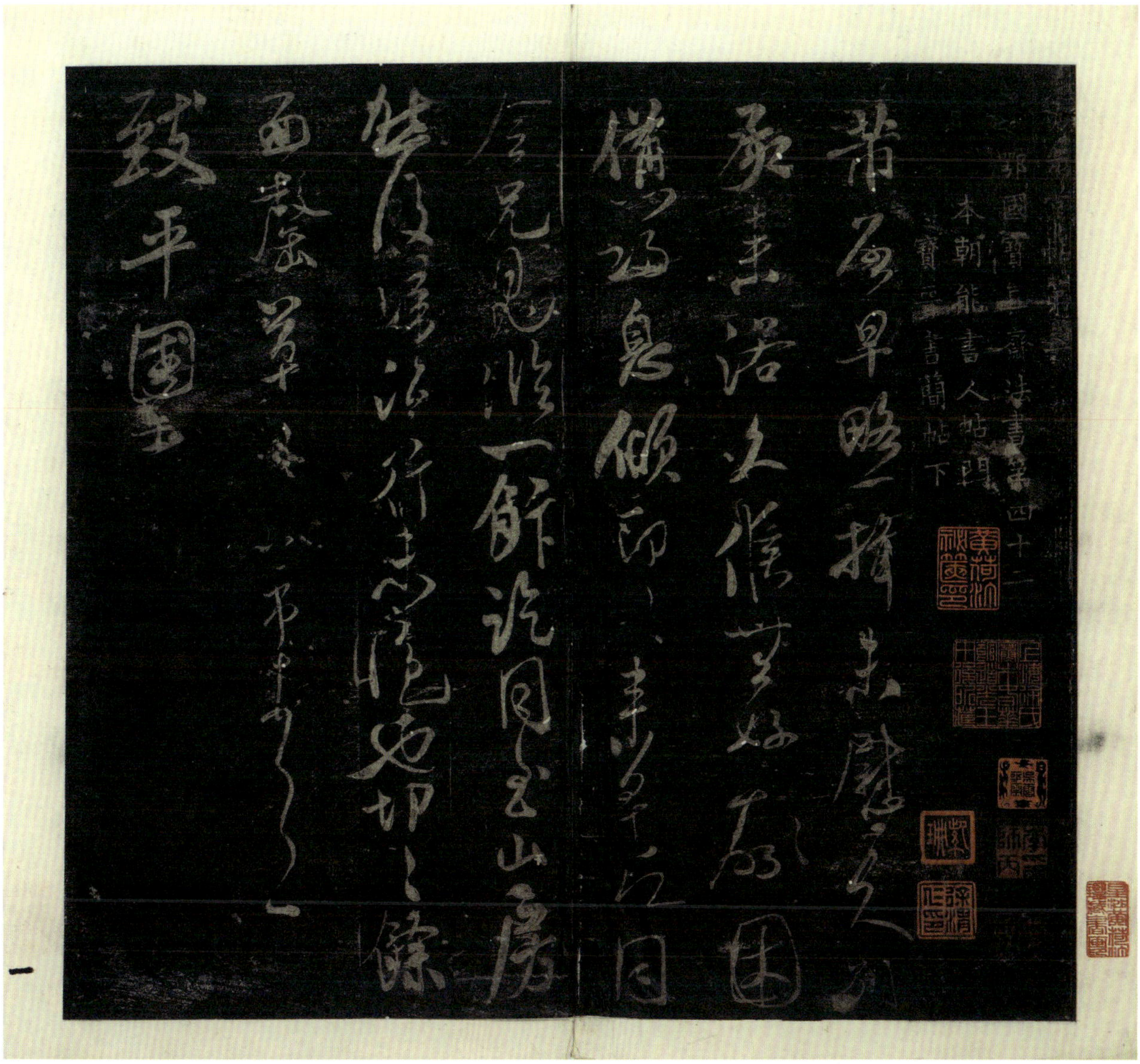

英光堂帖□□卷　（宋）米芾書　（宋）岳珂輯刻　南宋嘉定刻石南宋拓本　二册

墨本高 36 厘米，廣 34 厘米。有“李師丙印”“侯崧高印”“徐紫珊祕篋印”“隨軒”“上海徐氏寒木春華館道光壬午後所藏”“黄芳私印”“黄荷汀四十七歲後所得”“咸豐丙辰後黄氏所藏”“曾收藏於天光衣景樓”等印，侯維岳題簽，吴雲、徐渭仁、楊守敬跋。香港中文大學文物館藏，存一卷（三，拓本二十開）。第六批國家名録號 12409。

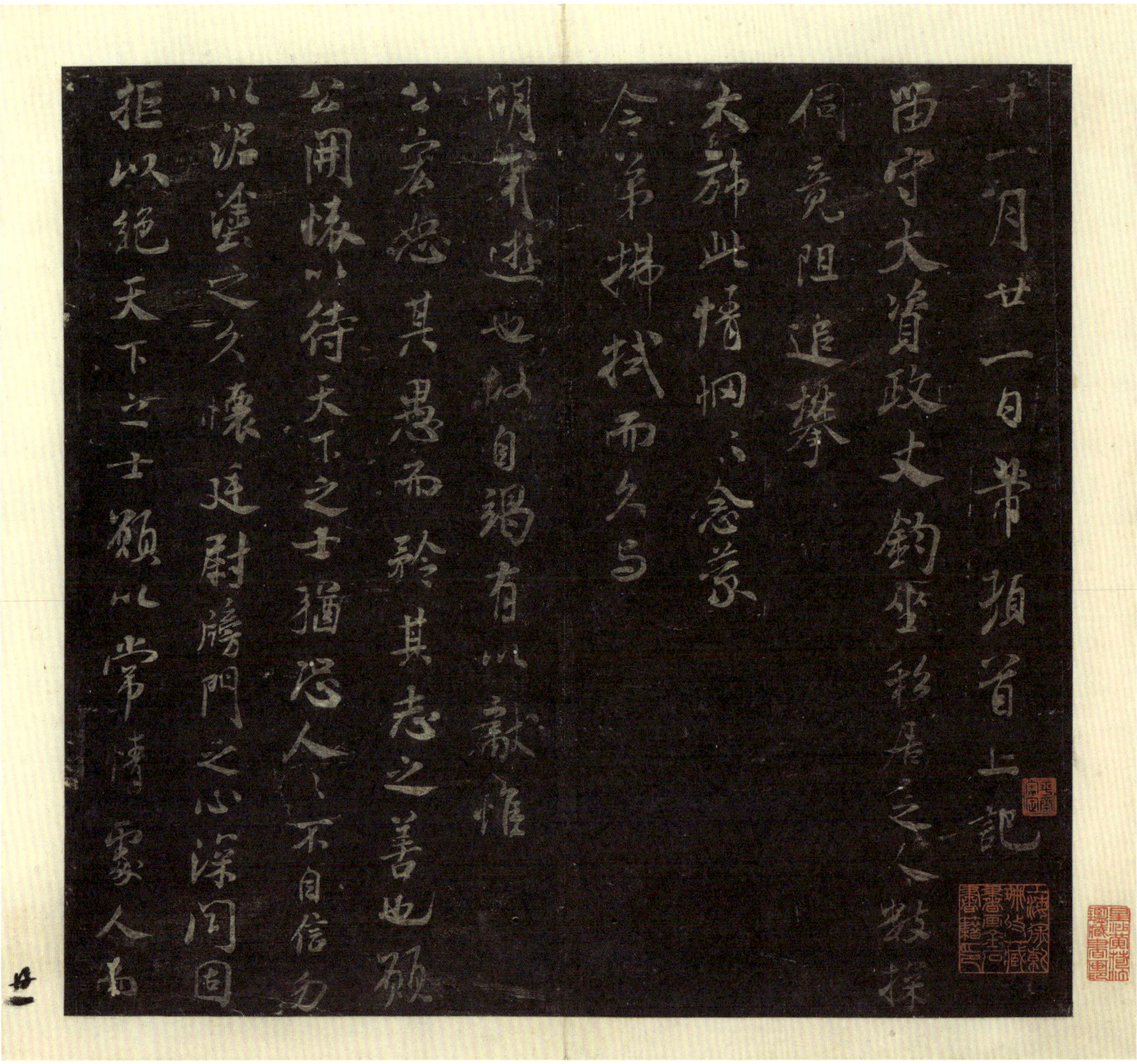
十一月廿一日芾頓首上記
留守大資政丈鈞坐彩居之人數採
伺竟阻追攀
大旆此情悃悃念蒙
令弟拂拭而久與
明英遊也故自竭有以獻惟
公宏恕其愚而矜其志之善也願
公開懷以待天下之士猶恐人人不自信力
以沮塗之久懷廷尉勝門之心深閉固
拒以絕天下之士願以常情處人而

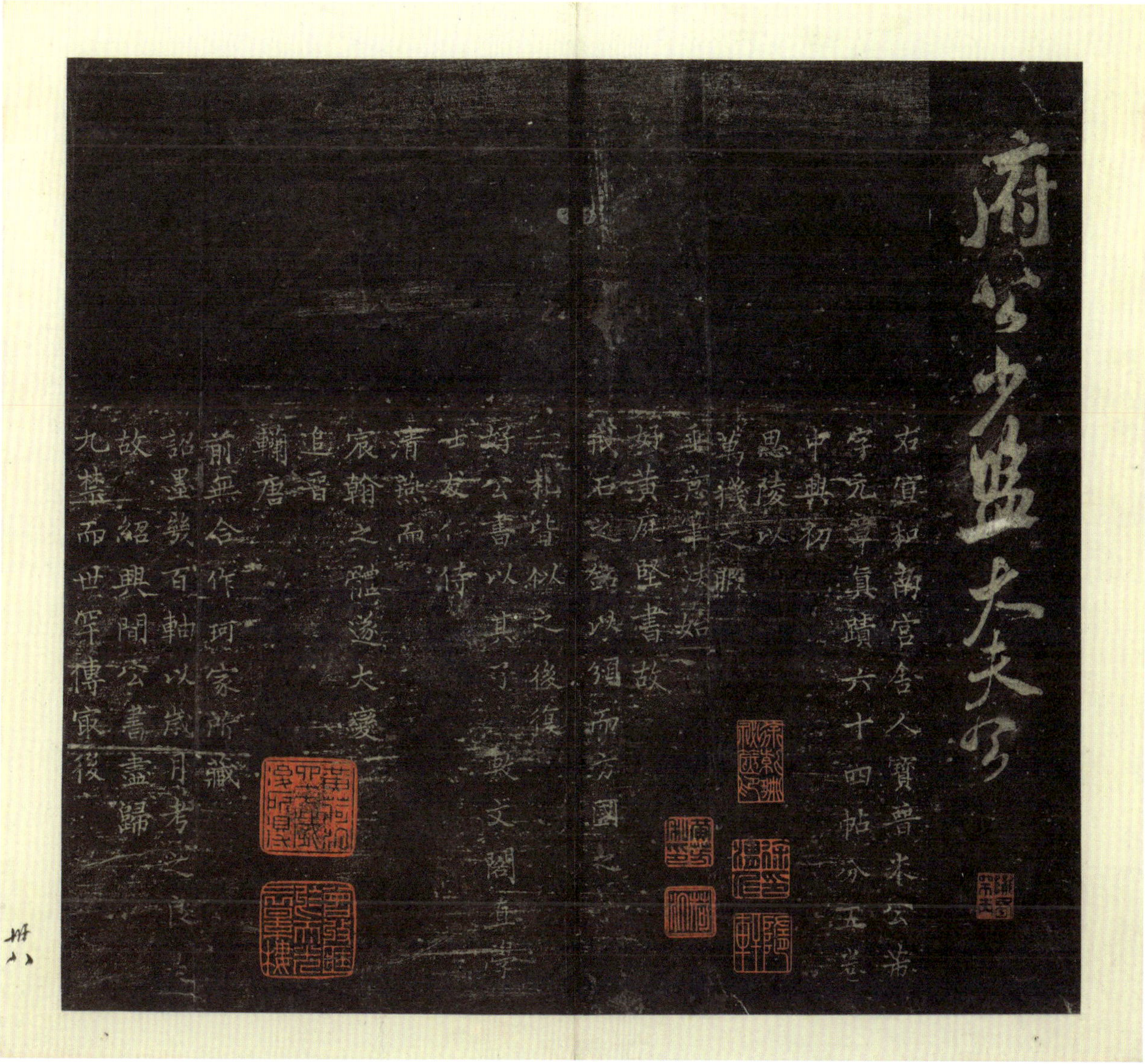
右宣和南宮舍人寶晉米公第
字元章眞蹟六十四帖分五卷
中興初
思陵以
萬機之暇
垂意筆法始
好黃庭堅書故
前無合作珂家所藏
故紹興間公書盡歸
九禁而世罕傳家後

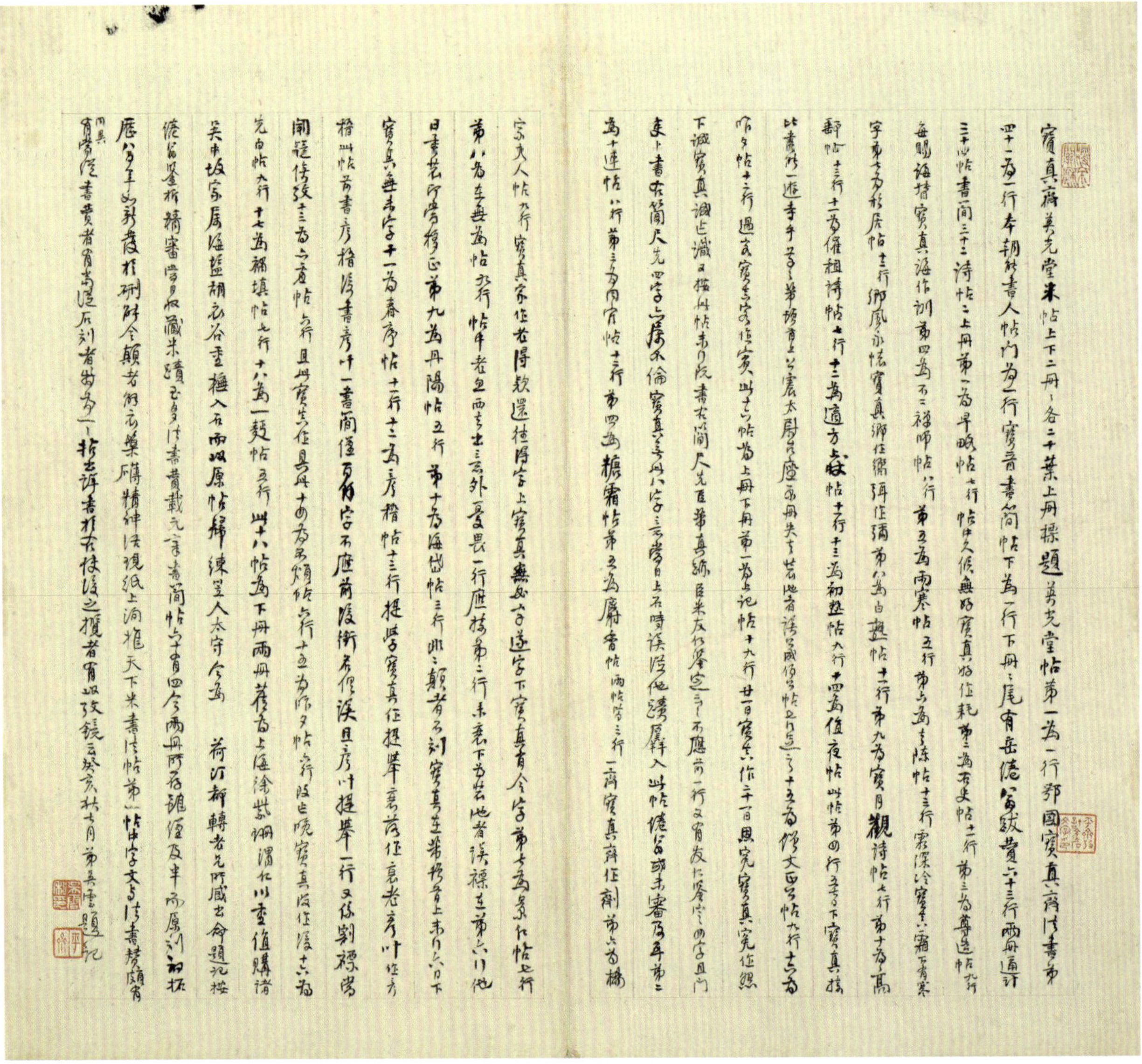

寶真齋英光堂米帖上下二冊，各二十葉。上冊標題英光堂帖第一，為一行，鄧國寶真齋法書第
四十二，為一行，本朝名書人帖門，為一行，寶晉書簡帖下，為一行，下冊尾有岳倦翁跋，凡六十三行，兩冊通計
三十四帖。書簡三十二，詩帖二。上冊第一為早眠帖七行，帖中久候無好，寶真齋作耗。第二為右史帖十二行，第三為尊違帖九行
每賜語替，寶真齋作訓。第四為不二禪師帖八行，第五為雨寒帖五行，第六為李陳帖十三行，寒深冷，寶真齋霜下有寒
字。第七為移居帖十二行，鄉風亦惡，寶真齋鄉作鄉彌。第八為白熱帖十一行，第九為寶月觀詩帖七行，第十為髙
郵帖十三行，十一為催租詩帖七行，十二為適方叔帖十行，十三為初熱帖八行，十四為值夜帖，此帖第四行至第二行下寶真齋校
比書於一遍走手筆之第，頌有上公，震太尉堂亦冊失去，若此者誤以為成何帖，乃誤也。十五為修文正公帖九行，十六為
昨夕帖十六行，過玄寶真齋作寅，此十六帖為上冊。下冊第一為上記帖十九行，廿日寶真齋作二十日，思完寶真齋完作總
下識寶真識，近識又擬此帖末行後書於簡尺先生第真跡，與米友仁鑒定之之，不應前一行又有友仁鑒定四字，且門
吏書於簡尺先四字上，序不倫，寶真齋此八字之前皆自上而下，時誤疑他蹟羼入此帖，倦翁或未審及耳。第二
為十連帖八行，第三為內宮帖十二行，第四為糖霜帖，第五為麝香帖，兩帖皆三行，一齋寶真齋作劑。第六為樵
字夫人帖九行，寶真齋作老得教還，往得字上寶真齋無與字，逆字下寶真齋有令字。第七為景仁帖七行
第八為李無為帖九行，帖中老色西去出三字外憂畏一行，歷樣第二行末裏下為若此者誤標之。第六行他
日書芸印，寶齋移正。第九為丹陽帖五行，第十為海岱帖三行，此二額者不刻，寶真齋第移首上末行六日下
寶真齋無未字。十一為春序帖十行，十二為序稽帖十三行，提舉寶真齋作提舉，寶真齋作襄老序叶作序
稽，此帖前書序稽後書序叶，一書簡僅百餘字，不應前後衔名傳誤，且序叶提舉一行又係割裱嵌
闌題後跋。十三為六月帖六行，且此寶真齋作是此。十四為東煩帖六行，十五為昨夕帖六行，改正晚寶真齋作後。十六為
先白帖八行，十七為補填帖七行，十八為一鼓帖五行，此十八帖為下冊。兩冊舊為上海徐紫珊渭仁所藏，值購諸
吳中坂家房海鹽胡石谷壺極，入石兩冊，原帖歸練塘人太守之盦。荷汀都轉者先所藏，出命題記，按
倦翁鑒析精審，當見所藏米蹟亦多，法書贊載元章書簡帖六十有四，今兩冊所存才過及半，而原刻初拓
歷八百年如新發於硎，則今所見者非亦葉之精神法視紙上淘推天下米書法帖第一，帖中字文與法書贊頗有
異同，蓋法書贊者有所從石刻者出，為之一一指出，詳書於右，使後之覽者有以考鏡云。癸亥秋七月弟吳雲題記

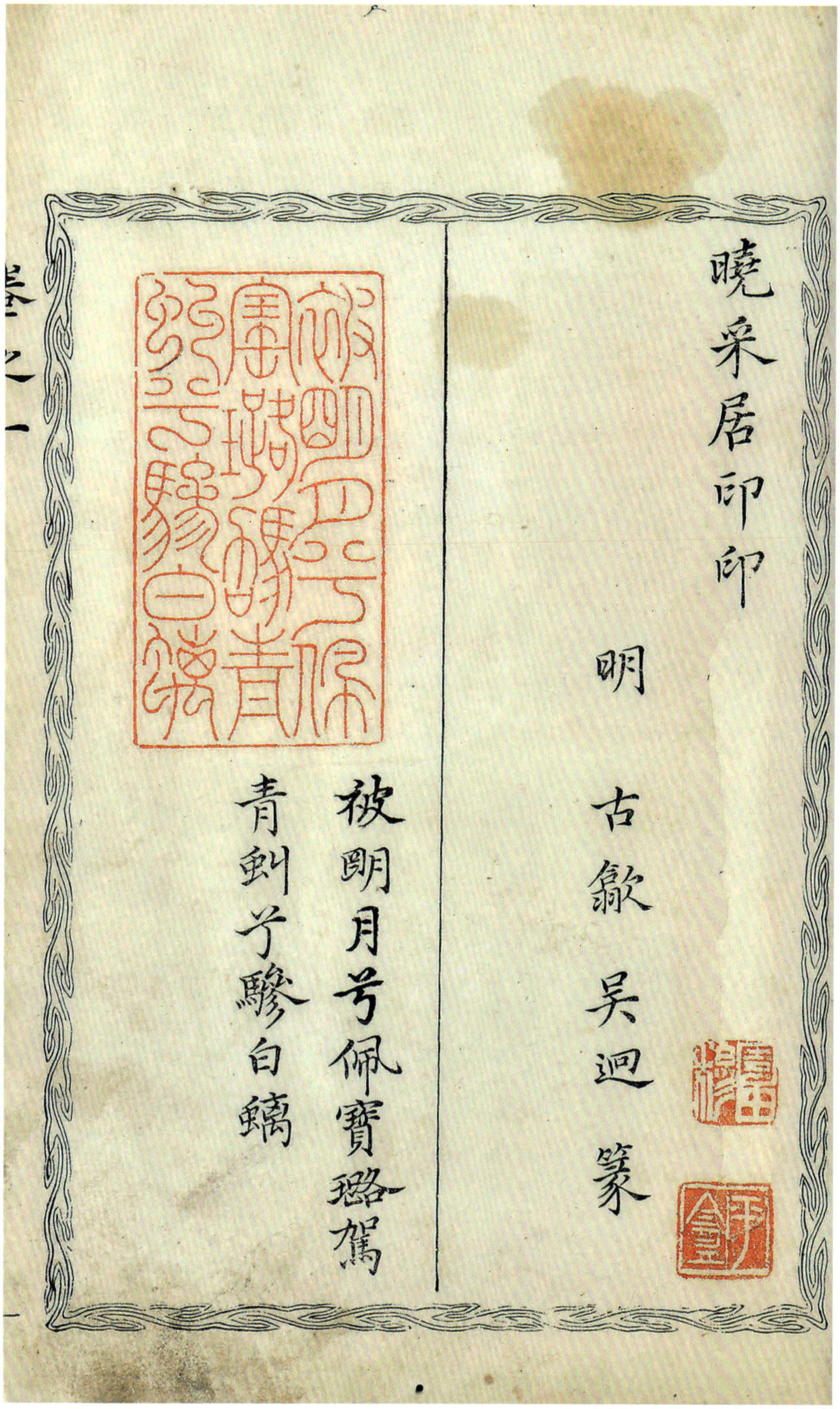

曉采居印印四卷　（明）吴迥篆刻並輯　明萬曆刻鈐印本　三册

有“平盦”“園田穆”等印。香港中文大學圖書館藏。第六批國家名録號 12662。

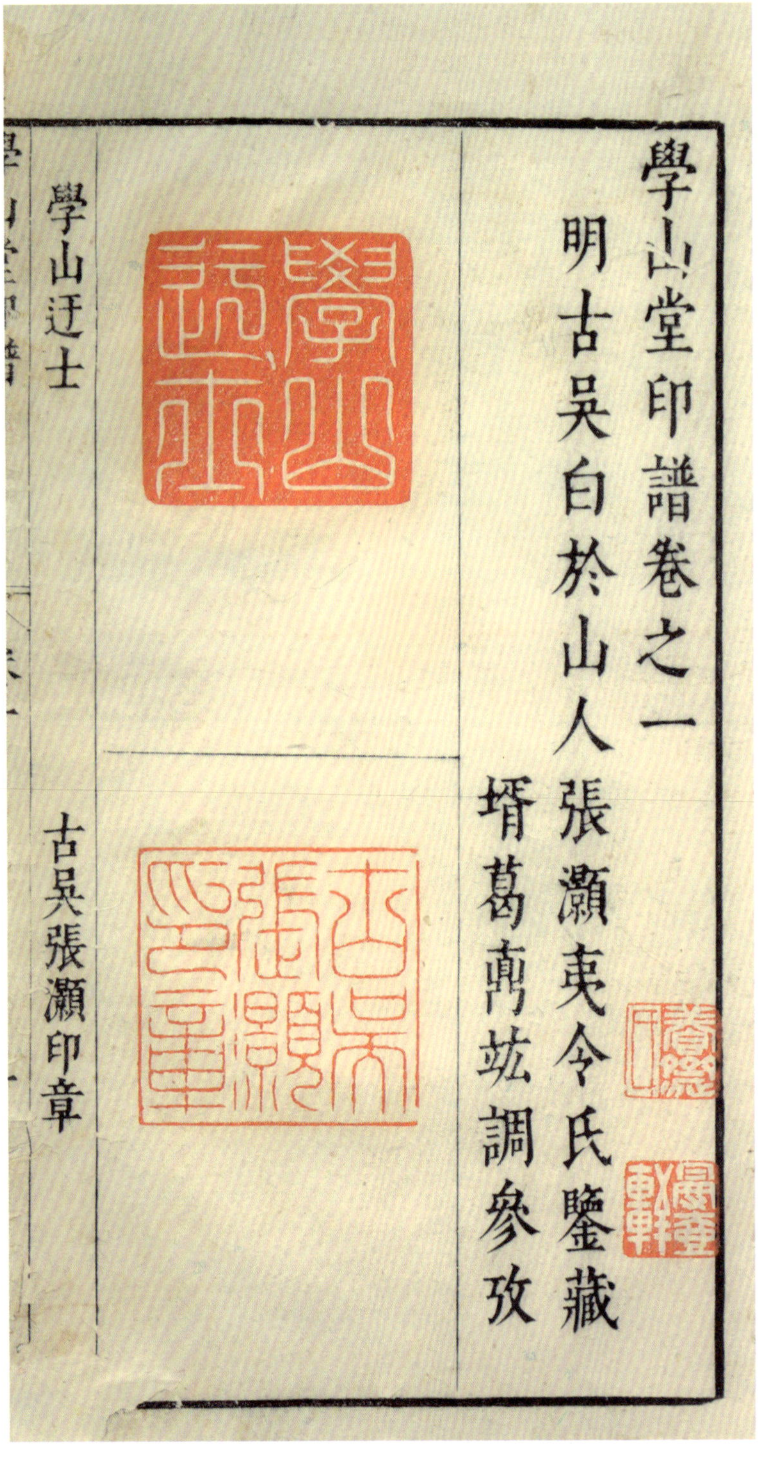

學山堂印譜八卷附學山記一卷學山紀遊一卷學山題詠一卷　（明）張灝輯

明崇禎刻鈐印本　四册

匡高 22.4 厘米，廣 13.2 厘米。行字不等，白口，四周單邊。佛山市圖書館藏，存一卷（一）。

第三批國家名録號 08475。

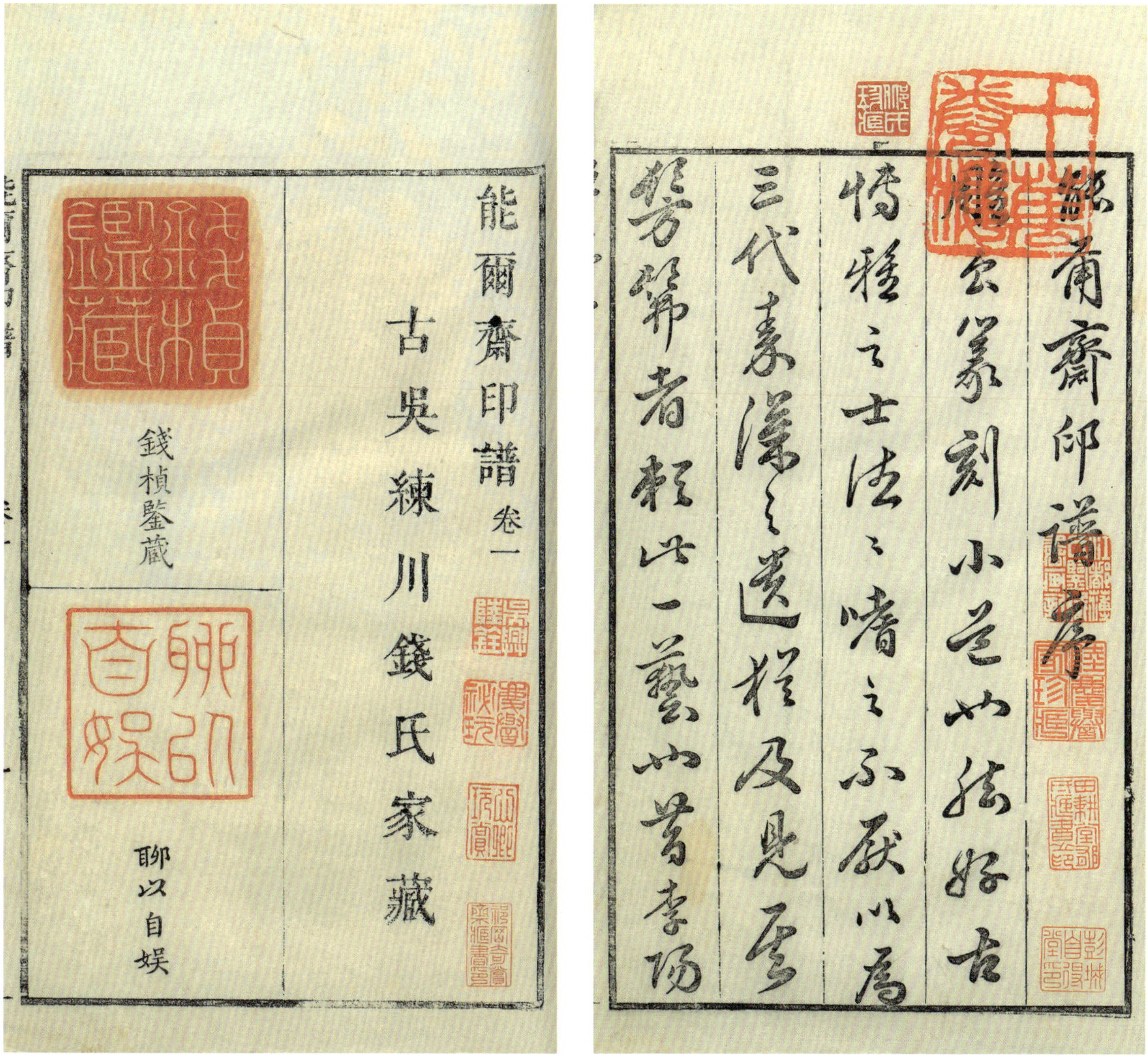

能爾齋印譜六卷　（清）錢楨輯　清康熙刻鈐印本　四册

有“彭城自得堂印”“田耕堂郁氏藏書印”“陸慶譽家珍藏”“江都薄氏鑒藏書畫記”“十萬卷樓”“郱氏珍藏”等印。香港中文大學圖書館藏。第六批國家名録號12658。

粤港澳大灣區國家珍貴古籍名録圖録

下

廣東省立中山圖書館
廣東省古籍保護中心 編

國家圖書館出版社

【子部】

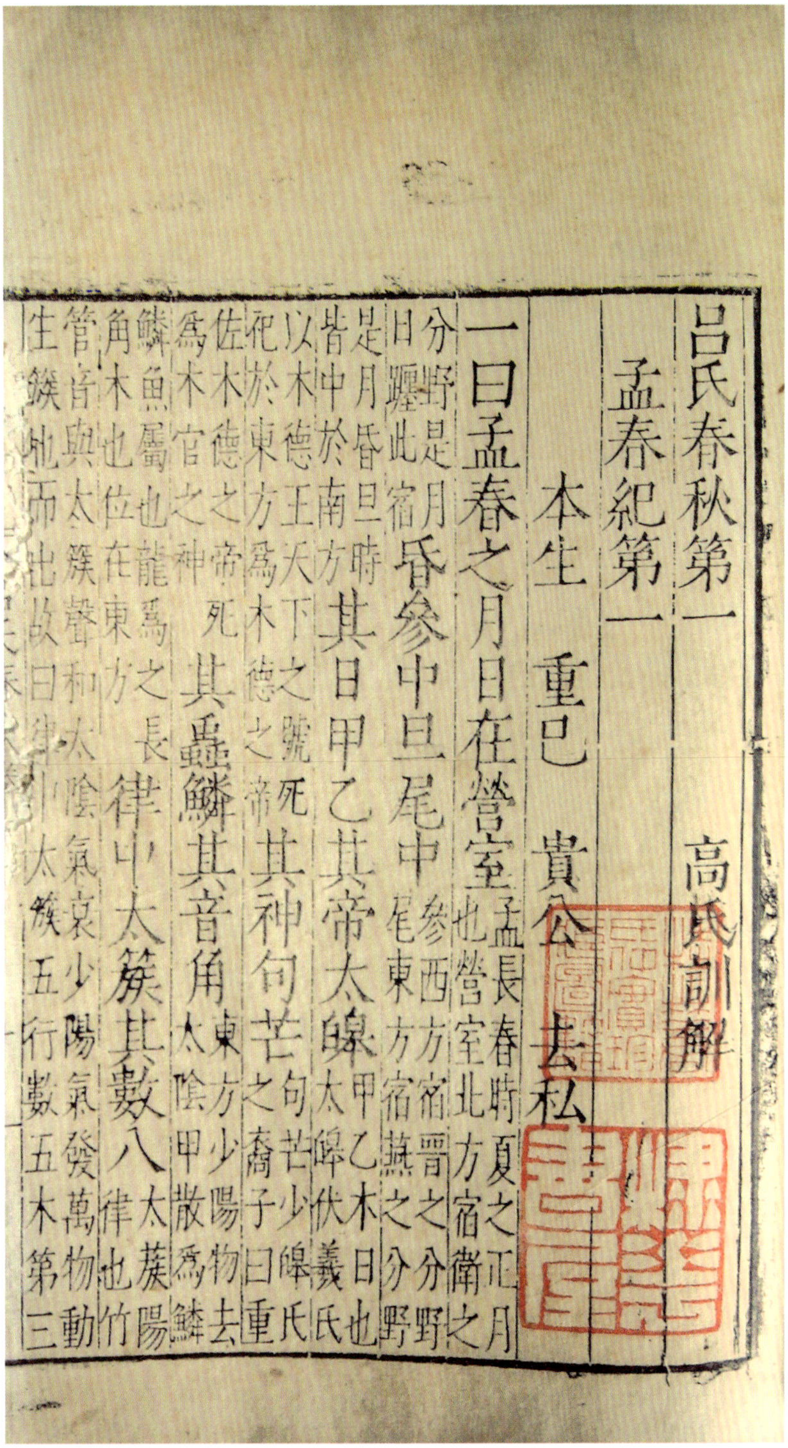

吕氏春秋二十六卷　（漢）高誘注　明嘉靖七年（1528）許宗魯刻本　十六册

匡高 17.9 厘米，廣 13.4 厘米。半葉十行，行十八字，小字雙行同，白口，左右雙邊。有"宜陽嚴氏濱湖家藏""桂林唐氏仲實珍藏圖籍"等印。中山大學圖書館藏。第二批國家名録號 04723。

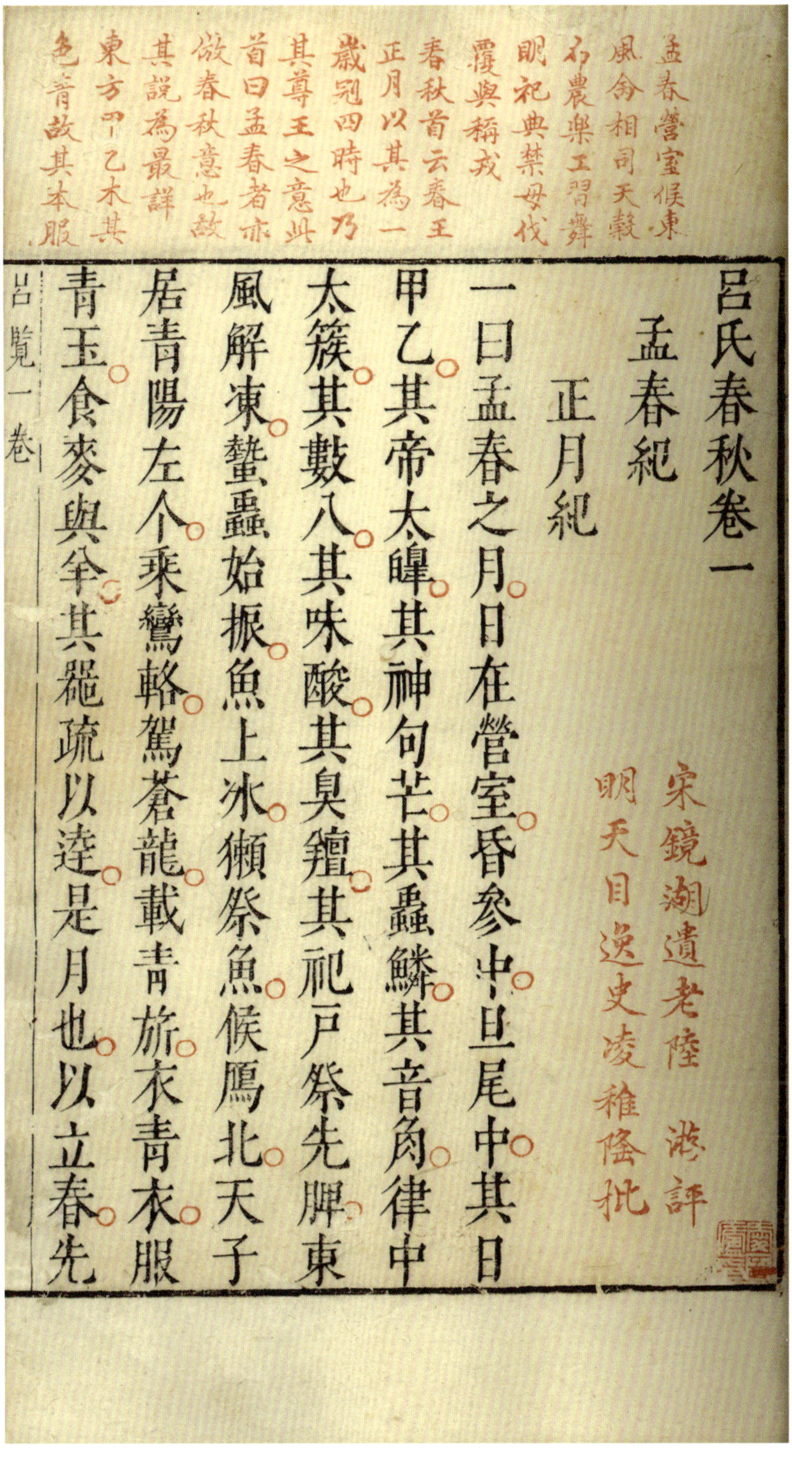

呂氏春秋二十六卷　題（宋）陸游評　（明）凌稚隆批　明萬曆四十八年（1620）凌毓枏刻朱墨套印本　十册

匡高 19.4 厘米，廣 14 厘米。半葉九行，行十八字，白口，四周單邊。廣東省立中山圖書館藏。第一批國家名録號 01861。

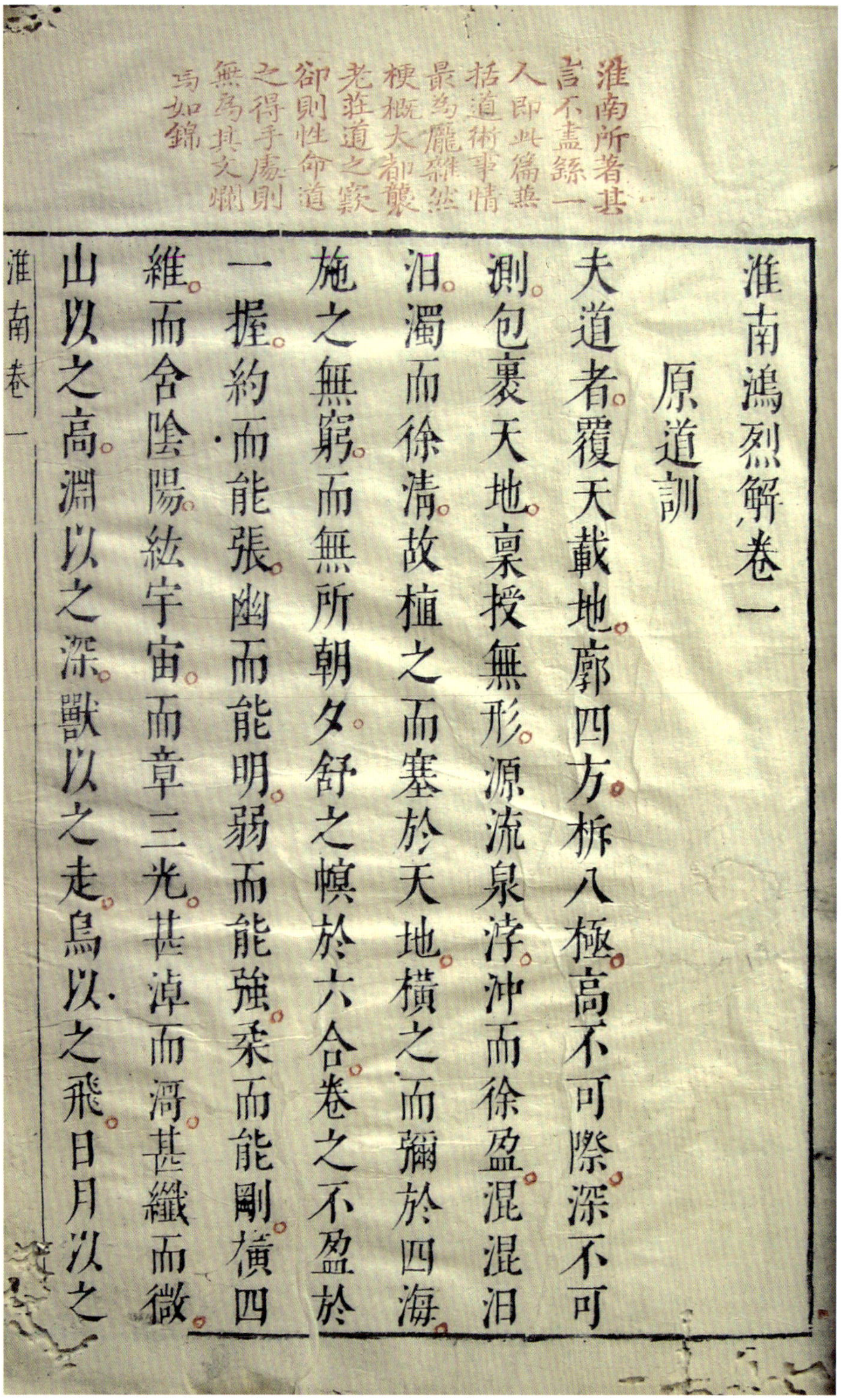
淮南所著甚
言不盡録一
入即此篇蕪
括道術事情
最爲龐雜然
梗概大都襲
老莊道之竅
御則性命道
之得手處則
無爲其文斕
焉如錦

淮南鴻烈解卷一

原道訓

夫道者覆天載地廓四方柝八極高不可際深不可
測包裹天地稟授無形源流泉浡沖而徐盈混混汩
汩濁而徐清故植之而塞於天地横之而彌於四海
施之無窮而無所朝夕舒之幎於六合卷之不盈於
一握約而能張幽而能明弱而能強柔而能剛横四
維而含陰陽紘宇宙而章三光甚淖而滒甚纖而微
山以之高淵以之深獸以之走鳥以之飛日月以之

淮南卷一

淮南鴻烈解二十一卷　（漢）劉安撰　（明）茅坤等評　明刻朱墨套印本　八册

匡高 20.8 厘米，廣 14.7 厘米。半葉九行，行二十字，白口，四周單邊。有“積古齋”“南陵徐氏珍藏書畫印”等印。中山大學圖書館藏。第一批國家名録號 01865。

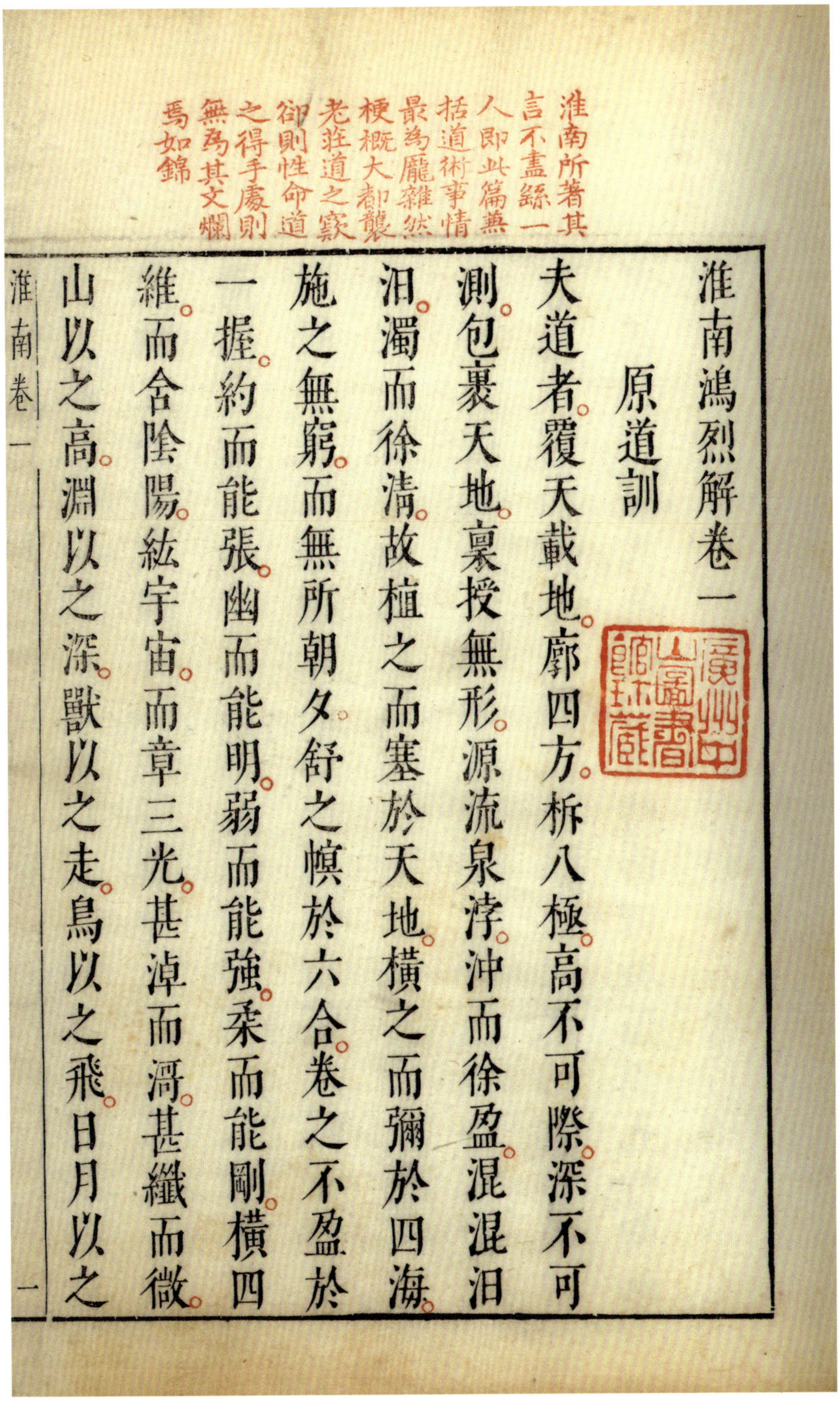
淮南所著其言不盡録一人即此篇兼括道術事情最爲龐雜然梗概大都襲老莊道之竅御則性命道之得手處則無爲其文爛焉如錦

淮南鴻烈解卷一

原道訓

夫道者覆天載地廓四方柝八極高不可際深不可測包裹天地稟授無形源流泉浡沖而徐盈混混汩汩濁而徐清故植之而塞於天地橫之而彌於四海施之無窮而無所朝夕舒之幎於六合卷之不盈於一握約而能張幽而能明弱而能強柔而能剛橫四維而含陰陽紘宇宙而章三光甚淖而滒甚纖而微山以之高淵以之深獸以之走鳥以之飛日月以之

淮南卷一　一

淮南鴻烈解二十一卷　（漢）劉安撰　（明）茅坤等評　明刻朱墨套印本　十册

匡高 20.8 厘米，廣 14.7 厘米。半葉九行，行二十字，白口，四周單邊。有“樹滋堂圖書”等印。廣東省立中山圖書館藏。第一批國家名録號 01866。

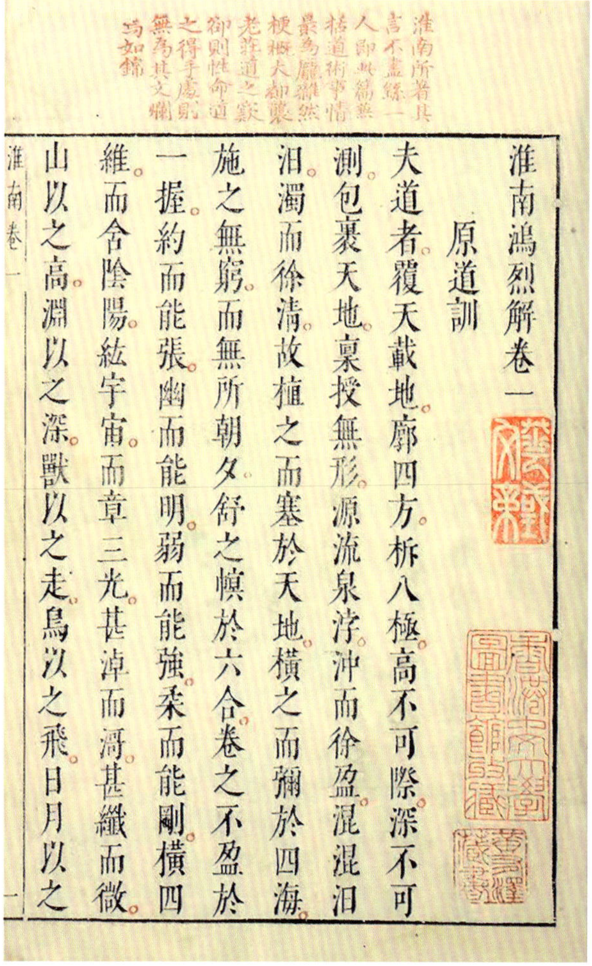

淮南鴻烈解卷一

原道訓

夫道者覆天載地廓四方柝八極高不可際深不可測包裹天地稟授無形源流泉浡沖而徐盈混混汩汩濁而徐清故植之而塞於天地橫之而彌於四海施之無窮而無所朝夕舒之幎於六合卷之不盈於一握約而能張幽而能明弱而能強柔而能剛橫四維而含陰陽紘宇宙而章三光甚淖而滒甚纖而微山以之高淵以之深獸以之走鳥以之飛日月以之

淮南卷一　一

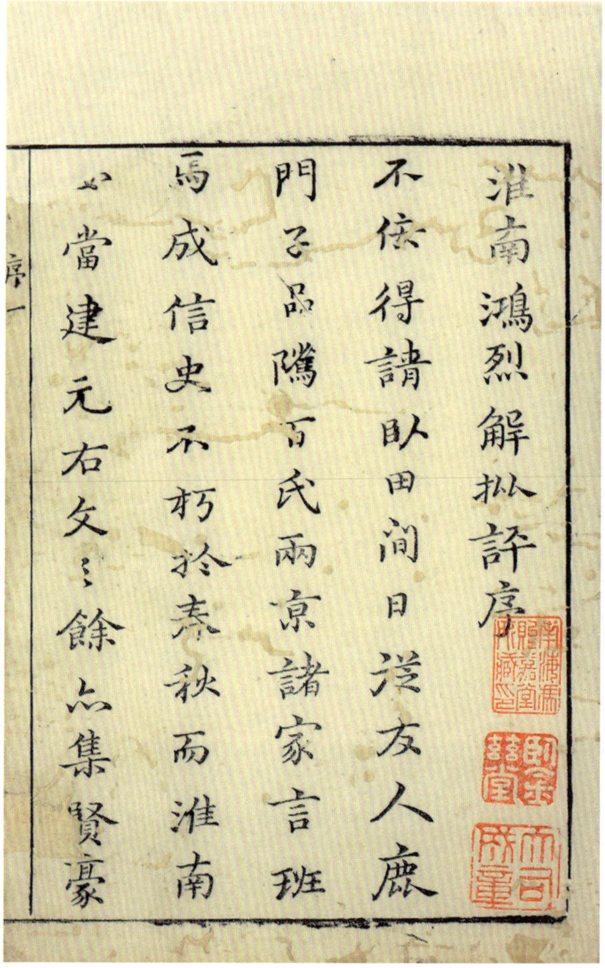

淮南鴻烈解批評序

不佞得請卧田間日從友人鹿門子品騭百氏兩京諸家言班馬成信史不朽於春秋而淮南當建元右文之餘亦集賢豪

序一

淮南鴻烈解二十一卷　（漢）劉安撰　（明）茅坤等評　明刻朱墨套印本　四册

匡高 20.8 厘米，廣 14.6 厘米。半葉九行，行二十字，白口，四周單邊。有“黄有澤藏書”等印。香港中文大學圖書館藏。第六批國家名録號 12670。

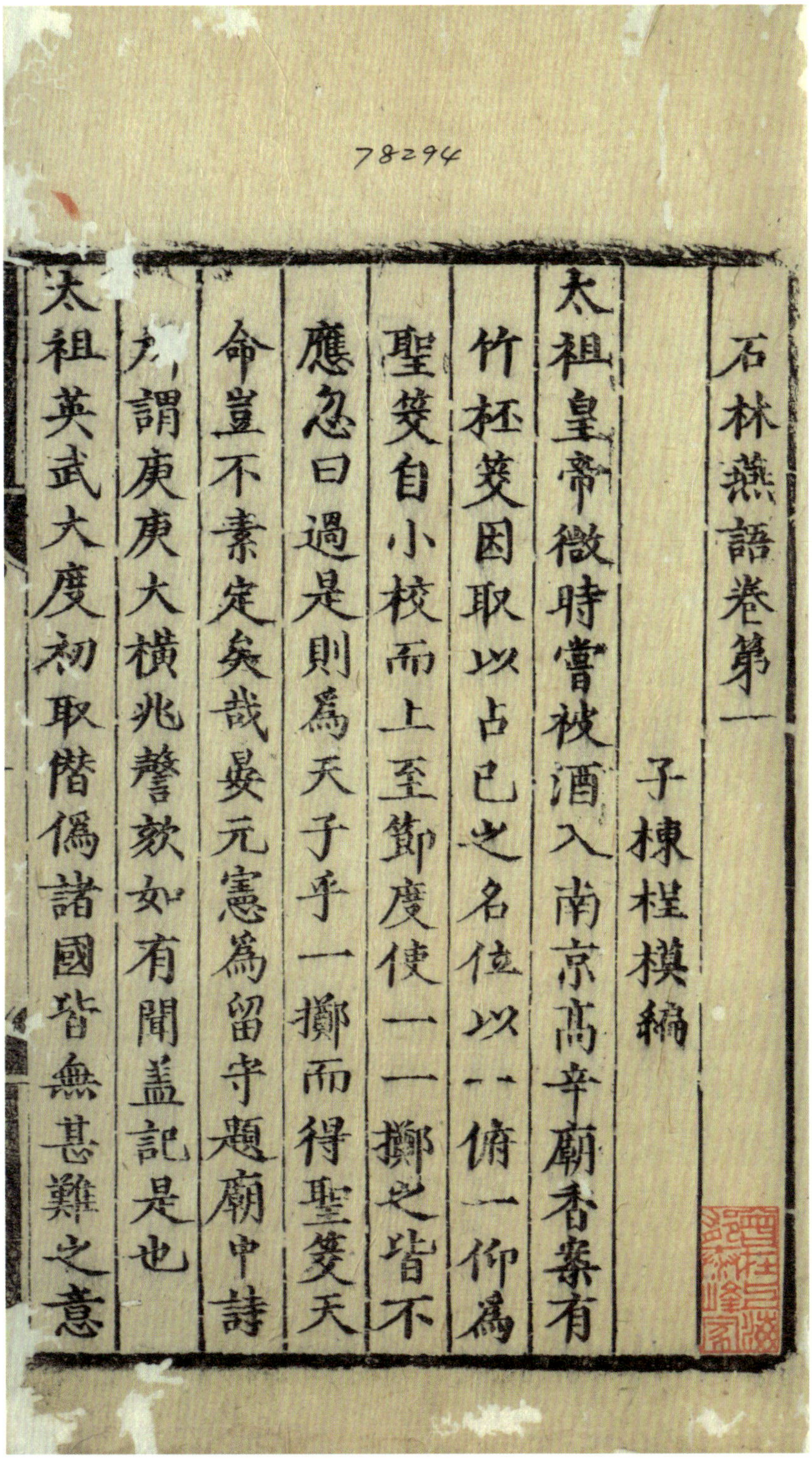

石林燕語十卷　（宋）葉夢得撰　明正德元年（1506）楊武刻本　五册

匡高 20.7 厘米，廣 14.6 厘米。半葉九行，行十八字，黑口，四周單邊。有“曾在上海郁泰峰家”等印。華南師範大學圖書館藏。第三批國家名録號 08498。

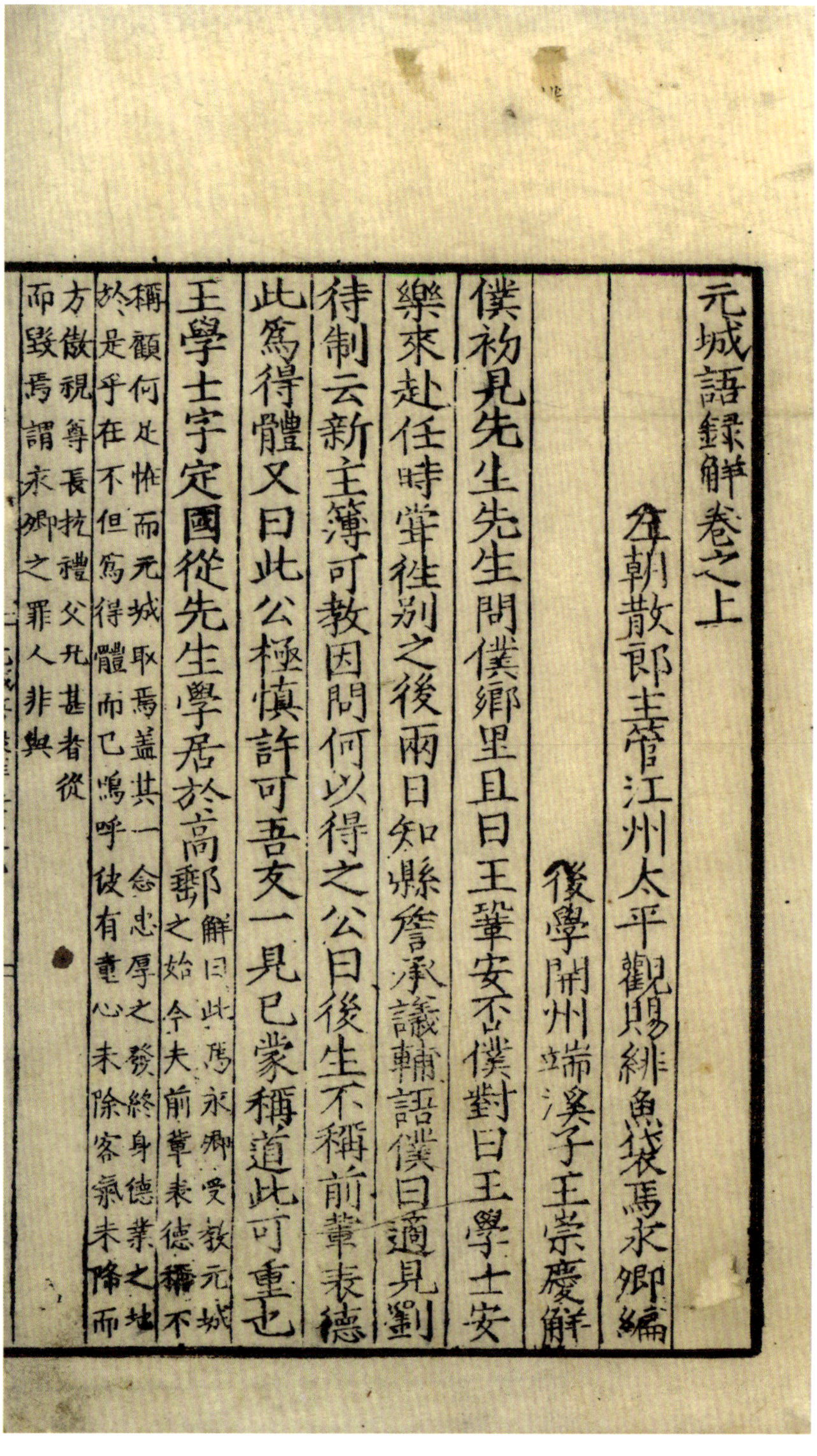

元城語録解卷之上

宋朝散郎主管江州太平觀賜緋魚袋馬永卿編

後學開州端溪子王崇慶解

僕初見先生先生問僕鄉里且曰王輩安否僕對曰王學士安樂來赴任時嘗往别之後兩日知縣詹承議輔語僕曰適見劉待制云新主簿可教因問何以得之公曰後生不稱前輩表德此爲得體又曰此公極慎許可吾友一見已蒙稱道此可重也王學士字定國從先生學居於高郵解曰此爲永卿受教元城之始今夫前輩表德稱不稱顧何足怪而元城取焉蓋其一念忠厚之發終身德業之地於是乎在不但爲得體而已嗚呼彼有輕心未除客氣未除而方傲視尊長抗禮父兄甚者從而毀焉謂永卿之罪人非與

元城語録解三卷附行録解一卷　（明）王崇慶撰　明刻本　二册

匡高 22.4 厘米，廣 15.3 厘米。半葉十行，行二十四字，小字雙行同，白口，四周單邊。有“掃塵齋積書記”等印。廣東省立中山圖書館藏。第三批國家名録號 08501。

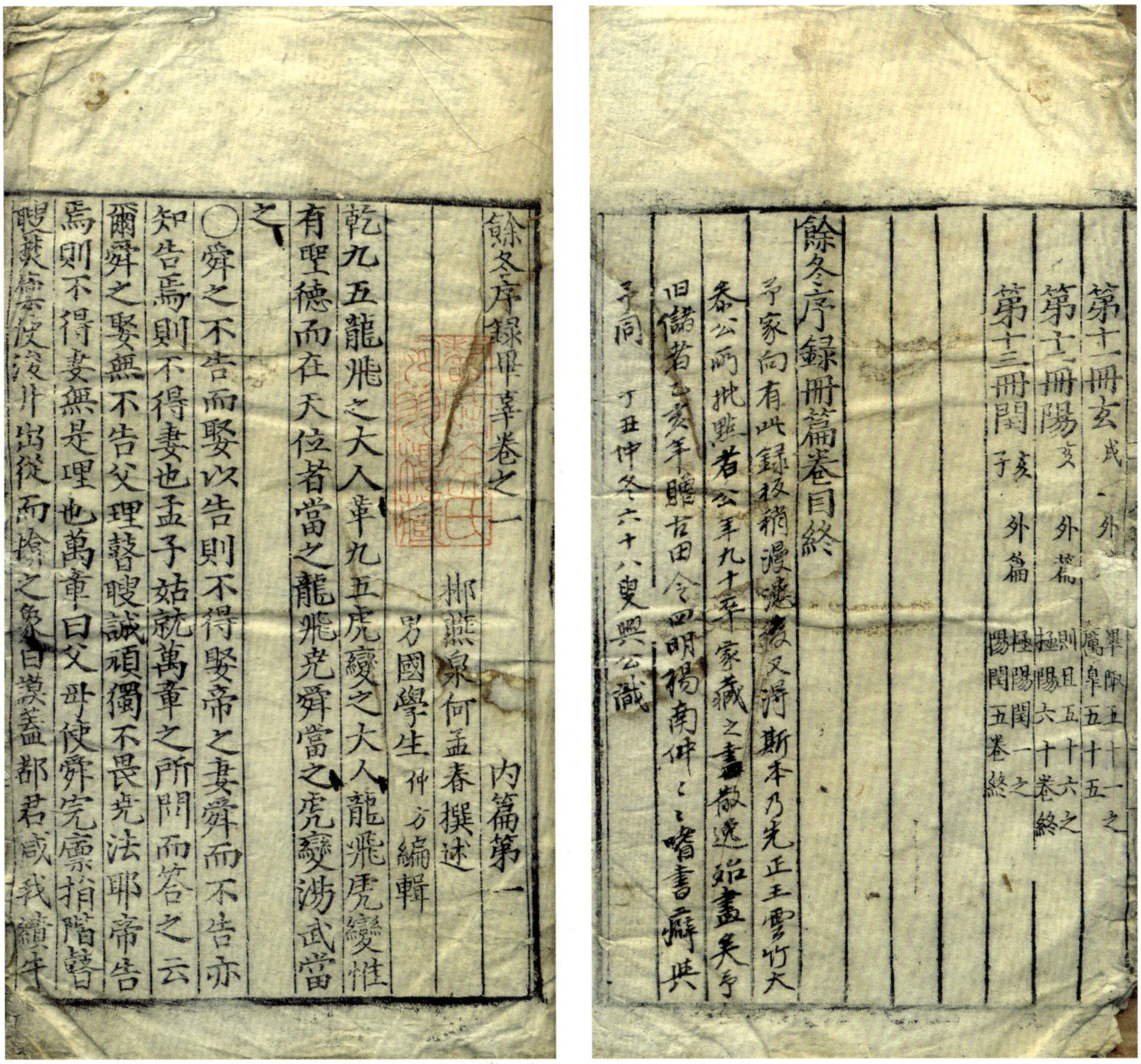

餘冬序録六十五卷　（明）何孟春撰　明嘉靖七年（1528）郴州何氏家塾刻本　十三册

匡高 20.7 厘米，廣 13.9 厘米。半葉十一行，行二十一字，白口，左右雙邊。有“鰲峰徐氏宛羽樓藏”等印，佚名朱墨筆批注，徐炳跋。暨南大學圖書館藏。第五批國家名録號 11778。

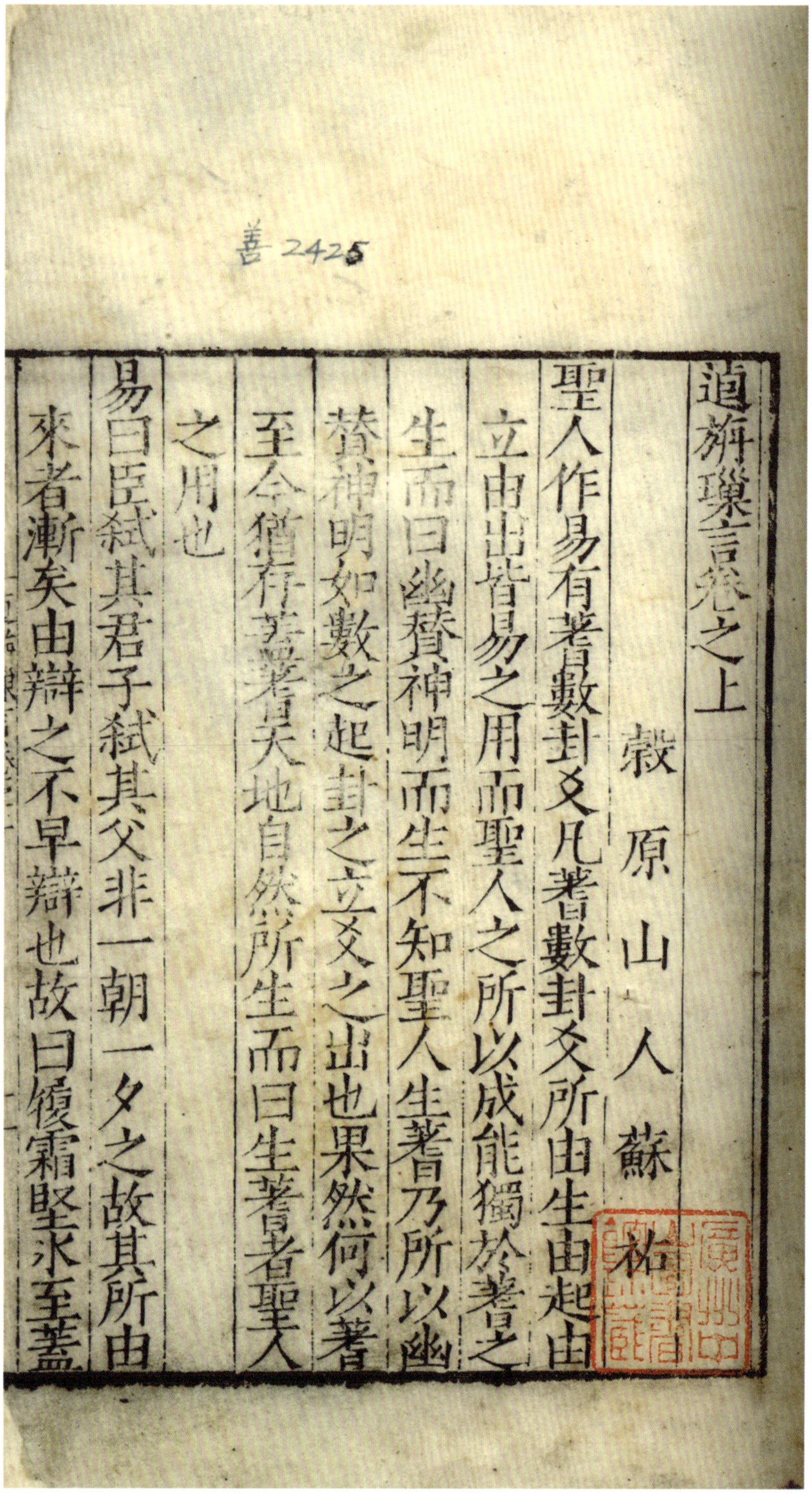

逌旃璅言二卷　（明）蘇祐撰　明嘉靖刻本　二册

匡高 18.4 厘米，廣 13.6 厘米。半葉十行，行二十字，白口，左右雙邊。有“彭城郡圖書”等印。廣東省立中山圖書館藏。第二批國家名録號 04755。

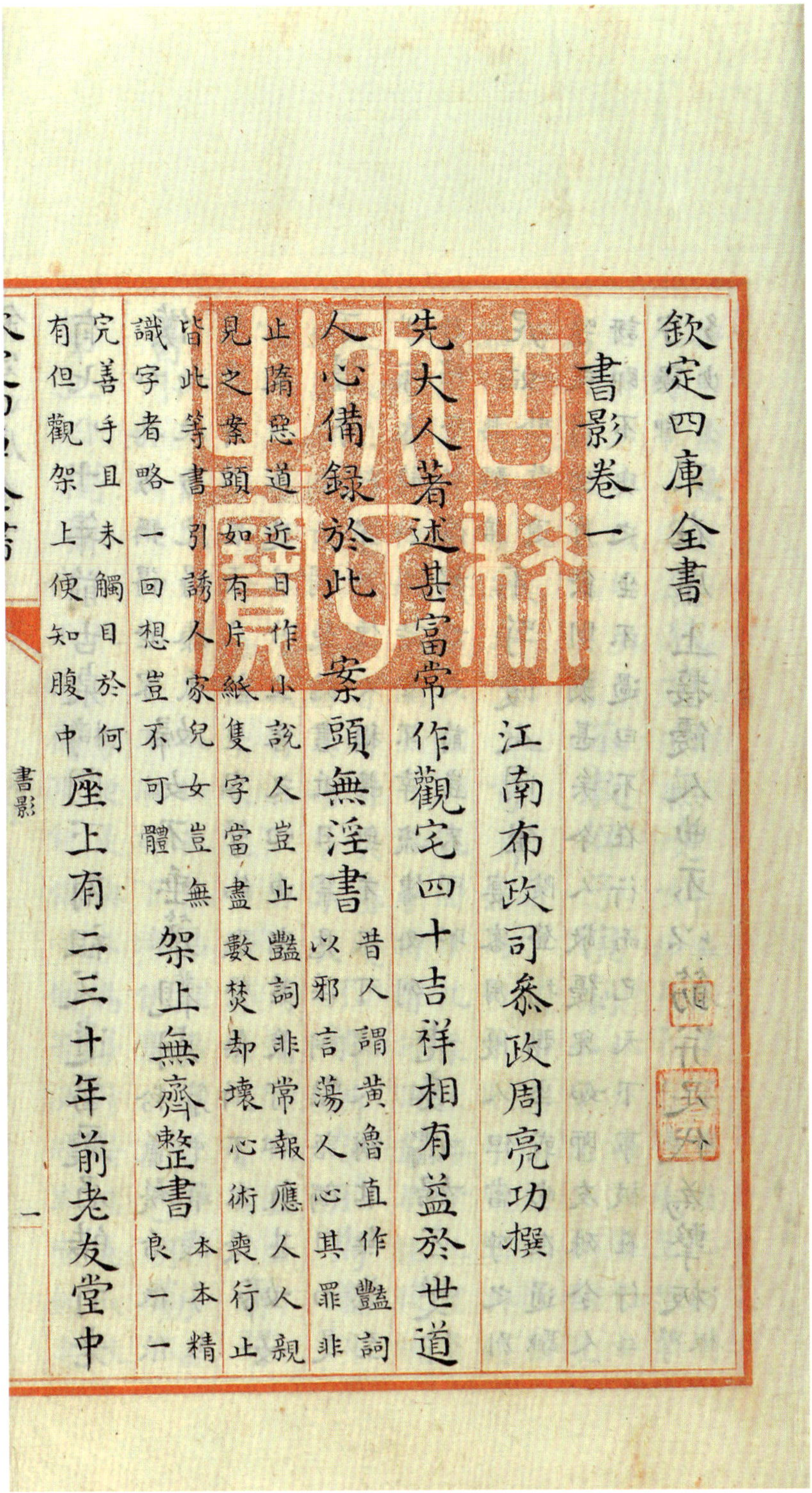
欽定四庫全書
書影卷一
江南布政司叅政周亮功撰
先大人著述甚富常作觀宅四十吉祥相有益於世道
人心備録於此 案頭無淫書昔人謂黃魯直作豔詞以邪言蕩人心其罪非
止隋惡道近日作小說人豈止豔詞非常報應人人親見之案頭如有片紙隻字當盡數焚卻壞心術喪行止
皆此等書引誘人家兒女豈無識字者略一回想豈不可體 架上無齊整書本本精良一一
完善手且未觸目於何有但觀架上便知腹中 座上有二三十年前老友堂中
書影 一

書影十卷 （清）周亮工撰 清乾隆内府寫南三閣四庫全書本 八册

匡高 21 厘米，廣 13.9 厘米。半葉八行，行二十一字，紅格，白口，四周雙邊。有“古稀天子之寶”“乾隆御覽之寶”等印。香港中文大學圖書館藏。第六批國家名録號 12677。

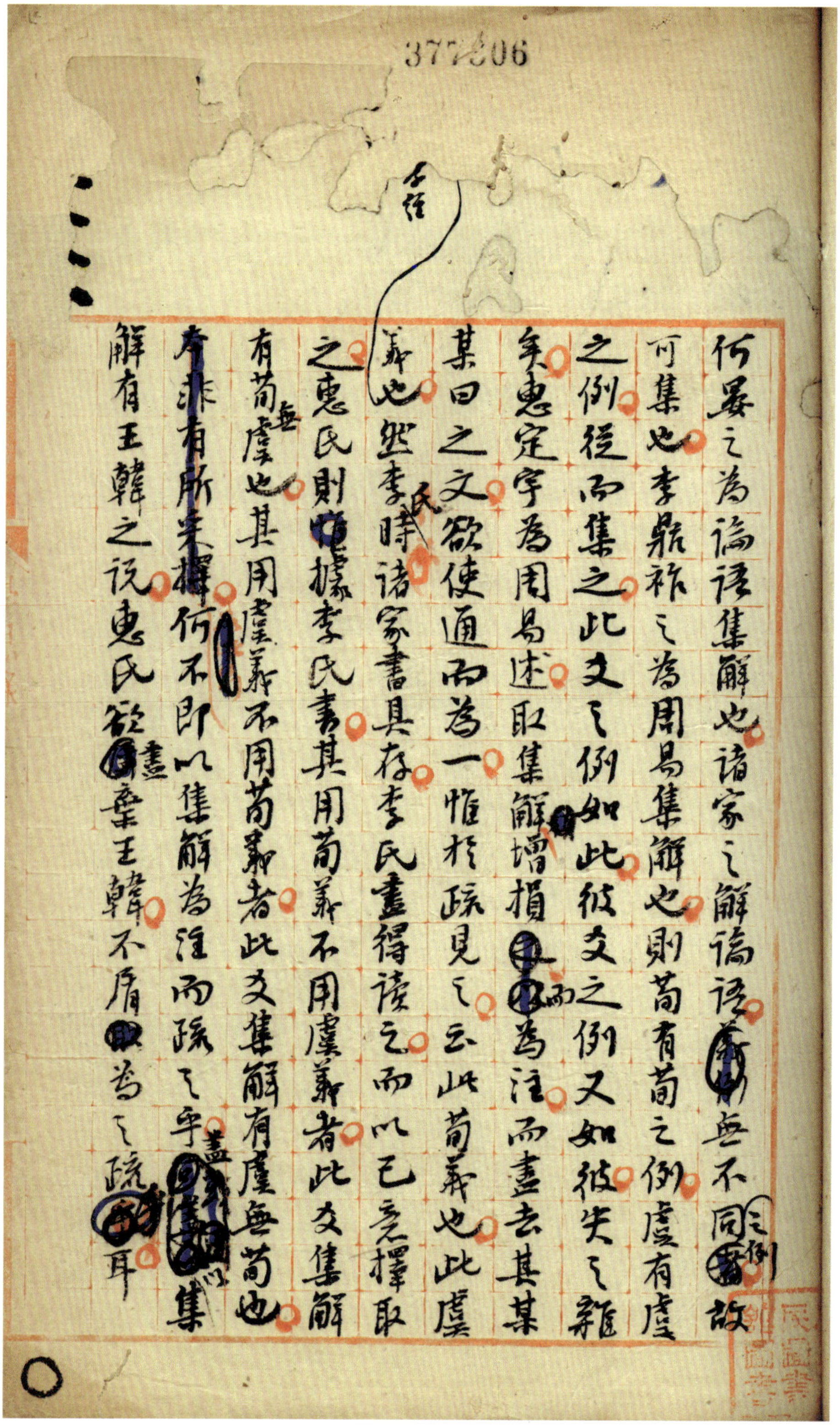

東塾讀書記不分卷　（清）陳澧撰　稿本　十一册

有"陳澧之印"等印。廣東省立中山圖書館藏。第二批國家名録號04776。

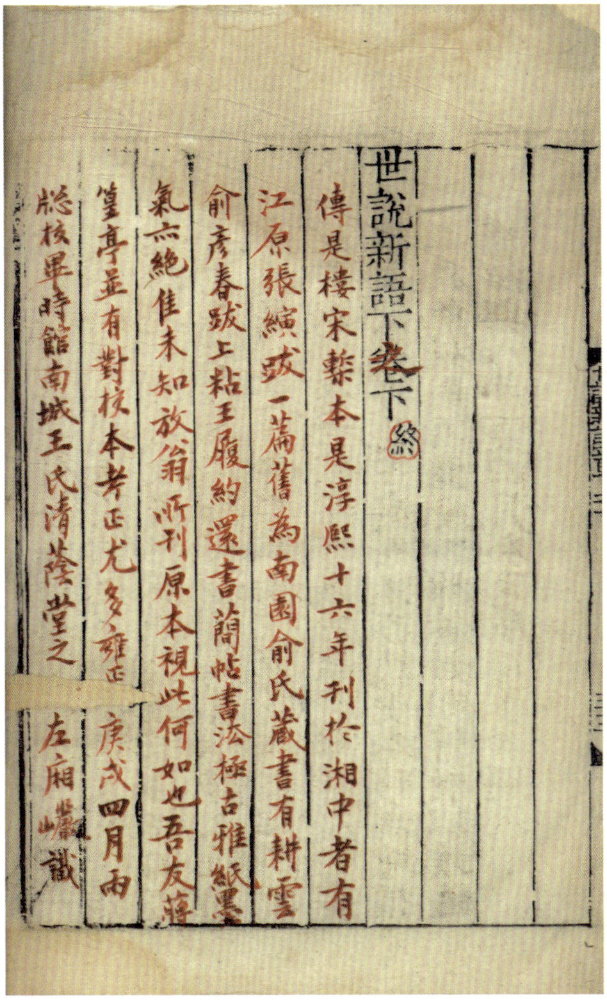
世說新語下卷下 終

傳是樓宋槧本是淳熙十六年刊於湘中者有
江原張縯跋一篇舊爲南園俞氏藏書有耕雲
俞彥春跋上粘王履約還書簡帖書法極古雅紙墨
氣亦絕佳未知放翁所刊原本視此何如也吾友蔣
篁亭並有對校本考正尤多 雍正庚戌四月雨
牕校畢時館南城王氏清蔭堂之 左廂 巘 識

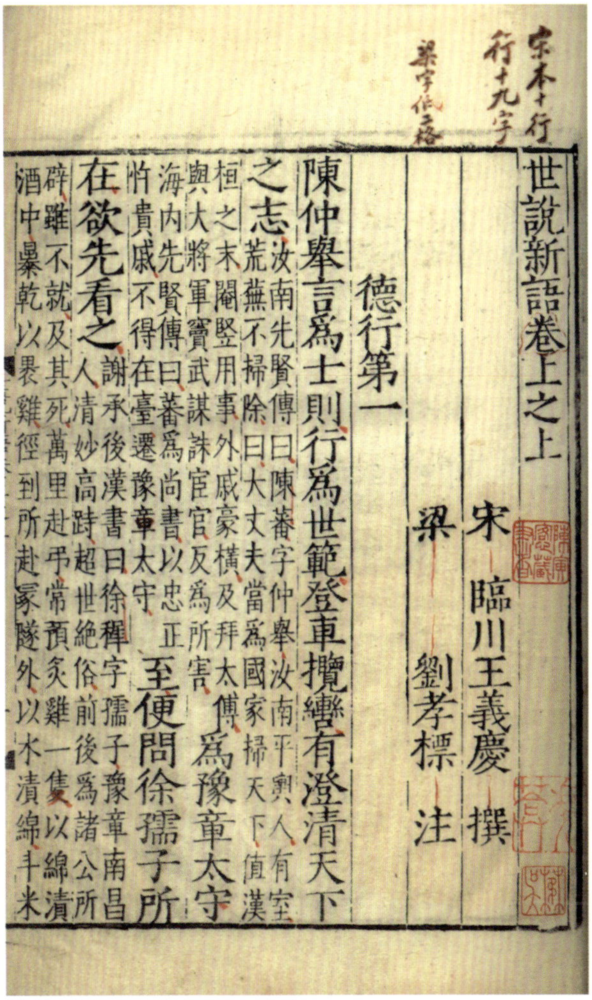
宋本十行 行十九字 梁字依宋

世說新語卷上之上

宋 臨川王義慶 撰

梁 劉孝標 注

德行第一

陳仲舉言爲士則行爲世範登車攬轡有澄清天下之志汝南先賢傳曰陳蕃字仲舉汝南平輿人有室荒蕪不掃除曰大丈夫當爲國家掃天下值漢桓之末閹豎用事外戚豪橫及拜太傅與大將軍竇武謀誅宦官反爲所害爲豫章太守至便問徐孺子所在欲先看之海內先賢傳曰蕃爲尚書以忠正忤貴戚不得在臺遷豫章太守謝承後漢書曰徐稺字孺子豫章南昌人清妙高跱超世絕俗前後爲諸公所辟雖不就及其死萬里赴弔常預炙雞一隻以綿漬酒中暴乾以裹雞徑到所赴冢隧外以水漬綿斗米

世說新語三卷 （南朝宋）劉義慶撰 （南朝梁）劉孝標注 明嘉靖十四年（1535）袁褧嘉趣堂刻萬曆四年（1576）王氏湘雲堂印本 六册

匡高 19.9 厘米，廣 15.2 厘米。半葉十行，行二十字，小字雙行同，白口，左右雙邊。有“楙吴”“庶以善自名”“陳寅恪藏書”等印，佚名跋，吴嘉泰録沈寶研校並跋，穎谷跋，佚名校，蔣天樞跋。中山大學圖書館藏。第二批國家名録號 04781。

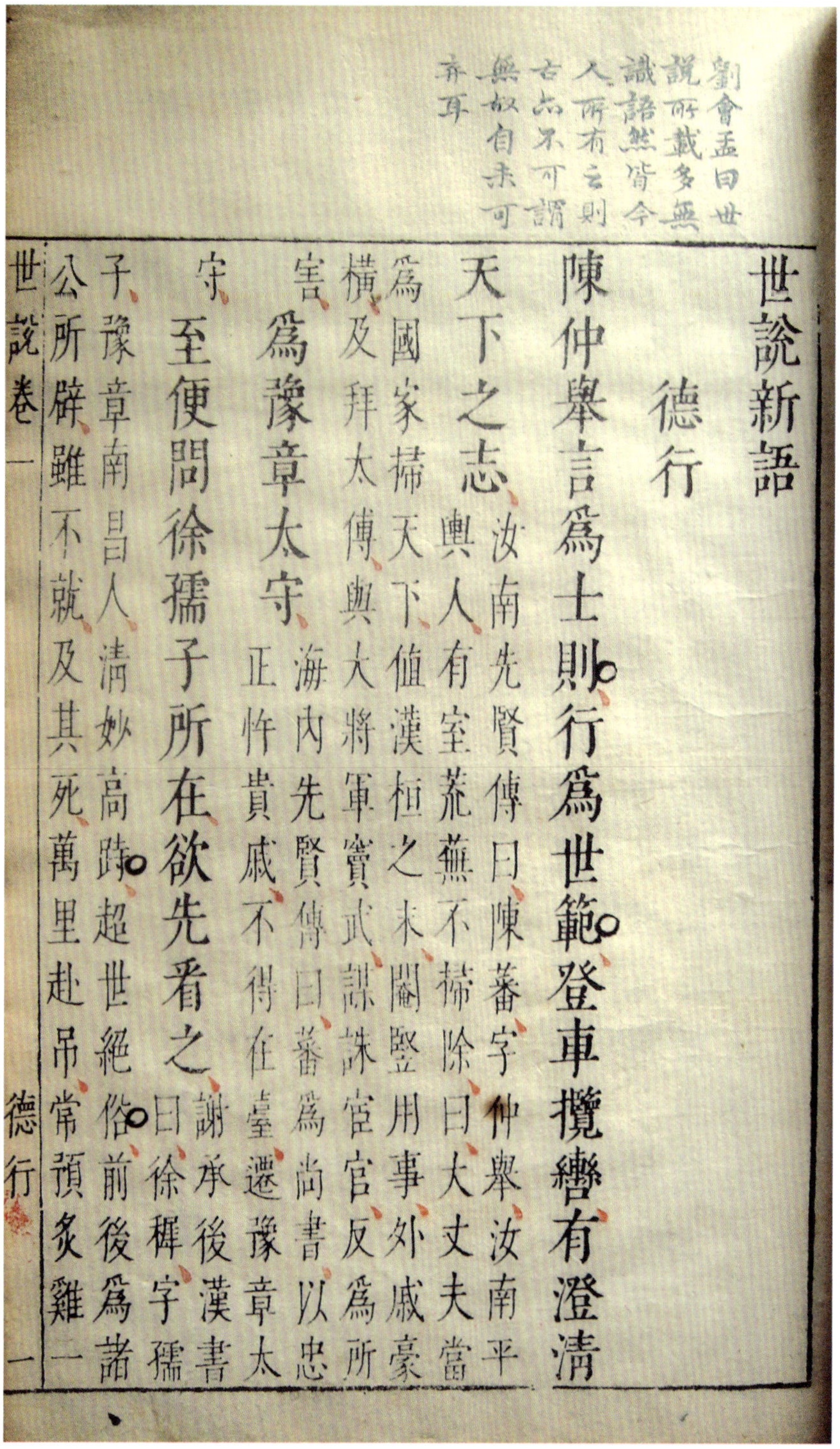
劉會孟曰世說所載多無識語然皆今人所有之則古亦不可謂無故自未可弃耳

世說新語

德行

陳仲舉言爲士則行爲世範登車攬轡有澄清天下之志汝南先賢傳曰陳蕃字仲舉汝南平與人有室荒蕪不掃除曰大丈夫當爲國家掃天下值漢桓之末閹豎用事外戚豪橫及拜太傅與大將軍竇武謀誅宦官反爲所害爲豫章太守海內先賢傳曰蕃爲尚書以忠正忤貴戚不得在臺遷豫章太守至便問徐孺子所在欲先看之謝承後漢書曰徐稺字孺子豫章南昌人清妙高跱超世絕俗前後爲諸公所辟雖不就及其死萬里赴弔常預炙雞一

世說卷一 德行 一

世說新語八卷 （南朝宋）劉義慶撰 （南朝梁）劉孝標注 （宋）劉辰翁 劉應登 （明）王世懋評 明凌瀛初刻四色套印本 八册

匡高21厘米，廣14.7厘米。半葉八行，行十八字，小字雙行同，白口，四周單邊。有“番禺陳氏東塾藏書印”等印。中山大學圖書館藏。第一批國家名録號01887。

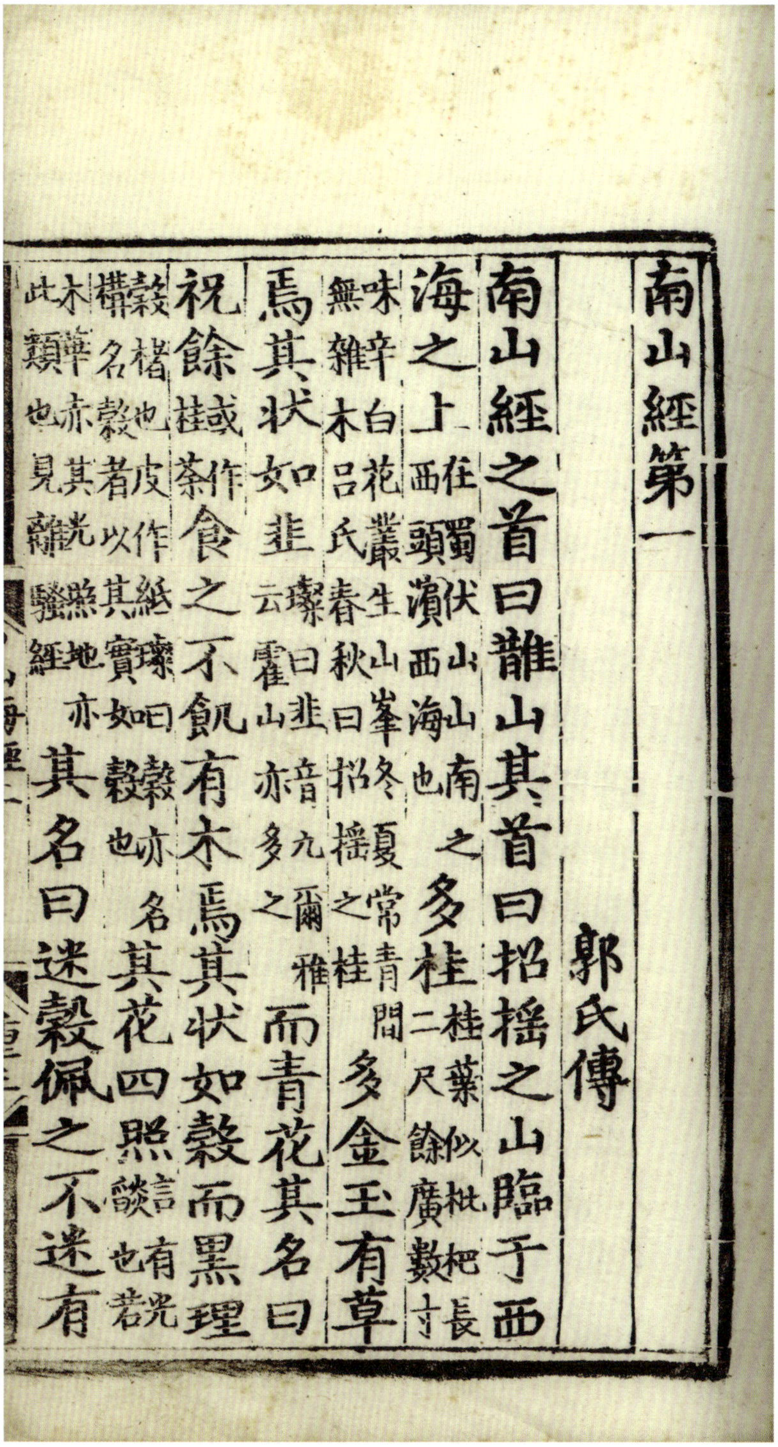

山海經十八卷　（晉）郭璞傳　明成化四年（1468）北京國子監刻本　四册

匡高 19.9 厘米，廣 12.4 厘米。半葉九行，行十八或二十字，小字雙行同，黑口，四周雙邊。有“覲光”印。廣東省立中山圖書館藏。第二批國家名録號 04816。

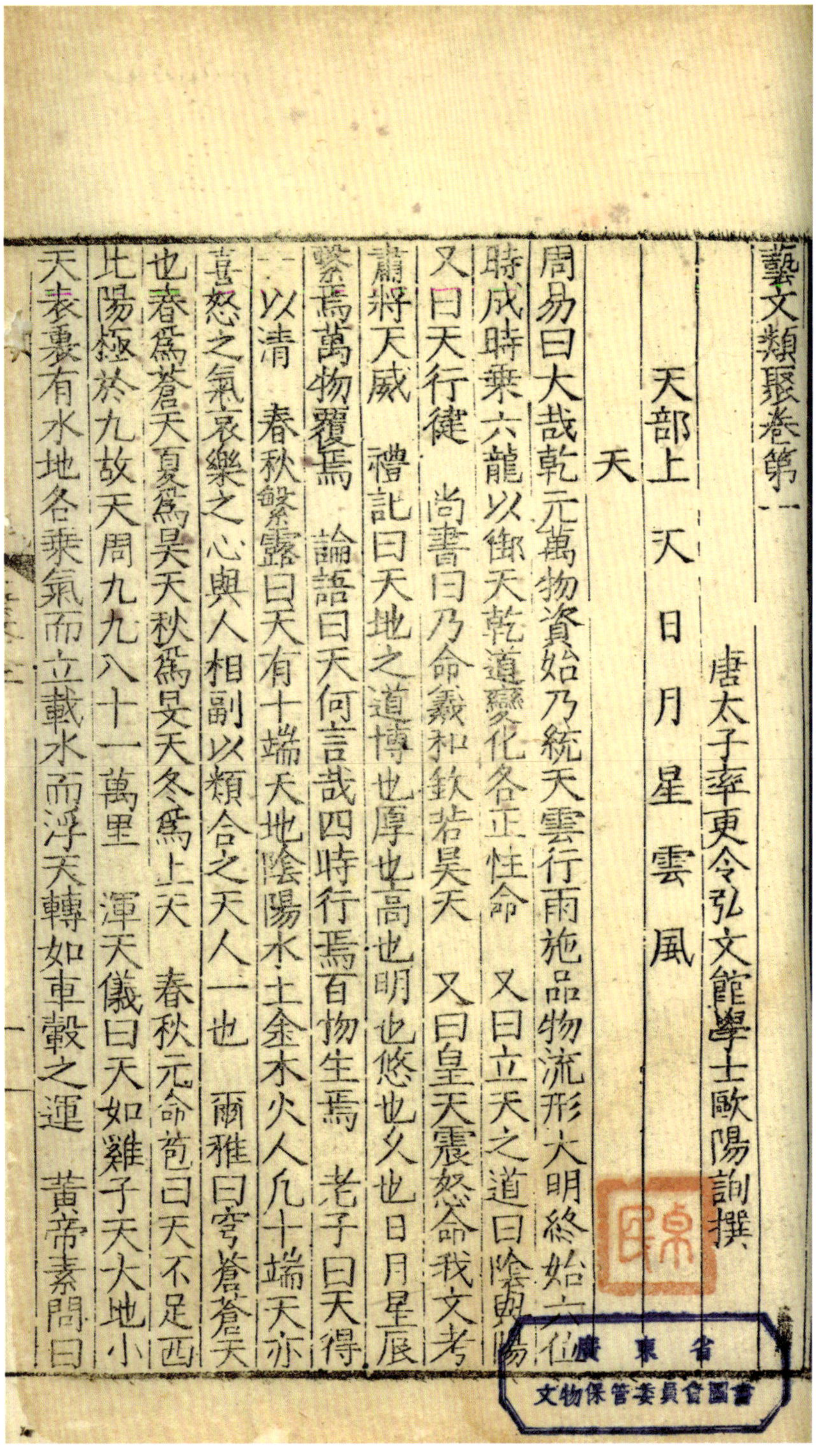

藝文類聚一百卷　（唐）歐陽詢輯　明嘉靖二十八年（1549）平陽府刻本　三十二册

匡高 22.5 厘米，廣 15.8 厘米。半葉十四行，行二十八字，白口，左右雙邊。有“卓民”“張汝謙”印。廣東省立中山圖書館藏。第二批國家名録號 04835。

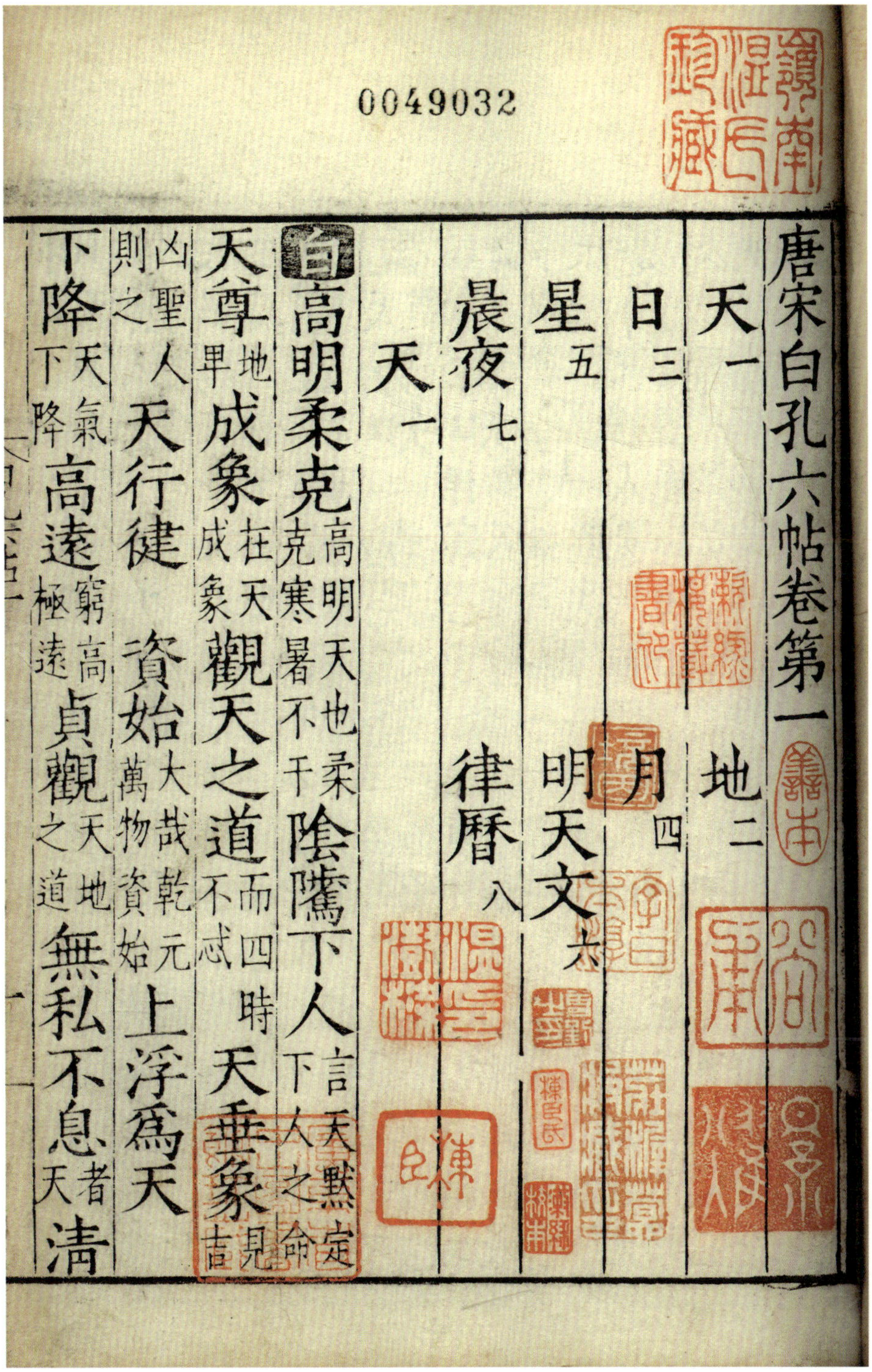

唐宋白孔六帖一百卷目録二卷　（唐）白居易　（宋）孔傳輯　明刻本（有抄配）

四十八册

匡高 19.3 厘米，廣 15.2 厘米。半葉十行，行十八字，小字雙行同，白口，左右雙邊。有“景耀”“培因”等印。廣東省立中山圖書館藏。第二批國家名録號 04871。

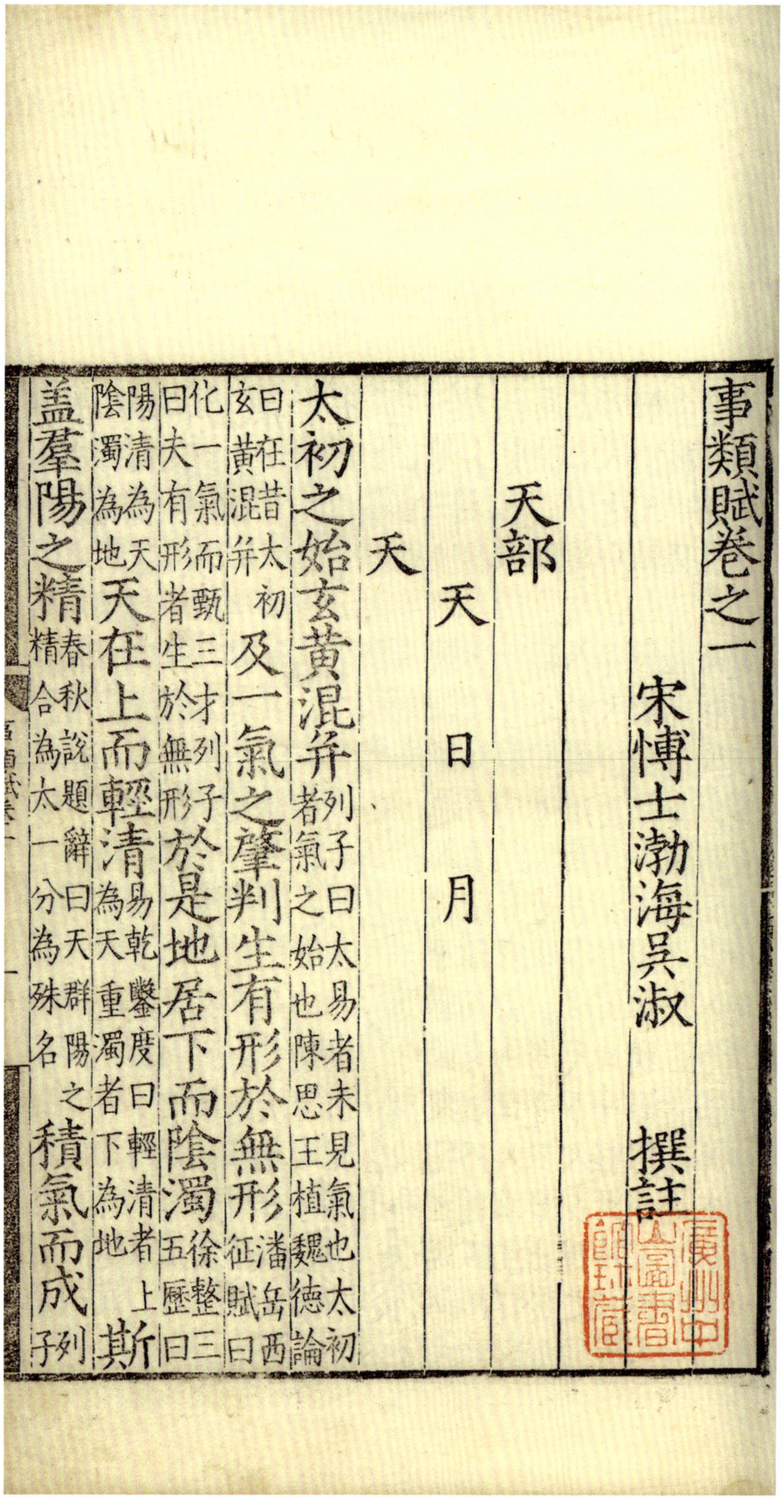
事類賦卷之一
宋博士渤海吳淑　撰註
天部
天　日　月
天
太初之始玄黃混并列子曰太易者未見氣也太初者氣之始也陳思王植魏德論曰在昔太初玄黃混并及一氣之肇判生有形於無形潘岳西征賦曰化一氣而甄三才列子曰夫有形者生於無形於是地居下而陰濁徐整三五歷曰陽清為天陰濁為地天在上而輕清易乾鑿度曰輕清者上為天重濁者下為地斯蓋羣陽之精春秋說題辭曰天群陽之精合為太一分為殊名積氣而成列子

事類賦三十卷　（宋）吴淑撰並注　明嘉靖十三年（1534）白坪刻本　八册

匡高 20.4 厘米，廣 15.2 厘米。半葉十一行，行二十字，小字雙行同，黑口，四周單邊。

廣東省立中山圖書館藏。第二批國家名録號 04875。

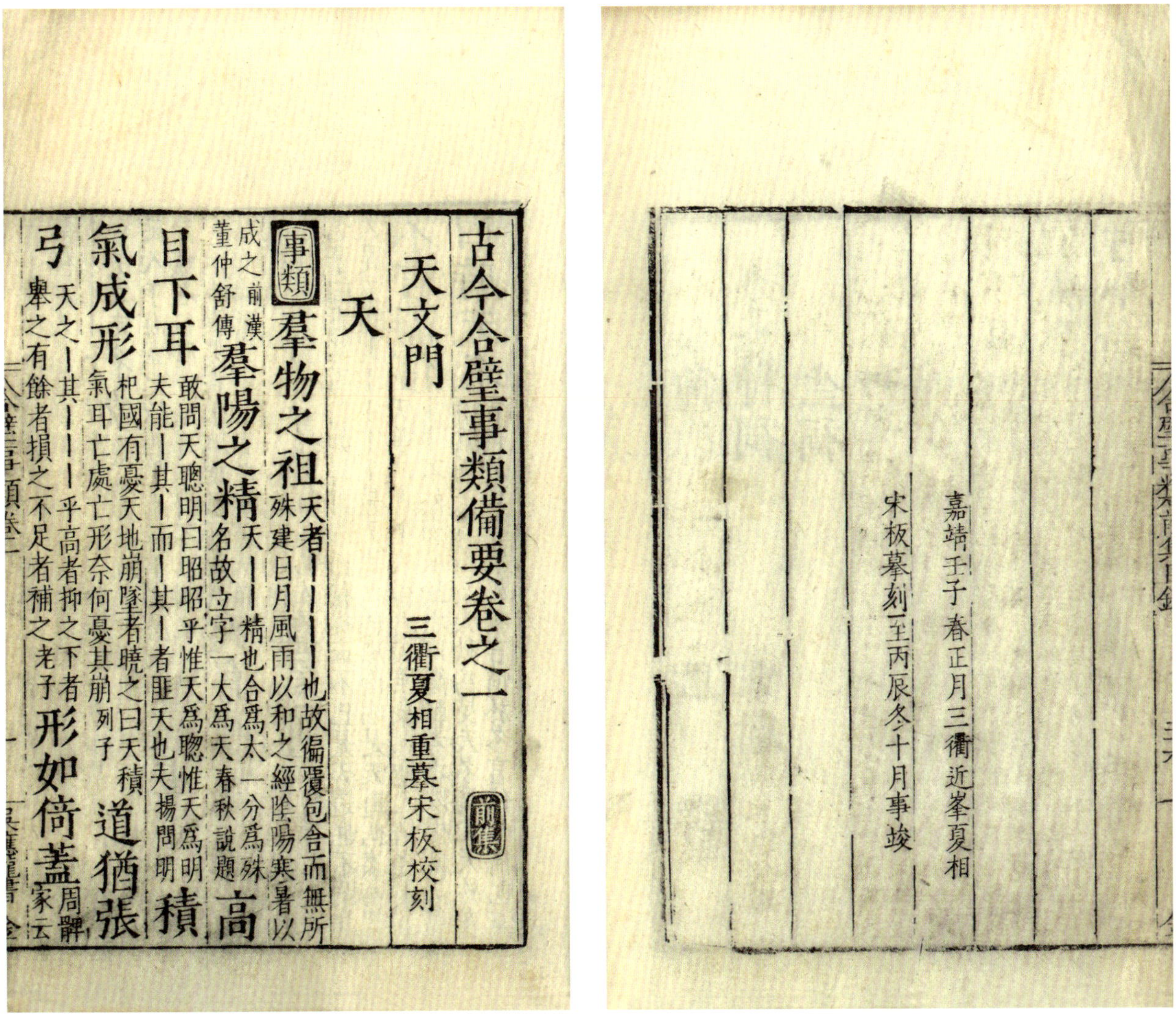

古今合璧事類備要前集六十九卷後集八十一卷續集五十六卷　（宋）謝維新輯　**別集九十四卷外集六十六卷**　（宋）虞載輯　明嘉靖三十一至三十五年（1552–1556）夏相刻本　六十四册

匡高 20 厘米，廣 14 厘米。半葉八行，行二十四字，小字雙行同，白口，左右雙邊。有"嘉靖壬子春正月三衢近峯夏相宋板摹刻至丙辰冬十月事竣"刊記。華南農業大學中國農業歷史遺産研究所藏。第六批國家名録號 12709。

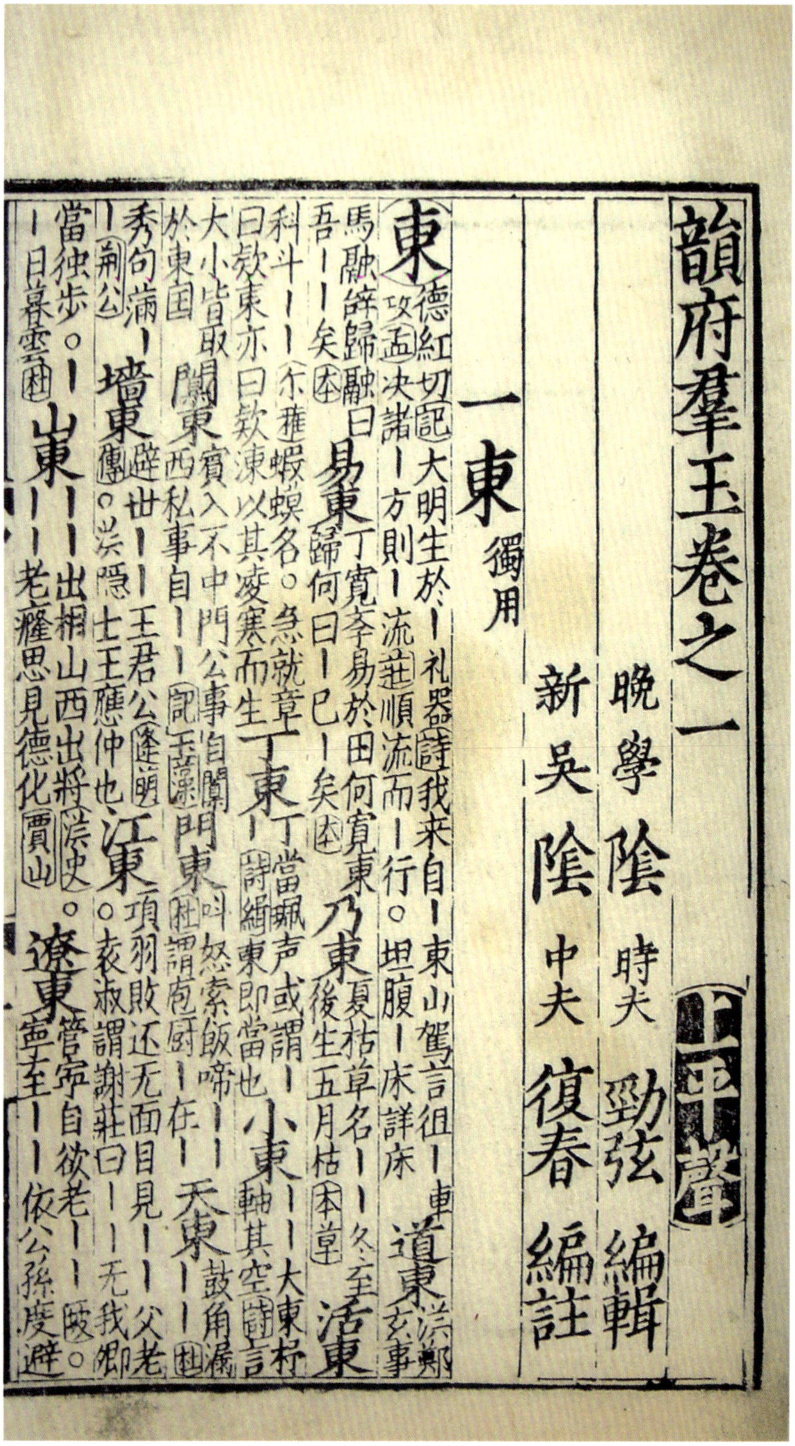

韻府羣玉二十卷　（元）陰時夫輯　（元）陰中夫注　明嘉靖三十一年（1552）荆聚刻本　三十六册

匡高 21 厘米，廣 12.9 厘米。半葉十行，行字不等，小字雙行二十九字，黑口，四周雙邊。

中山大學圖書館藏。第二批國家名録號 04922。

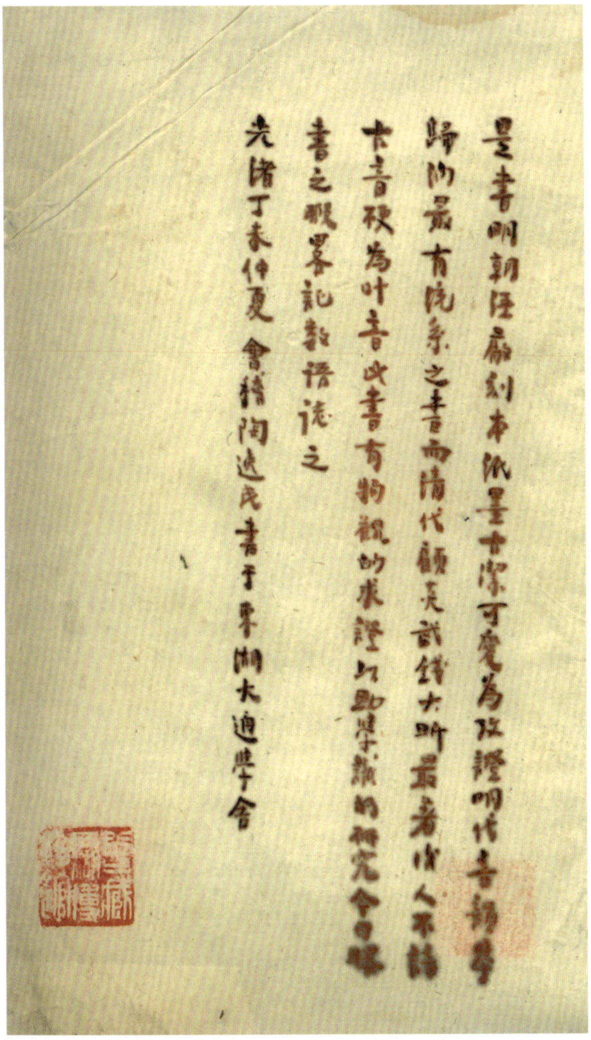

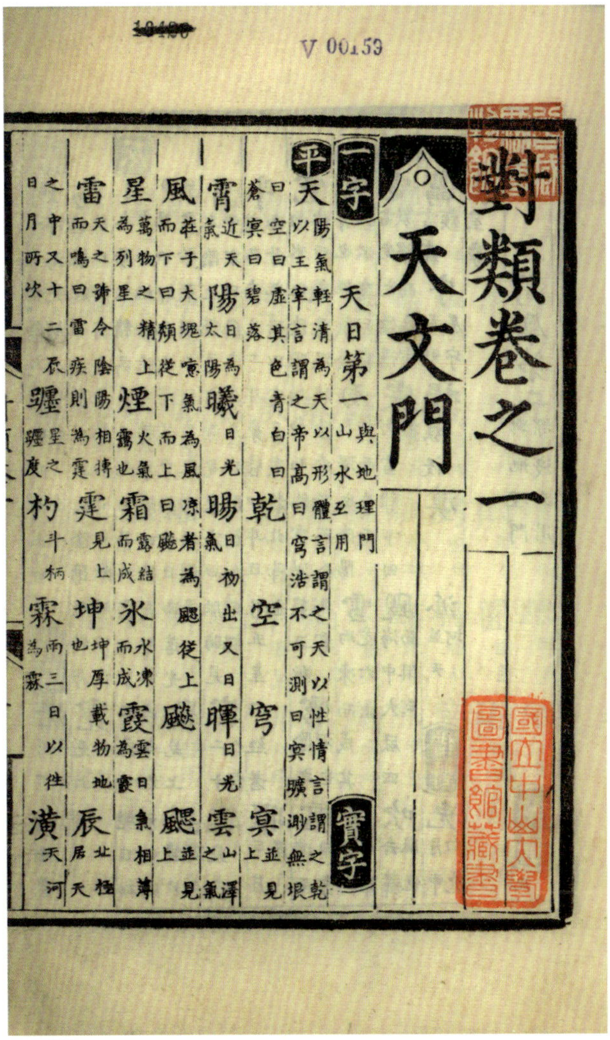

對類二十卷 明正統司禮監刻本 十二册

匡高 23.1 厘米，廣 16.2 厘米。半葉十二行，行字不等，黑口，四周雙邊。有“西湖博物館審定之印”等印，陶逸民跋。中山大學圖書館藏。第二批國家名録號 04931。

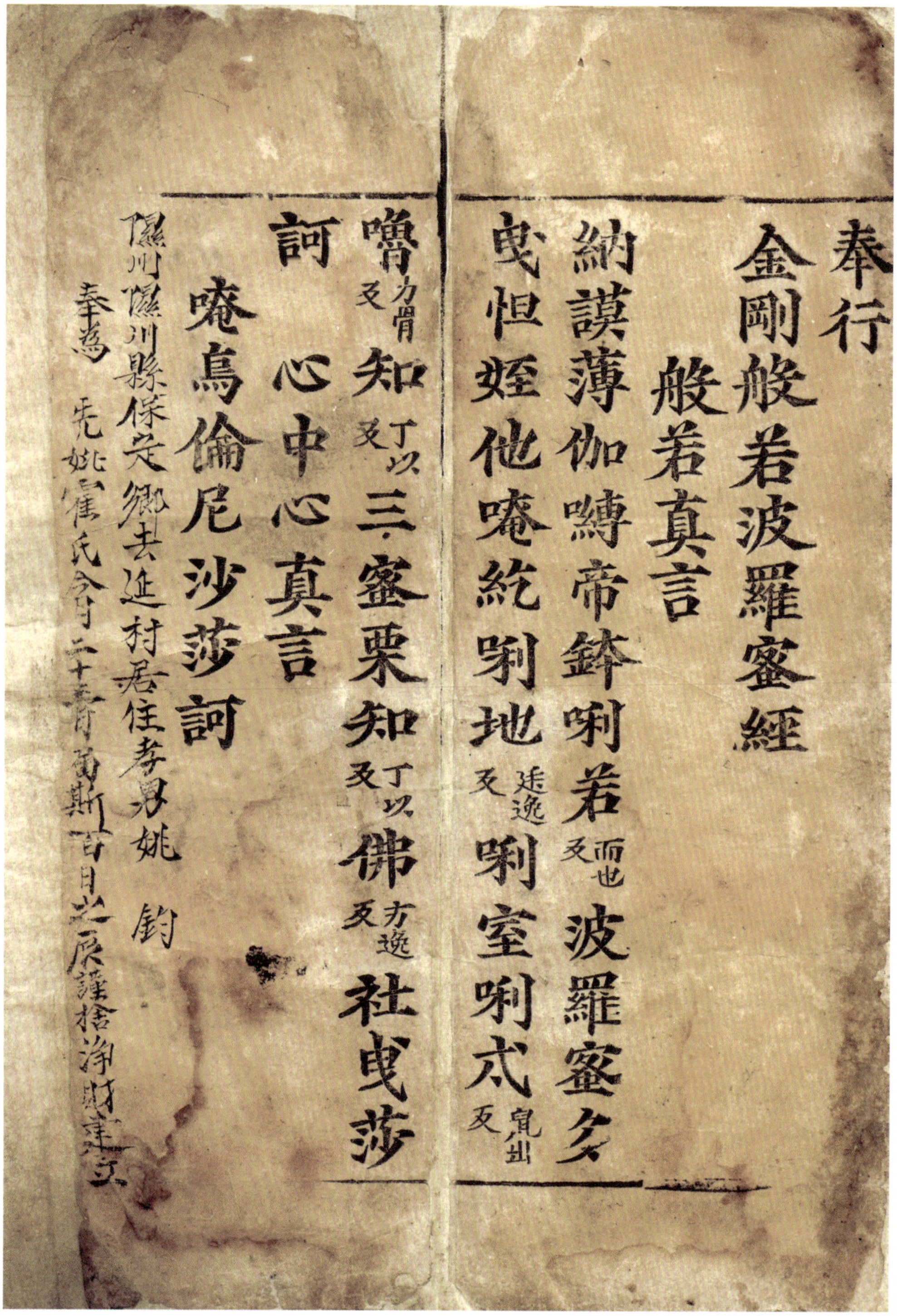

金剛般若波羅蜜經一卷　（後秦）釋鳩摩羅什譯　金元間刻本　一册

經折裝。匡高24.5厘米。半葉五行，行十四字，上下單邊。有題記。廣東省立中山圖書館藏。

第二批國家名録號02976。

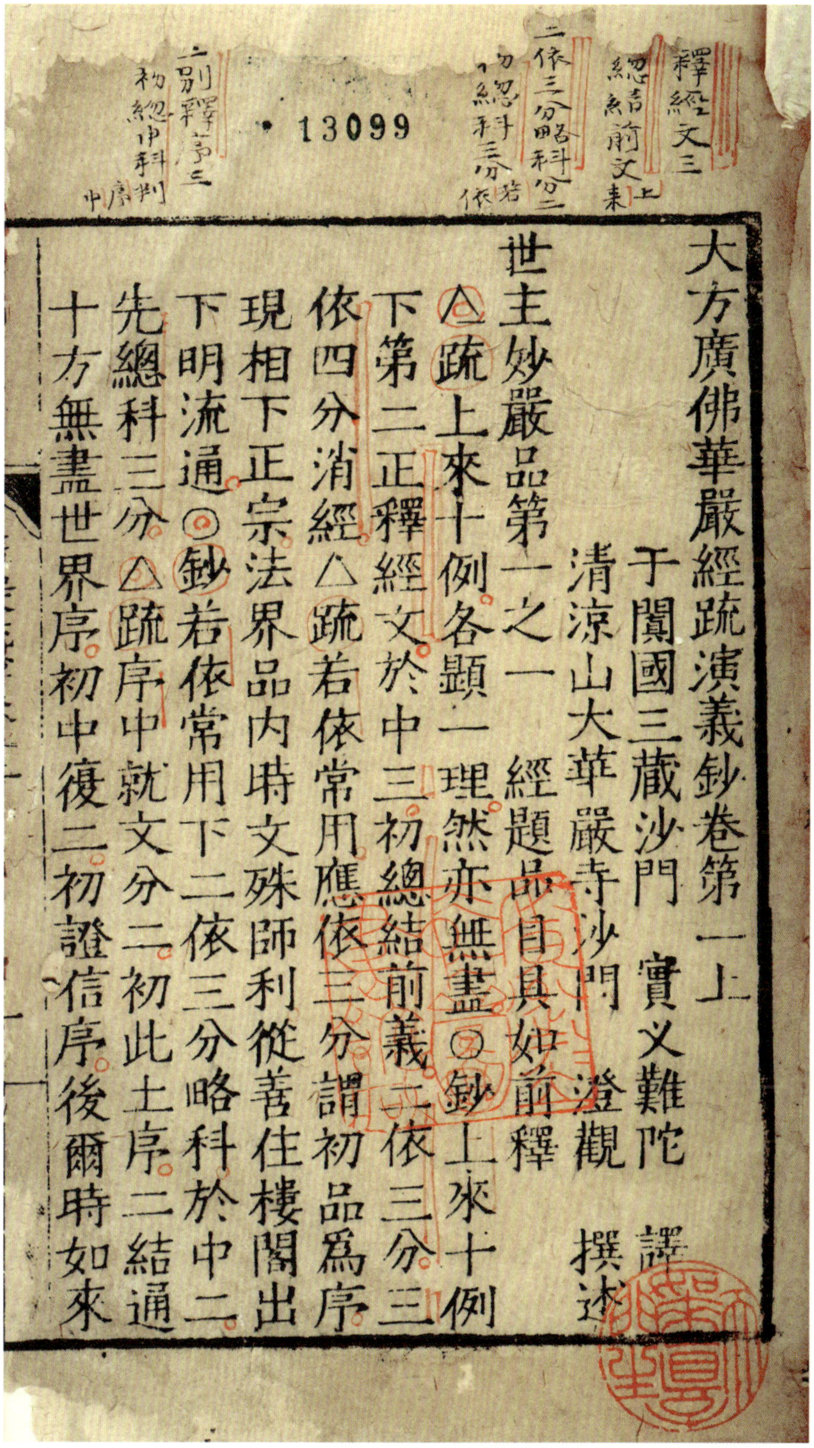
大方廣佛華嚴經疏演義鈔卷第一上
于闐國三藏沙門　實叉難陀　譯
清涼山大華嚴寺沙門　澄觀　撰述
世主妙嚴品第一之一　經題品目具如前釋
△疏上來十例各顯一理然亦無盡◎鈔上來十例
下第二正釋經文於中三初總結前義二依三分三
依四分消經△疏若依常用應依三分謂初品爲序
現相下正宗法界品内時文殊師利從善住樓閣出
下明流通◎鈔若依常用下二依三分略科於中二
先總科三分△疏序中就文分二初此土序二結通
十方無盡世界序初中復二初證信序後爾時如來

大方廣佛華嚴經疏演義鈔六十三卷　（唐）釋澄觀撰　明嘉靖杭州刻本　一百六册

匡高 19.7 厘米，廣 13.7 厘米。半葉十一行，行二十一字，細黑口，四周單邊。有“天如來真子門生”“余默”等印，錢謙益批校。廣東省立中山圖書館藏，存六十一卷（一至三十五、三十六上、三十八至六十三）。第二批國家名録號 04970。

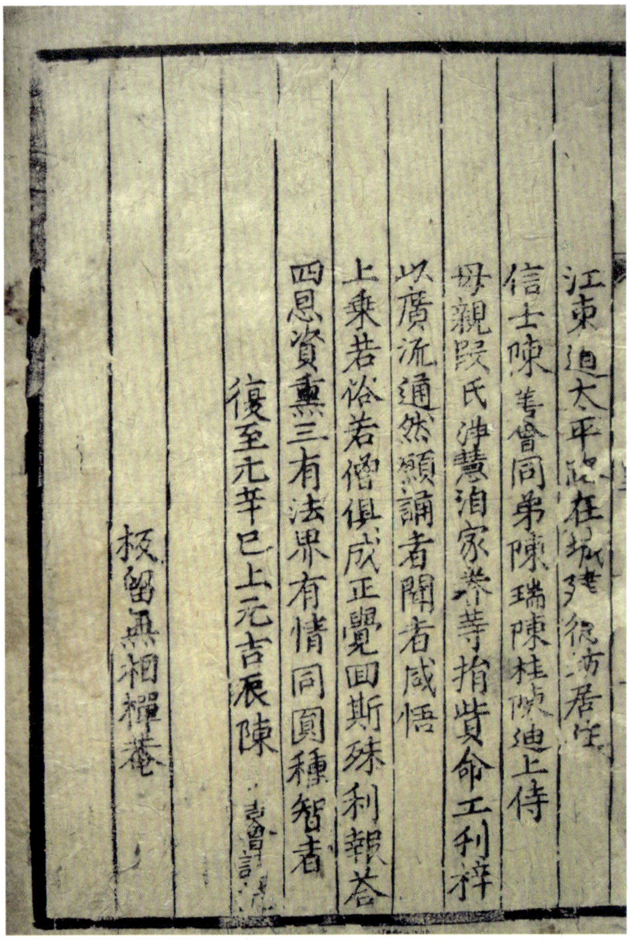

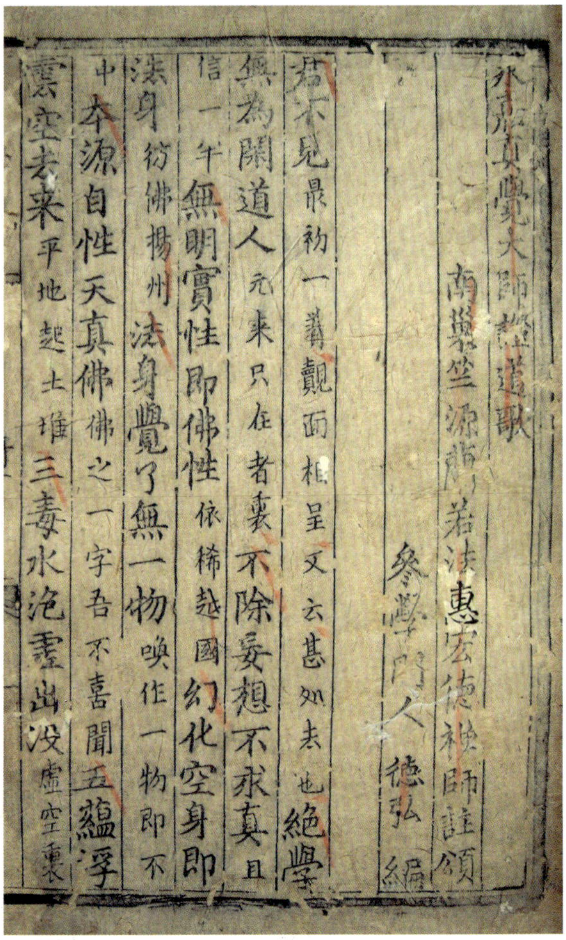

永嘉真覺大師證道歌一卷　（唐）釋玄覺撰　（元）釋法惠注頌　（元）釋德弘編

元至正元年（1341）陳善等刻本　一册

匡高 20 厘米，廣 12.3 厘米。半葉十行，行十九字，白口，四周雙邊。中山大學圖書館藏。

第二批國家名録號 03075。

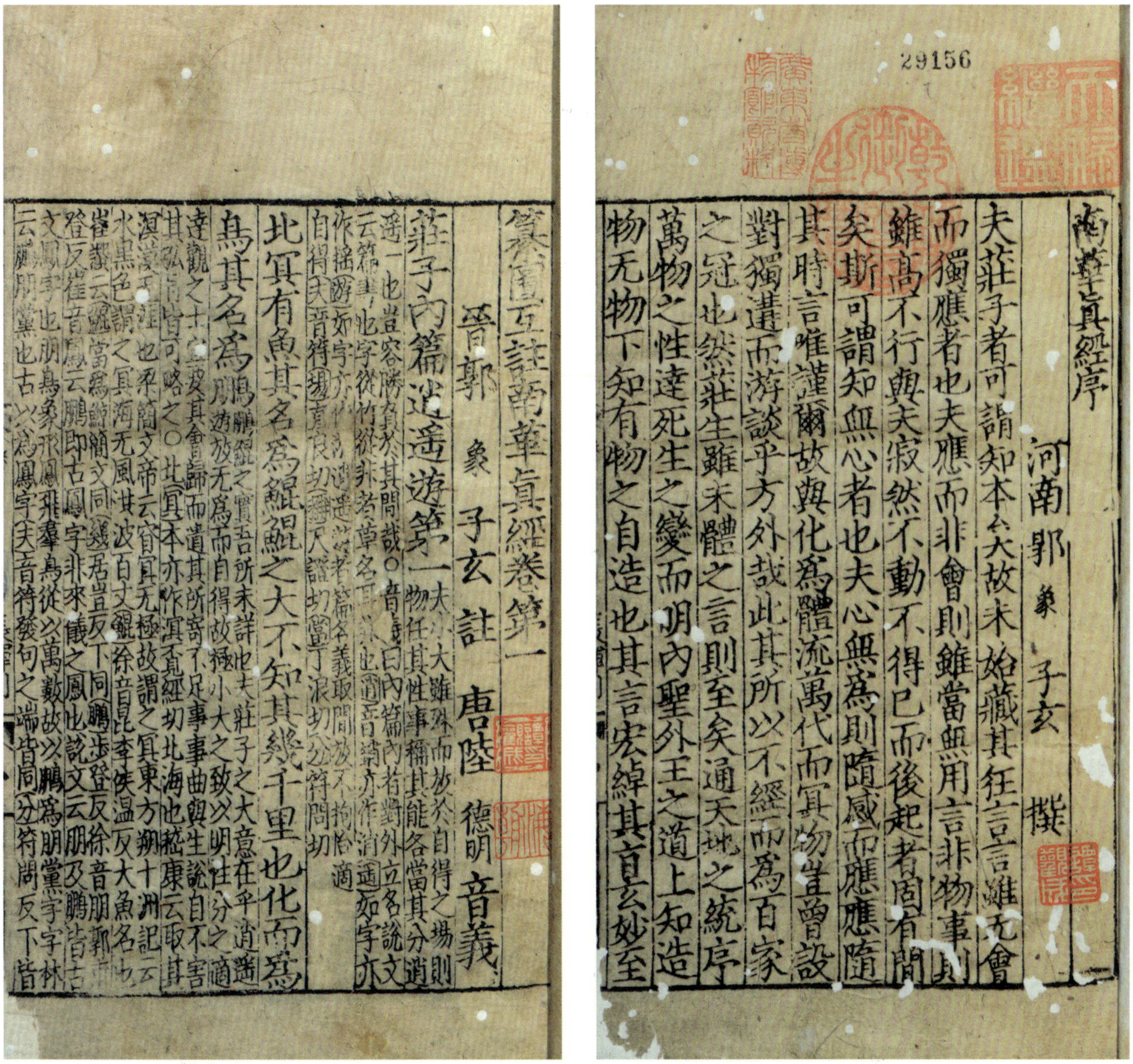

纂圖互註南華真經十卷　（晉）郭象注　（唐）陸德明音義　明初刻本　六册

匡高 17.8 厘米，廣 12.1 厘米。半葉十一行，行二十一字，小字雙行二十五字，黑口，左右雙邊。有“太上皇帝之寶”“八徵耄念之寶”“五福五代堂寶”“乾隆御覽之寶”“天禄繼鑑”“海朝”“譚觀成印”等印。廣東省博物館藏。第四批國家名録號 10542。

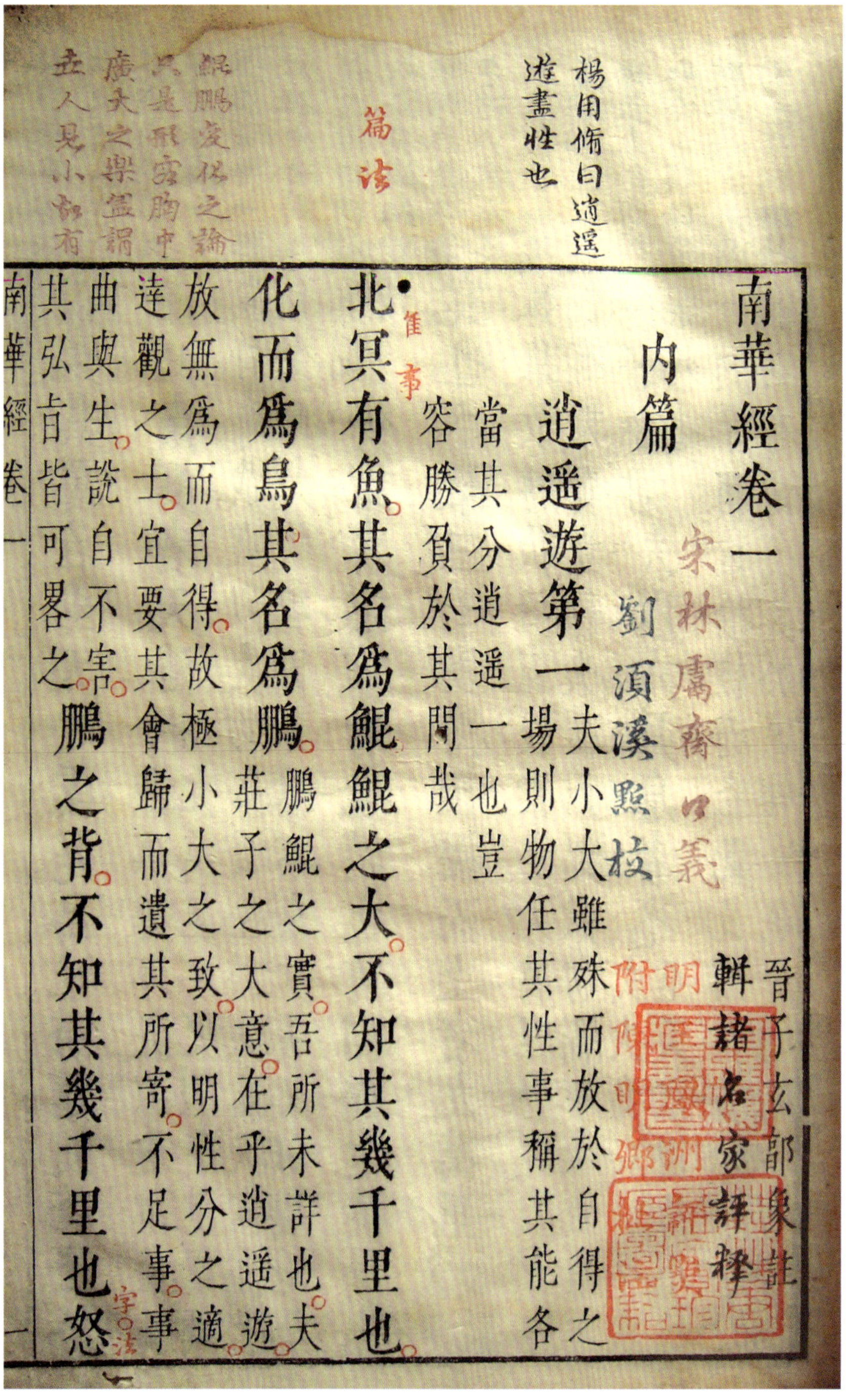
楊用脩曰逍遙遊盡性也
篇法
鯤鵬變化之論只是形容胸中廣大之樂盡謂世人見小故有

南華經卷一　宋林鬳齋口義　晉子玄郭象註
內篇　劉須溪點校　輯諸名家評釋　明附陳明卿批
逍遙遊第一　夫小大雖殊而放於自得之場則物任其性事稱其能各當其分逍遙一也豈容勝負於其間哉
北冥有魚其名為鯤鯤之大不知其幾千里也
化而為鳥其名為鵬　鵬鯤之實吾所未詳也夫莊子之大意在乎逍遙遊放無為而自得故極小大之致以明性分之適達觀之士宜要其會歸而遺其所寄不足事事曲與生說自不害其弘旨皆可略之
鵬之背不知其幾千里也怒
南華經卷一　一

南華經十六卷　（晉）郭象注　（宋）林希逸口義　（宋）劉辰翁點校　（明）王世貞評點　（明）陳仁錫批注　明刻四色套印本　八册

匡高 20.2 厘米，廣 14.7 厘米。半葉八行，行十八字，小字雙行同，白口，四周單邊。有“十萬卷樓”等印。中山大學圖書館藏。第一批國家名録號 01986。

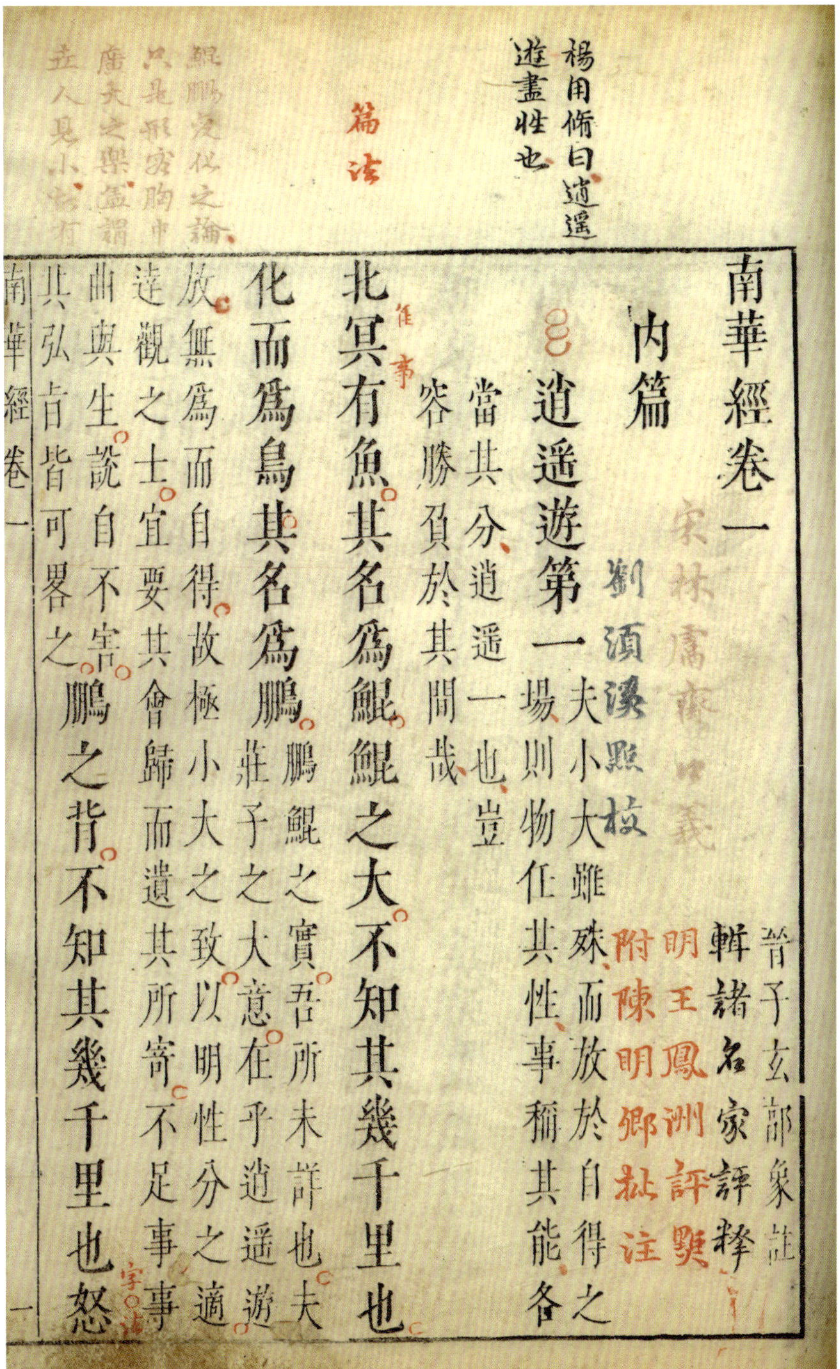
南華經卷一
晉子玄郭象註
宋林鬳齋口義
劉須溪點校
輯諸名家評釋
明王鳳洲評點
附陳明卿批注
內篇
逍遙遊第一
夫小大雖殊，而放於自得之場，則物任其性，事稱其能，各當其分，逍遙一也，豈容勝負於其間哉。
北冥有魚，其名爲鯤。鯤之大，不知其幾千里也。化而爲鳥，其名爲鵬。鵬鯤之實，吾所未詳也。夫莊子之大意，在乎逍遙遊放，無爲而自得，故極小大之致，以明性分之適。達觀之士，宜要其會歸而遺其所寄，不足事事曲與生説，自不害其弘旨，皆可畧之。鵬之背，不知其幾千里也。怒
楊用脩曰：逍遙遊盡性也。
篇法
南華經卷一　一

南華經十六卷　（晉）郭象注　（宋）林希逸口義　（宋）劉辰翁點校　（明）王世貞評點　（明）陳仁錫批注　明刻四色套印本　八册

匡高20.2厘米，廣14.7厘米。半葉八行，行十八字，小字雙行同，白口，四周單邊。有“雪松軒主人”等印。廣東省立中山圖書館藏，存十五卷（一至十五）。第一批國家名録號01987。

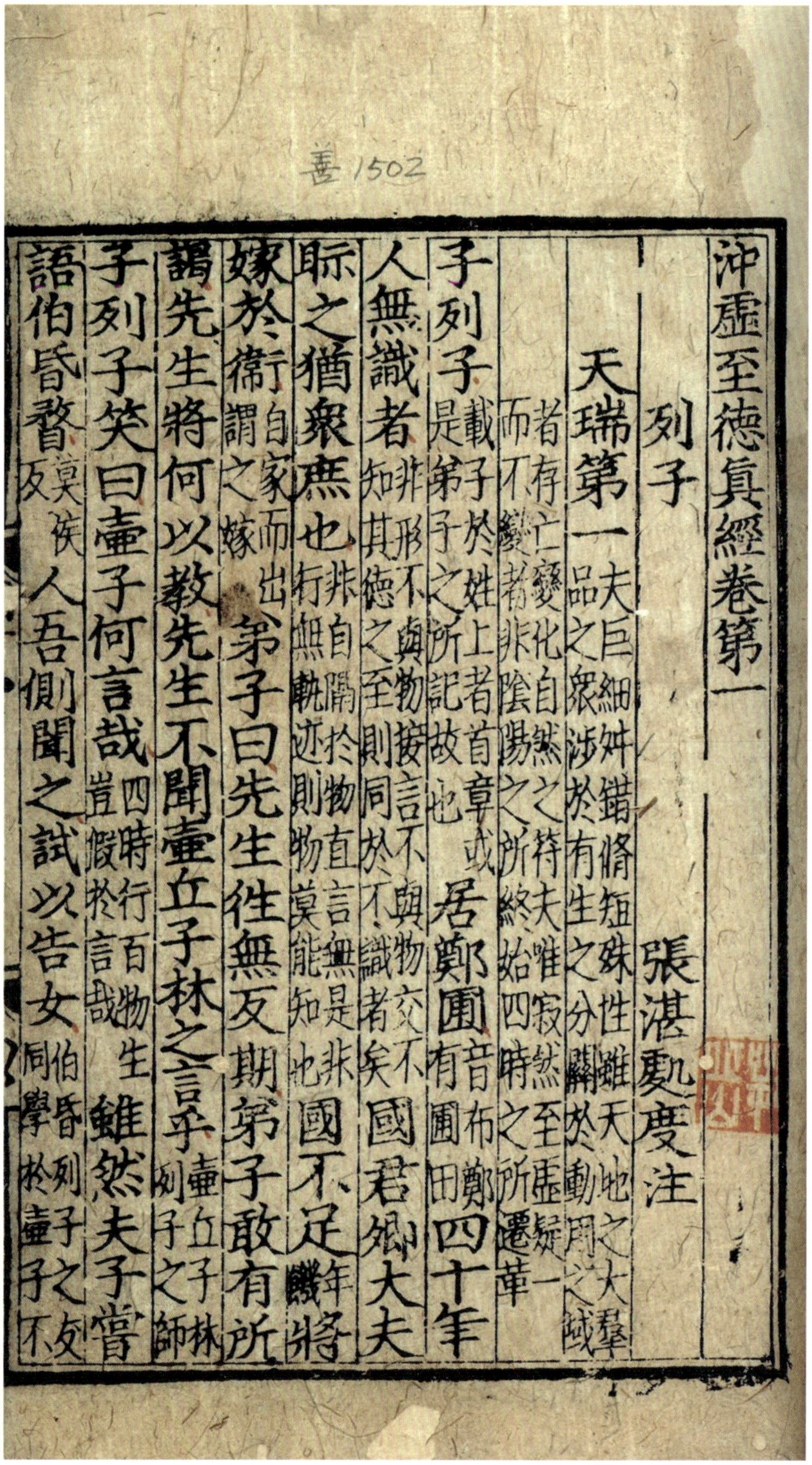

沖虛至德眞經卷第一

列子　張湛處度注

天瑞第一（夫巨細舛錯脩短殊性雖天地之大羣品之衆涉於有生之分關於動用之域者存亡變化自然之符夫唯寂然至虛凝一而不變者非陰陽之所終始四時之所遷革）

子列子（載子於姓上者首章或是弟子之所記故也）居鄭圃（音布鄭有圃田）四十年人無識者（非形不與物接言不與物交不知其德之至則同於不識者矣）國君卿大夫眡之猶衆庶也（非自隔於物直言無是非行無軌迹則物莫能知也）國不足（年饑）將嫁於衛（自家而出謂之嫁）弟子曰先生往無反期弟子敢有所謁先生將何以教先生不聞壺丘子林之言乎（壺丘子林列子之師）子列子笑曰壺子何言哉（四時行百物生豈假於言哉）雖然夫子嘗語伯昏瞀（莫侯反）人吾側聞之試以告女（伯昏列子之友同學於壺子不）

沖虛至德真經八卷　（晉）張湛注　（唐）殷敬順釋文　明刻本　三册

匡高 18.3 厘米，廣 12 厘米。半葉十一行，行二十一至二十二字，小字雙行同，黑口，四周雙邊。有“鄂丘山”等印。廣東省立中山圖書館藏。第一批國家名録號 01988。

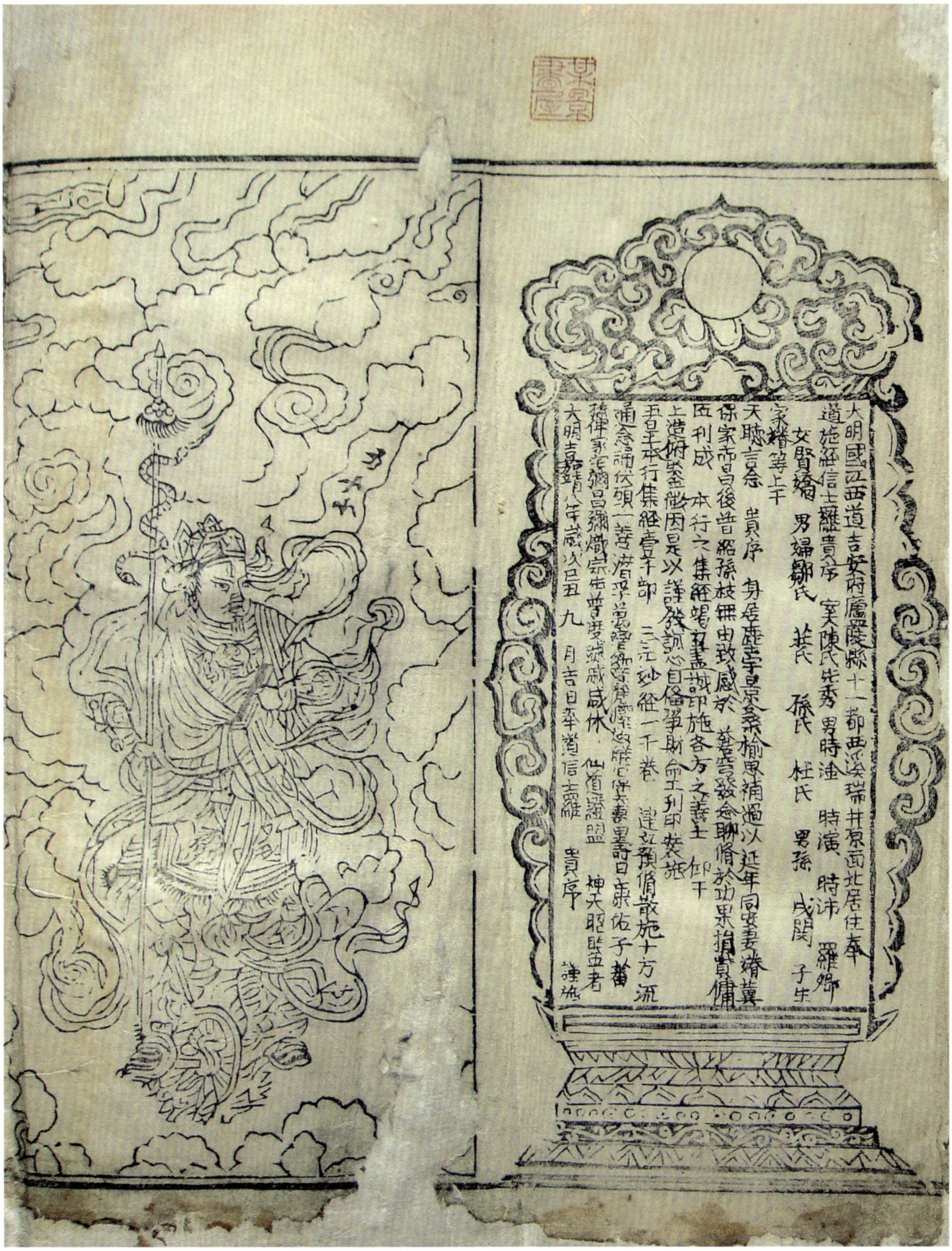

高上玉皇本行集經三卷 明嘉靖八年（1529）羅貴序等刻本 一册

經折裝。半葉五行，行十一字，上下雙邊。廣州圖書館藏。第二批國家名録號 05000。

【集部】

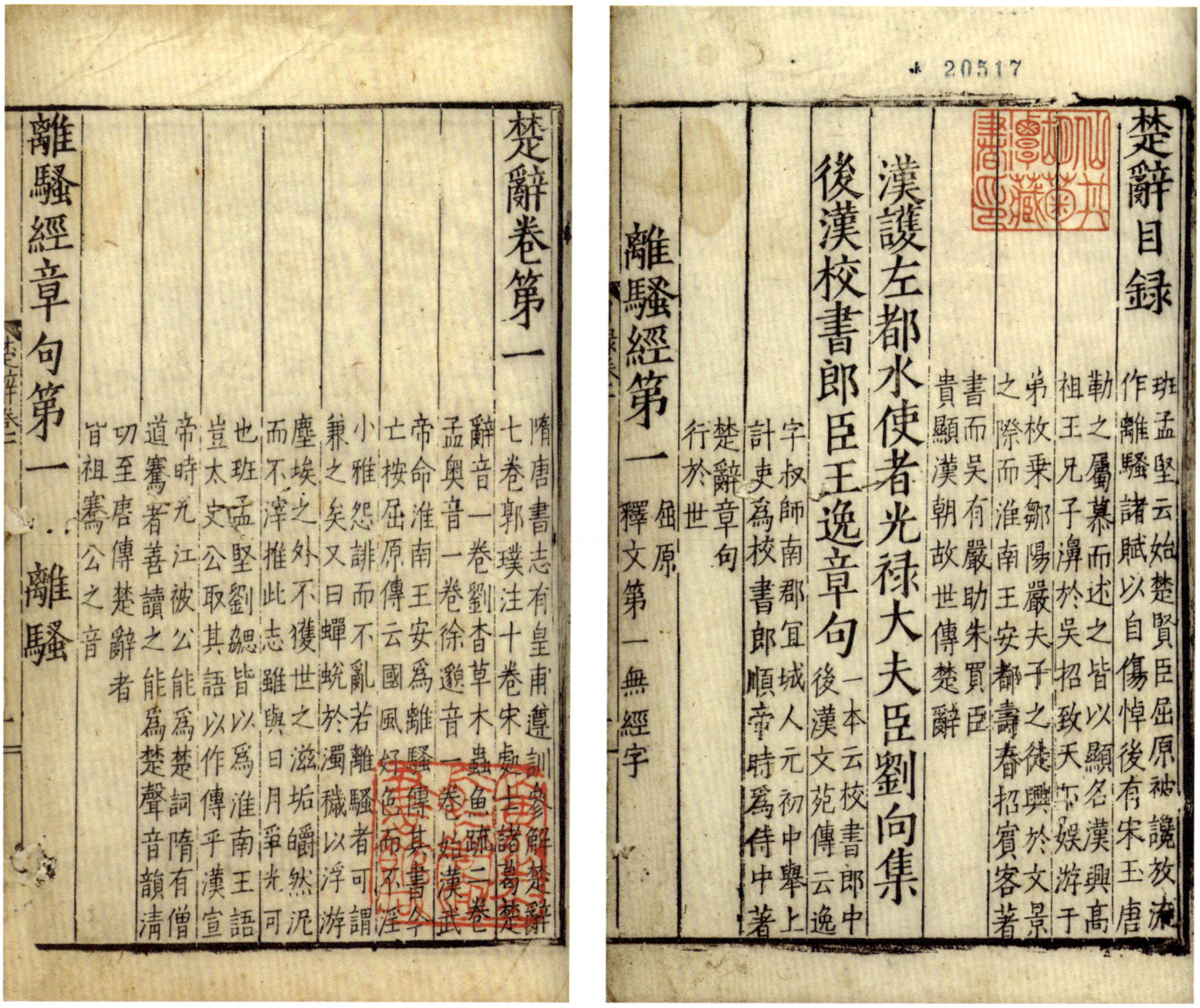

楚辭章句十七卷 （漢）王逸撰 （宋）洪興祖補注 明刻本（有抄配） 八册

匡高 22.5 厘米，廣 14.7 厘米。半葉九行，行十五字，小字雙行二十字，白口，左右雙邊。有“仙井胡菊潭藏書印”。廣東省立中山圖書館藏。第五批國家名録號 11829。

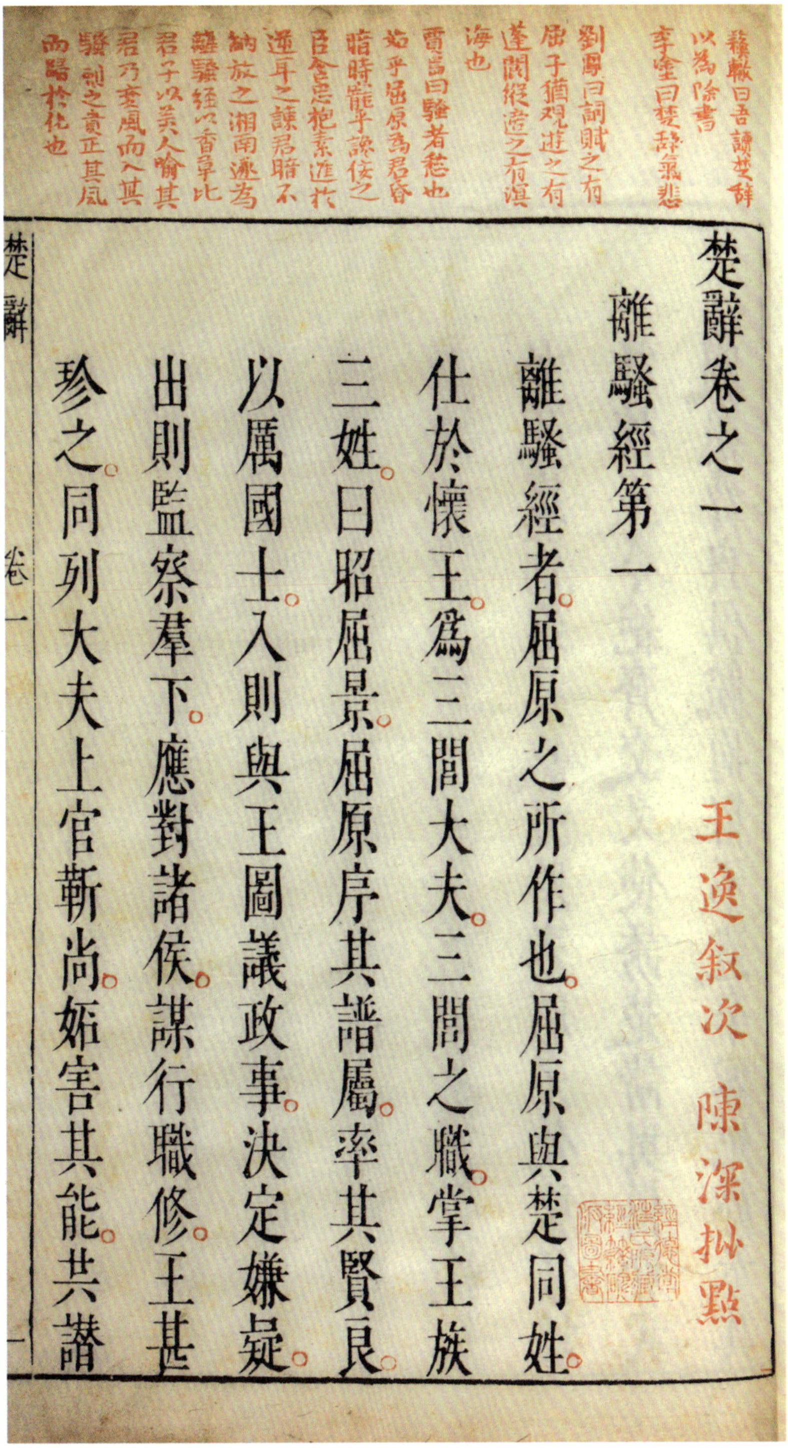

楚辭十七卷　（宋）洪興祖　（明）劉鳳等注　（明）陳深批點　**附録一卷**　明萬曆二十八年（1600）凌毓枏刻朱墨套印本　四册

匡高 21.6 厘米，廣 14.7 厘米。半葉八行，行十八字，白口，四周單邊。有“經德堂汪氏所藏經籍碑版圖書”等印。佛山市圖書館藏。第二批國家名録號 05061。

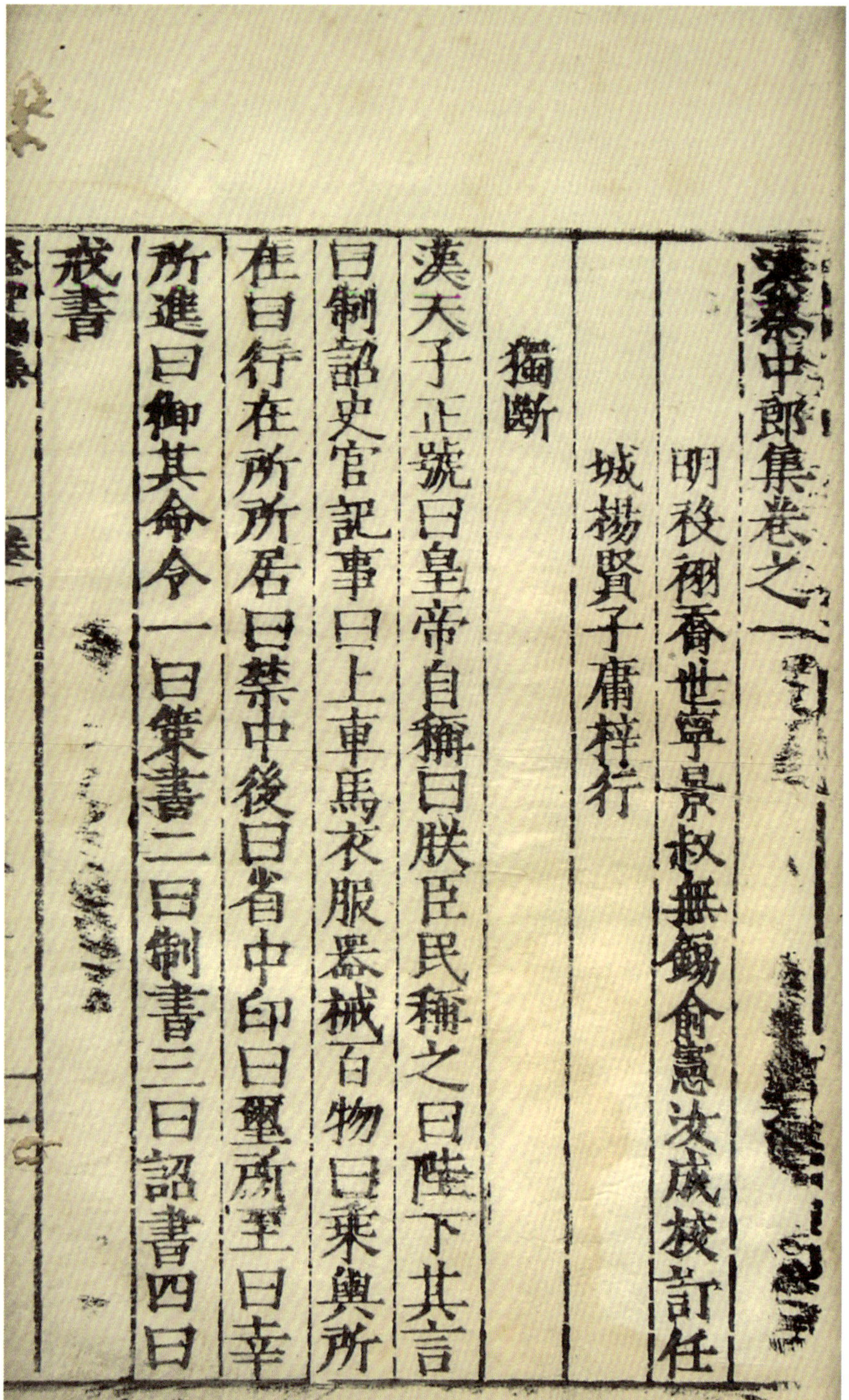
漢蔡中郎集卷之一
明役翻喬世寧景叔無錫俞憲汝成校訂任
城楊賢子庸梓行
獨斷
漢天子正號曰皇帝自稱曰朕臣民稱之曰陛下其言
曰制詔史官記事曰上車馬衣服器械百物曰乘輿所
在曰行在所所居曰禁中後曰省中印曰璽所至曰幸
所進曰御其命令一曰策書二曰制書三曰詔書四曰
戒書

漢蔡中郎集六卷　（漢）蔡邕撰　明嘉靖二十七年（1548）楊賢刻本　六册

匡高 20.1 厘米，廣 13.2 厘米。半葉九行，行二十一字，白口，四周單邊。有“賀湖范玉亭家藏書畫印”。中山大學圖書館藏。第二批國家名録號 05079。

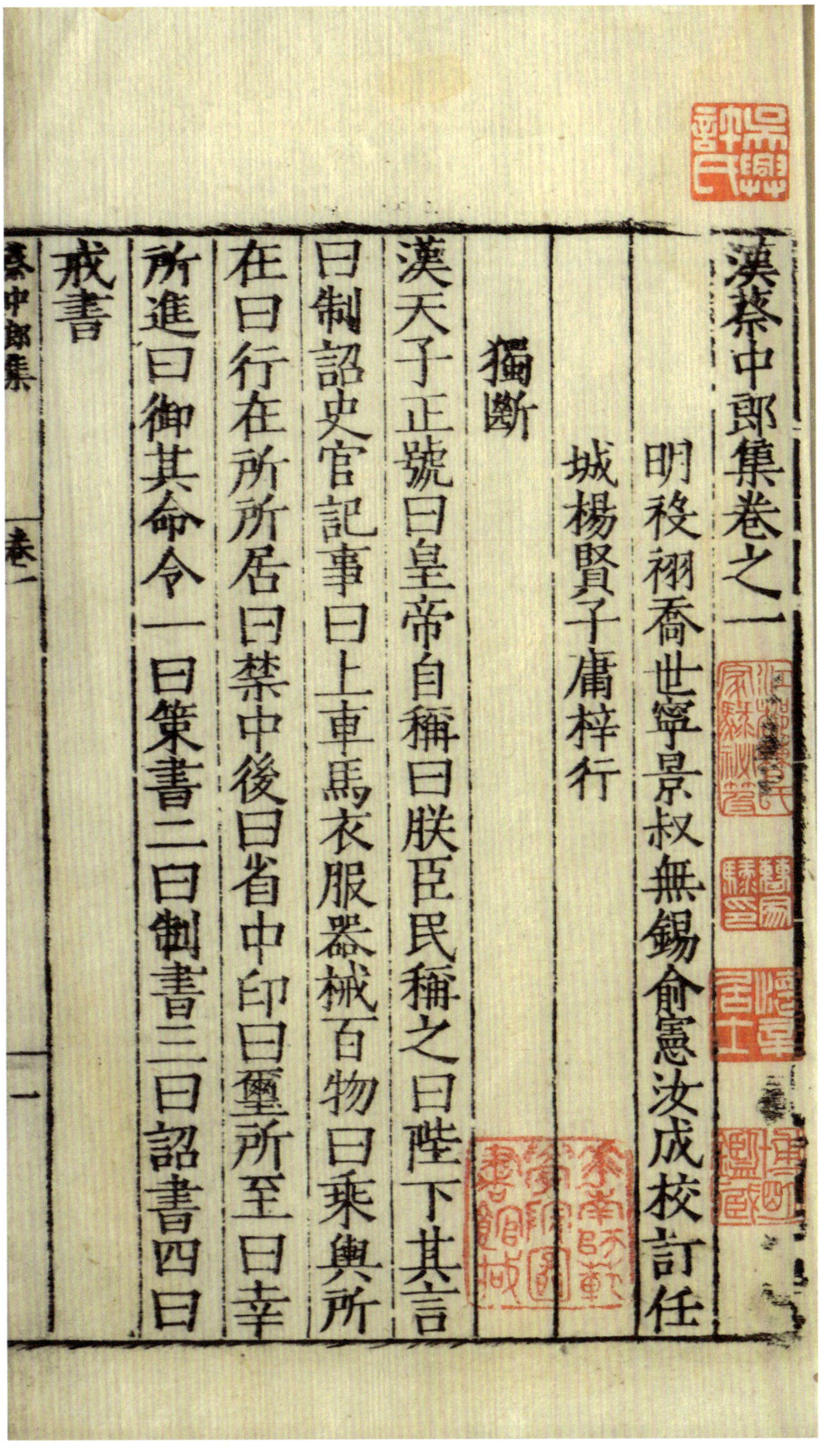

漢蔡中郎集卷之一

明祋祤喬世寧景叔無錫俞憲汝成校訂任

城楊賢子庸梓行

獨斷

漢天子正號曰皇帝自稱曰朕臣民稱之曰陛下其言曰制詔史官記事曰上車馬衣服器械百物曰乘輿所在曰行在所所居曰禁中後曰省中印曰璽所至曰幸所進曰御其命令一曰策書二曰制書三曰詔書四曰戒書

蔡中郎集　卷一　一

漢蔡中郎集六卷　（漢）蔡邕撰　明嘉靖二十七年（1548）楊賢刻本　五册

匡高 20.1 厘米，廣 13.2 厘米。半葉九行，行二十一字，白口，四周單邊。有“博明鑑藏”“曹家騄印”等印。華南師範大學圖書館藏。第二批國家名録號 05080。

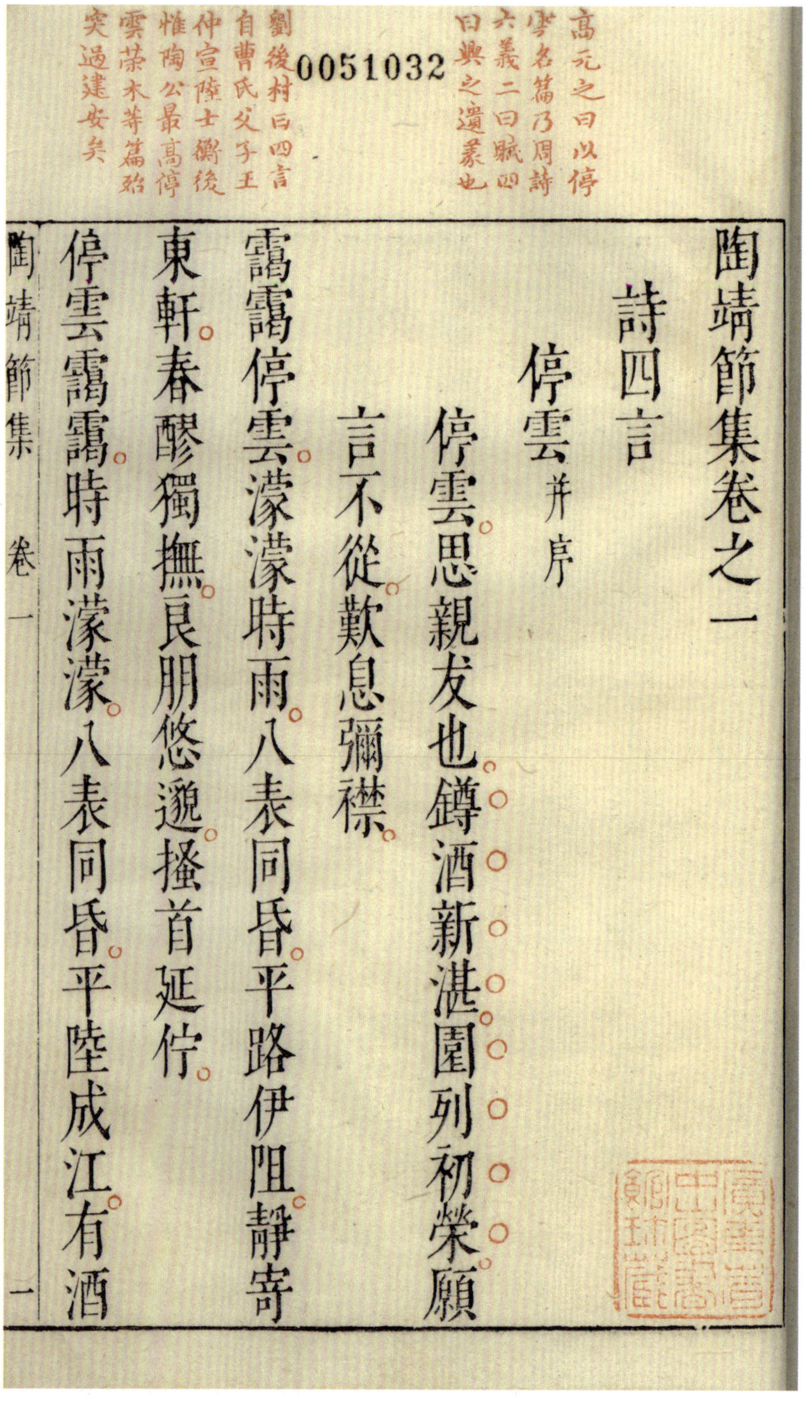

陶靖節集八卷　（晋）陶潛撰　**總論一卷附録一卷**　明萬曆凌濛初刻朱墨套印本　四册

匡高 20.8 厘米，廣 14.7 厘米。半葉八行，行十八字，白口，四周單邊。廣東省立中山圖書館藏。第一批國家名録號 02007。

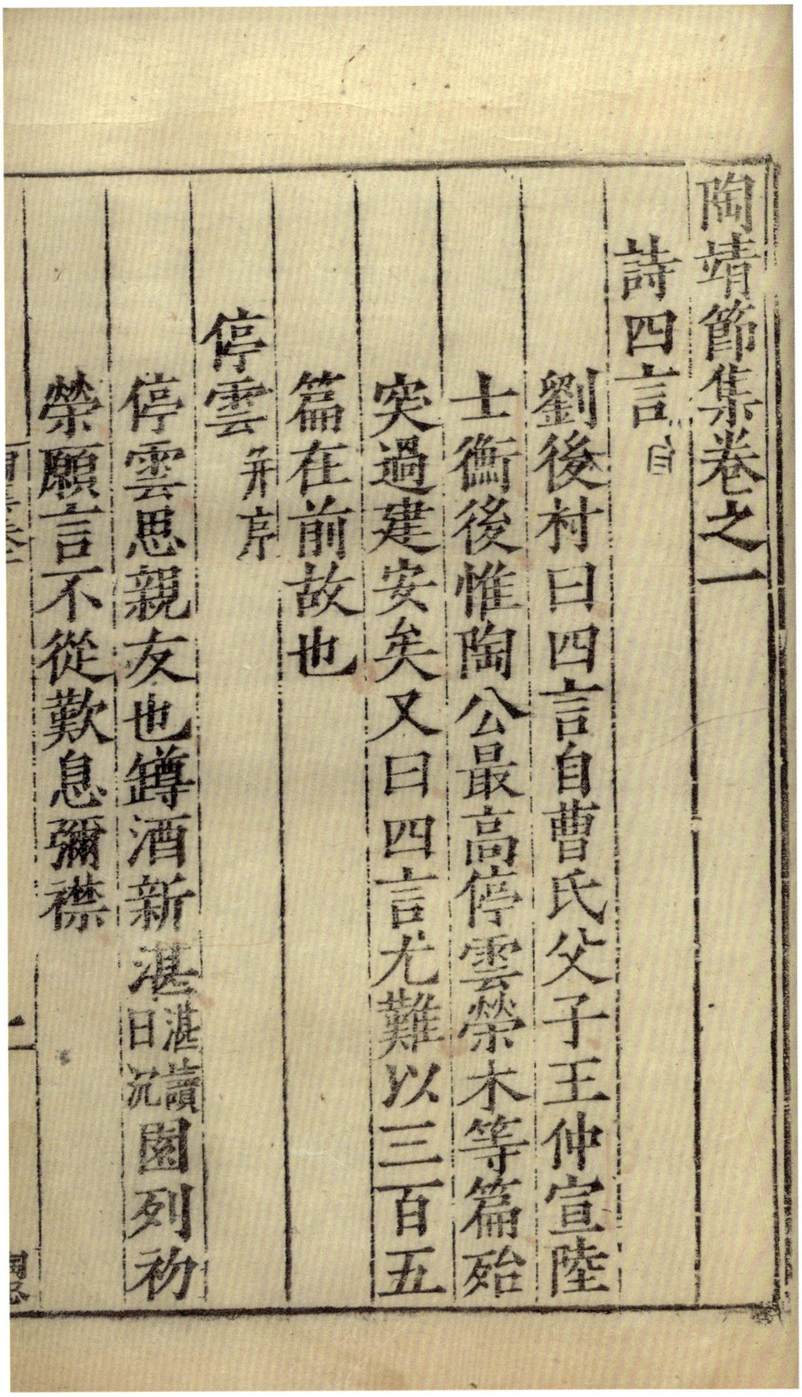
陶靖節集卷之一
詩四言 自
劉後村曰四言自曹氏父子王仲宣陸
士衡後惟陶公最高停雲榮木等篇殆
突過建安矣又曰四言尤難以三百五
篇在前故也
停雲 并序
停雲思親友也罇酒新湛 湛讀曰沉 園列初
榮願言不從歎息彌襟

陶靖節集十卷　（晉）陶潛撰　（宋）湯漢等箋注　**總論一卷附録一卷**　明刻本　四册

匡高 20.3 厘米，廣 13.9 厘米。半葉九行，行十八字，小字雙行同，白口，左右雙邊。有“王宗炎印”“真州吴氏有福讀書堂藏書”等印。中山大學圖書館藏，存十一卷（缺附録一卷）。第二批國家名録號 05103。

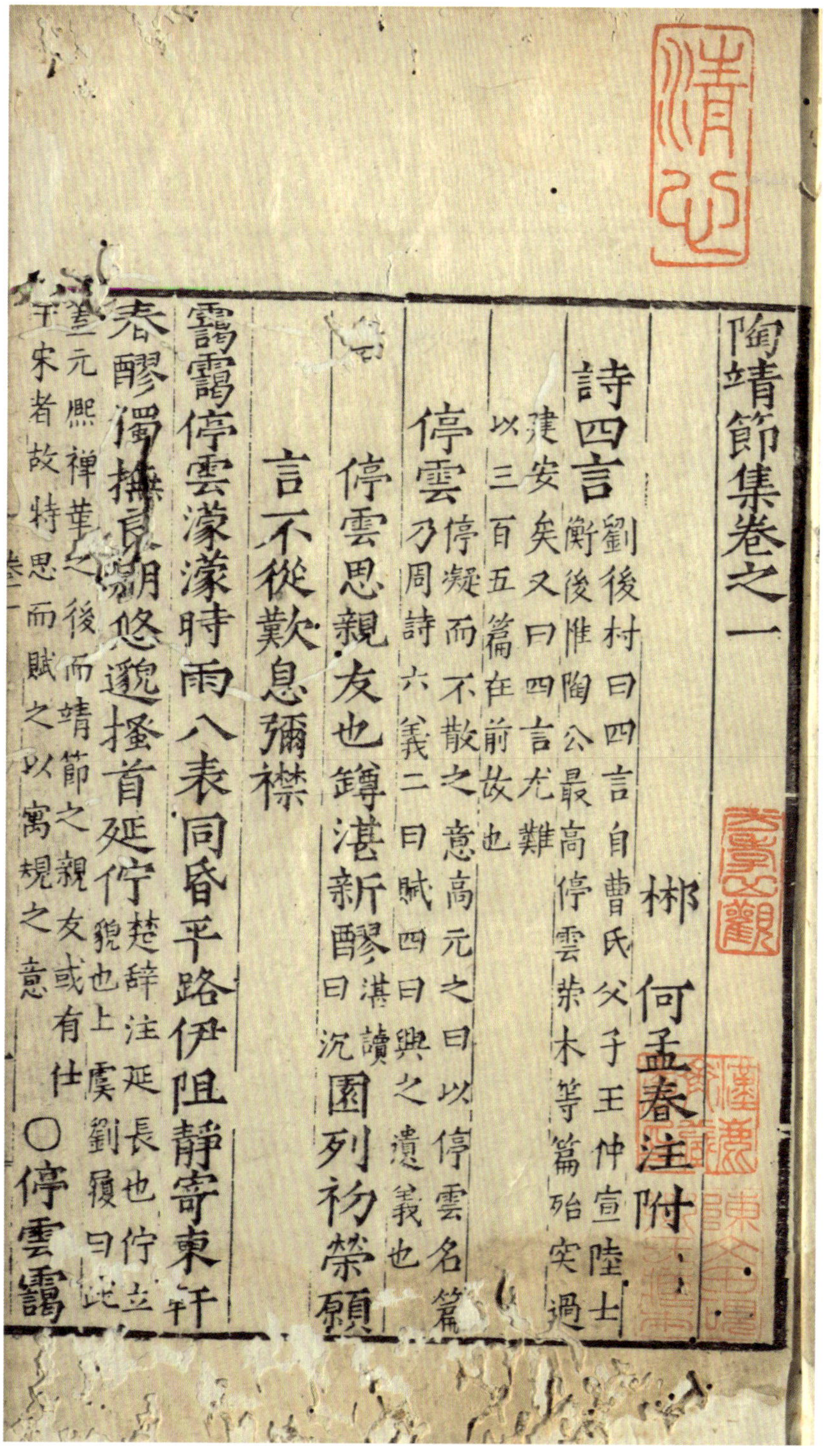
陶靖節集卷之一
郴　何孟春注附
詩四言 劉後村曰四言自曹氏父子王仲宣陸士衡後惟陶公最高停雲榮木等篇殆突過建安矣又曰四言尤難以三百五篇在前故也
停雲 停凝而不散之意高元之曰以停雲名篇乃周詩六義二曰賦四曰興之遺義也
停雲思親友也罇湛新醪湛讀曰沉園列初榮願言不從歎息彌襟
靄靄停雲濛濛時雨八表同昏平路伊阻靜寄東軒春醪獨撫良朋悠邈搔首延佇楚辭注延長也佇立貌也上虞劉履曰此蓋元熙禪革之後而靖節之親友或有仕于宋者故特思而賦之以寓規之意 ○停雲靄

陶靖節集十卷　（晉）陶潛撰　（明）何孟春注　明正德刻本　四册

匡高 18.7 厘米，廣 14.2 厘米。半葉十行，行二十字，小字雙行同，白口，四周單邊。有“陳文田硯卿氏藏本”“漢鹿齋藏書印”“方孝岳觀”等印。華南師範大學圖書館藏。第二批國家名録號 05112。

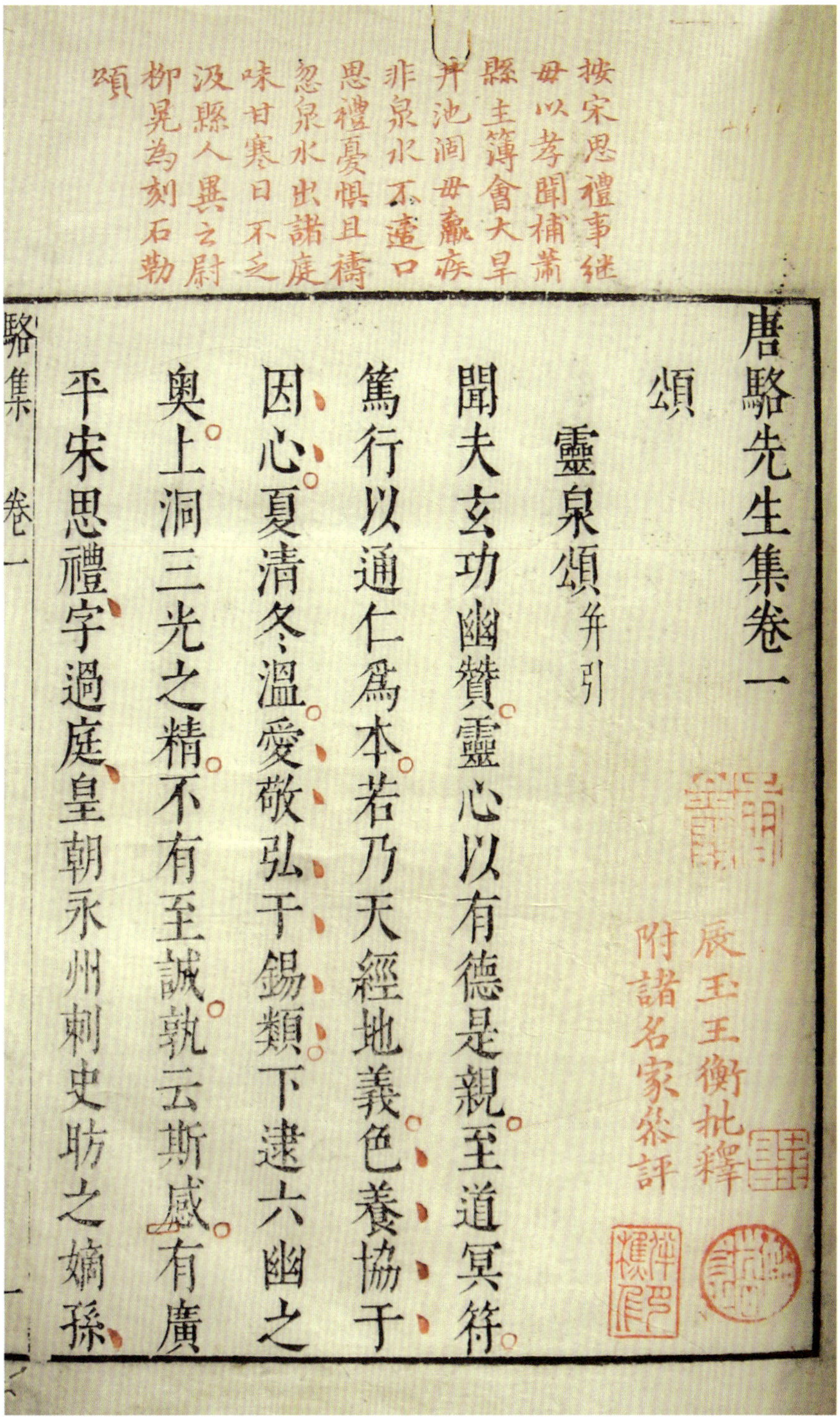
按宋思禮事繼母以孝聞補蕭縣主簿會大旱井池涸母羸疾非泉水不適口思禮憂懼且禱忽泉水出諸庭味甘寒日不乏汲縣人異之尉柳晃爲刻石勒頌

唐駱先生集卷一

頌

靈泉頌并引

聞夫玄功幽贊靈心以有德是親至道冥符篤行以通仁爲本若乃天經地義色養協于因心夏凊冬溫愛敬弘于錫類下逮六幽之奧上洞三光之精不有至誠孰云斯感有廣平宋思禮字過庭皇朝永州刺史昉之嫡孫

辰玉王衡批釋

附諸名家參評

駱集　卷一

唐駱先生集八卷　（唐）駱賓王撰　（明）王衡等評釋　**附録一卷**　明凌毓枏刻朱墨套印本　四册

匡高 19.4 厘米，廣 14.7 厘米。半葉八行，行十八字，白口，四周單邊。有“扶夷雲起樓藏”“伴月樵人”等印。中山大學圖書館藏。第一批國家名録號 02009。

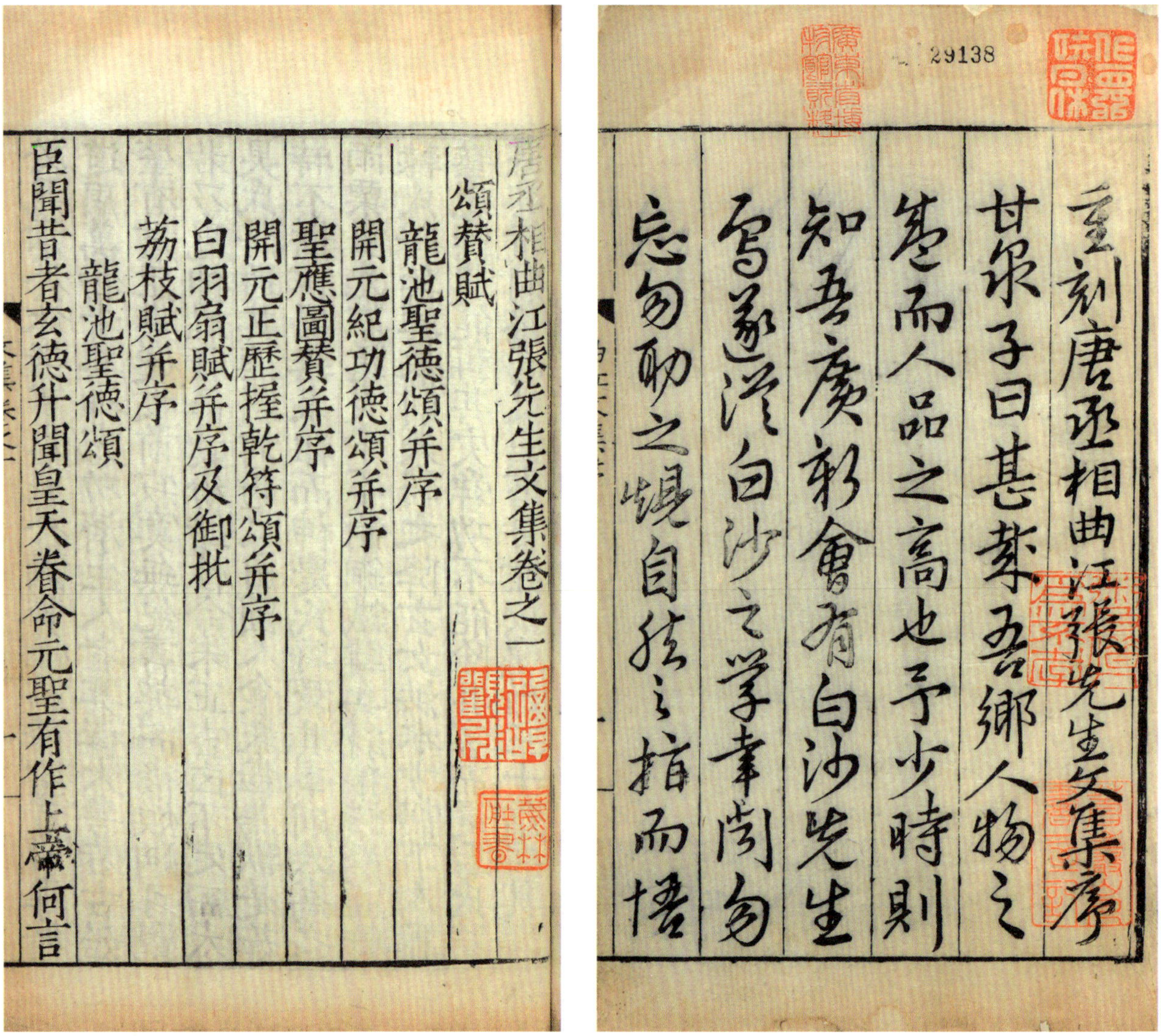

唐丞相曲江張先生文集二十卷　（唐）張九齡撰　明嘉靖十五年（1536）湛若水刻本　四册

匡高 20.7 厘米，廣 13.8 厘米。半葉十行，行二十字，小字雙行同，白口，左右雙邊。有“蕉林藏書”等印。廣東省博物館藏。第六批國家名録號 12729。

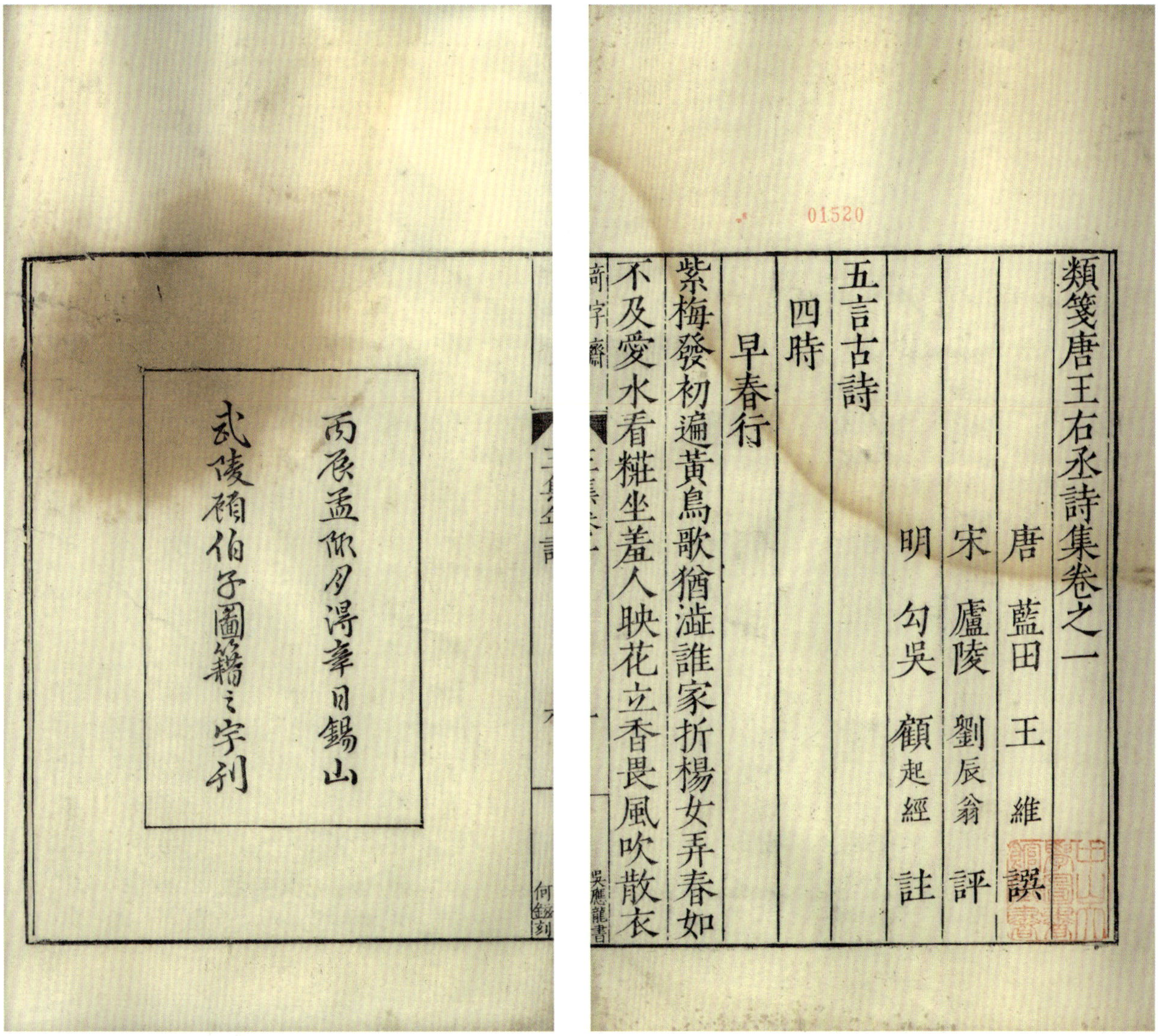

類箋唐王右丞詩集十卷 （唐）王維撰 （宋）劉辰翁評 （明）顧起經注 **文集四卷集外編一卷** （唐）王維撰 （明）顧起經輯 **年譜一卷** （明）顧起經撰 **唐諸家同詠集一卷贈題集一卷歷朝諸家評王右丞詩畫抄一卷** （明）顧起經輯 明嘉靖三十五年（1556）顧氏奇字齋刻本 二十册

匡高20厘米，廣15.3厘米。半葉九行，行十八字，小字雙行同，白口，左右雙邊。有“思雝氏”“鄭弘之印”等印。中山大學圖書館藏。第二批國家名録號05148。

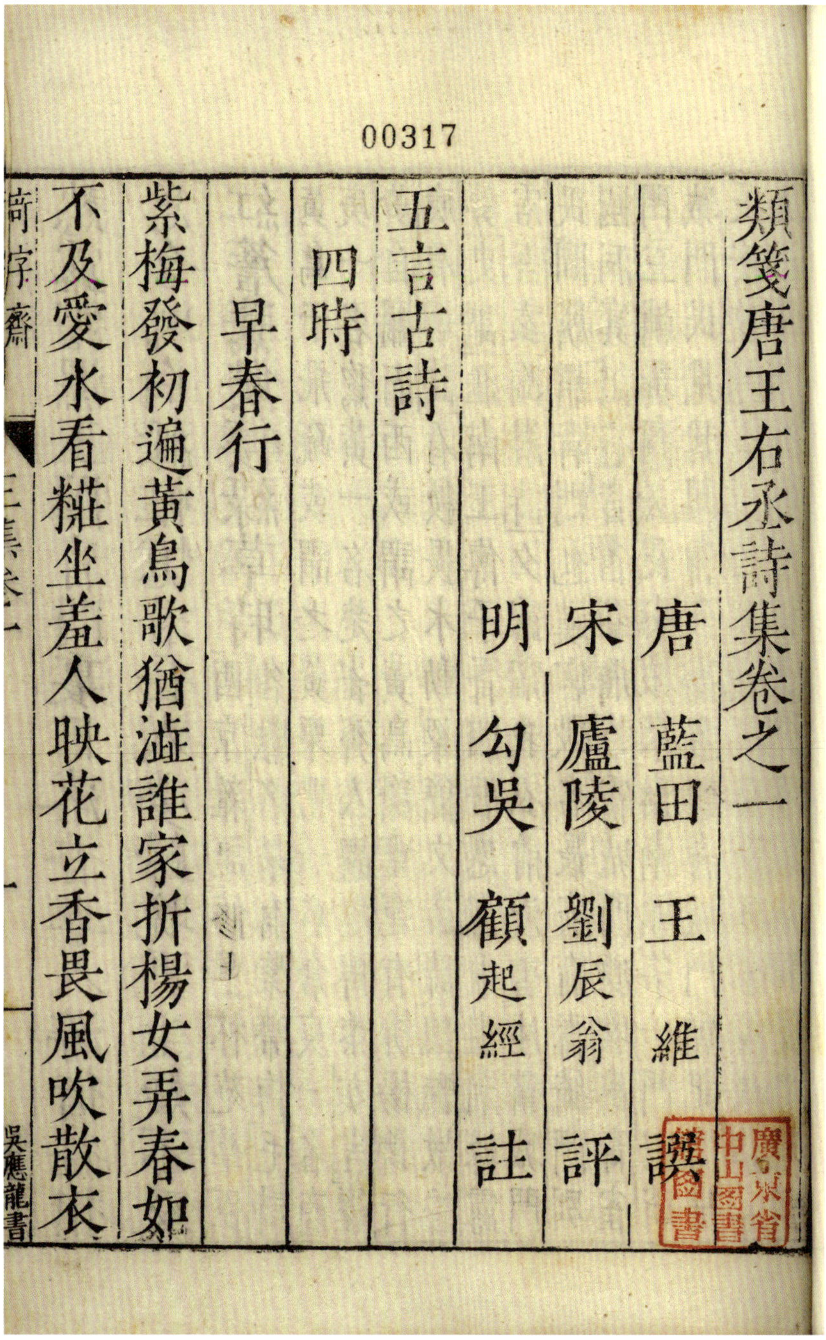

類箋唐王右丞詩集十卷 （唐）王維撰 （宋）劉辰翁評 （明）顧起經注 **文集四卷集外編一卷** （唐）王維撰 （明）顧起經輯 **年譜一卷** （明）顧起經撰 **唐諸家同詠集一卷贈題集一卷歷朝諸家評王右丞詩畫抄一卷** （明）顧起經輯 明嘉靖三十五年（1556）顧氏奇字齋刻本 十二册

匡高 20 厘米，廣 15.3 厘米。半葉九行，行十八字，小字雙行同，白口，左右雙邊。廣東省立中山圖書館藏，存十八卷（缺年譜一卷）。第二批國家名録號 05151。

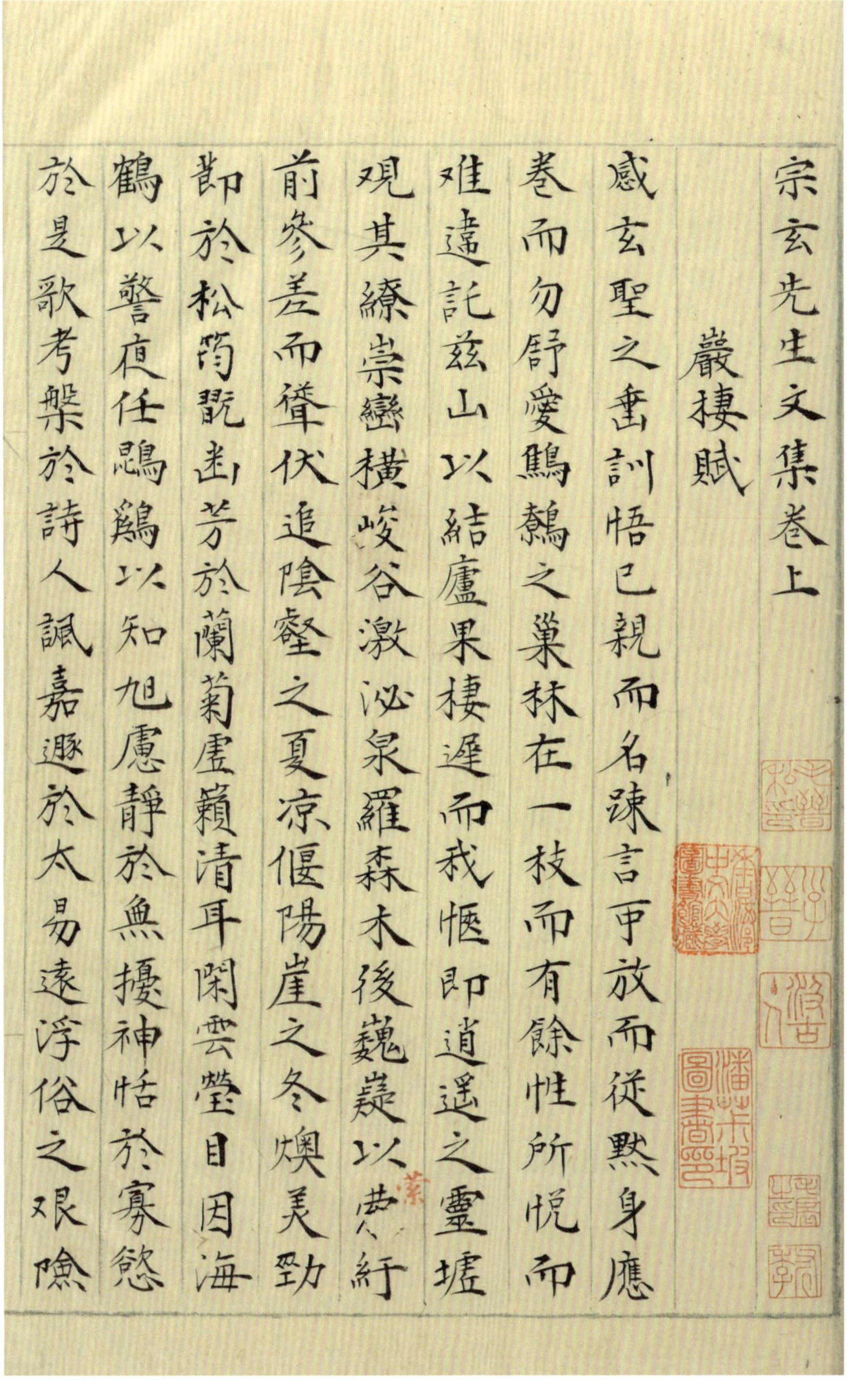
宗玄先生文集卷上

巖棲賦

感玄聖之垂訓悟已親而名踈言申放而從默身應卷而勿舒愛鵾鶵之巢林在一枝而有餘性所悅而难遠託茲山以結廬果棲遲而我愜即逍遥之靈墟覌其繚崇巒横峻谷激泌泉羅森木後巍巍以掛紆前參差而聳伏追陰壑之夏凉偃陽崖之冬煥美勁節於松筠翫幽芳於蘭菊虛巔清耳閑雲瑩目因海鶴以警夜任鶡鴠以知旭慮静於無擾神恬於寡慾於是歌考槃於詩人詠嘉遯於太易遠浮俗之艱險

宗玄先生文集三卷　（唐）吴筠撰　明抄本　一册

有"毛晉私印""子晉""潘氏桐西書屋之印""群碧樓"等印，鄧邦述跋。香港中文大學圖書館藏。第六批國家名録號 12730。

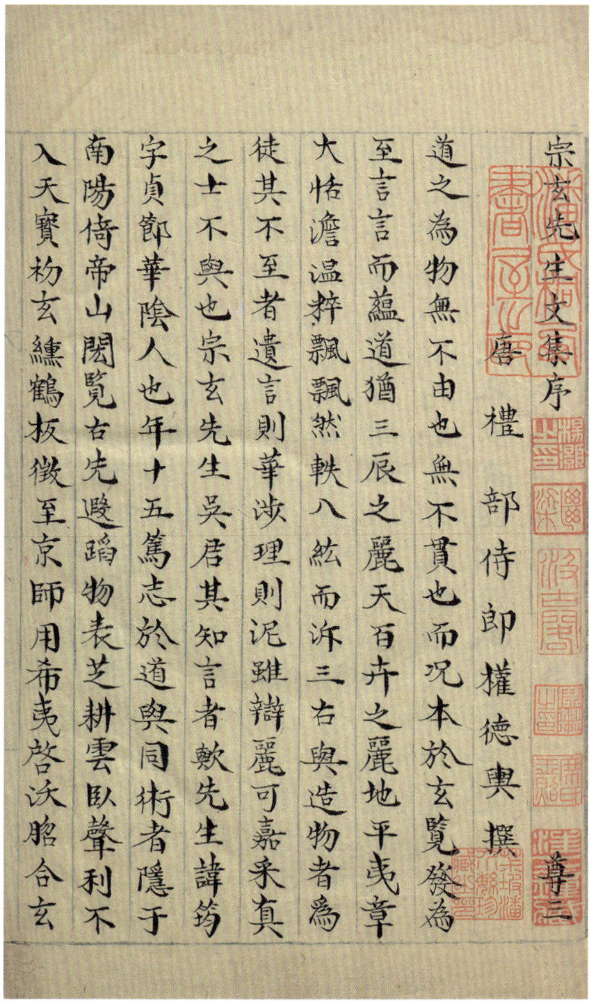
宗玄先生文集序　唐　禮部侍郎權德輿撰　尊三
道之為物無不由也無不貫也而况本於玄覽發為
至言言而藴道猶三辰之麗天百卉之麗地平易章
大恬澹温粹飄飄然軼八紘而泝三古與造物者為
徒其不至者遺言則華涉理則泥雖辯麗可嘉采真
之士不與也宗玄先生吴君其知言者歟先生諱筠
字貞節華陰人也年十五篤志於道與同術者隱于
南陽倚帝山閱覽古先遐蹈物表芝耕雲卧聲利不
入天寶杪玄纁鶴板徵至京師用希夷啓沃昭合玄

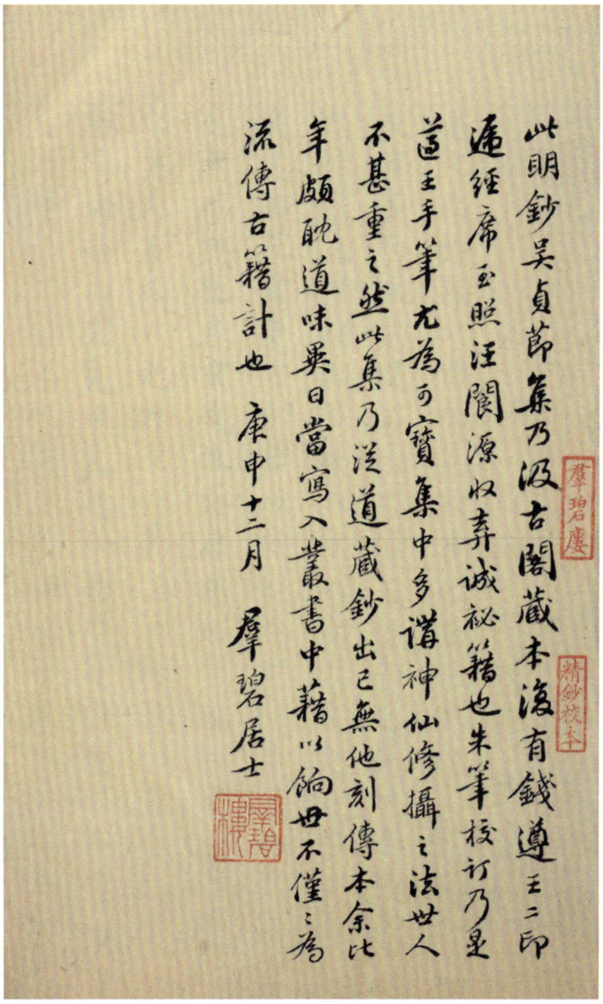
此明鈔吴貞節集乃汲古閣藏本後有錢遵王二印
遞經席玉照汪閬源收弆誠祕籍也朱筆校訂乃是
遵王手筆尤為可寶集中多講神仙修攝之法世人
不甚重之然此集乃從道藏鈔出已無他刻傳本余比
年頗耽道味異日當寫入叢書中藉以餉世不僅僅為
流傳古籍計也　庚申十二月　羣碧居士

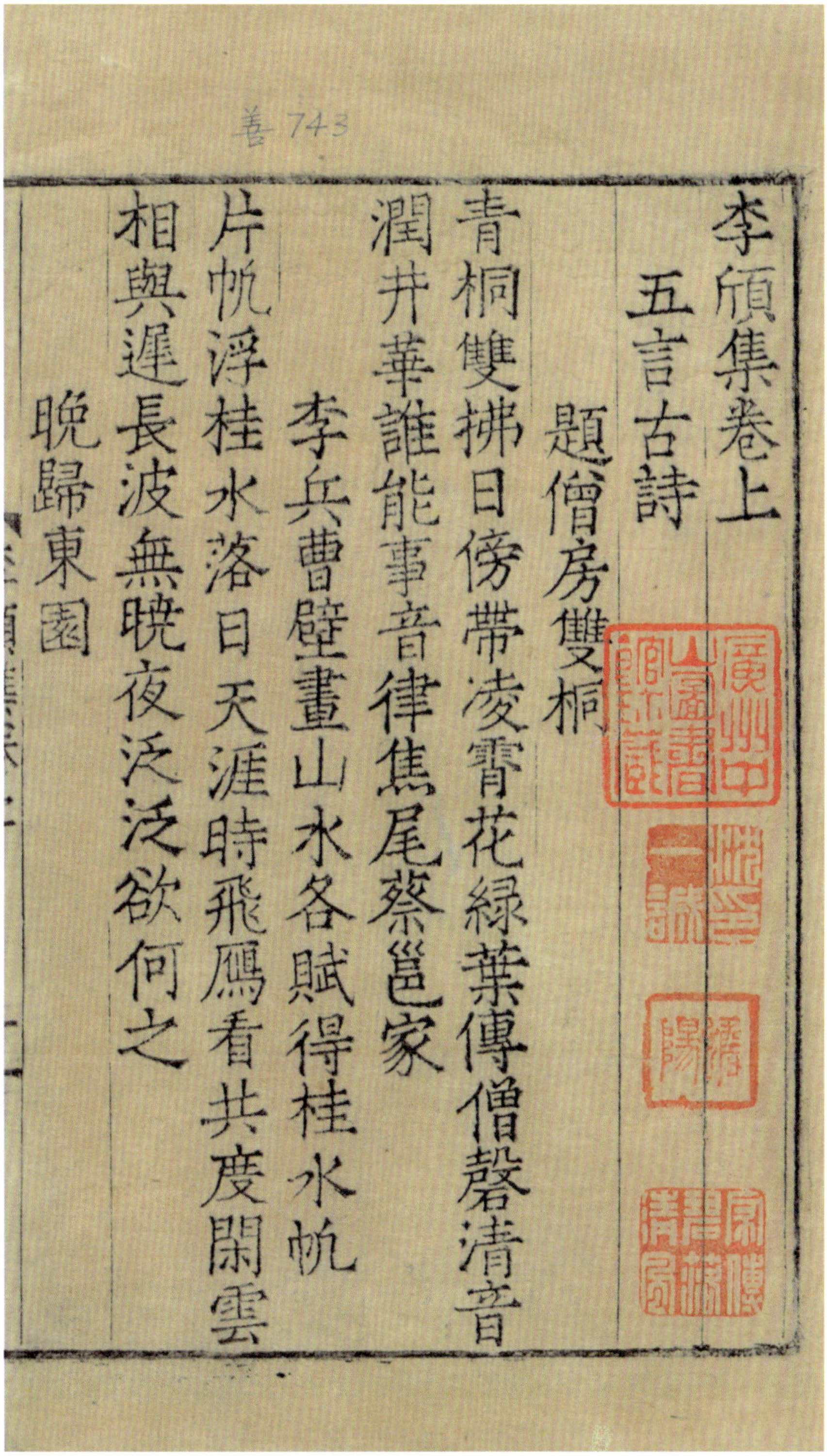
卷743

李頎集卷上

五言古詩

題僧房雙桐

青桐雙拂日傍帶凌霄花緑葉傳僧磬清音

潤井華誰能事音律焦尾蔡邕家

李兵曹壁畫山水各賦得桂水帆

片帆浮桂水落日天涯時飛鴈看共度閑雲

相與遲長波無晚夜泛泛欲何之

晚歸東園

李頎集三卷　（唐）李頎撰　明銅活字印本　二册

匡高 19 厘米，廣 12.8 厘米。半葉九行，行十七字，細黑口，左右雙邊。有“家傳碧落清風”“遊乎象帝之先”等印。廣東省立中山圖書館藏。第二批國家名録號 05163。

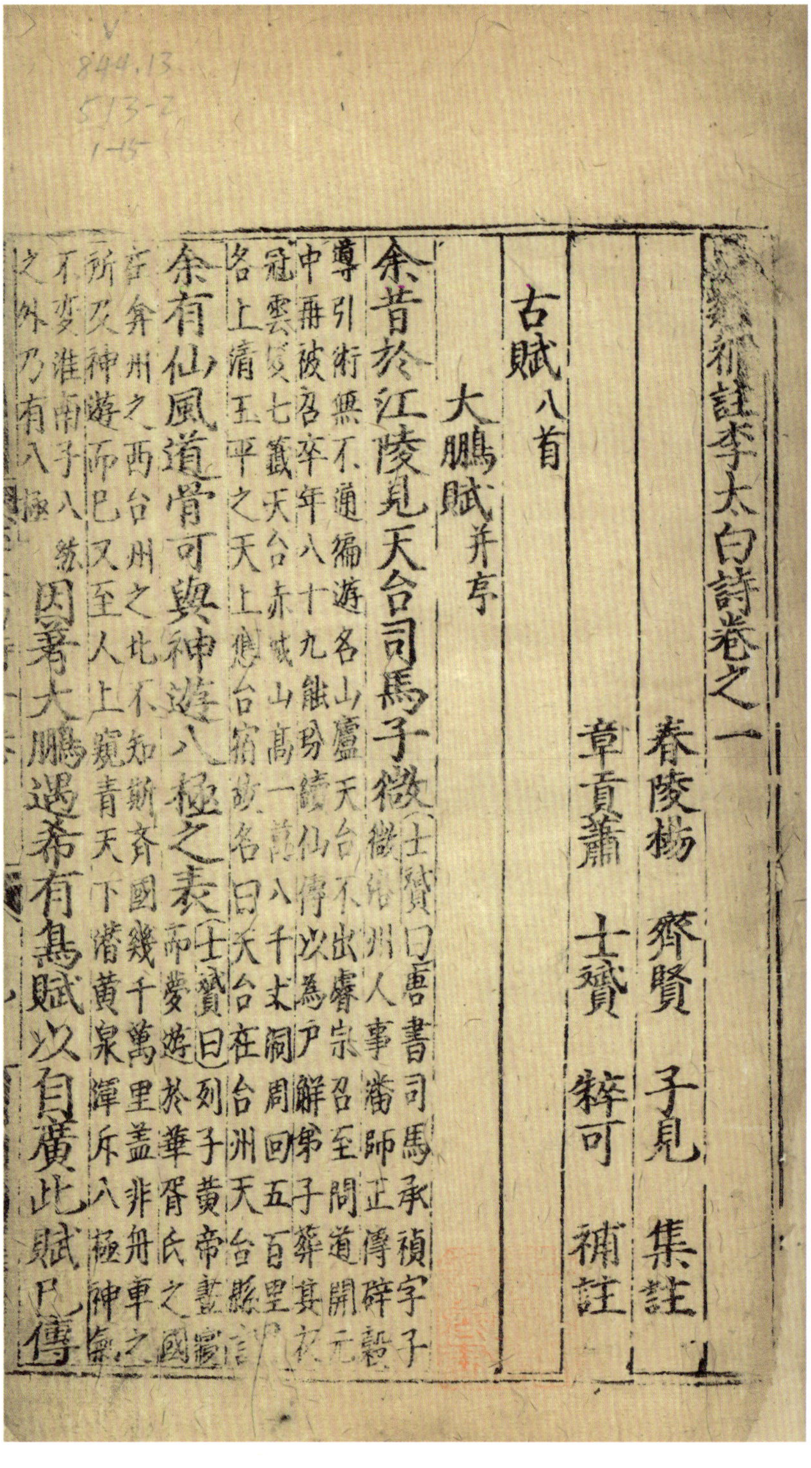

分類補註李太白詩二十五卷　（唐）李白撰　（宋）楊齊賢集注　（元）蕭士贇補注　明正德十五年（1520）安正書堂刻本　十五册

匡高 19.8 厘米，廣 13.2 厘米。半葉十一行，行二十三字，小字雙行同，黑口，四周雙邊。中山大學圖書館藏。第二批國家名録號 05170。

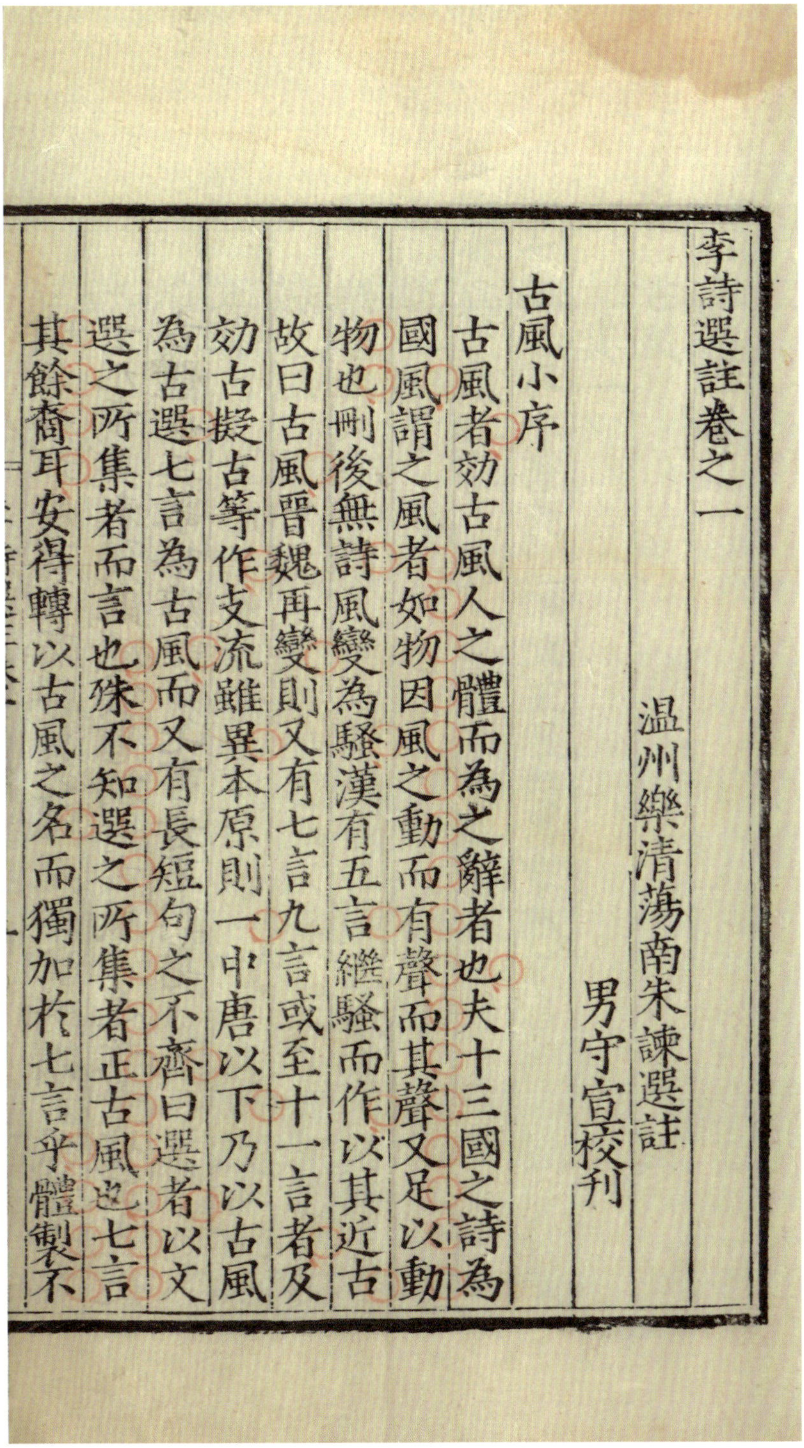
李詩選註卷之一

温州樂清蕩南朱諫選註

男守宣校刊

古風小序

古風者效古風人之體而為之辭者也夫十三國之詩為國風謂之風者如物因風之動而有聲而其聲又足以動物也刪後無詩風變為騷漢有五言繼騷而作以其近古故曰古風晉魏再變則又有七言九言或至十一言者及效古擬古等作支流雖異本原則一中唐以下乃以古風為古選七言為古風而又有長短句之不齊曰選者以文選之所集者而言也殊不知選之所集者正古風也七言其餘裔耳安得轉以古風之名而獨加於七言乎體製不

李詩選註十三卷　（唐）李白撰　（明）朱諫輯並注　明嘉靖二十四年（1545）朱守宣刻本　八册

匡高 20.5 厘米，廣 13.8 厘米。半葉十二行，行二十四字，白口，四周雙邊。華南師範大學圖書館藏。第二批國家名録號 05207。

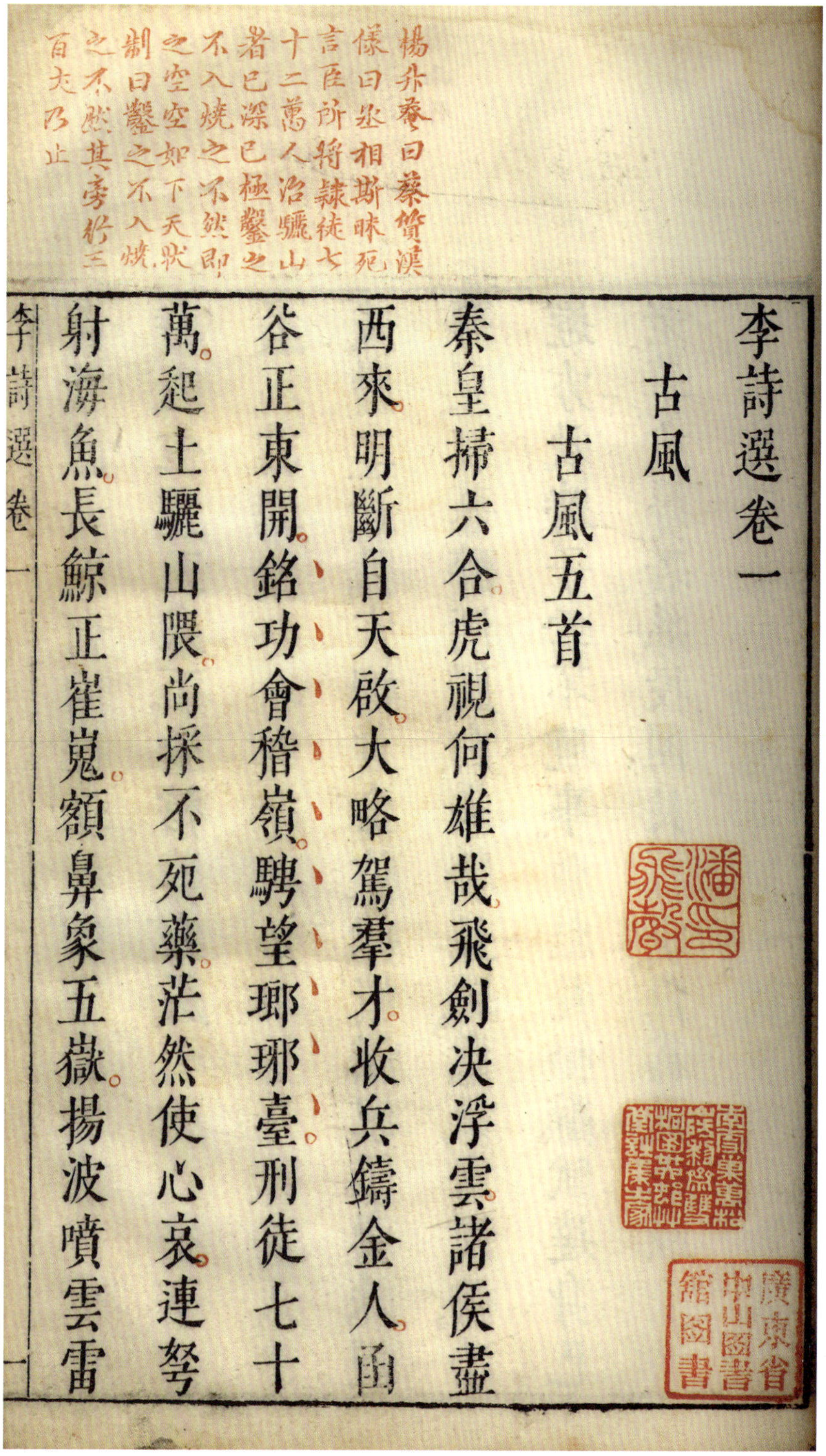

李詩選五卷 （唐）李白撰 （明）張含輯 （明）楊慎批點 明刻朱墨套印本 二册

匡高 20.1 厘米，廣 14.5 厘米。半葉八行，行十八字，白口，四周單邊。有“潘飛聲印”“徐紹棨”等印。廣東省立中山圖書館藏。第二批國家名録號 05202。

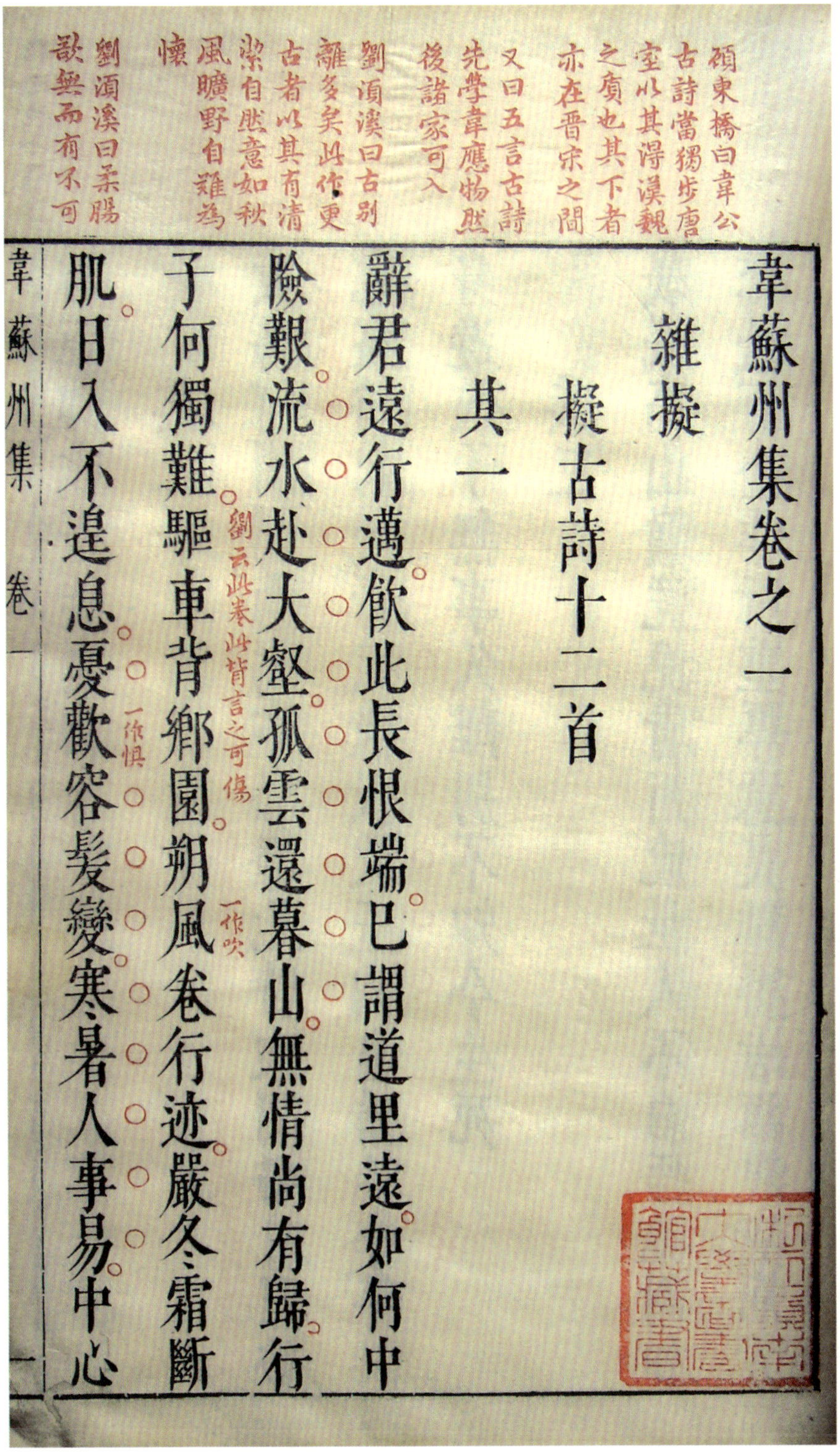

韋蘇州集十卷拾遺一卷　（唐）韋應物撰　明凌氏刻朱墨套印本　四册

匡高 21.5 厘米，廣 14.9 厘米。半葉八行，行十八字，白口，四周單邊。中山大學圖書館藏。

第一批國家名録號 02019。

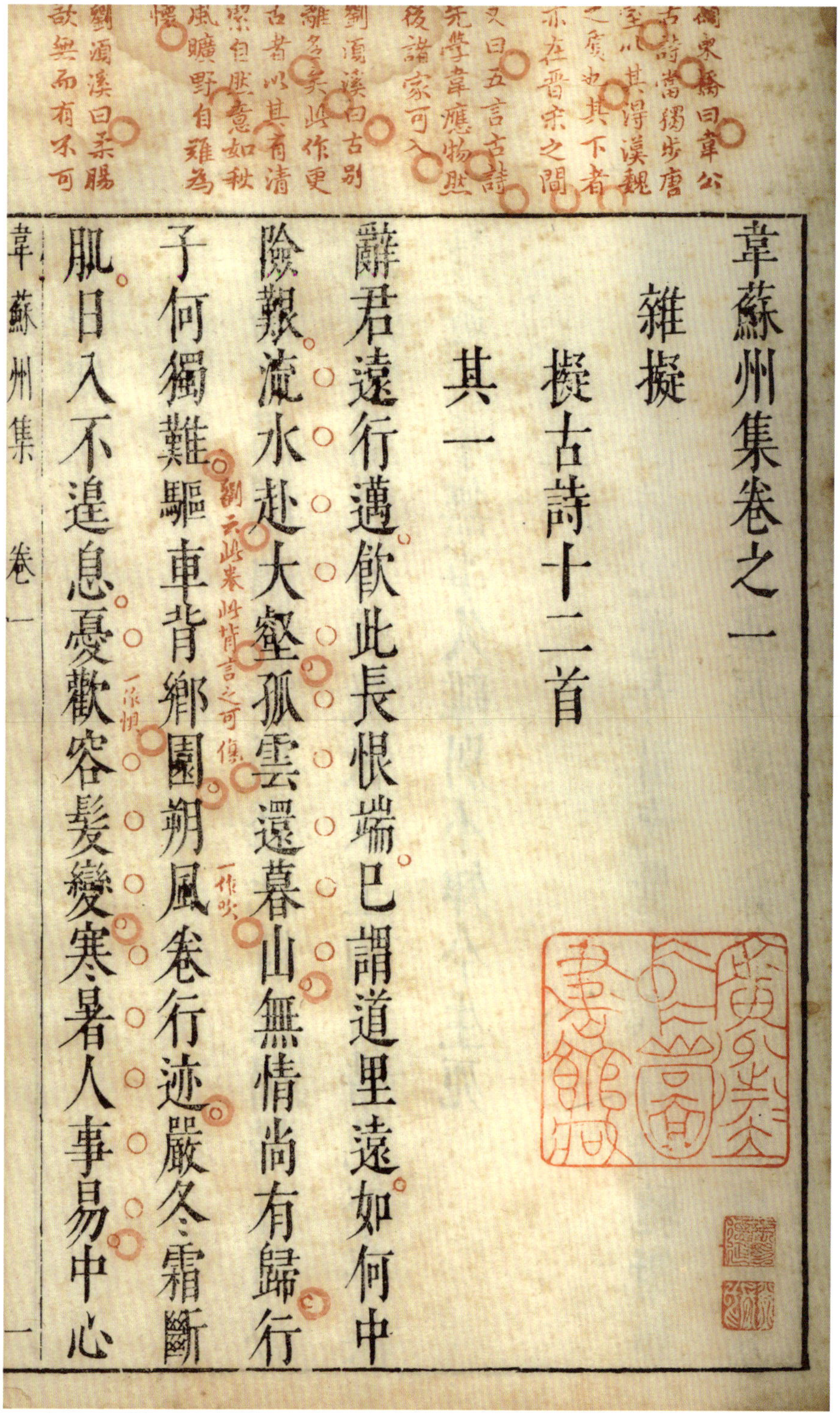
韋蘇州集卷之一
雜擬
擬古詩十二首
其一
辭君遠行邁飲此長恨端已謂道里遠如何中
險艱流水赴大壑孤雲還暮山無情尚有歸行
子何獨難驅車背鄉園朔風卷行迹嚴冬霜斷
肌日入不遑息憂歡容髮變寒暑人事易中心
韋蘇州集　卷一　一

韋蘇州集十卷拾遺一卷　（唐）韋應物撰　明凌氏刻朱墨套印本　四册

匡高 21.5 厘米，廣 14.9 厘米。半葉八行，行十八字，白口，四周單邊。有“張德延印”“濟南生”等印。廣東省立中山圖書館藏。第一批國家名録號 02021。

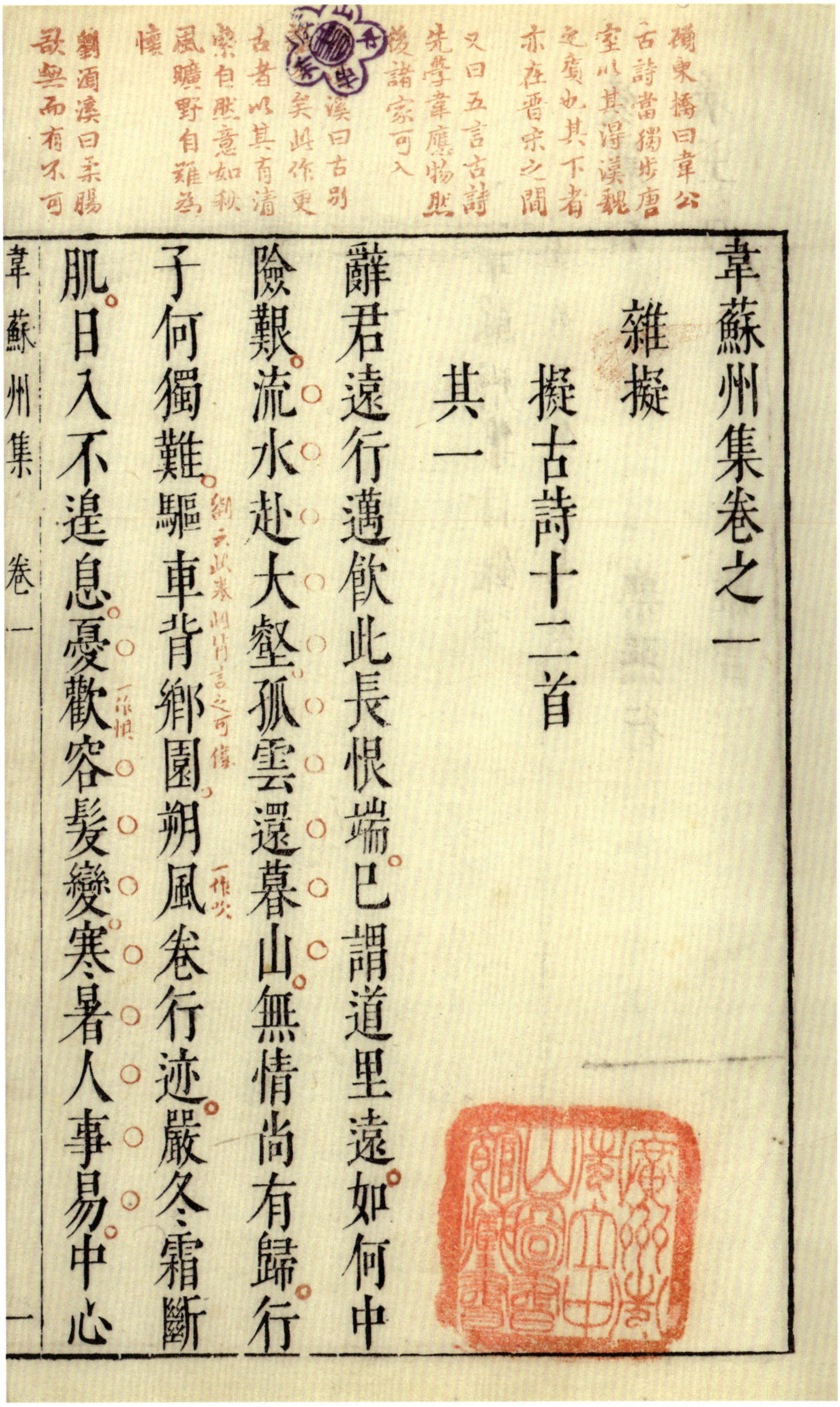
韋蘇州集卷之一
雜擬
擬古詩十二首
其一
辭君遠行邁飲此長恨端已謂道里遠如何中
險艱流水赴大壑孤雲還暮山無情尚有歸行
子何獨難驅車背鄉園朔風卷行迹嚴冬霜斷
肌日入不遑息憂歡容髮變寒暑人事易中心
韋蘇州集　卷一　一

韋蘇州集十卷拾遺一卷　（唐）韋應物撰　明凌氏刻朱墨套印本　八册

匡高 21.2 厘米，廣 14.7 厘米。半葉八行，行十八字，白口，四周單邊。廣東省立中山圖書館藏。第三批國家名録號 08710。

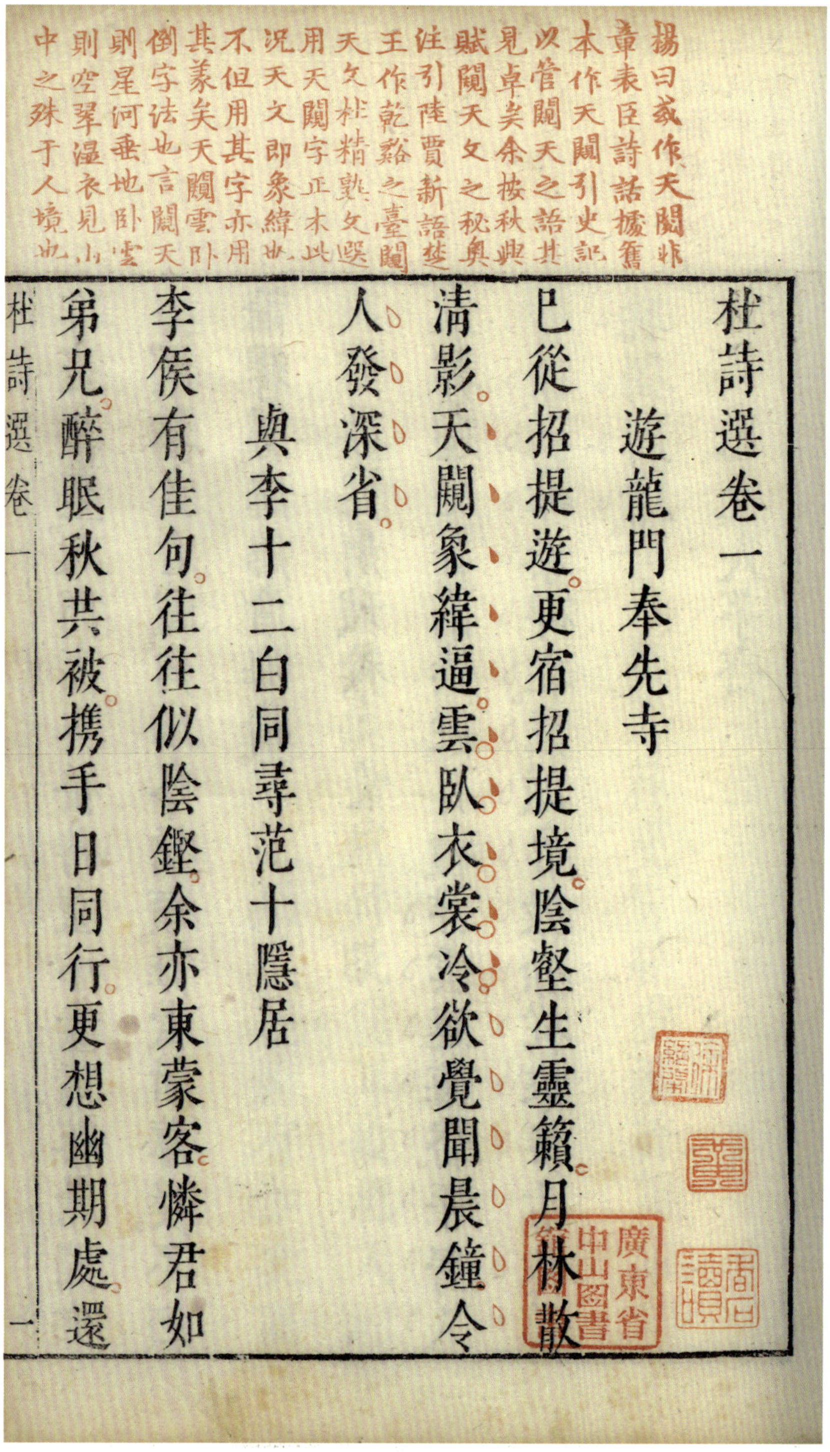

楊曰或作天闚非章表臣詩話據舊本作天闚引史記以管闚天之語其見卓矣余按秋興賦闚天文之秘奧注引陸賈新語楚王作乾谿之臺闚天文杜精熟文選用天闚字正本此况天文即象緯也不但用其字亦用其義矣天闕雲卧倒字法也言闚天則星河垂地卧雲則空翠濕衣見山中之殊于人境也

杜詩選卷一

遊龍門奉先寺

已從招提遊更宿招提境陰壑生靈籟月林散清影天闕象緯逼雲臥衣裳冷欲覺聞晨鐘令人發深省

與李十二白同尋范十隱居

李侯有佳句往往似陰鏗余亦東蒙客憐君如弟兄醉眠秋共被攜手日同行更想幽期處還

杜詩選卷一　一

杜詩選六卷　（唐）杜甫撰　（明）閔暎璧集評　明烏程閔氏刻朱墨套印本　二册

匡高 20.3 厘米，廣 14.6 厘米。半葉八行，行十八字，白口，四周單邊。有“香石讀”“徐紹棨”等印。廣東省立中山圖書館藏。第一批國家名録號 02026。

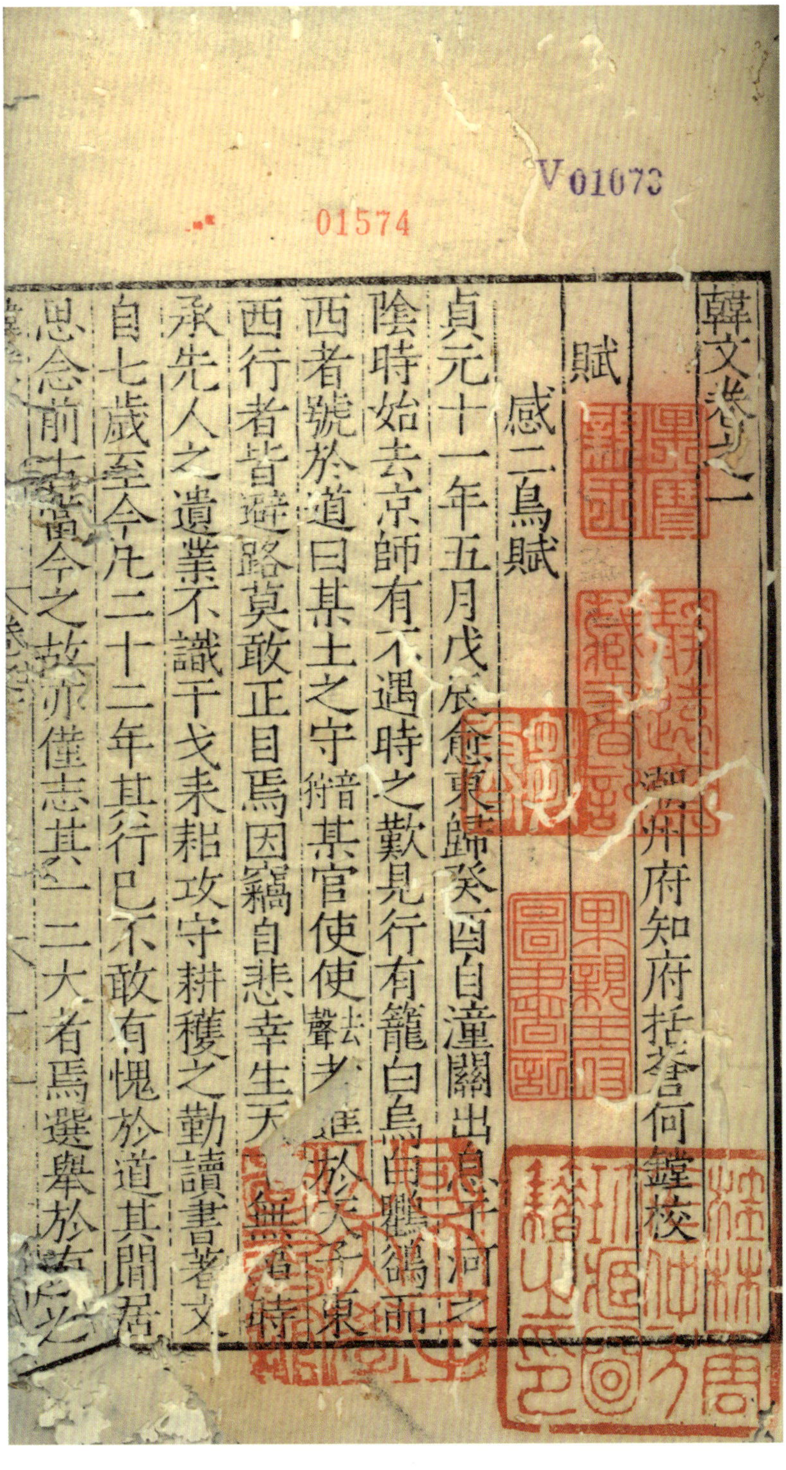

韓文四十卷外集十卷遺集一卷 （唐）韓愈撰 **集傳一卷** 明嘉靖四十一年（1562）何鏜刻本 十九册

匡高 18.4 厘米，廣 13.3 厘米。半葉十一行，行二十二字，白口，左右雙邊。有“果親王府圖書記”等印，唐岳録諸家批。中山大學圖書館藏。第二批國家名録號 05307。

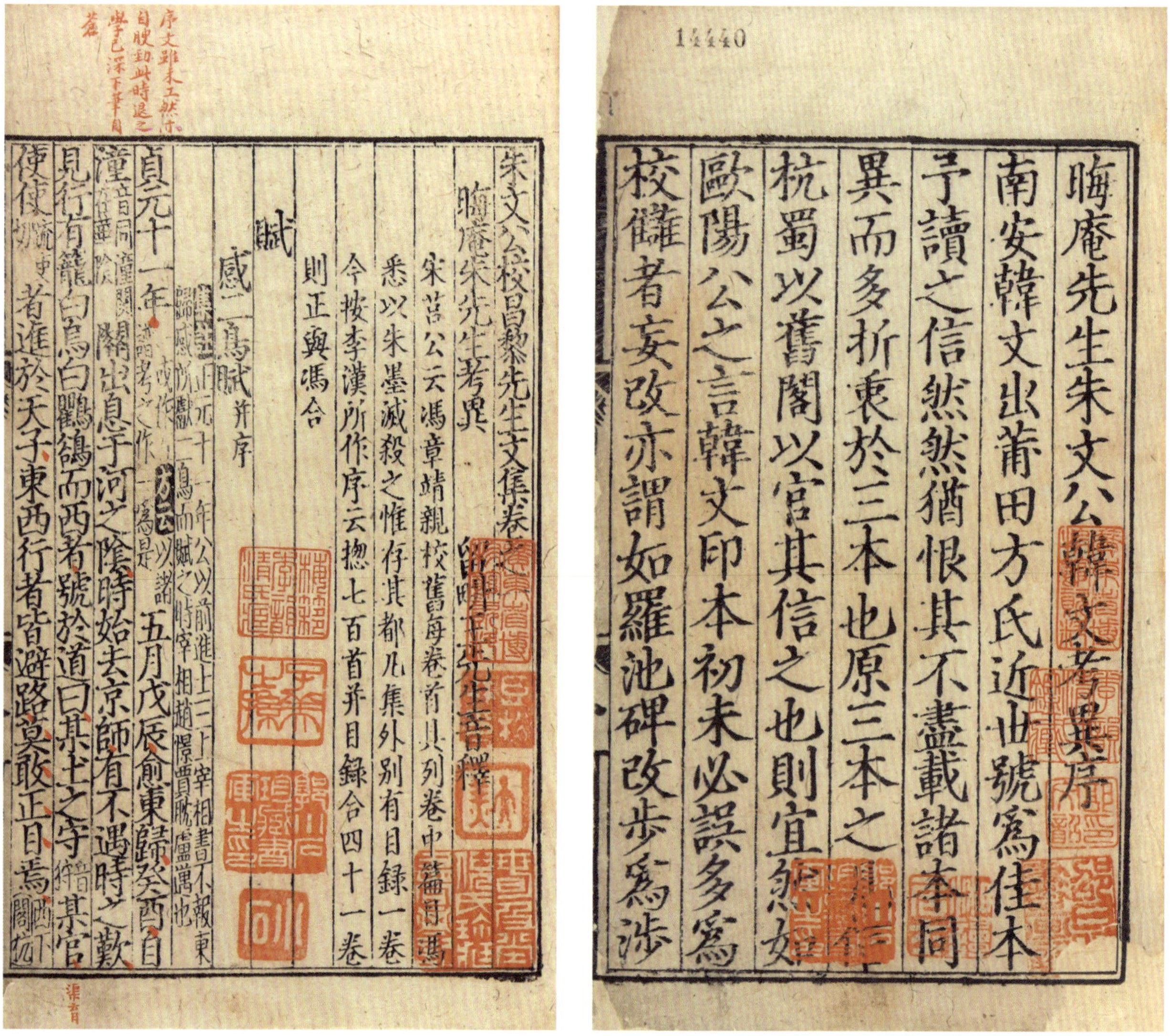

朱文公校昌黎先生文集四十卷外集十卷遺文一卷　（唐）韓愈撰　（宋）朱熹考異　（宋）王伯大音釋　**傳一卷**　明正統十三年（1448）書林王宗玉刻本　二十册

匡高 19.7 厘米，廣 12.6 厘米。半葉十三行，行二十三字，小字雙行同，黑口，四周雙邊。有“春及堂倪氏珍藏書畫記”“子美”“臣松林印”“郭小石珍藏書画之印”等印，佚名録朱彝尊、方苞批校。廣東省博物館藏。第五批國家名録號 11850。

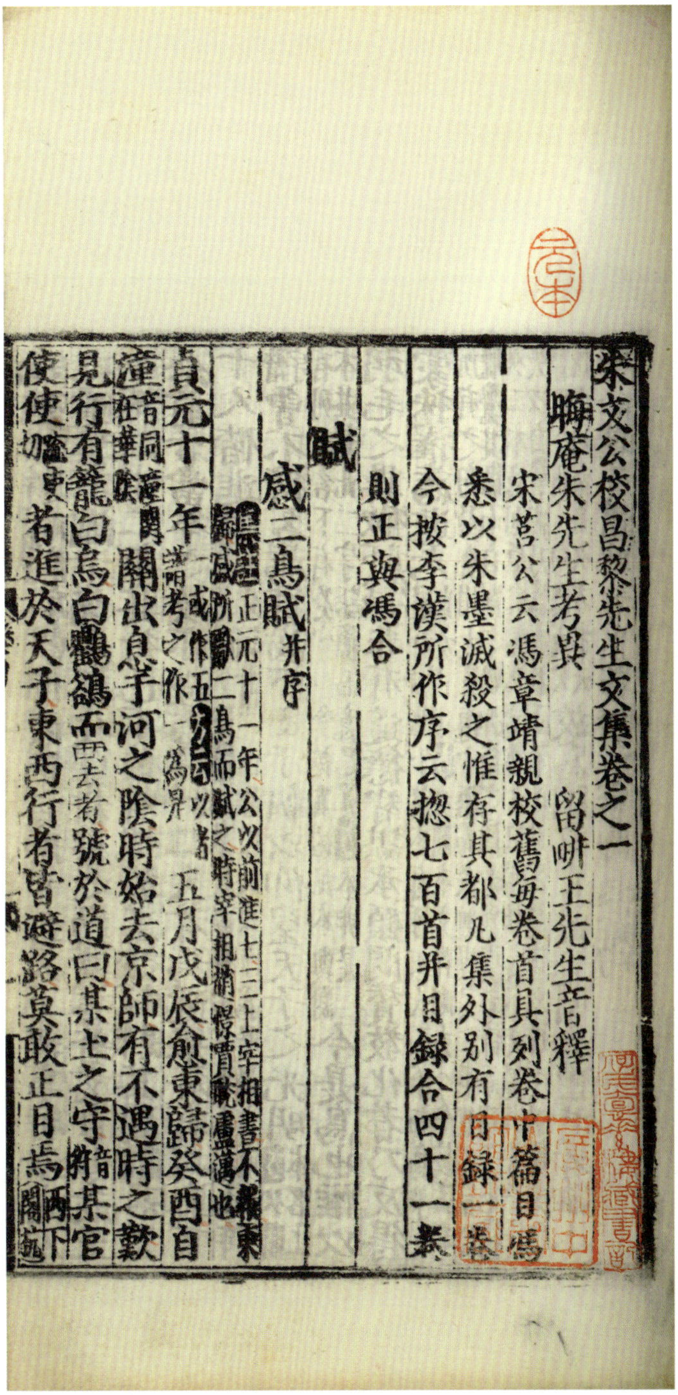
朱文公校昌黎先生文集卷之一
晦庵朱先生考異　留耕王先生音釋
宋莒公云馮章靖親校舊本每卷首具列卷中篇目馮
悉以朱墨滅殺之惟存其都凡集外别有目録一卷
今按李漢所作序云揔七百首并目録合四十一卷
則正與馮合
賦
感二鳥賦并序
貞元十一年五月戊辰愈東歸癸酉自
潼關出息于河之陰時始去京師有不遇時之歎
見行有籠白烏白鸜鵒而西號於道曰某土之守
使使者進於天子東西行者皆避路莫敢正目焉

朱文公校昌黎先生文集四十卷外集十卷遺文一卷　（唐）韓愈撰　（宋）朱熹考異　（宋）王伯大音釋　**傳一卷**　明刻本　十册

匡高 18.7 厘米，廣 12.5 厘米。半葉十三行，行二十三字，小字雙行同，黑口，四周雙邊。有“順德何氏抱素樓考藏”“葉氏德輝鑑藏”等印。廣東省立中山圖書館藏。第二批國家名録號 05326。

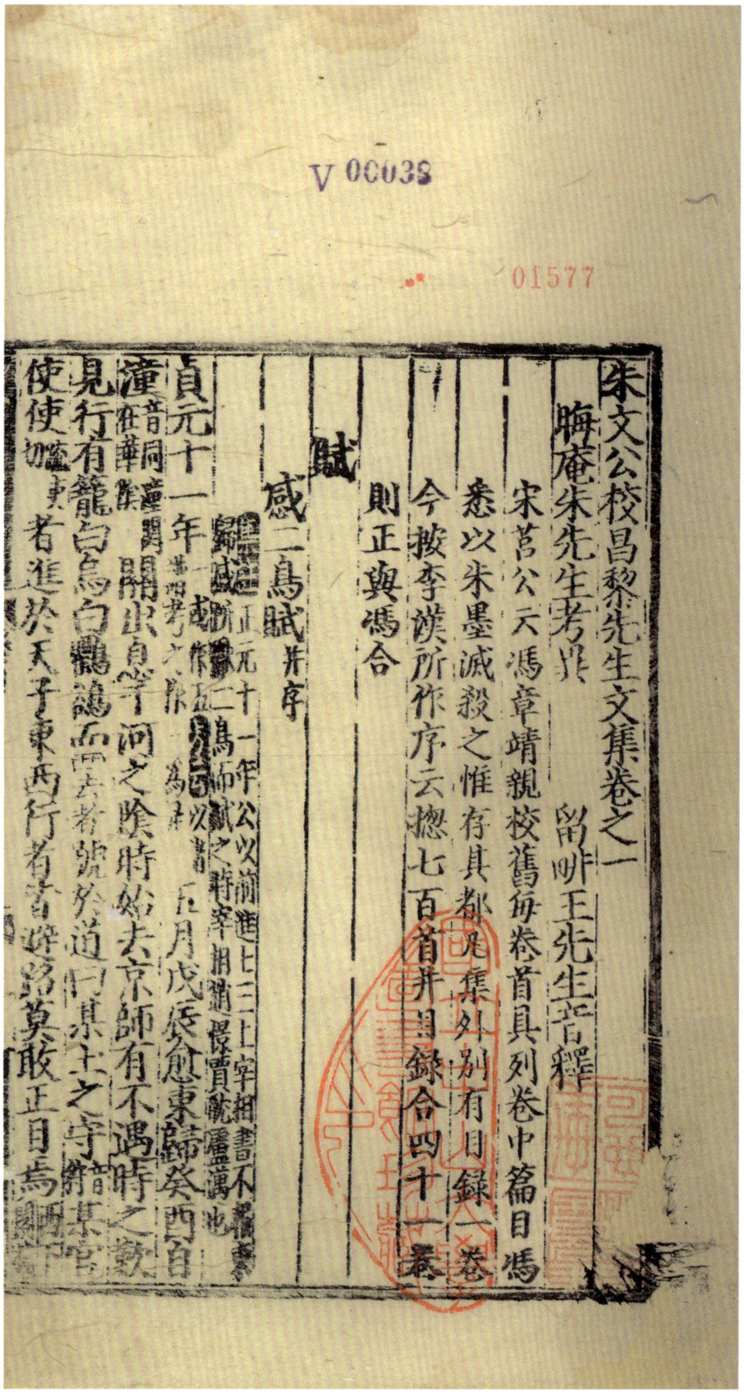

朱文公校昌黎先生文集四十卷外集十卷遺文一卷　（唐）韓愈撰　（宋）朱熹考異　（宋）王伯大音釋　**傳一卷**　明刻本　二十册

匡高 18.7 厘米，廣 12.5 厘米。半葉十三行，行二十三字，小字雙行同，黑口，四周雙邊。有“延古堂李氏珍藏”等印。中山大學圖書館藏，存五十一卷（缺遺文一卷）。第二批國家名録號 05327。

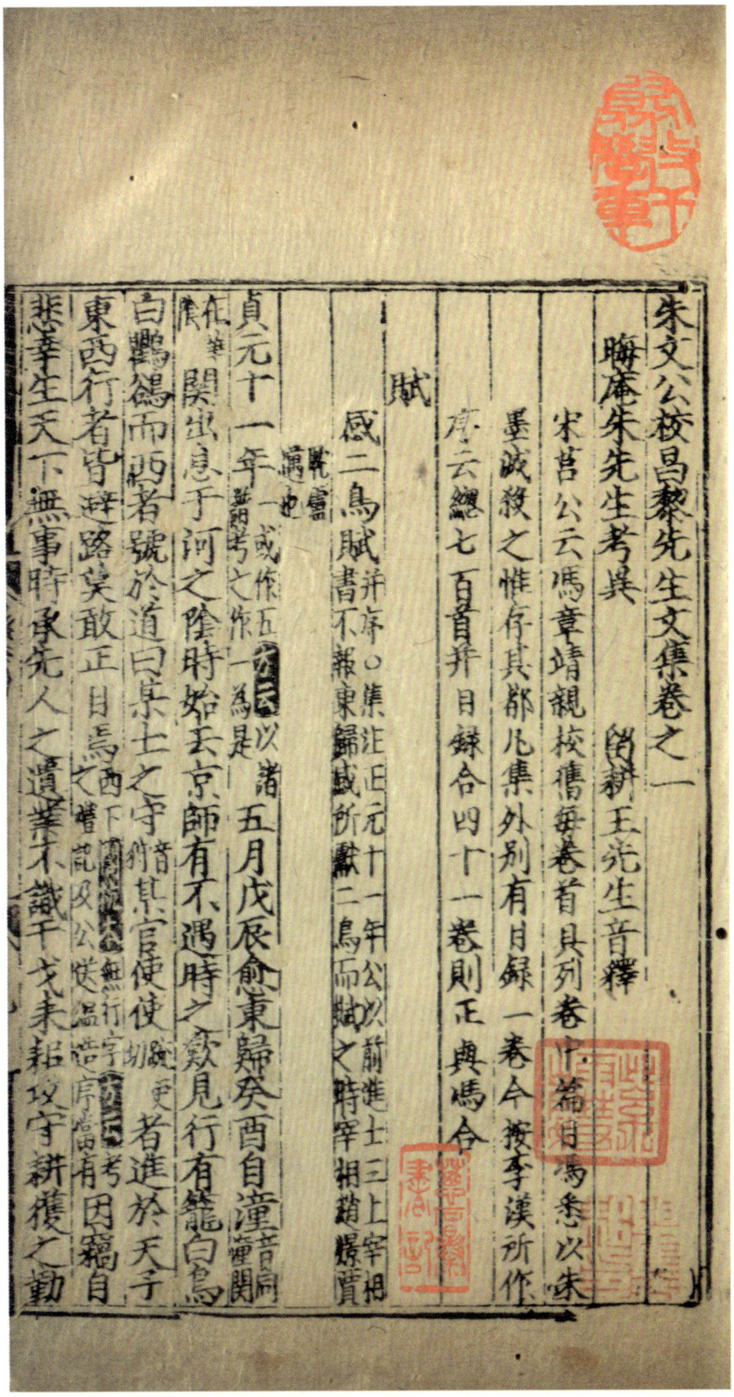

朱文公校昌黎先生文集二十卷外集一卷遺文一卷　（唐）韓愈撰　（宋）朱熹考異　（宋）王伯大音釋　**傳一卷**　明弘治十五年（1502）王氏善敬書堂刻本　十册

匡高 19.5 厘米，廣 12.8 厘米。半葉十三行，行二十六字，小字雙行同，黑口，四周雙邊。有“紫雪山房”“聚學軒”等印。華南師範大學圖書館藏。第二批國家名録號 05334。

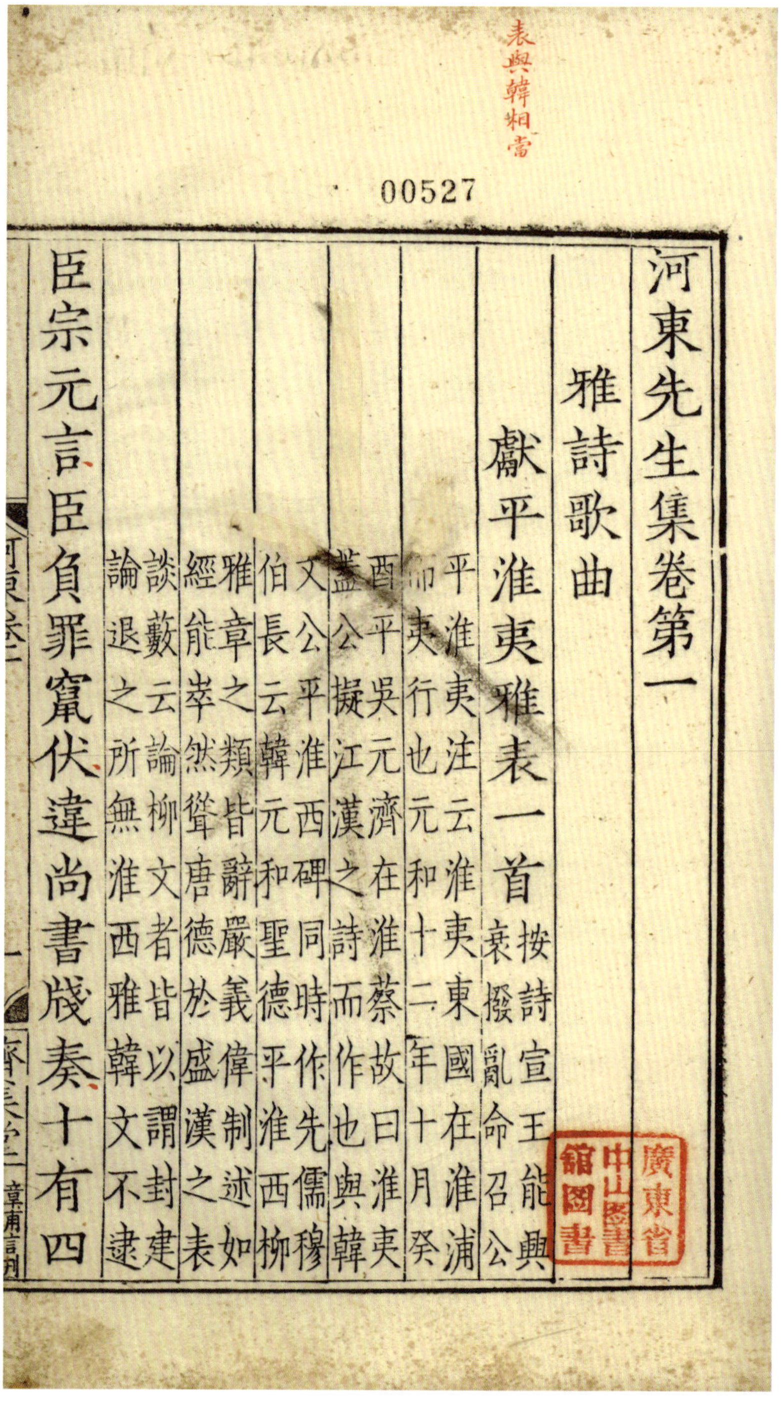

河東先生集四十五卷外集二卷龍城録二卷附録二卷傳一卷 （唐）柳宗元撰 （宋）廖瑩中校正 明郭雲鵬濟美堂刻本 三十六册

匡高20.3厘米，廣13.6厘米。半葉九行，行十七字，小字雙行同，細黑口，四周雙邊。有“丁晏”等印，阮學浚集評，丁晏批點並跋。廣東省立中山圖書館藏。第二批國家名録號05387。

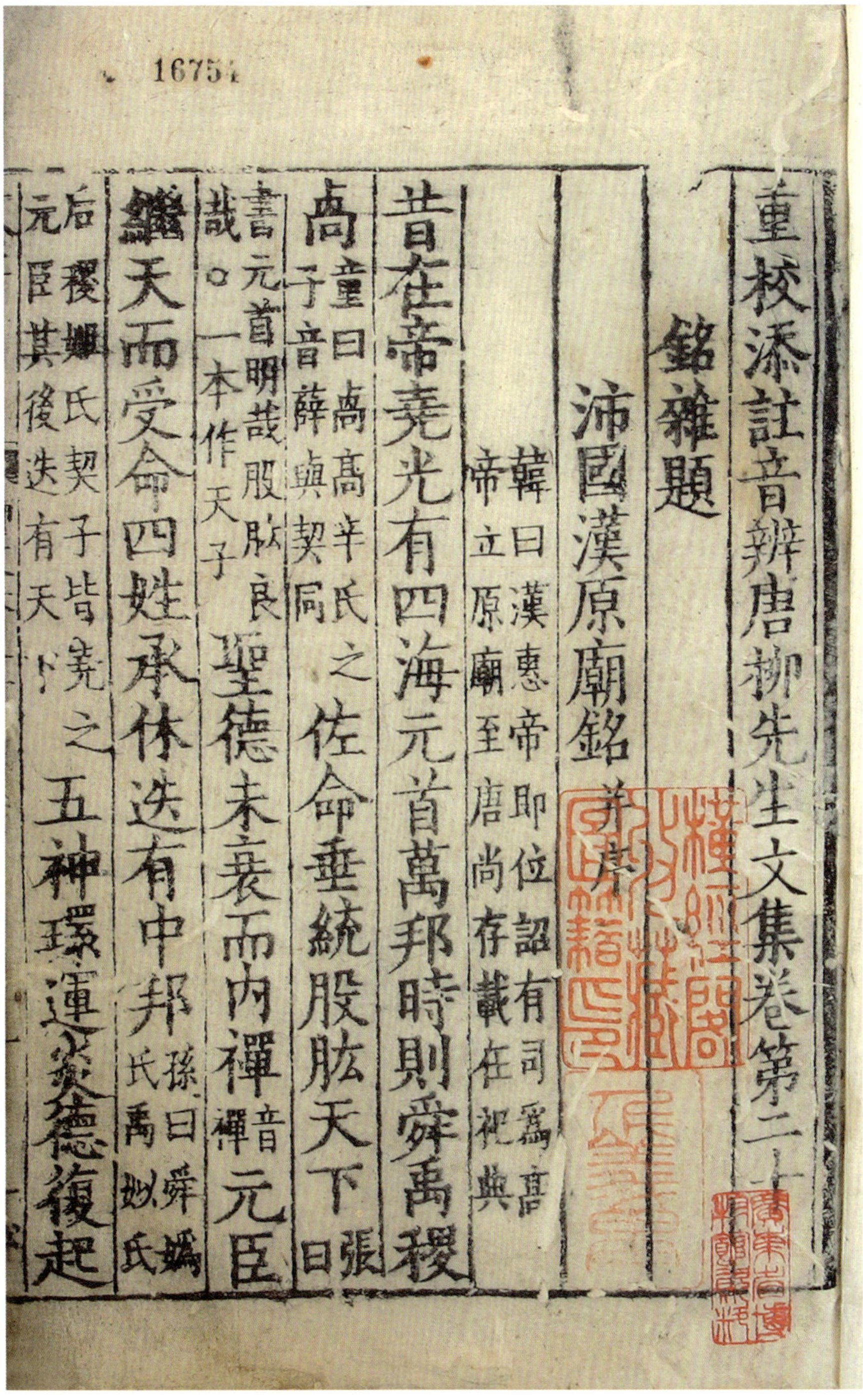
重校添註音辨唐柳先生文集卷第二十
銘雜題
沛國漢原廟銘 并序
韓曰漢惠帝即位詔有司爲高帝立原廟至唐尚存載在祀典
昔在帝堯光有四海元首萬邦時則舜禹稷卨 童曰卨高辛氏之子音薛與契同 佐命垂統股肱天下 張曰書元首明哉股肱良哉○一本作天子 聖德未衰而内禪 禪音禪 元臣繼天而受命四姓承休迭有中邦 孫曰舜嬀氏禹姒氏后稷姬氏契子皆堯之元臣其後迭有天下 五神環運炎德復起

重校添註音辨唐柳先生文集四十五卷　（唐）柳宗元撰　（宋）童宗説　韓醇等注釋　宋刻本　一册

匡高 21 厘米，廣 15 厘米。半葉九行，行十七字，小字雙行同，白口，左右雙邊。有“橫經閣收藏圖籍印”等印。廣東省博物館藏，存三卷（二十至二十二）。第二批國家名録號 03114。

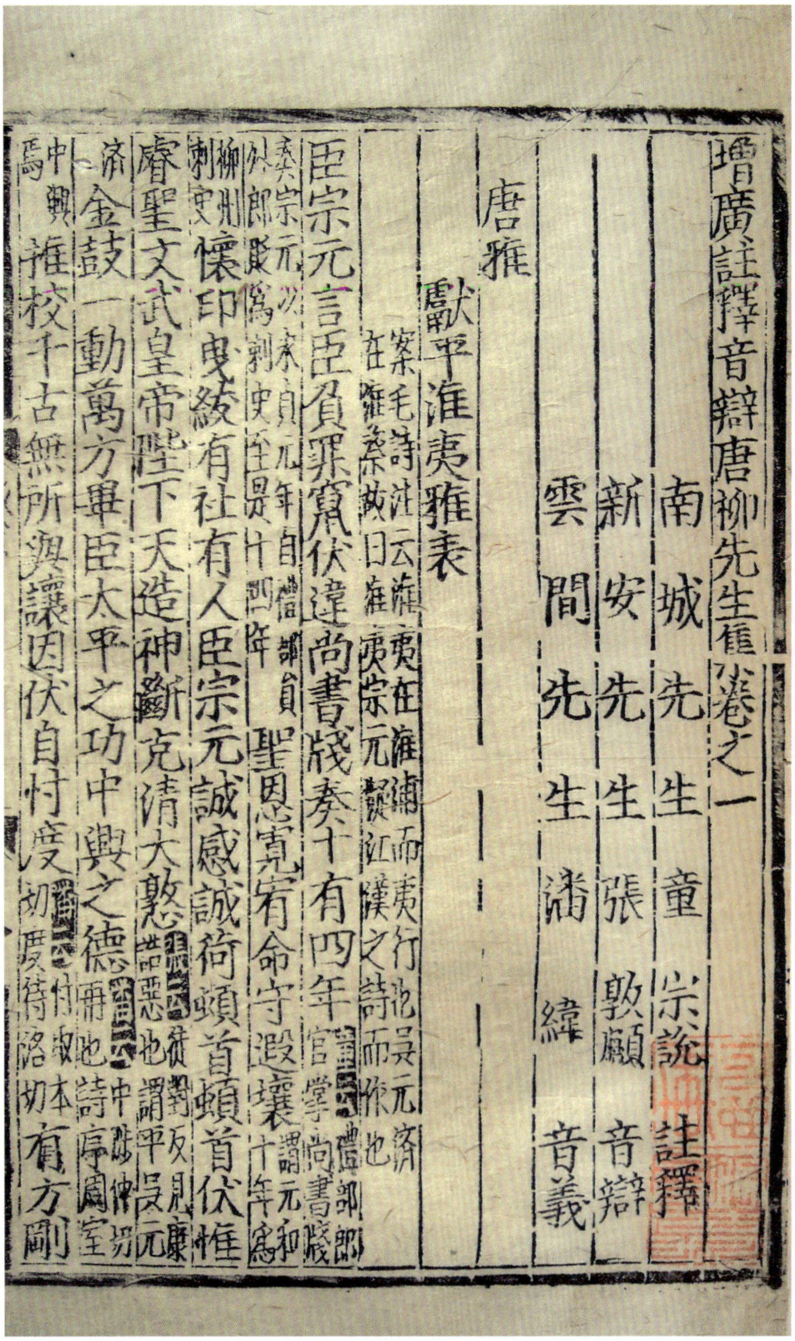
增廣註釋音辯唐柳先生集卷之一
南城先生童宗説註釋
新安先生張敦頤音辯
雲間先生潘緯音義
唐雅
獻平淮夷雅表
臣宗元言臣負罪竄伏違尚書牋奏十有四年
懷印曳紱有社有人臣宗元誠惶誠恐頓首頓首伏惟
睿聖文武皇帝陛下天造神斷克清大憝
濟金鼓一動萬方畢臣太平之功中興之德
中興推校千古無所與讓因伏自忖度

增廣註釋音辯唐柳先生集四十三卷别集二卷外集二卷　（唐）柳宗元撰　（宋）童宗説注釋　（宋）張敦頤音辯　（宋）潘緯音義　**附録一卷年譜一卷**　明正德十年（1515）張景暘、胡韶、劉玉刻本　二十册

匡高 20 厘米，廣 13 厘米。半葉十三行，行二十三字，小字雙行同，黑口，四周雙邊。有“可也軒”“恨古人不見我”印。中山大學圖書館藏，存四十八卷（缺年譜一卷）。第二批國家名録號 05396。

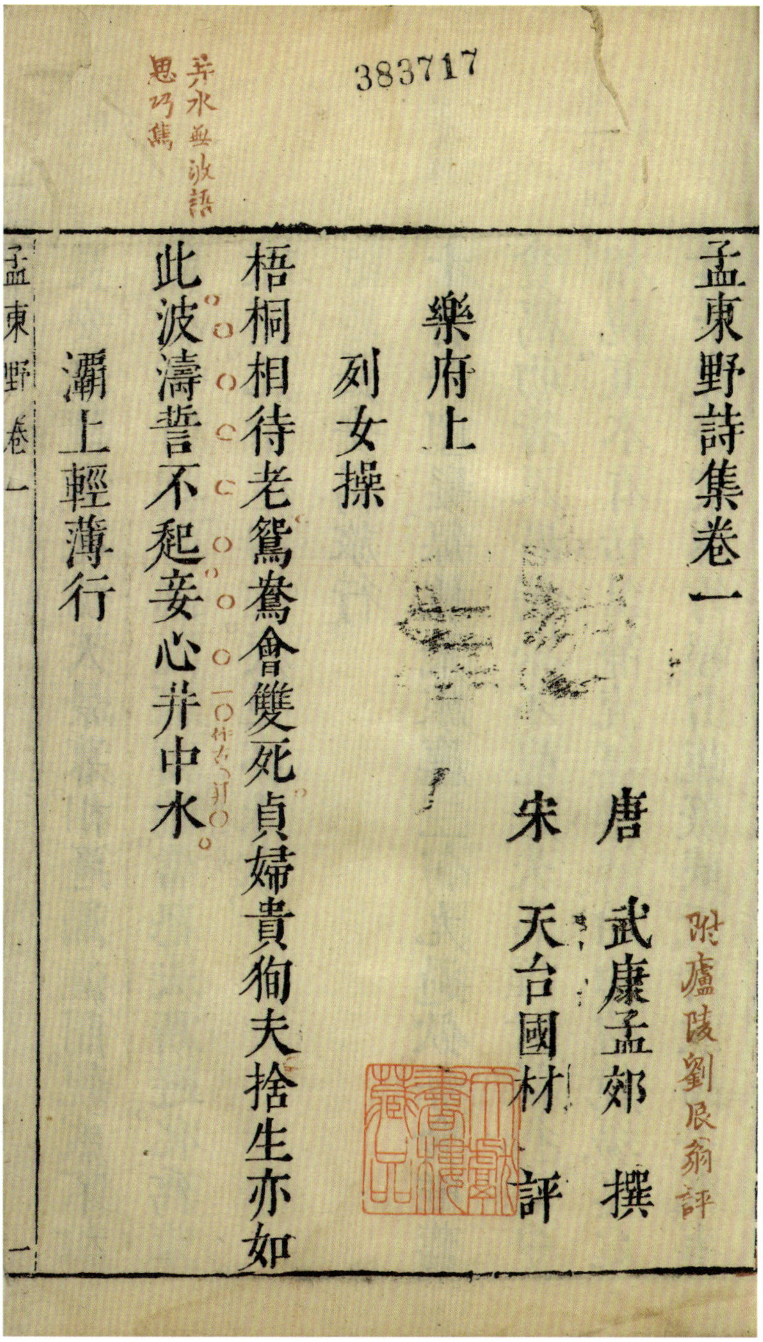

孟東野詩集十卷　（唐）孟郊撰　（宋）國材　劉辰翁評　明凌濛初刻朱墨套印本

六册

匡高20.3厘米，廣13.9厘米。半葉八行，行十九字，白口，左右雙邊。有“曾振綺印”等印。

廣東省立中山圖書館藏。第一批國家名録號02051。

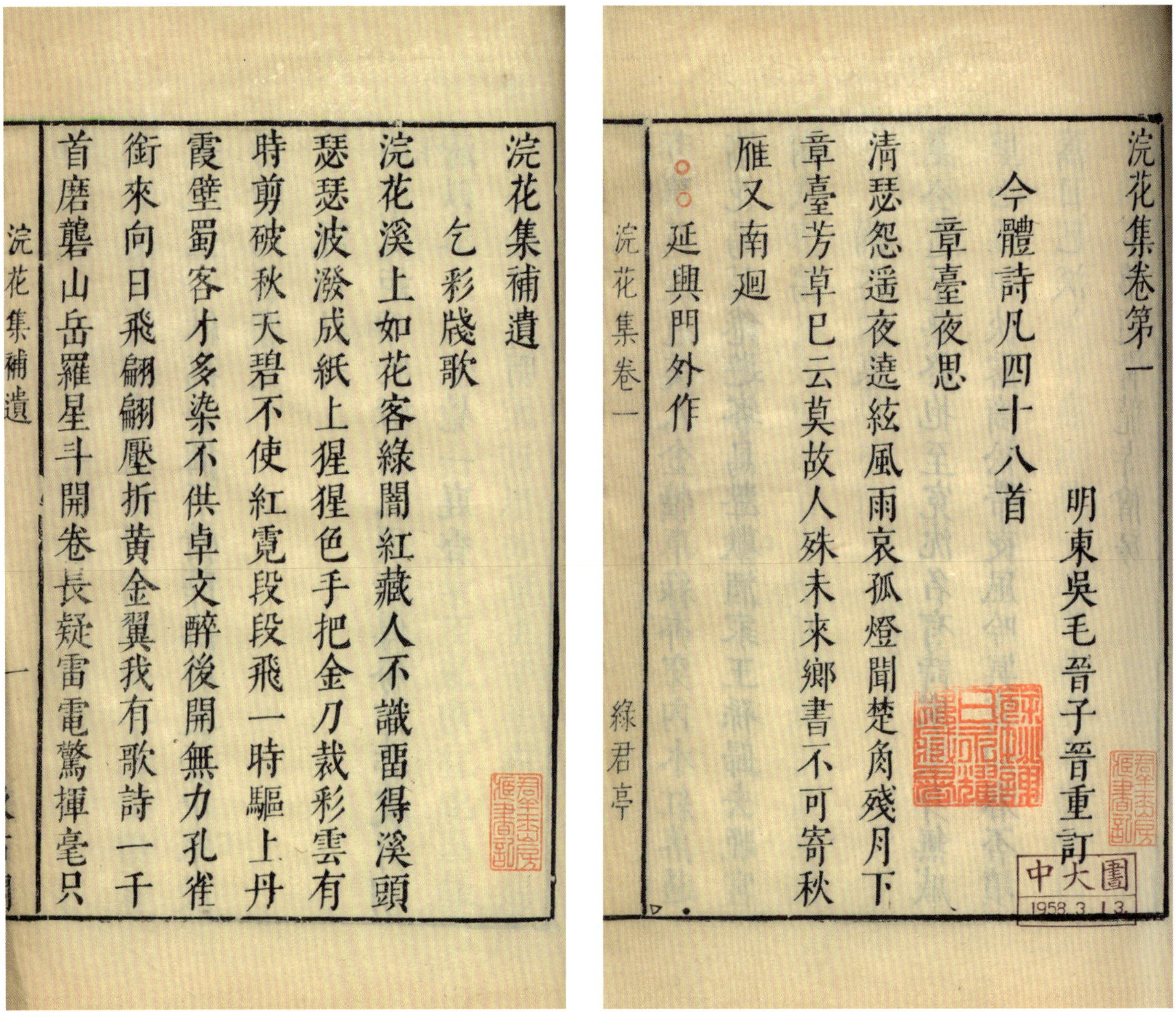
浣花集卷第一
明東吳毛晉子晉重訂
今體詩凡四十八首
章臺夜思
清瑟怨遥夜遶絃風雨哀孤燈聞楚角殘月下
章臺芳草已云莫故人殊未來鄉書不可寄秋
雁又南迴
延興門外作
浣花集卷一　綠君亭

浣花集補遺
乞彩牋歌
浣花溪上如花客綠闇紅藏人不識留得溪頭
瑟瑟波潑成紙上猩猩色手把金刀裁彩雲有
時剪破秋天碧不使紅霓段段飛一時驅上丹
霞壁蜀客才多染不供卓文醉後開無力孔雀
銜來向日飛翩翩壓折黃金翼我有歌詩一千
首磨礱山岳羅星斗開卷長疑雷電驚揮毫只
浣花集補遺　一

浣花集十卷　（唐）韋莊撰　明末毛氏綠君亭刻本　**補遺一卷**　（明）毛晉輯　明末毛氏汲古閣刻本　二册

匡高 20 厘米，廣 13.1 厘米。半葉八行，行十八字，白口，四周單邊。有“宣翼館印”“群玉山房藏書記”等印。中山大學圖書館藏。第二批國家名録號 05449。

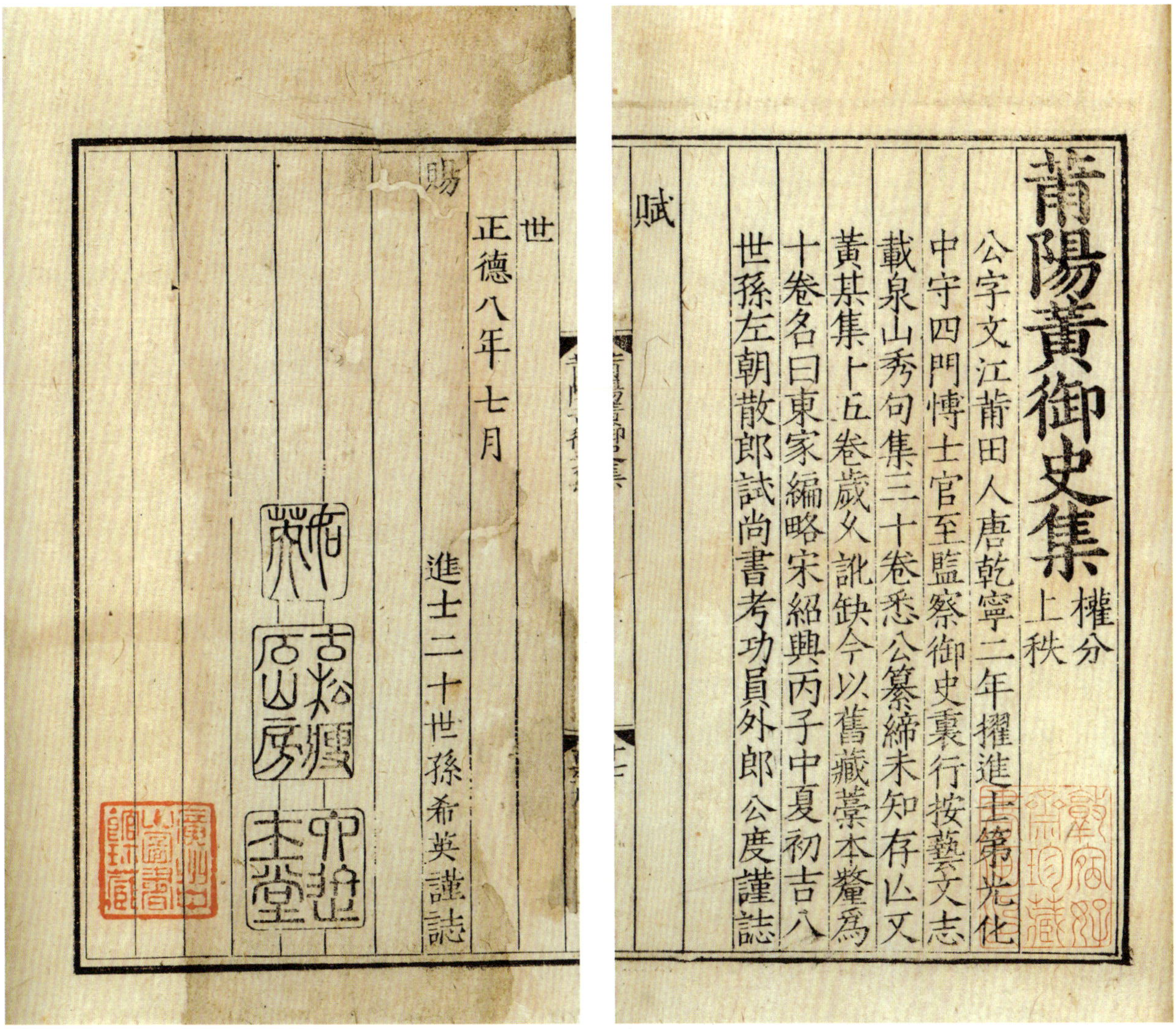

莆陽黃御史集二卷　（唐）黄滔撰　明正德八年（1513）刻本　四册

匡高 20.4 厘米，廣 12.6 厘米。半葉十行，行二十字，白口，四周雙邊。有“沈鍈環卿”“蟫華”等印。廣東省立中山圖書館藏。第二批國家名録號 05450。

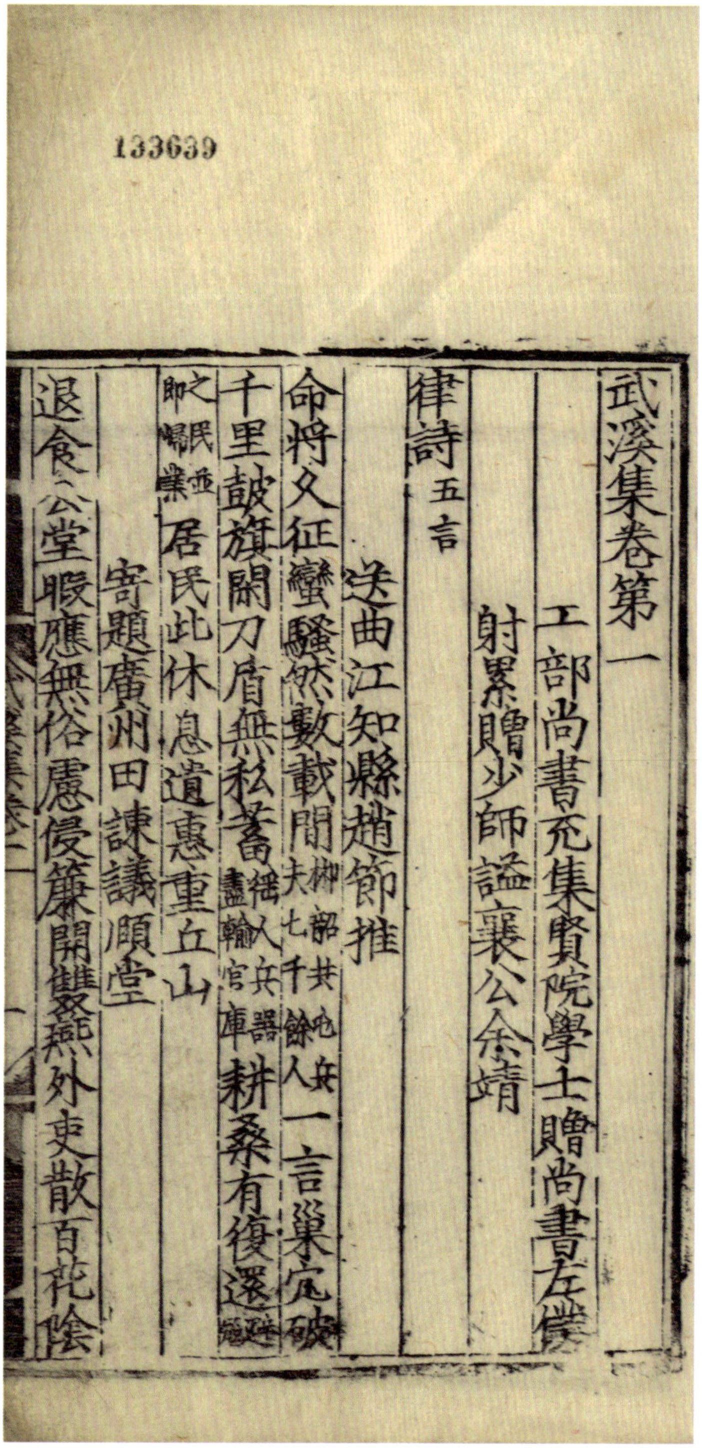

武溪集二十一卷　（宋）余靖撰　明嘉靖四十五年（1566）劉穩刻本　十册

匡高19.7厘米，廣12.9厘米。半葉十行，行二十字，小字雙行同，黑口，四周雙邊。有“掃塵齋積書記”“禮培私印”等印。華南師範大學圖書館藏。第二批國家名録號05457。

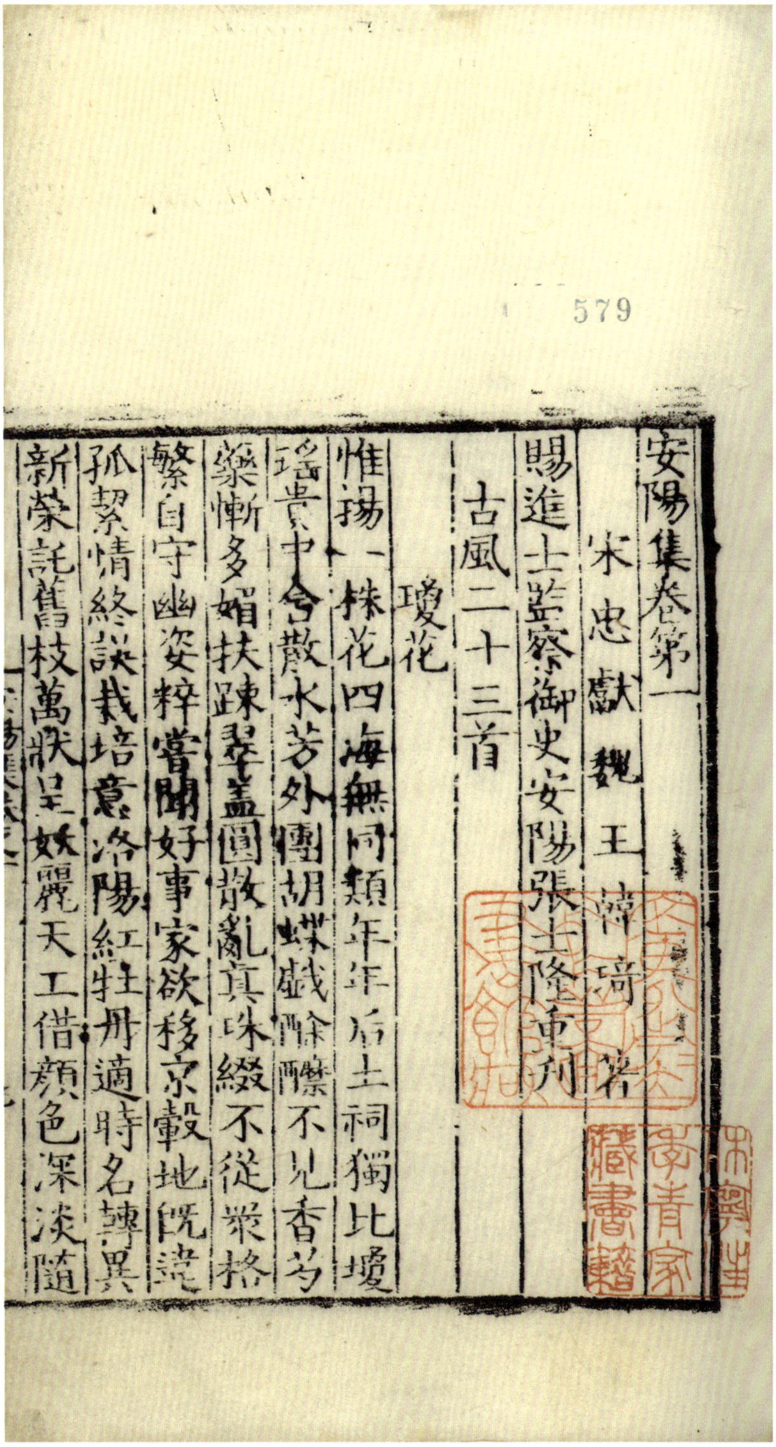
安陽集卷第一
宋忠獻魏王韓琦著
賜進士監察御史安陽張士隆重刊
古風二十三首
瓊花
惟揚一株花四海無同類年年后土祠獨比瓊
瑤貴中含散水芳外團胡蝶戲酴醾不見香芍
藥慚多媚扶疎翠蓋圓散亂真珠綴不從衆格
繁自守幽姿粹嘗聞好事家欲移京轂地既違
孤絜情終誤栽培意洛陽紅牡丹適時名轉異
新榮託舊枝萬狀呈妖麗天工借顏色深淡隨

安陽集五十卷目録二卷　（宋）韓琦撰　**別録三卷**　（宋）王巖叟撰　**遺事一卷**　（宋）强至撰　**忠獻韓魏王家傳十卷**　明正德九年（1514）張士隆刻本　二十四册

匡高 17.6 厘米，廣 13.9 厘米。半葉十一行，行十八字，白口，左右雙邊。有“冰香樓”“西河”等印。廣東省立中山圖書館藏。第二批國家名録號 05460。

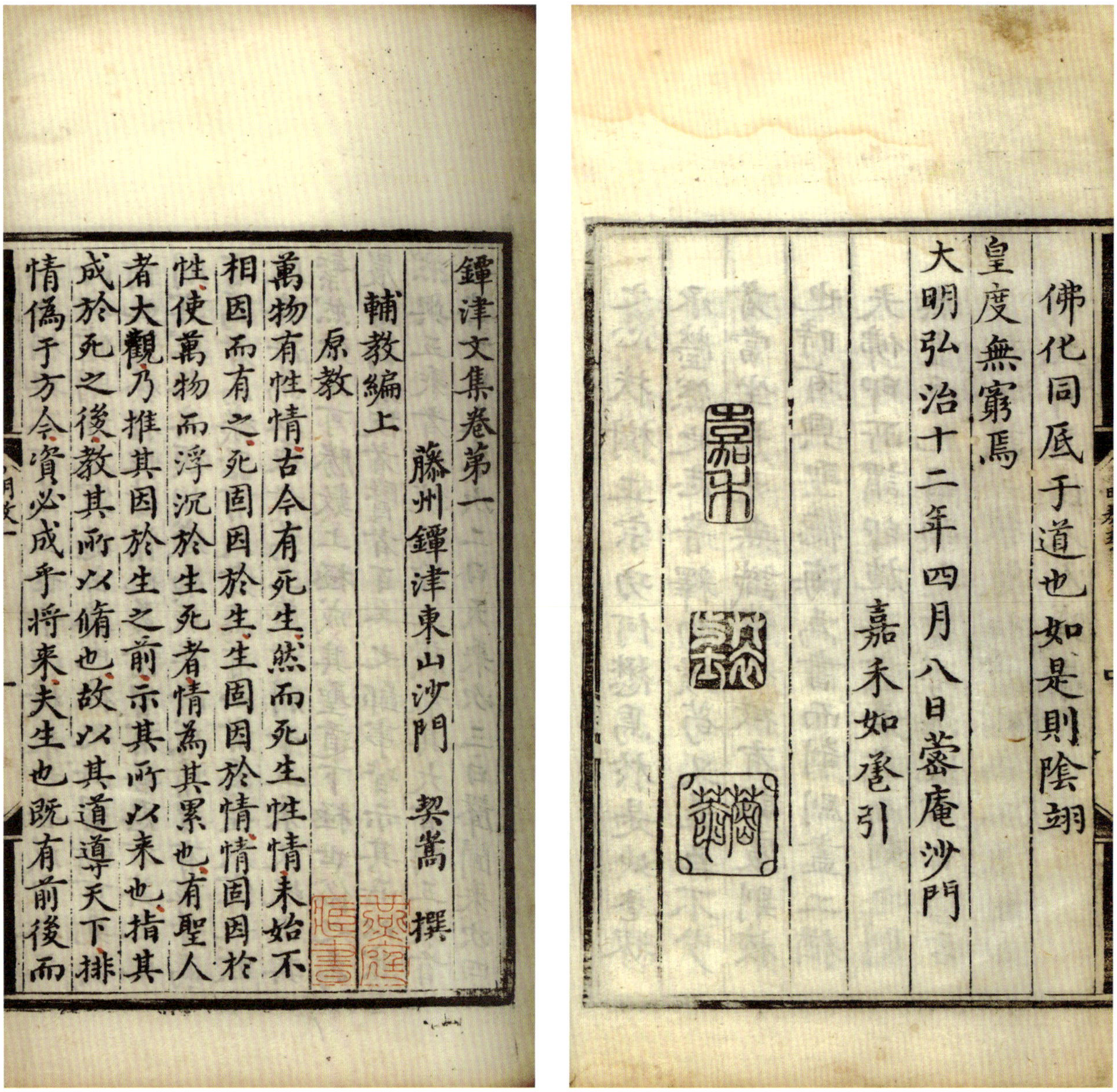

鐔津文集二十二卷　（宋）釋契嵩撰　明弘治十二年（1499）釋如卺刻本　四册

匡高 19.2 厘米，廣 12.5 厘米。半葉十行，行十九字，黑口，四周雙邊。有"燕庭藏書""東莞莫氏五十萬卷樓"等印。廣東省立中山圖書館藏。第二批國家名録號 05467。

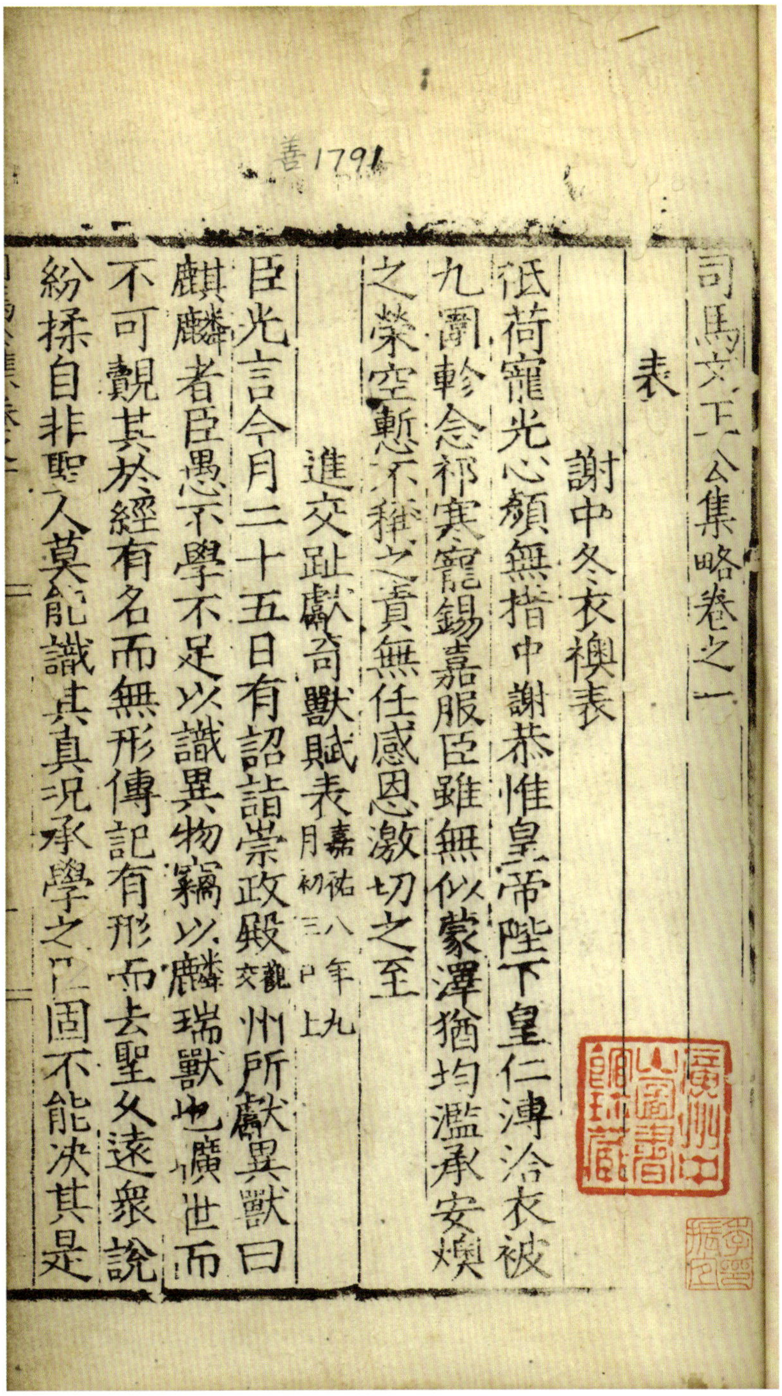
司馬文正公集略卷之一

表

謝中冬衣襖表

祗荷寵光心顏無措中謝恭惟皇帝陛下皇仁溥洽衣被九圍軫念祁寒寵錫嘉服臣雖無似蒙澤猶均濫承安燠之榮空懃不稱之責無任感恩激切之至

進交趾獻奇獸賦表 嘉祐八年九月初三日上

臣光言今月二十五日有詔詣崇政殿觀交州所獻異獸曰麒麟者臣愚不學不足以識異物竊以麟瑞獸也曠世而不可覩其於經有名而無形傳記有形而去聖久遠衆說紛揉自非聖人莫能識其真況承學之臣固不能決其是

司馬文正公集略三十一卷詩集七卷　（宋）司馬光撰　明嘉靖四年（1525）吕柟刻本　十二册

匡高 19.9 厘米，廣 13.9 厘米。半葉十一行，行二十二字，小字雙行同，白口，左右雙邊。有“季振宜印”“東莞莫氏五十萬卷樓”等印。廣東省立中山圖書館藏。第二批國家名録號 05470。

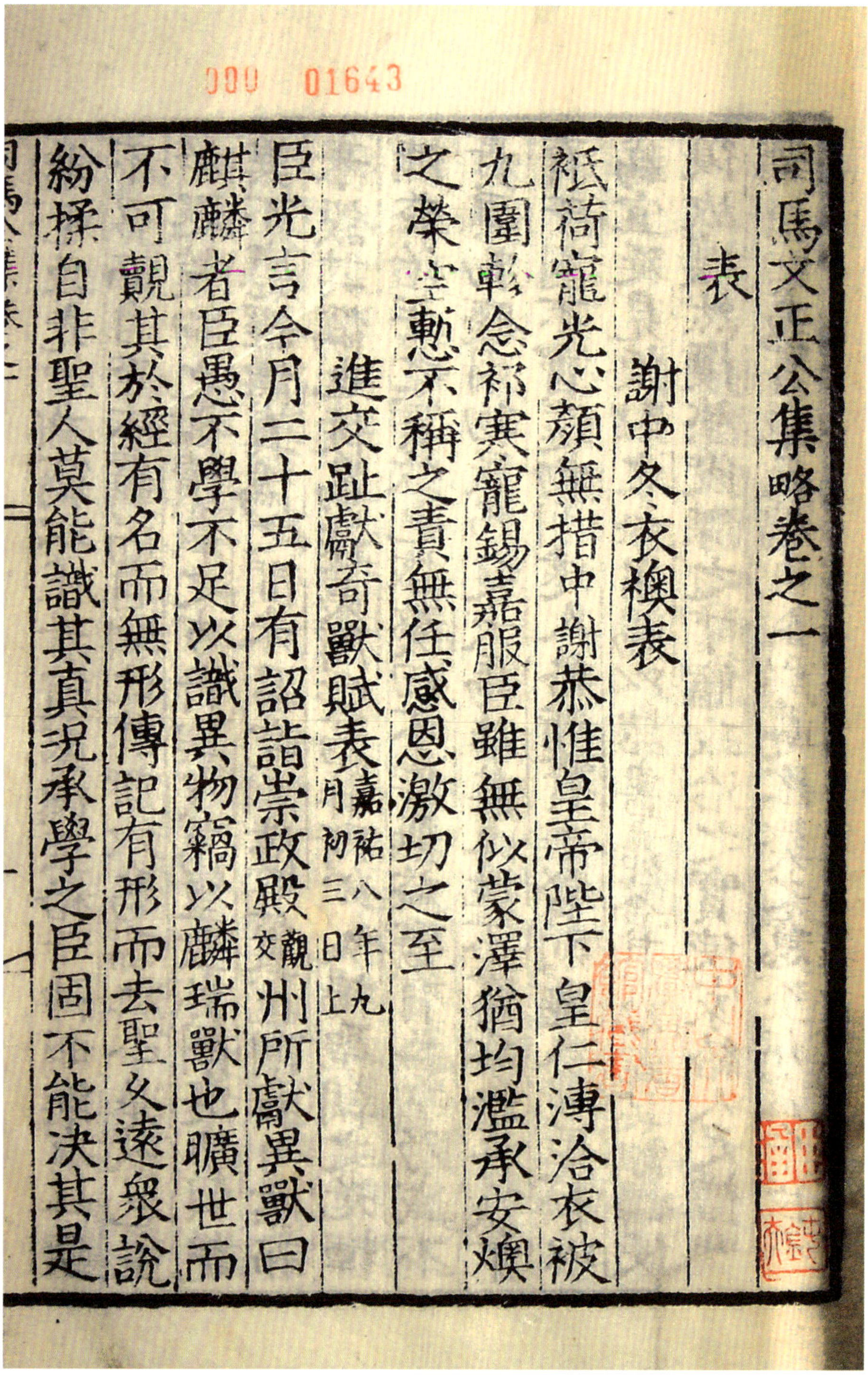

司馬文正公集略三十一卷詩集七卷　（宋）司馬光撰　明嘉靖十八年（1539）俞文峯刻本　十二册

匡高 19.3 厘米，廣 14.2 厘米。半葉十一行，行二十二字，小字雙行同，白口，四周單邊。有“鳳山藏書”“鈍夫”等印。中山大學圖書館藏。第二批國家名録號 05475。

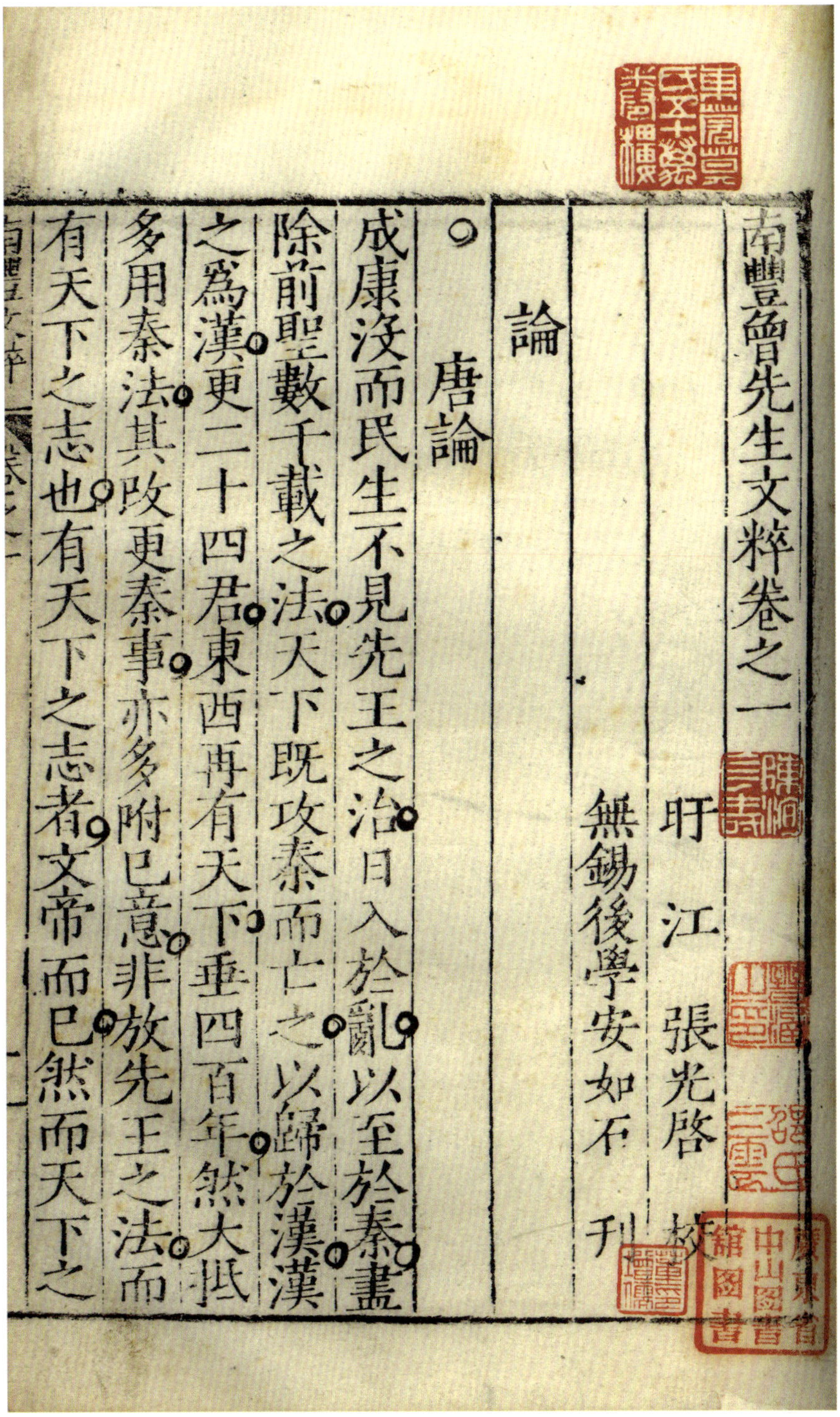
南豐曾先生文粹卷之一
盱江 張光啓 校
無錫後學安如石 刊
論
唐論
成康没而民生不見先王之治日入於亂以至於秦盡除前聖數千載之法天下既攻秦而亡之以歸於漢漢之爲漢更二十四君東西再有天下垂四百年然大抵多用秦法其改更秦事亦多附已意非放先王之法而有天下之志也有天下之志者文帝而已然而天下之

南豐曾先生文粹十卷　（宋）曾鞏撰　明嘉靖二十八年（1549）安如石刻本　八册

匡高20厘米，廣14厘米。半葉十行，行二十一字，白口，左右雙邊。有“邵氏二雲”“晋涵之印”“東莞莫氏五十萬卷樓”等印。廣東省立中山圖書館藏。第二批國家名録號05494。

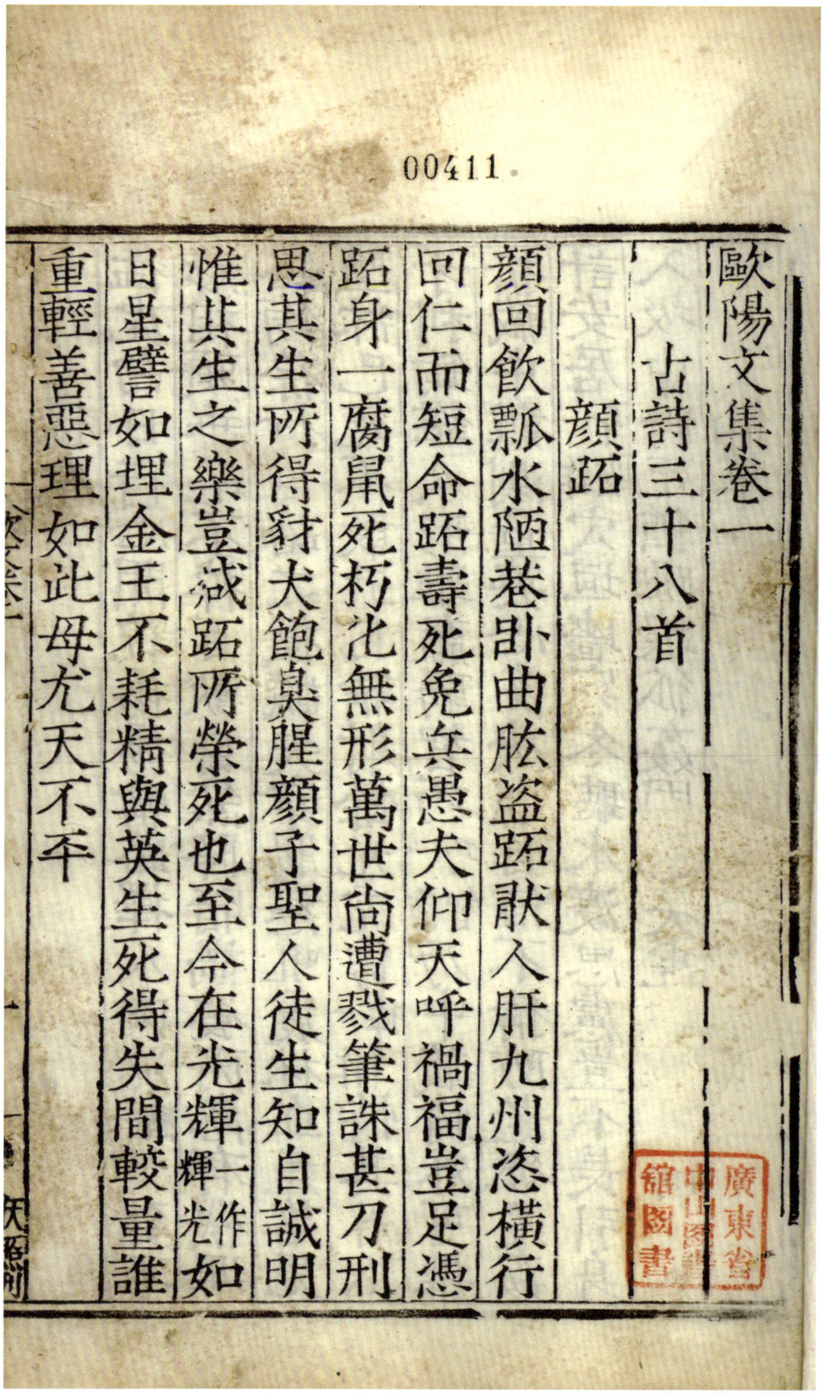

歐陽文集卷一

古詩三十八首

顔跖

顔回飲瓢水陋巷卧曲肱盗跖猒人肝九州恣横行回仁而短命跖壽死免兵愚夫仰天呼禍福豈足憑跖身一腐鼠死朽化無形萬世尚遭戮筆誅甚刀刑思其生所得豺犬飽臭腥顔子聖人徒生知自誠明惟其生之樂豈減跖所榮死也至今在光輝（輝一作光）如日星譬如埋金玉不耗精與英生死得失間較量誰重輕善惡理如此毋尤天不平

歐陽文集五十卷　（宋）歐陽修撰　**年譜一卷**　（宋）胡柯撰　明嘉靖二十二年（1543）李冕刻本　十二册

匡高 20.3 厘米，廣 14.6 厘米。半葉十行，行二十字，小字雙行同，白口，四周雙邊。有“杉禽藏書”印。廣東省立中山圖書館藏。第二批國家名録號 05502。

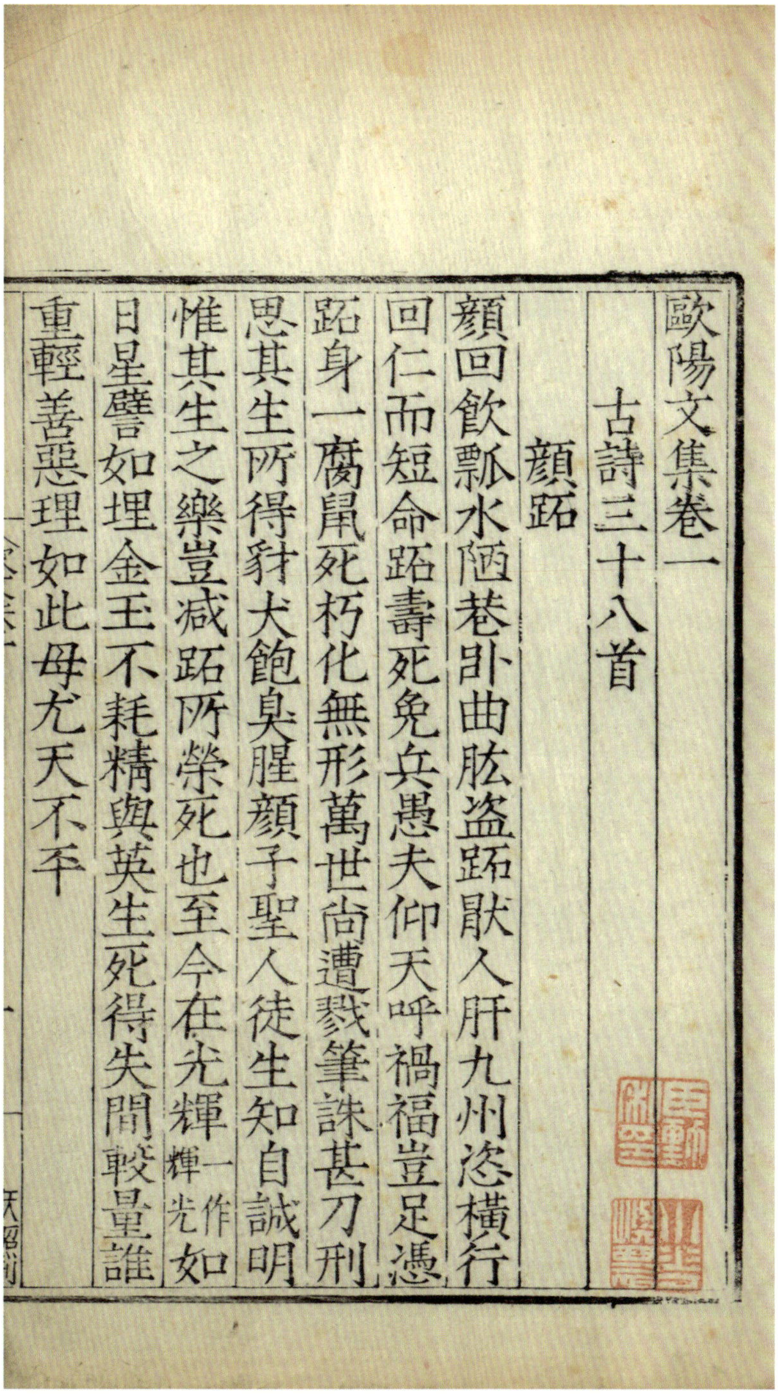
歐陽文集卷一

古詩三十八首

顏跖

顏回飲瓢水陋巷卧曲肱盜跖猒人肝九州恣橫行回仁而短命跖壽死免兵愚夫仰天呼禍福豈足憑跖身一腐鼠死朽化無形萬世尚遭戮筆誅甚刀刑思其生所得豺犬飽臭腥顏子聖人徒生知自誠明惟其生之樂豈減跖所榮死也至今在光輝（一作輝光）如日星譬如埋金玉不耗精與英生死得失間較量誰重輕善惡理如此毋尤天不平

歐陽文集五十卷　（宋）歐陽修撰　**年譜一卷**　（宋）胡柯撰　明嘉靖二十二年（1543）李冕刻本　十六册

匡高 20.3 厘米，廣 14.6 厘米。半葉十行，行二十字，小字雙行同，白口，四周雙邊。有“小花嶼農”“臣勳私印”“石谿鈕氏家藏”“實城陳曜珊珍藏印”“晚菘堂印”“許珩藏書”等印。華南師範大學圖書館藏。第二批國家名録號 05503。

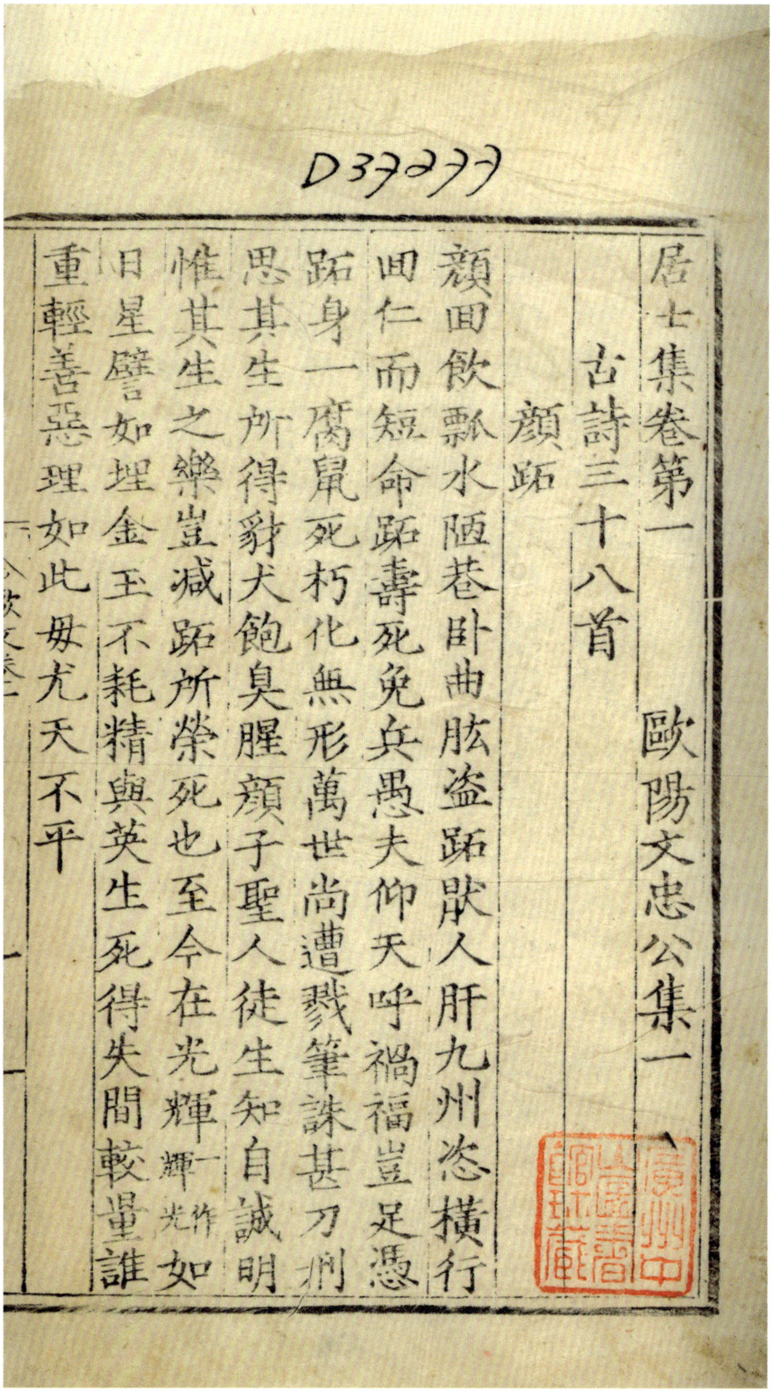

歐陽文忠公集一百五十三卷 （宋）歐陽修撰 **年譜一卷** （宋）胡柯撰 **附録五卷** 明正德七年（1512）劉喬刻嘉靖十六年（1537）季本、詹治重修三十九年（1560）何遷遞修本 六十一册

匡高 20.5 厘米，廣 13 厘米。半葉十行，行二十字，黑口或白口，四周雙邊。有“遲雲樓印”“王邨芮氏藏書”等印。廣東省立中山圖書館藏。第二批國家名録號 05515。

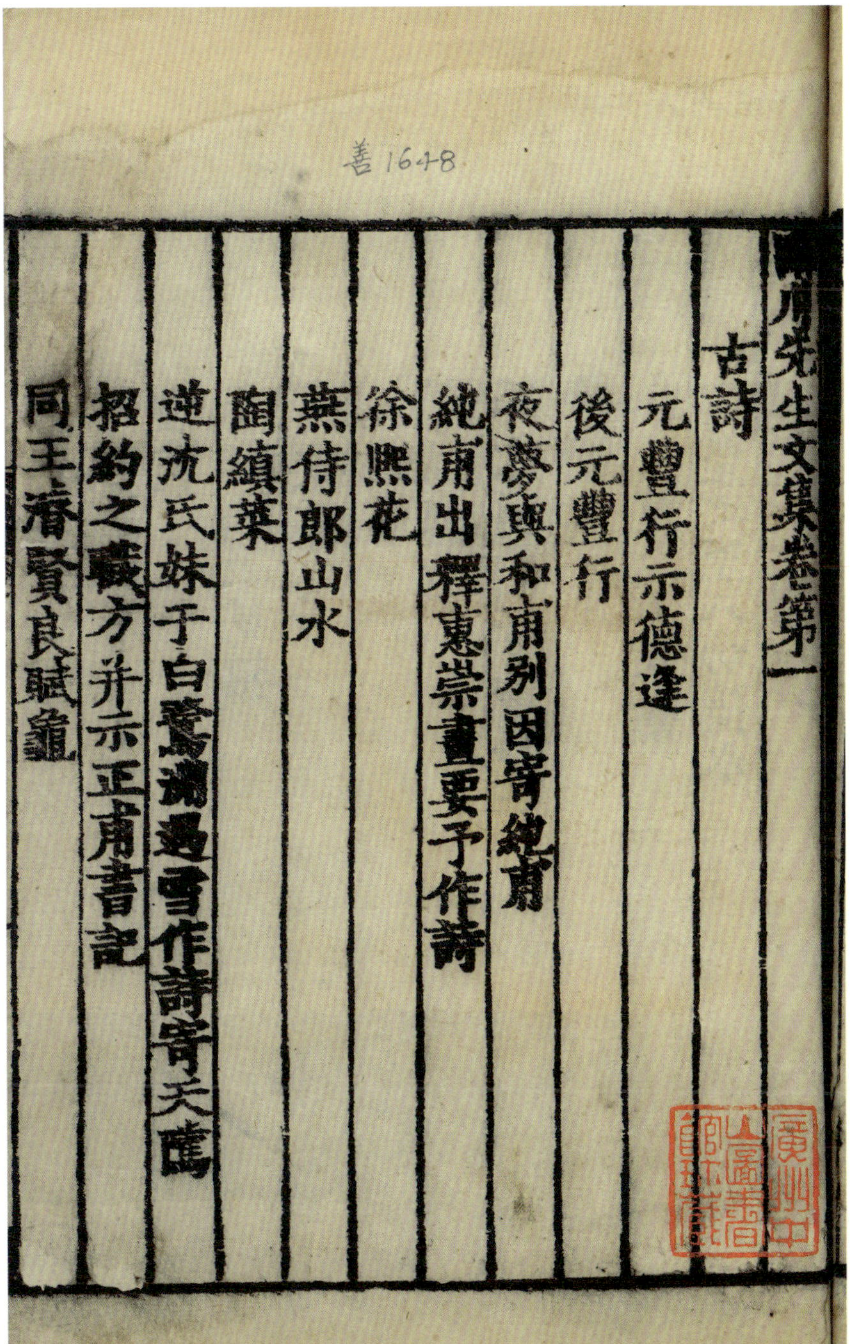

臨川先生文集一百卷　（宋）王安石撰　宋紹興二十一年（1151）兩浙西路轉運司王珏刻元明遞修本　二十册

匡高 20.4 厘米，廣 15.8 厘米。半葉十二行，行二十字，白口或黑口，左右雙邊或四周單邊。有“乾學”“徐建庵”印。廣東省立中山圖書館藏。第一批國家名録號 01104。

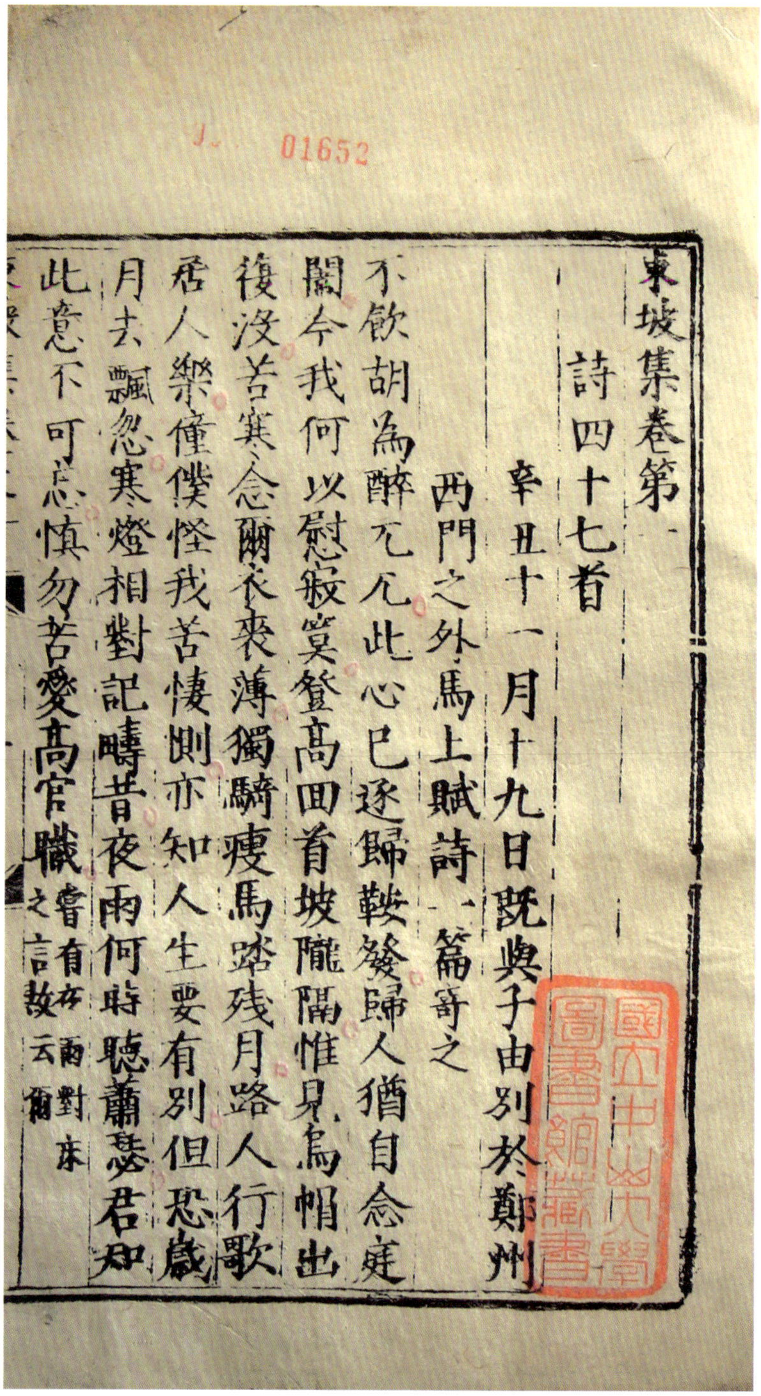

東坡集卷第一
詩四十七首
辛丑十一月十九日既與子由別於鄭州
西門之外馬上賦詩一篇寄之
不飲胡為醉兀兀此心已逐歸鞍發歸人猶自念庭
闈今我何以慰寂寞登高回首坡隴隔惟見烏帽出
復沒苦寒念爾衣裘薄獨騎瘦馬踏殘月路人行歌
居人樂僮僕怪我苦悽惻亦知人生要有別但恐歲
月去飄忽寒燈相對記疇昔夜雨何時聽蕭瑟君知
此意不可忘慎勿苦愛高官職嘗有夜雨對床之言故云爾

蘇文忠公全集一百一十卷 （宋）蘇軾撰 **年譜一卷** （宋）王宗稷撰 明嘉靖十三年（1534）江西布政司刻本 三十五册

匡高 20.4 厘米，廣 13 厘米。半葉十行，行二十字，小字雙行同，白口，四周雙邊。有“桂林唐氏仲實珍藏圖籍”“函雅樓藏書印”“仁和吴生學濂”“曦洲”等印。中山大學圖書館藏，存一百九卷（缺奏議卷六至七）。第三批國家名録號 08862。

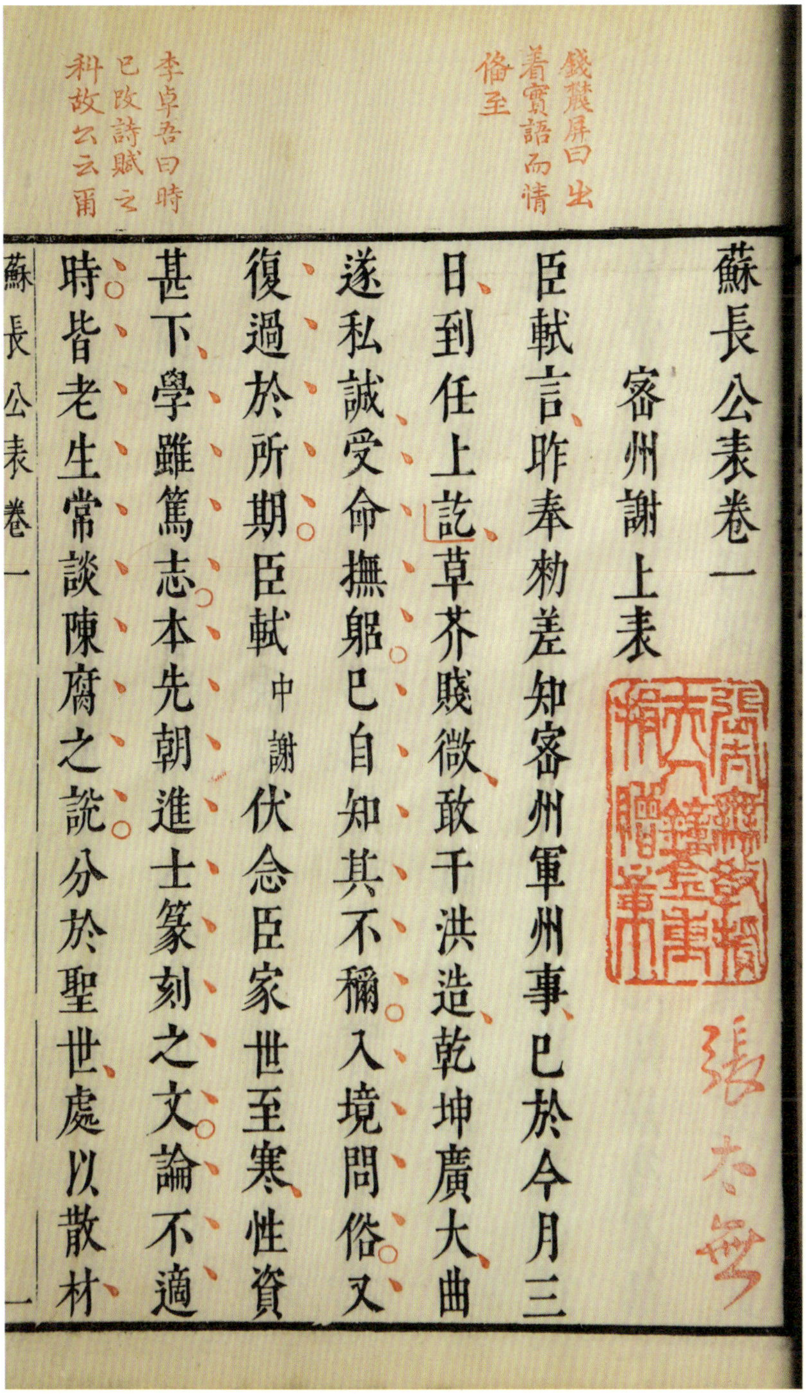
錢馥屏曰出著實語而情倫至

李卓吾曰時已改詩賦之科故云云爾

蘇長公表卷一

容州謝上表

臣軾言昨奉勑差知容州軍州事已於今月三日到任上訖草芥賤微敢干洪造乾坤廣大曲遂私誠受命撫躬已自知其不稱入境問俗又復過於所期臣軾中謝伏念臣家世至寒性資甚下學雖篤志本先朝進士篆刻之文論不適時皆老生常談陳腐之說分於聖世處以散材

蘇長公表卷一　一

張太無

蘇長公表啓五卷　（宋）蘇軾撰　（明）李贄等評　（明）錢櫝輯　明凌濛初刻朱墨套印本　五册

匡高 20.5 厘米，廣 14.8 厘米。半葉八行，行十八字，白口，四周單邊。有“張太無”等印。深圳圖書館藏。第三批國家名録號 08866。

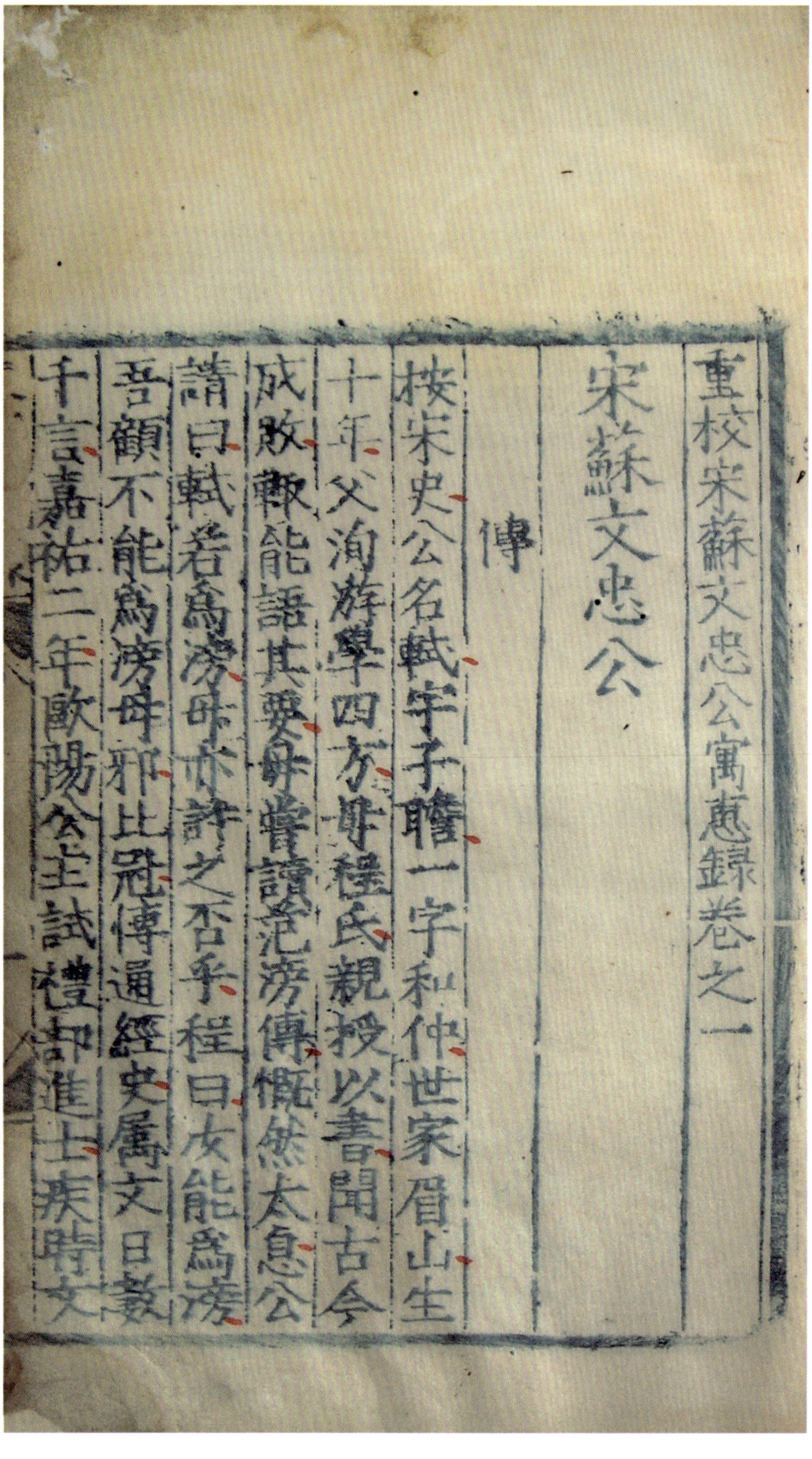
重校宋蘇文忠公寓惠録卷之一
宋蘇文忠公
傳
按宋史公名軾字子瞻一字和仲世家眉山生
十年父洵游學四方母程氏親授以書聞古今
成敗輒能語其要母嘗讀范滂傳慨然太息公
請曰軾若爲滂母亦許之否乎程曰汝能爲滂
吾顧不能爲滂母邪比冠傳通經史屬文日數
千言嘉祐二年歐陽公主試禮部進士疾時文

重校宋蘇文忠公寓惠録四卷　（宋）蘇軾撰　明嘉靖二十三年（1544）惠州府學余世忠刻藍印本　四册

匡高 18.8 厘米，廣 14.4 厘米。半葉十行，行十八字，白口，左右雙邊。中山大學圖書館藏。第二批國家名録號 05570。

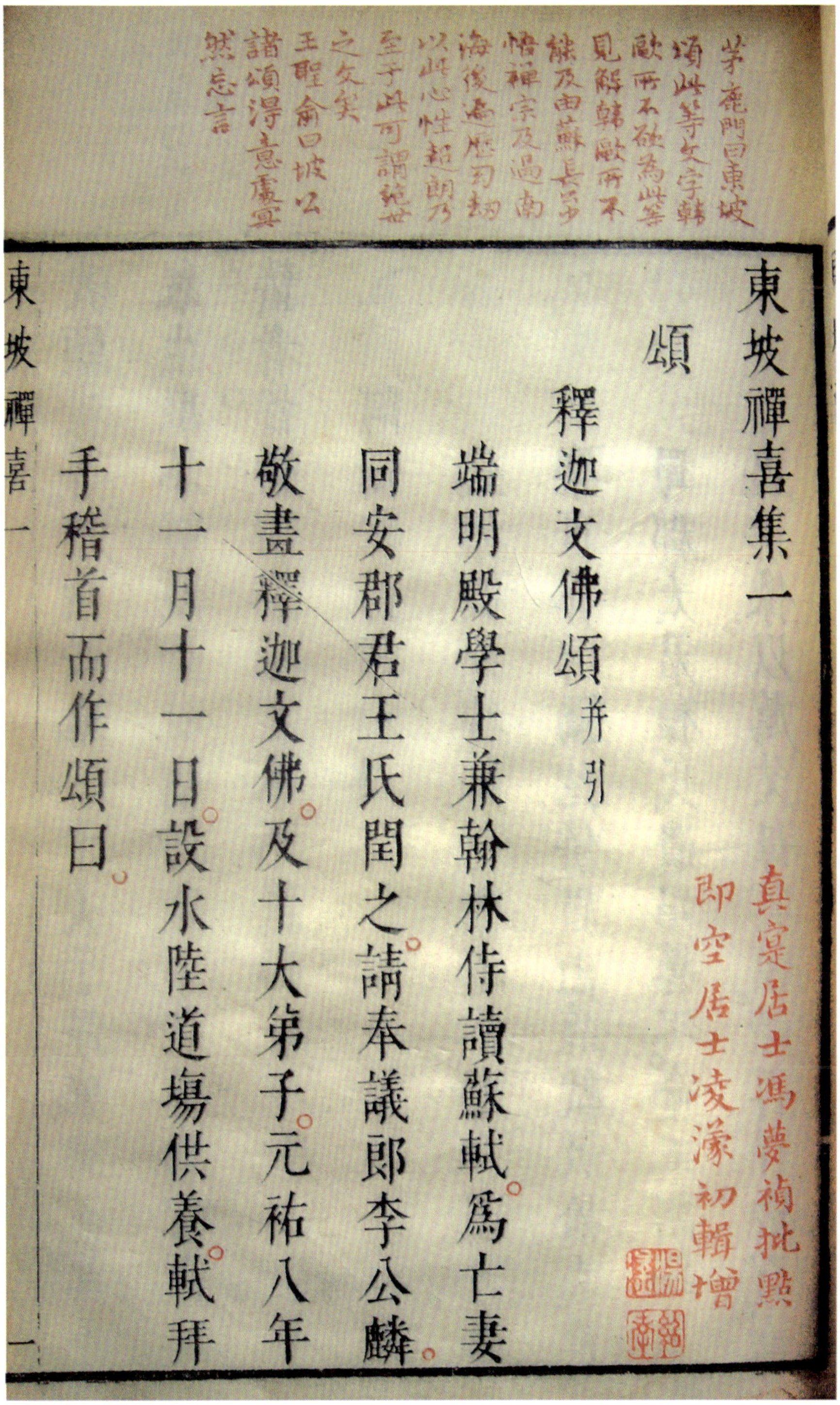
茅鹿門曰東坡頌此等文字韓歐所不能為此等見解韓歐所不能及由蘇長公悟禪宗及過南海後遍歷刼以此心性超朗乃至于此可謂絕世之文矣
王聖俞曰坡公諸頌得意處冥然忘言

東坡禪喜集一
真寔居士馮夢禎批點
即空居士淩濛初輯增

頌

釋迦文佛頌并引

端明殿學士兼翰林侍讀蘇軾爲亡妻同安郡君王氏閏之請奉議郎李公麟敬畫釋迦文佛及十大弟子元祐八年十一月十一日設水陸道場供養軾拜手稽首而作頌曰

東坡禪喜 一　　一

東坡禪喜集十四卷　（宋）蘇軾撰　（明）馮夢禎批點　（明）凌濛初輯　明天啓元年（1621）凌濛初刻朱墨套印本　四册

匡高 20.5 厘米，廣 14.8 厘米。半葉八行，行十八字，白口，四周單邊。有“真州吴氏有福讀書堂藏書”“湯滏”“紹南”等印。中山大學圖書館藏。第一批國家名録號 02075。

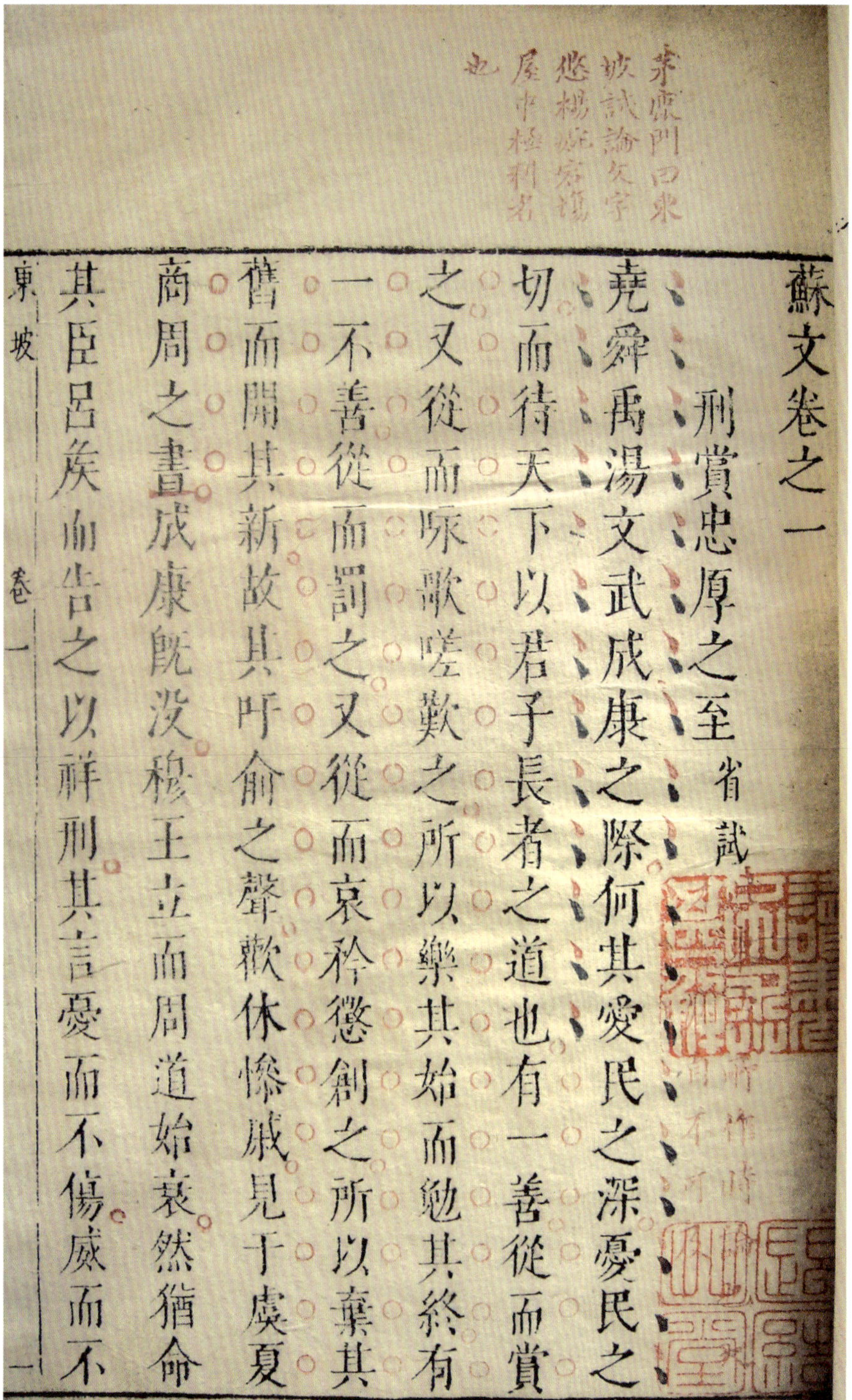

蘇文六卷 （宋）蘇軾撰 （明）茅坤等評 明烏程閔爾容刻三色套印本 六册

匡高 20.2 厘米，廣 14.5 厘米。半葉九行，行十九字，白口，四周單邊。有“退結草堂”“璜川吴氏收藏圖書”等印。中山大學圖書館藏。第一批國家名録號 02066。

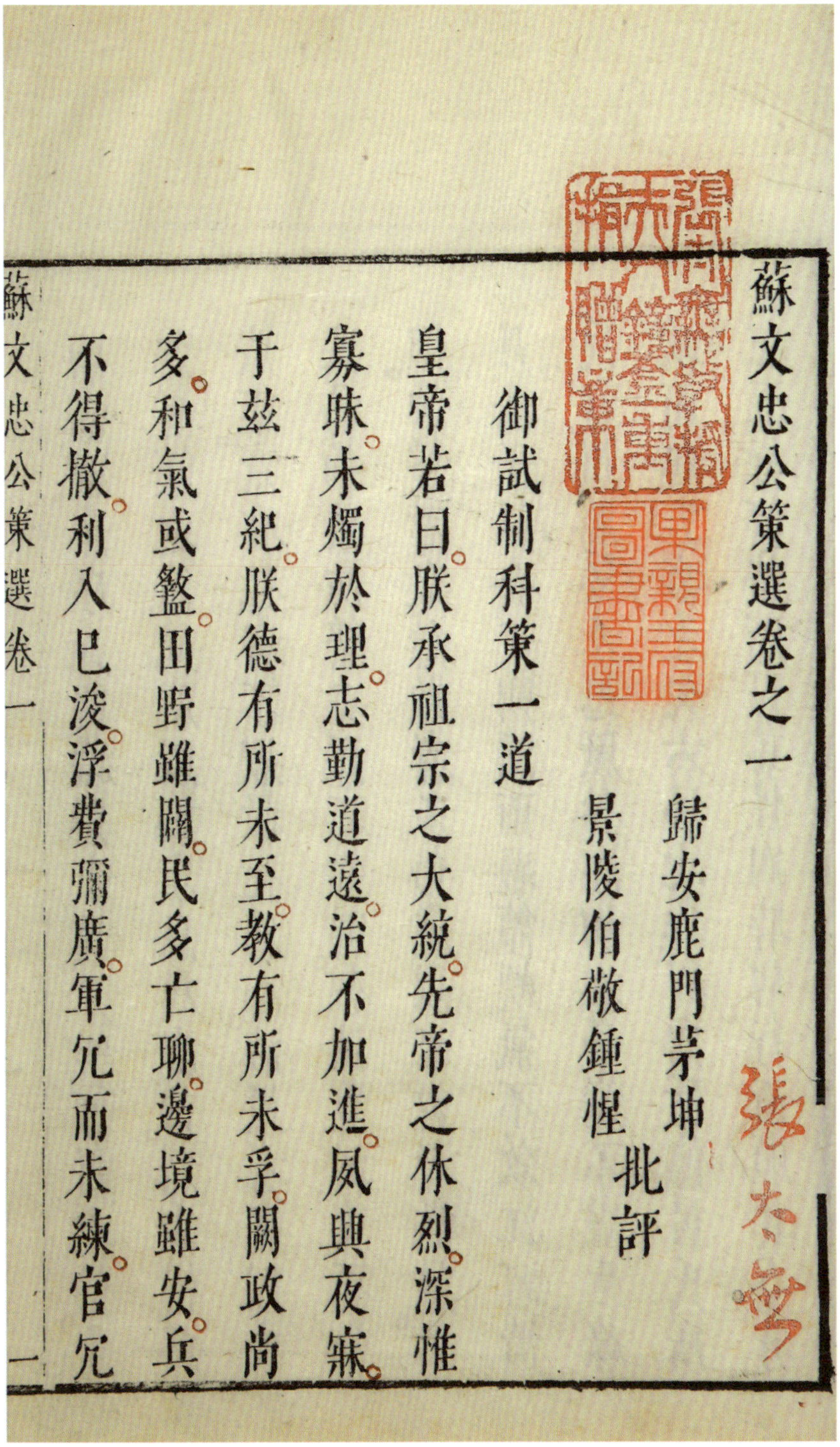
蘇文忠公策選卷之一
歸安鹿門茅坤
景陵伯敬鍾惺 批評
御試制科策一道
皇帝若曰朕承祖宗之大統先帝之休烈深惟
寡昧未燭於理志勤道遠治不加進夙興夜寐
于茲三紀朕德有所未至教有所未孚闕政尚
多和氣或盭田野雖闢民多亡聊邊境雖安兵
不得撤利入已浚浮費彌廣軍冗而未練官冗
蘇文忠公策選卷一 一

蘇文忠公策選十二卷　（宋）蘇軾撰　（明）茅坤　鍾惺評　明天啓元年（1621）刻三色套印本　七册

匡高 20.5 厘米，廣 14.8 厘米。半葉九行，行十九字，白口，四周單邊。有“果親王府圖書記”等印。深圳圖書館藏。第三批國家名録號 08871。

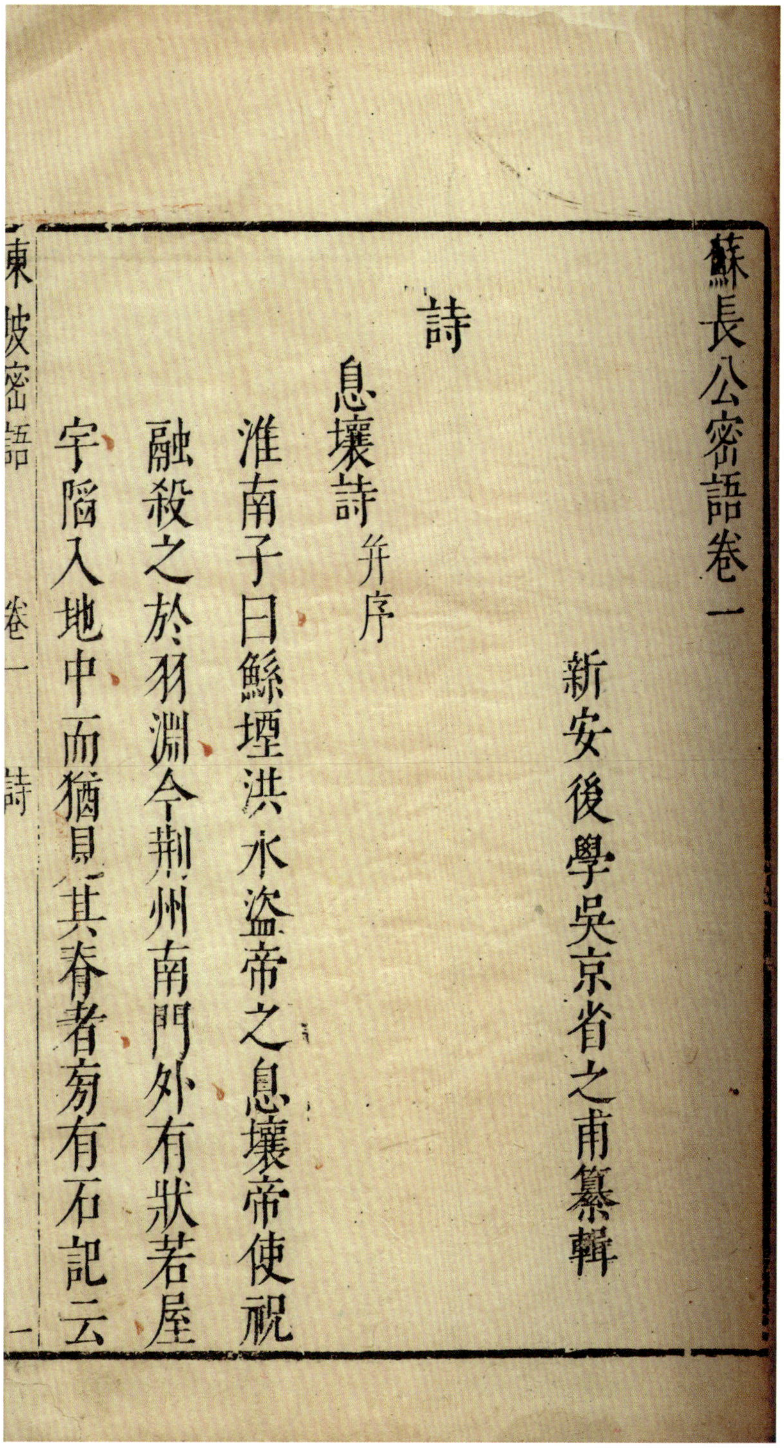
蘇長公密語卷一
新安後學吴京省之甫纂輯
詩
息壤詩并序
淮南子曰鯀堙洪水盜帝之息壤帝使祝
融殺之於羽淵今荆州南門外有狀若屋
宇陷入地中而猶見其脊者旁有石記云
東坡密語　卷一　詩　一

蘇長公密語十六卷　（宋）蘇軾撰　（明）吴京輯　**首一卷**　明天啓四年（1624）刻朱墨套印本　十二册

匡高 20.9 厘米，廣 14.3 厘米。半葉八行，行十九字，白口，四周單邊。有“吴懷私印”“千印樓所藏書畫金石文字”等印。廣東省立中山圖書館藏。第二批國家名録號 05623。

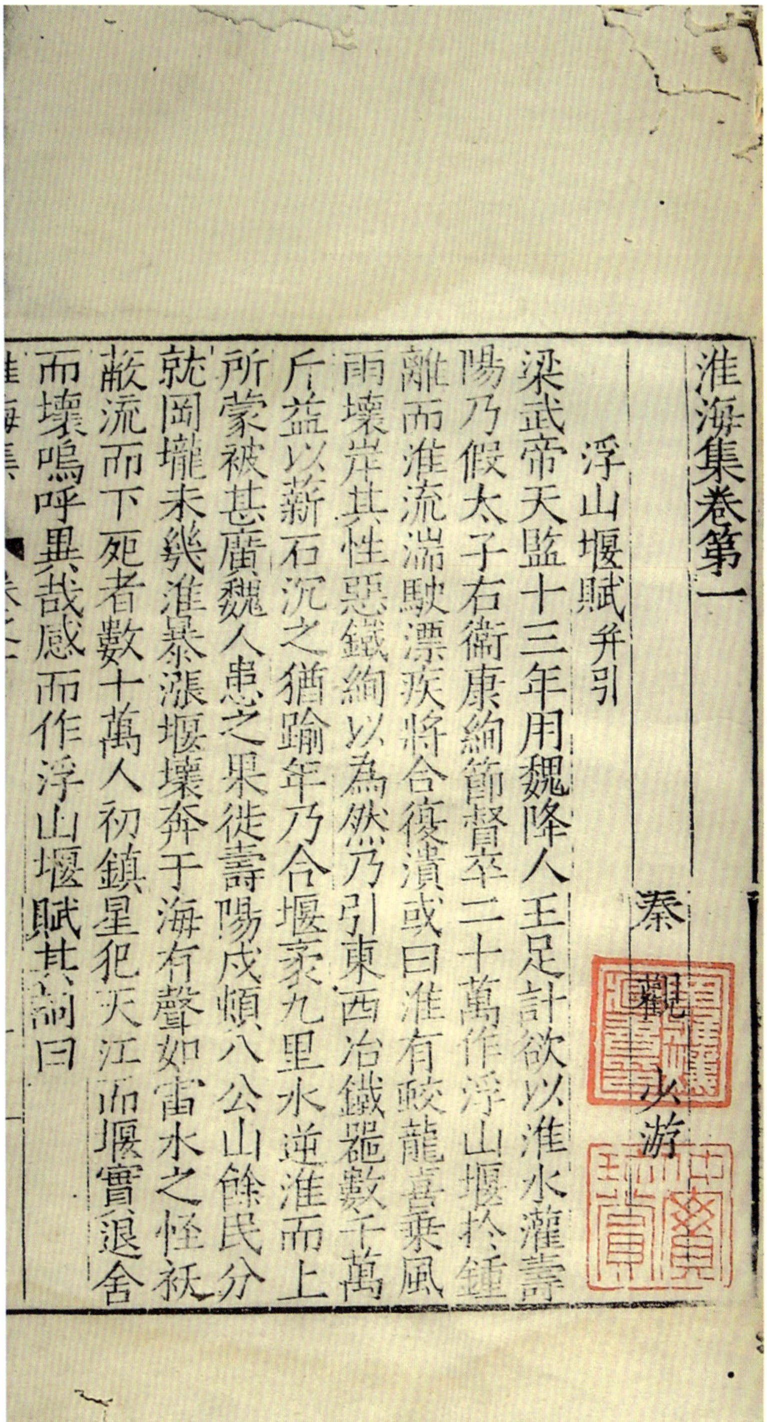

淮海集四十卷　（宋）秦觀撰　明嘉靖二十四年（1545）胡民表刻本　八册

匡高 17.7 厘米，廣 13.3 厘米。半葉十二行，行二十一字，小字雙行同，白口，四周單邊。

有“桂林唐氏珍藏”“仲實珍賞”等印。中山大學圖書館藏。第二批國家名録號 05635。

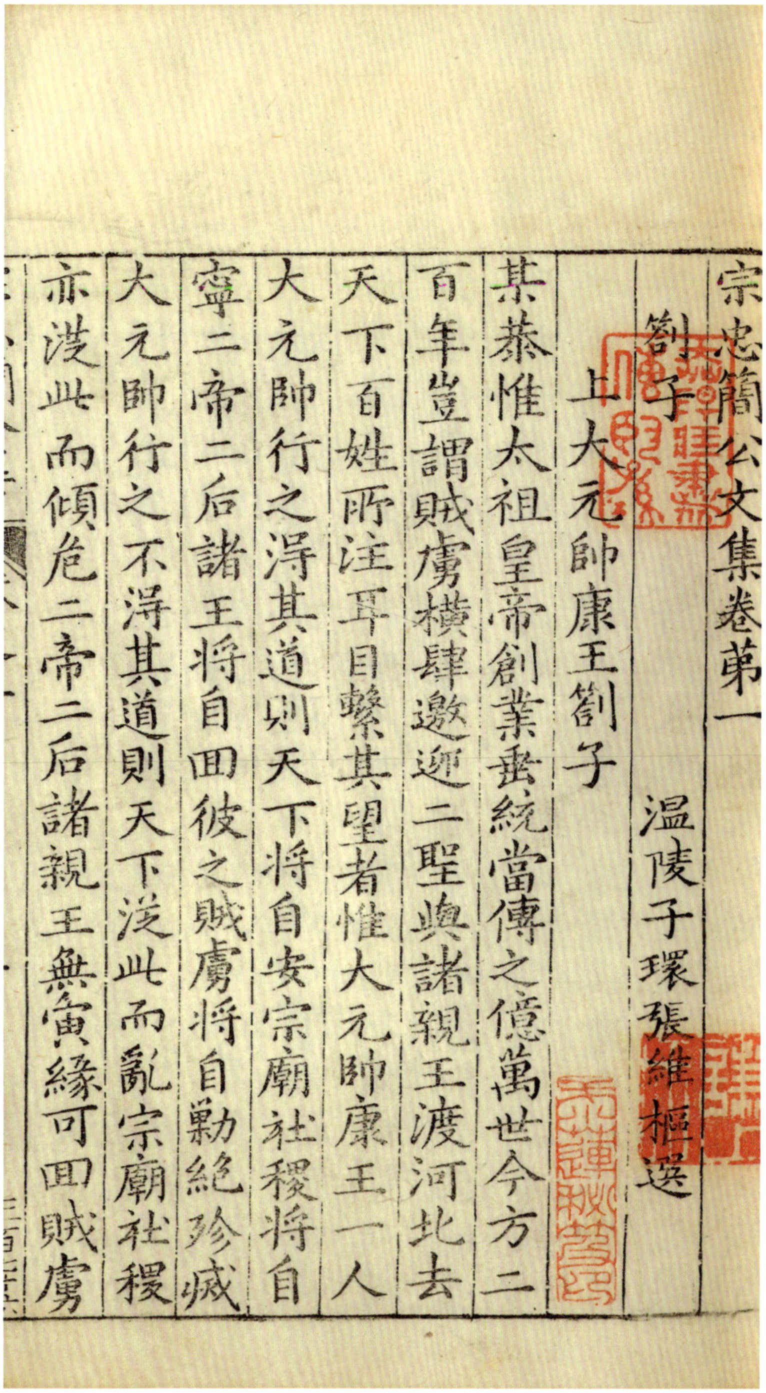
宗忠簡公文集卷第一
劄子　温陵子環張維樞選
上大元帥康王劄子
某恭惟太祖皇帝創業垂統當傳之億萬世今方二
百年豈謂賊虜横肆邀迎二聖與諸親王渡河北去
天下百姓所注耳目繫其望者惟大元帥康王一人
大元帥行之得其道則天下將自安宗廟社稷將自
寧二帝二后諸王將自回彼之賊虜將自勦絶殄滅
大元帥行之不得其道則天下從此而亂宗廟社稷
亦從此而傾危二帝二后諸親王無夤緣可回賊虜

宗忠簡公文集二卷　（宋）宗澤撰　（明）張維樞輯　明萬曆三十三年（1605）宗焕刻本　二册

匡高 20.1 厘米，廣 14.8 厘米。半葉十行，行二十字，小字雙行同，白口，左右雙邊。有“戈小蓮秘笈印”等印，戈宙襄批校並跋，汪宗衍跋。澳門大學圖書館藏。第二批國家名録號 05644。

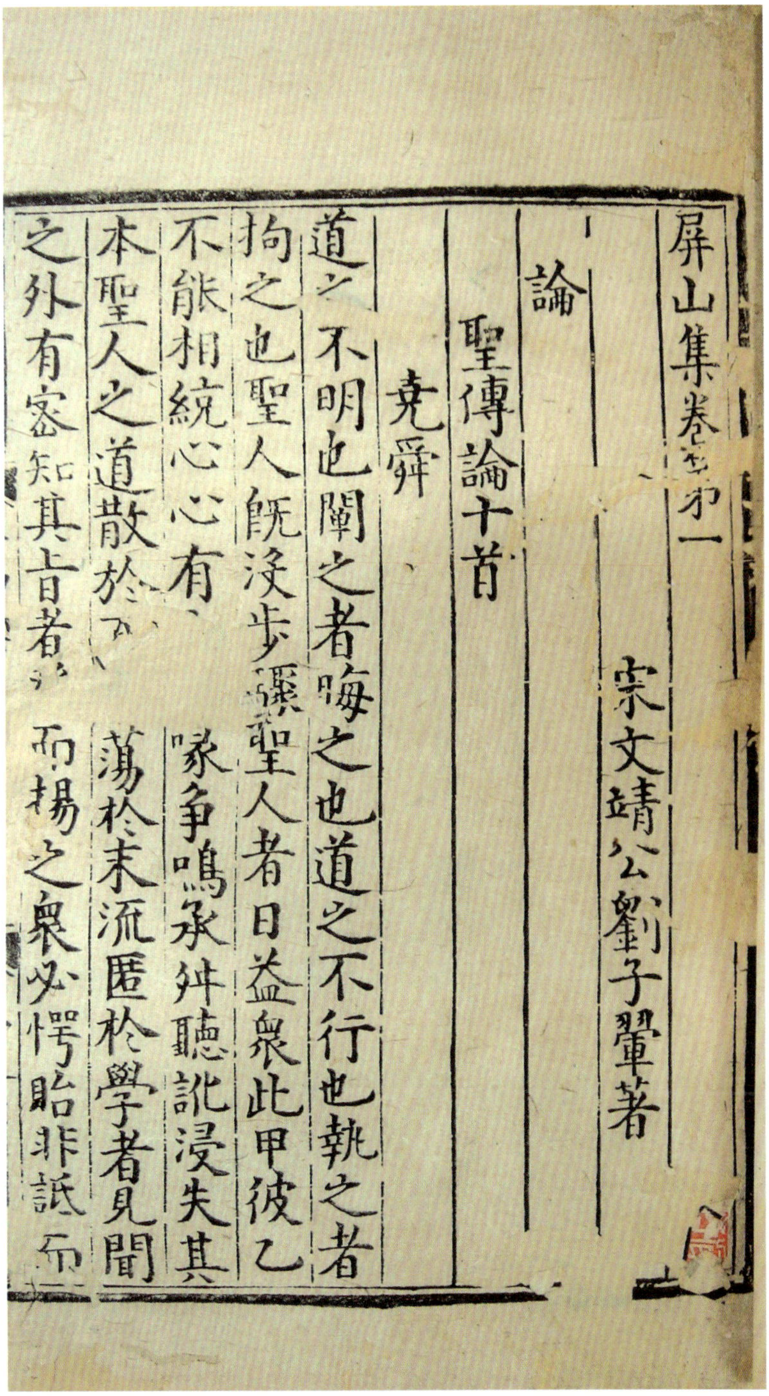

屏山集二十卷　（宋）劉子翬撰　明正德七年（1512）劉澤刻本　四册

匡高 19.1 厘米，廣 12.8 厘米。半葉十行，行十九字，黑口，四周雙邊或左右雙邊。有“面城樓藏書印”“漱緑樓藏書印”等印。中山大學圖書館藏。第二批國家名録號 05652。

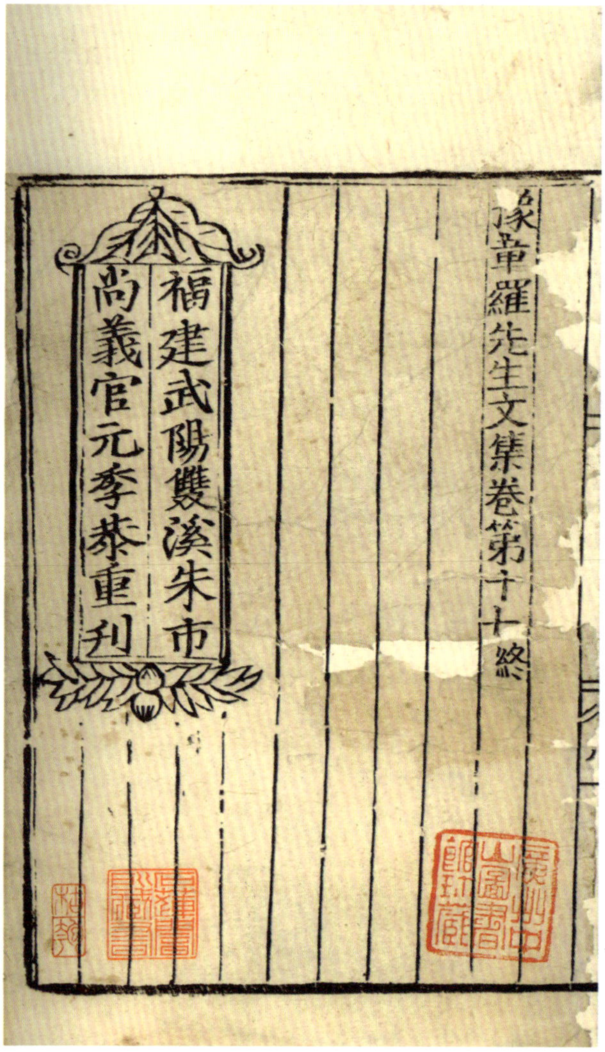
福建武陽雙溪朱市
尚義官元季恭重刊
豫章羅先生文集卷第十七終

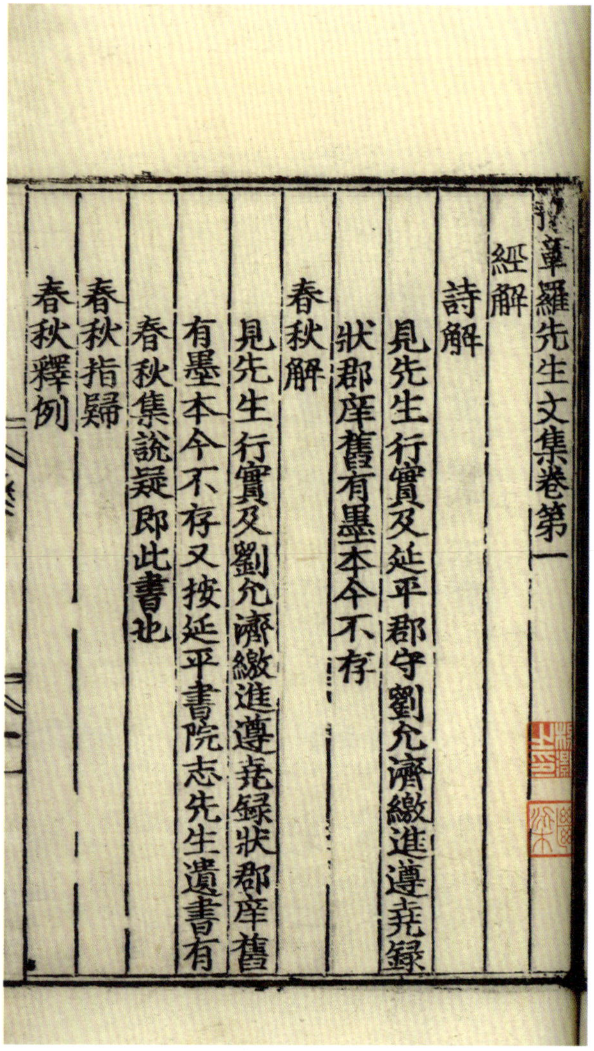
豫章羅先生文集卷第一
經解
詩解
見先生行實及延平郡守劉允濟繳進遵堯録
狀郡庠舊有墨本今不存
春秋解
見先生行實及劉允濟繳進遵堯録狀郡庠舊
有墨本今不存又按延平書院志先生遺書有
春秋集説疑即此書也
春秋指歸
春秋釋例

豫章羅先生文集十七卷　（宋）羅從彦撰　**年譜一卷**　（元）曹道振撰　明元季恭刻本　四册

匡高 19.3 厘米，廣 13.3 厘米。半葉十一行，行二十一字，黑口，四周雙邊。有“福建武陽雙溪朱市尚義官元季恭重刊”牌記。有“楊灝之印”“海豐吴重熹印”等印。廣東省立中山圖書館藏。第二批國家名録號 05657。

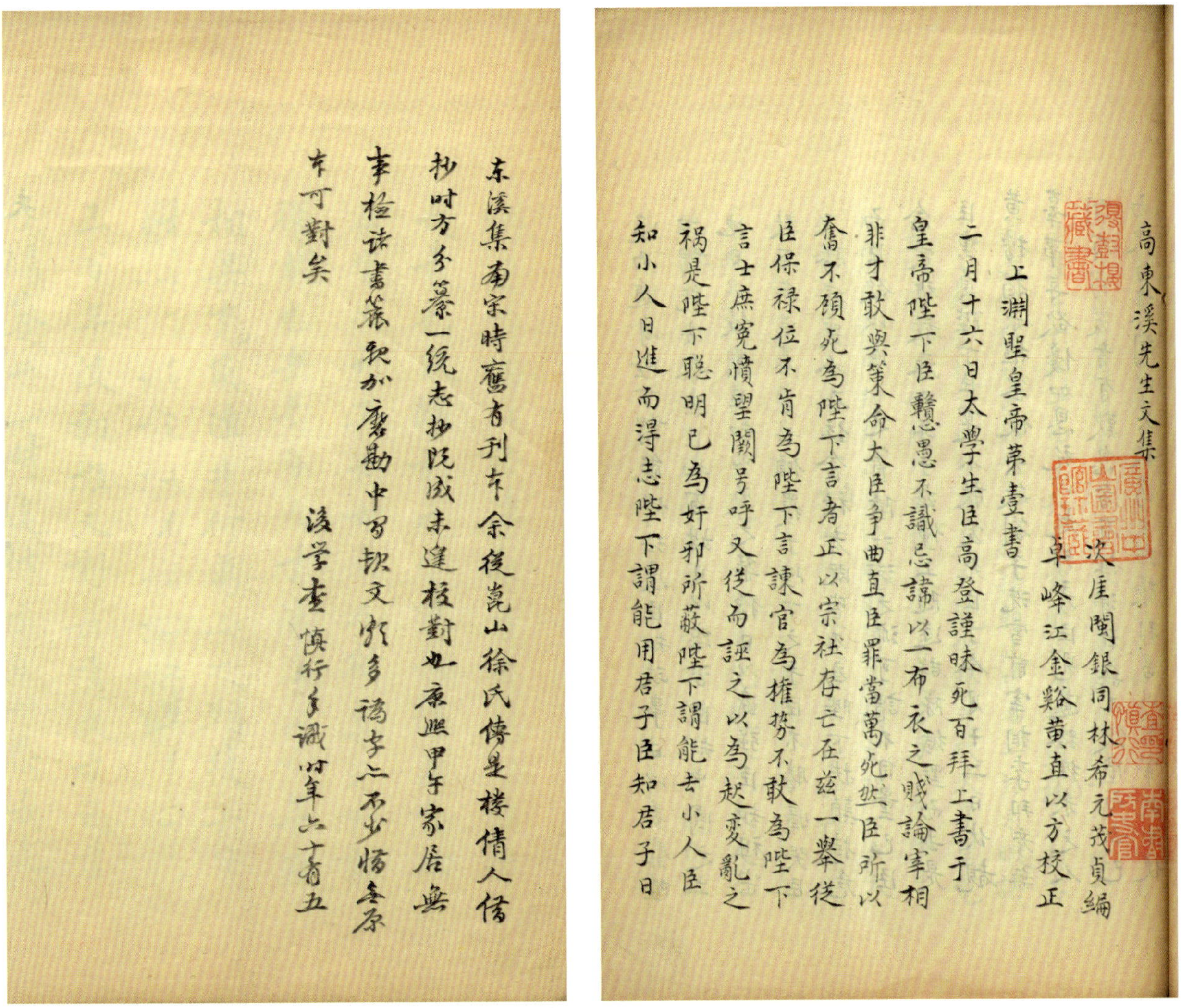
高東溪先生文集
次厓閩銀同林希元茂貞編
卓峰江金谿黄直以方校正
上淵聖皇帝第壹書
二月十六日太學生臣高登謹昧死百拜上書于
皇帝陛下臣戇愚不識忌諱以一布衣之賤論宰相
非才敢與策命大臣争曲直臣罪當萬死然臣所以
奮不顧死為陛下言者正以宗社存亡在茲一舉從
臣保禄位不肯為陛下言諫官為權勢不敢為陛下
言士庶寃憤望闕号呼又從而誣之以為起变亂之
禍是陛下聰明已為奸邪所蔽陛下謂能去小人臣
知小人日進而得志陛下謂能用君子臣知君子日

東溪集南宋時舊有刊本余從崑山徐氏傳是樓借人傳
抄时方分纂一統志抄既成未逞校對也康熙甲午家居無
事检諸書藏張加磨勘中間訛文脱多譌字亦不少惜無原
本可對矣
後學查慎行手識时年六十有五

高東溪先生文集二卷 （宋）高登撰 **附録一卷** 清抄本 一册

有“得樹樓藏書”“查慎行印”“萊陽張氏桐生藏書之印”“東莞莫伯驥號天一藏書之印”等印，查慎行校並跋。廣東省立中山圖書館藏。第六批國家名録號 12762。

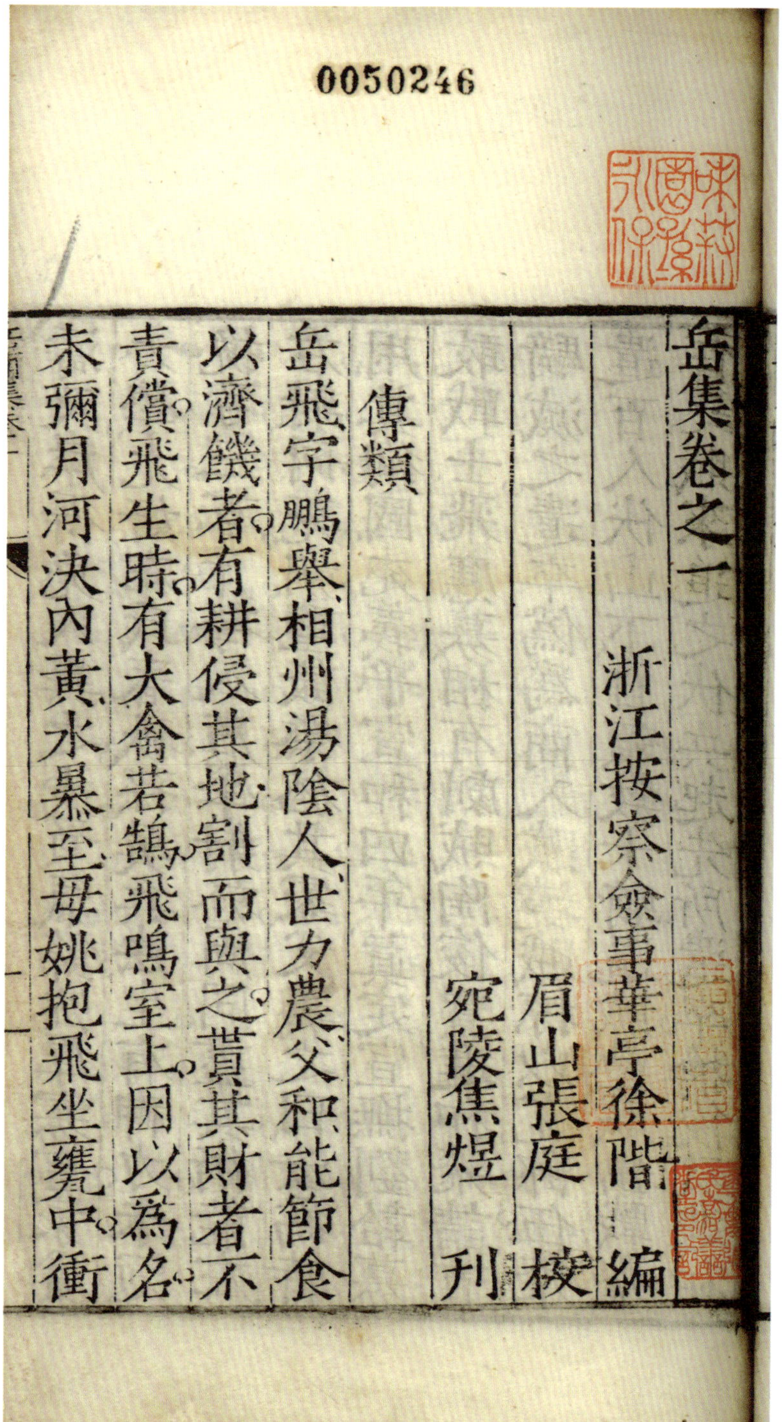

岳集卷之一

浙江按察僉事華亭徐階編

眉山張庭校

宛陵焦煜刊

傳類

岳飛字鵬舉相州湯陰人世力農父和能節食以濟饑者有耕侵其地割而與之貰其財者不責償飛生時有大禽若鵠飛鳴室上因以爲名未彌月河決內黃水暴至母姚抱飛坐甕中衝

岳集五卷　（宋）岳飛撰　（明）徐階輯　明嘉靖十五年（1536）焦煜刻本　二册

匡高 18.2 厘米，廣 13.5 厘米。半葉九行，行十八字，白口，左右雙邊。有“東莞莫氏五十萬卷樓”等印。廣東省立中山圖書館藏。第二批國家名録號 05659。

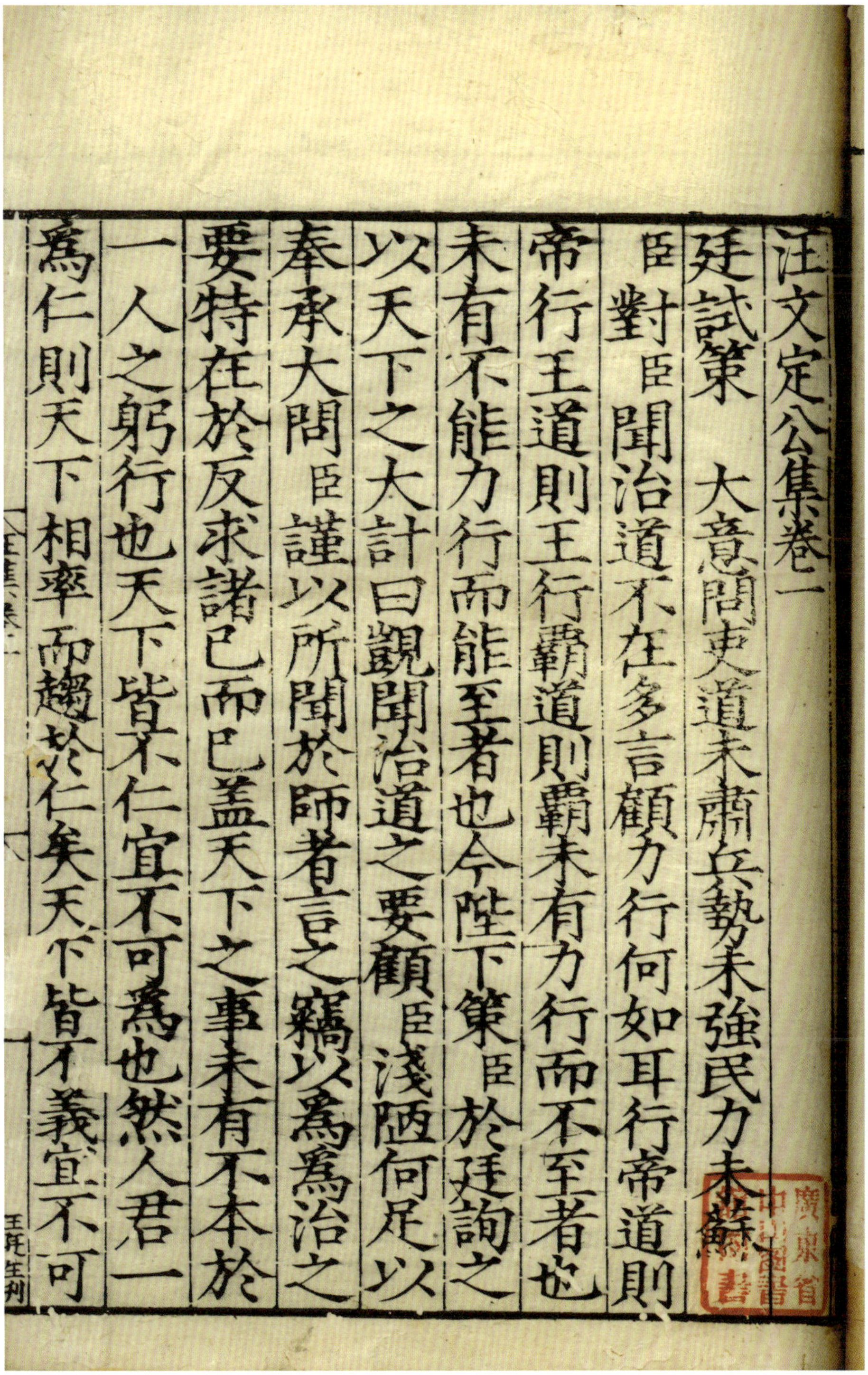

汪文定公集卷一

廷試策　大意問吏道未肅兵勢未强民力未舒

臣對臣聞治道不在多言顧力行何如耳行帝道則帝行王道則王行霸道則霸未有力行而不至者也未有不能力行而能至者也今陛下策臣於廷詢之以天下之大計曰觀聞治道之要顧臣淺陋何足以奉承大問臣謹以所聞於師者言之竊以爲爲治之要特在於反求諸己而已蓋天下之事未有不本於一人之躬行也天下皆不仁宜不可爲也然人君一爲仁則天下相率而趨於仁矣天下皆不義宜不可

汪集卷一

王廷生刊

汪文定公集十三卷　（宋）汪應辰撰　**附録一卷**　明嘉靖二十五年（1546）夏浚刻本　六册

匡高 20 厘米，廣 15.2 厘米。半葉十行，行二十字，白口，左右雙邊。廣東省立中山圖書館藏，存十三卷（缺附録一卷）。第二批國家名録號 05662。

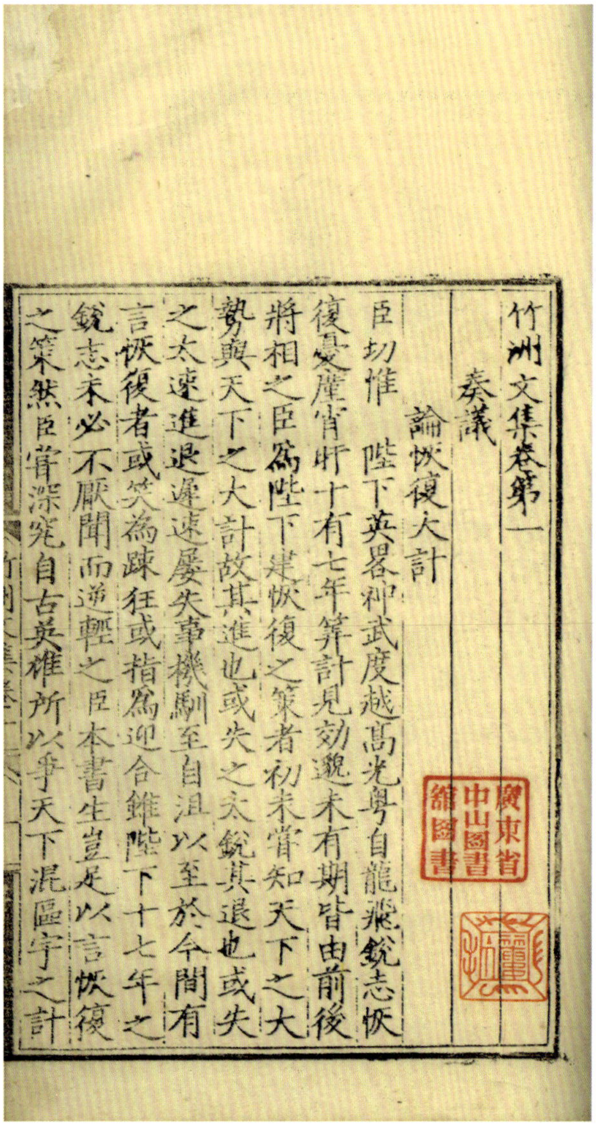

竹洲文集卷第一
奏議
論恢復大計
臣切惟　陛下英畧神武度越髙光粤自龍飛鋭志恢
復憂廑宵旰十有七年筭計見効邈未有期皆由前後
將相之臣爲陛下建恢復之策者初未嘗知天下之大
勢與天下之大計故其進也或失之太鋭其退也或失
之太遠進退遲速屢失事機馴至自沮以至於今間有
言恢復者或笑爲踈狂或指爲迎合雖陛下十七年之
鋭志未必不厭聞而逆輕之臣本書生豈足以言恢復
之策然臣嘗深究自古英雄所以爭天下混區宇之計

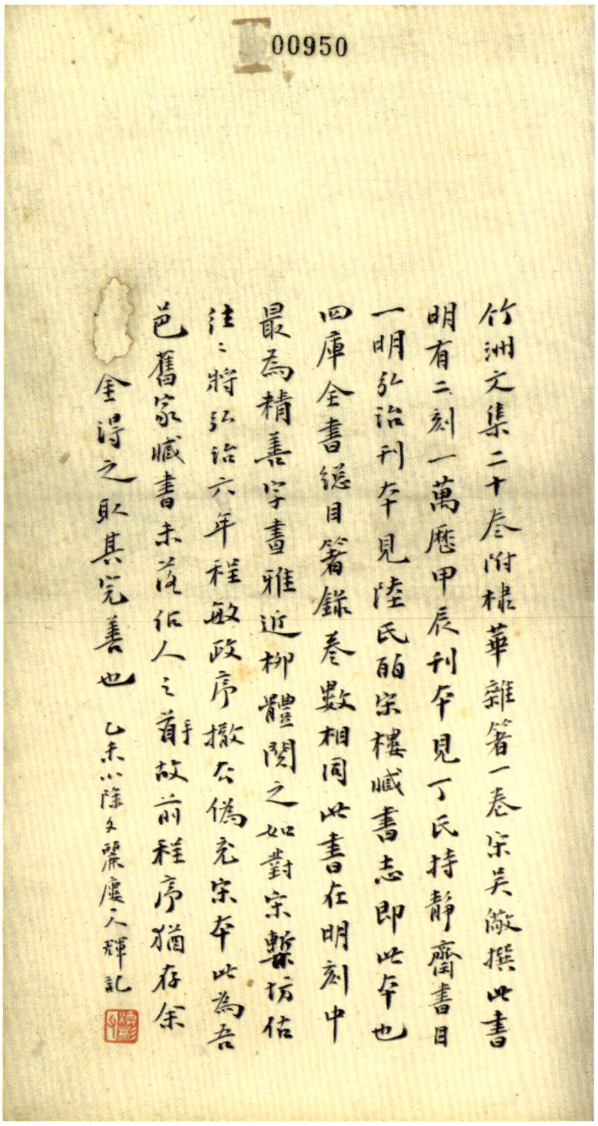

竹洲文集二十卷附棣華雜箸一卷宋吴儆撰此書
明有二刻一萬曆甲辰刊本見丁氏持靜齋書目
一明弘治刊本見陸氏皕宋樓藏書志即此本也
四庫全書總目箸録卷數相同此書在明刻中
最爲精善字書雅近柳體閱之如對宋槧坊估
往往將弘治六年程敏政序撤去僞充宋本此爲吾
邑舊家藏書未落估人之手故前程序猶存余
全得之以其完善也
乙未小除夕麗廔主人輝記

竹洲文集二十卷　（宋）吴儆撰　**附録一卷**　明弘治六年（1493）吴雷亨刻本　四册

匡高18.4厘米，廣13.1厘米。半葉十一行，行二十一字，黑口，四周雙邊。有“葉德輝印”等印，葉德輝跋。廣東省立中山圖書館藏。第二批國家名録號05665。

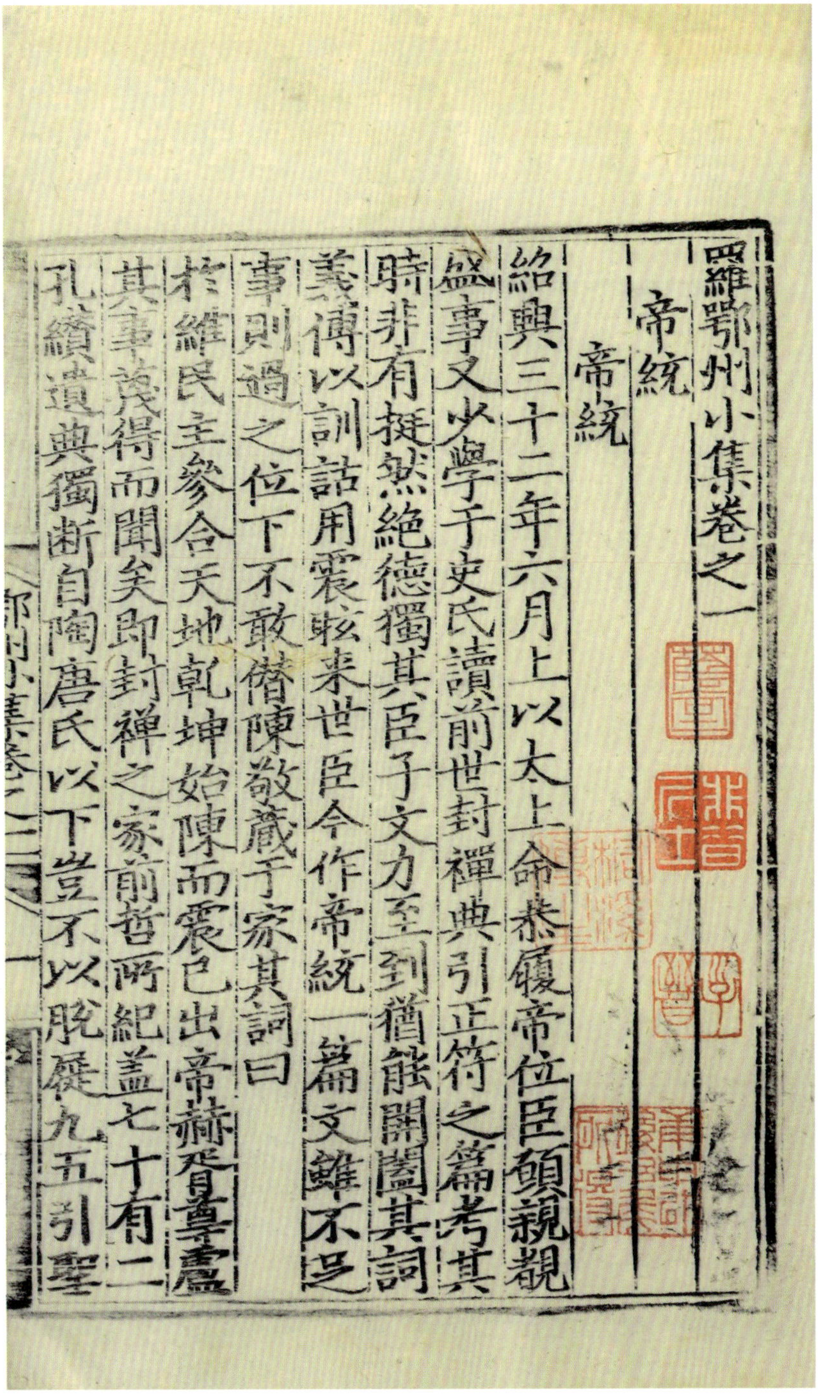
羅鄂州小集卷之一

帝統

帝統

紹興三十二年六月上以太上命恭履帝位臣頓親覲盛事又少學于史氏讀前世封禪典引正符之篇考其時非有挺然絕德獨其臣子文力至到猶能開闔其詞義傅以訓詁用震耀來世臣今作帝統一篇文雖不足事則過之位下不敢僭陳敬藏于家其詞曰

於維民主參合天地乾坤始陳而震巳出帝赫胥尊盧其事蔑得而聞矣即封禪之家前哲所紀盖七十有二孔續遺典獨斷自陶唐氏以下豈不以脫屣九五引聖

羅鄂州小集五卷　（宋）羅願撰　**羅郢州遺文一卷**　（宋）羅頌撰　**附録一卷**

明洪武二年（1369）羅宣明刻本　二册

匡高 19.2 厘米，廣 14 厘米。半葉十一行，行二十一字，黑口，四周雙邊。有“常熟趙氏舊山樓經籍記”“趙宗建印”等印，徐康跋，趙宗建題記。香港中文大學圖書館藏。第六批國家名録號 12764。

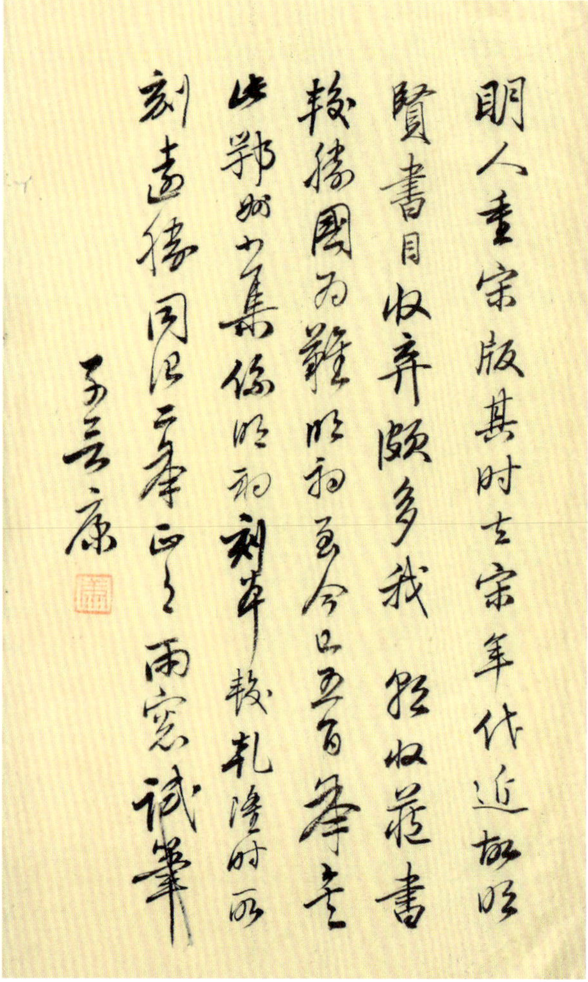

明人重宋版其时去宋年代近故昭
賢書目收弃頗多我 朝收藏書
校讎國為難昭和至今日吾等幸
此鄂州小集係昭和刻本校札澹所所
刻遠勝同治元年正月 雨窗試筆
于云康

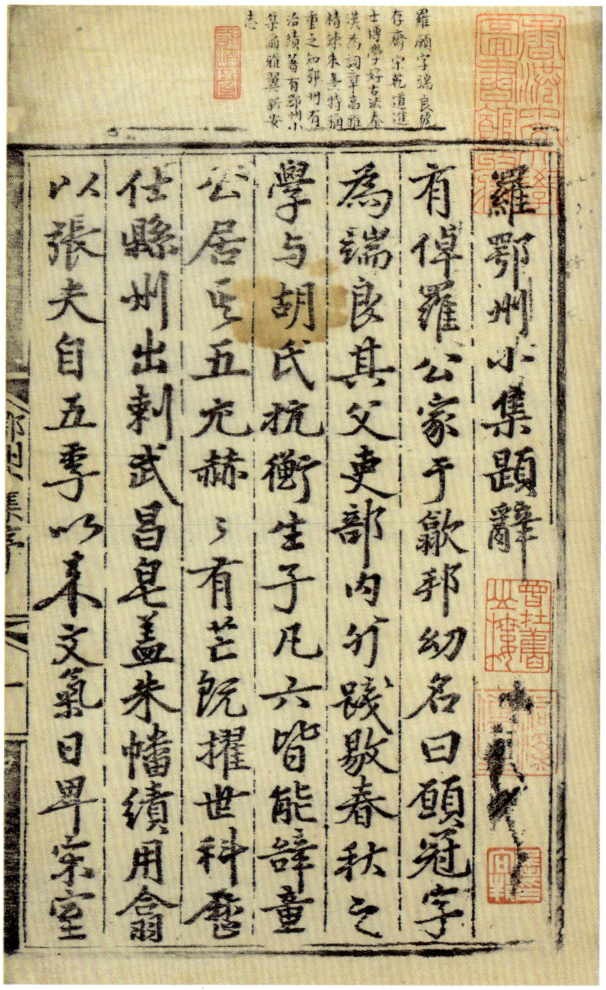

羅願字端良號存齋宋乾道進士博學好古法秦漢為詞章高雅精練朱熹特稱重之知鄂州有治績著有鄂州小集爾雅翼新安志

羅鄂州小集題辭

有偉羅公家于歙郡幼名曰願冠字
為端良其父吏部内翰賤歙春秋之
學与胡氏杭衡生子凡六皆能辭童
公居五充赫赫有芒既擢世科歷
仕縣州出剌武昌皂蓋朱幡績用翕
以張夫自五季以來文氣日卑宋室

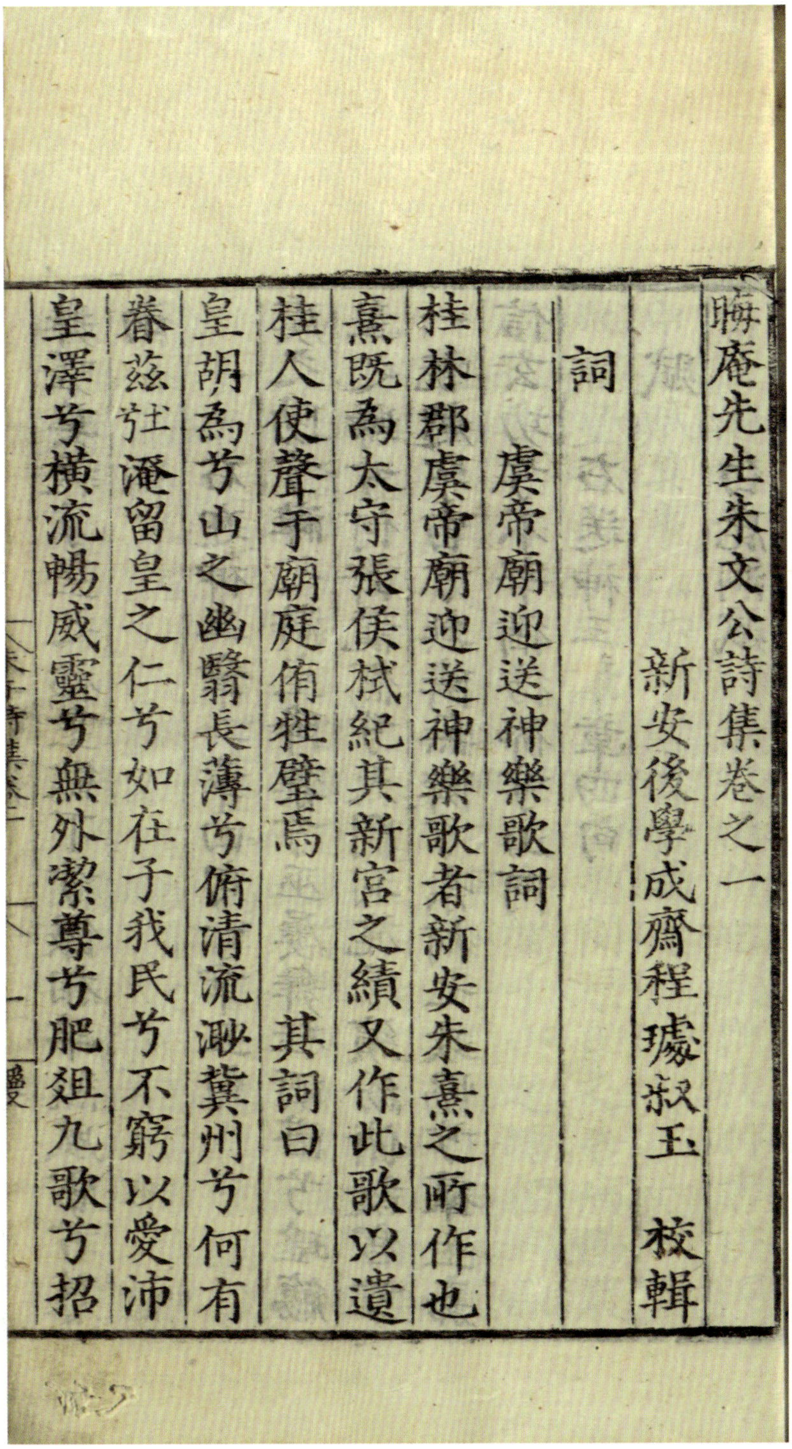
晦庵先生朱文公詩集卷之一

新安後學成齋程璩叔玉 校輯

詞

虞帝廟迎送神樂歌詞

桂林郡虞帝廟迎送神樂歌者新安朱熹之所作也熹既為太守張侯栻紀其新宮之績又作此歌以遺桂人使聲于廟庭侑牲璧焉 其詞曰

皇胡為兮山之幽翳長薄兮俯清流瞰冀州兮何有眷茲土淹留皇之仁兮如在予我民兮不窮以愛沛皇澤兮横流暢威靈兮無外潔尊兮肥俎九歌兮招

晦庵先生朱文公詩集十二卷　（宋）朱熹撰　（明）程璩輯　明正德十六年（1521）程璩刻本　四册

匡高 17.8 厘米，廣 12.7 厘米。半葉十行，行二十字，白口，四周單邊。華南師範大學圖書館藏。第二批國家名録號 05671。

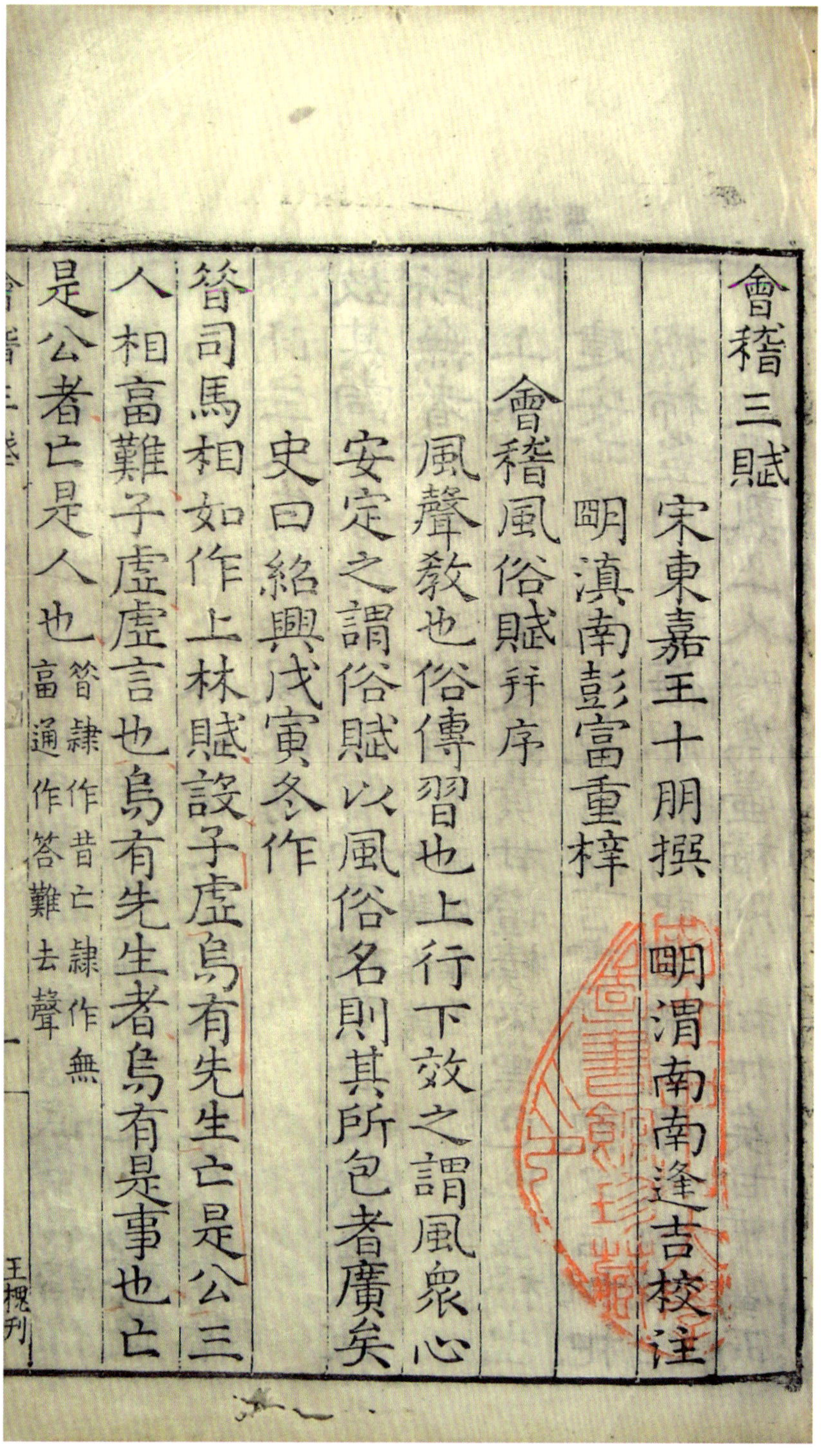
會稽三賦　宋東嘉王十朋撰
明滇南彭富重梓　明渭南南逢吉校注
會稽風俗賦并序
風聲教也俗傳習也上行下效之謂風衆心
安定之謂俗賦以風俗名則其所包者廣矣
史曰紹興戊寅冬作
答司馬相如作上林賦設子虛烏有先生亡是公三
人相高難子虛虛言也烏有先生者烏有是事也亡
是公者亡是人也答隷作昔亡隷作無富通作答難去聲
會稽三賦　一　王槐刊

會稽三賦一卷　（宋）王十朋撰　（明）南逢吉校注　（明）尹壇補注　明彭富刻本　二册

匡高 19.4 厘米，廣 13.6 厘米。半葉十行，行二十字，白口，四周單邊。有“鳴野山房”印，佚名朱墨批校圈點。中山大學圖書館藏。第二批國家名録號 05690。

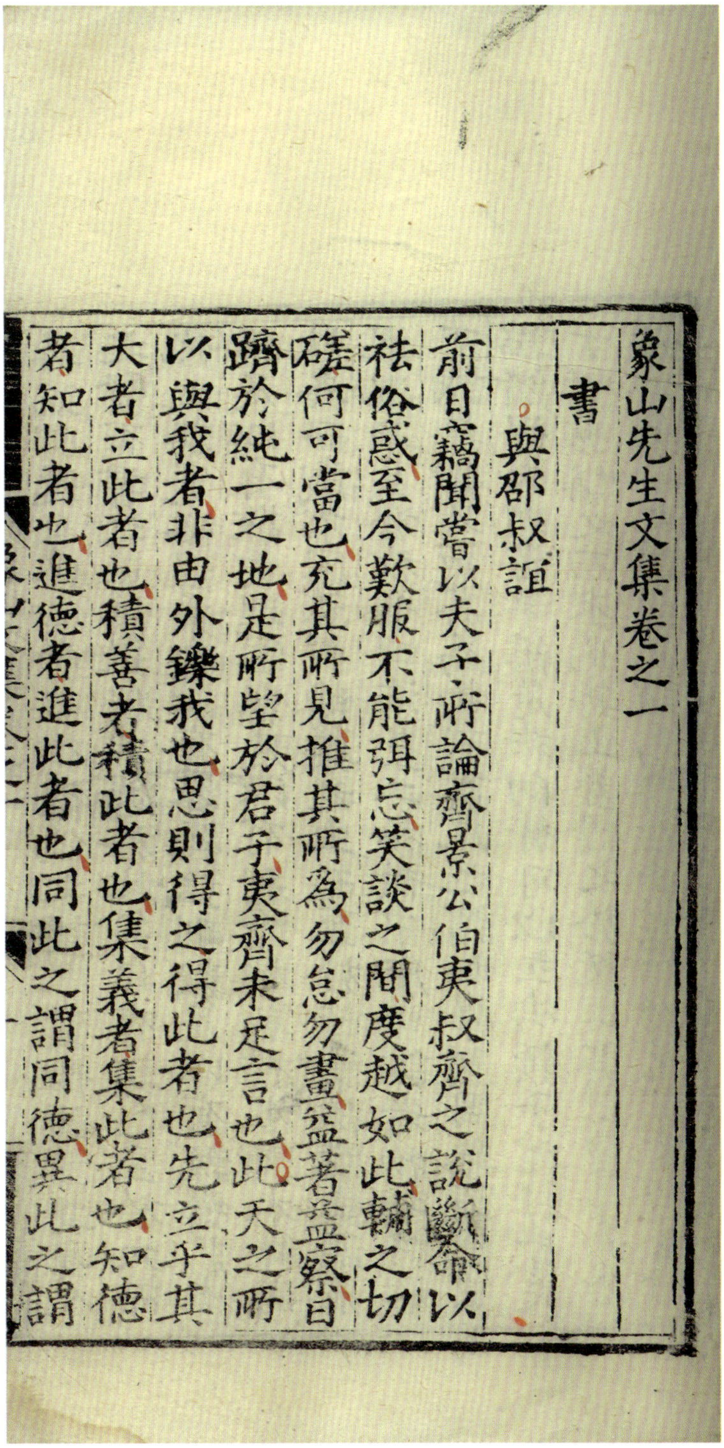

象山先生文集卷之一

書

與邵叔誼

前日竊聞嘗以夫子所論齊景公伯夷叔齊之説斷以祛俗惑至今歎服不能弭忘笑談之間度越如此輔之切磋何可當也充其所見推其所爲勿怠勿畫益著益察日躋於純一之地是所望於君子夷齊未足言也此天之所以與我者非由外鑠我也思則得之得此者也先立乎其大者立此者也積善者積此者也集義者集此者也知德者知此者也進德者進此者也同此之謂同德異此之謂

象山先生文集二十八卷外集四卷　（宋）陸九淵撰　**語録四卷**　（宋）傅子雲嚴松等輯　**附録二卷**　明正德十六年（1521）李茂元刻本　六册

匡高21.1厘米，廣13.8厘米。半葉十行，行二十二字，黑口，四周雙邊。中山大學圖書館藏。

第二批國家名録號05695。

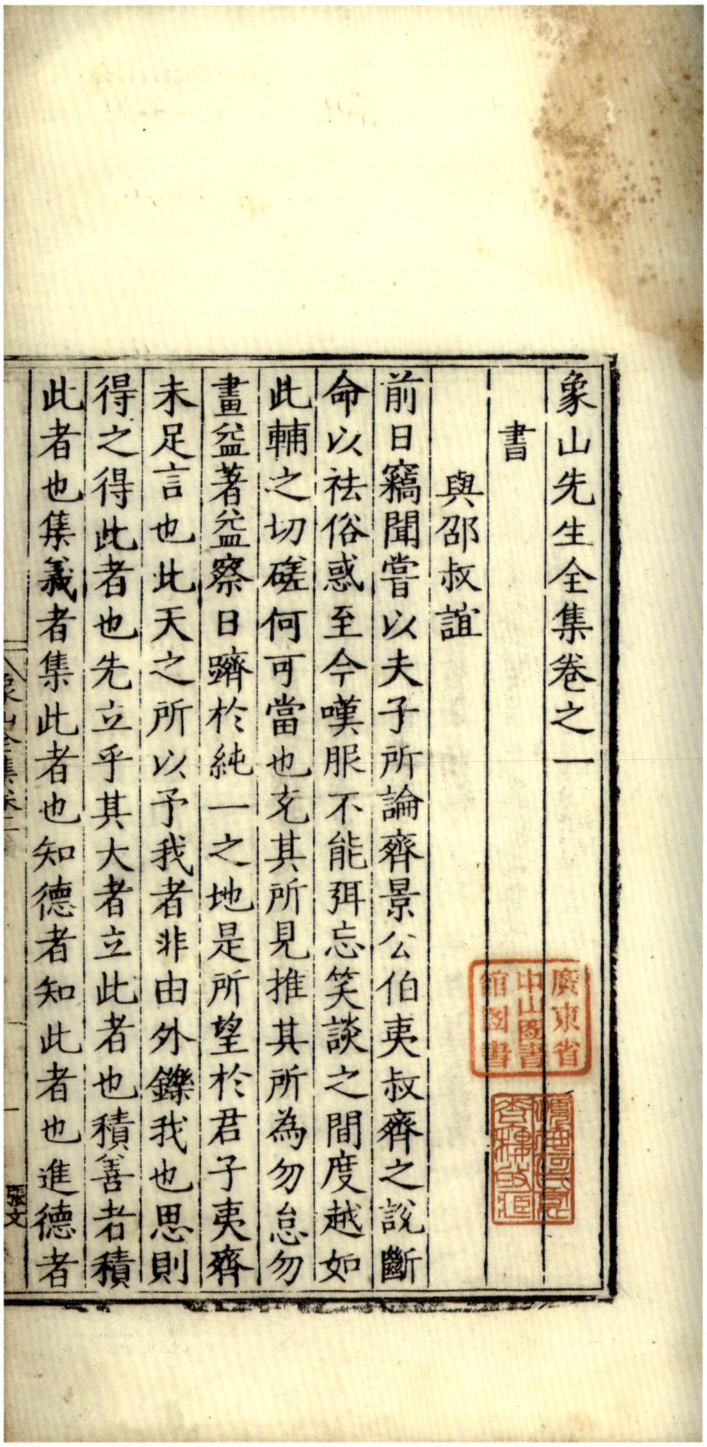

象山先生全集三十六卷　（宋）陸九淵撰　**少湖徐先生學則辯一卷**　（明）徐階撰　明嘉靖四十年（1561）何遷刻本　十六册

匡高20.5厘米，廣13厘米。半葉十行，行二十字，白口，四周雙邊。有“東莞莫氏五十萬卷樓”等印。廣東省立中山圖書館藏。第二批國家名録號05697。

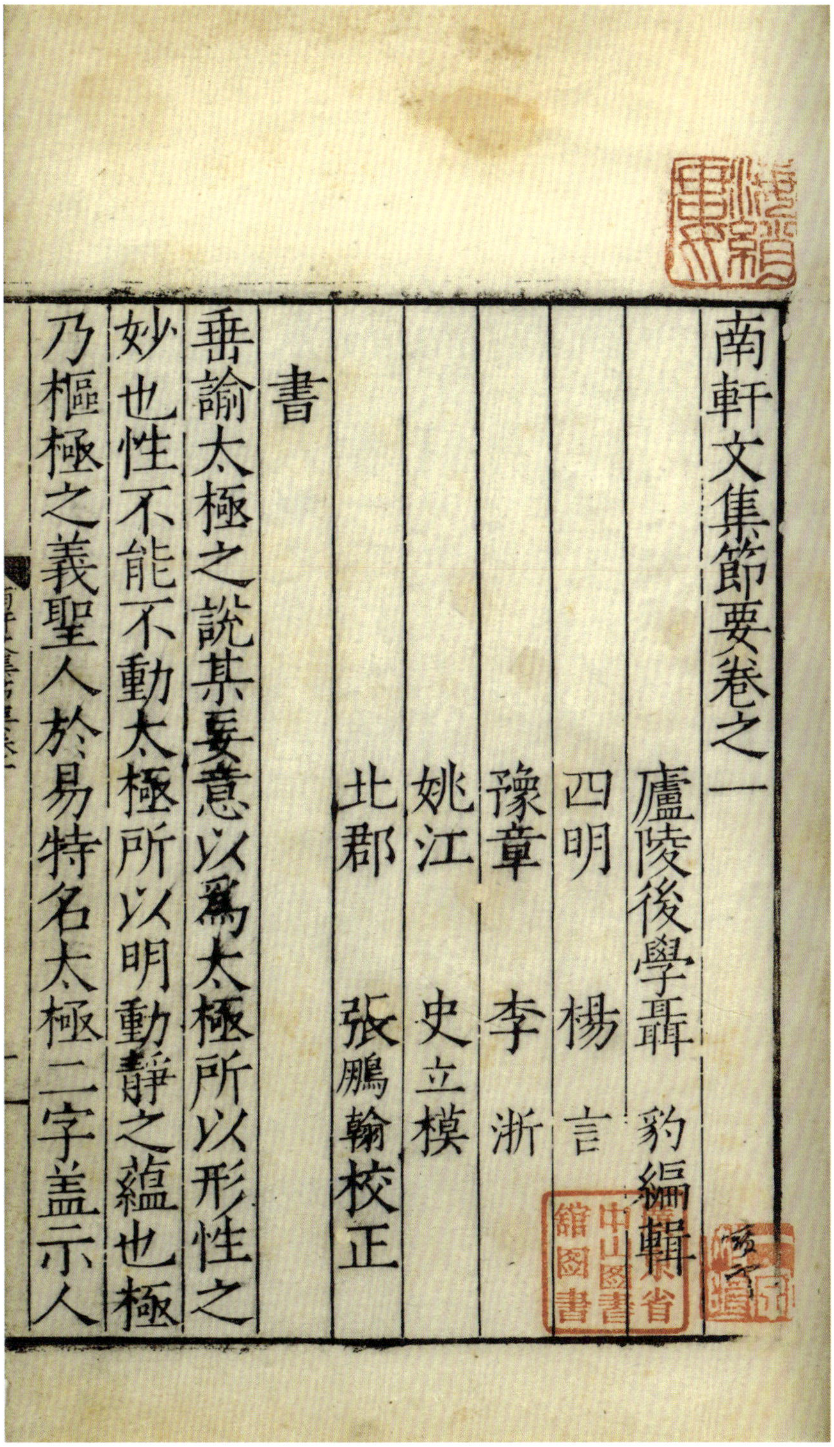
南軒文集節要卷之一
廬陵後學聶　豹編輯
四明　楊　言
豫章　李　淅
姚江　史立模
北郡　張鵬翰校正

書

垂諭太極之説某妄意以爲太極所以形性之
妙也性不能不動太極所以明動靜之藴也極
乃樞極之義聖人於易特名太極二字盖示人

南軒文集節要八卷　（宋）張栻撰　（明）聶豹輯　明嘉靖十年（1531）聶豹刻本　四册

匡高 18.5 厘米，廣 13.5 厘米。半葉十行，行十八字，白口，四周單邊。有“海綃樓”“東莞莫氏五十萬卷樓”等印。廣東省立中山圖書館藏。第二批國家名録號 05711。

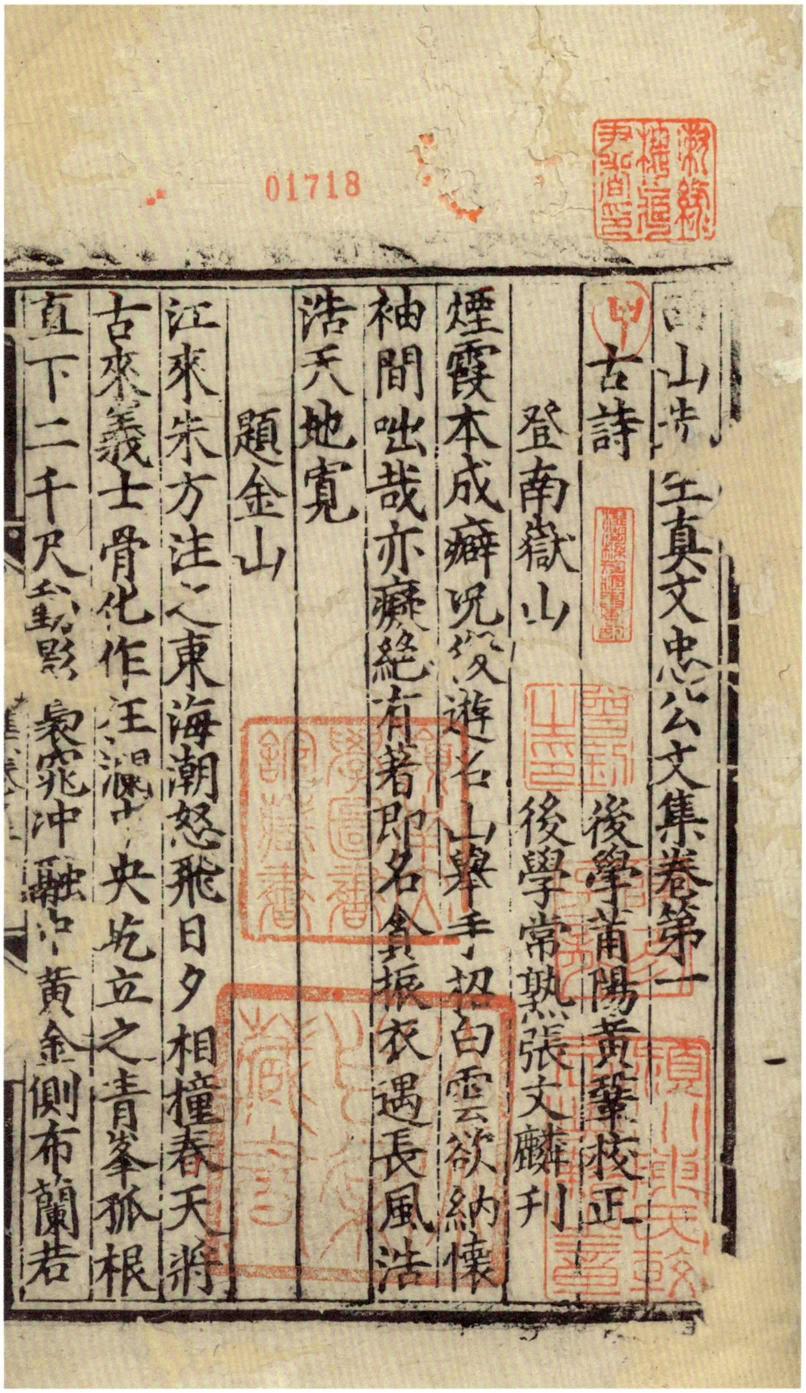

西山先生真文忠公文集五十五卷目録二卷　（宋）真德秀撰　明正德十五年（1520）張文麟、黄鞏刻本　四十二册

匡高18.2厘米，廣12.9厘米。半葉十行，行十八字，黑口，四周雙邊。有“曾釗之印”“温澍樑印”等印。中山大學圖書館藏，存五十六卷（缺卷五十一）。第二批國家名録號05716。

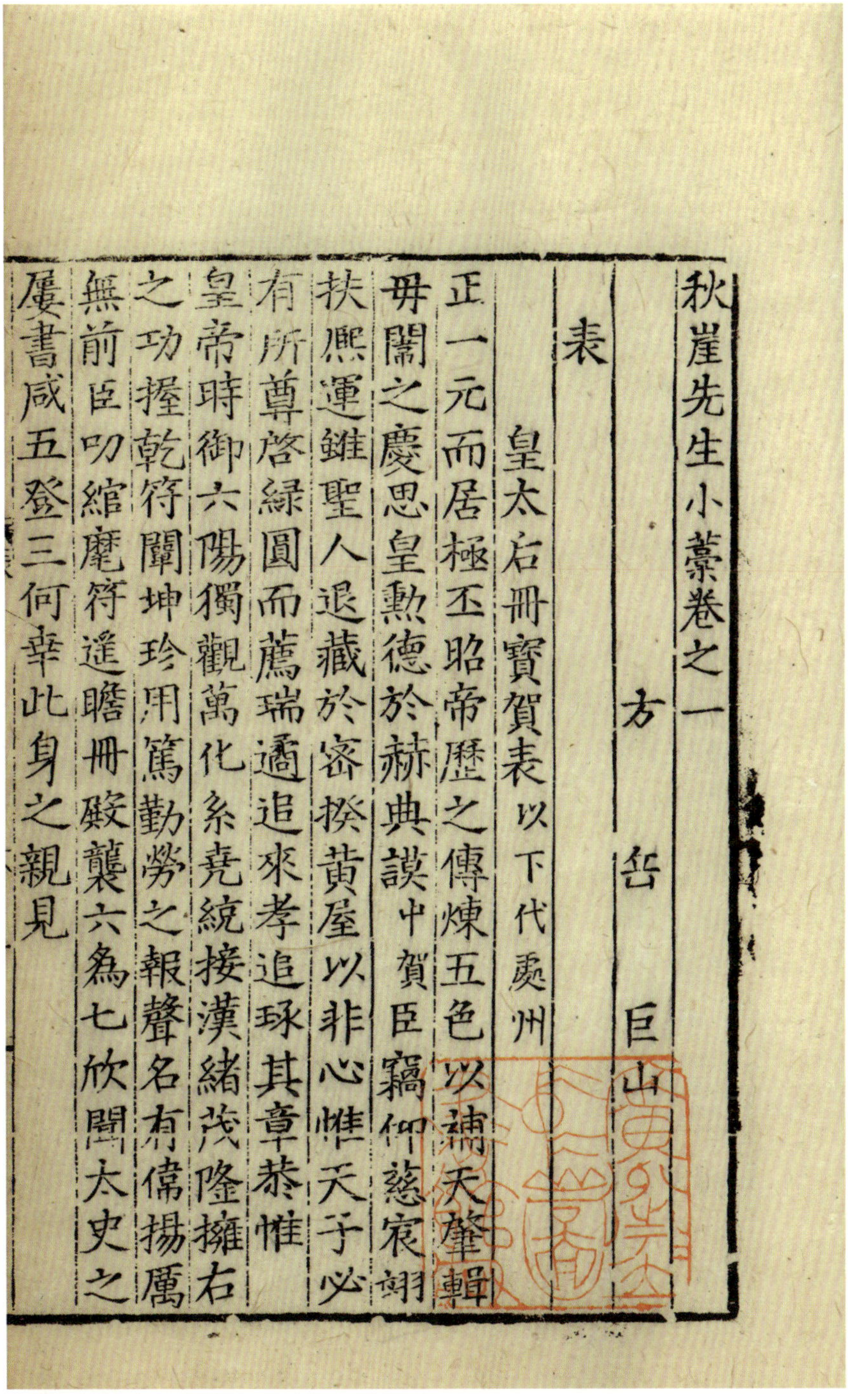

秋崖先生小藁卷之一

方　岳　巨山

表

皇太后冊寶賀表 以下代處州

正一元而居極丕昭帝歷之傳煉五色以補天肇輯册闈之慶思皇勲德於赫典謨 中賀臣竊仰慈宸翊扶熙運鏟聖人退藏於密揆黄屋以非心惟天子必有所尊啓緑圖而薦瑞適追來孝追琢其章恭惟皇帝時御六陽獨觀萬化系堯統接漢緒茂隆擁右之功握乾符闡坤珍用篤勤勞之報聲名有偉揚厲無前臣叨綰塵符遥瞻冊殿襲六為七欣聞太史之屢書咸五登三何幸此身之親見

秋崖先生小藁四十五卷又三十八卷　（宋）方岳撰　明嘉靖五年（1526）方謙刻本　八册

匡高 18.7 厘米，廣 12.1 厘米。半葉十二行，行二十字，又半葉十一行，行十九字，白口，四周單邊。廣東省立中山圖書館藏。第二批國家名録號 05724。

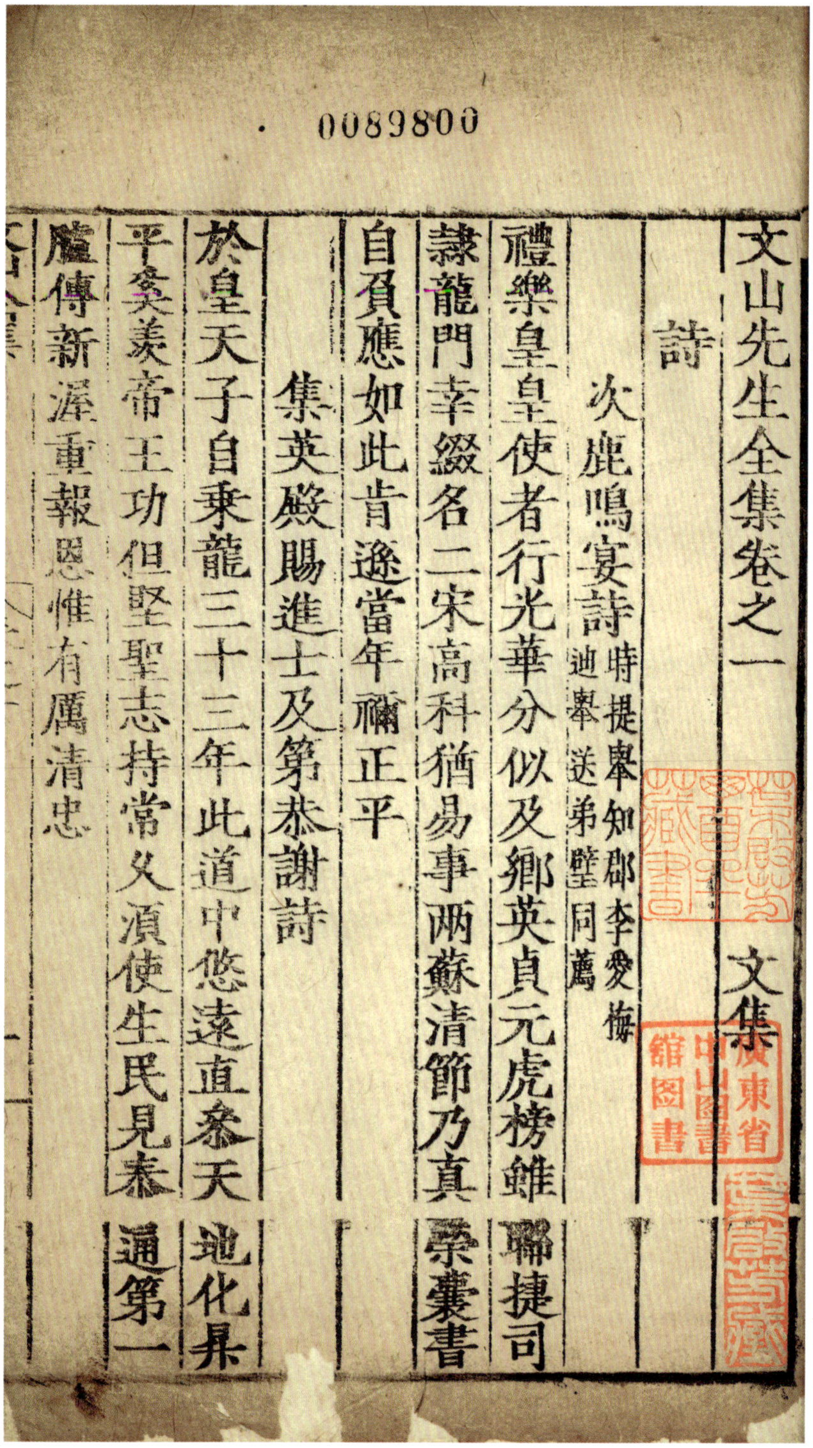

文山先生全集二十卷 （宋）文天祥撰 明嘉靖三十九年（1560）張元諭刻本 二十册

匡高 20.7 厘米，廣 14 厘米。半葉十行，行二十二字，小字雙行同，白口，四周單邊。有“葉啟芳藏”等印。廣東省立中山圖書館藏。第二批國家名録號 05731。

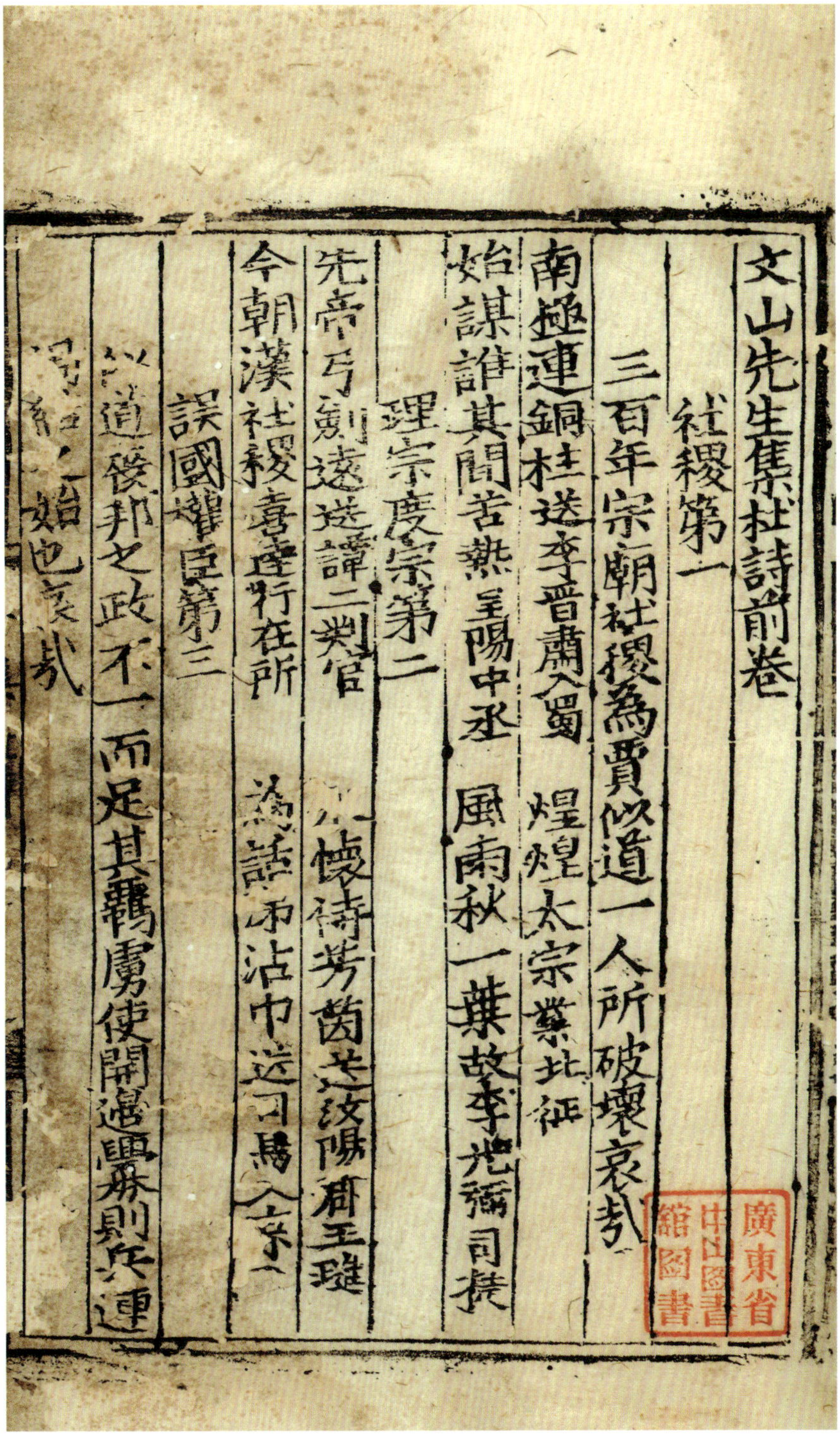

文山先生集杜詩二卷 （宋）文天祥撰 **附録一卷** 明成化二十年（1484）劉遜刻本 一册

匡高 20 厘米，廣 14.1 厘米。半葉十一行，行二十二至二十四字，黑口，四周雙邊。有“姚氏藏書”等印。廣東省立中山圖書館藏。第二批國家名録號 05733。

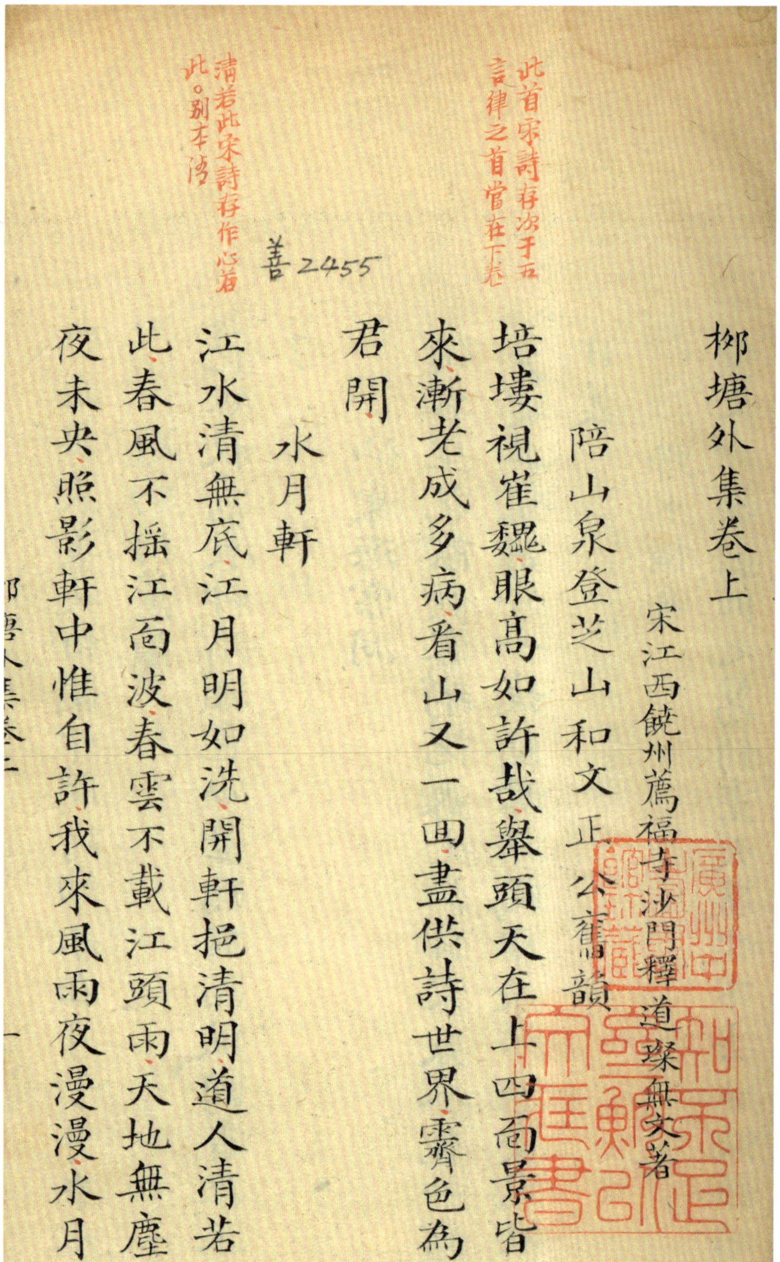

柳塘外集二卷　（宋）釋道璨撰　清初抄本　一册

有“知不足齋鮑以文藏書”等印，鮑廷博批校。廣東省立中山圖書館藏。第六批國家名録號 12771。

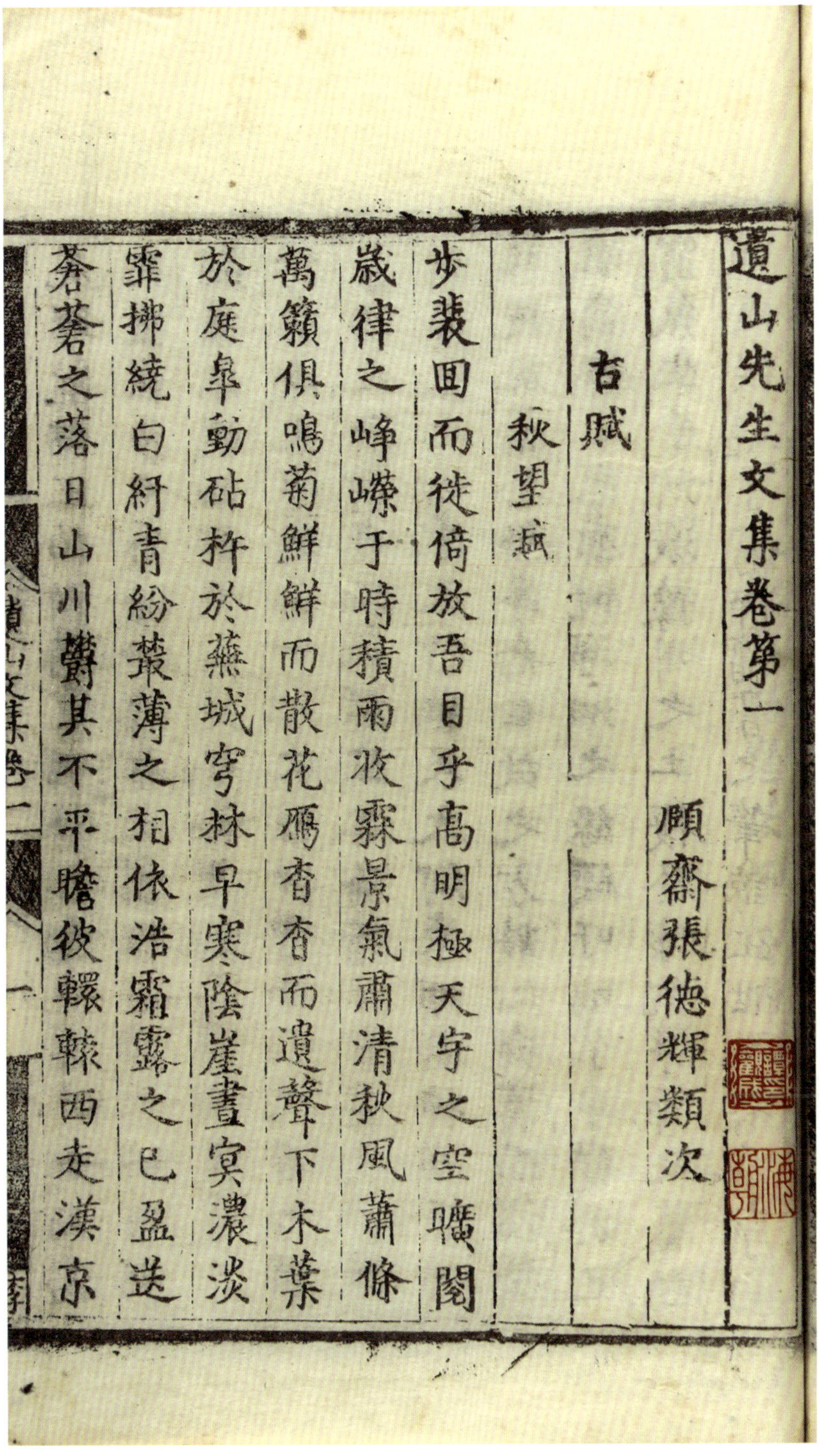
遺山先生文集卷第一

頤齋張德輝類次

古賦

秋望賦

步裴回而徙倚放吾目乎高明極天宇之空曠閱歲律之峥嶸于時積雨收霽景氣肅清秋風蕭條萬籟俱鳴菊鮮鮮而散花鴈杳杳而遺聲下木葉於庭皋動砧杵於燕城穹林早寒陰崖晝暝濃淡霏拂繞白紆青紛蘂薄之相依浩霜露之已盈送蒼蒼之落日山川鬱其不平瞻彼轘轅西走漢京

遺山先生文集四十卷 （金）元好問撰 **附録一卷** 明弘治十一年（1498）李瀚刻本 十二册

匡高 20.9 厘米，廣 15 厘米。半葉十行，行十九字，小字雙行不等，黑口，四周雙邊。有“蒼巖山人書屋記”“譚觀成”等印。廣東省博物館藏。第五批國家名録號 11897。

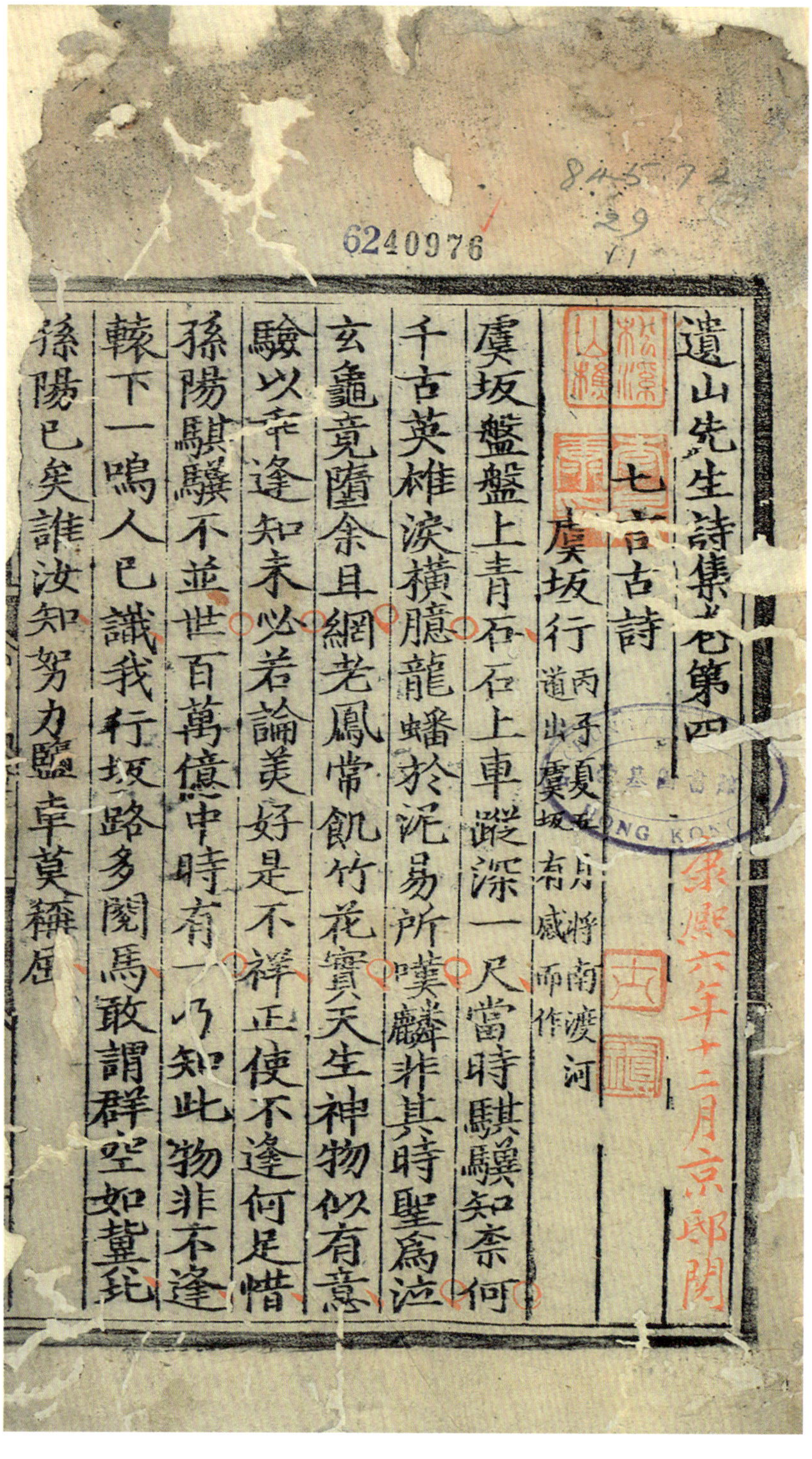

遺山先生詩集二十卷　（金）元好問撰　明弘治十一年（1498）李瀚刻本　四册

匡高 19.7 厘米，廣 14.1 厘米。半葉十行，行二十一字，小字雙行同，黑口，四周雙邊。有“士”“禛”“李景康印”等印，王士禛批點並題款。香港中文大學圖書館藏，存十二卷（四至九、十五至二十）。第六批國家名録號 12774。

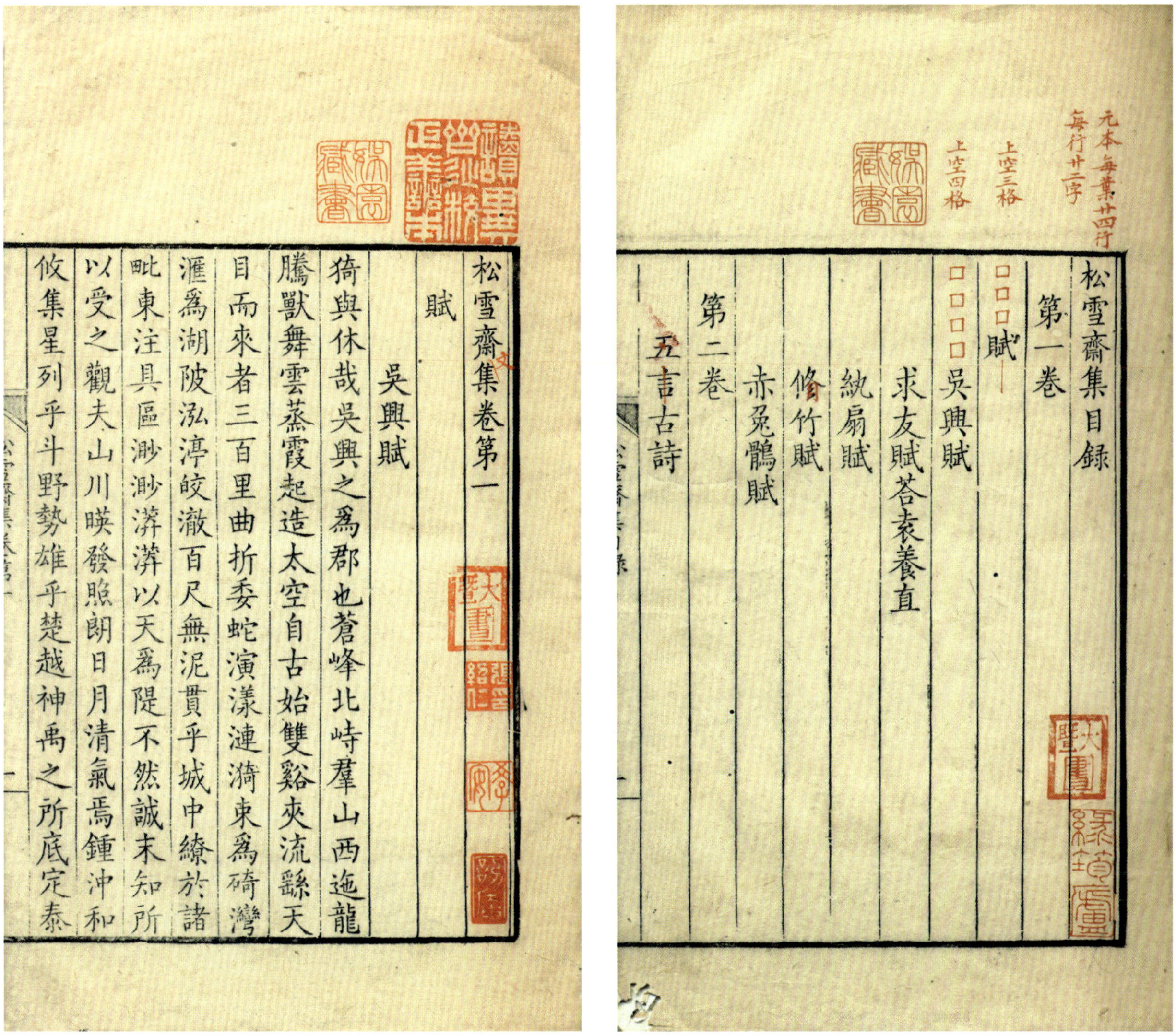
元本每葉廿四行 每行廿二字
上空三格
上空四格
松雪齋集目録
第一卷
口口口賦
口口口口吳興賦
求友賦荅袁養直
紈扇賦
脩竹賦
赤兔鶻賦
第二卷
五言古詩

松雪齋集卷第一
賦
吳興賦
猗與休哉吳興之爲郡也蒼峰北峙羣山西迤龍
騰獸舞雲蒸霞起造太空自古始雙谿夾流縣天
目而來者三百里曲折委蛇演漾漣漪東爲碕灣
滙爲湖陂泓渟皎澈百尺無泥貫乎城中繚於諸
毗東注具區渺渺漭漭以天爲隄不然誠未知所
以受之觀夫山川暎發照朗日月清氣焉鍾沖和
攸集星列乎斗野勢雄乎楚越神禹之所底定泰

松雪齋集十卷外集一卷　（元）趙孟頫撰　清清德堂刻本　八册

匡高 17.3 厘米，廣 12.7 厘米。半葉十行，行十九字，細黑口，左右雙邊。有“張紹仁印”等印，張紹仁批校。暨南大學圖書館藏。第二批國家名録號 05744。

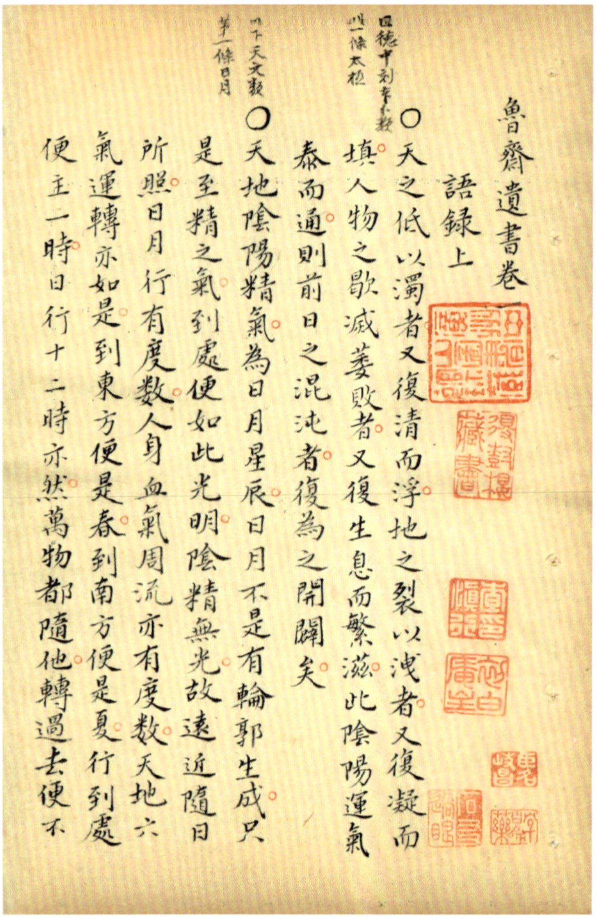

魯齋遺書卷一

語録上

○天之低以濁者又復清而浮地之裂以洩者又復凝而塡入物之歇滅萎敗者又復生息而繁滋此陰陽運氣泰而通則前日之混沌者復為之開闢矣

○天地陰陽精氣為日月星辰日月不是有輪郭生成只是至精之氣到處便如此光明陰精無光故遠近隨日所照日月行有度數人身血氣周流亦有度數天地六氣運轉亦如是到東方便是春到南方便是夏行到處便主一時日行十二時亦然萬物都隨他轉過去便不

正德中刻本不載此一條太極

以下天文類第一條日月

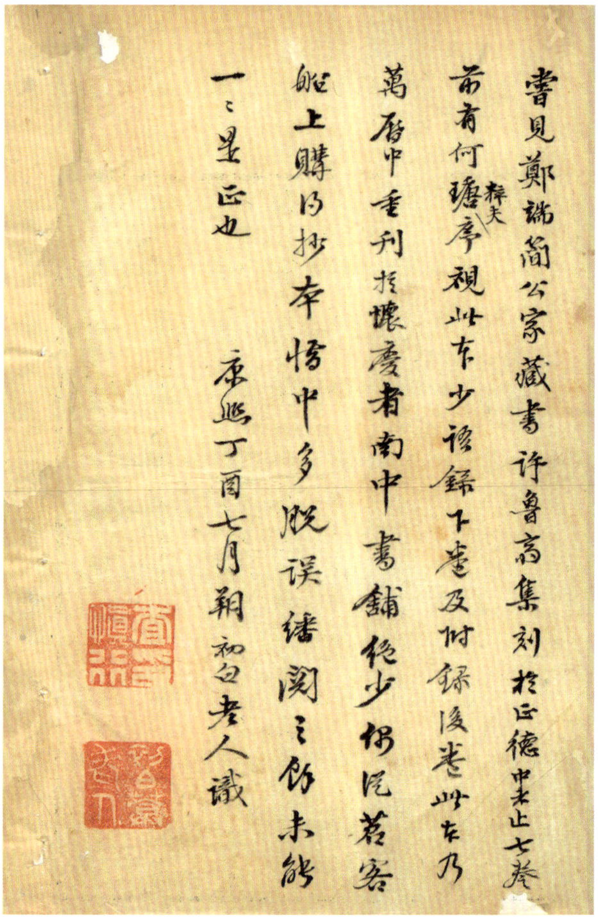

嘗見鄭端簡公家藏書許魯齋集刻於正德中未止七卷前有何瑭粹夫序視此本少語録下卷及附録後卷此本乃萬曆中重刊於懷慶者南中書鋪絶少偶從若客船上購得抄本惜中多脱誤繕閲之餘未能一一是正也

康熙丁酉七月朔初白老人識

魯齋遺書十四卷　（元）許衡撰　清初抄本　六册

有“查慎行印”“得樹樓藏書”“萊陽張氏桐生藏書之印”“東莞莫氏五十萬卷樓”等印，查慎行跋。廣東省立中山圖書館藏。第六批國家名録號12776。

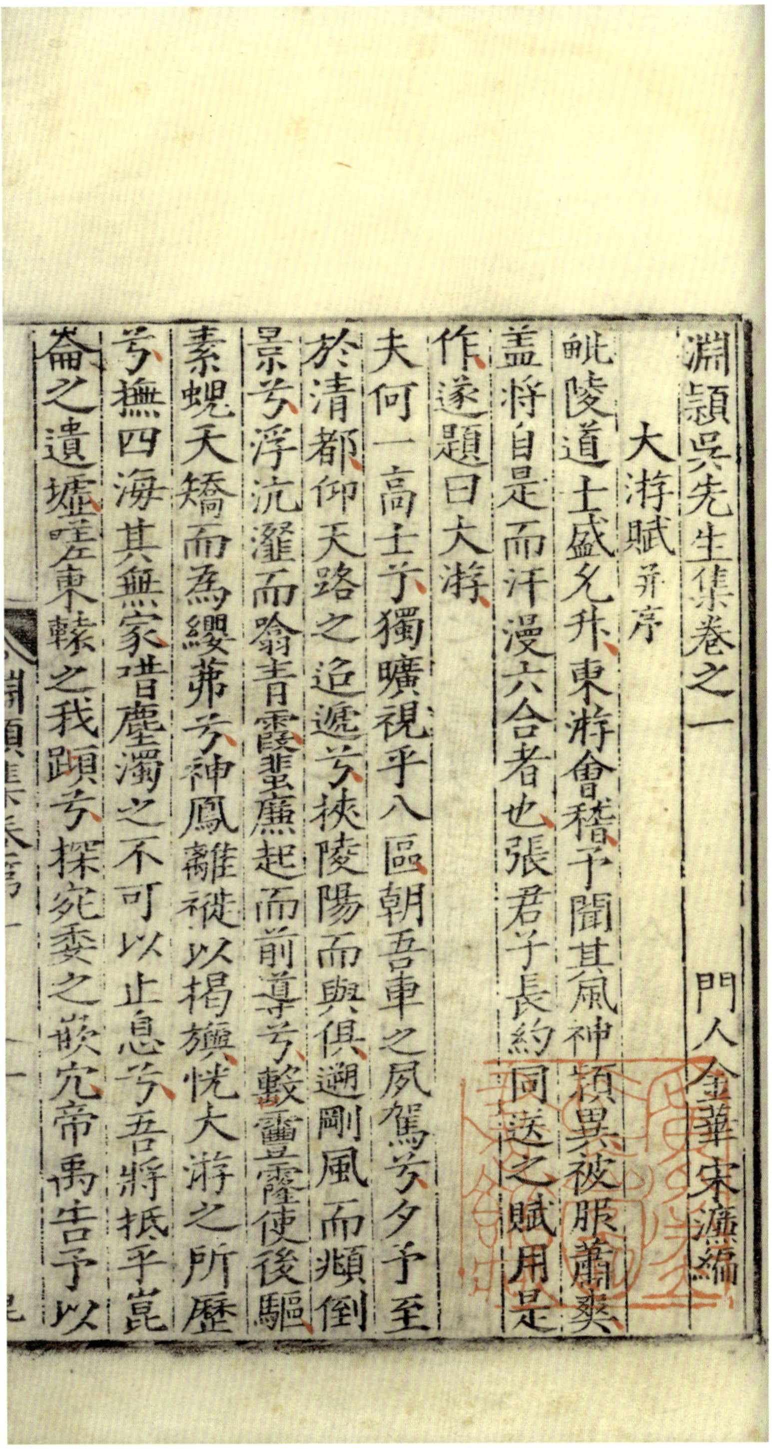

淵頴吴先生集十二卷　（元）吴萊撰　（明）宋濂編　**附録一卷**　明嘉靖元年（1522）祝鑾刻本　十册

匡高 17.9 厘米，廣 12.8 厘米。半葉十一行，行二十二字，白口，左右雙邊。廣東省立中山圖書館藏。第二批國家名録號 05762。

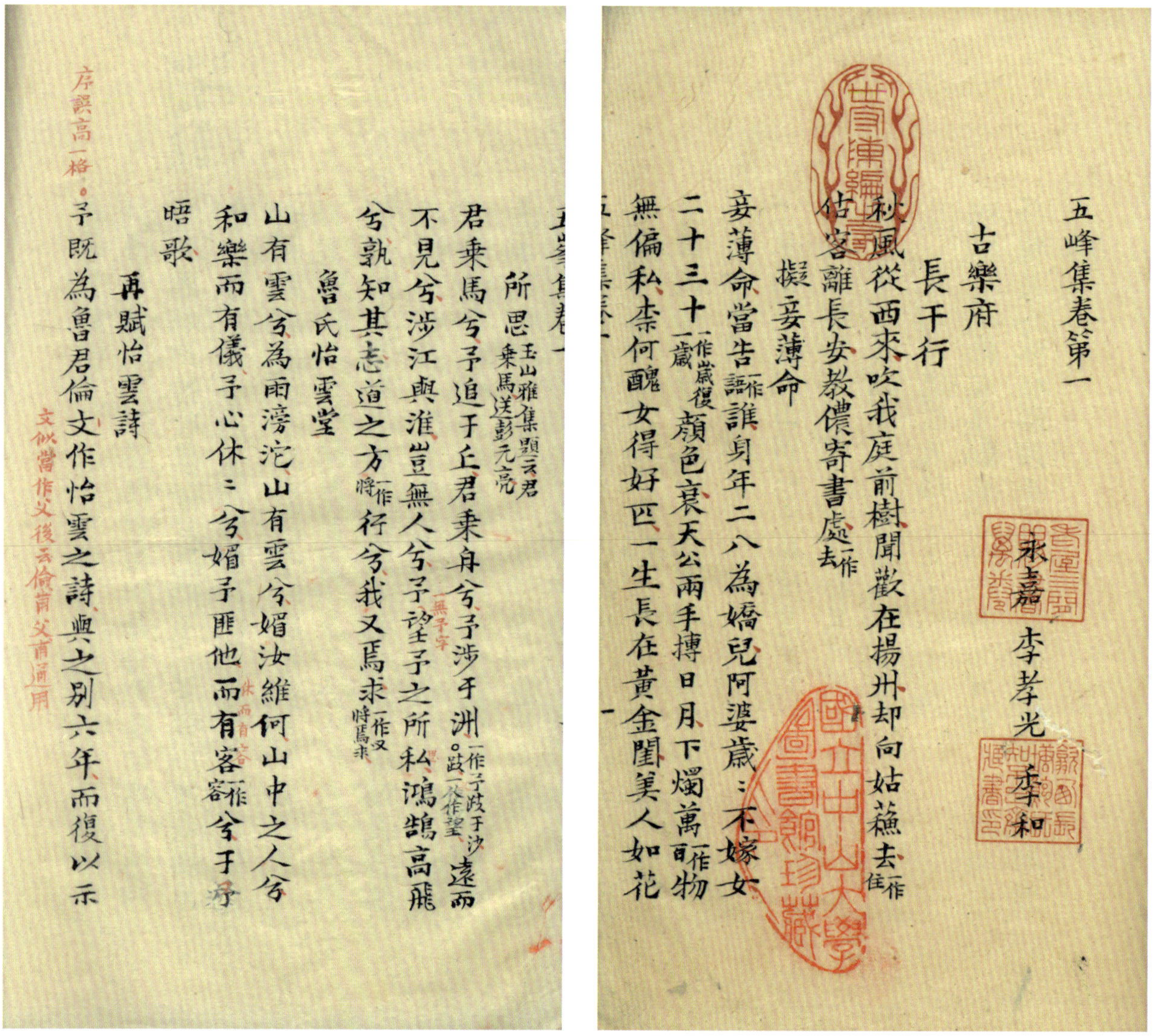
五峯集卷第一
永嘉 李孝光 季和
古樂府
長干行
秋風從西來吹我庭前樹聞歡在揚州却向姑蘇去一作往
估客離長安教儂寄書處一作去
擬妾薄命
妾薄命當告一作訴誰身年二八為媌兒阿婆歲歲不嫁女
二十三十一作歲復一歲顏色衰天公兩手摶日月下燭萬一作物
無偏私柰何醜女得好匹一生長在黃金閨美人如花
五峯集卷一
所思玉山雅集題云君乘馬送彭元亮
君乘馬兮予追于丘君乘舟兮予涉于洲一作予跂于沙。跂一作望遠而
不見兮涉江與淮豈無人兮一無兮字予望子之所私鴻鵠高飛
兮孰知其志道之方一作將行兮我又焉求一作又將焉求
魯氏怡雲堂
山有雲兮為雨滂沱山有雲兮媢汝維何山中之人兮
和樂而有儀子心休休兮媢子匪他而有客一作容兮予寄
晤歌
再賦怡雲詩
予既為魯君倫文作怡雲之詩與之別六年而復以示
序誤高一格。
文似當作父後云倫甫父甫通用

五峯集六卷文集一卷雁山十記一卷　（元）李孝光撰　**補遺三卷**　（清）鮑廷博輯　清鮑廷博抄本　四册

有“歙西長塘鮑氏知不足齋藏書印”等印，鮑廷博、勞格批校。中山大學圖書館藏。第五批國家名録號 11912。

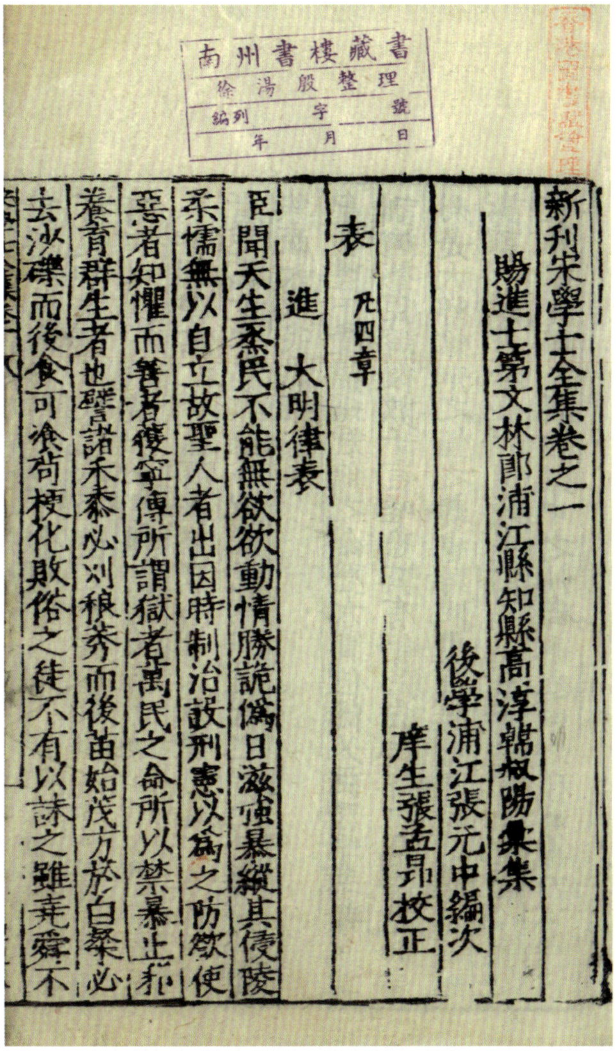

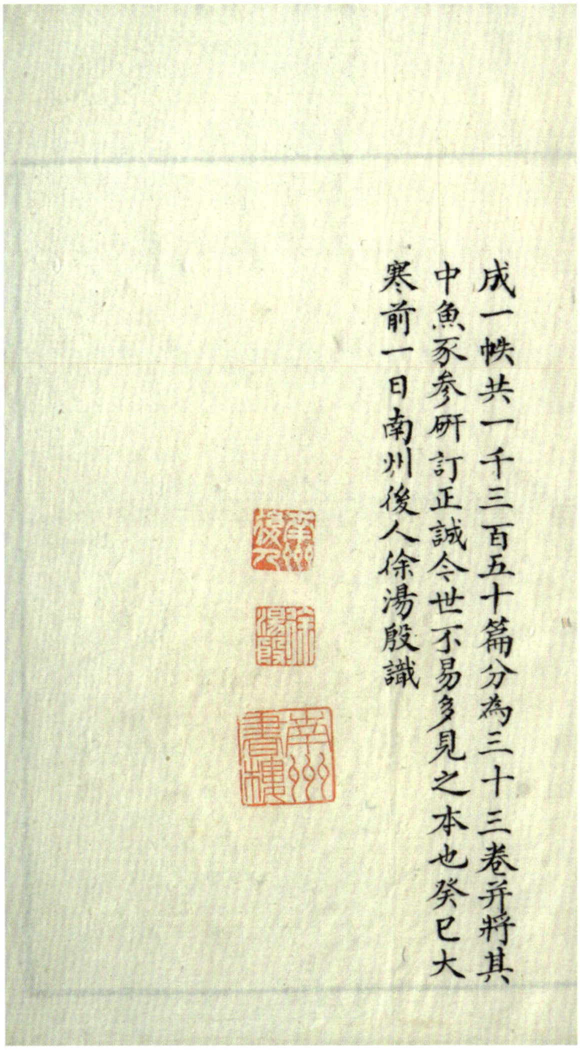

新刊宋學士全集三十三卷　（明）宋濂撰　明嘉靖三十年（1551）韓叔陽刻本（有抄配）　十八册

匡高 20.9 厘米，廣 14.3 厘米。半葉十一行，行二十四字，白口，左右雙邊。有“南州書樓”等印，徐湯殷跋。華南師範大學圖書館藏（卷三、九抄配）。第三批國家名録號 09017。

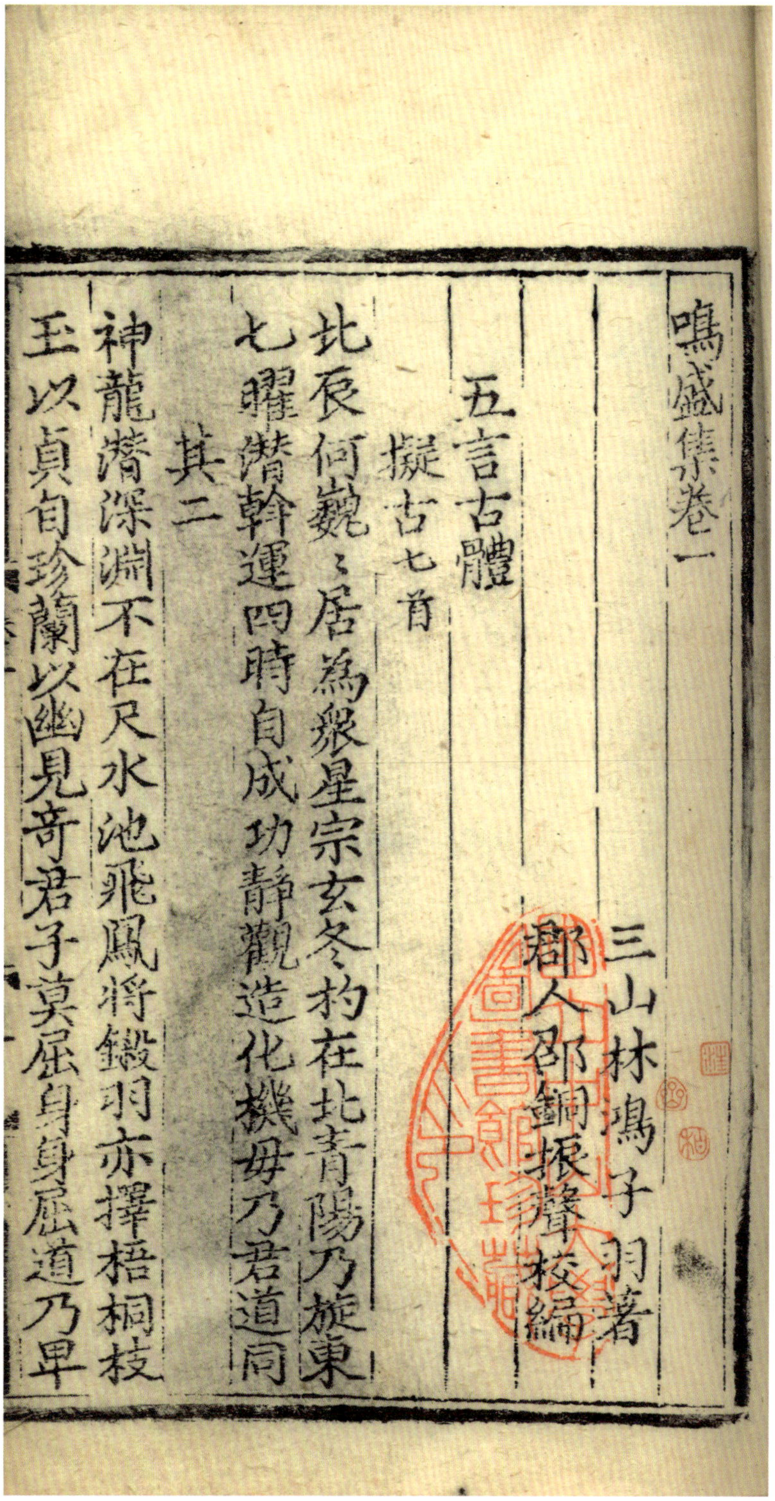
鳴盛集卷一
三山林鴻子羽著
鄱人邵銅振聲校編
五言古體
擬古七首
北辰何巍巍居為衆星宗玄冬杓在北青陽乃旋東
七曜潛斡運四時自成功靜觀造化機毋乃君道同
其二
神龍潛深淵不在尺水池飛鳳將鎩羽亦擇梧桐枝
玉以貞自珍蘭以幽見奇君子莫屈身身屈道乃早

鳴盛集四卷　（明）林鴻撰　明成化三年（1467）邵銅刻本　四册

匡高 20.3 厘米，廣 13.2 厘米。半葉十行，行二十字，黑口，四周雙邊。有“陽湖陶氏涉園所有書籍之記”等印。中山大學圖書館藏。第二批國家名録號 05836。

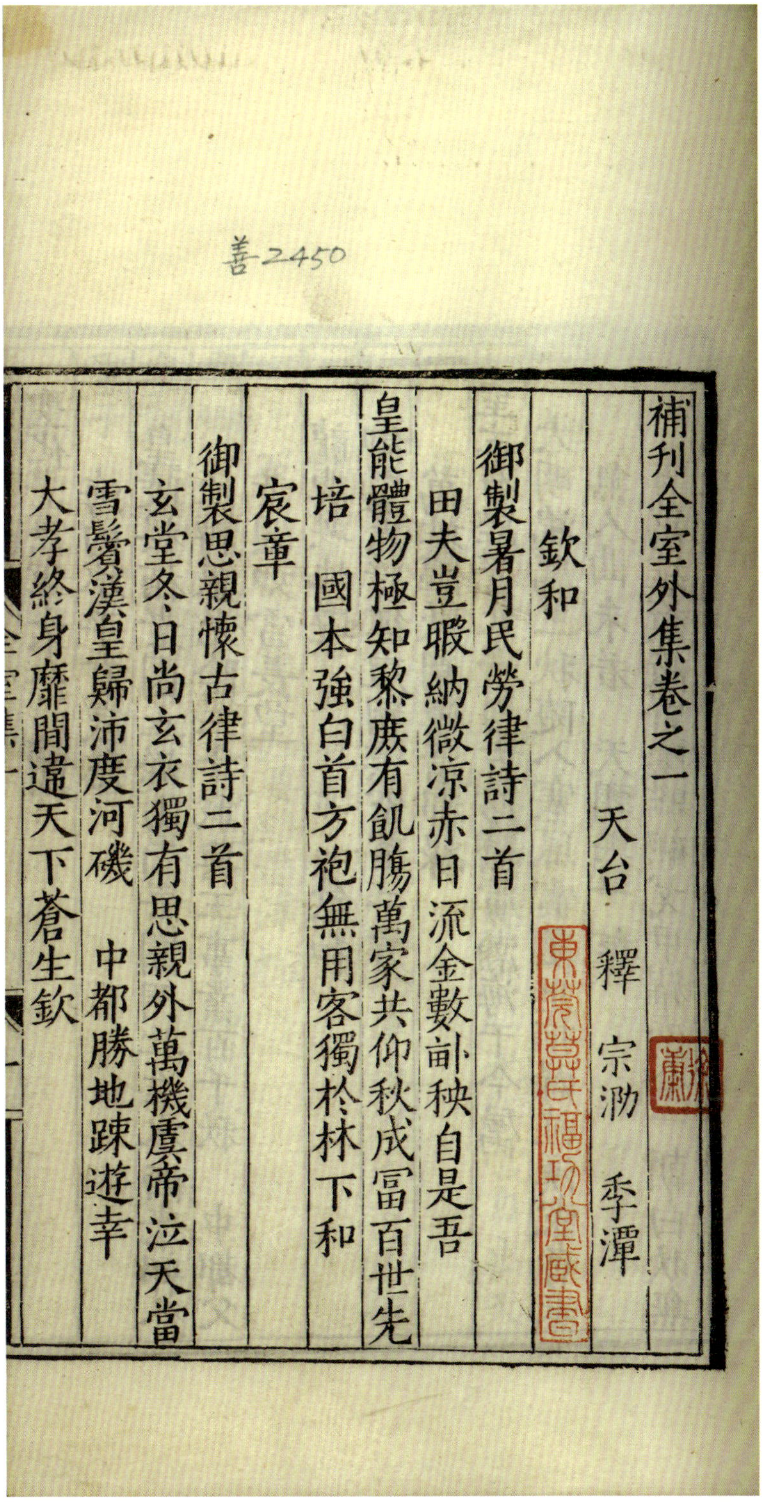

補刊全室外集九卷續集一卷　（明）釋宗泐撰　明前期刻本　二册

匡高18厘米，廣12.8厘米。半葉十二行，行二十一字，黑口，四周雙邊。有"汪士鐘藏""東莞莫氏福功堂藏書"等印。廣東省立中山圖書館藏。第五批國家名録號11920。

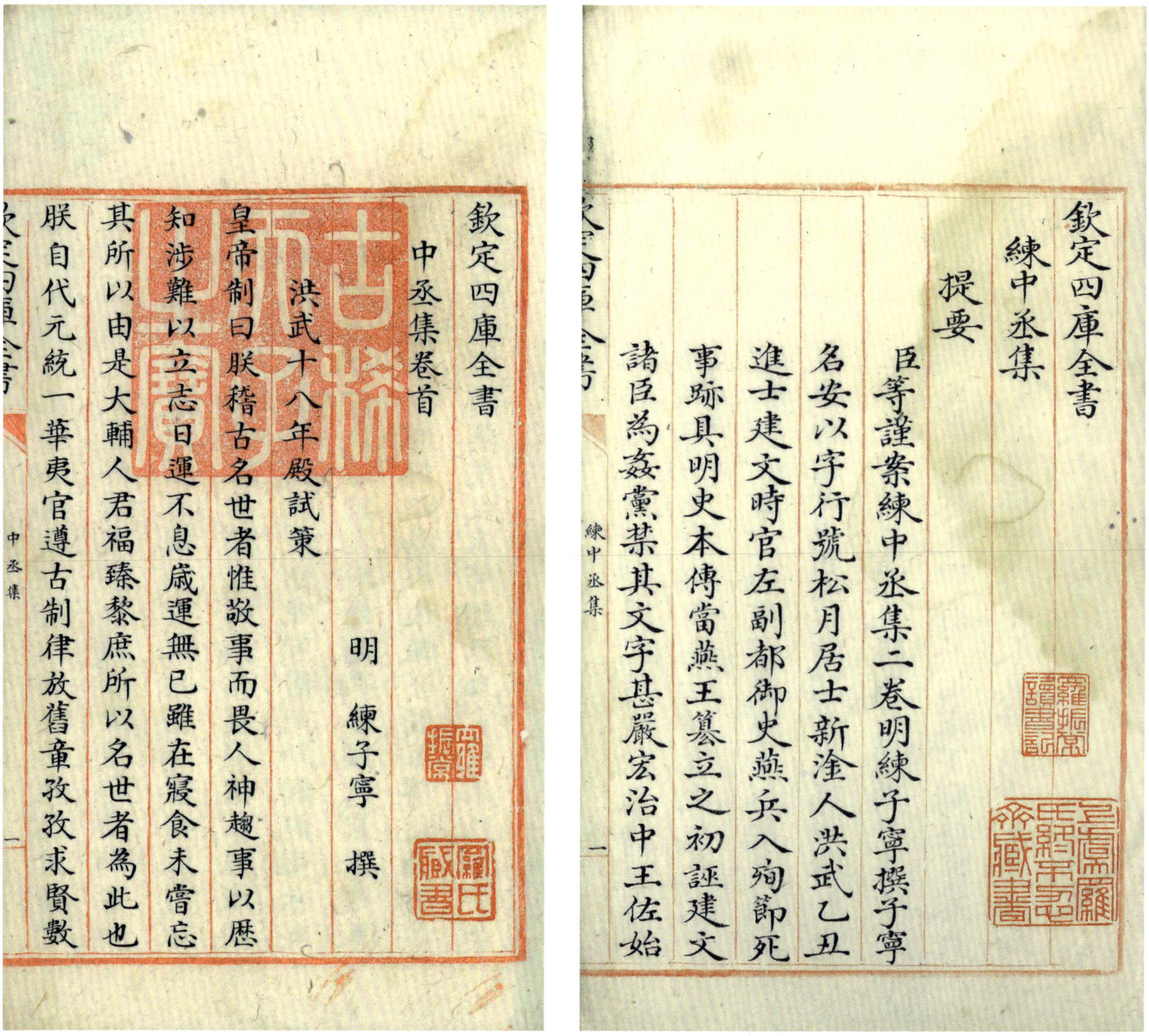
欽定四庫全書
練中丞集
提要
臣等謹案練中丞集二卷明練子寧撰子寧
名安以字行號松月居士新淦人洪武乙丑
進士建文時官左副都御史燕兵入殉節死
事跡具明史本傳當燕王篡立之初誣建文
諸臣為姦黨禁其文字甚嚴宏治中王佐始
練中丞集 一

欽定四庫全書
中丞集卷首
洪武十八年殿試策
明 練子寧 撰
皇帝制曰朕稽古名世者惟敬事而畏人神趨事以歷
知涉難以立志曰運不息歲運無已雖在寢食未嘗忘
其所以由是大輔人君福臻黎庶所以名世者為此也
朕自代元統一華夷官遵古制律放舊章孜孜求賢數
中丞集 一

中丞集二卷　（明）練子寧撰　清乾隆内府寫南三閣四庫全書本　二册

匡高 20.6 厘米，廣 13.9 厘米。半葉八行，行二十一字，紅格，白口，四周雙邊。有“古稀天子之寶”“乾隆御覽之寶”“羅振常”等印。香港中文大學圖書館藏。第六批國家名録號 12792。

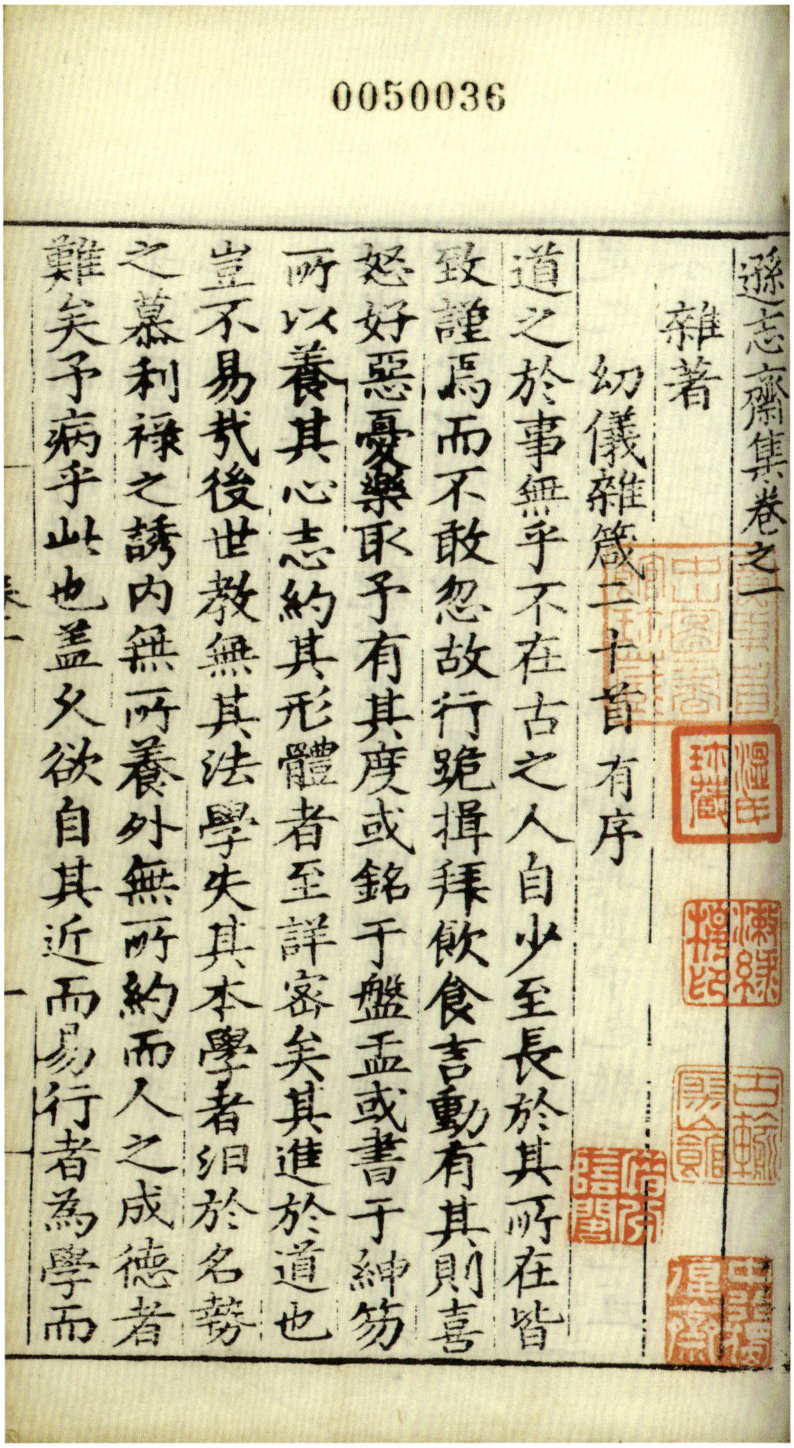
0050036

遜志齋集卷之一

雜著

幼儀雜箴二十首 有序

道之於事無乎不在古之人自少至長於其所在皆致謹焉而不敢忽故行跪揖拜飲食言動有其則喜怒好惡憂樂取予有其度或銘于盤盂或書于紳笏所以養其心志約其形體者至詳密矣其進於道也豈不易哉後世教無其法學失其本學者汩於名勢之慕利祿之誘內無所養外無所約而人之成德者難矣予病乎此也蓋久欲自其近而易行者為學而

遜志齋集二十四卷 （明）方孝孺撰 **附録一卷** 明正德十五年（1520）顧璘刻本十六册

匡高 18.9 厘米，廣 13.1 厘米。半葉十行，行二十字，白口，四周單邊。有“温氏珍藏”等印。

廣東省立中山圖書館藏。第二批國家名録號 05848。

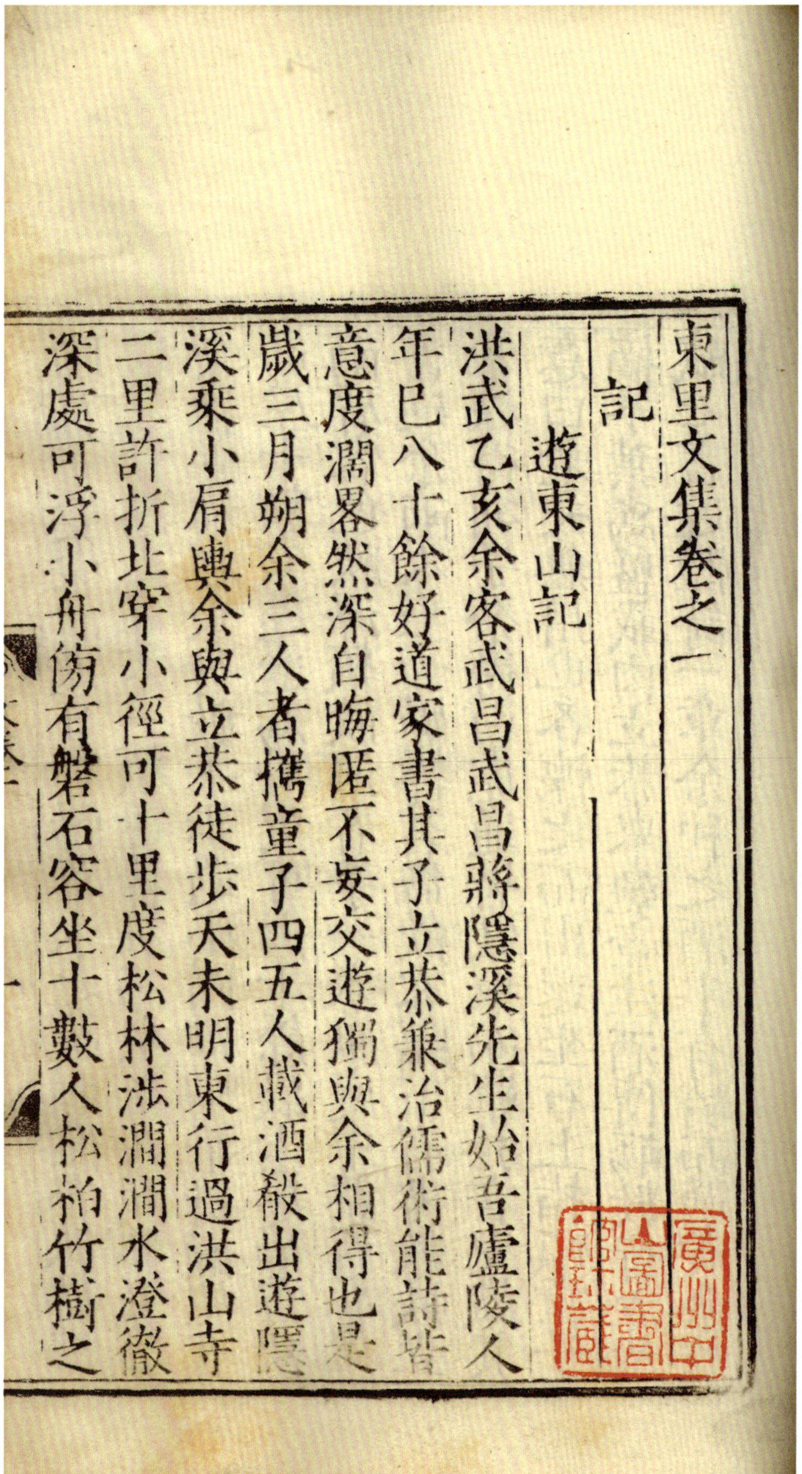

東里文集卷之一

記

遊東山記

洪武乙亥余客武昌武昌蔣隱溪先生始吾廬陵人年已八十餘好道家書其子立恭兼治儒術能詩皆意度瀾畧然深自晦匿不妄交遊獨與余相得也是歲三月朔余三人者攜童子四五人載酒殽出遊隱溪乘小肩輿余與立恭徒步天未明東行過洪山寺二里許折北穿小徑可十里度松林涉澗澗水澄徹深處可浮小舟傍有磐石容坐十數人松柏竹樹之

東里文集二十五卷　（明）楊士奇撰　明刻本（有抄配）　八册

匡高 18.9 厘米，廣 12.8 厘米。半葉十行，行二十字，白口，四周雙邊。有“童鈺藏書”“借庵書畫記”印。廣東省立中山圖書館藏。第二批國家名録號 05858。

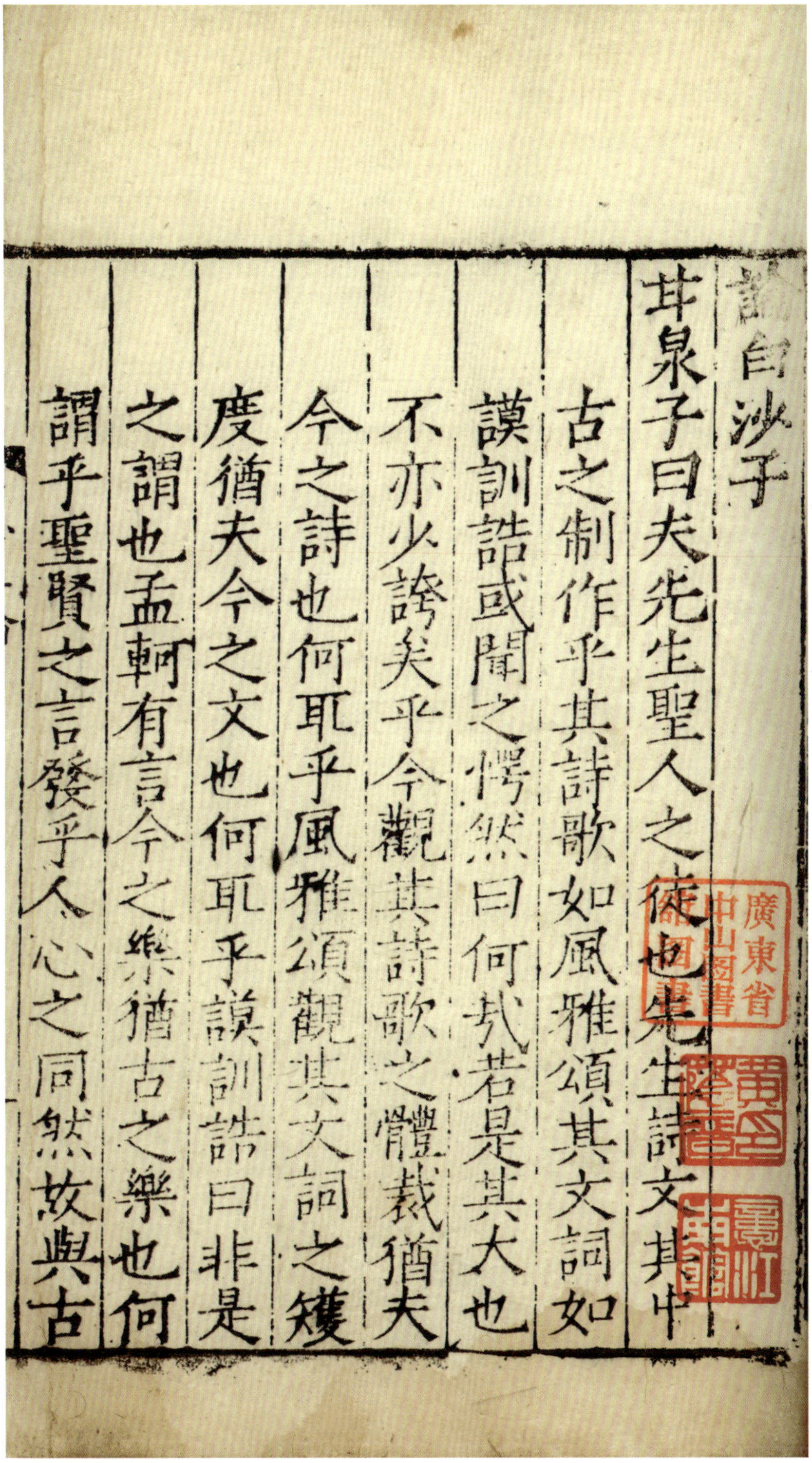

論白沙子

井泉子曰夫先生聖人之徒也先生詩文其中

古之制作乎其詩歌如風雅頌其文詞如

謨訓誥或聞之愕然曰何哉若是其大也

不亦少誇矣乎今觀其詩歌之體裁猶夫

今之詩也何取乎風雅頌觀其文詞之矱

度猶夫今之文也何取乎謨訓誥曰非是

之謂也孟軻有言今之樂猶古之樂也何

謂乎聖賢之言發乎人心之同然故與古

白沙子八卷　（明）陳獻章撰　明嘉靖十二年（1533）卞萊刻本　十六册

匡高 18.7 厘米，廣 14 厘米。半葉九行，行十八字，白口，左右雙邊。有“憶江南館”等印。廣東省立中山圖書館藏。第二批國家名録號 05880。

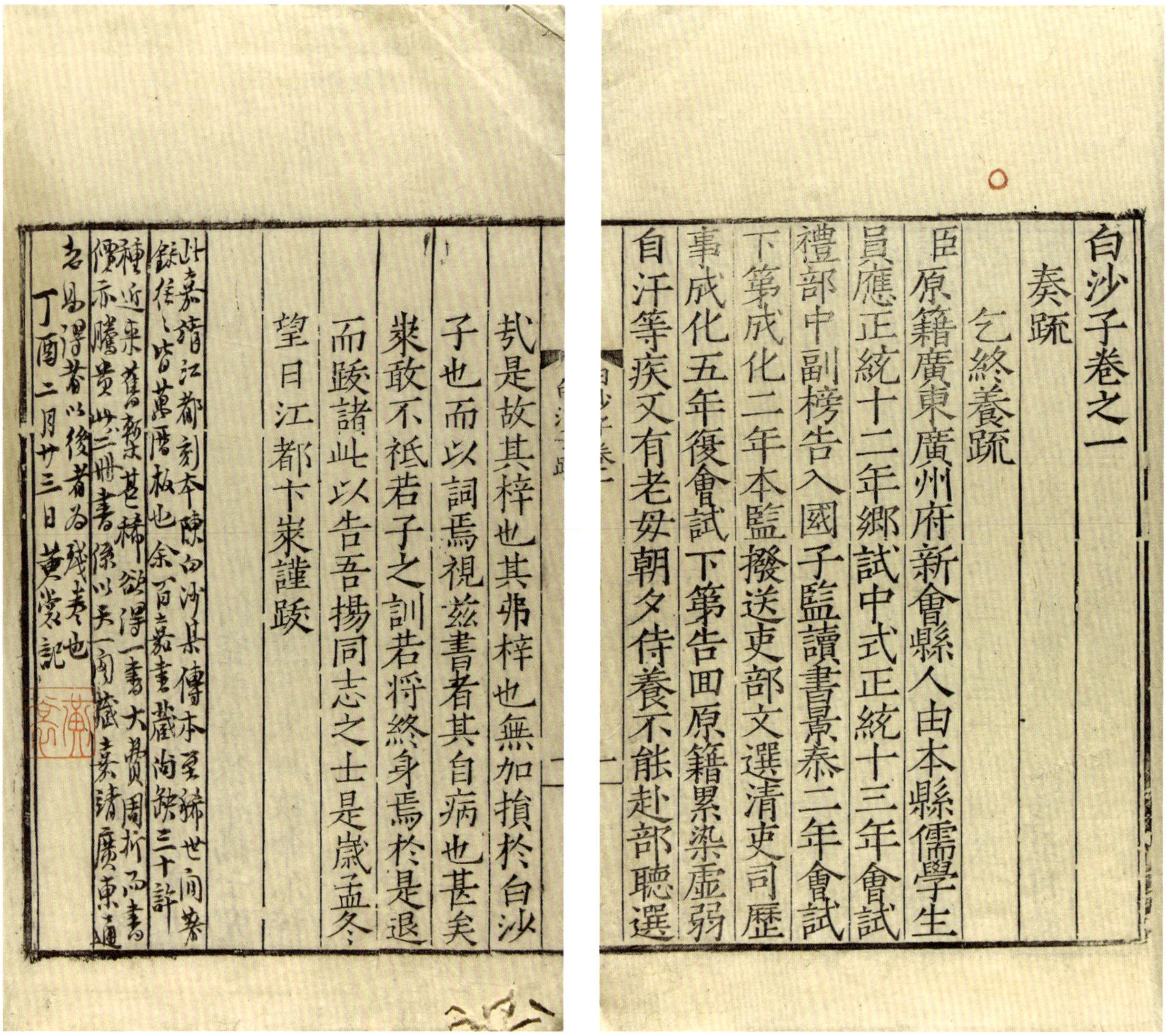
白沙子卷之一
奏疏
乞終養疏
臣原籍廣東廣州府新會縣人由本縣儒學生
員應正統十二年鄉試中式正統十三年會試
禮部中副榜告入國子監讀書景泰二年會試
下第成化二年本監撥送吏部文選清吏司歷
事成化五年復會試下第告回原籍累染虛弱
自汗等疾又有老母朝夕侍養不能赴部聽選

哉是故其梓也其弗梓也無加損於白沙
子也而以詞焉視茲書者其自病也甚矣
衆敢不祗若子之訓若將終身焉於是退
而跋諸此以告吾揚同志之士是歲孟冬
望日江都卞衆謹跋

此嘉靖江都刻本陳白沙集傳本至稀世間著
錄家皆萬曆板也余百嘉書藏尚缺三十許
種近來舊家甚稀欲得一書大費周折而書
價亦騰貴此三冊書係以天一閣藏嘉靖廣東通
志易得者以後着為殘本也
丁酉二月廿三日黃裳記

白沙子八卷　（明）陳獻章撰　明嘉靖十二年（1533）卞萊刻本　八册

匡高 19.1 厘米，廣 14.2 厘米。半葉九行，行十八字，小字雙行同，白口，左右雙邊。有“黄裳”印，黄裳跋。廣東省博物館藏。第六批國家名録號 12798。

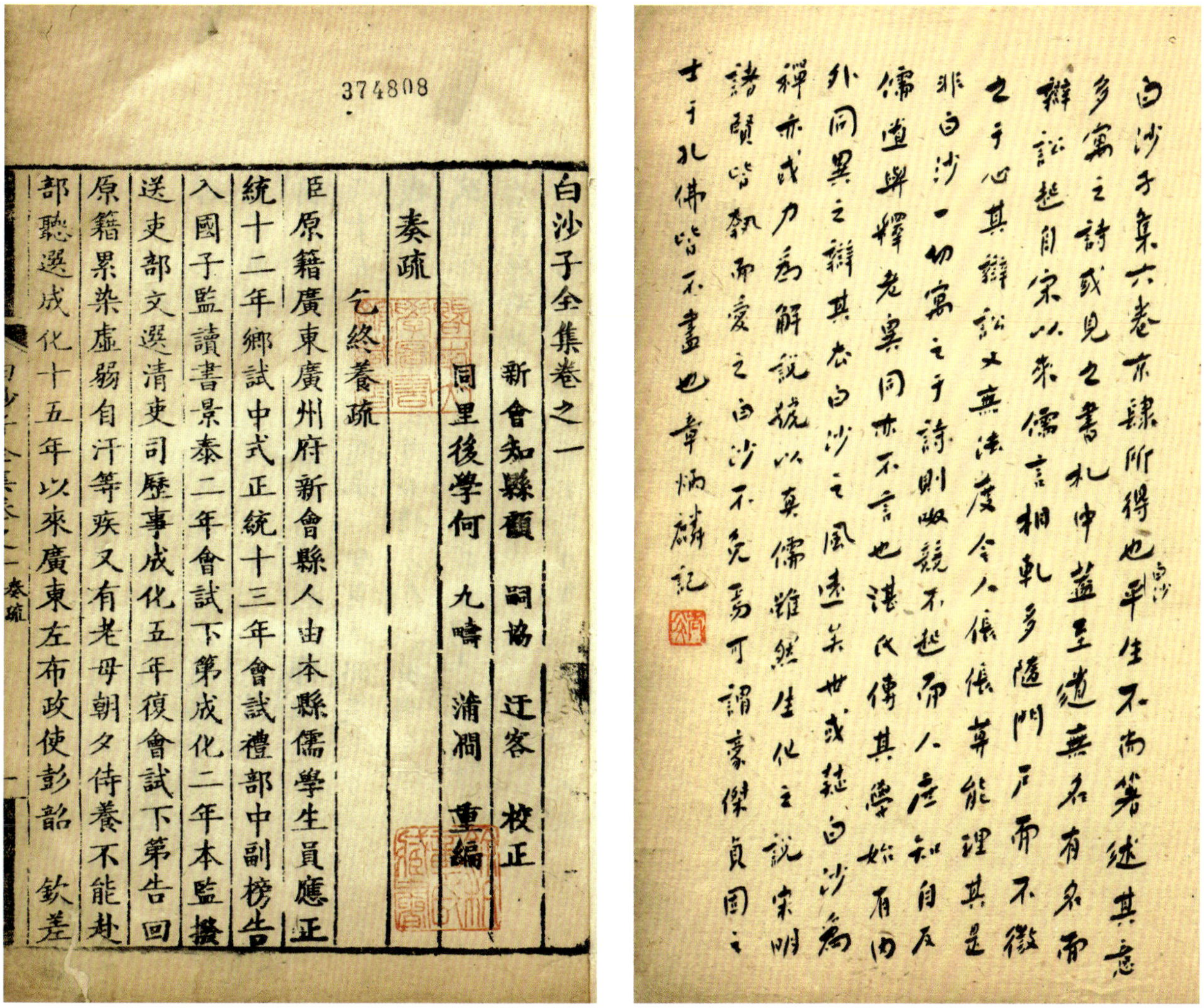

白沙子全集六卷首一卷附録一卷　（明）陳獻章撰　清康熙四十九年（1710）何九疇刻本　九册

匡高 19.7 厘米，廣 14.8 厘米。半葉十一行，行二十一字，黑口，左右雙邊。有“餘杭章氏藏書”等印，章炳麟題記。暨南大學圖書館藏。第二批國家名録號 05881。

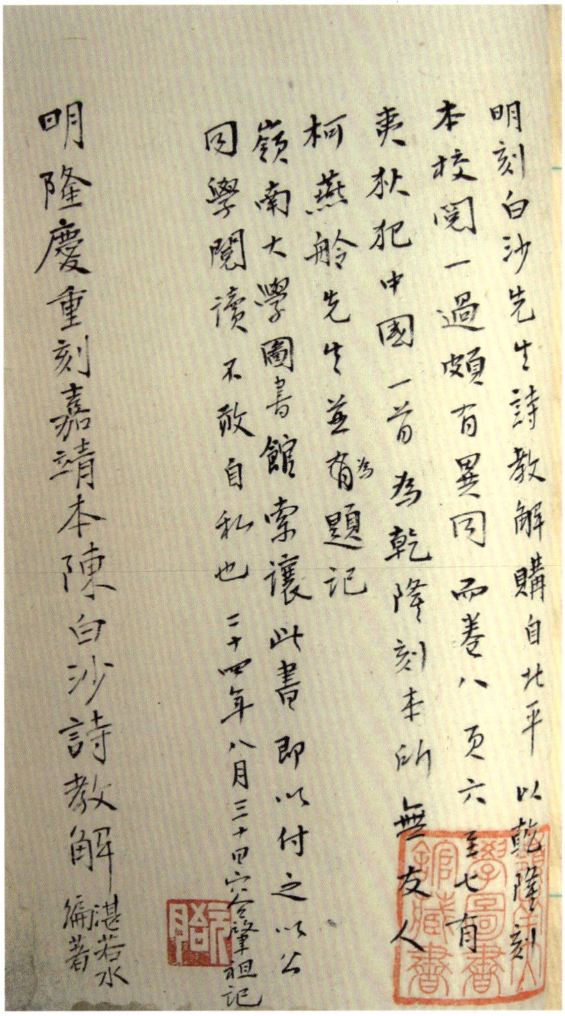

明刻白沙先生詩教解購自北平，以乾隆刻
本校閲一過，頗有異同，而卷八頁六有
夷狄犯中國一首，為乾隆刻本所無。友人
柯燕舲先生並有題記。
嶺南大學圖書館索讓此書，即以付之，以公
同學閲讀，不敢自私也。三十四年八月三十日容肇祖記

明隆慶重刻嘉靖本陳白沙詩教解 湛若水編著

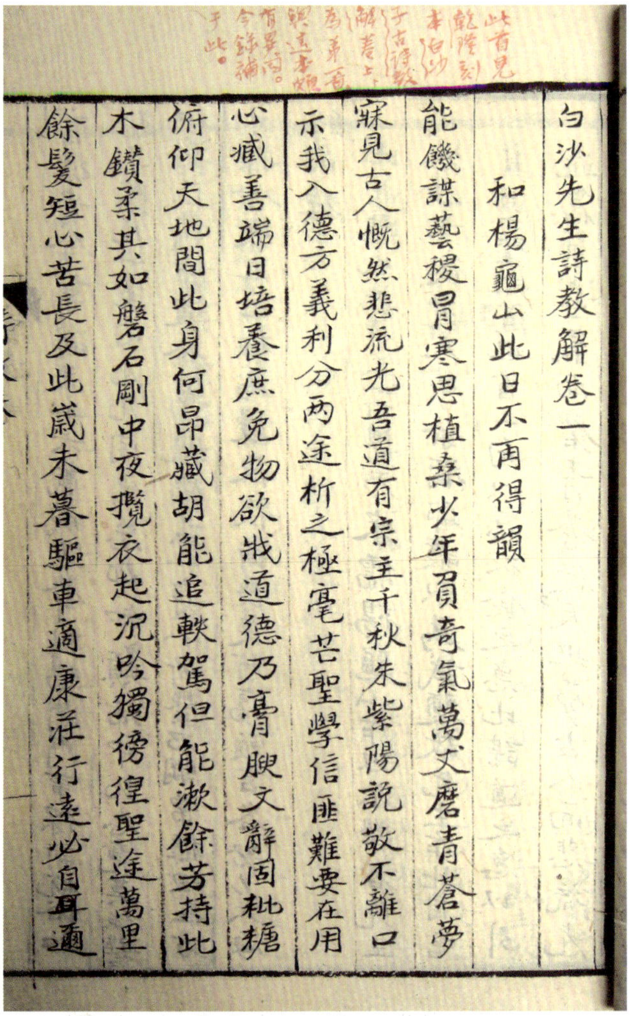

白沙先生詩教解卷一
和楊龜山此日不再得韻
能饑謀藝稷，冒寒思植桑。少年負奇氣，萬丈磨青蒼。夢
寐見古人，慨然悲流光。吾道有宗主，千秋朱紫陽。説敬不離口，
示我入德方。義利分兩途，析之極毫芒。聖學信匪難，要在用
心臧。善端日培養，庶免物欲戕。道德乃膏腴，文辭固秕糠。
俯仰天地間，此身何昂藏。胡能追軼駕，但能漱餘芳。持此
木鑽柔，其如磐石剛。中夜攬衣起，沉吟獨徬徨。聖途萬里
餘，鬓短心苦長。及此歲未暮，驅車適康莊。行遠必自邇，

白沙先生詩教解十卷 （明）陳獻章撰 （明）湛若水輯解 明隆慶元年（1567）李苘刻本（有抄配） 二册

匡高 20.2 厘米，廣 13.7 厘米。半葉九行，行二十六字，白口，左右雙邊。有"休陽汪季青家藏書籍""元胎"等印，容肇祖跋。中山大學圖書館藏（卷九、十補配）。第二批國家名録號 05883。

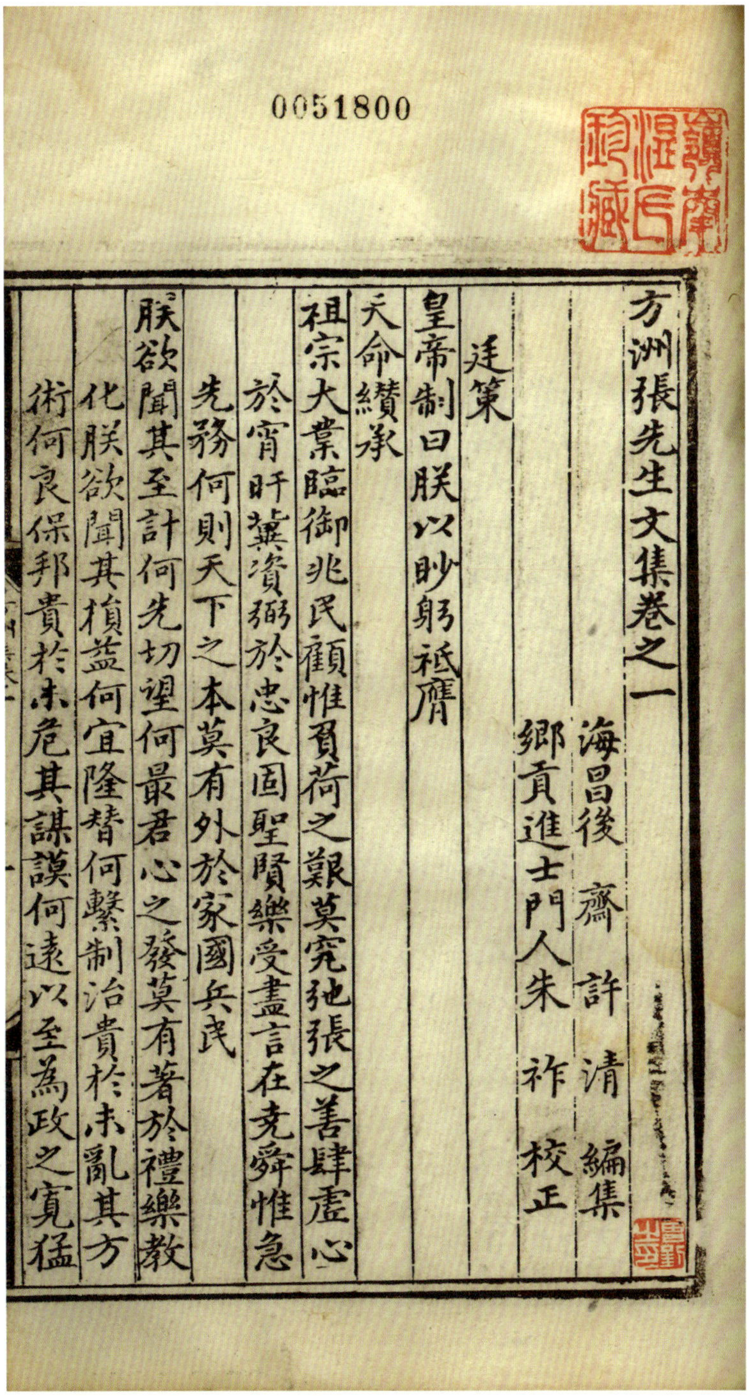

0051800

嶺南温氏珍藏

方洲張先生文集卷之一

海昌後　齋許清　編集

鄉貢進士門人朱祚　校正

廷策

皇帝制曰朕以眇躬祗膺

天命纉承

祖宗大業臨御兆民顧惟負荷之艱莫究弛張之善肆虚心

於宵旰冀資弼於忠良固聖賢樂受盡言在堯舜惟急

先務何則天下之本莫有外於家國兵民

朕欲聞其至計何先切望何最君心之發莫有著於禮樂教

化朕欲聞其楨蓋何宜隆替何繫制治貴於未亂其方

術何良保邦貴於未危其謀謨何遠以至為政之寬猛

方洲張先生文集四十卷　（明）張寧撰　明弘治五年（1492）許清刻本　十二册

匡高 21.2 厘米，廣 14.1 厘米。半葉十二行，行二十三字，黑口，四周雙邊。有“曾釗之印”“嶺南温氏珍藏”等印。廣東省立中山圖書館藏。第二批國家名録號 05886。

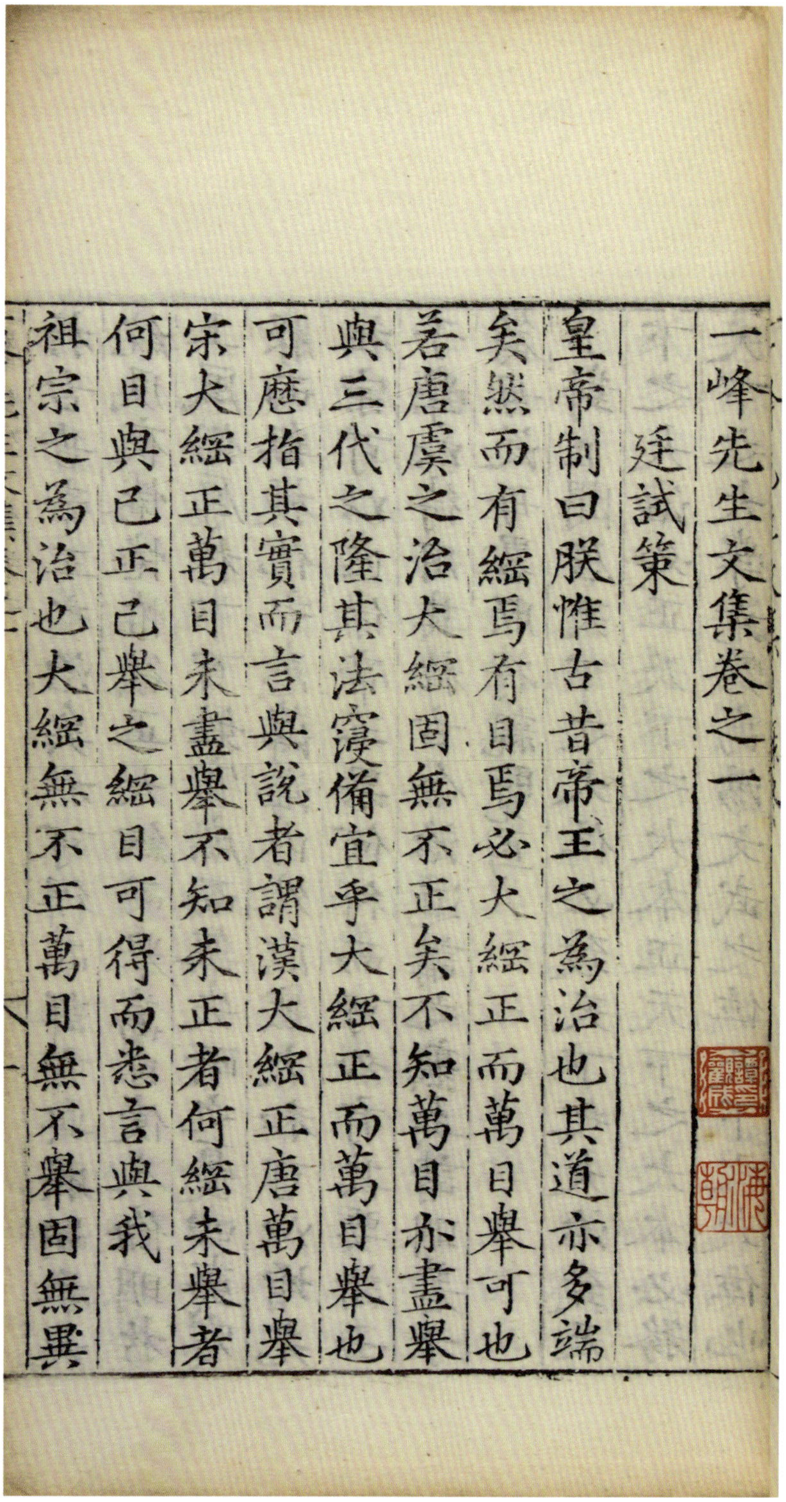
一峰先生文集卷之一
廷試策
皇帝制曰朕惟古昔帝王之爲治也其道亦多端
矣然而有經焉有目焉必大經正而萬目舉可也
若唐虞之治大經固無不正矣不知萬目亦盡舉
與三代之隆其法寖備宜乎大經正而萬目舉也
可歷指其實而言與說者謂漢大經正唐萬目舉
宋大經正萬目未盡舉不知未正者何經未舉者
何目與已正已舉之經目可得而悉言與我
祖宗之爲治也大經無不正萬目無不舉固無異

一峰先生文集十四卷　（明）羅倫撰　明嘉靖二十八年（1549）張言刻本　四册

包背裝。匡高 19.3 厘米，廣 13.7 厘米。半葉十行，行十九字，白口，四周單邊。有“譚觀成印”等印。廣東省博物館藏。第六批國家名録號 12803。

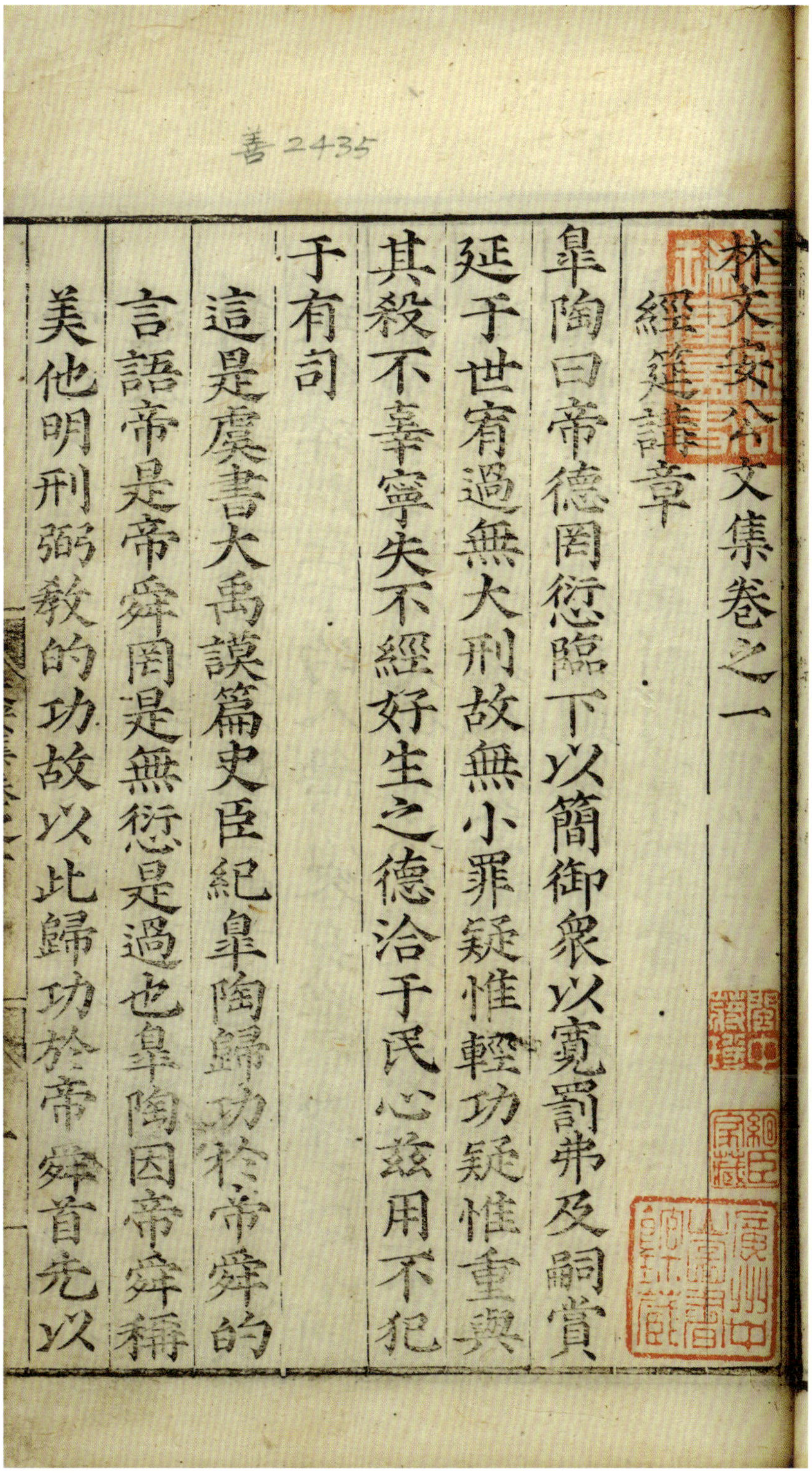

林文安公文集卷之一

經筵講章

皐陶曰帝德罔愆臨下以簡御衆以寬罰弗及嗣賞延于世宥過無大刑故無小罪疑惟輕功疑惟重與其殺不辜寧失不經好生之德洽于民心兹用不犯于有司

這是虞書大禹謨篇史臣紀皐陶歸功於帝舜的言語帝是帝舜罔是無愆是過也皐陶因帝舜稱美他明刑弼教的功故以此歸功於帝舜首先以

林文安公文集□□卷　（明）林瀚撰　明嘉靖刻本　二册

匡高21.3厘米，廣14.5厘米。半葉九行，行二十字，白口，左右雙邊。有“絅臣家藏”等印。廣東省立中山圖書館藏，存九卷（一至四、十五至十九）。第二批國家名録號05903。

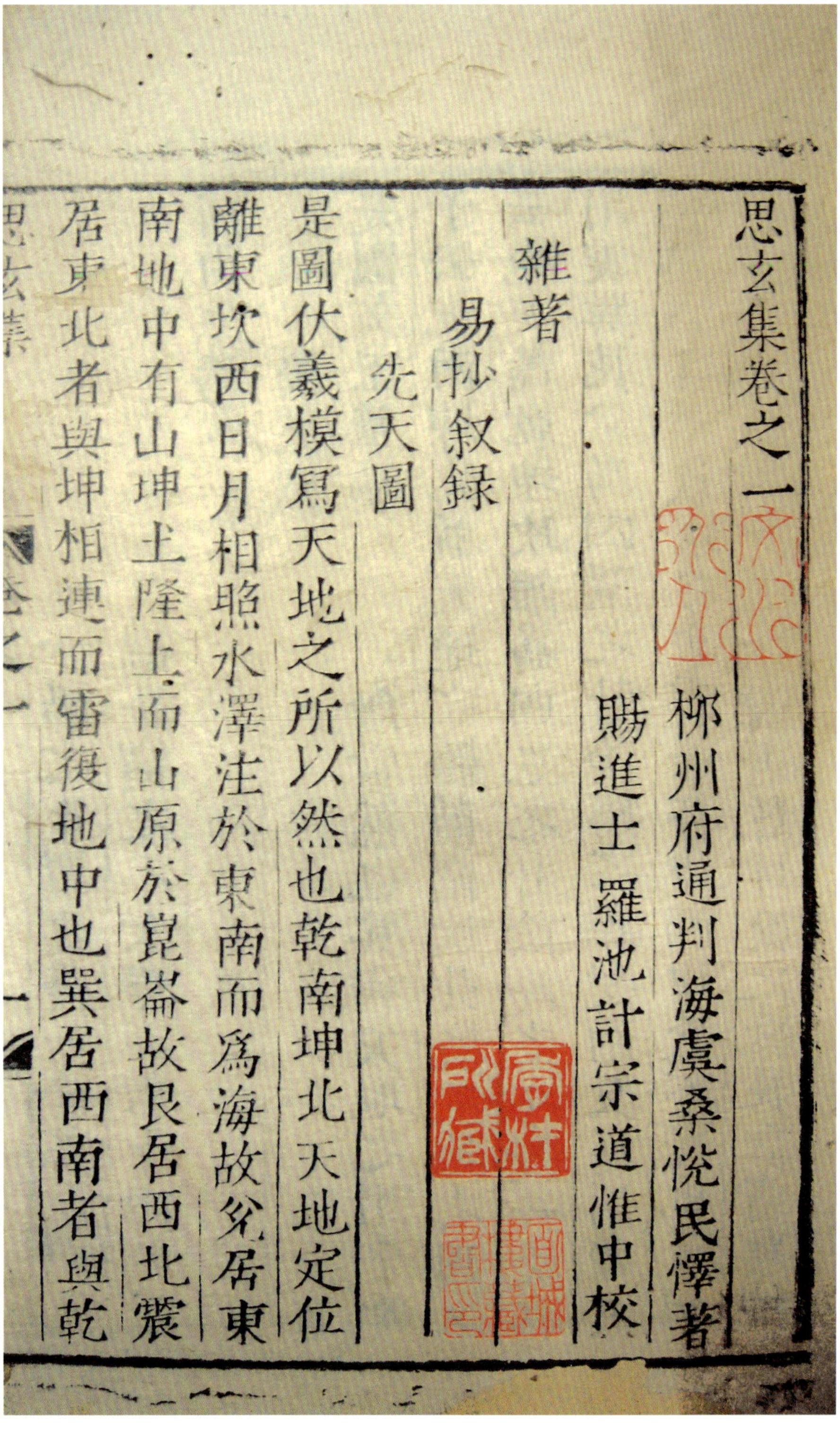
思玄集卷之一
栁州府通判海虞桑悅民懌著
賜進士羅池計宗道惟中校
雜著
易抄敘録
先天圖
是圖伏羲模寫天地之所以然也乾南坤北天地定位
離東坎西日月相照水澤注於東南而為海故兊居東
南地中有山坤土隆上而山原於崑崙故艮居西北震
居東北者與坤相連而雷復地中也巽居西南者與乾
思玄集　卷之一　一

思玄集十六卷　（明）桑悅撰　明萬曆二年（1574）桑大協活字印本　四册

匡高 20 厘米，廣 13.4 厘米。半葉十行，行二十一字，白口，四周單邊。有“面城樓藏書印”“順德温氏六篆樓藏本”等印。中山大學圖書館藏。第一批國家名録號 02110。

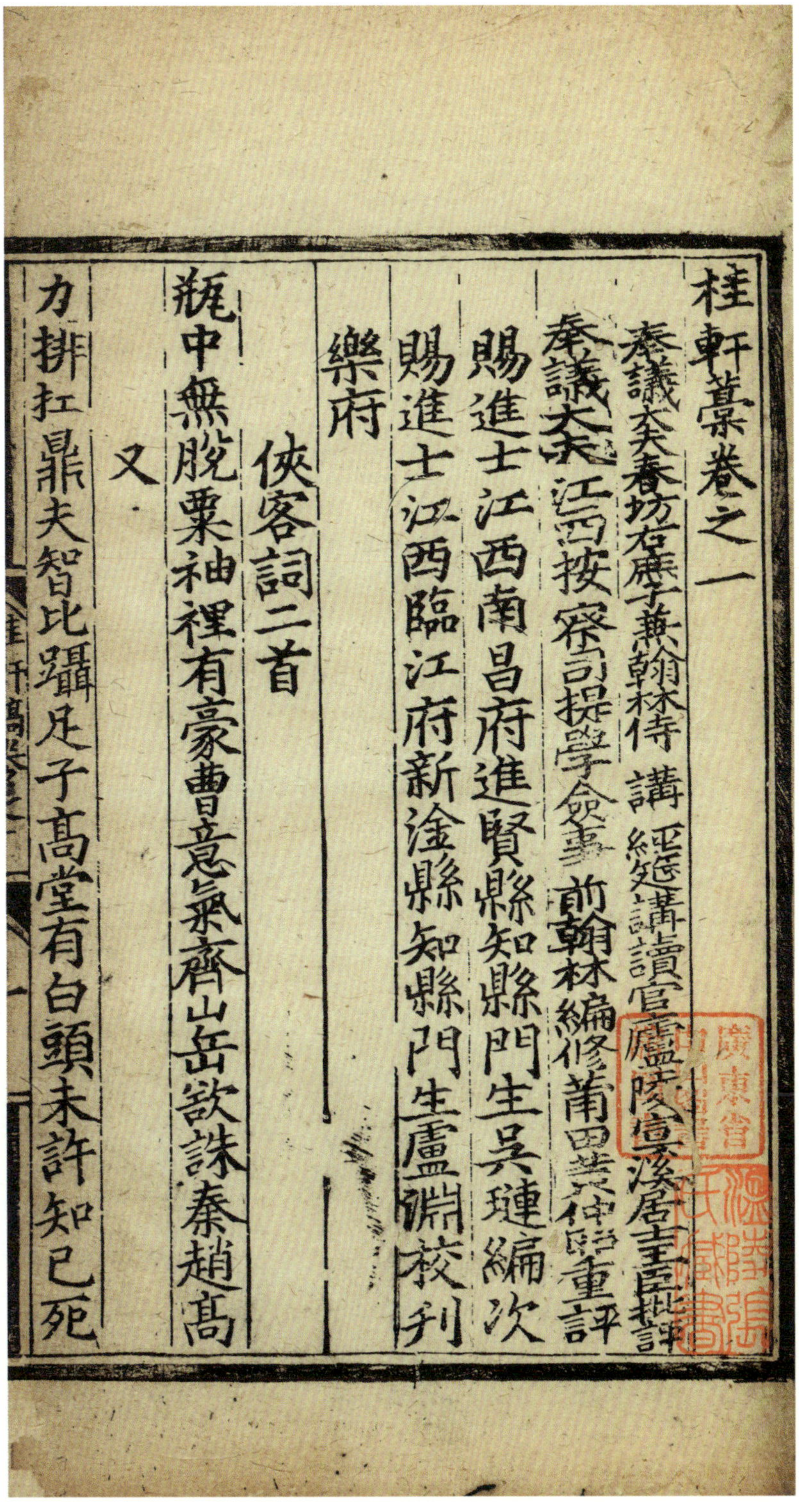
桂軒藁卷之一
奉議大夫春坊右庶子兼翰林侍 講 經筵講讀官廬陵宣溪居士臣批評
奉議大夫江西按察司提學僉事 前翰林編修莆田黄仲昭重評
賜進士江西南昌府進賢縣知縣門生吳璉編次
賜進士江西臨江府新淦縣知縣門生盧淵校刊
樂府
俠客詞二首
瓶中無脫粟袖裡有豪曹意氣齊山岳欲誅秦趙高
又
力排扛鼎夫智比躡足子高堂有白頭未許知已死

桂軒稿十卷　（明）江源撰　明弘治四年（1491）刻本　四册

匡高 19.8 厘米，廣 13.4 厘米。半葉十行，行二十字，黑口，四周雙邊。有“鞠園藏書”“温陵張氏藏書”印。廣東省立中山圖書館藏。第一批國家名録號 02112。

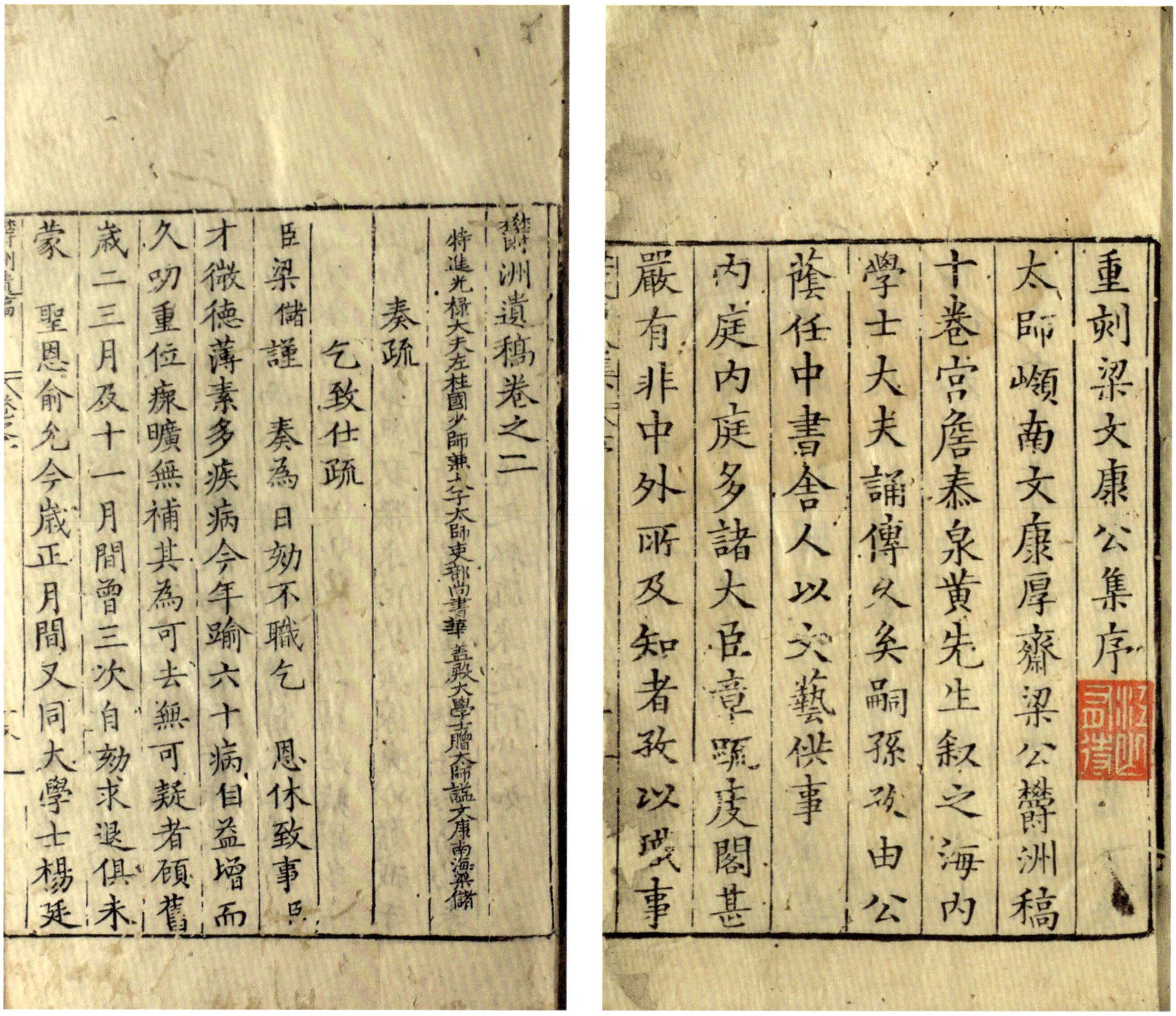

鬱洲遺稿十卷　（明）梁儲撰　明嘉靖四十五年（1566）刻本　四册

匡高 17.2 厘米，廣 13.9 厘米。半葉九行，行十七字，白口，左右雙邊或四周單邊。有“江山有待”等印。華南師範大學圖書館藏。第二批國家名録號 05926。

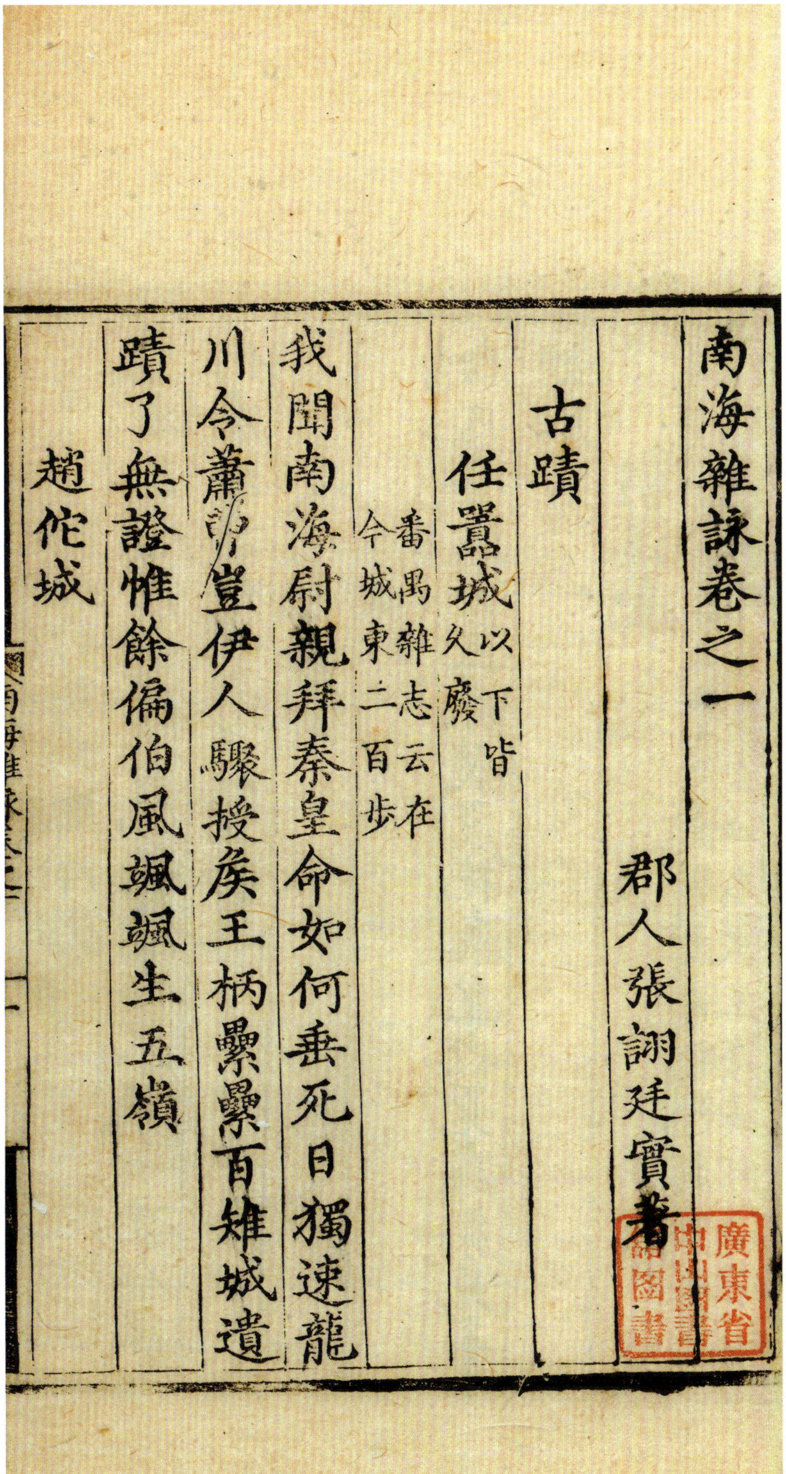
南海雜詠卷之一
郡人張詡廷實著
古蹟
任囂城 以下皆久廢 番禺雜志云在今城東二百步
我聞南海尉親拜秦皇命如何垂死日獨速龍川令蕭豈伊人驟授戾王柄纍纍百雉城遺蹟了無證惟餘偏伯風颯颯生五嶺
趙佗城

南海雜詠十卷　（明）張詡撰　明弘治十八年（1505）袁賓刻本　二册

匡高 19 厘米，廣 13.6 厘米。半葉九行，行十八字，黑口，四周雙邊。有“徐信符藏”等印。廣東省立中山圖書館藏。第二批國家名録號 05930。

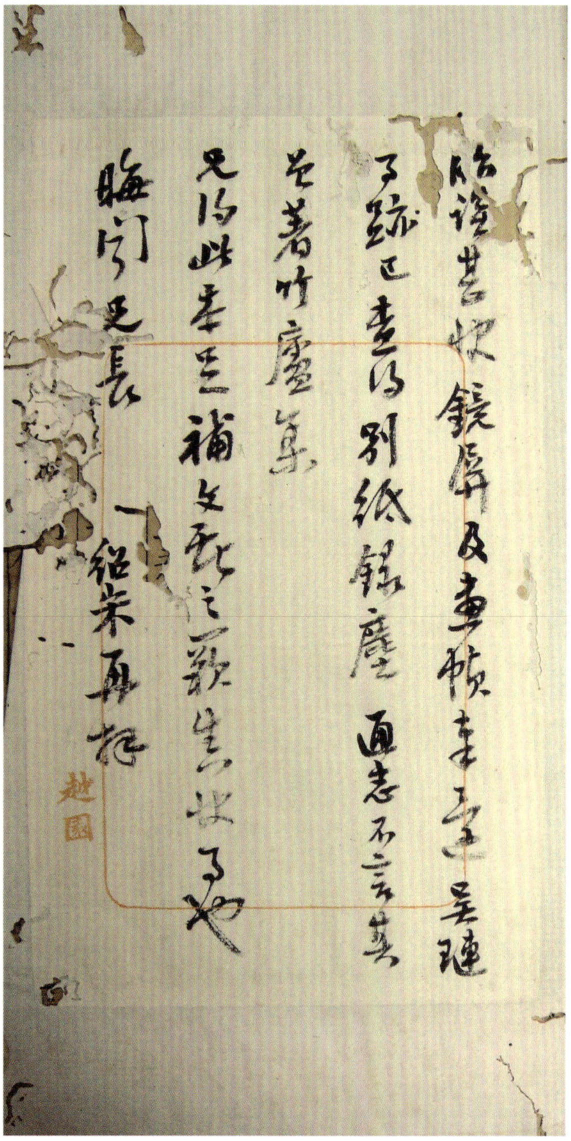

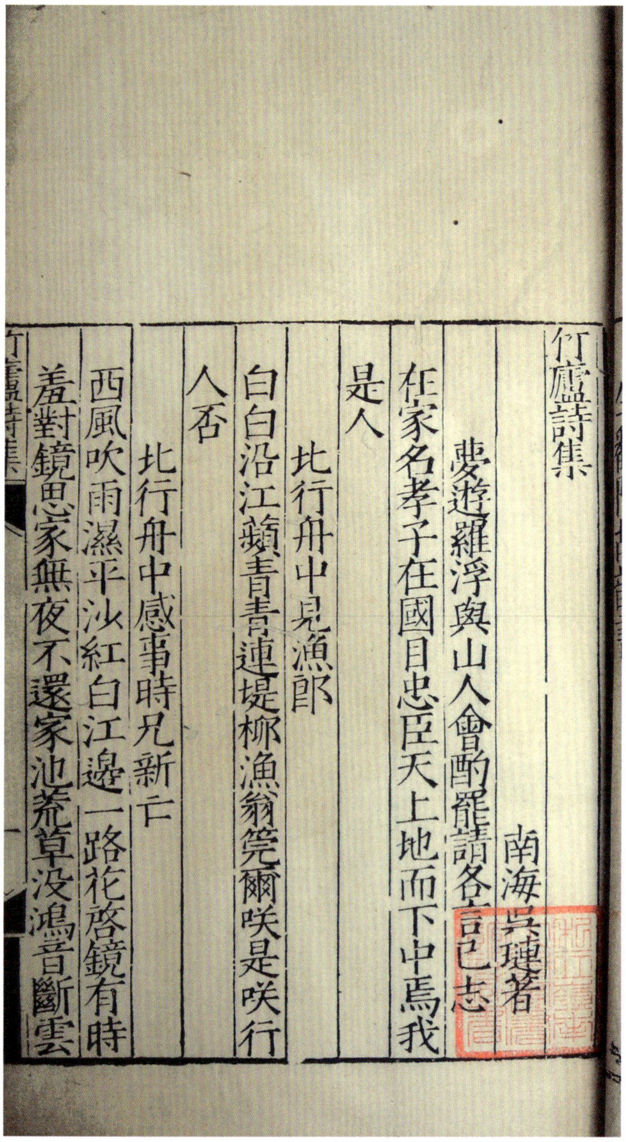

竹廬詩集不分卷　（明）吴璉撰　明嘉靖刻本　二册

匡高 18.3 厘米，廣 14.8 厘米。半葉十一行，行十九字，黑口，左右雙邊。有“梁鼎芬印”等印，梁鼎芬、余紹宋跋。中山大學圖書館藏。第二批國家名録號 05932。

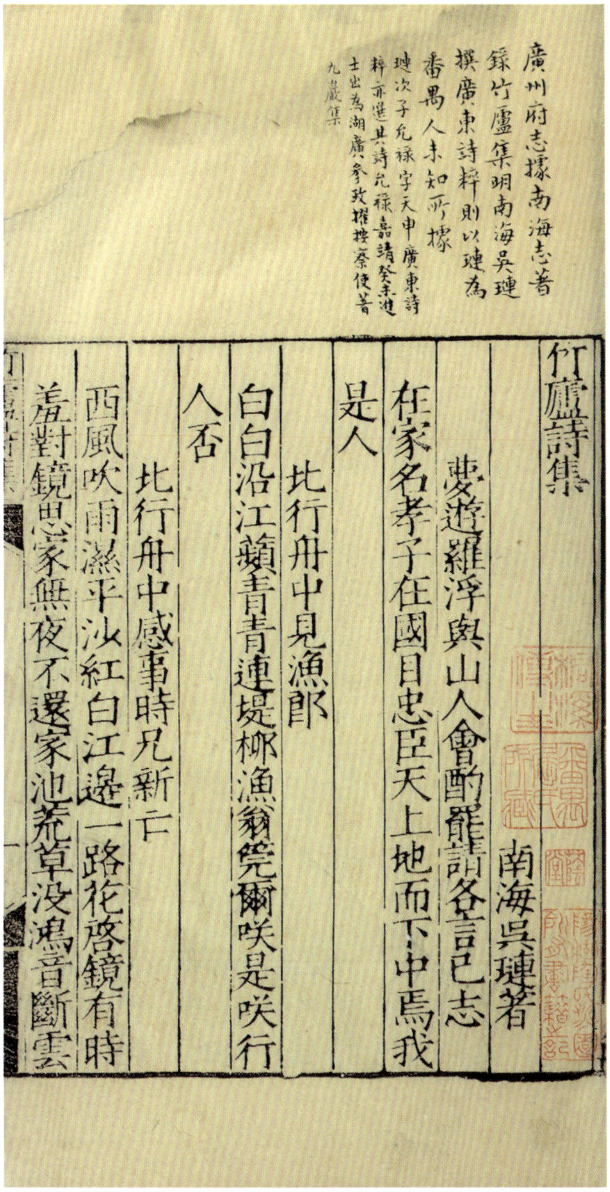

廣州府志據南海志著
錄竹盧集明南海吳璉
撰廣東詩粹則以璉為
番禺人未知所據
璉次子允祿字天申廣東詩
粹亦選其詩允祿嘉靖癸未進
士出為湖廣參政擢按察使著
九嶽集

竹廬詩集

南海吳璉著

夢遊羅浮與山人會酌罷詣各言已志

在家名孝子在國日忠臣天上地而下中焉我
是人

北行舟中見漁郎

白白沿江蘋青青連堤柳漁翁莞爾笑是笑行
人否

北行舟中感事時兄新亡

西風吹雨滋平沙紅白江邊一路花啓鏡有時
羞對鏡思家無夜不還家池荒草沒鴻音斷雲

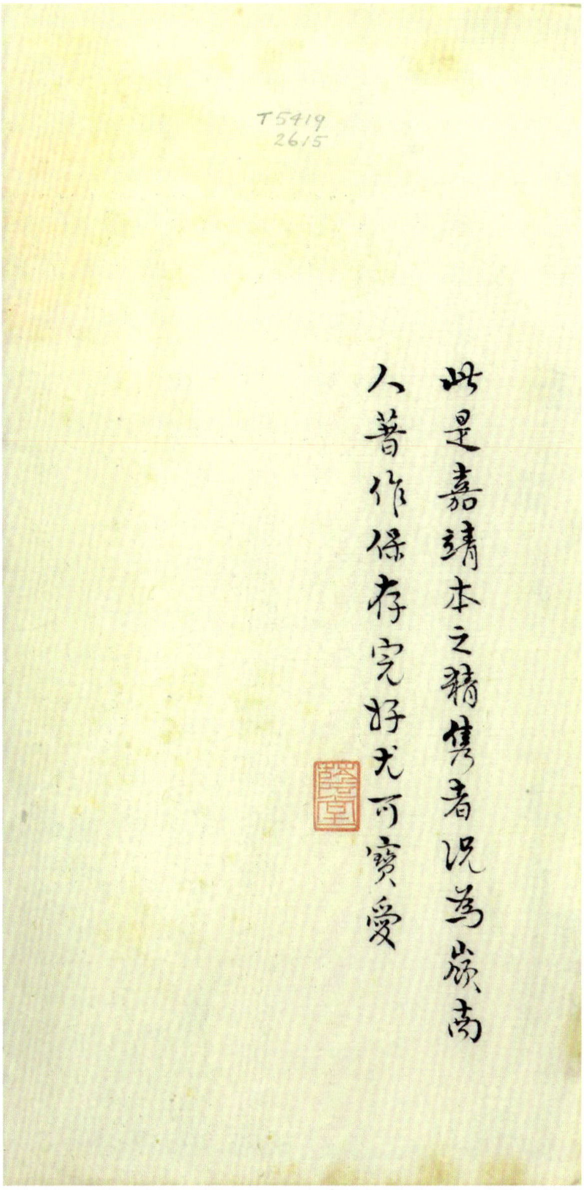

T5419
2615

此是嘉靖本之精雋者況為嶺南
人著作保存完好尤可寶愛

竹廬詩集一卷　（明）吴璉撰　明嘉靖刻本　一册

匡高 18.2 厘米，廣 14.6 厘米。半葉十一行，行十九字，黑口，左右雙邊。有“陽湖陶氏涉園所有書籍之記”“番禺屈氏所藏”“蔭堂”等印，屈向邦跋。香港中文大學圖書館藏。第六批國家名録號 12807。

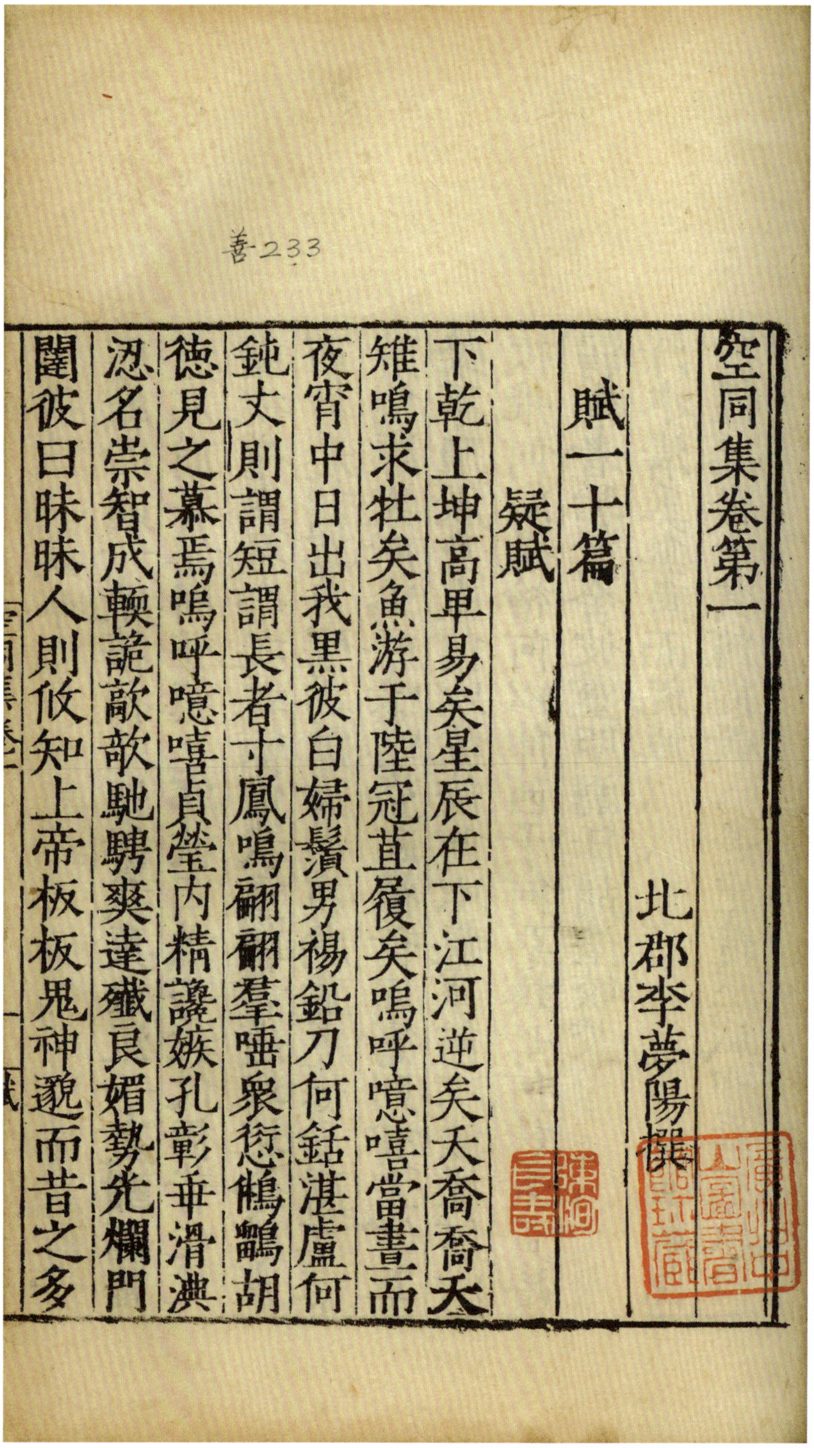

空同集六十三卷　（明）李夢陽撰　明嘉靖十一年（1532）曹嘉刻三十一年（1552）朱睦㮮增修本　十六册

匡高 18.3 厘米，廣 14.1 厘米。半葉十一行，行二十字，白口，左右雙邊。有“東莞莫氏五十萬卷樓”“陳洵長壽”等印。廣東省立中山圖書館藏。第二批國家名録號 05950。

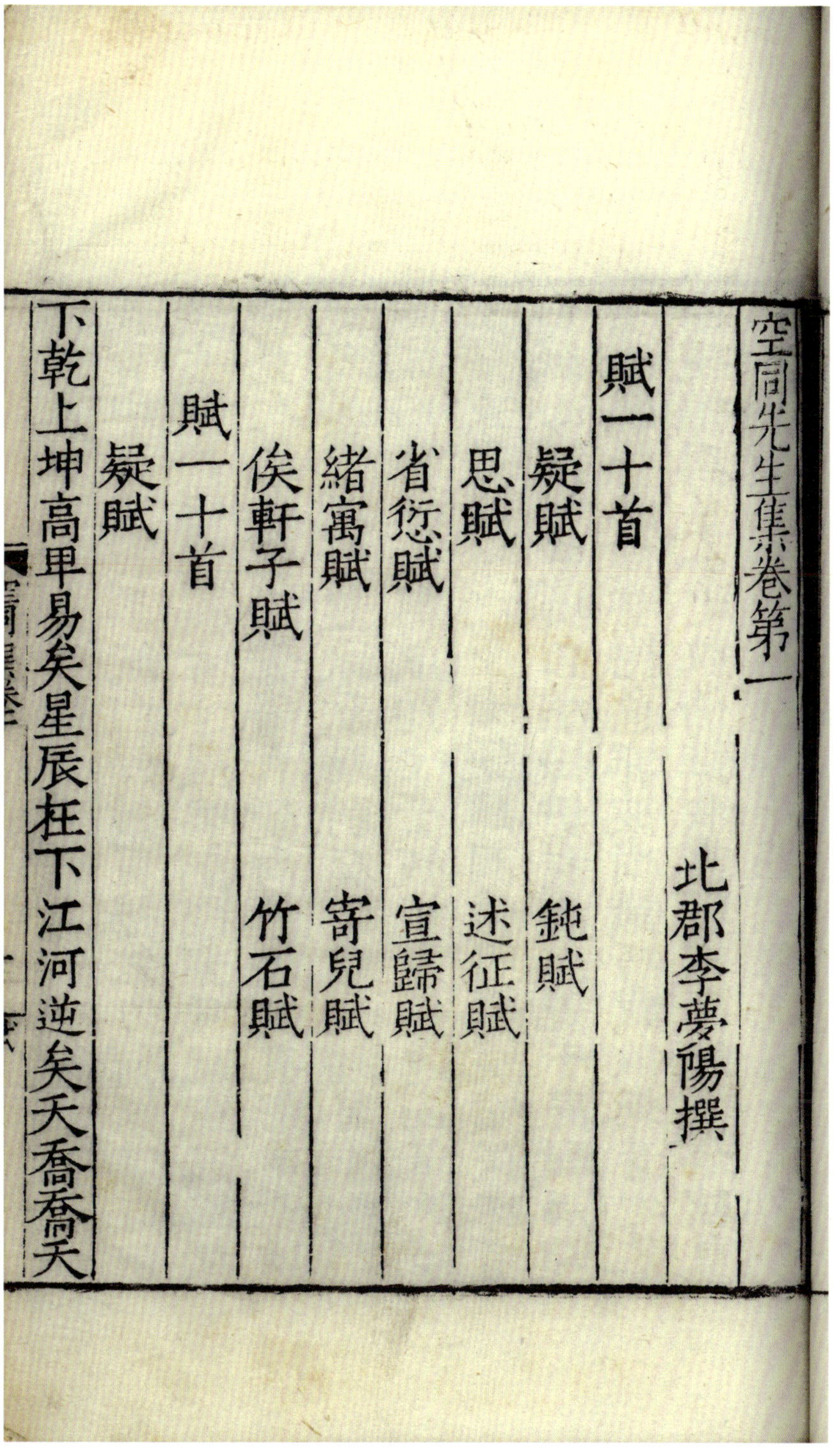
空同先生集卷第一
北郡李夢陽撰
賦一十首
疑賦　鈍賦
思賦　述征賦
省愆賦　宣歸賦
緒寓賦　寄兒賦
俟軒子賦　竹石賦
賦一十首
疑賦
下乾上坤高卑易矣星辰在下江河逆矣天喬喬天

空同先生集六十三卷　（明）李夢陽撰　明嘉靖刻本　二十二册

匡高 19.1 厘米，廣 15.6 厘米。半葉十一行，行二十字，白口，左右雙邊。有“梁梅珍藏”“中行獨得齋”等印。廣東省立中山圖書館藏。第三批國家名録號 09109。

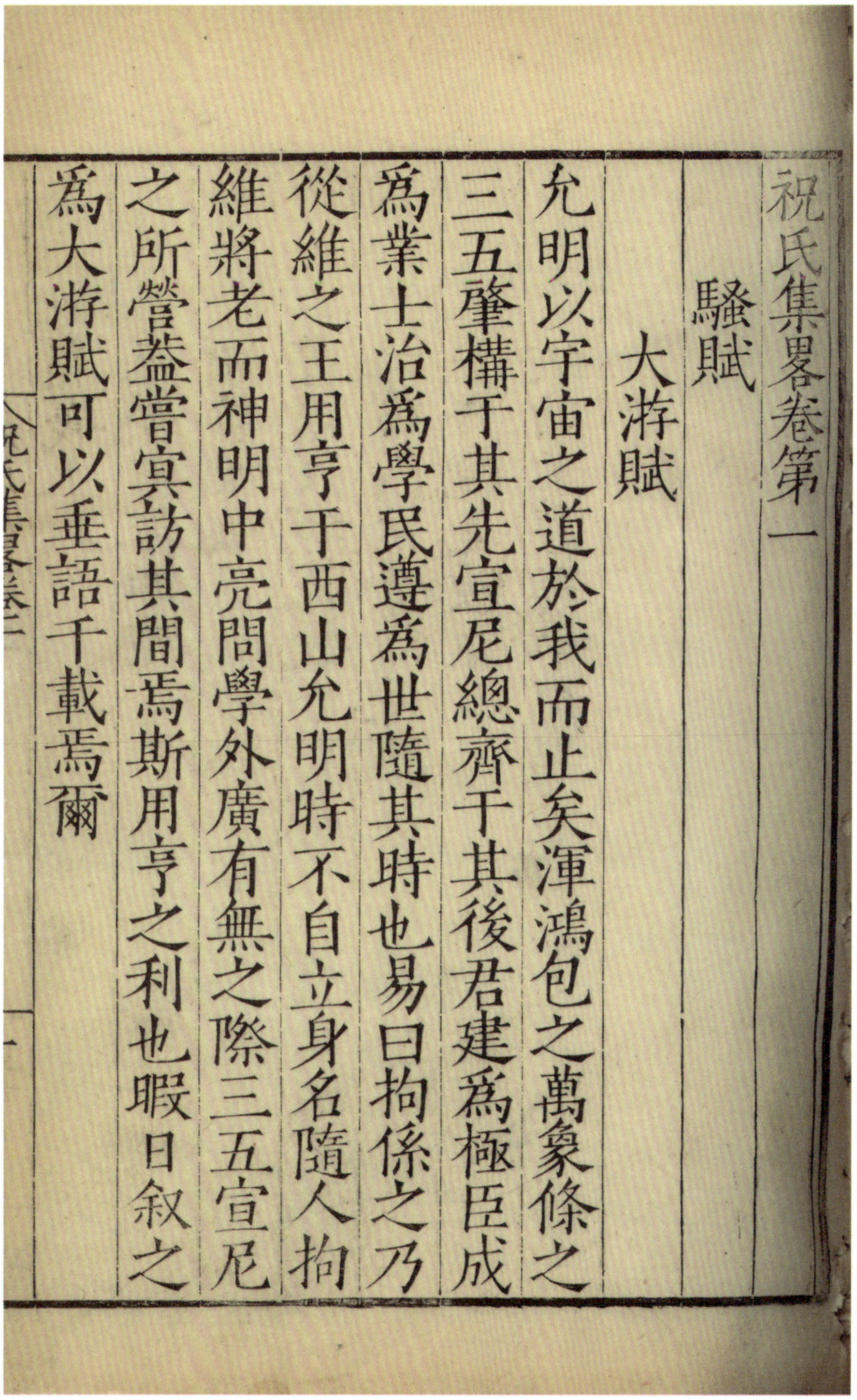
祝氏集畧卷第一

騷賦

大游賦

允明以宇宙之道於我而止矣渾鴻包之萬象條之三五肇構于其先宣尼總齊于其後君建爲極臣成爲業士治爲學民遵爲世隨其時也易曰拘係之乃從維之王用亨于西山允明時不自立身名隨人拘維將老而神明中亮問學外廣有無之際三五宣尼之所營葢嘗㝠訪其間焉斯用亨之利也暇日叙之爲大游賦可以垂語千載焉爾

祝氏集畧卷一　一

祝氏集畧三十卷　（明）祝允明撰　明嘉靖三十六年（1557）張景賢刻本　十册

匡高 19.2 厘米，廣 14.2 厘米。半葉十行，行二十字，小字雙行同，白口，左右雙邊。有“温澍梁”等印。中山大學圖書館藏。第二批國家名録號 05960。

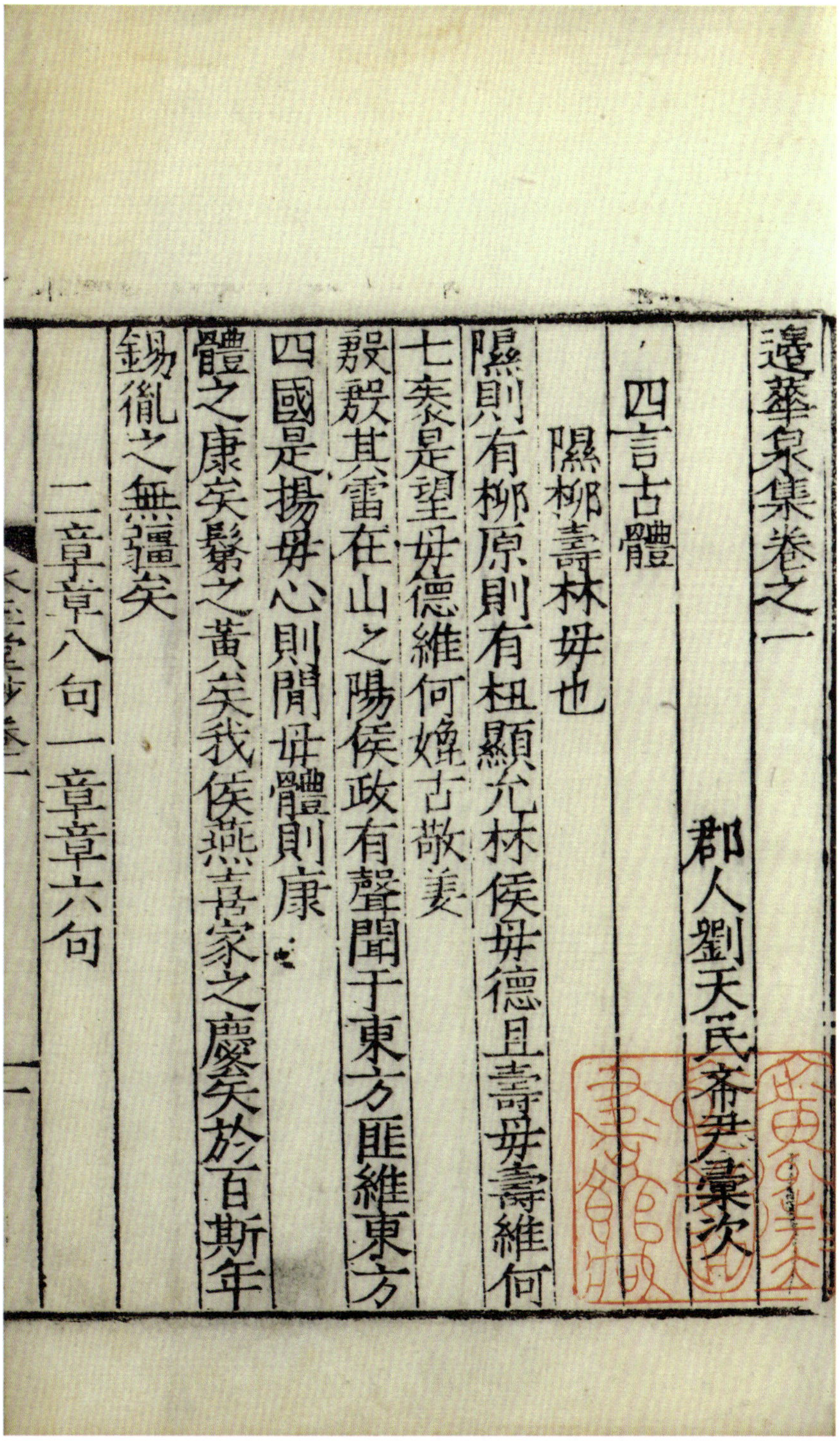

邊華泉集八卷　（明）邊貢撰　（明）劉天民輯　明嘉靖十七年（1538）司馬魯瞻刻本　八册

匡高 17.1 厘米，廣 14.2 厘米。半葉十一行，行二十字，白口，左右雙邊。廣東省立中山圖書館藏。第二批國家名録號 05965。

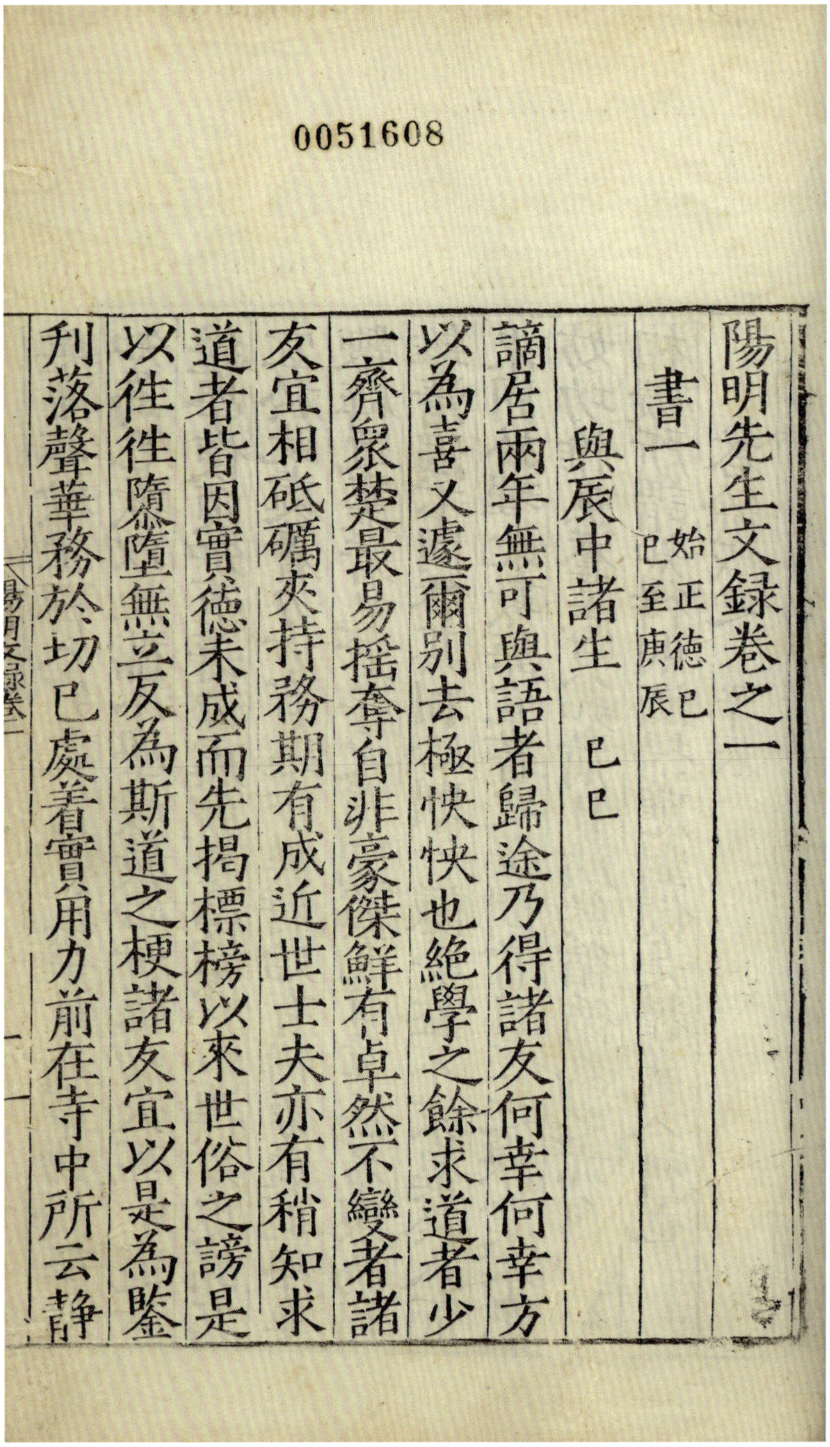

陽明先生文録五卷外集九卷別録十四卷 （明）王守仁撰 明嘉靖二十九年（1550）閭東刻本 二十册

匡高 19.8 厘米，廣 15.6 厘米。半葉十行，行二十字，小字雙行同，白口，左右雙邊。廣東省立中山圖書館藏。第二批國家名録號 05974。

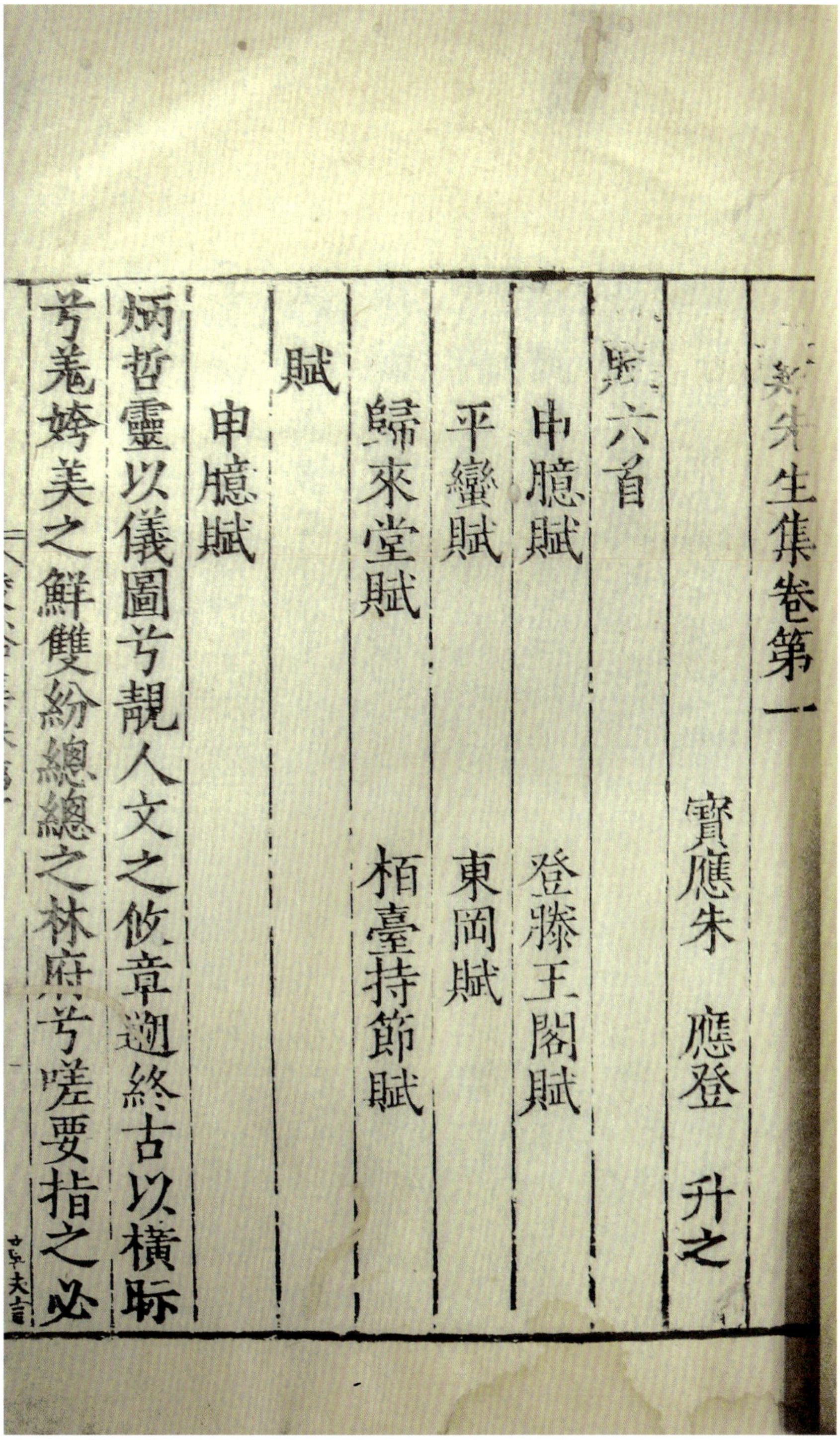
谿先生集卷第一
實應朱　應登　升之
賦六首
申臆賦　登滕王閣賦
平鑾賦　東岡賦
歸來堂賦　栢臺持節賦
賦
申臆賦
炳哲靈以儀圖兮靚人文之攸章遡終古以橫眎
兮羲娭美之鮮雙紛總總之林府兮嗟要指之必

凌谿先生集十八卷　（明）朱應登撰　明嘉靖刻本　八册

匡高 18.5 厘米，廣 14.4 厘米。半葉十行，行十九字，白口，四周單邊。中山大學圖書館藏。

第三批國家名録號 09128。

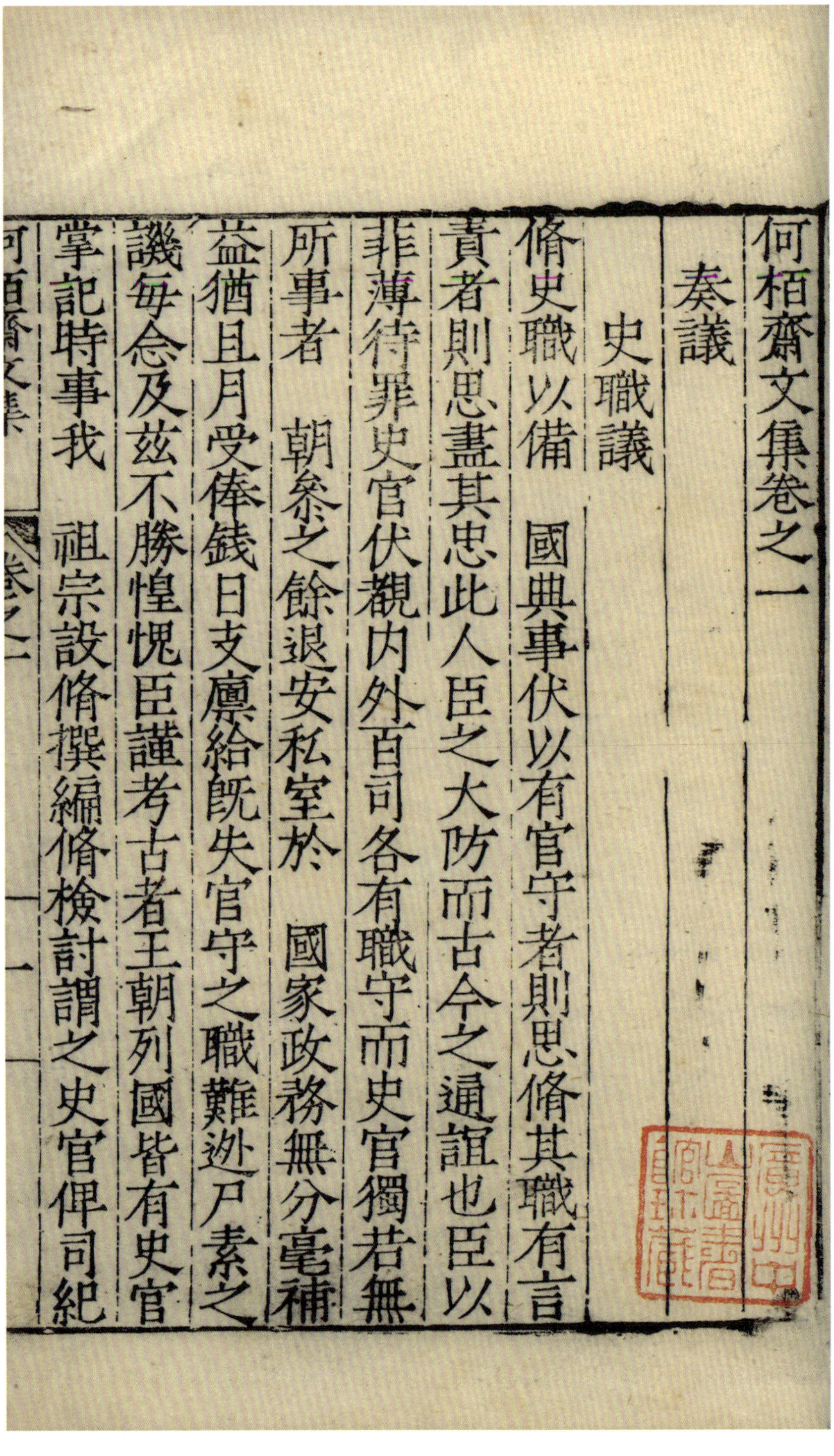

何栢齋文集卷之一

奏議

史職議

脩史職以備　國典事伏以有官守者則思脩其職有言責者則思盡其忠此人臣之大防而古今之通誼也臣以菲薄待罪史官伏覩內外百司各有職守而史官獨若無所事者　朝參之餘退安私室於　國家政務無分毫補益猶且月受俸錢日支廩給既失官守之職難逃尸素之譏每念及茲不勝惶愧臣謹考古者王朝列國皆有史官掌記時事我　祖宗設脩撰編脩檢討謂之史官俾司紀

何栢齋文集　卷之一　一

何栢齋文集八卷　（明）何瑭撰　明嘉靖三十三年（1554）周鎬刻本　四册

匡高 19.1 厘米，廣 13.7 厘米。半葉十行，行二十二字，白口，四周單邊。有"掃塵齋積書記""禮培私印"等印。廣東省立中山圖書館藏，存六卷（一至六，卷六有缺）。第三批國家名録號 09133。

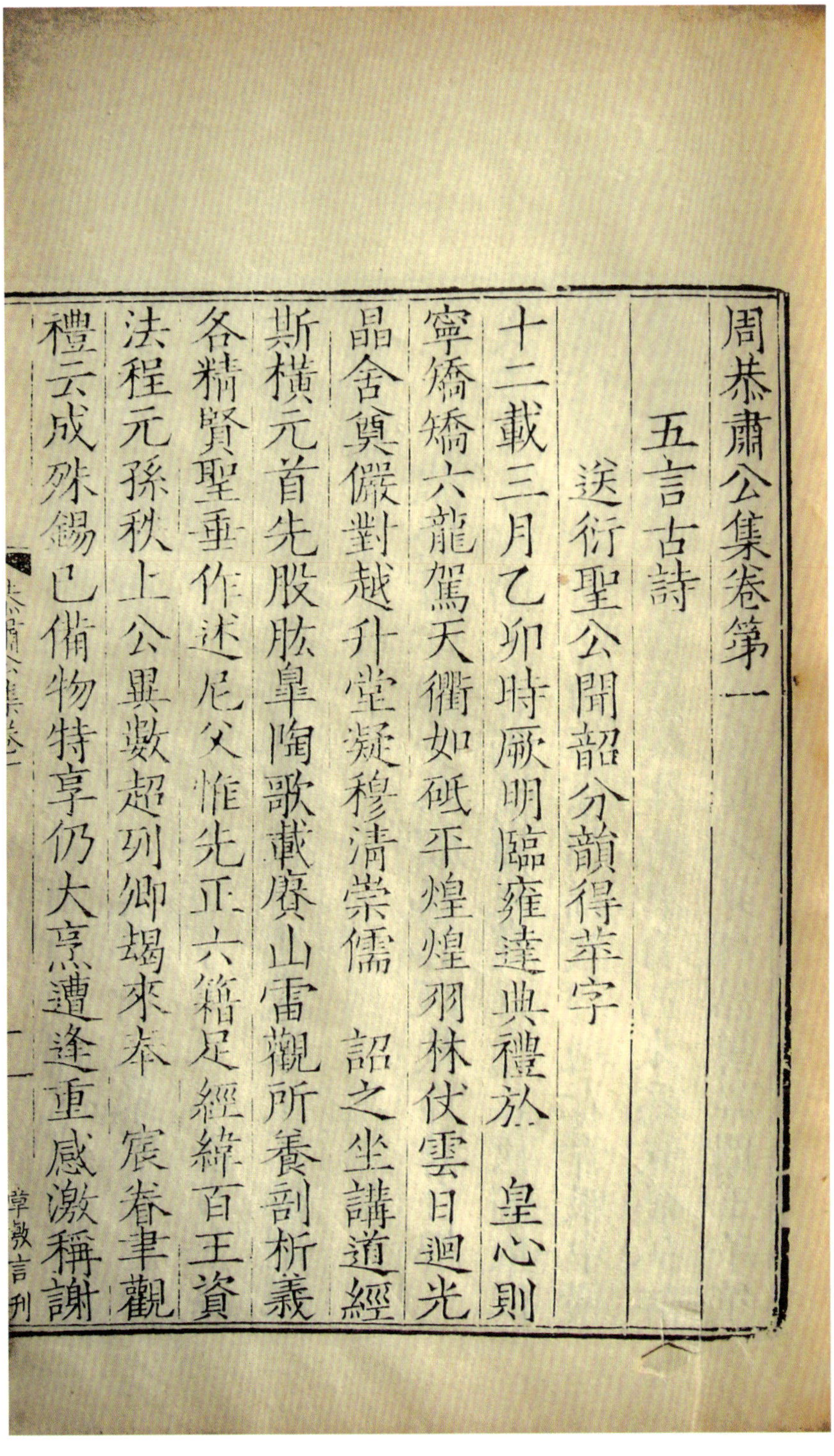
周恭肅公集卷第一

五言古詩

送衍聖公聞韶分韻得苹字

十二載三月乙卯時厥明臨雍達典禮於　皇心則寧矯矯六龍駕天衢如砥平煌煌羽林仗雲日迴光晶含奠儼對越升堂凝穆清崇儒　詔之坐講道經斯横元首先股肱臯陶歌載賡山雷觀所養剖析義各精賢聖垂作述尼父惟先正六籍足經緯百王資法程元孫秋上公異數超列卿竭來奉　宸眷聿觀禮云成殊錫已備物特享仍大烹遭逢重感激稱謝

周恭肅公集十六卷　（明）周用撰　**附録一卷**　明嘉靖二十八年（1549）周國南川上草堂刻天啓重修本　六册

匡高 19.1 厘米，廣 14.1 厘米。半葉十行，行二十字，白口，四周雙邊。中山大學圖書館藏。第二批國家名録號 05999。

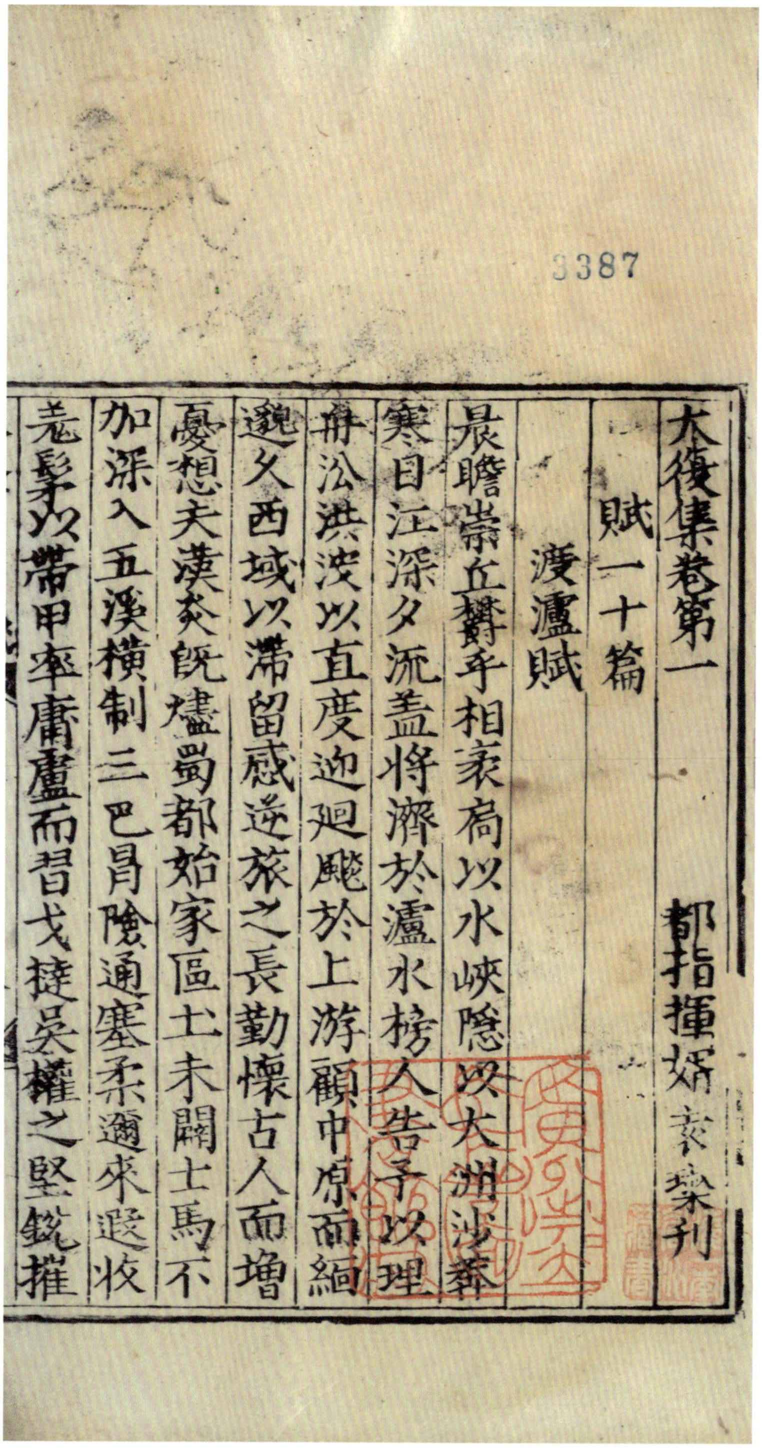

大復集三十七卷　（明）何景明撰　**附録一卷**　明嘉靖三十四年（1555）袁褧刻本　十六册

匡高 16.8 厘米，廣 13.3 厘米。半葉十行，行十八字，白口，四周雙邊。華南師範大學圖書館藏。第二批國家名録號 06003。

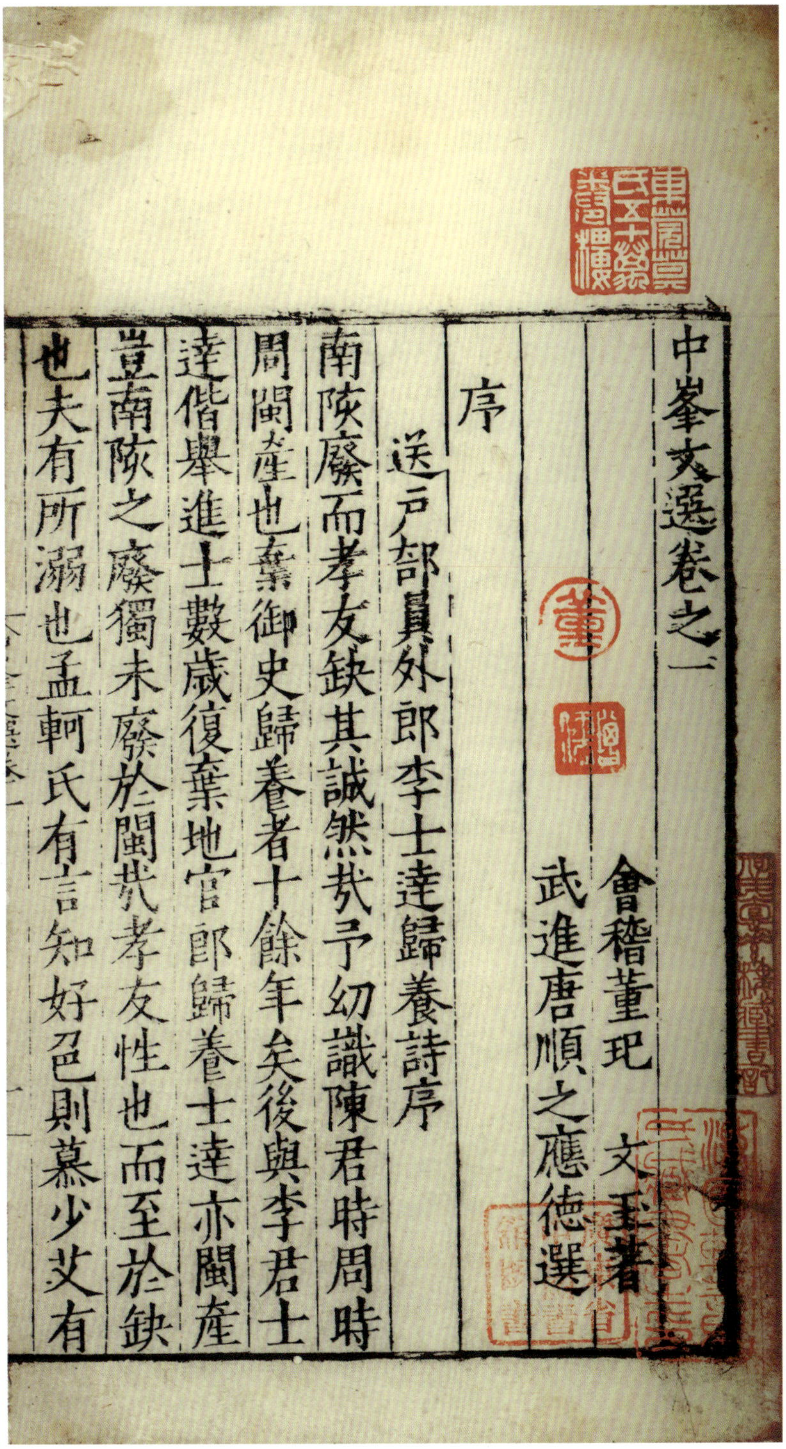
中峯文選卷之一
會稽董玘　文玉著
武進唐順之應德選
序
送戶部員外郎李士達歸養詩序
南陔廢而孝友缺其誠然哉予幼識陳君時周時
周閩産也棄御史歸養者十餘年矣後與李君士
達偕舉進士數歲復棄地官郎歸養士達亦閩産
豈南陔之廢獨未廢於閩哉孝友性也而至於缺
也夫有所溺也孟軻氏有言知好色則慕少艾有

中峯文選六卷應制稿一卷　（明）董玘撰　（明）唐順之輯　明刻本　四册

匡高 17.8 厘米，廣 14 厘米。半葉十行，行十九字，黑口或白口，四周單邊或左右雙邊。有“虞山錢曾遵王藏書”“東莞莫氏五十萬卷樓”等印。廣東省立中山圖書館藏。第二批國家名録號 06006。

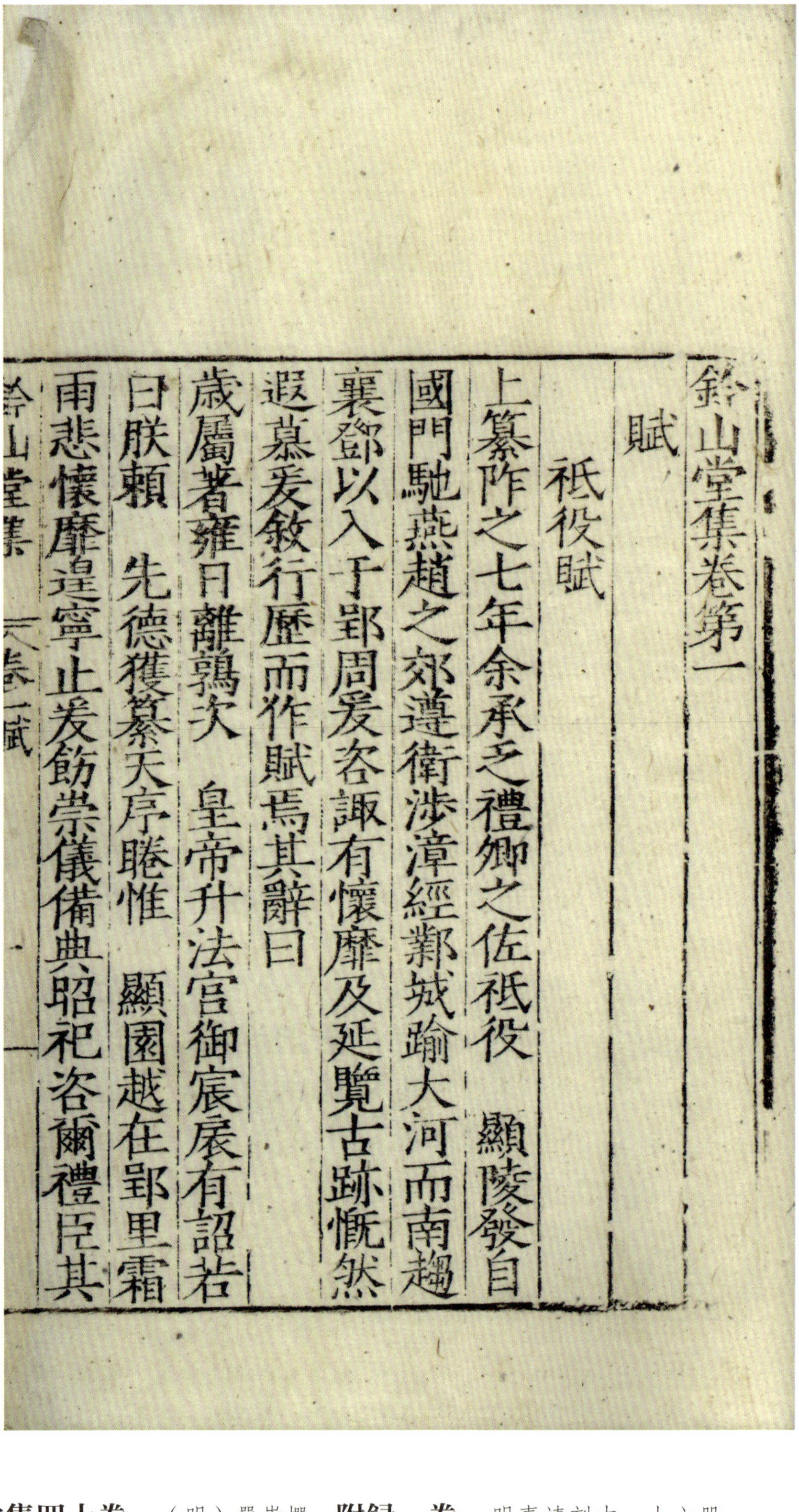

鈐山堂集卷第一

賦

祇役賦

上纂祚之七年余承乏禮卿之佐祇役　顯陵發自
國門馳燕趙之郊遵衛涉漳經鄴城踰大河而南趨
襄鄧以入于郢周爰咨諏有懷靡及延覽古跡慨然
遐慕爰敘行歷而作賦焉其辭曰
歲屬著雍日離鶉次　皇帝升法宮御宸扆有詔若
曰朕賴　先德獲纂天序睠惟　顯園越在郢里霜
雨悲懷靡遑寧止爰飭崇儀備典昭祀咨爾禮臣其

鈐山堂集　卷一賦　一

鈐山堂集四十卷　（明）嚴嵩撰　**附録一卷**　明嘉靖刻本　十六册

匡高18.6厘米，廣14.5厘米。半葉十行，行二十字，白口，左右雙邊。有“洪頤煊印”“言言齋善本圖書”等印。廣東省立中山圖書館藏。第二批國家名録號06008。

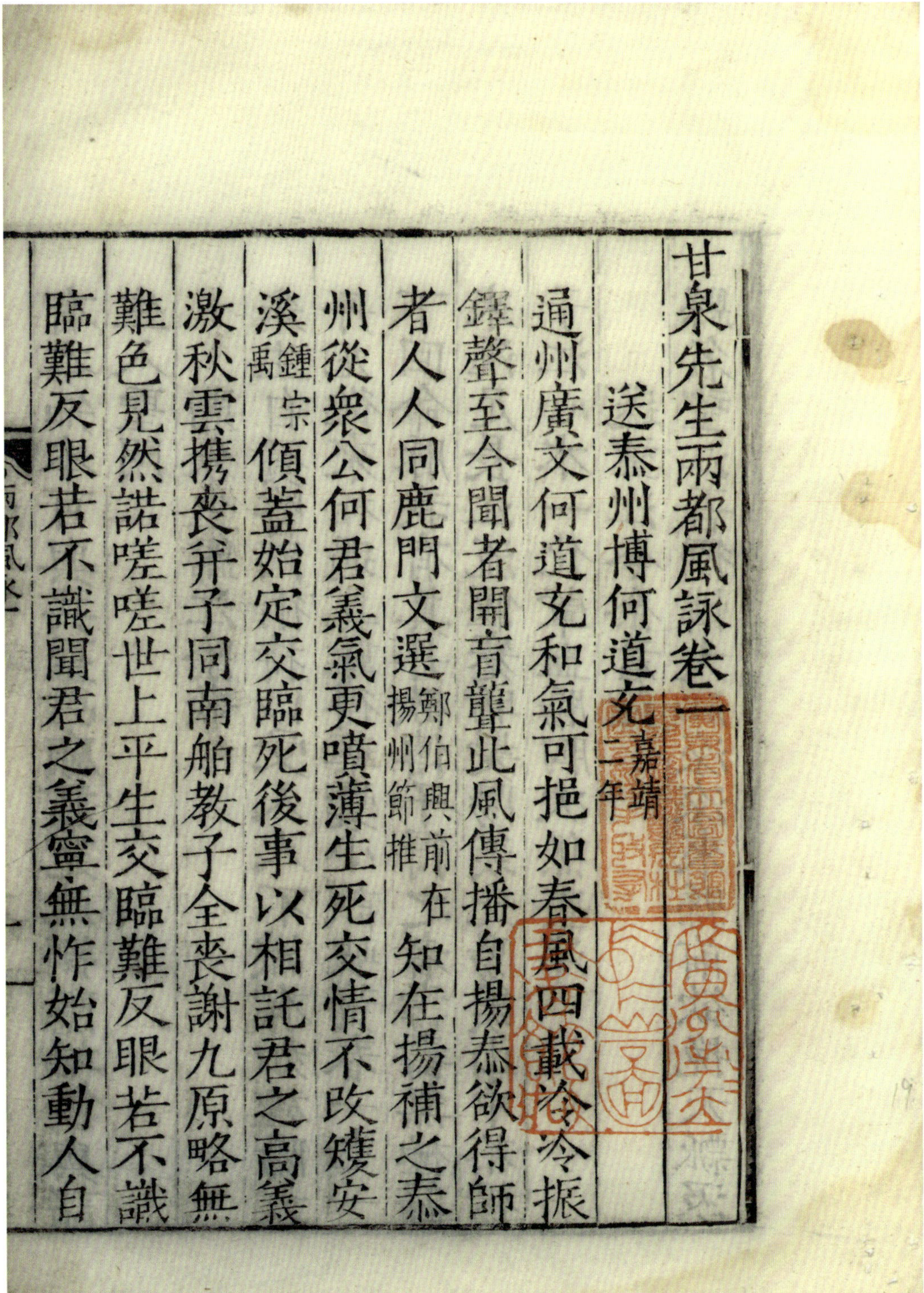

甘泉先生兩都風詠卷一

送泰州博何道充嘉靖二年

通州廣文何道充和氣可挹如春風四載冷振鐸聲至今聞者開盲聾此風傳播自揚泰欲得師者人人同鹿門文選鄭伯興前在揚州節推知在揚補之泰州從衆公何君義氣更噴薄生死交情不改矱安溪鍾宗禹傾蓋始定交臨死後事以相託君之高義激秋雲携喪弃子同南船教子全喪謝九原略無難色見然諾嗟嗟世上平生交臨難反眼若不識臨難反眼若不識聞君之義寧無怍始知動人自

兩都風詠卷一　一

甘泉先生兩都風詠四卷　（明）湛若水撰　明嘉靖十四年（1535）朱敬之刻本　二册

匡高 19.9 厘米，廣 14.7 厘米。半葉十行，行二十字，小字雙行同，白口，左右雙邊。廣東省立中山圖書館藏。第二批國家名録號 06010。

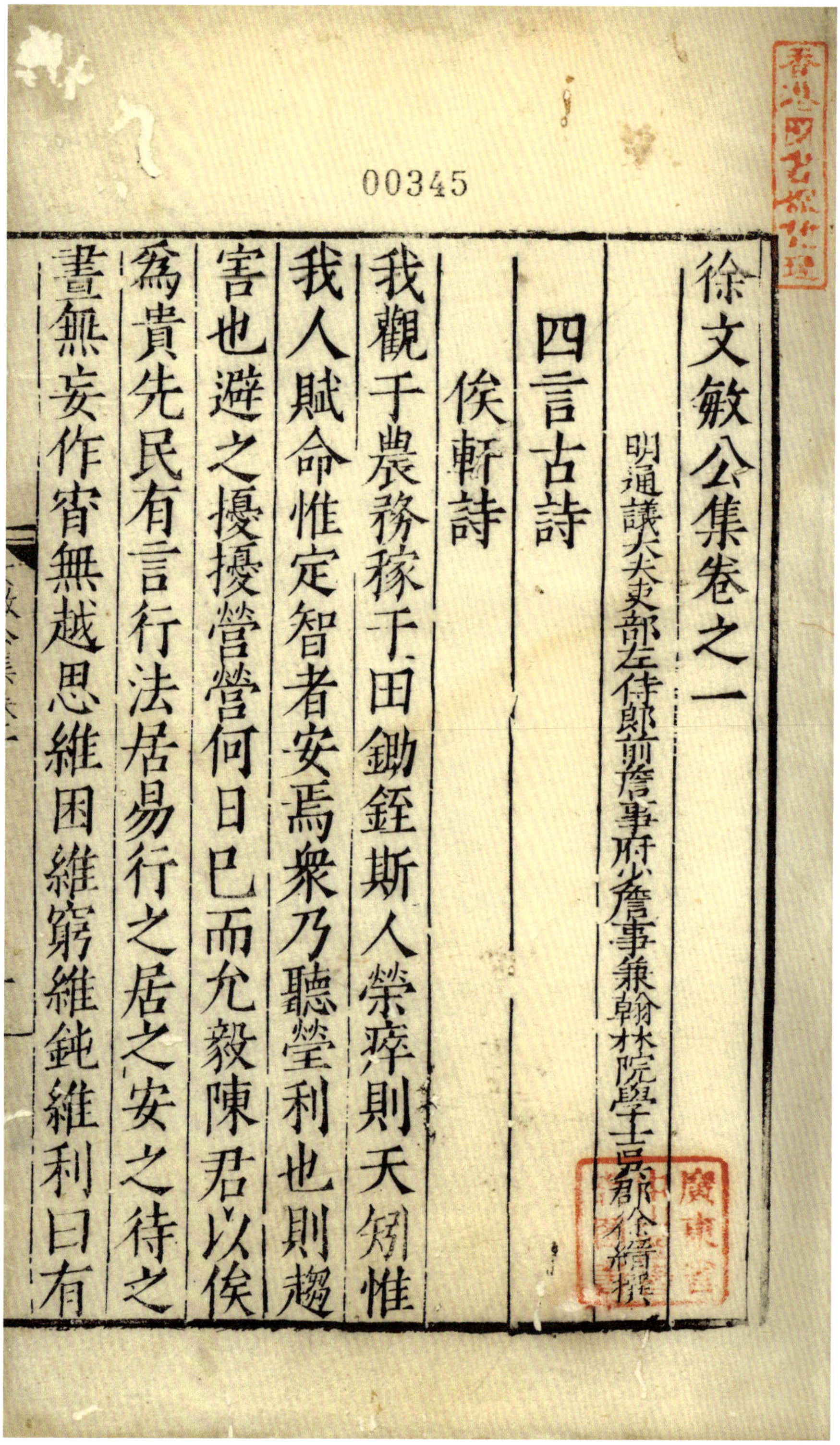
00345

徐文敏公集卷之一

明通議大夫吏部左侍郎前詹事府少詹事兼翰林院學士吳郡徐縉撰

四言古詩

俟軒詩

我觀于農務稼于田鋤銍斯人勞瘁則天矧惟我人賦命惟定智者安焉衆乃聽瑩利也則趨害也避之擾擾營營何日已而允毅陳君以俟爲貴先民有言行法居易行之居之安之待之豈無妄作胥無越思維困維窮維鈍維利曰有

徐文敏公集五卷　（明）徐縉撰　明隆慶二年（1568）刻本　六册

匡高 18.7 厘米，廣 12.8 厘米。半葉九行，行十八字，白口，左右雙邊。有“辟彊園印”等印。廣東省立中山圖書館藏，存四卷（一至四）。第二批國家名録號 06016。

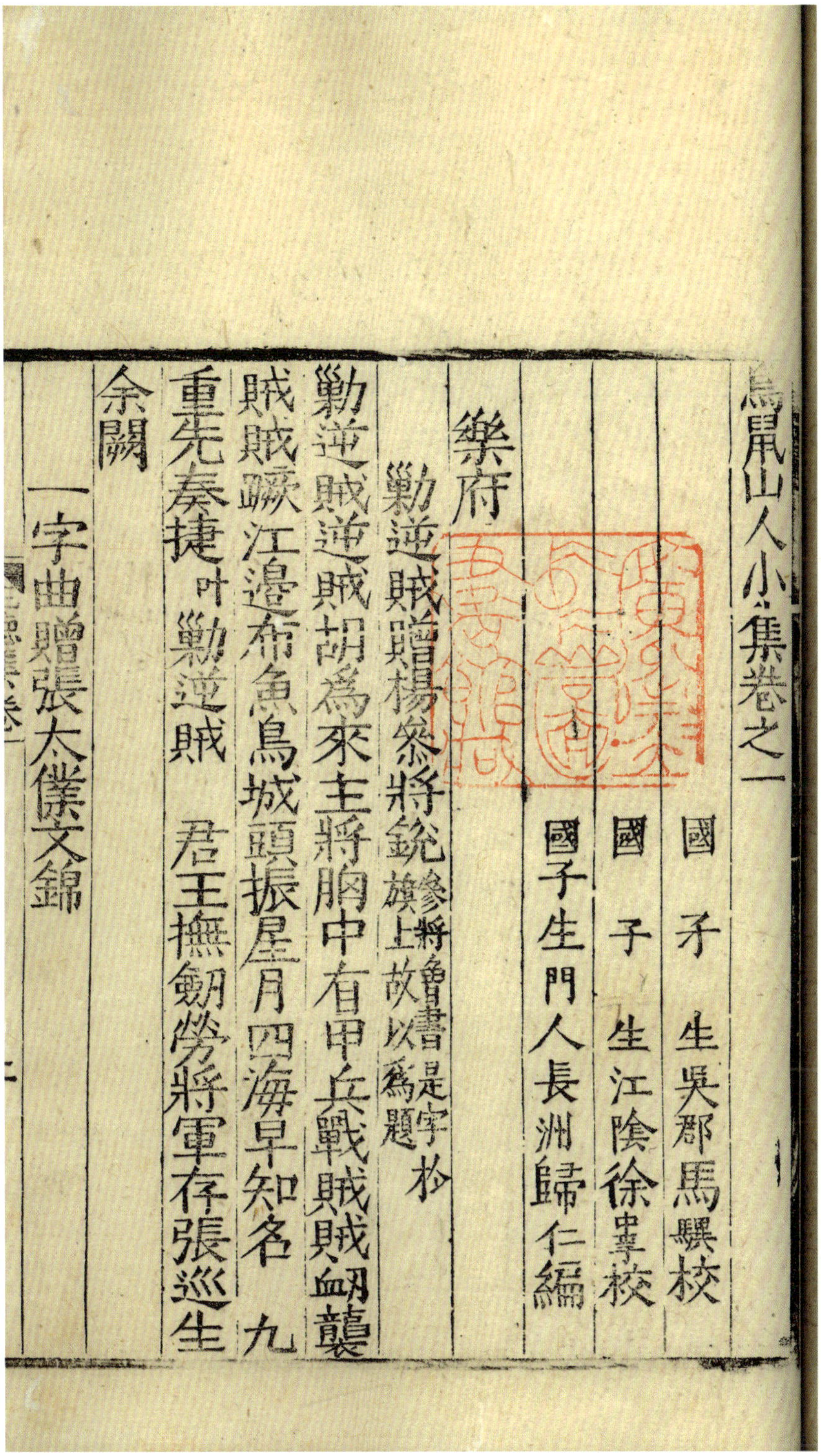
烏鼠山人小集卷之一
國子生吳郡馬驥校
國子生江陰徐中孚校
國子生門人長洲歸仁編
樂府
勦逆賊贈楊參將銳參將曾書是字於旗上故以爲題
勦逆賊逆賊胡爲來主將胸中有甲兵戰賊賊殲讋
賊賊蹶江邊布魚鳥城頭振星月四海早知名　九
重先奏捷叶勦逆賊　君王撫劒勞將軍存張巡生
余闕
一字曲贈張太僕文錦

烏鼠山人小集十六卷　（明）胡纘宗撰　明嘉靖刻本　十四册

匡高 17 厘米，廣 13.5 厘米。半葉十一行，行二十字，小字雙行同，白口，四周單邊。有“桂林張氏獨志堂藏”等印。廣東省立中山圖書館藏。第二批國家名録號 06027。

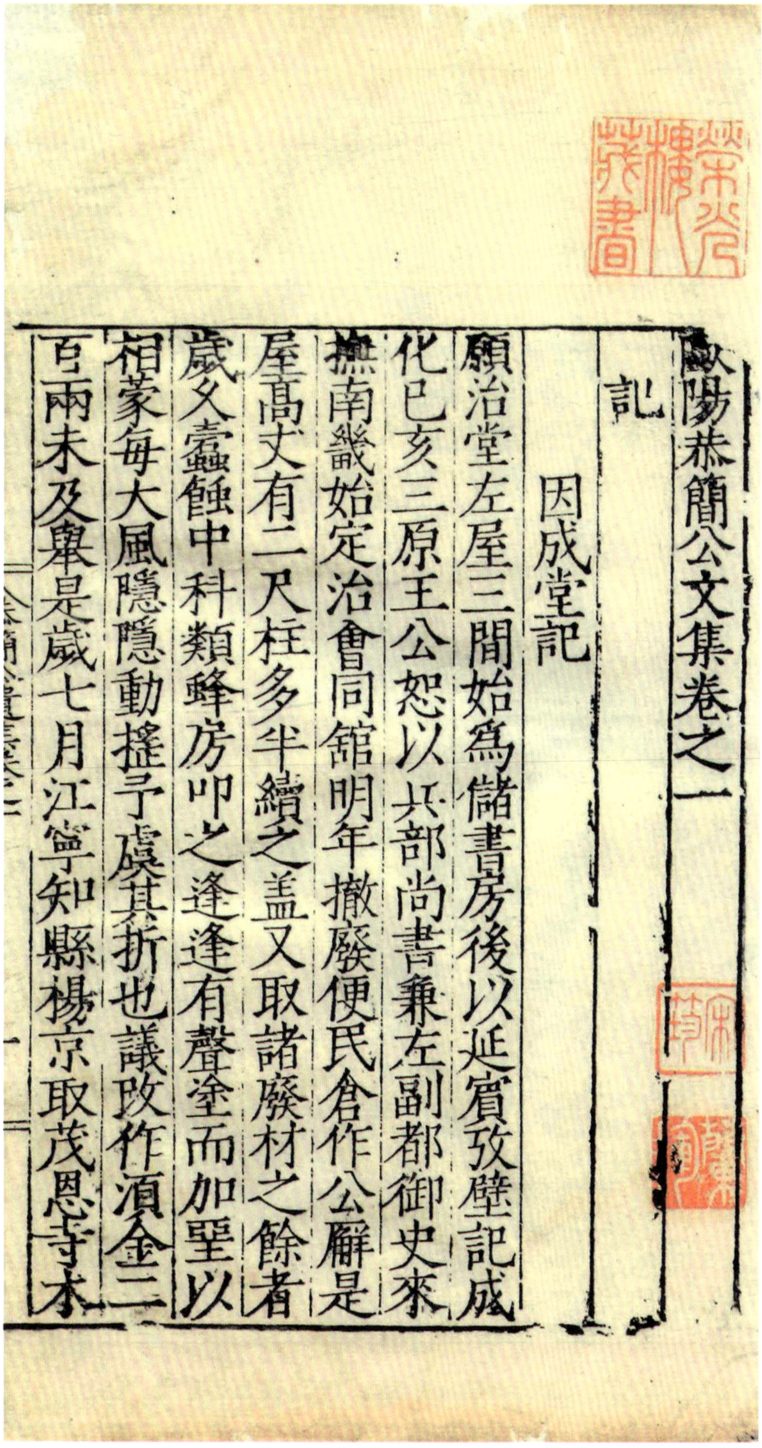

歐陽恭簡公文集卷之一

記

因成堂記

願治堂左屋三間始爲儲書房後以延賓致壁記成化己亥三原王公恕以兵部尚書兼左副都御史來撫南畿始定治會同館明年撤廢便民倉作公廨是屋高丈有二尺柱多半續之盖又取諸廢材之餘者歲久蠹蝕中科類蜂房叩之逢逢有聲塗而加堊以相蒙每大風隱隱動搖予虞其折也議改作須金二百兩未及舉是歲七月江寧知縣楊京取茂恩寺木

歐陽恭簡公文集二十二卷　（明）歐陽鐸撰　明嘉靖刻本　六册

匡高19厘米，廣14厘米。半葉十行，行二十字，白口，四周單邊。有“雪苑宋氏蘭揮藏書記”“宋筠”等印。中山大學圖書館藏。第二批國家名録號06028。

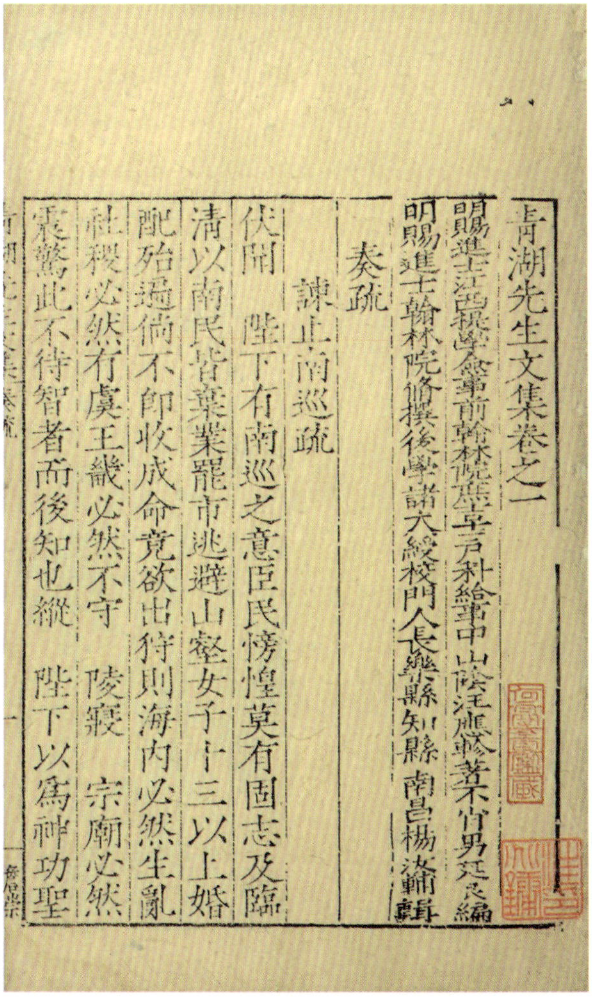

青湖先生文集卷之二

明賜進士江西提學僉事前翰林院庶吉士戶科給事中山陰汪應軫著 不肖男廷良編

明賜進士翰林院修撰後學諸大綬校 門人長樂縣知縣 南昌楊汝翰輯

奏疏

諫止南巡疏

伏聞 陛下有南巡之意臣民愕惶莫有固志及臨清以南民皆棄業罷市逃避山壑女子十三以上婚配殆遍倘不即收成命竟欲出狩則海內必然生亂社稷必然有虞王畿必然不守 陵寢 宗廟必然震驚此不待智者而後知也縱 陛下以為神功聖

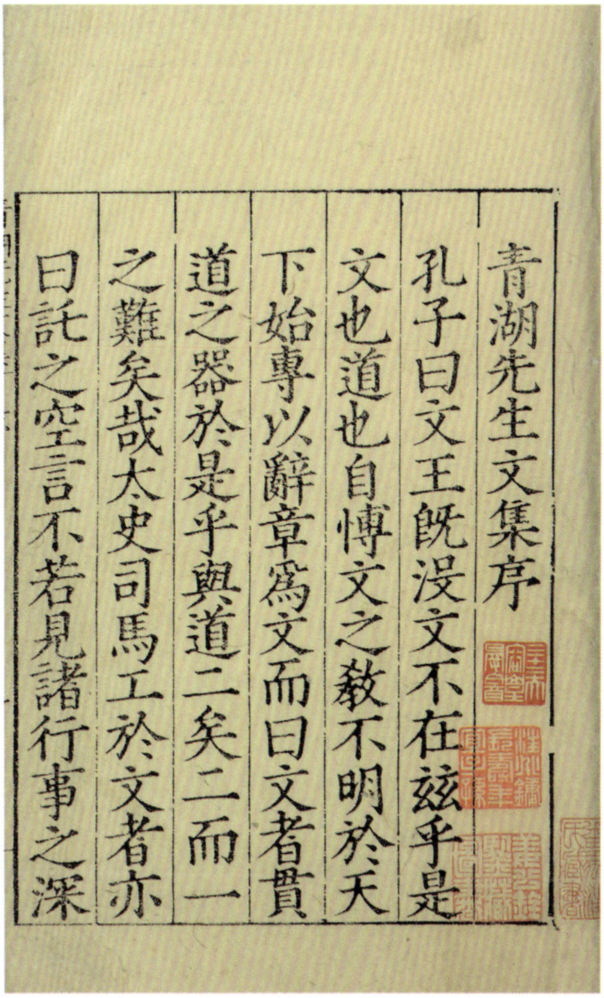

青湖先生文集序

孔子曰文王既沒文不在茲乎是文也道也自慱文之教不明於天下始專以辭章爲文而曰文者貫道之器於是乎與道二矣二而一之難矣哉太史司馬工於文者亦曰託之空言不若見諸行事之深

青湖先生文集十四卷 （明）汪應軫撰 **附録一卷** 明嘉靖三十八年（1559）汪廷良刻本 五册

匡高 18.2 厘米，廣 13.8 厘米。半葉十行，行二十字，白口，四周單邊。有“汪兆鏞印”“何曼盦鑑藏”等印。香港中文大學圖書館藏。第六批國家名録號 12831。

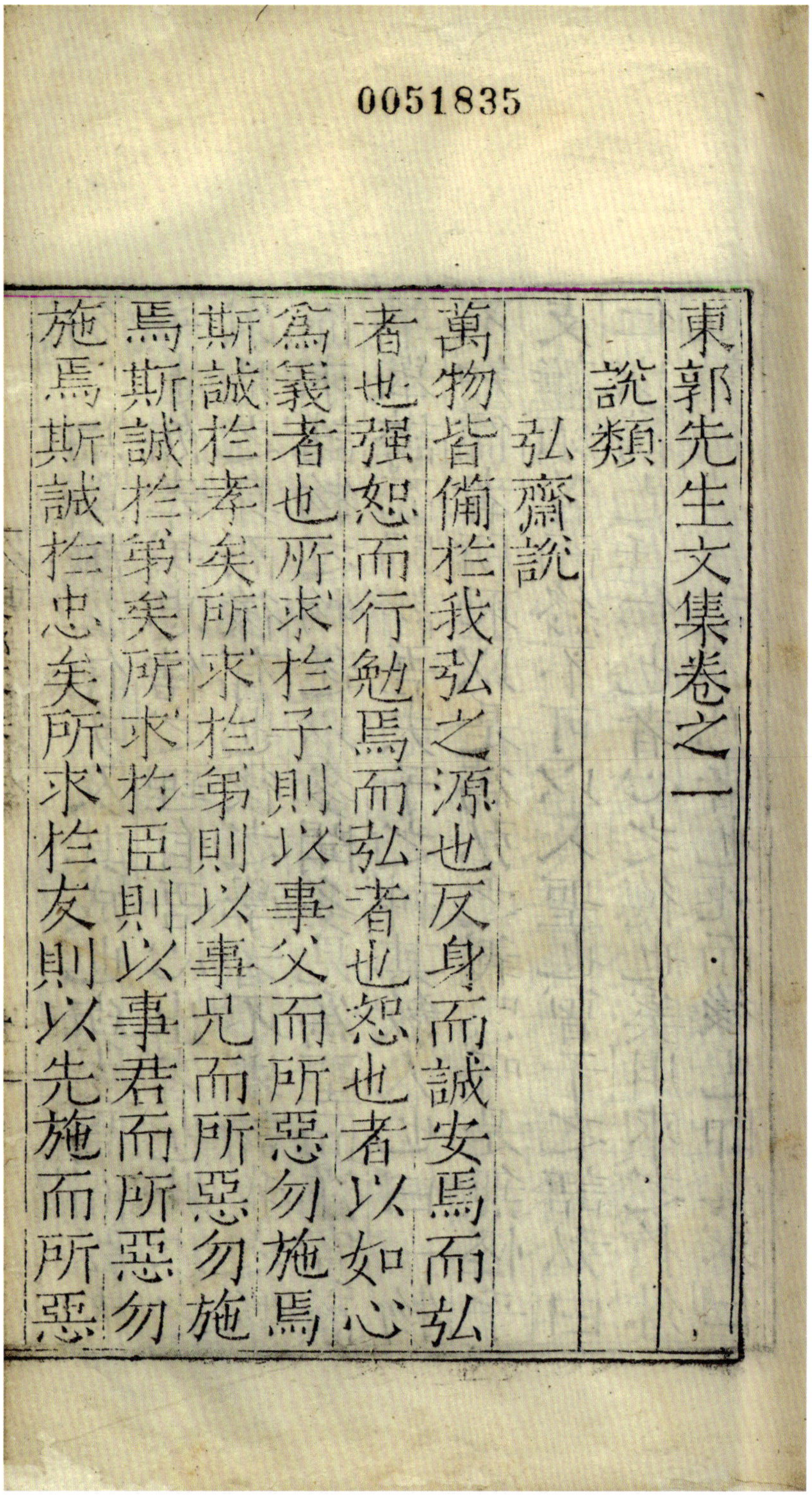

東郭先生文集卷之一

説類

弘齋説

萬物皆備扵我弘之源也反身而誠安焉而弘者也強恕而行勉焉而弘者也恕也者以如心爲義者也所求扵子則以事父而所惡勿施焉斯誠扵孝矣所求扵弟則以事兄而所惡勿施焉斯誠扵弟矣所求扵臣則以事君而所惡勿施焉斯誠扵忠矣所求扵友則以先施而所惡

東郭先生文集九卷　（明）鄒守益撰　明嘉靖十七年（1538）洪垣刻本　三册

匡高 18.9 厘米，廣 12.7 厘米。半葉九行，行十八字，白口，四周雙邊。廣東省立中山圖書館藏。第二批國家名録號 06032。

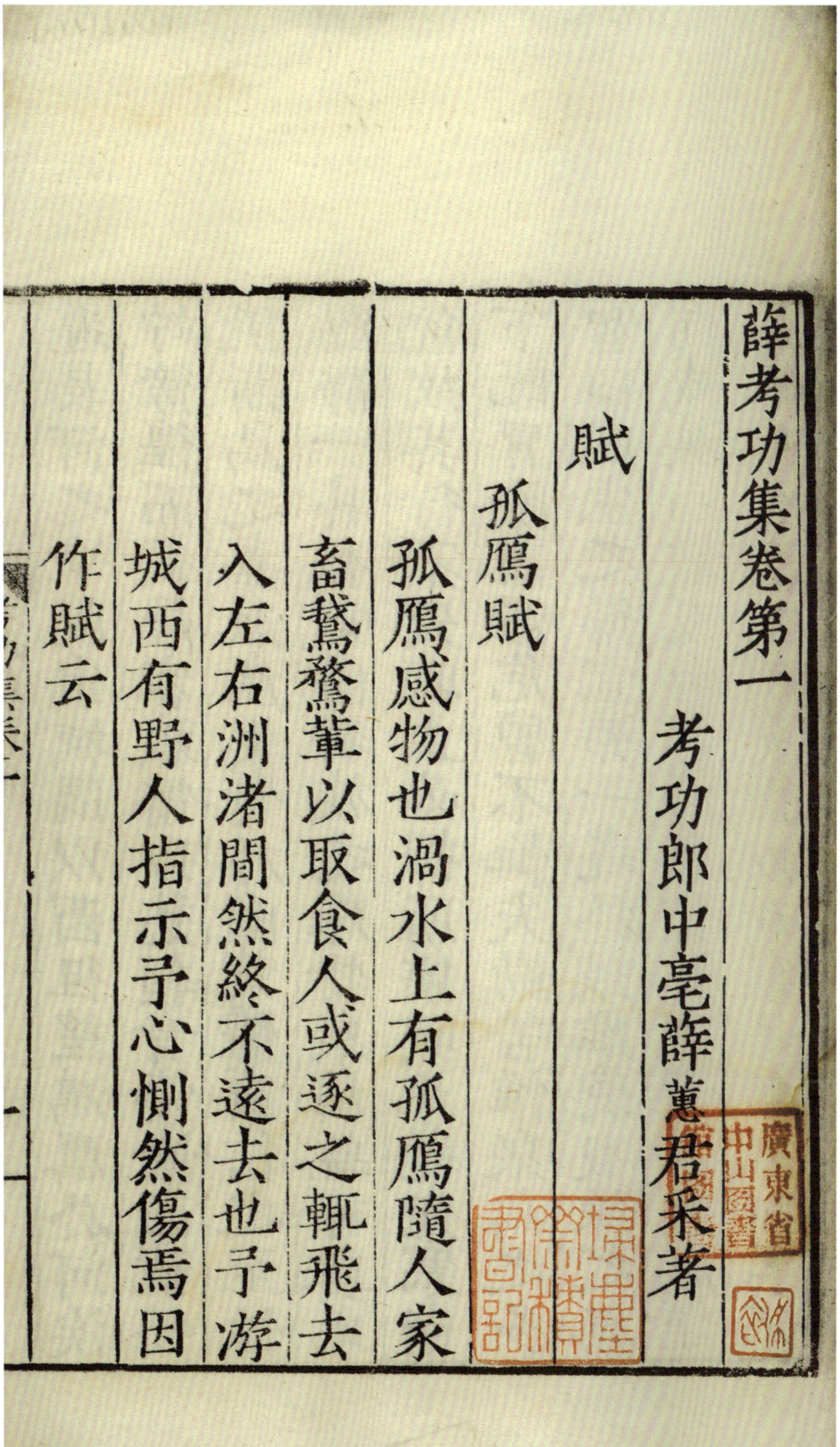

薛考功集卷第一

考功郎中亳薛蕙君采著

賦

孤鴈賦

孤鴈感物也渦水上有孤鴈隨人家畜鵞鶩輩以取食人或逐之輒飛去入左右洲渚間然終不遠去也予游城西有野人指示予心惻然傷焉因作賦云

薛考功集十卷　（明）薛蕙撰　**附集一卷**　明嘉靖刻本　四册

匡高 18.6 厘米，廣 14 厘米。半葉九行，行十八字，白口，左右雙邊。有“季振宜印”“古潭州袁臥雪廬收藏”等印。廣東省立中山圖書館藏。第二批國家名録號 06036。

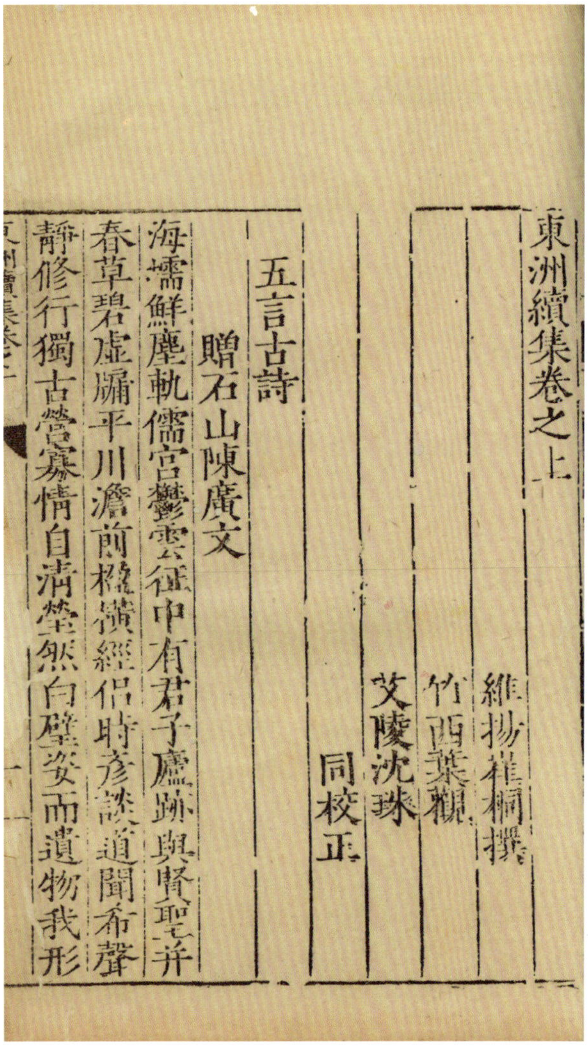
東洲續集卷之上
維揚崔桐撰
竹西葉觀
艾陵沈珠
同校正
五言古詩
贈石山陳廣文
海濡鮮塵軌儒宮鬱雲徵中有君子廬蹤與賢聖并
春草碧虛牖平川澹前楹縱經侶時彥談道聞希聲
靜修行獨古營寡情自清瑩然白璧姿而遺物我形

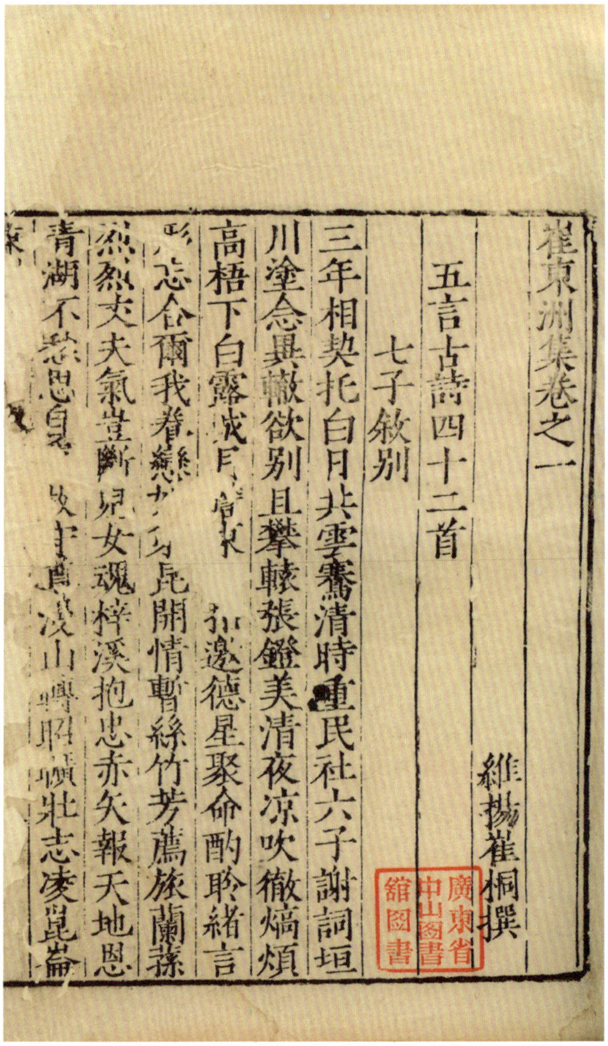
崔東洲集卷之一
維揚崔桐撰
五言古詩四十二首
七子敘別
三年相契托白月共雲騫清時重民社六子謝詞垣
川塗念異轍欲別且攀轅張鐙美清夜凉吹徹熇煩
高梧下白露成[illegible]邀德星聚命酌聆緒言
形[illegible]忘合爾我眷戀[illegible]昆開情暫絲竹芳薦旅蘭蓀
烈烈丈夫氣豈斷兒女魂梓溪抱忠赤矢報天地恩
青湖不[illegible]思自[illegible]淡山[illegible]照[illegible]壯志凌昆崙

崔東洲集二十卷　（明）崔桐撰　明嘉靖二十九年（1550）曹金刻本　**續集十一卷**　（明）崔桐撰　嘉靖三十四年（1555）周希哲刻本　十四册

匡高 19 厘米，廣 14 厘米。半葉十行，行二十字，白口，左右雙邊。有“苕溪沈氏所藏”“碧梧棲老鳳凰枝”印。廣東省立中山圖書館藏。第二批國家名録號 06044。

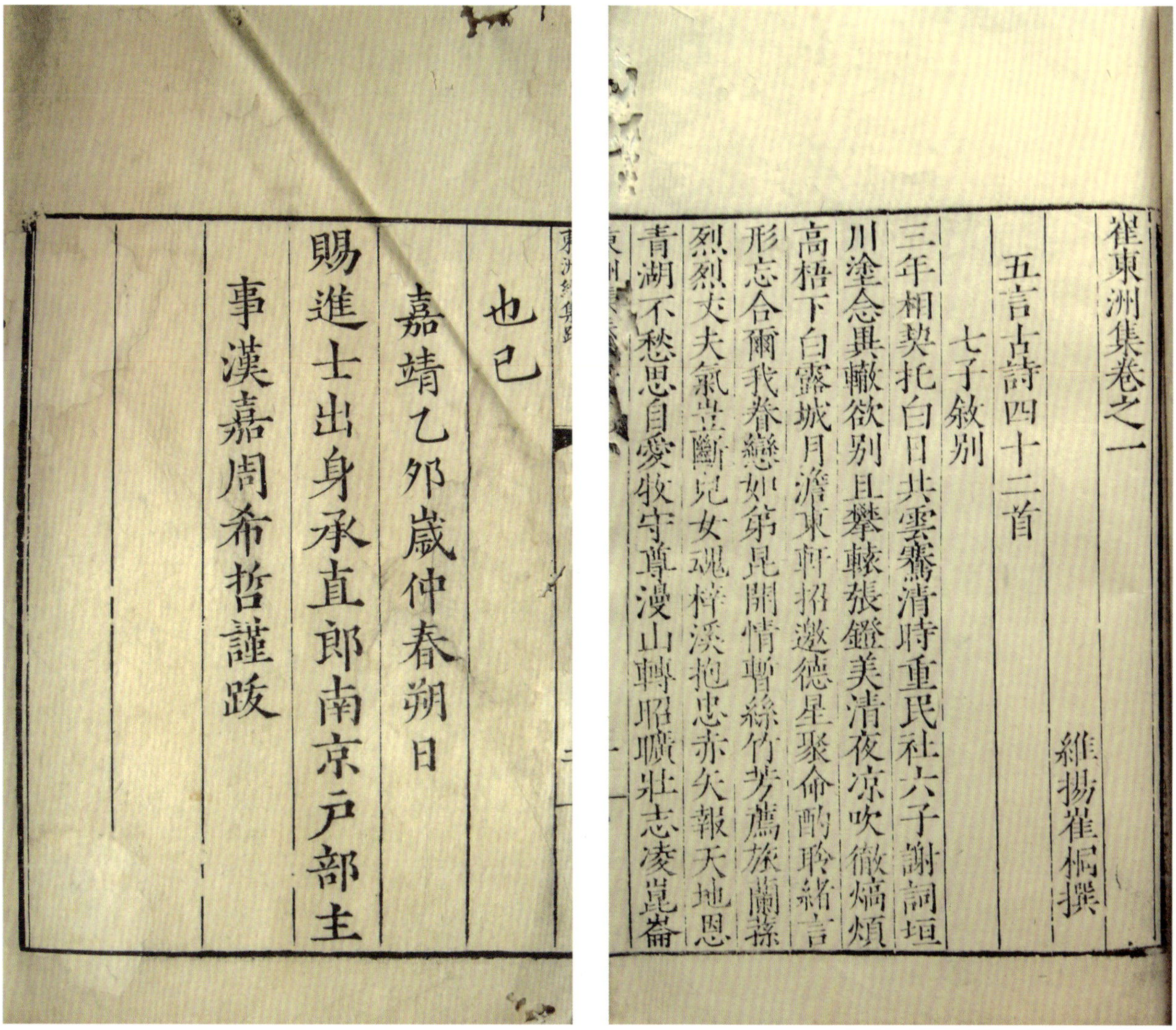
崔東洲集卷之一

維揚崔桐撰

五言古詩四十二首

七子敘別

三年相契托白日共雲鶱清時重民社六子謝詞垣川塗念異轍欲別且攀轅張鐙美清夜涼吹微熇煩高梧下白露城月澹東軒招邀德星聚命酌聆緒言形忘合爾我眷戀如弟昆閒情寄絲竹芳薦旅蘭蓀烈烈丈夫氣豈斷兒女魂梓溪抱忠赤矢報天地恩青湖不愁思自愛牧守尊漫山轉昭曠壯志凌崑崙

也已

嘉靖乙卯歲仲春朔日

賜進士出身承直郎南京户部主事漢嘉周希哲謹跋

崔東洲集二十卷 （明）崔桐撰　明嘉靖二十九年（1550）曹金刻本　**續集十一卷** （明）崔桐撰　嘉靖三十四年（1555）周希哲刻本　八册

匡高19厘米，廣14厘米。半葉十行，行二十字，白口，左右雙邊。有“嘉惠堂丁氏藏書之印”等印。中山大學圖書館藏。第二批國家名録號06045。

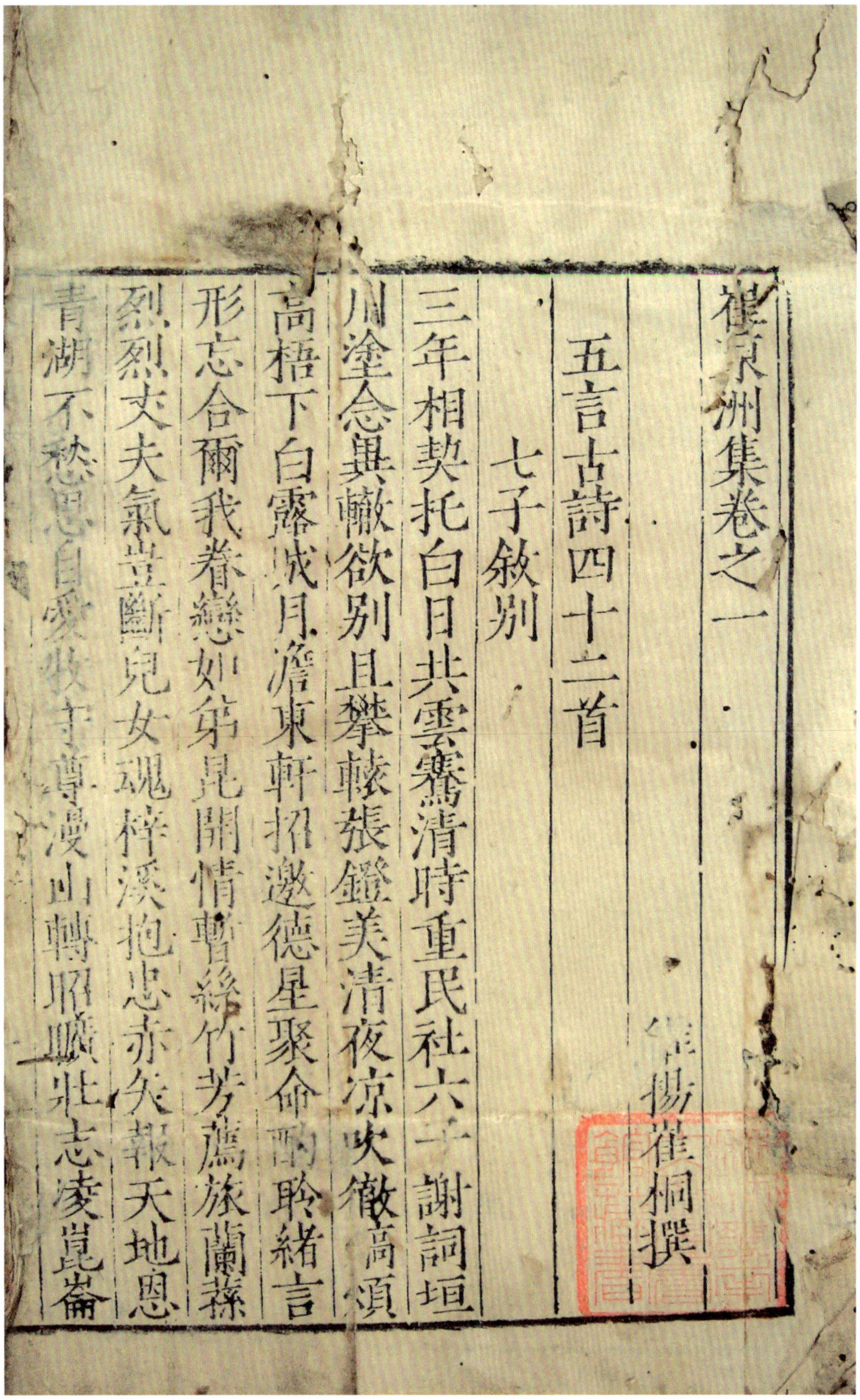

崔東洲集二十卷　（明）崔桐撰　明嘉靖二十九年（1550）曹金刻本　**續集十一卷**　（明）崔桐撰　嘉靖三十四年（1555）周希哲刻本　八册

匡高 19 厘米，廣 14 厘米。半葉十行，行二十字，白口，左右雙邊。中山大學圖書館藏。

第二批國家名録號 06046。

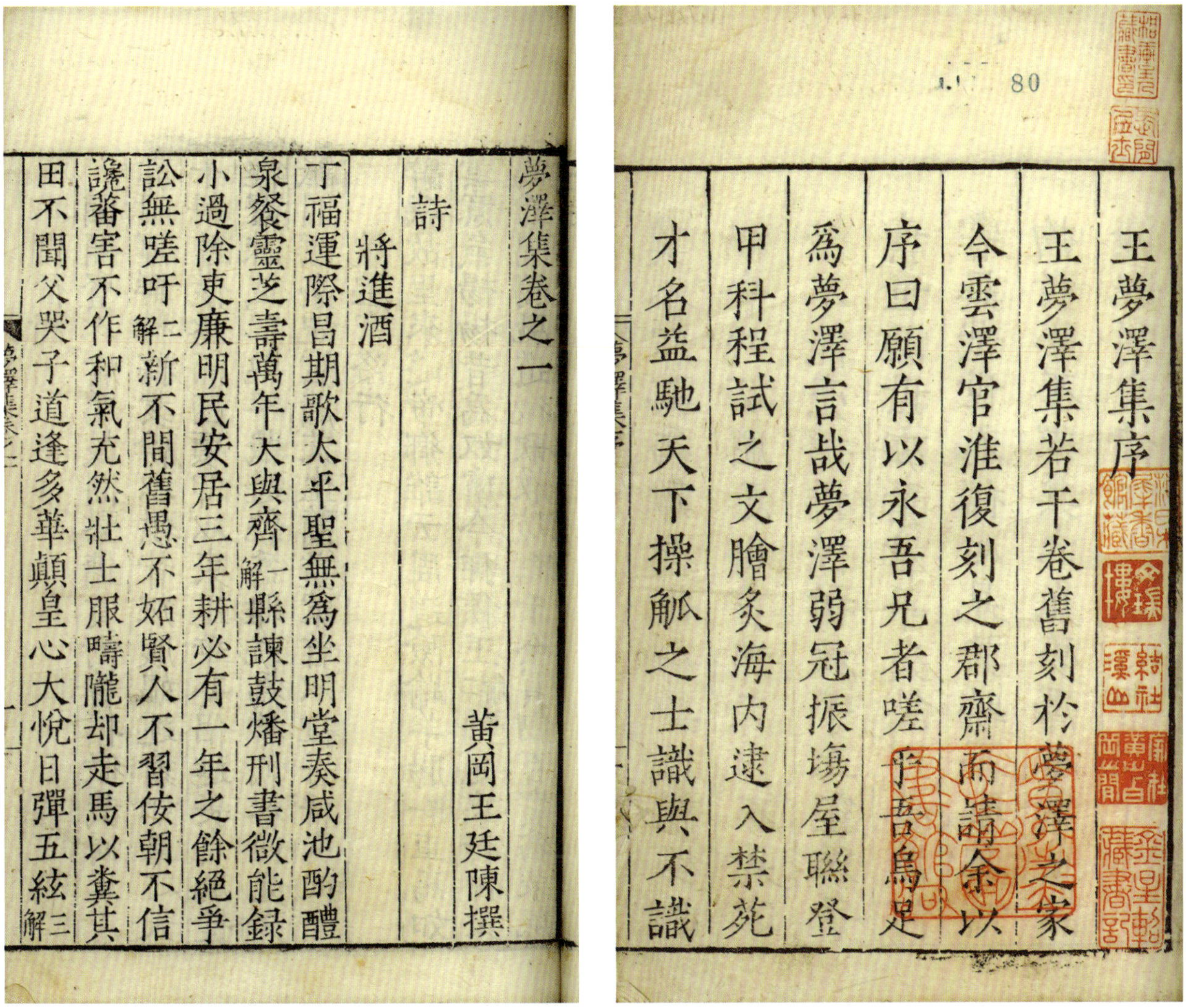

夢澤集十七卷　（明）王廷陳撰　明嘉靖四十一年（1562）王廷瞻刻本　二册

匡高 20.1 厘米，廣 14 厘米。半葉十行，行二十字，白口，四周單邊。有“金星軺藏書記”“文瑞樓”“范氏木犀香館藏”等印。廣東省立中山圖書館藏。第二批國家名録號 06047。

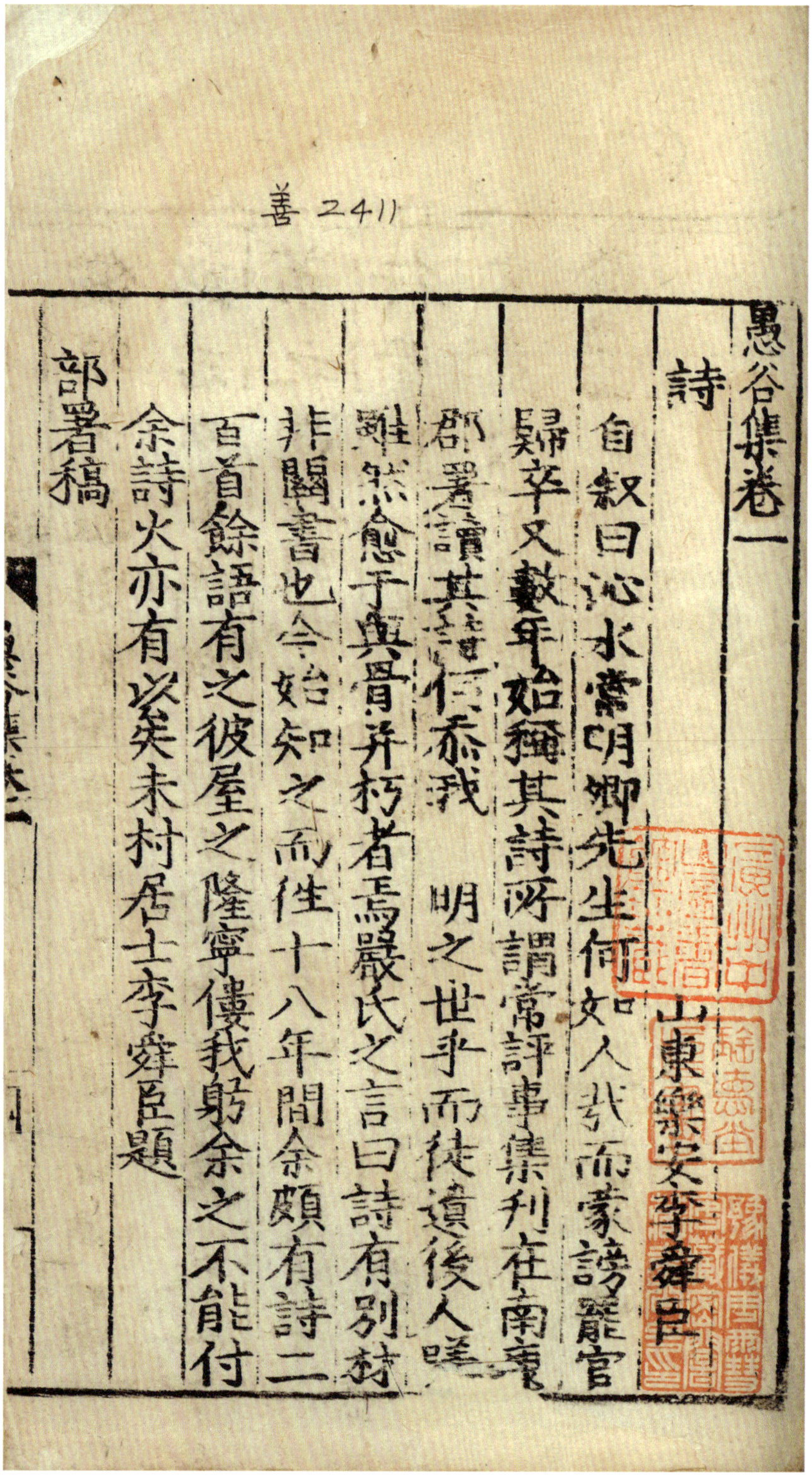

愚谷集卷一

詩

自叙曰泌水常明卿先生何如人哉而蒙謗罷官
歸卒又數年始稱其詩所謂常評事集刊在南寧
郡署讀其詩何忝哉　明之世乎而徒遺後人嗟
雖然愈于與骨并朽者焉嚴氏之言曰詩有別材
非關書也今始知之而住十八年間余頗有詩二
百首餘語有之彼屋之隆寧僂我躬余之不能付
余詩火亦有以矣未村居士李舜臣題
部署稿

愚谷集十卷　（明）李舜臣撰　明隆慶刻本　四册

匡高18.9厘米，廣13.2厘米。半葉十行，行二十一字，白口，四周單邊。有“豫儀周雪客藏密閣藏書之印”等印。廣東省立中山圖書館藏。第二批國家名録號06055。

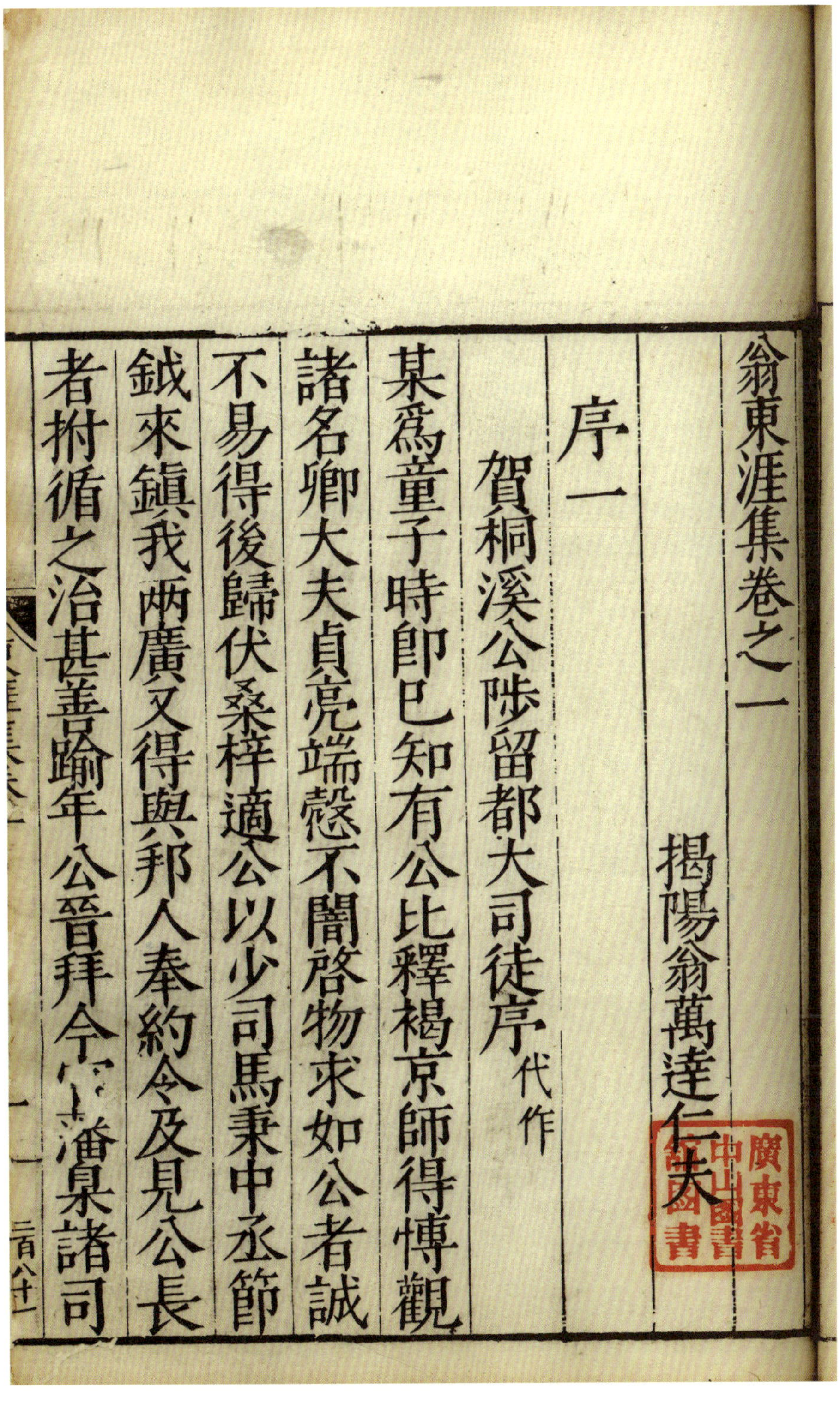

翁東涯集卷之一

揭陽翁萬達仁夫

序一

賀桐溪公陟留都大司徒序 代作

某爲童子時即已知有公比釋褐京師得博觀諸名卿大夫貞亮端慤不闇啓物求如公者誠不易得後歸伏桑梓適公以少司馬秉中丞節鉞來鎮我兩廣又得與邦人奉約令及見公長者拊循之治甚善踰年公晉拜今[illegible][illegible]潘臬諸司

翁東涯集十七卷　（明）翁萬達撰　明嘉靖三十四年（1555）朱睦㮮刻本　十六册

匡高 17.3 厘米，廣 13.8 厘米。半葉九行，行十八字，白口，左右雙邊。廣東省立中山圖書館藏。第二批國家名録號 06067。

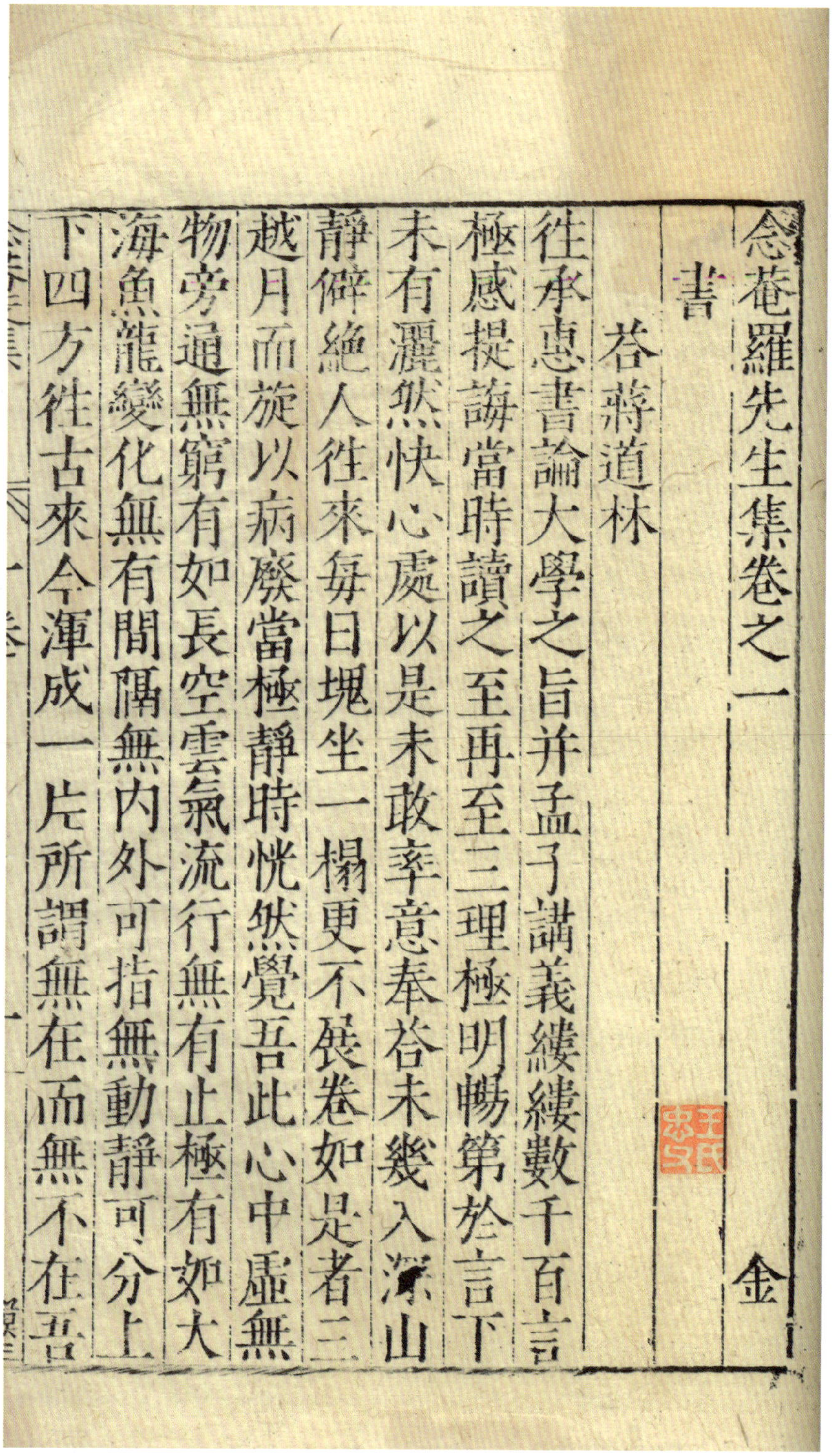
念菴羅先生集卷之一　金
書
荅蔣道林
往承惠書論大學之旨并孟子講義縷縷數千百言
極感提誨當時讀之至再至三理極明暢第於言下
未有灑然快心處以是未敢率意奉荅未幾入深山
靜僻絶人往來每日塊坐一榻更不展卷如是者三
越月而旋以病廢當極靜時恍然覺吾此心中虛無
物旁通無窮有如長空雲氣流行無有止極有如大
海魚龍變化無有間隔無内外可指無動靜可分上
下四方往古來今渾成一片所謂無在而無不在吾

念菴羅先生集十三卷　（明）羅洪先撰　明嘉靖四十二年（1563）劉玠刻本　十册

匡高 20.4 厘米，廣 13.6 厘米。半葉十一行，行二十字，白口，四周單邊。有“來蕃之印”“王氏忠父”等印。中山大學圖書館藏。第二批國家名録號 06083。

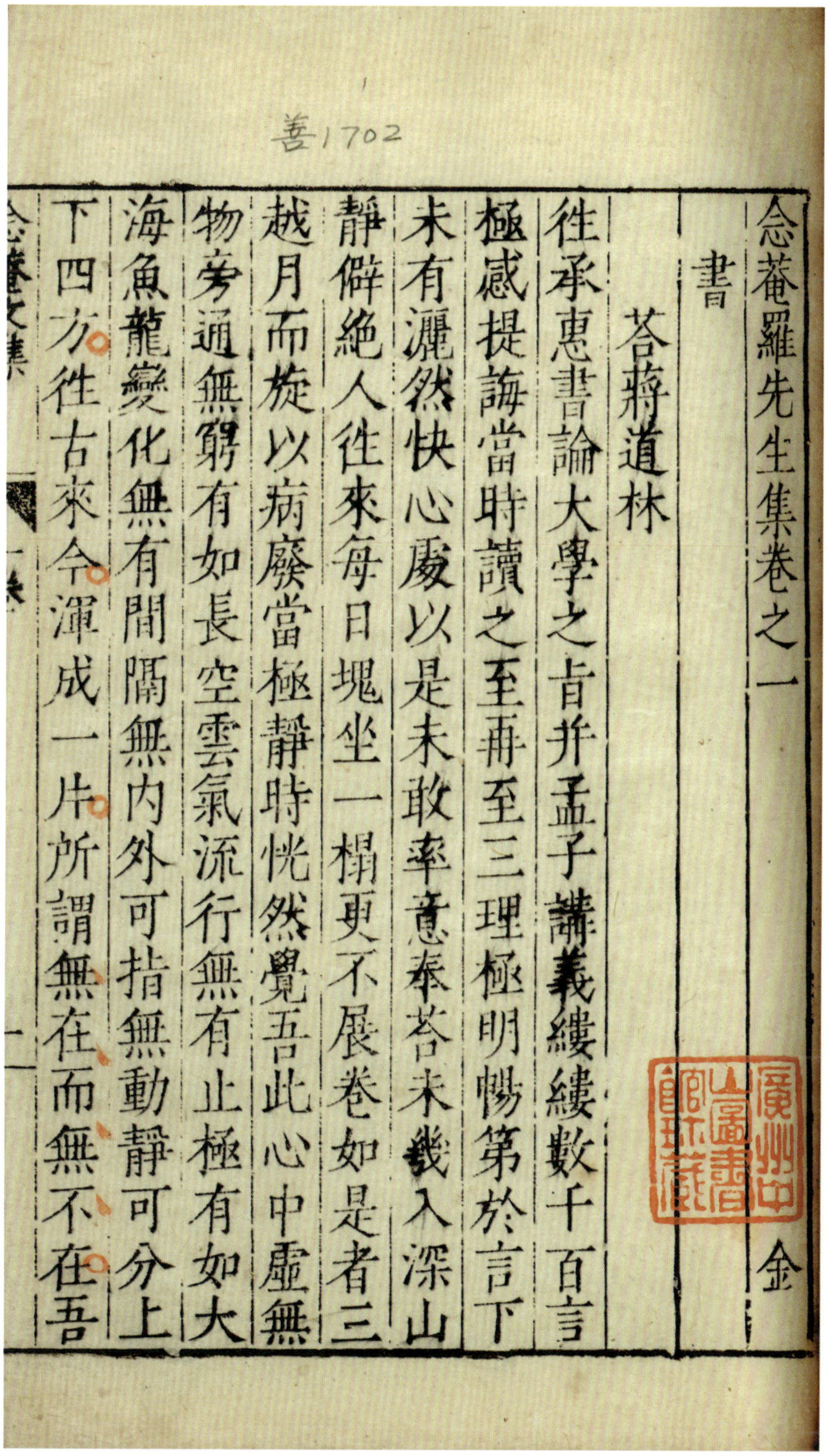

念菴羅先生集卷之一　　金
書
荅蔣道林
往承惠書論大學之旨幷孟子講義縷縷數千百言
極感提誨當時讀之至再至三理極明暢第於言下
未有灑然快心處以是未敢率意奉荅末幾入深山
靜僻絶人往來每日塊坐一榻更不展卷如是者三
越月而旋以病廢當極靜時恍然覺吾此心中虛無
物旁通無窮有如長空雲氣流行無有止極有如大
海魚龍變化無有間隔無内外可指無動靜可分上
下四方往古來今渾成一片所謂無在而無不在吾

念菴羅先生集十三卷　（明）羅洪先撰　明嘉靖四十三年（1564）甄津刻本　十二册

匡高 20.6 厘米，廣 14.3 厘米。半葉十一行，行二十字，白口，四周單邊。廣東省立中山圖書館藏。第二批國家名録號 06084。

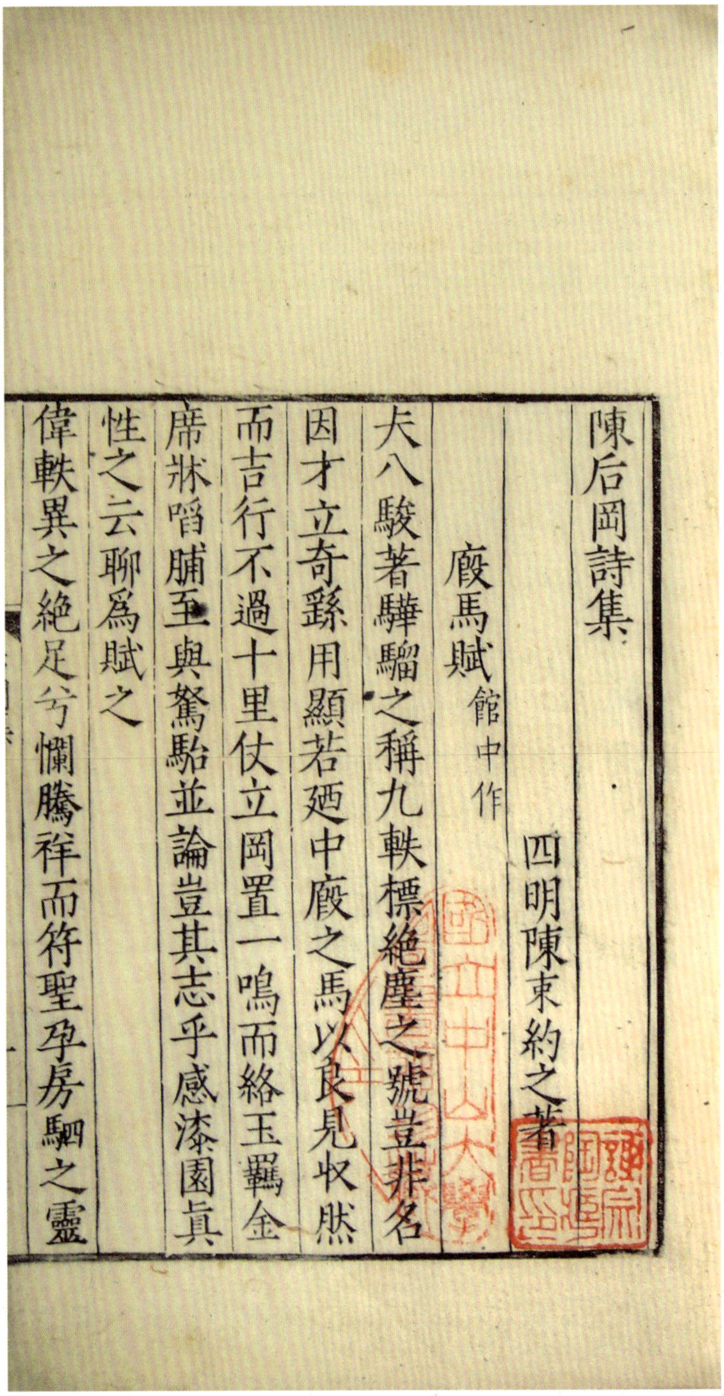

陳后岡詩集一卷文集一卷　（明）陳束撰　明嘉靖二十五年（1546）張時徹刻本　一册

匡高 18.7 厘米，廣 14.1 厘米。半葉九行，行十八字，白口，左右雙邊。有“崑崙山人”“少衡”“無竟先生獨志堂物”等印。中山大學圖書館藏，存一卷（詩集）。第三批國家名録號 09215。

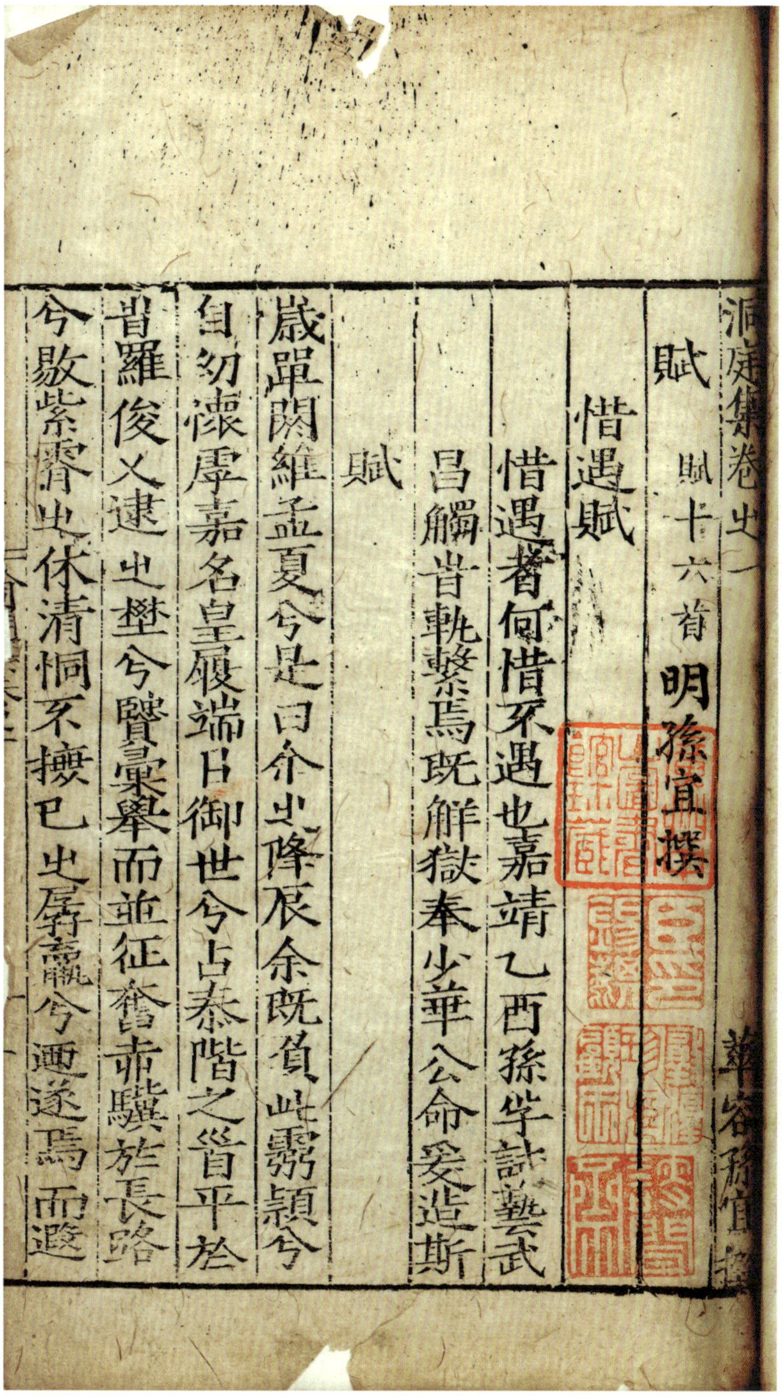

洞庭集五十三卷　（明）孫宜撰　明嘉靖三十二年（1553）孫宗刻本　十六册

匡高 18 厘米，廣 13.8 厘米。半葉十行，行二十字，白口，四周單邊。有"謏聞齋"等印。

廣東省立中山圖書館藏。第二批國家名録號 06095。

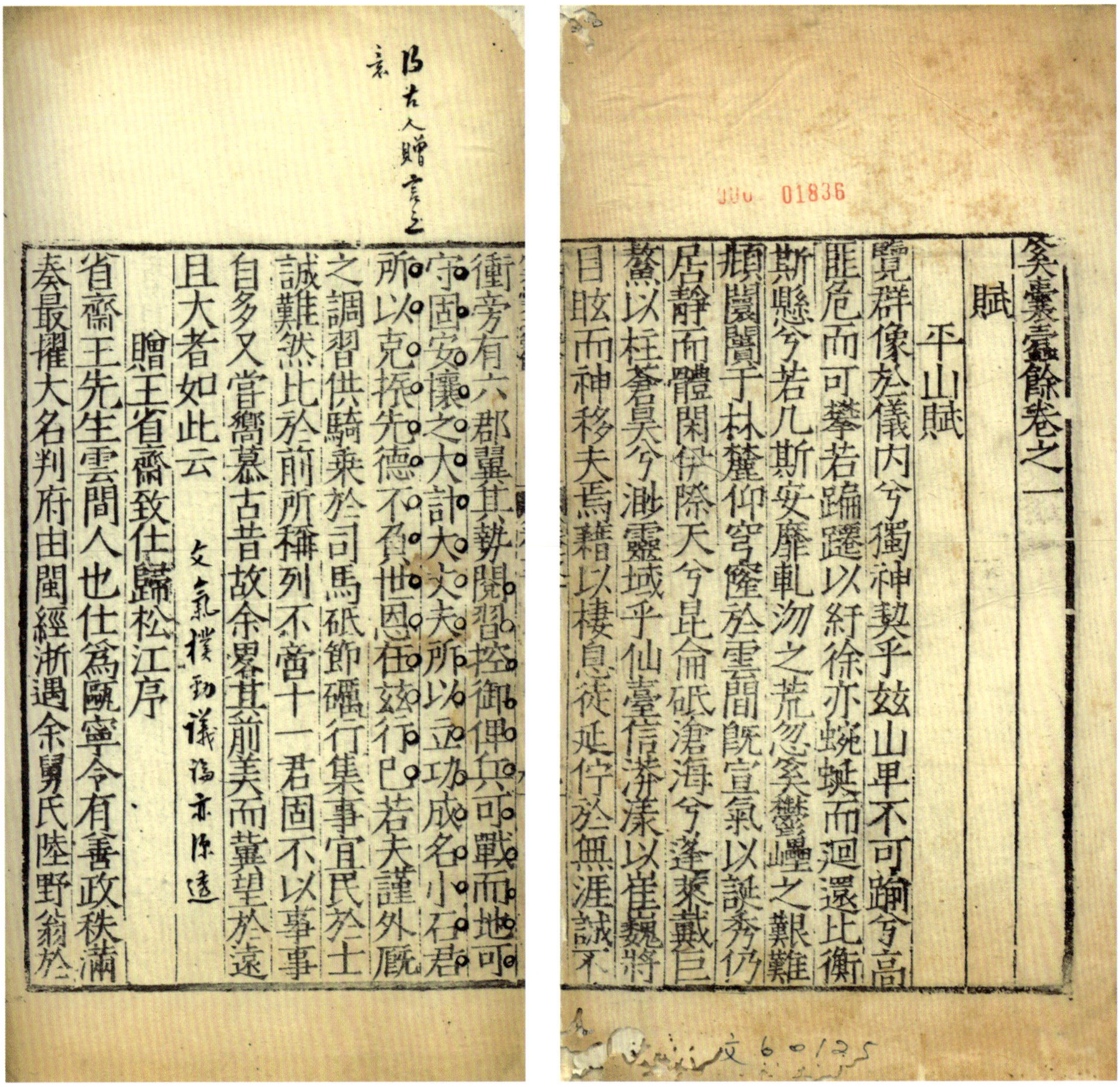

奚囊蠹餘二十卷　（明）張瀚撰　明隆慶六年（1572）李敏德刻本（有抄配）　八册

匡高 19.9 厘米，廣 13.4 厘米。半葉十行，行十九字，白口，四周單邊。佚名批校。中山大學圖書館藏（卷十八至二十抄補）。第二批國家名録號 06101。

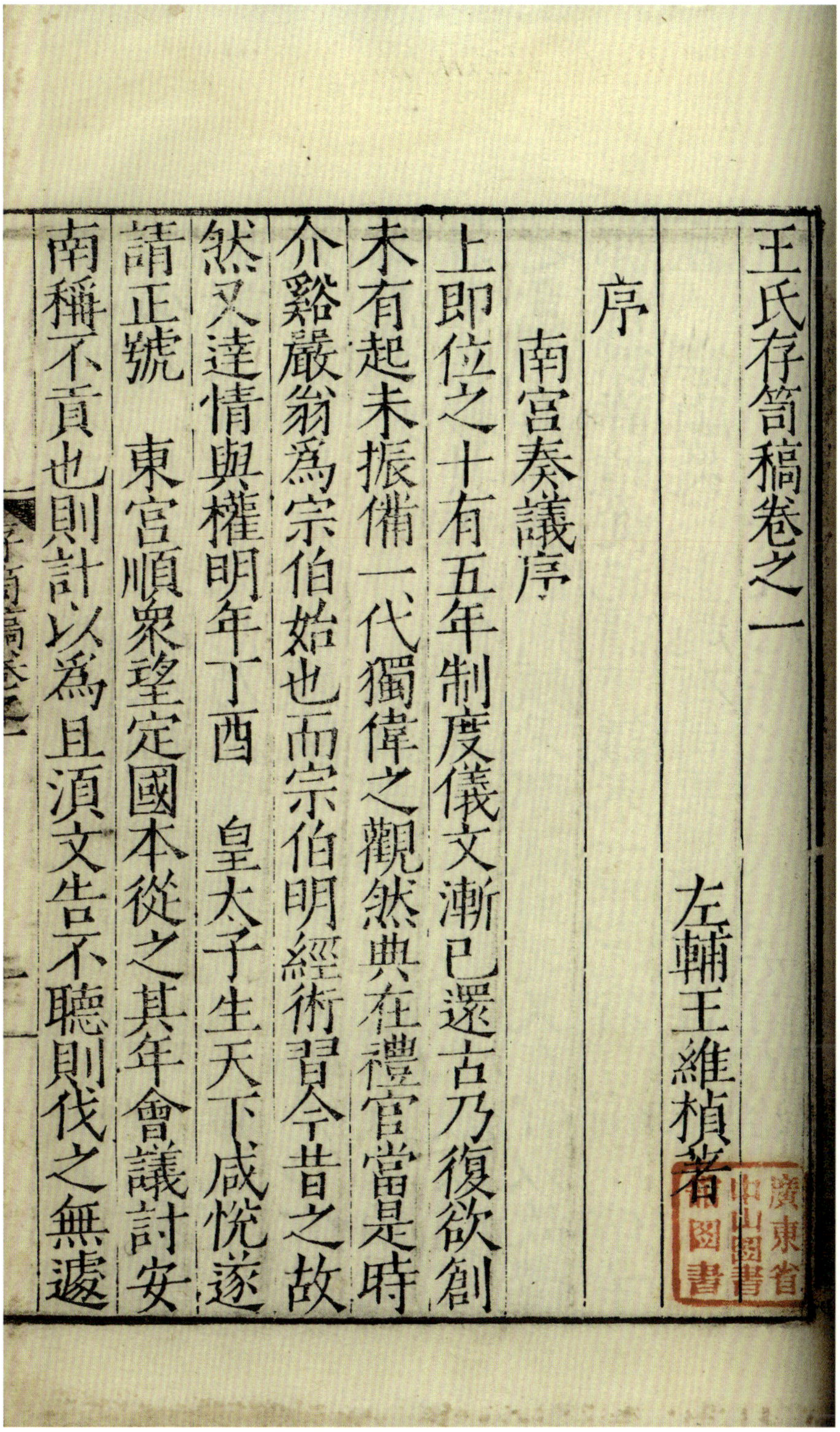
王氏存笥稿卷之一

序　　左輔王維楨著

南宮奏議序

上即位之十有五年制度儀文漸已還古乃復欲創
未有起未振備一代獨偉之觀然典在禮官當是時
介谿嚴翁爲宗伯始也而宗伯明經術習今昔之故
然又達情與權明年丁酉　皇太子生天下咸恍遂
請正號　東宮順衆望定國本從之其年會議討安
南稱不貢也則計以爲且須文告不聽則伐之無遽

王氏存笥稿二十卷　（明）王維楨撰　明嘉靖三十七年（1558）趙忻刻本　八册

匡高 19.7 厘米，廣 14.5 厘米。半葉十行，行二十字，白口，左右雙邊。廣東省立中山圖書館藏。第二批國家名録號 06107。

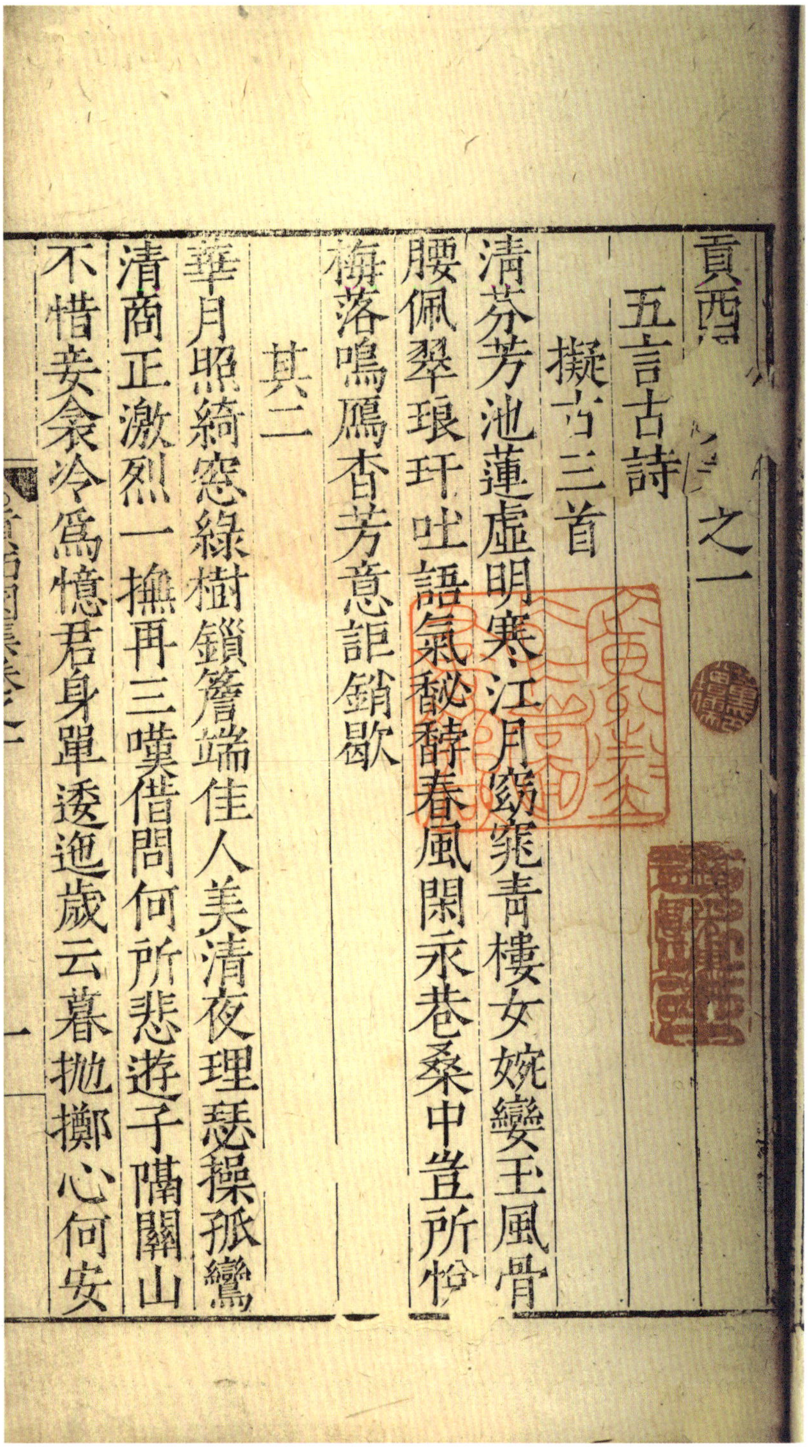

貢西園集卷之一

五言古詩

擬古三首

清芬芳池蓮虛明寒江月窈窕青樓女婉孌玉風骨腰佩翠琅玕吐語氣馝馞春風閑永巷桑中豈所悅梅落鳴鴈杳芳意詎銷歇

其二

華月照綺窻綠樹鎖簷端佳人美清夜理瑟操孤鸞清商正激烈一撫再三嘆借問何所悲遊子隔關山不惜妾衾冷爲憶君身單逶迤歲云暮拋擲心何安

貢西園集卷之一　一

貢西園集三卷遺訓六卷　（明）貢鏞撰　（明）貢汝成輯　明隆慶六年（1572）刻本　四册

匡高 19.3 厘米，廣 13.9 厘米。半葉十行，行二十字，白口，左右雙邊。有"董增儒印"等印。廣東省立中山圖書館藏。第二批國家名録號 06126。

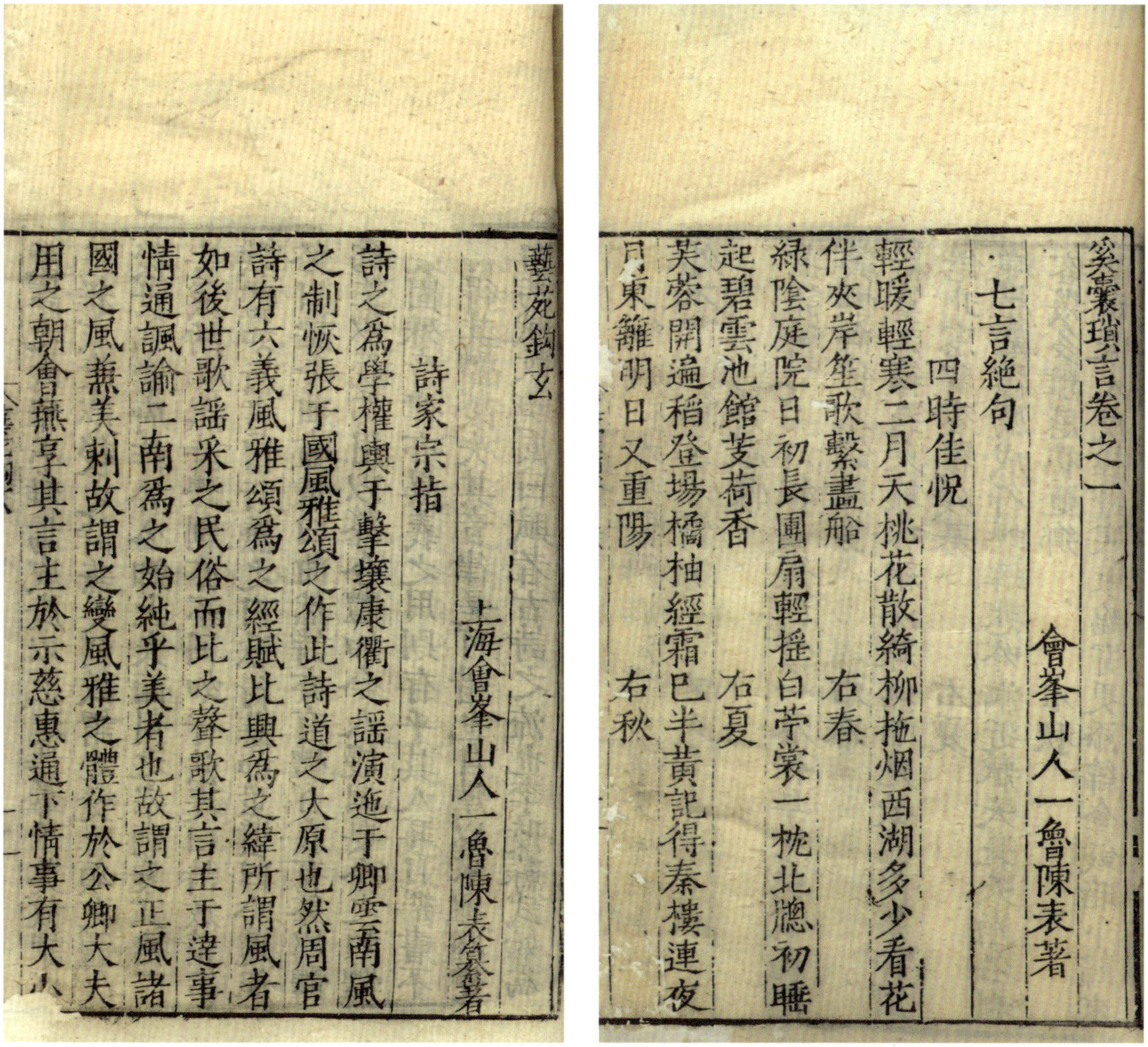
奚囊瑣言卷之一
會峯山人一魯陳表著
七言絶句
四時佳悅
輕暖輕寒二月天桃花散綺柳拖烟西湖多少看花
伴夾岸笙歌繫畫船　右春
緑陰庭院日初長團扇輕摇白苧裳一枕北牕初睡
起碧雲池館芰荷香　右夏
芙蓉開遍稻登場橘柚經霜已半黄記得秦樓連夜
月東籬明日又重陽　右秋

藝苑鉤玄
上海會峯山人一魯陳表著
詩家宗指
詩之爲學權輿于擊壤康衢之謡演迤于卿雲南風
之制恢張于國風雅頌之作此詩道之大原也然周官
詩有六義風雅頌爲之經賦比興爲之緯所謂風者
如後世歌謡采之民俗而比之聲歌其言主于達事
情通諷諭二南爲之始純乎美者也故謂之正風諸
國之風兼美刺故謂之變風雅之體作於公卿大夫
用之朝會燕享其言主於示慈惠通下情事有大小

奚囊瑣言四卷藝苑鈎玄一卷　（明）陳表撰　明隆慶元年（1567）自刻本　四册

匡高 17.1 厘米，廣 11.9 厘米。半葉十行，行二十字，白口，左右雙邊。有“璜川吴氏收藏圖書”等印。中山大學圖書館藏。第二批國家名録號 06130。

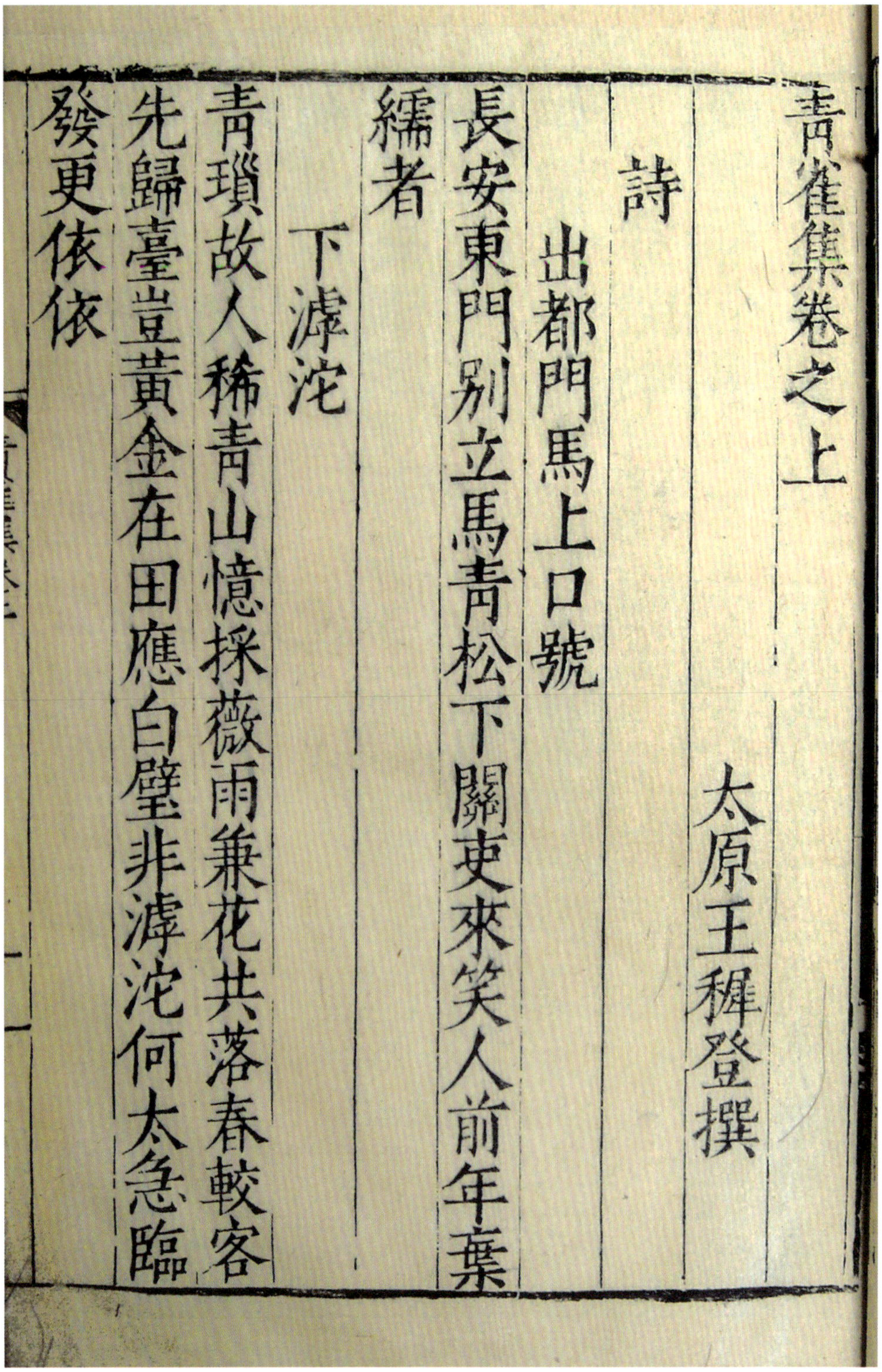

青雀集卷之上

太原王穉登撰

詩

出都門馬上口號

長安東門別立馬青松下關吏來笑人前年棄繻者

下滹沱

青瑣故人稀青山憶採薇雨兼花共落春較客先歸臺豈黃金在田應白璧非滹沱何太急臨發更依依

青雀集二卷　（明）王穉登撰　明隆慶四年（1570）朱宅快閣刻本　一册

匡高 19.4 厘米，廣 13.6 厘米。半葉十行，行十八字，白口，左右雙邊。有“長洲顧氏家藏書”“顧九防印”等印。中山大學圖書館藏。第三批國家名録號 09239。

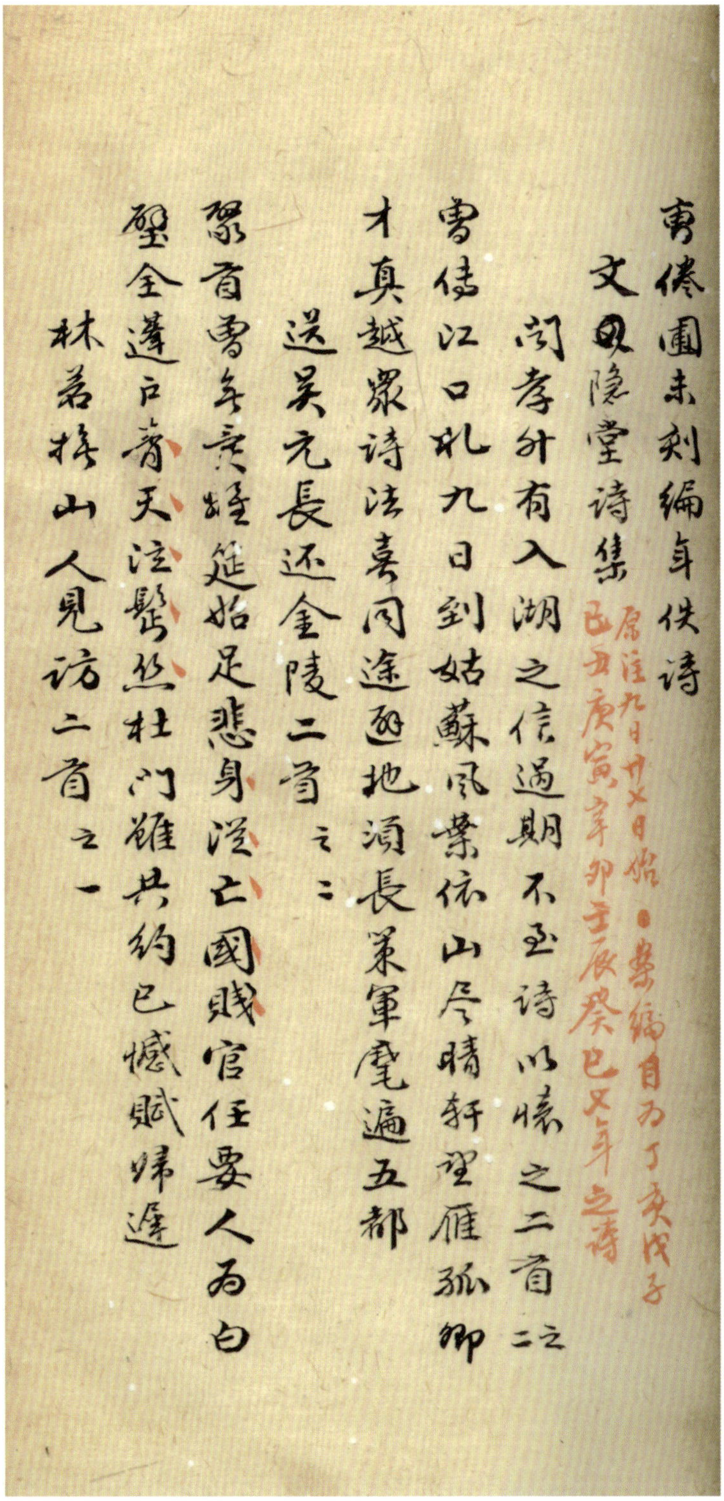

曹倦圃未刻編年佚詩不分卷 （清）曹溶撰　清抄本　五册

廣東省立中山圖書館藏。第三批國家名録號09288。

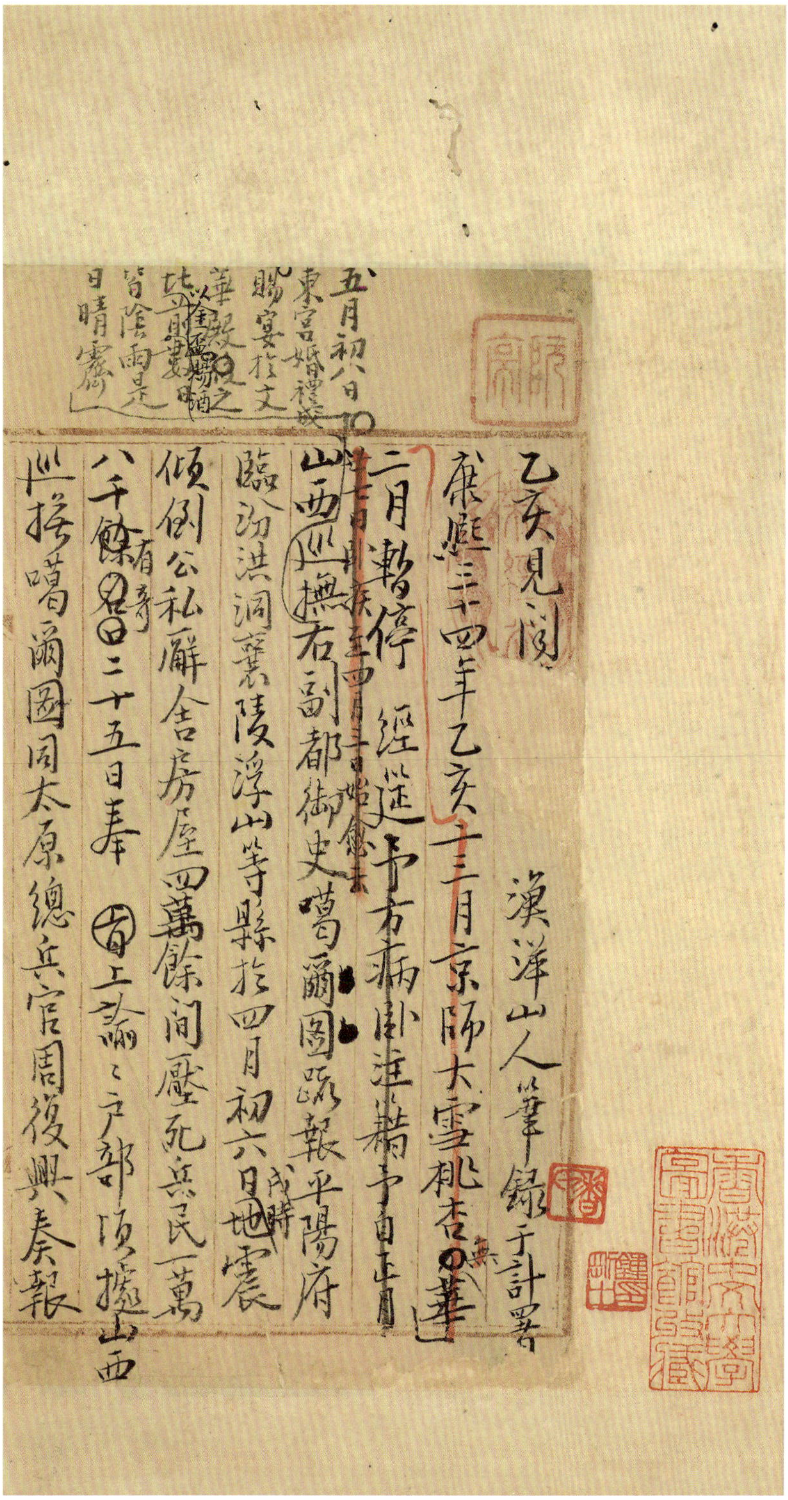

乙亥見聞不分卷 （清）王士禛撰 清康熙三十四年（1695）稿本 一册

有“阮亭”“帶經堂”“香氏”“鍾剛中印”等印，陳融題記。香港中文大學圖書館藏。

第六批國家名録號 12691。

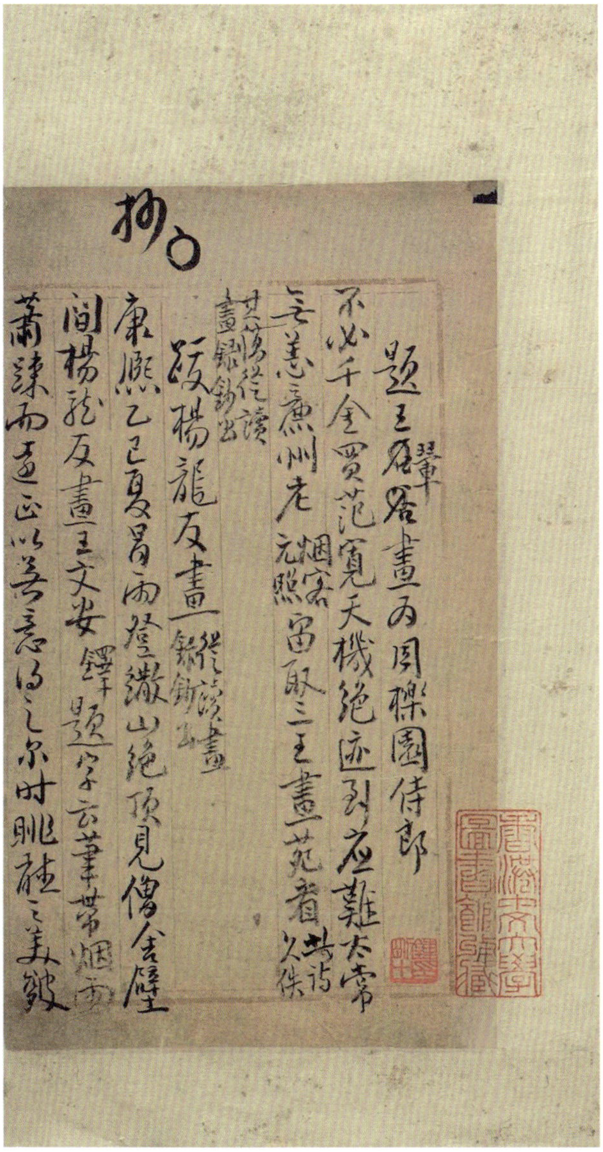

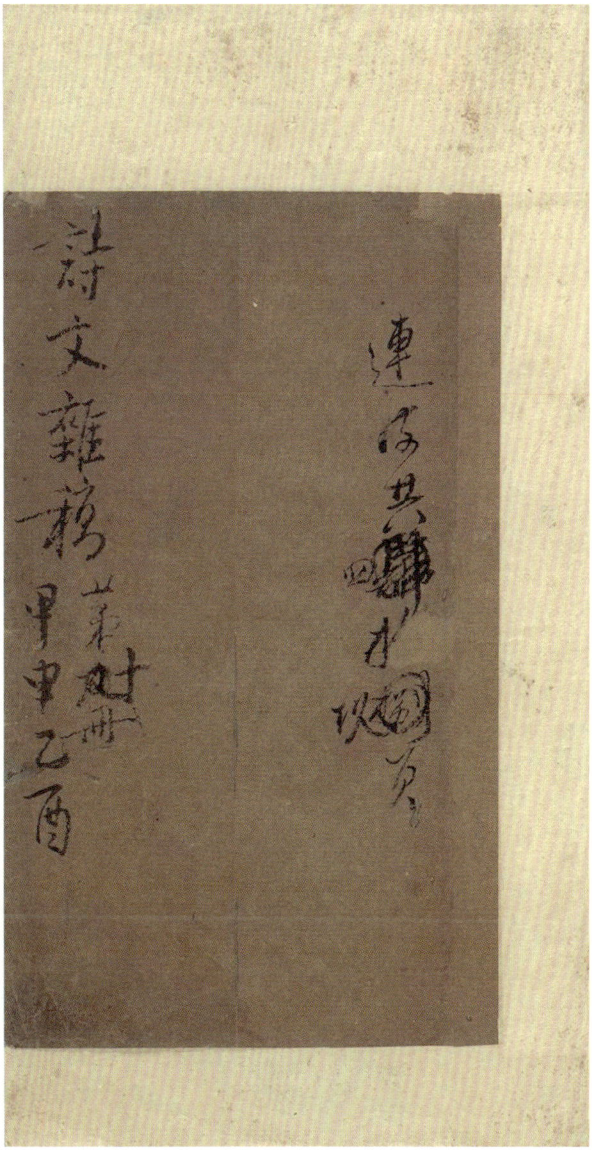

詩文雜稿不分卷　（清）王士禛撰　清康熙四十三至四十四年（1704–1705）稿本

二册

有“鍾剛中印”等印。香港中文大學圖書館藏。第六批國家名録號 12833。

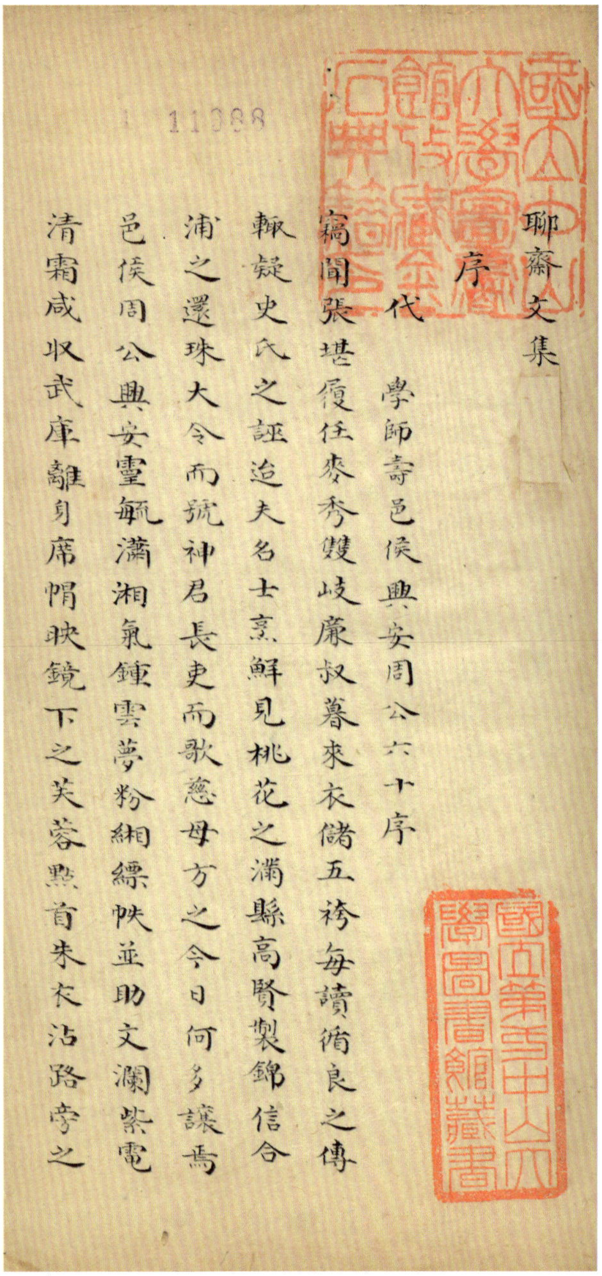

聊齋文集

序

代 學師壽邑侯興安周公六十序

竊聞張堪履任麥秀雙岐廉叔暮來衣儲五袴每讀循良之傳輒疑史氏之誣迨夫名士烹鮮見桃花之滿縣高賢製錦信合浦之還珠大令而號神君長吏而歌慈母方之今日何多讓焉邑侯周公興安靈毓瀟湘氣鍾雲夢粉緗縹帙並助文瀾紫電清霜咸收武庫離身席帽映鏡下之芙蓉點首朱衣沾路旁之

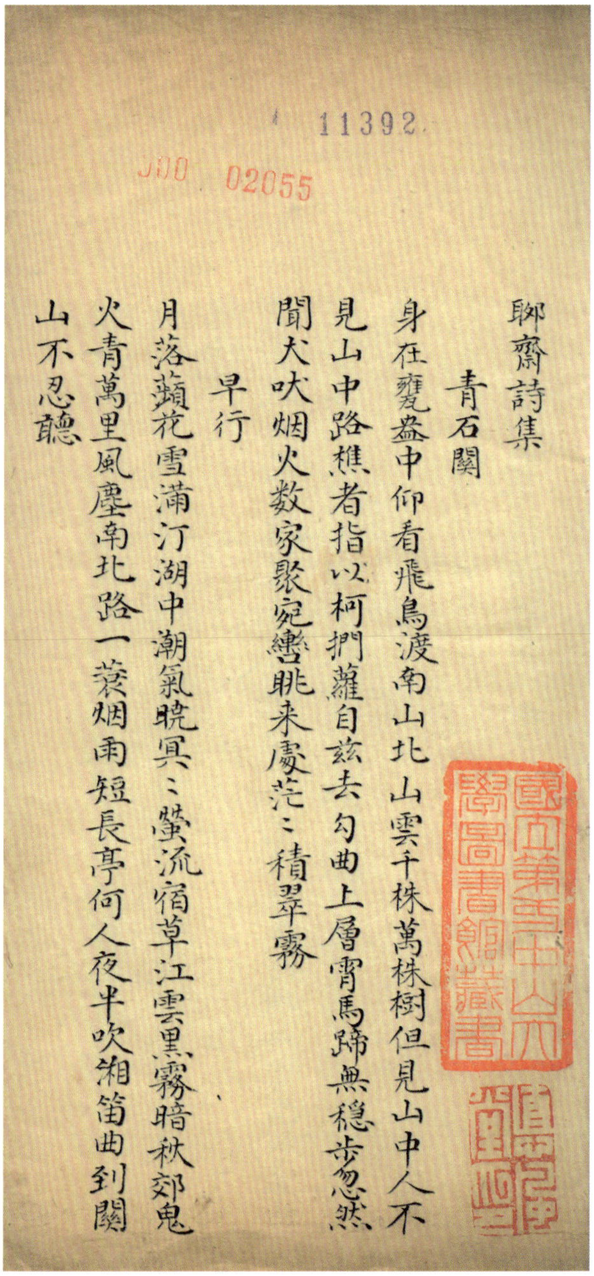

聊齋詩集

青石關

身在甕盎中仰看飛鳥渡南山北山雲千株萬株樹但見山中人不見山中路樵者指以柯捫蘿自茲去勾曲上層霄馬蹄無穩步忽然聞犬吠烟火數家聚宛轡眺來處茫茫積翠霧

早行

月落蘋花雪滿汀湖中潮氣曉冥冥螢流宿草江雲黑霧暗秋郊鬼火青萬里風塵南北路一蓑烟雨短長亭何人夜半吹湘笛曲到關山不忍聽

聊齋詩文集不分卷　（清）蒲松齡撰　清抄本　六册

佚名録王士禛題識。有“德風堂印”等印。中山大學圖書館藏。第三批國家名録號09300。

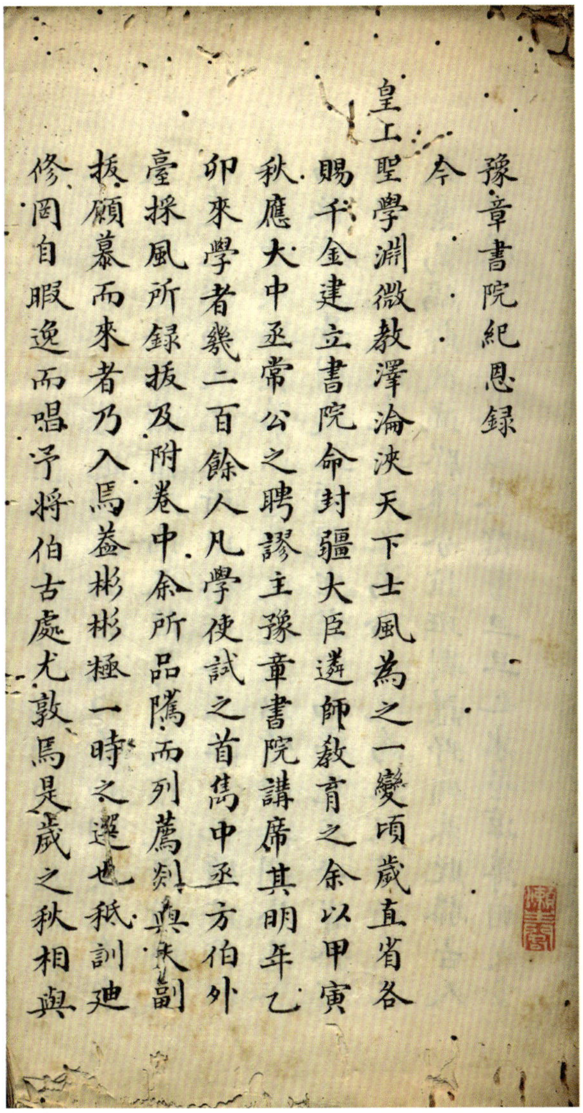
豫章書院紀恩録
今
皇上聖學淵微教澤淪浹天下士風為之一變頃歲直省各
賜千金建立書院命封疆大臣遴師教育之余以甲寅
秋應大中丞常公之聘謬主豫章書院講席其明年乙
卯來學者幾二百餘人凡學使試之首雋中丞方伯外
臺採風所録拔及附卷中余所品隲而列薦剡與副
拔顧慕而來者乃入焉蓋彬彬極一時之選也秪訓迪
修罔自暇逸而唱予將伯古處尤敦焉是歲之秋相與

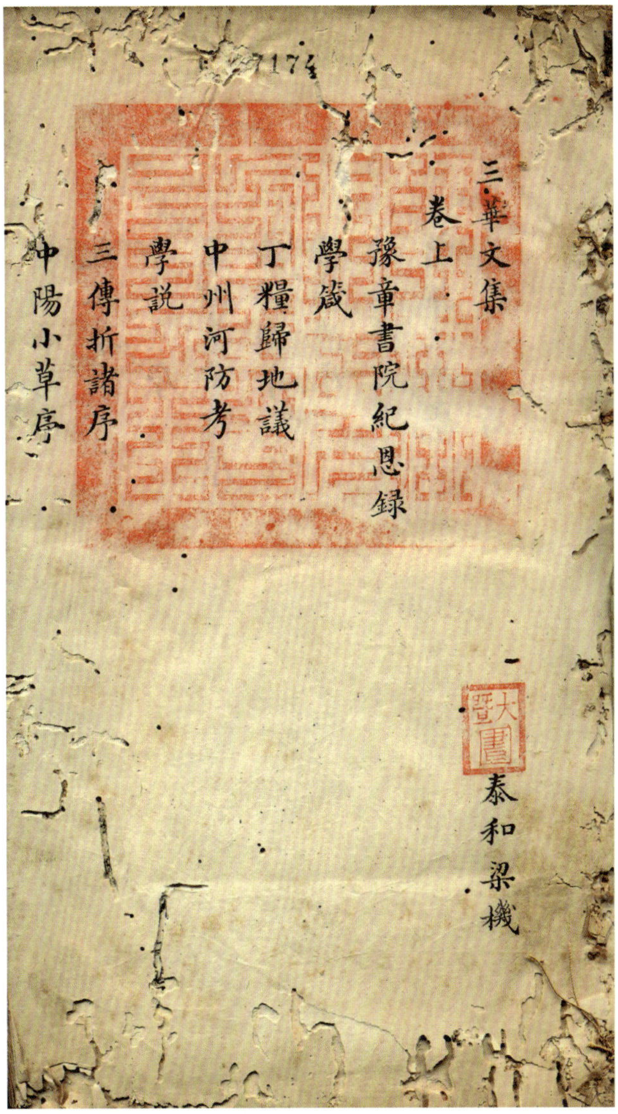
三華文集
卷上
豫章書院紀恩録
學箴
丁糧歸地議
中州河防考
學説
三傳折諸序
中陽小草序
泰和梁機

三華文集二卷　（清）梁機撰　清抄本　二册

有“翰林院印”等印。暨南大學圖書館藏。第三批國家名録號 09309。

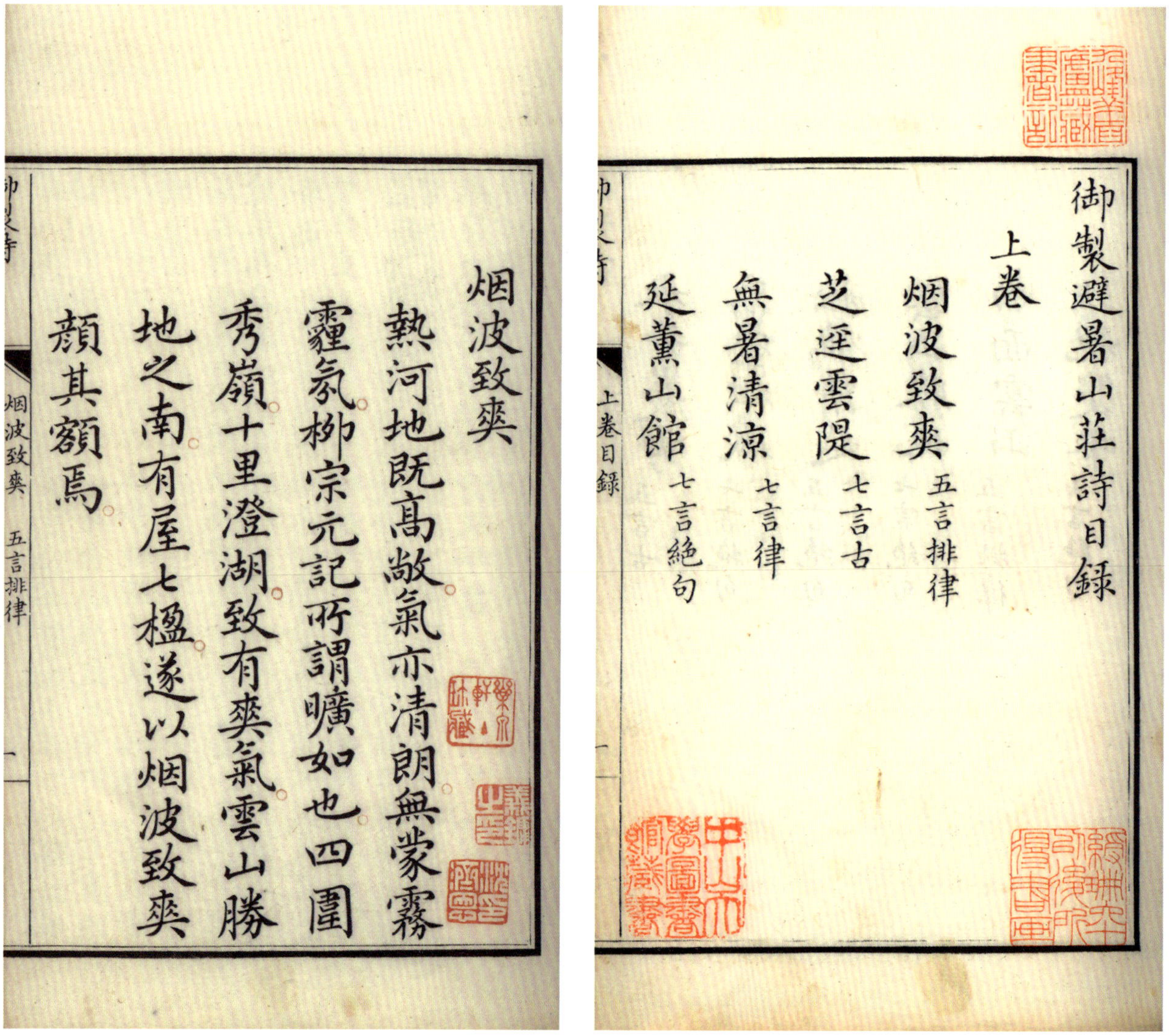

御製避暑山莊詩目録

上卷

烟波致爽 五言排律

芝逕雲隄 七言古

無暑清涼 七言律

延薰山館 七言絶句

御製詩 上卷目録

烟波致爽

熱河地既高敞氣亦清朗無蒙霧霾氛柳宗元記所謂曠如也四圍秀嶺十里澄湖致有爽氣雲山勝地之南有屋七楹遂以烟波致爽顏其額焉

御製詩 烟波致爽 五言排律 一

御製避暑山莊詩二卷　（清）高宗弘曆撰　清乾隆六年（1741）内府刻朱墨套印本　二册

匡高 19.8 厘米，廣 13.3 厘米。半葉六行，行字不等，小字雙行二十一字，白口，四周雙邊。有“綏珊六十以後所得書畫”“九峰舊廬藏書記”等印。中山大學圖書館藏。第三批國家名録號 09316。

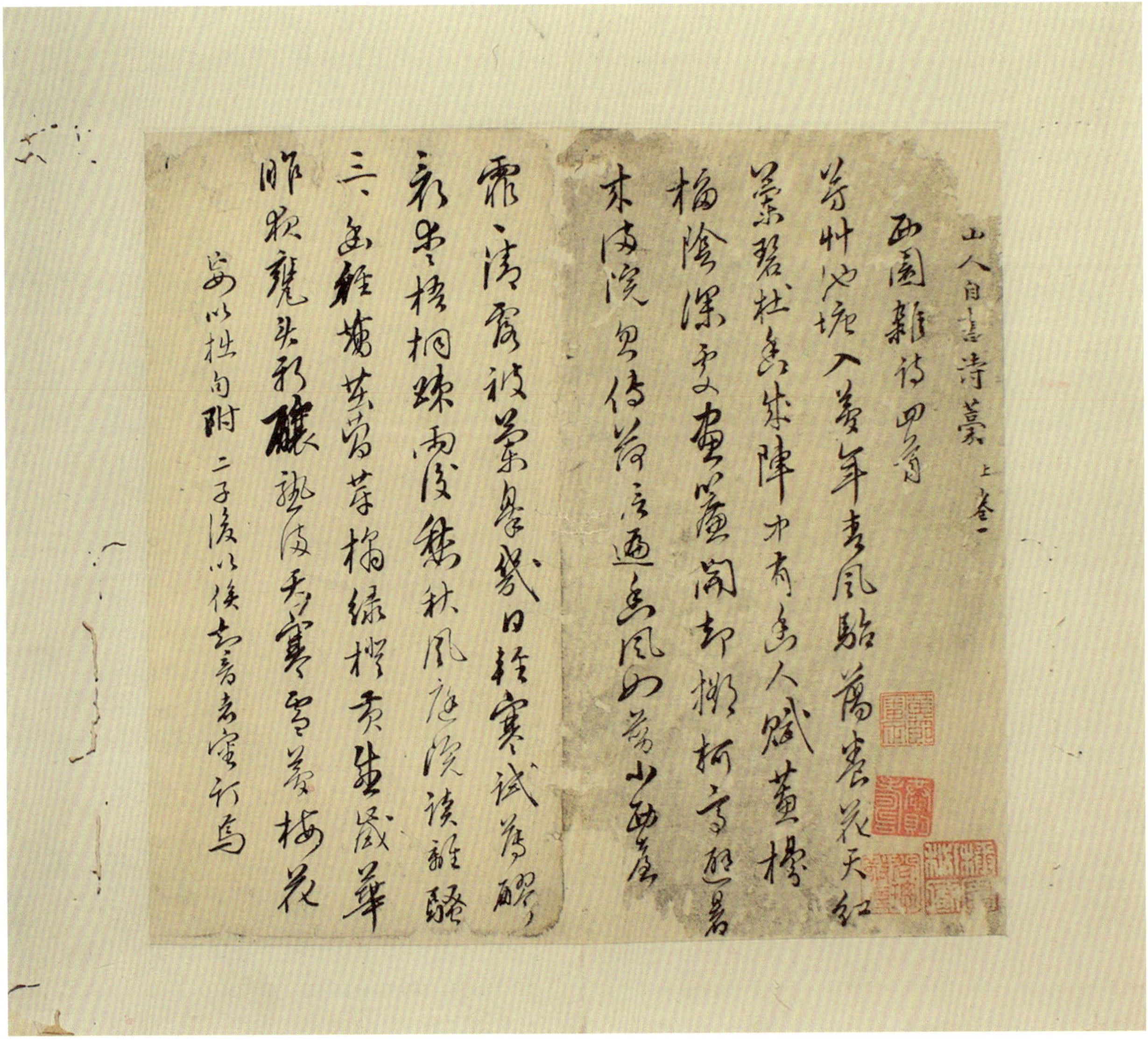

石雲山人詩藁不分卷　（清）吴榮光撰　稿本　三册

經折裝。有“黄節審定”等印。佛山市圖書館藏。第二批國家名録號06174。

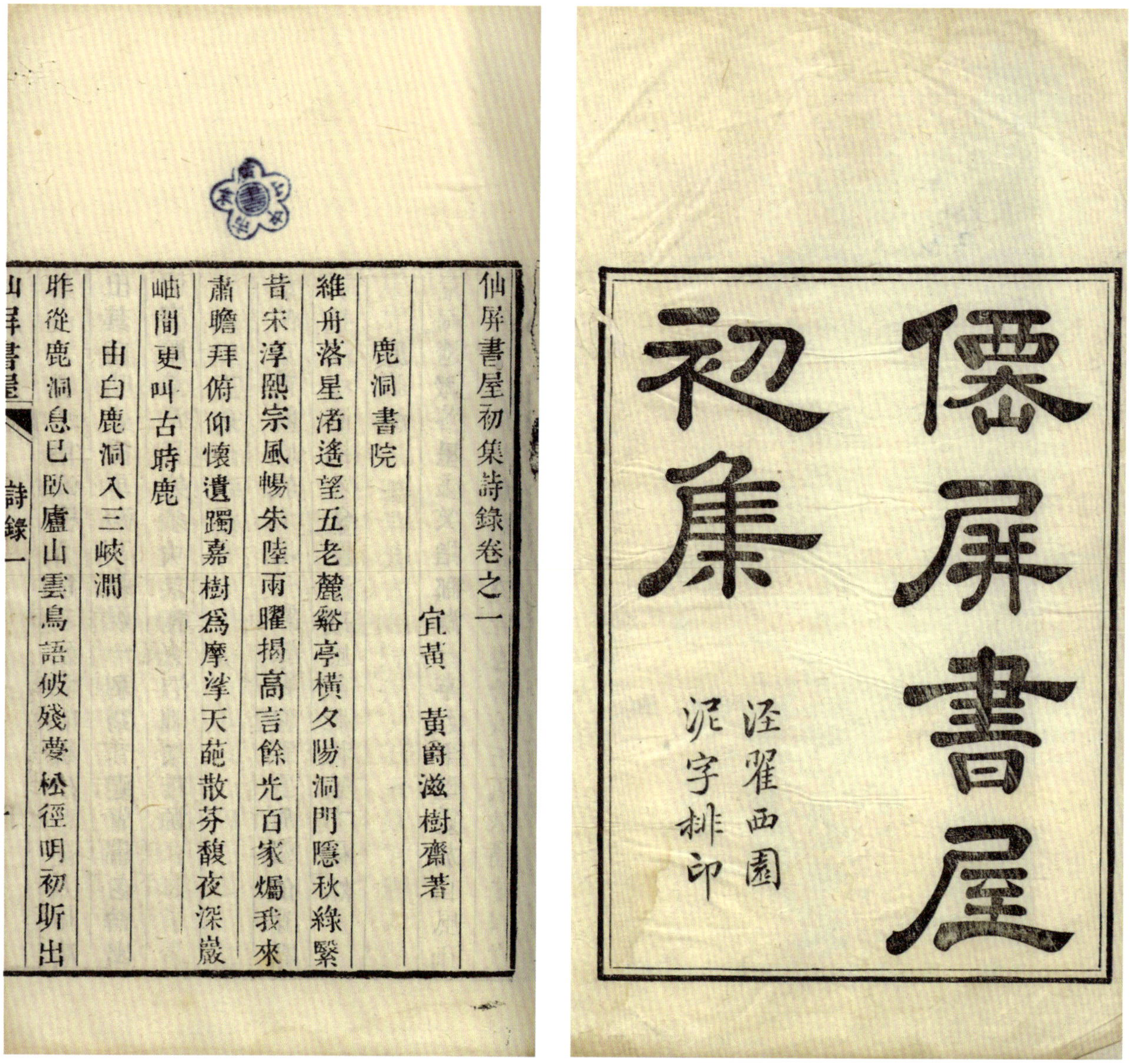

仙屏書屋初集詩録十六卷後録二卷　（清）黃爵滋撰　清道光二十七年（1847）涇縣翟金生泥活字印本　三册

匡高17.5厘米，廣12.5厘米。半葉九行，行二十一字，白口，左右雙邊。有"黃梅花屋所藏"印。廣東省立中山圖書館藏。第一批國家名録號02150。

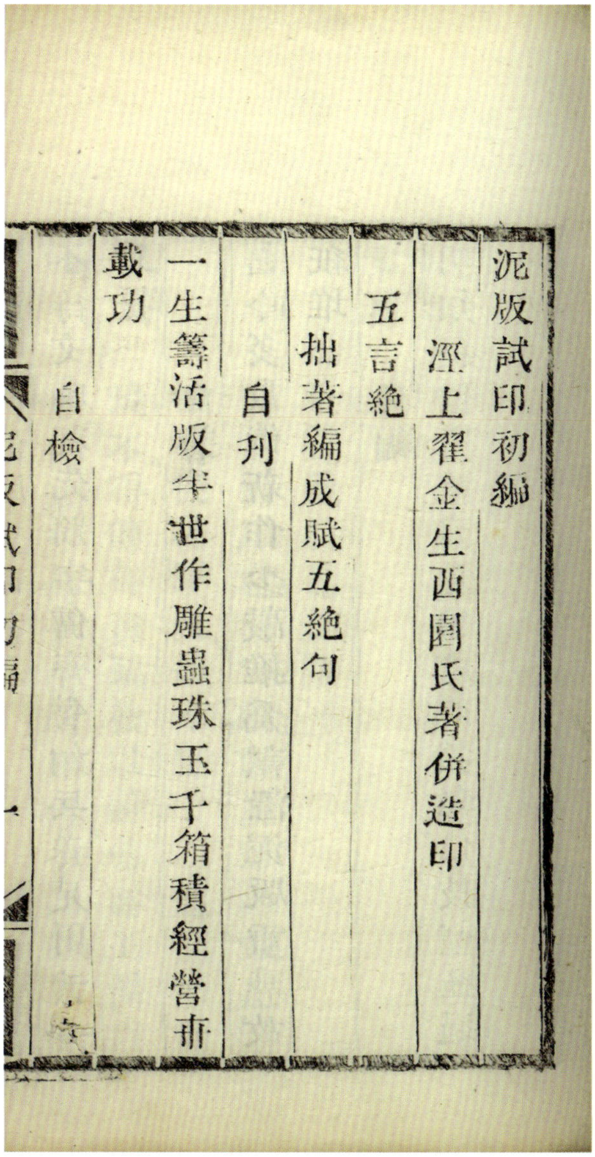

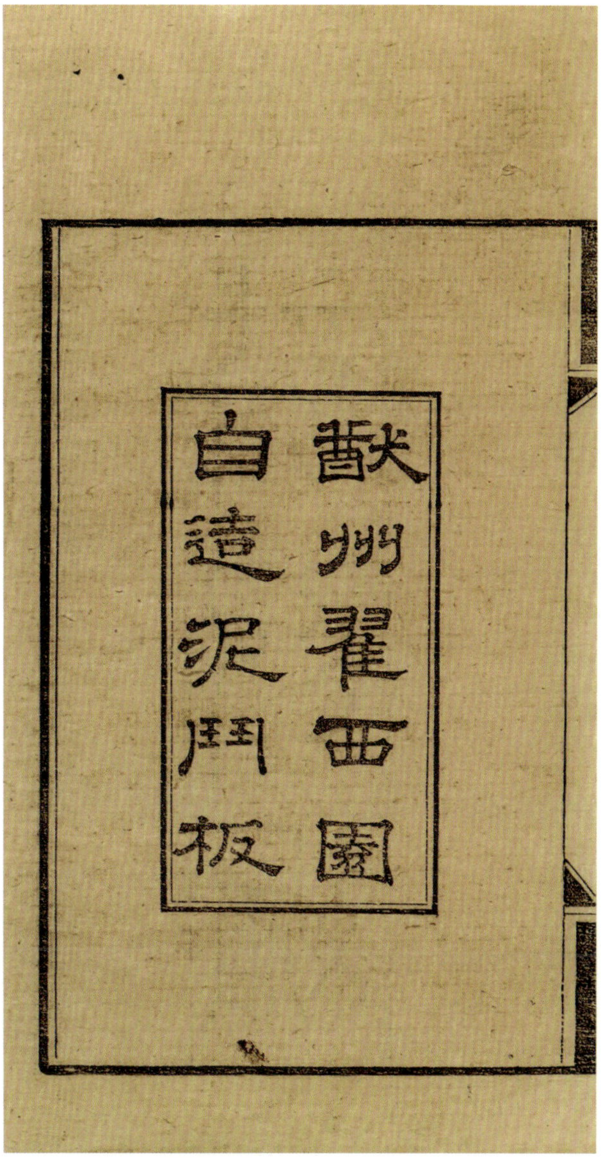

泥版試印初編十一卷　（清）翟金生撰　清道光二十四年（1844）翟金生泥活字印本　二册

匡高 17.4 厘米，廣 11.2 厘米。半葉八行，行十八字，黑口，左右雙邊。有“猷州翟西園自造泥門板”牌記。廣東省立中山圖書館藏。第一批國家名録號 02147。

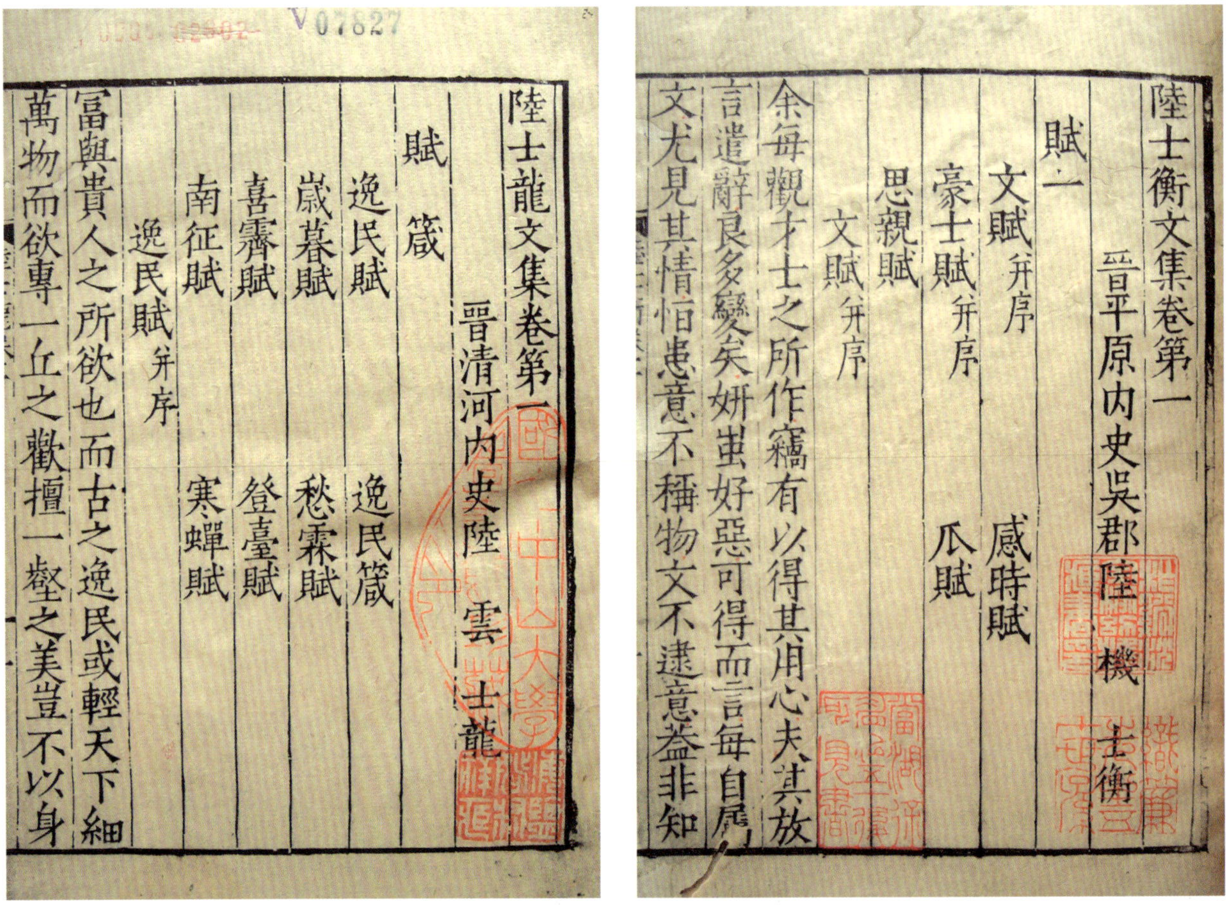
陸士衡文集卷第一
晉平原內史吳郡陸機士衡
賦一
文賦并序　感時賦
豪士賦并序　瓜賦
思親賦
文賦并序
余每觀才士之所作竊有以得其用心夫其放
言遣辭良多變矣妍蚩好惡可得而言每自屬
文尤見其情恒患意不稱物文不逮意蓋非知

陸士龍文集卷第一
晉清河內史陸雲士龍
賦
逸民賦　逸民箴
歲暮賦　愁霖賦
喜霽賦　登臺賦
南征賦　寒蟬賦
逸民賦并序
富與貴人之所欲也而古之逸民或輕天下細
萬物而欲專一丘之歡擅一壑之美豈不以身

晉二俊文集二十卷　明正德十四年（1519）陸元大刻本　二册

匡高 17.7 厘米，廣 12.8 厘米。半葉十行，行十八字，白口，左右雙邊。有“海鹽姚叔祥藏”等印。中山大學圖書館藏。第二批國家名録號 06184。

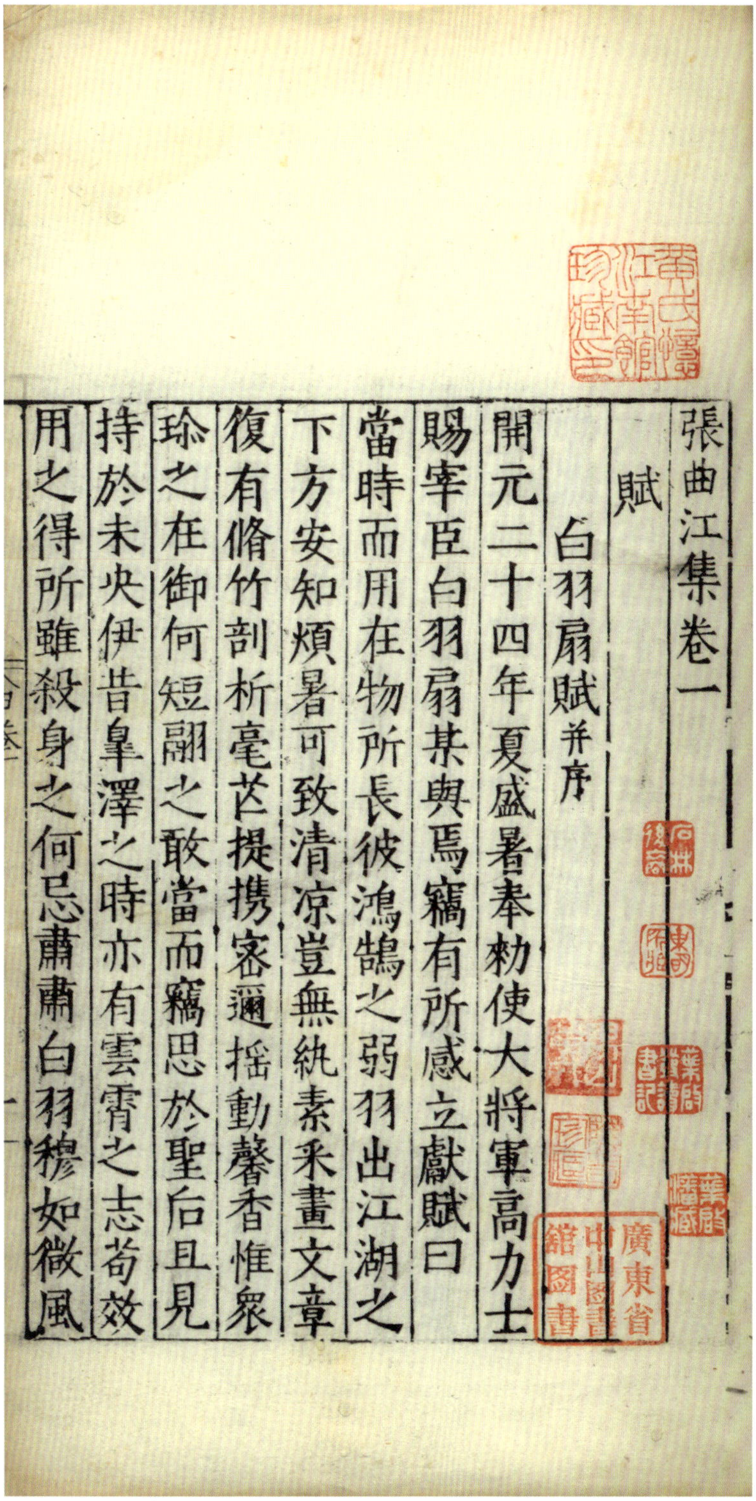
張曲江集卷一
賦
白羽扇賦并序
開元二十四年夏盛暑奉勑使大将軍高力士
賜宰臣白羽扇某與焉竊有所感立獻賦曰
當時而用在物所長彼鴻鵠之弱羽出江湖之
下方安知煩暑可致清涼豈無紈素采畫文章
復有脩竹剖析毫芒提攜密邇揺動馨香惟衆
珍之在御何短翮之敢當而竊思於聖后且見
持於未央伊昔臯澤之時亦有雲霄之志苟效
用之得所雖殺身之何忌肅肅白羽穆如微風

二張集四卷　（唐）張九齡　張説撰　（明）高叔嗣編　明刻本　一册

匡高 17.8 厘米，廣 13.7 厘米。半葉十一行，行十八字，白口，四周單邊。有“東明所藏”“石林後裔”等印。廣東省立中山圖書館藏，存二卷（張曲江集）。第五批國家名録號 12024。

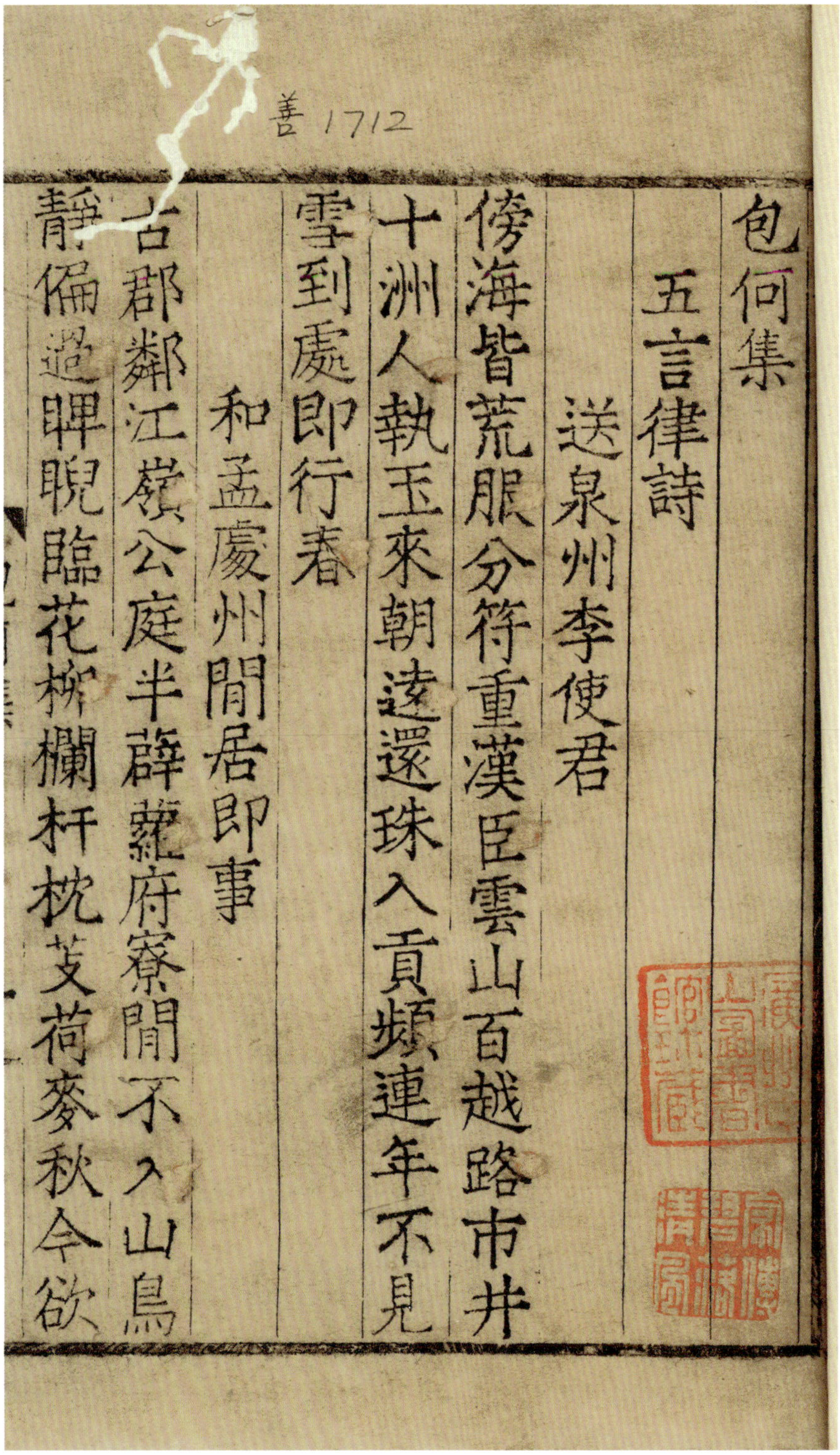

包何集一卷 （唐）包何撰 **包佶集一卷** （唐）包佶撰 明銅活字印本 一册

匡高 19.1 厘米，廣 13.1 厘米。半葉九行，行十七字，白口，左右雙邊。有“家傳碧落清風”“遊乎象帝之先”印。廣東省立中山圖書館藏。第一批國家名録號 02028。

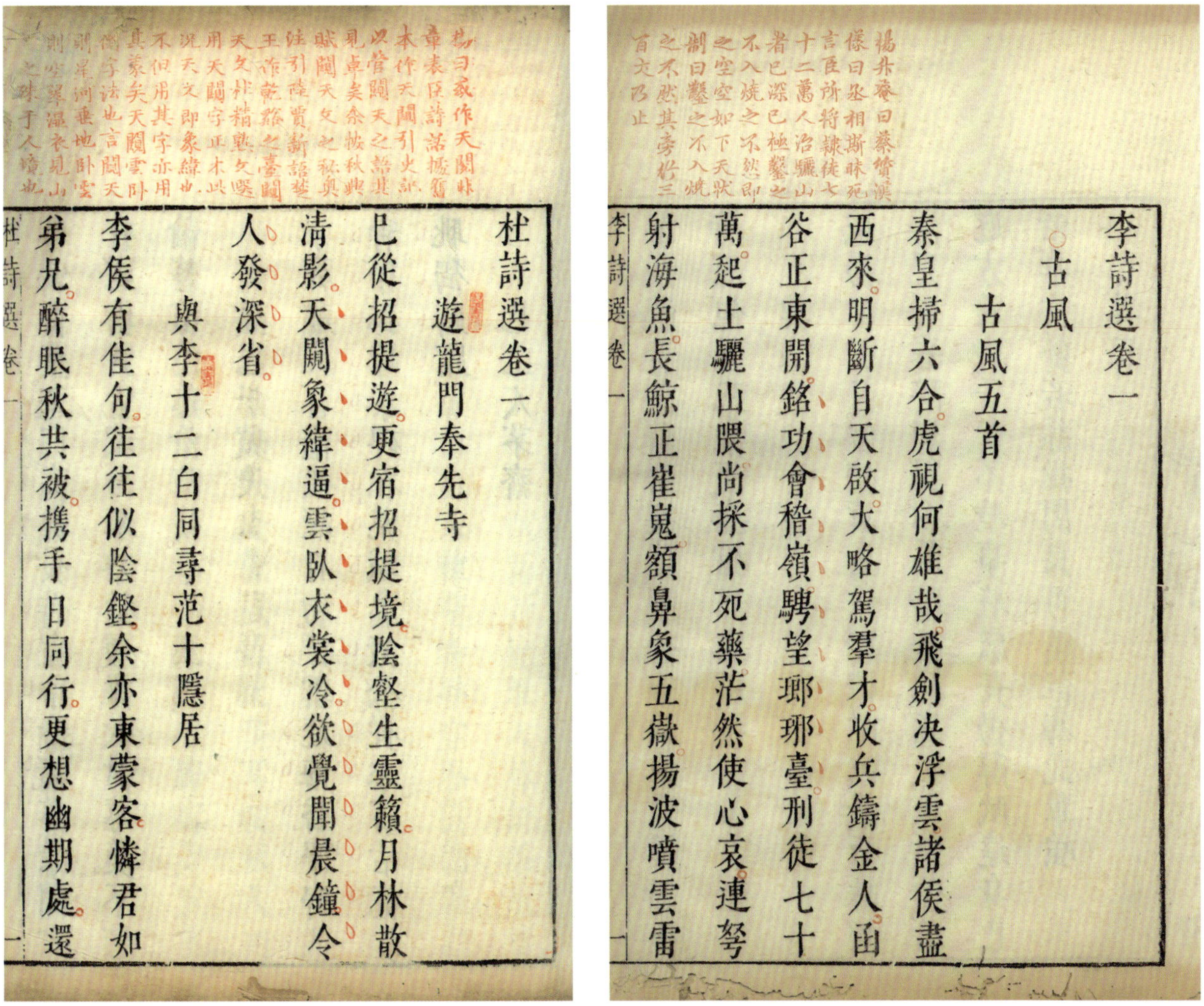

李杜詩選十一卷　（明）張含輯　（明）楊慎等評　明刻朱墨套印本　四册

匡高 20.2 厘米，廣 14.6 厘米。半葉八行，行十八字，白口，四周單邊。有“鄒魯”“清新優逸”等印。中山大學圖書館藏。第一批國家名録號 02164。

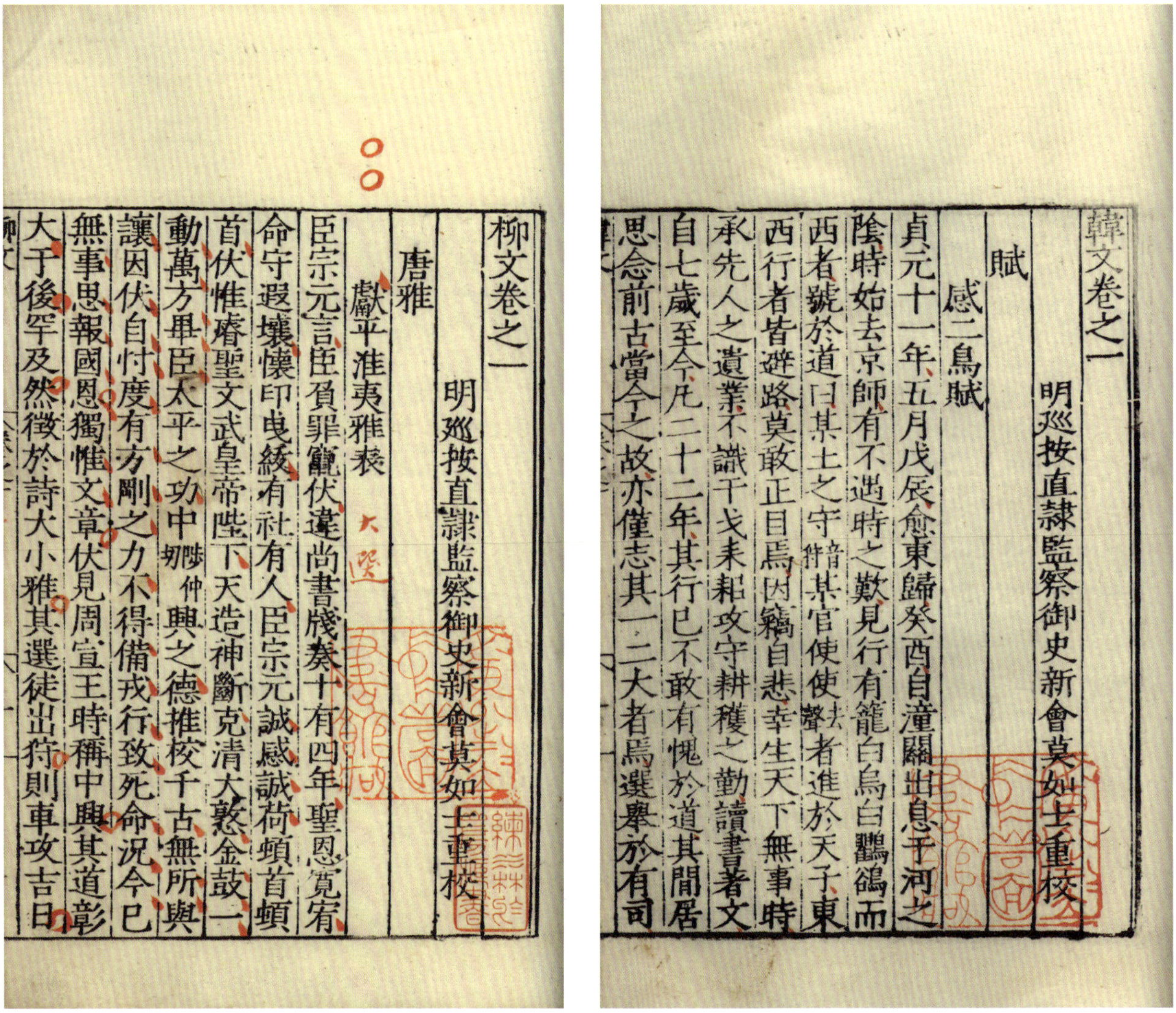
柳文卷之一
明巡按直隸監察御史新會莫如士重校
唐雅
獻平淮夷雅表
臣宗元言臣負罪竄伏違尚書牋奏十有四年聖恩寬宥
命守遐壤懷印曳綬有社有人臣宗元誠感誠荷頓首頓
首伏惟睿聖文武皇帝陛下天造神斷克清大憝金鼓一
動萬方畢臣太平之功中陟仲切興之德推校千古無所與
讓因伏自忖度有方剛之力不得備戎行致死命況今已
無事思報國恩獨惟文章伏見周宣王時稱中興其道彰
大于後罕及然徵於詩大小雅其選徒出狩則車攻吉日

韓文卷之一
明巡按直隸監察御史新會莫如士重校
賦
感二鳥賦
貞元十一年五月戊辰愈東歸癸酉自潼關出息于河之
陰時始去京師有不遇時之歎見行有籠白烏白鸜鵒而
西者號於道曰某土之守某官使使去聲者進於天子東
西行者皆避路莫敢正目焉因竊自悲幸生天下無事時
承先人之遺業不識干戈耒耜攻守耕穫之勤讀書著文
自七歲至今凡二十二年其行已不敢有愧於道其閒居
思念前古當今之故亦僅志其一二大者焉選舉於有司

韓柳文一百卷　（明）游居敬編　明嘉靖三十五年（1556）莫如士刻本　三十二册

匡高 18.5 厘米，廣 13 厘米。半葉十一行，行二十二字，白口，左右雙邊。廣東省立中山圖書館藏。第二批國家名録號 06197。

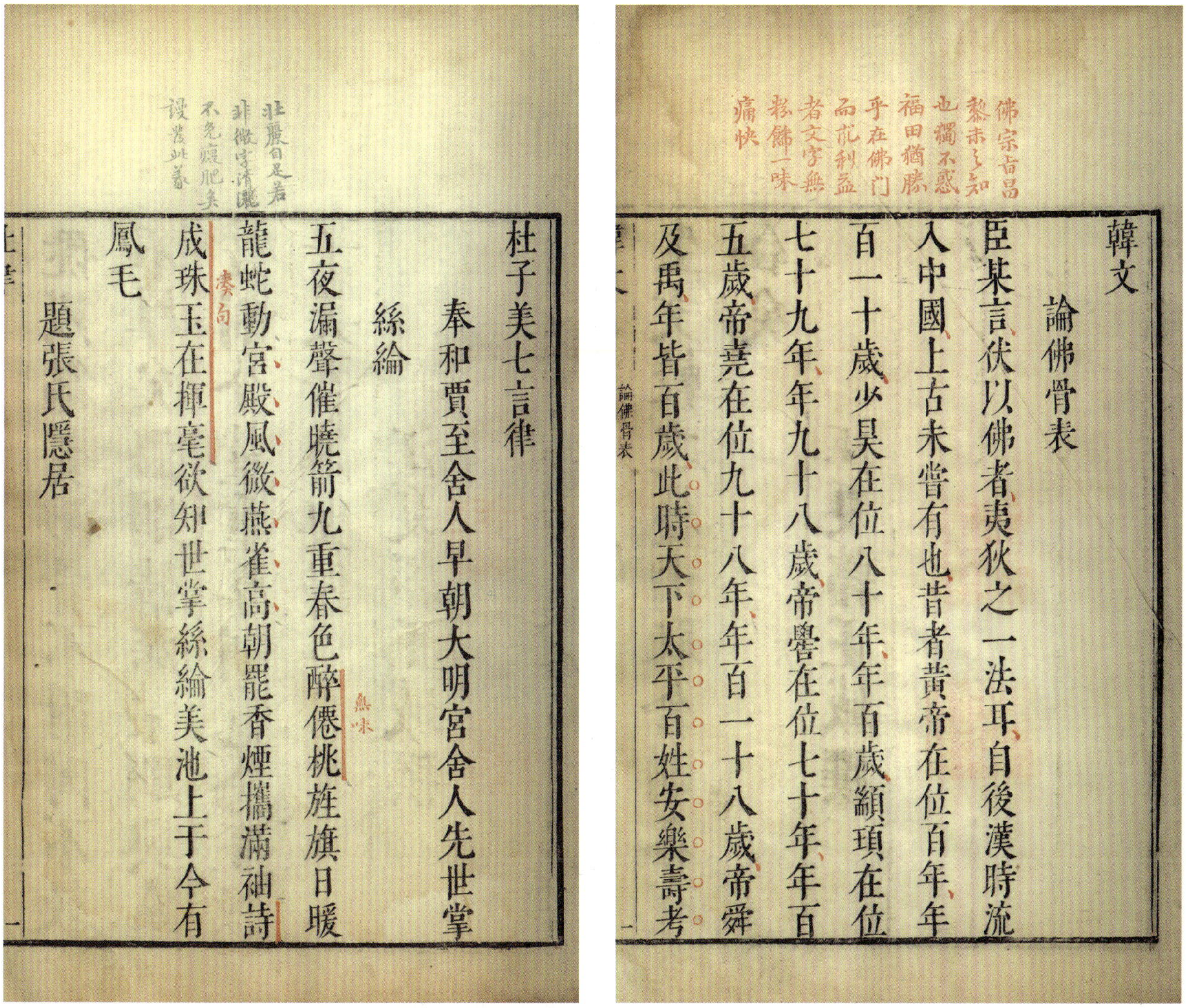
韓文

論佛骨表

臣某言伏以佛者夷狄之一法耳自後漢時流入中國上古未嘗有也昔者黃帝在位百年年百一十歲少昊在位八十年年百歲顓頊在位七十九年年九十八歲帝嚳在位七十年年百五歲帝堯在位九十八年年百一十八歲帝舜及禹年皆百歲此時天下太平百姓安樂壽考

杜子美七言律

奉和賈至舍人早朝大明宮舍人先世掌絲綸

五夜漏聲催曉箭九重春色醉僊桃旌旗日暖龍蛇動宮殿風微燕雀高朝罷香煙攜滿袖詩成珠玉在揮毫欲知世掌絲綸美池上于今有鳳毛

題張氏隱居

韓文杜律二卷　（唐）韓愈　杜甫撰　（明）郭正域評輯　明萬曆閔齊伋刻三色套印本　二册

匡高 20.2 厘米，廣 15.2 厘米。半葉八行，行十八字，白口，左右雙邊。中山大學圖書館藏。第一批國家名録號 02037。

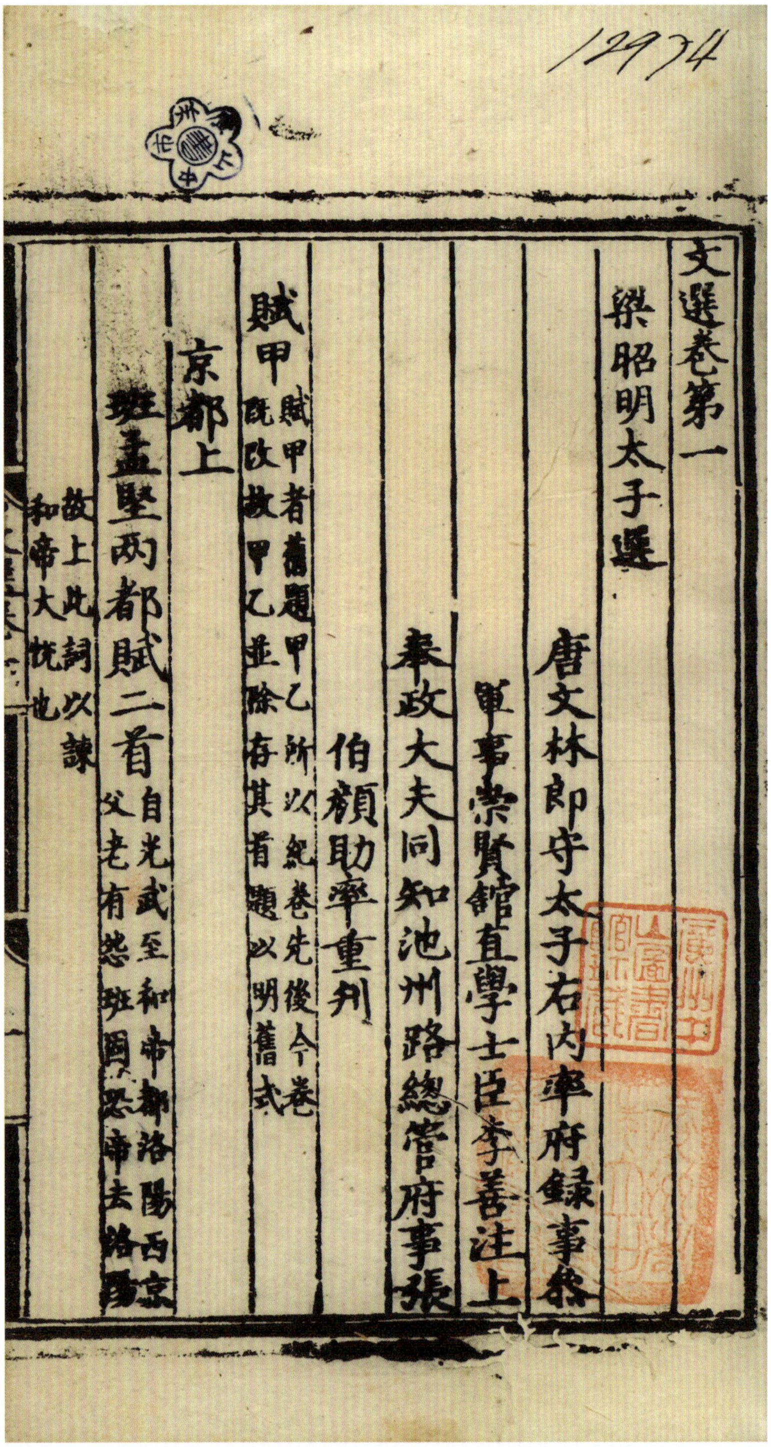

文選六十卷 （南朝梁）蕭統輯 （唐）李善注 明成化二十三年（1487）唐藩朱芝址刻本 六十二册

匡高 22.5 厘米，廣 15 厘米。半葉十行，行二十二字，小字雙行同，黑口，四周雙邊。有“樹德莫如滋”印。廣東省立中山圖書館藏。第二批國家名録號 06212。

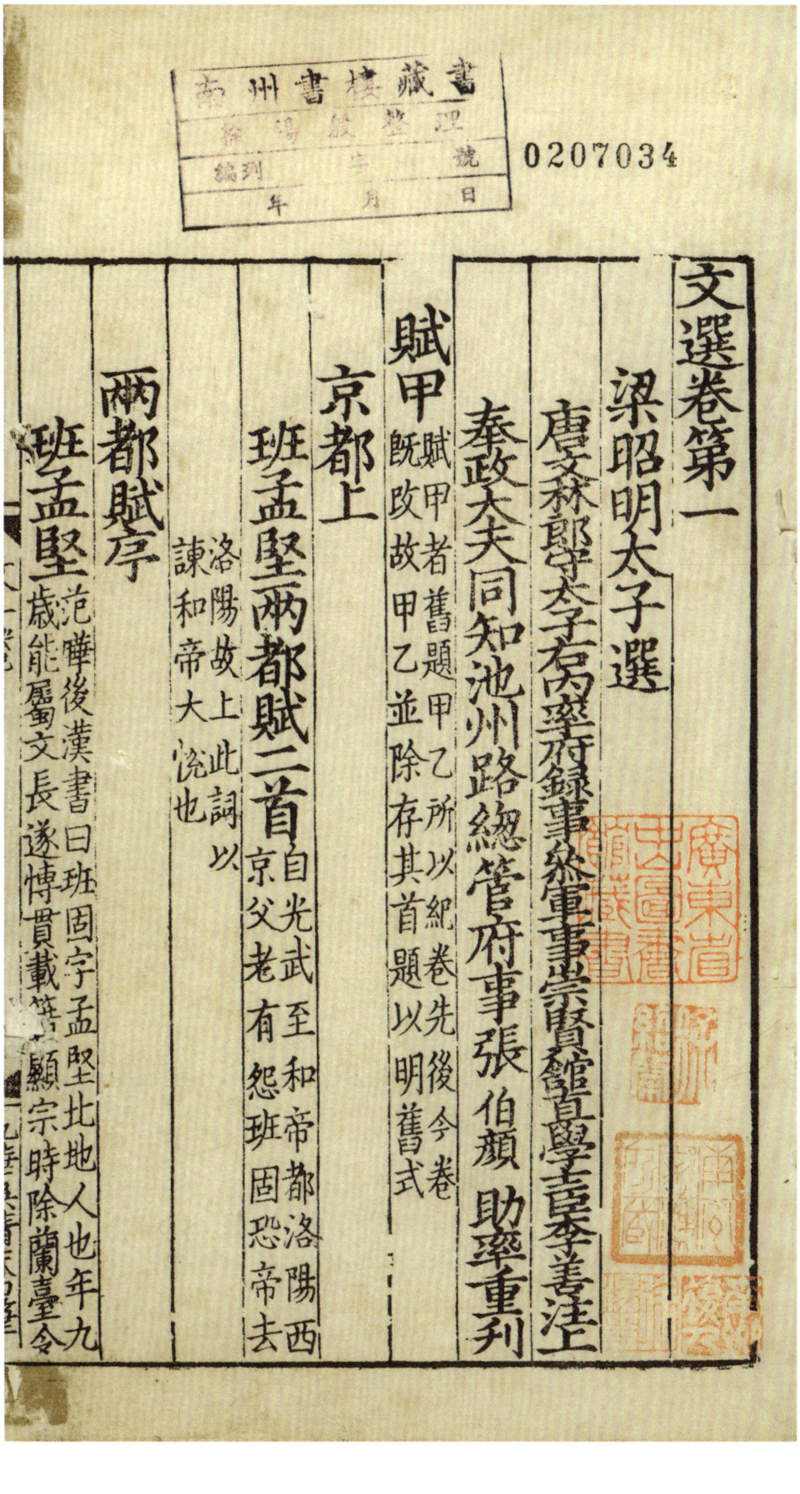

文選六十卷　（南朝梁）蕭統輯　（唐）李善注　明嘉靖元年（1522）汪諒刻本
六十册

匡高 20.4 厘米，廣 13.6 厘米。半葉十行，行二十一字，小字雙行同，白口，四周單邊或左右雙邊。有“徐信符”等印。廣東省立中山圖書館藏。第二批國家名録號 06222。

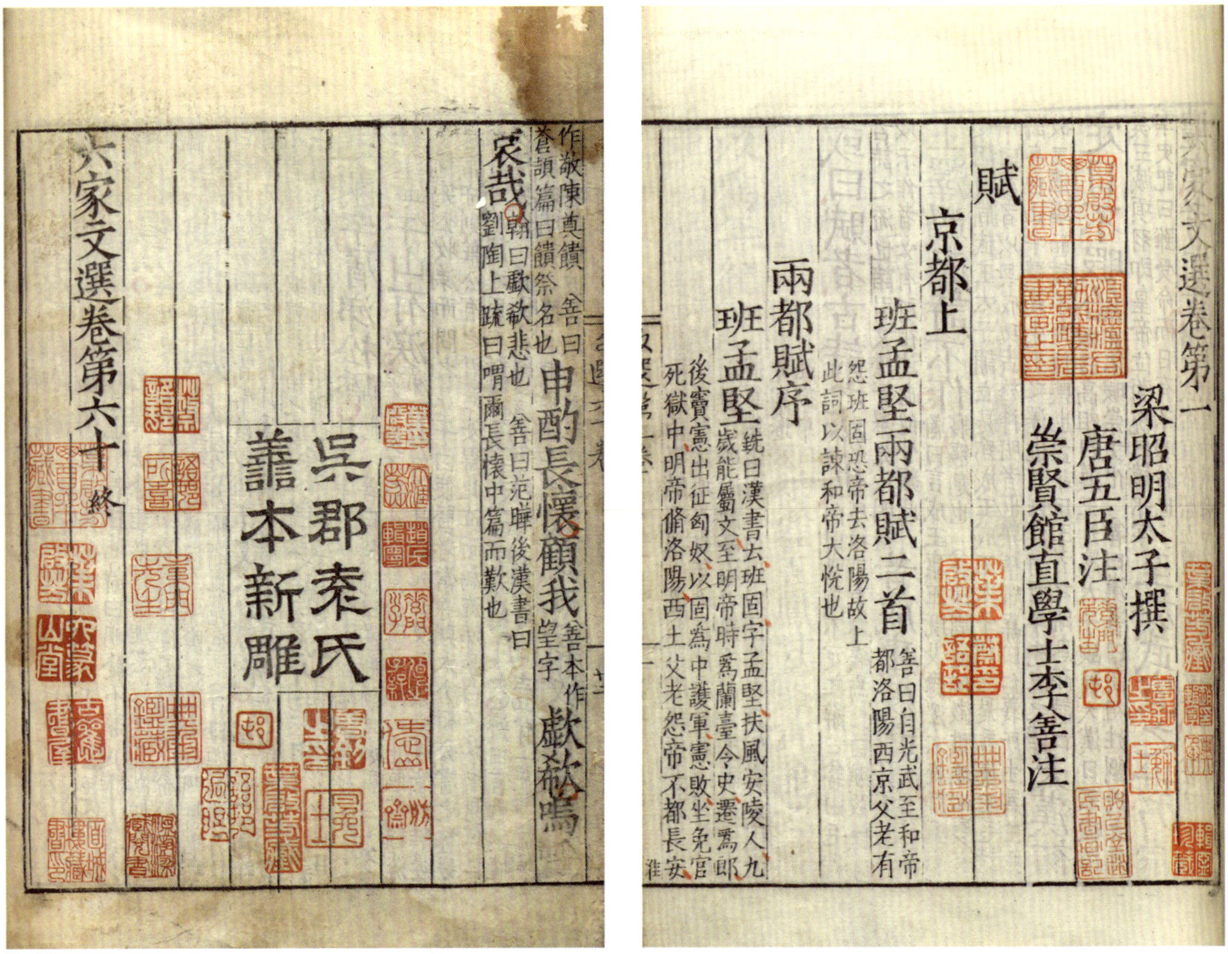

六家文選六十卷 （南朝梁）蕭統輯 （唐）李善 吕延濟 劉良 張銑 吕向 李周翰注 明嘉靖十三至二十八年（1534–1549）袁褧嘉趣堂刻本 二十册

匡高 24 厘米，廣 18.9 厘米。半葉十一行，行十八字，小字雙行二十六字，白口，左右雙邊。有“輯寧珍藏”“曾釗之印”等印。暨南大學圖書館藏。第四批國家名録號 10889。

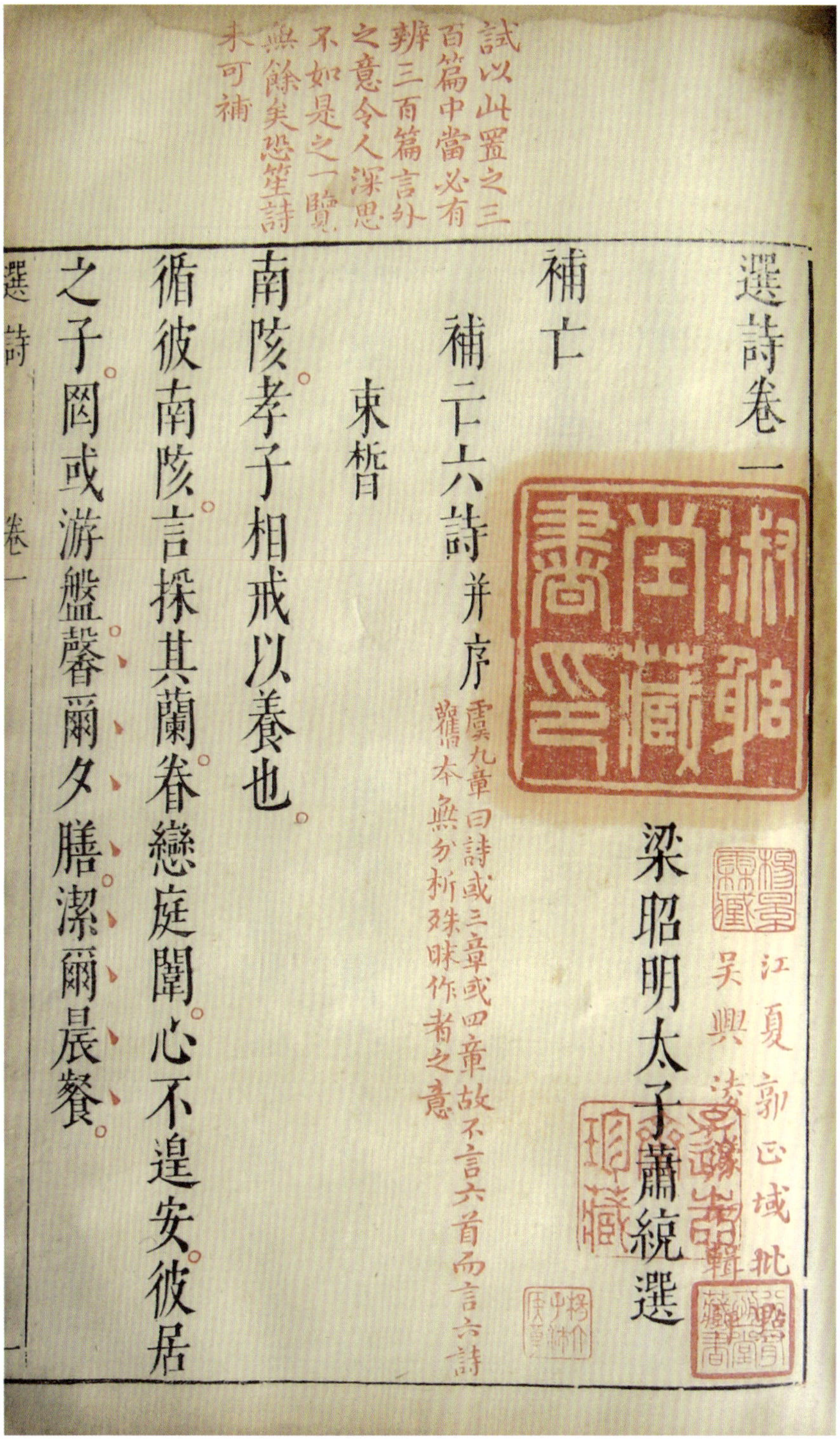

選詩七卷 （南朝梁）蕭統輯 （明）郭正域評點 （明）凌濛初輯評 **詩人世次爵里一卷** 明凌濛初刻朱墨套印本 三册

匡高20.2厘米，廣14.6厘米。半葉八行，行十八字，白口，四周單邊。有“淑躬堂藏書”“楊景霖藏”等印。中山大學圖書館藏。第二批國家名録號06264。

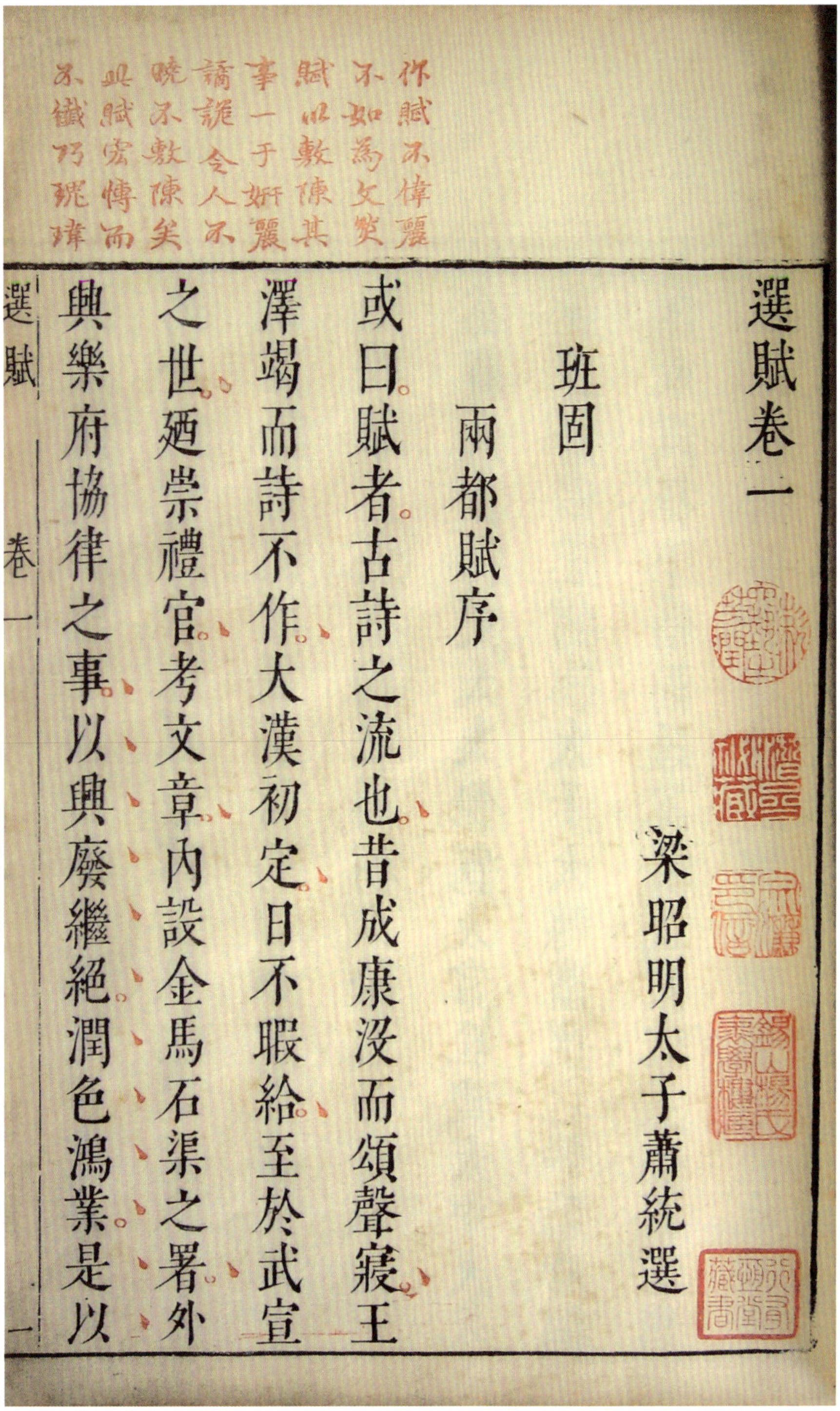
作賦不偉麗不如爲文質賦以敷陳其事一于妍麗譎詭令人不曉不敷陳矣以賦宏傳而不識巧號瑋

選賦卷一

班固

兩都賦序

梁昭明太子蕭統選

或曰賦者古詩之流也昔成康沒而頌聲寢王澤竭而詩不作大漢初定日不暇給至於武宣之世迺崇禮官考文章內設金馬石渠之署外興樂府協律之事以興廢繼絕潤色鴻業是以

選賦　卷一　一

選賦六卷　（南朝梁）蕭統輯　（明）郭正域評撰　**名人世次爵里一卷**　明凌氏鳳笙閣刻朱墨套印本　三册

匡高 20.3 厘米，廣 14 厘米。半葉八行，行十八字，白口，四周單邊。有“宗濂印信”等印。中山大學圖書館藏。第一批國家名録號 02184。

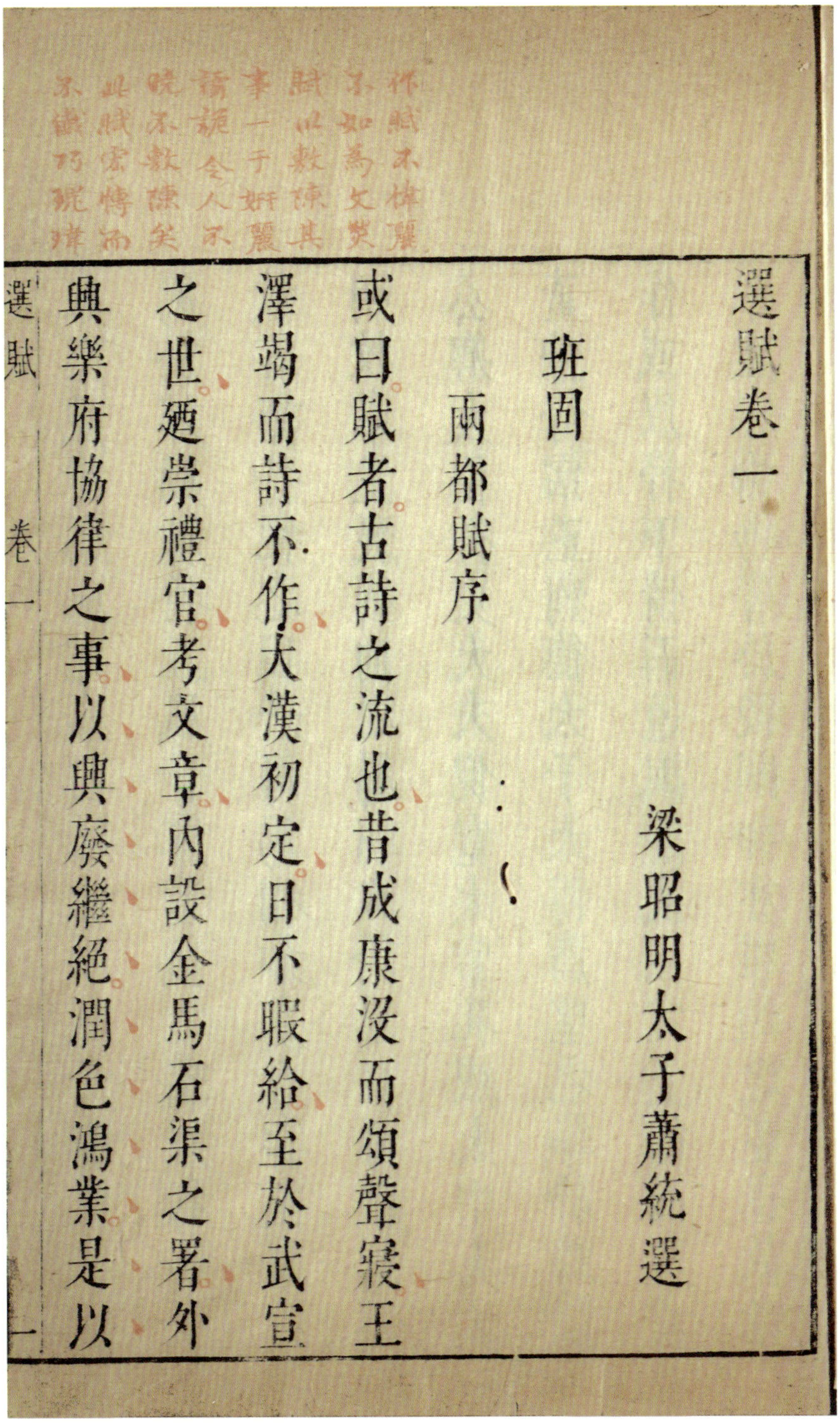
選賦卷一
梁昭明太子蕭統選
班固
兩都賦序
或曰賦者古詩之流也昔成康沒而頌聲寢王
澤竭而詩不作大漢初定日不暇給至於武宣
之世迺崇禮官考文章內設金馬石渠之署外
興樂府協律之事以興廢繼絕潤色鴻業是以
選賦　卷一　一

選賦六卷　（南朝梁）蕭統輯　（明）郭正域評點　**名人世次爵里一卷**　明凌氏鳳笙閣刻朱墨套印本　六册

匡高 20.2 厘米，廣 14.6 厘米。半葉八行，行十八字，白口，四周單邊。華南師範大學圖書館藏。第二批國家名録號 06275。

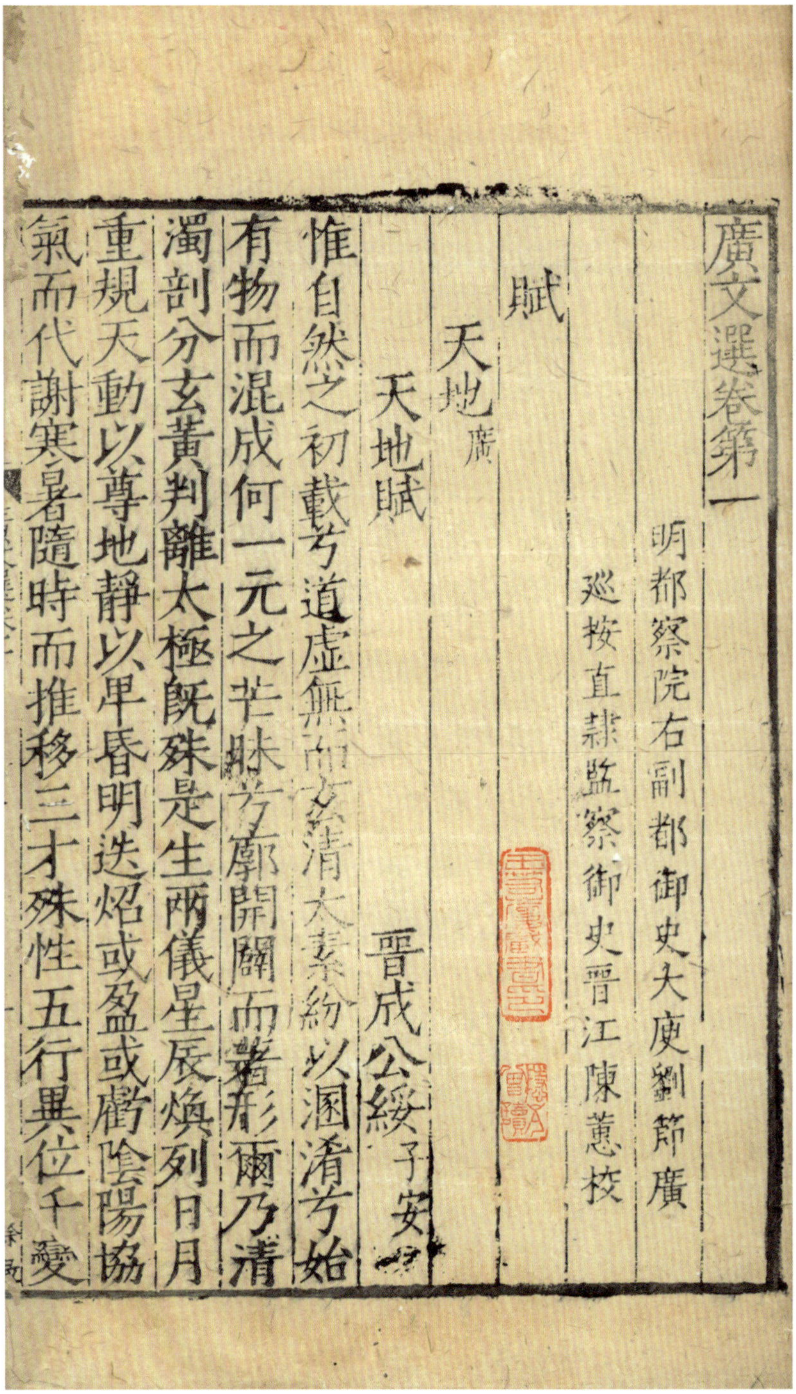

廣文選卷第一
明都察院右副都御史大庾劉節廣
巡按直隷監察御史晉江陳蕙校
賦
天地廣
天地賦　晉成公綏子安
惟自然之初載兮道虛無而玄清太素紛以溷淆兮始
有物而混成何一元之芒昧兮廓開闢而著形爾乃清
濁剖分玄黄判離太極既殊是生兩儀星辰煥列日月
重規天動以尊地靜以卑昏明迭炤或盈或虧陰陽協
氣而代謝寒暑隨時而推移三才殊性五行異位千變

廣文選六十卷　（明）劉節輯　明嘉靖十六年（1537）陳蕙刻本　四十册

匡高 21 厘米，廣 14.9 厘米。半葉十一行，行二十一字，白口，四周單邊。有“安樂堂藏書記”等印。廣東省立中山圖書館藏。第四批國家名録號 10897。

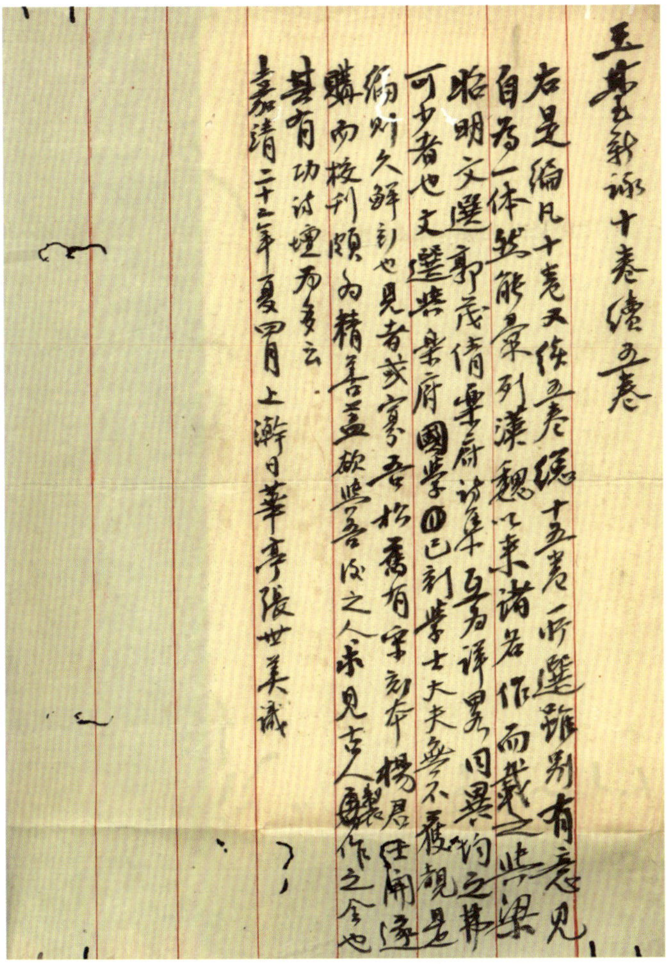

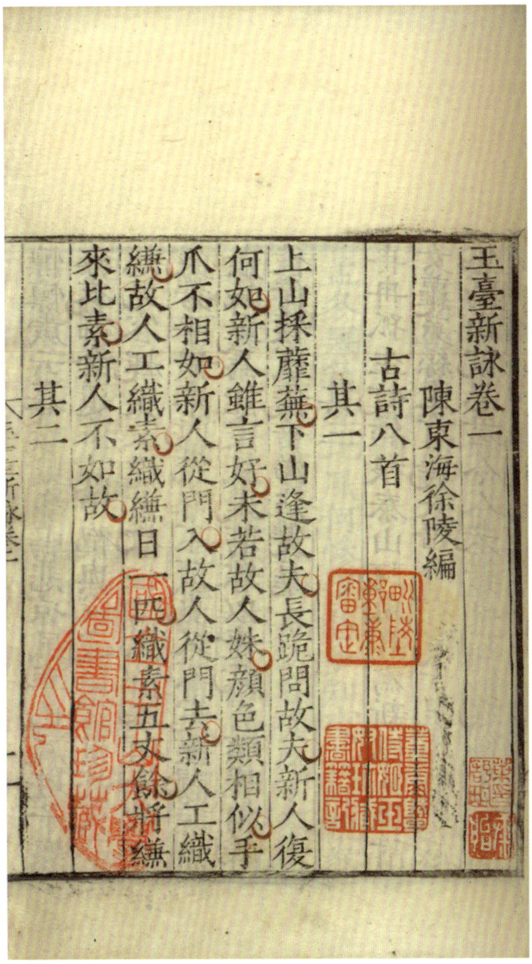
玉臺新詠卷一
陳東海徐陵編
古詩八首
其一
上山採蘼蕪下山逢故夫長跪問故夫新人復
何如新人雖言好未若故人姝顏色類相似手
爪不相如新人從門入故人從閤去新人工織
縑故人工織素織縑日一匹織素五丈餘將縑
來比素新人不如故
其二

玉臺新詠十卷　（南朝陳）徐陵輯　**續五卷**　（明）鄭玄撫輯　明嘉靖二十二年（1543）楊士開刻本　四册

匡高16.3厘米，廣13.4厘米。半葉十行，行十八字，白口，左右雙邊或四周單邊。有"董康暨侍姬玉奴珍藏書籍記"等印，佚名録張世美跋。中山大學圖書館藏。第二批國家名録號06316。

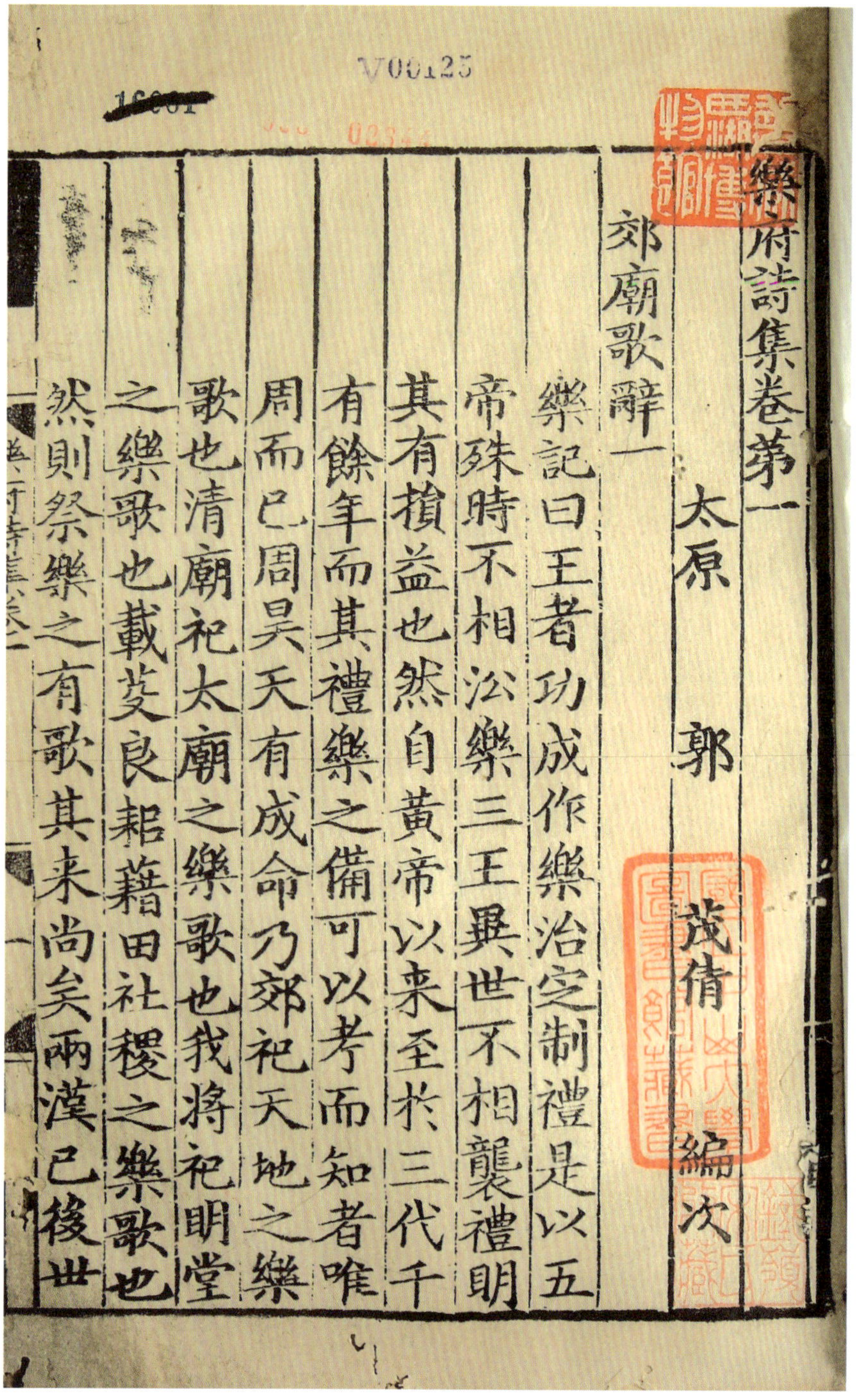
樂府詩集卷第一
太原 郭 茂倩 編次
郊廟歌辭一
樂記曰王者功成作樂治定制禮是以五帝殊時不相沿樂三王異世不相襲禮明其有損益也然自黃帝以來至於三代千有餘年而其禮樂之備可以考而知者唯周而已周昊天有成命乃郊祀天地之樂歌也清廟祀太廟之樂歌也我將祀明堂之樂歌也載芟良耜藉田社稷之樂歌也然則祭樂之有歌其来尚矣兩漢已後世

樂府詩集一百卷目録二卷 （宋）郭茂倩輯 元至正元年（1341）集慶路儒學刻明修本 二十册

匡高 22.6 厘米，廣 15.3 厘米。半葉十一行，行二十字，黑口，左右雙邊。有“鐵嶺宋氏收藏”等印。中山大學圖書館藏，存五十一卷（一至五十、目録卷一）。第二批國家名録號 03170。

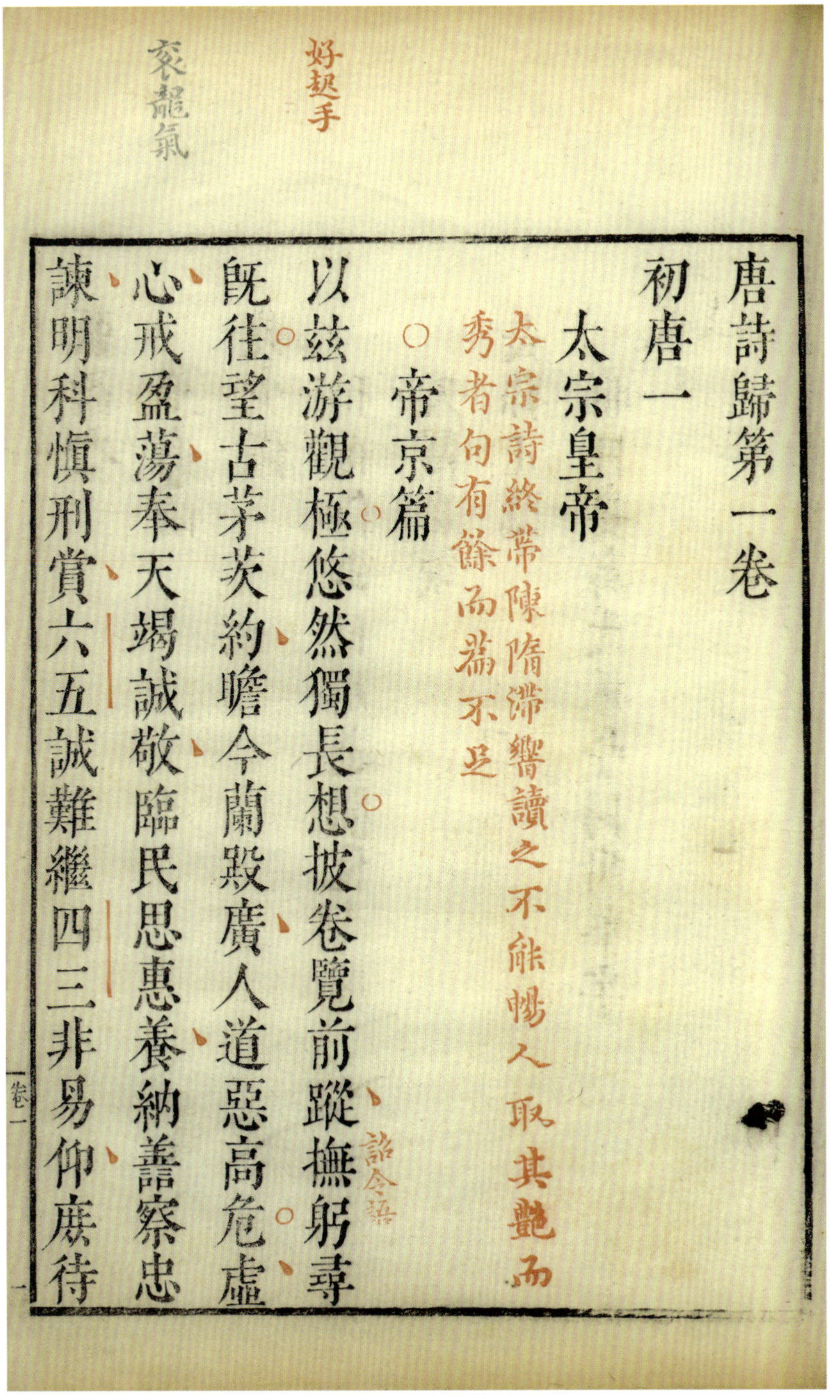
衮龍氣
好起手
唐詩歸第一卷
初唐一
太宗皇帝
太宗詩終帶陳隋滯響讀之不能暢人取其艷而秀者句有餘而篇不足
帝京篇
以茲游觀極悠然獨長想披卷覽前蹤撫躬尋
既往望古茅茨約瞻今蘭殿廣人道惡高危虛
心戒盈蕩奉天竭誠敬臨民思惠養納善察忠
諫明科慎刑賞六五誠難繼四三非易仰庶待
詔令語
卷一　一

唐詩歸三十六卷　（明）鍾惺　譚元春輯　明萬曆刻三色套印本　七册

匡高 20.4 厘米，廣 15 厘米。半葉九行，行十八字，白口，四周單邊。廣東省立中山圖書館藏。第一批國家名録號 02239。

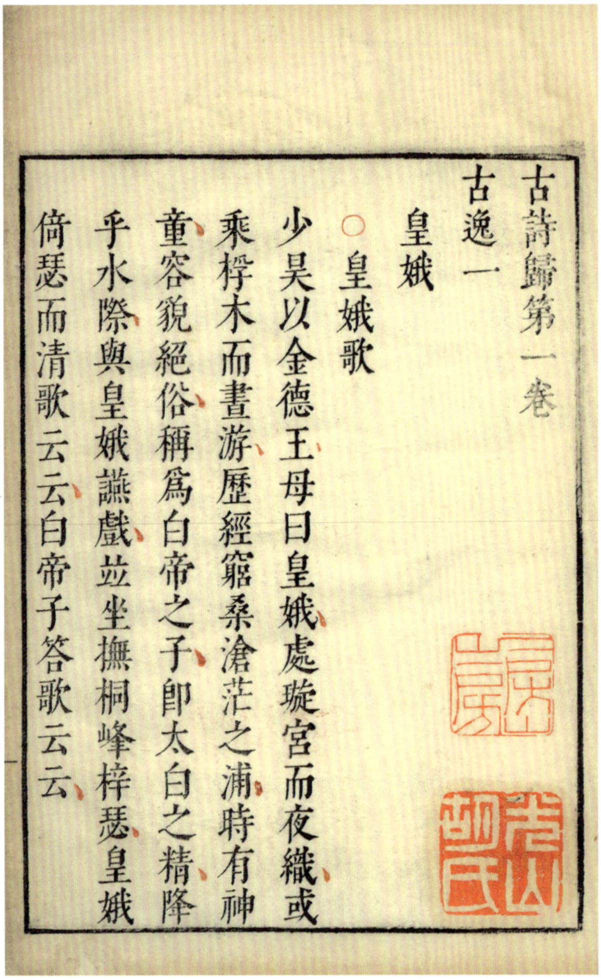

古詩歸第一卷

古逸一

皇娥

○皇娥歌

少昊以金德王母曰皇娥處璇宮而夜織或乘桴木而晝游歷經窮桑滄茫之浦時有神童容貌絕俗稱爲白帝之子卽太白之精降乎水際與皇娥讌戲並坐撫桐峰梓瑟皇娥倚瑟而清歌云云白帝子答歌云云

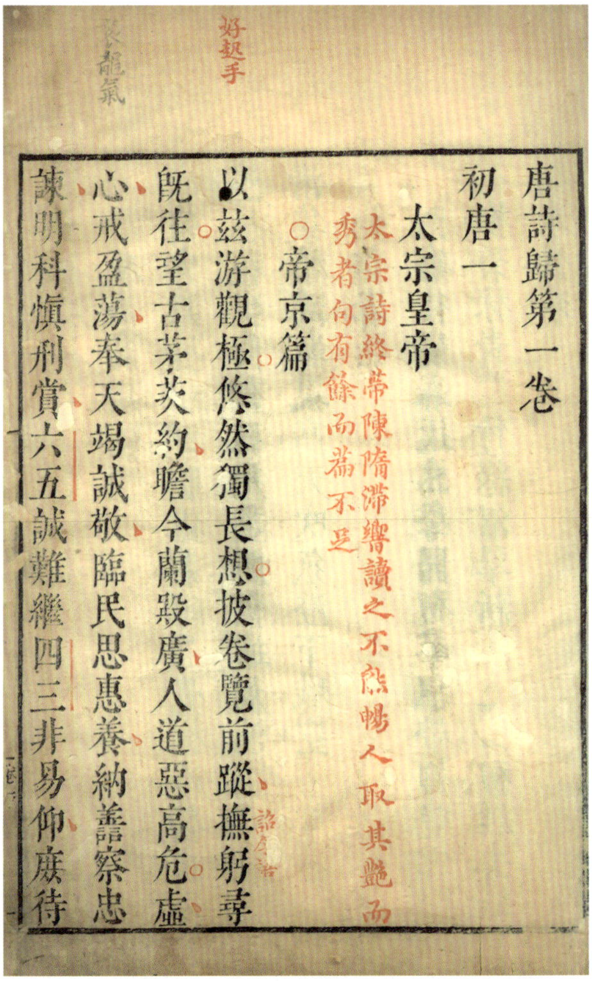

好起手

唐詩歸第一卷

初唐一

太宗皇帝

太宗詩終帶陳隋滯響讀之不能暢人取其豔而秀者句有餘而篇不足

○帝京篇

以兹游觀極悠然獨長想披卷覽前蹤撫躬尋既往望古茅茨約瞻今蘭殿廣人道惡高危虛心戒盈蕩奉天竭誠敬臨民思惠養納善察忠諫明科慎刑賞六五誠難繼四三非易仰庶待

詩歸五十一卷　（明）鍾惺　譚元春輯　明閔振業、閔振聲刻三色套印本　二十六册

匡高 20.5 厘米，廣 14.6 厘米。半葉九行，行十八字，白口，四周單邊。有“光山胡氏”“房山山房”“瞻臺”等印。中山大學圖書館藏。第二批國家名録號 06340。

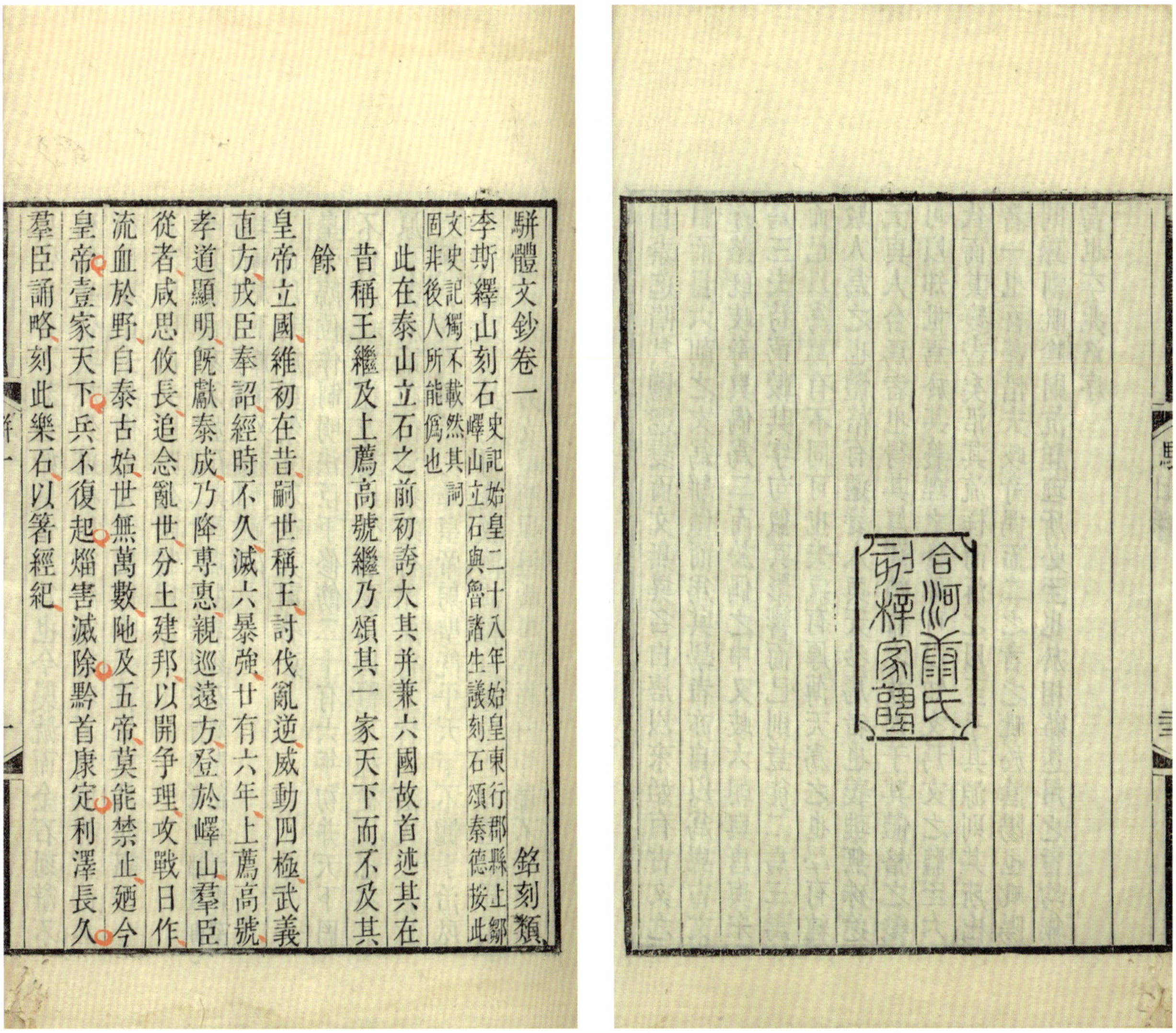
駢體文鈔卷一　　銘刻類

李斯嶧山刻石 史記始皇二十八年始皇東行郡縣上鄒嶧山立石與魯諸生議刻石頌秦德按此文史記獨不載然其詞固非後人所能僞也

此在泰山立石之前初誇大其并兼六國故首述其在昔稱王繼及上薦高號繼乃頌其一家天下而不及其餘

皇帝立國維初在昔嗣世稱王討伐亂逆威動四極武義直方戎臣奉詔經時不久滅六暴強廿有六年上薦高號孝道顯明既獻泰成乃降專惠親巡遠方登於嶧山羣臣從者咸思攸長追念亂世分土建邦以開爭理攻戰日作流血於野自泰古始世無萬數陁及五帝莫能禁止廼今皇帝壹家天下兵不復起災害滅除黔首康定利澤長久羣臣誦略刻此樂石以箸經紀

合河康氏刻梓家塾

駢體文鈔三十一卷　（清）李兆洛輯　清合河康氏家塾刻本　六册

匡高 18.1 厘米，廣 13.2 厘米。半葉十三行，行二十二字，黑口，左右雙邊。有“合河康氏刻梓家塾”牌記。有“番禺陳氏東塾藏書印”“慶龢”印，陳澧批校。中山大學圖書館藏。第三批國家名録號 09415。

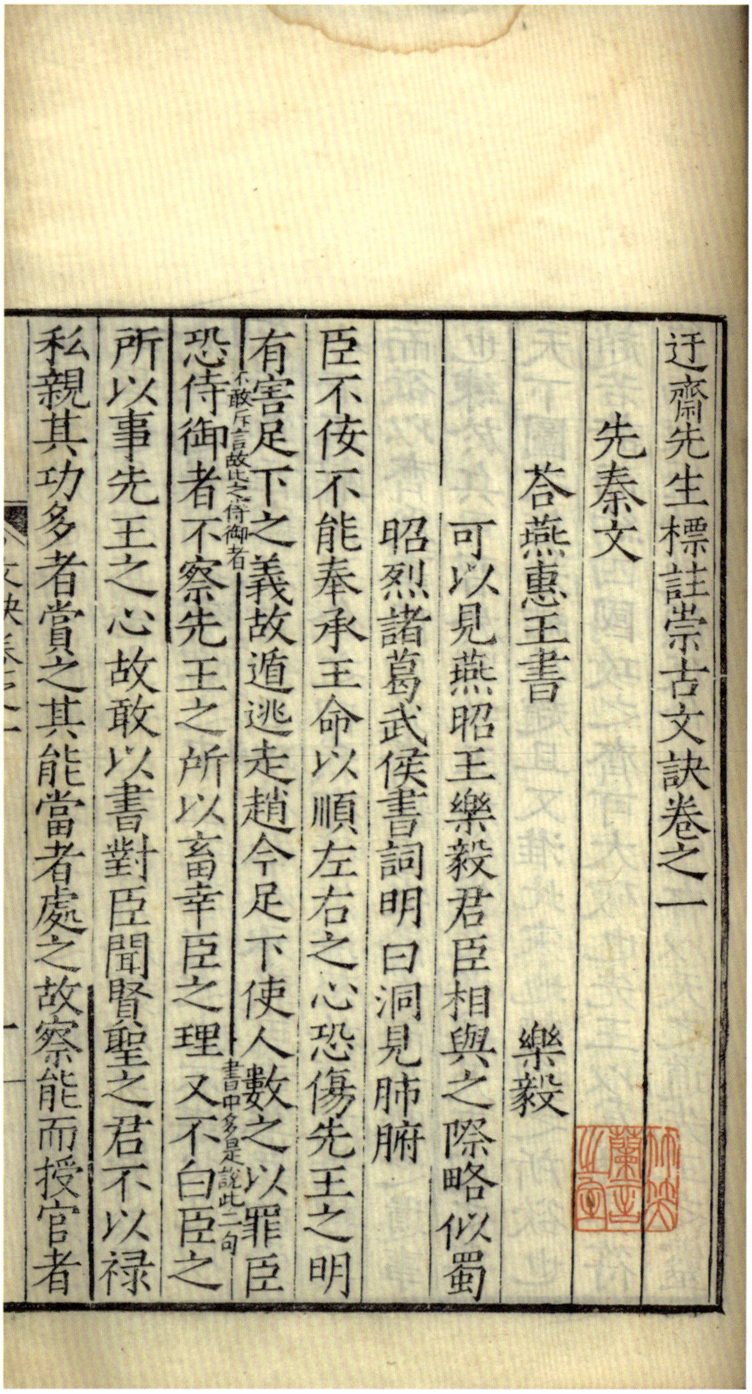

迂齋先生標註崇古文訣卷之一

先秦文

荅燕惠王書　樂毅

可以見燕昭王樂毅君臣相與之際略似蜀昭烈諸葛武侯書詞明白洞見肺腑

臣不佞不能奉承王命以順左右之心恐傷先王之明有害足下之義故遁逃走趙今足下使人數之以罪臣書中多是說此二句恐侍御者不敢斥言故比之侍御者不察先王之所以畜幸臣之理又不白臣之所以事先王之心故敢以書對臣聞賢聖之君不以祿私親其功多者賞之其能當者處之故察能而授官者

迂齋先生標註崇古文訣三十五卷　（宋）樓昉輯　明嘉靖十二年（1533）王鴻漸刻本　十册

匡高 18.7 厘米，廣 13.1 厘米。半葉十行，行二十一字，白口，左右雙邊。有“任舫鑒定金石羣籍書畫”“南雲蔡氏藏書”等印。中山大學圖書館藏。第三批國家名録號 09418。

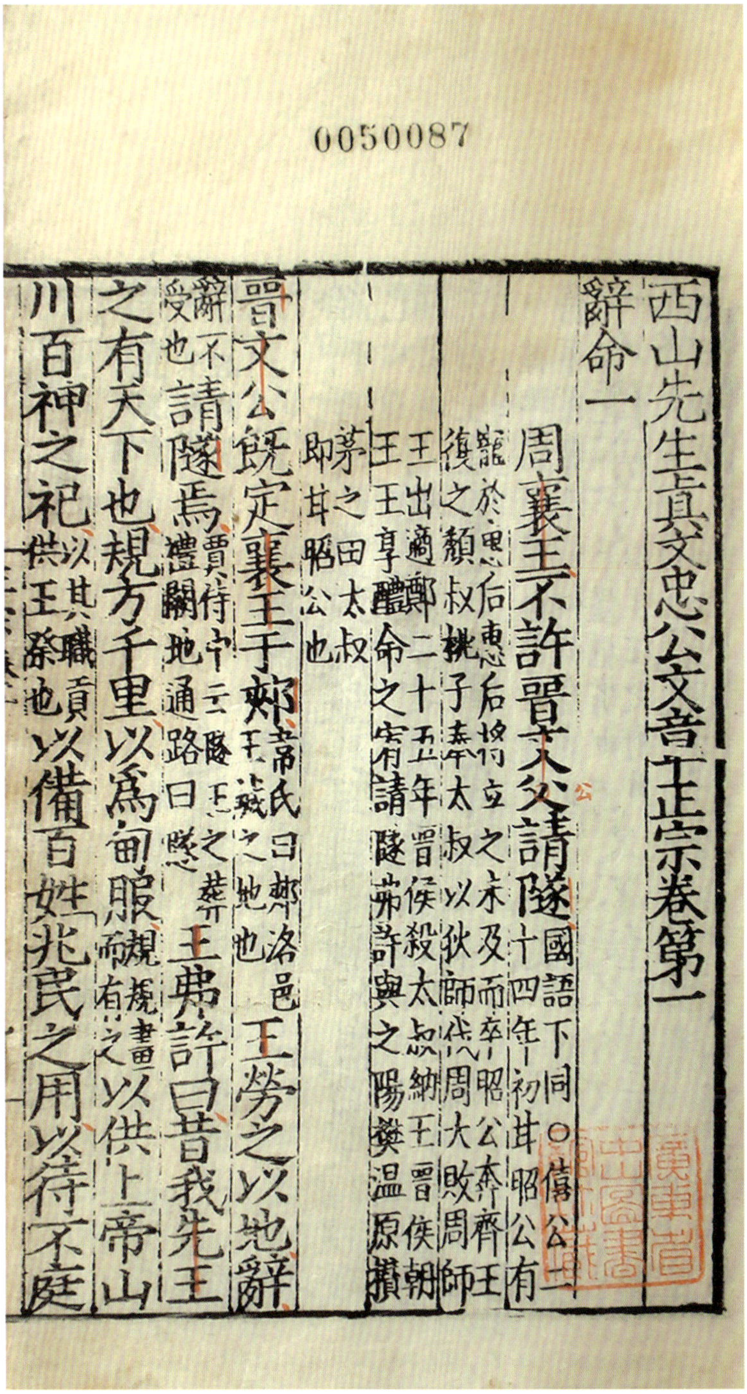

西山先生真文忠公文章正宗二十四卷　（宋）真德秀輯　明嘉靖十五年（1536）朱鴻漸刻本　二十二册

匡高 19.9 厘米，廣 13.1 厘米。半葉十行，行二十一字，小字雙行同，白口，四周單邊。有“鄒蘭生曾藏過”“孫承澤觀”“南海蘇氏式之曾藏”等印，葉夢龍跋。廣東省立中山圖書館藏。第二批國家名録號 06355。

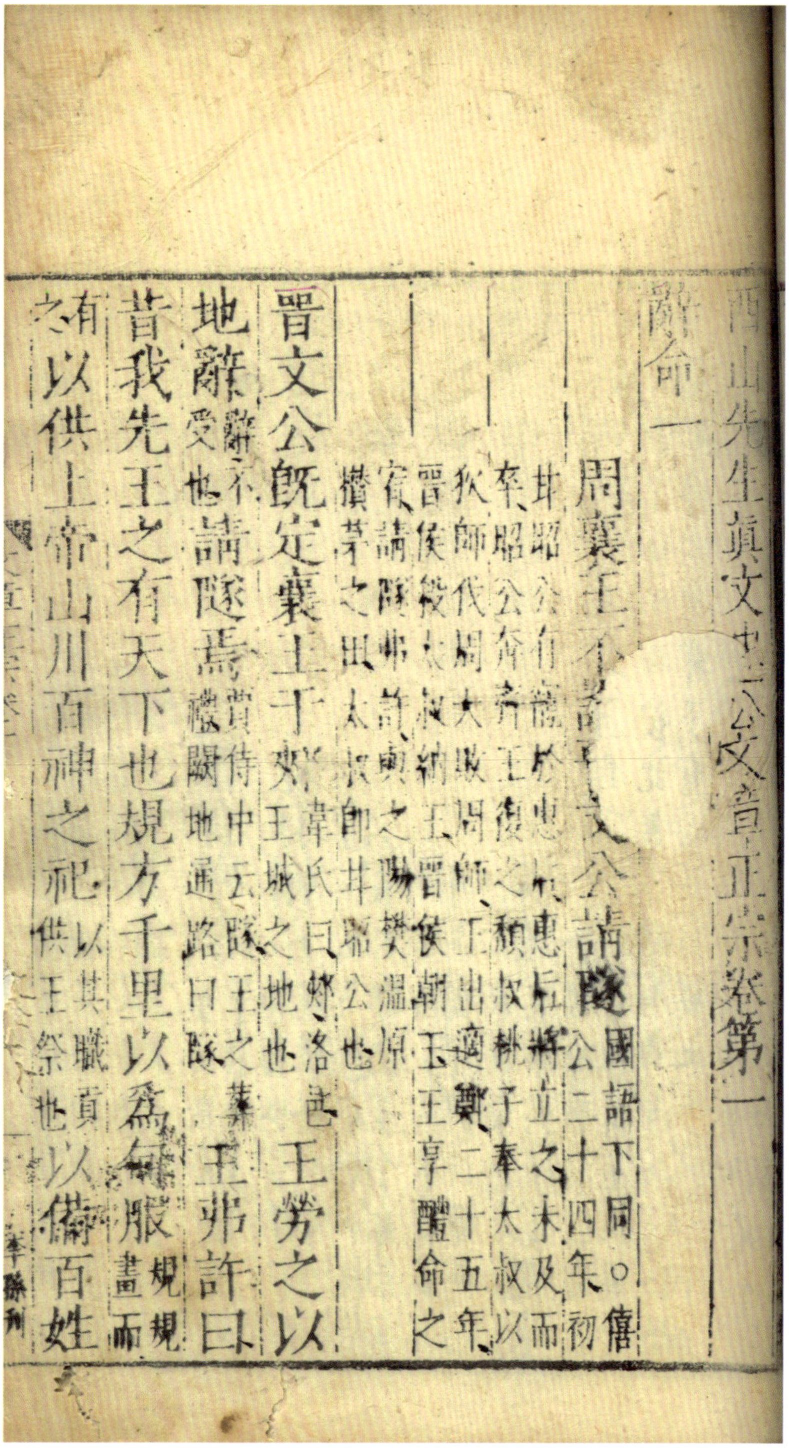

西山先生真文忠公文章正宗二十四卷　（宋）真德秀輯　明嘉靖四十三年（1564）李豸、李磐刻本　二十四册

匡高 21.3 厘米，廣 15.8 厘米。半葉十行，行十九字，小字雙行同，白口，左右雙邊。中山大學圖書館藏。第二批國家名録號 06362。

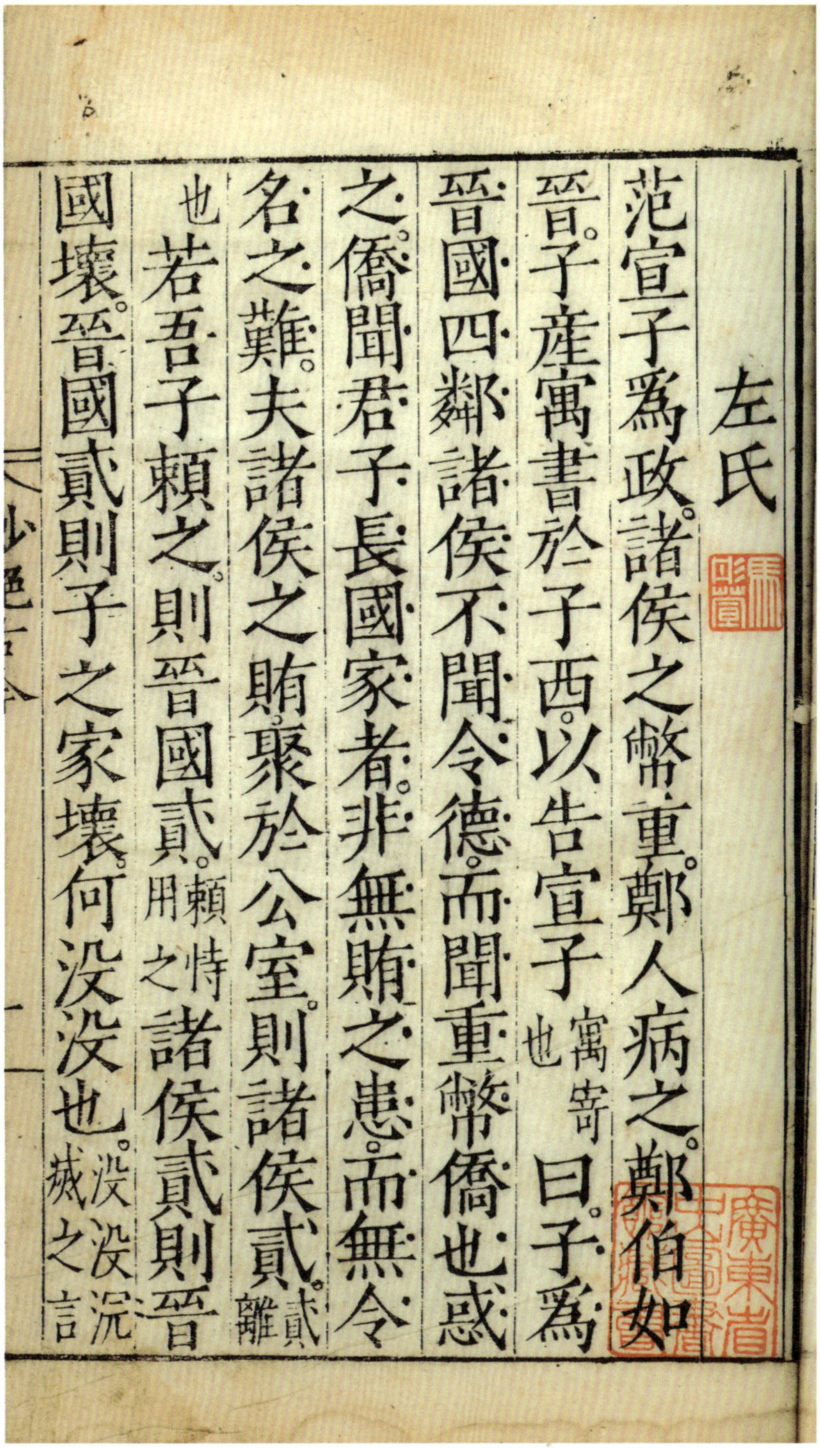

妙絶古今不分卷　（宋）湯漢輯　明顧氏英賢堂刻本　六册

匡高 21 厘米，廣 13.8 厘米。半葉八行，行十七字，白口，左右雙邊。有“盍齋珍藏”“譚觀成印”“馬彤萱”等印。廣東省立中山圖書館藏。第二批國家名録號 06377。

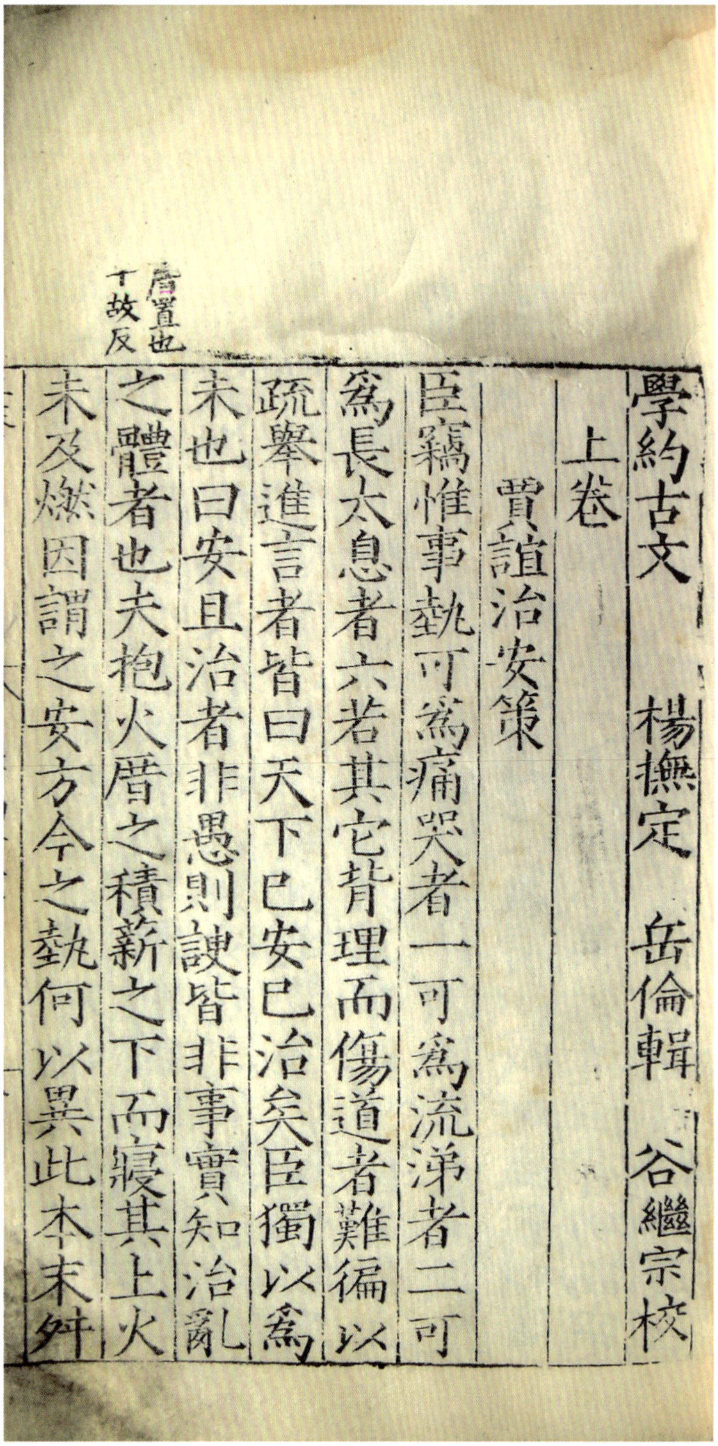
厝置也　千故反

學約古文　楊撫定　岳倫輯　谷繼宗校

上卷

賈誼治安策

臣竊惟事勢可爲痛哭者一可爲流涕者二可爲長太息者六若其它背理而傷道者難徧以疏舉進言者皆曰天下已安已治矣臣獨以爲未也曰安且治者非愚則諛皆非事實知治亂之體者也夫抱火厝之積薪之下而寢其上火未及燃因謂之安方今之勢何以異此本末舛

學約古文三卷　（明）岳倫輯　明嘉靖十年（1531）楊撫刻本　三册

匡高 19.8 厘米，廣 13.6 厘米。半葉九行，行十八字，白口，四周單邊。有“焦鎮”印。

中山大學圖書館藏。第二批國家名録號 06384。

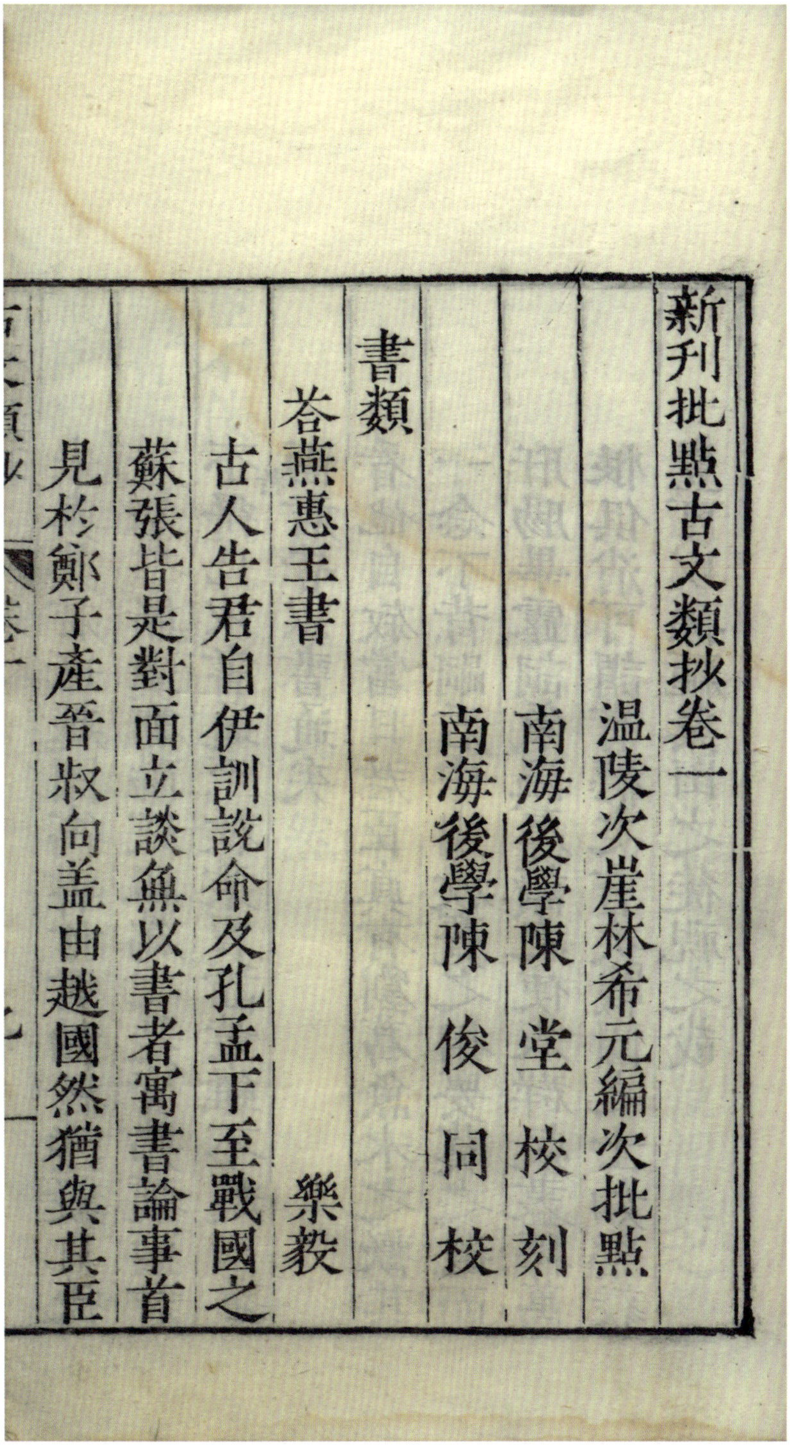
新刊批點古文類抄卷一
温陵次崖林希元編次批點
南海後學陳　堂　刻
南海後學陳　俊　同　校
書類
荅燕惠王書　　樂毅
古人告君自伊訓說命及孔孟下至戰國之
蘇張皆是對面立談無以書者寓書論事首
見於鄭子產晉叔向盖由越國然猶與其臣

新刊批點古文類抄十二卷　（明）林希元輯　明嘉靖三十年（1551）陳堂刻本　十二册

匡高19.8厘米，廣13.8厘米。半葉九行，行二十字，白口，左右雙邊。有“真州吴氏有福讀書堂藏書”印。中山大學圖書館藏。第二批國家名録號06390。

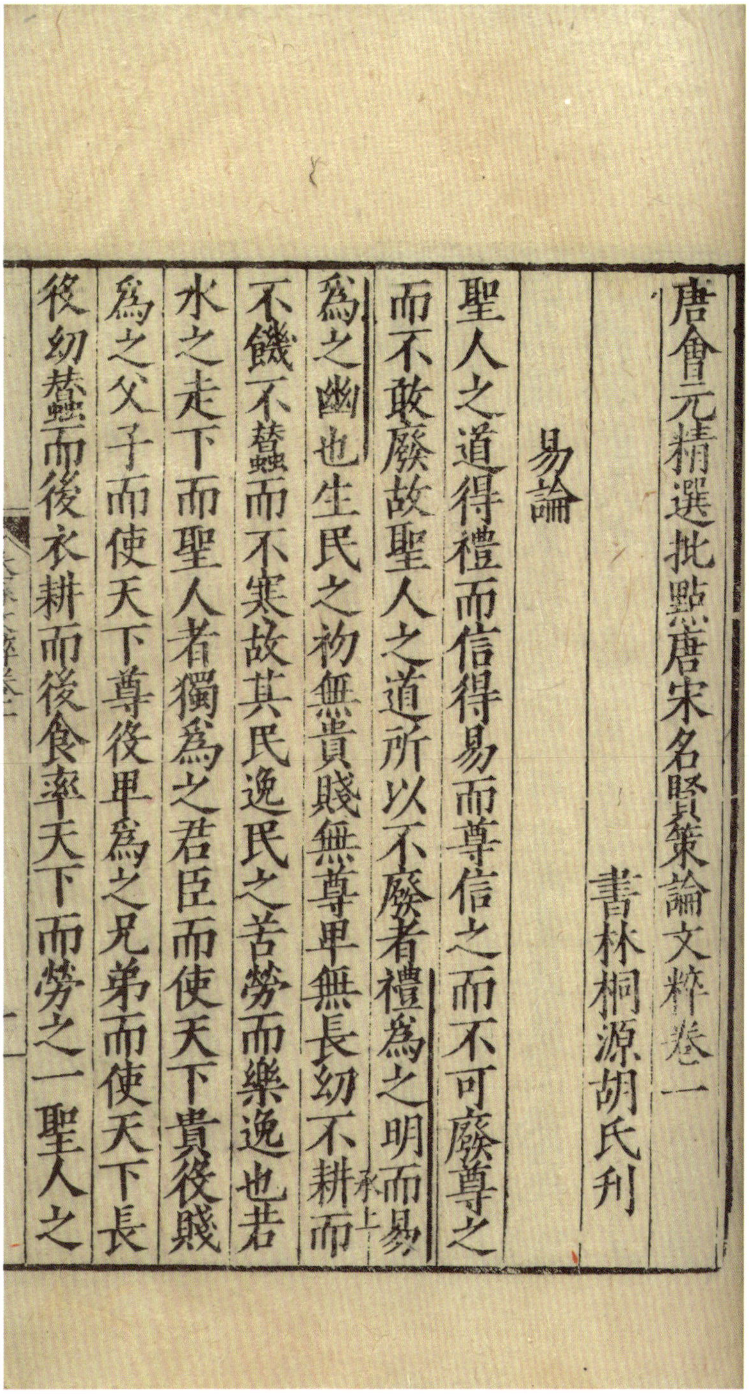

唐會元精選批點唐宋名賢策論文粹卷一
書林桐源胡氏刋
易論
聖人之道得禮而信得易而尊信之而不可廢尊之
而不敢廢故聖人之道所以不廢者禮爲之明而易
爲之幽也生民之初無貴賤無尊卑無長幼不耕而
不饑不蠶而不寒故其民逸民之苦勞而樂逸也若
水之走下而聖人者獨爲之君臣而使天下貴役賤
爲之父子而使天下尊役卑爲之兄弟而使天下長
役幼蠶而後衣耕而後食率天下而勞之一聖人之

唐會元精選批點唐宋名賢策論文粹八卷　題（明）唐順之輯並批點　明書林桐源胡氏刻本　七册

匡高 19.5 厘米，廣 13.2 厘米。半葉十行，行二十字，白口，左右雙邊。有“嘉靖己酉孟秋吉旦”“三衢前坊胡氏梓于昆陵”牌記。中山大學圖書館藏，存七卷（一、二、四至八）。第三批國家名録號 09449。

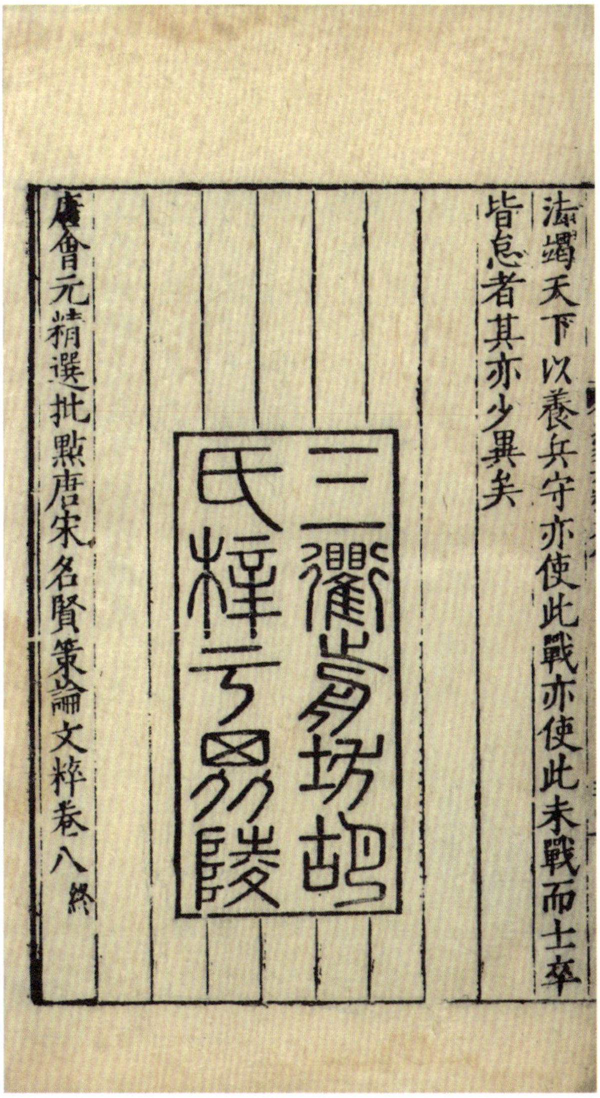

流蠋天下以養兵守亦使此戰亦使此未戰而士卒
皆怠者其亦少異矣

三衢書坊胡氏梓于易陵

唐會元精選批點唐宋名賢策論文粹卷八終

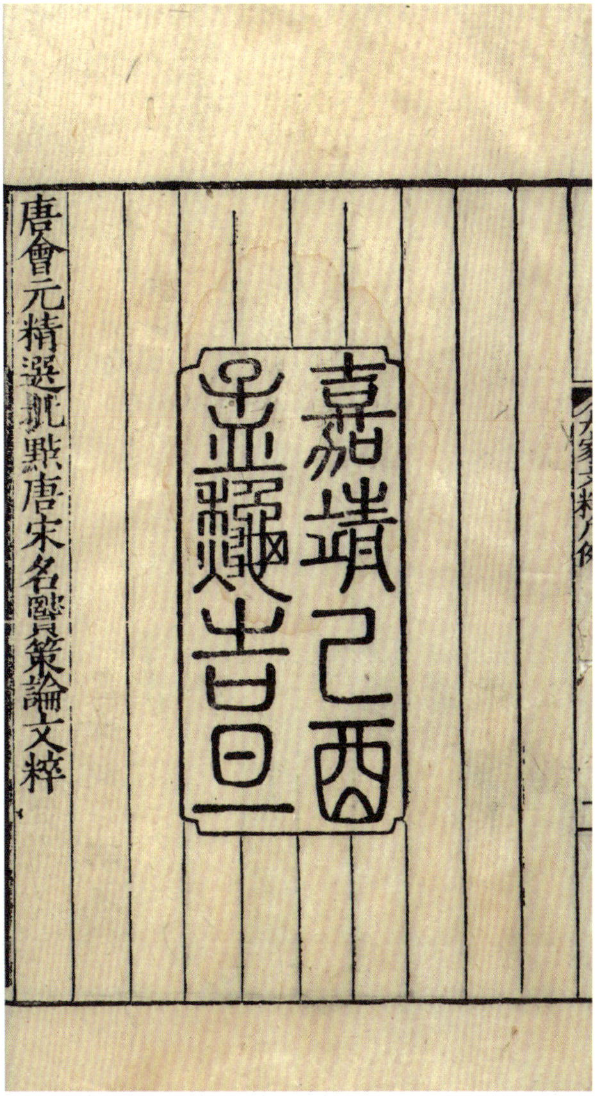

唐會元精選批點唐宋名賢策論文粹

嘉靖乙酉孟夏吉旦

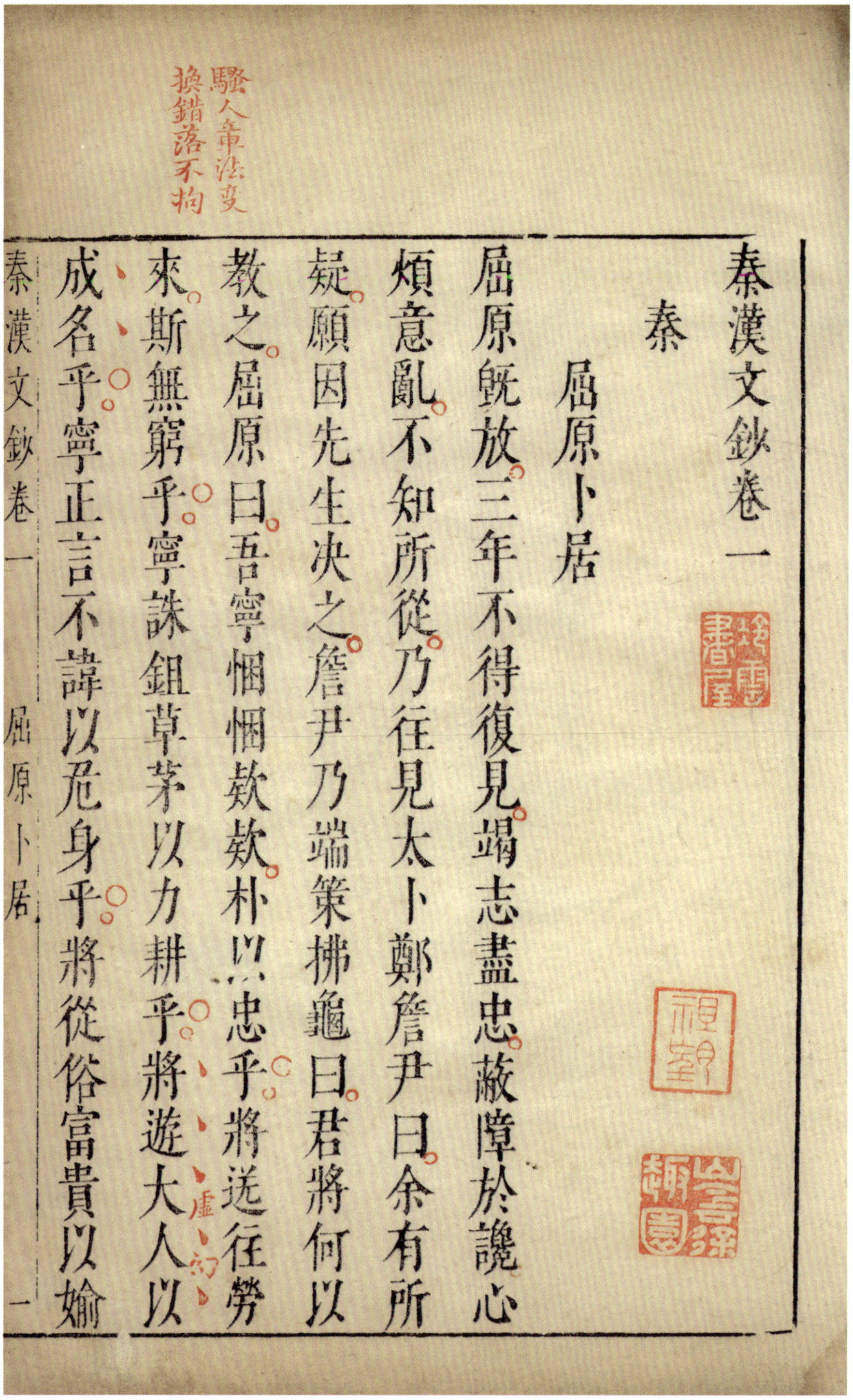
騷人章法變換錯落不拘

秦漢文鈔卷一

秦

屈原卜居

屈原旣放三年不得復見竭志盡忠蔽障於讒心煩意亂不知所從乃往見太卜鄭詹尹曰余有所疑願因先生决之詹尹乃端策拂龜曰君將何以教之屈原曰吾寧悃悃款款朴以忠乎將送往勞來斯無窮乎寧誅鉏草茅以力耕乎將遊大人以成名乎寧正言不諱以危身乎將從俗富貴以媮

虛幻

秦漢文鈔卷一　屈原卜居　一

秦漢文鈔六卷　（明）閔邁德等輯　（明）楊融博批點　明萬曆四十八年（1620）閔氏刻朱墨套印本　十册

匡高 20.6 厘米，廣 14.7 厘米。半葉九行，行十九字，白口，四周單邊。有“祖望”“山陰徐趣園”“冷雲書屋”等印。廣東省立中山圖書館藏。第一批國家名録號 02214。

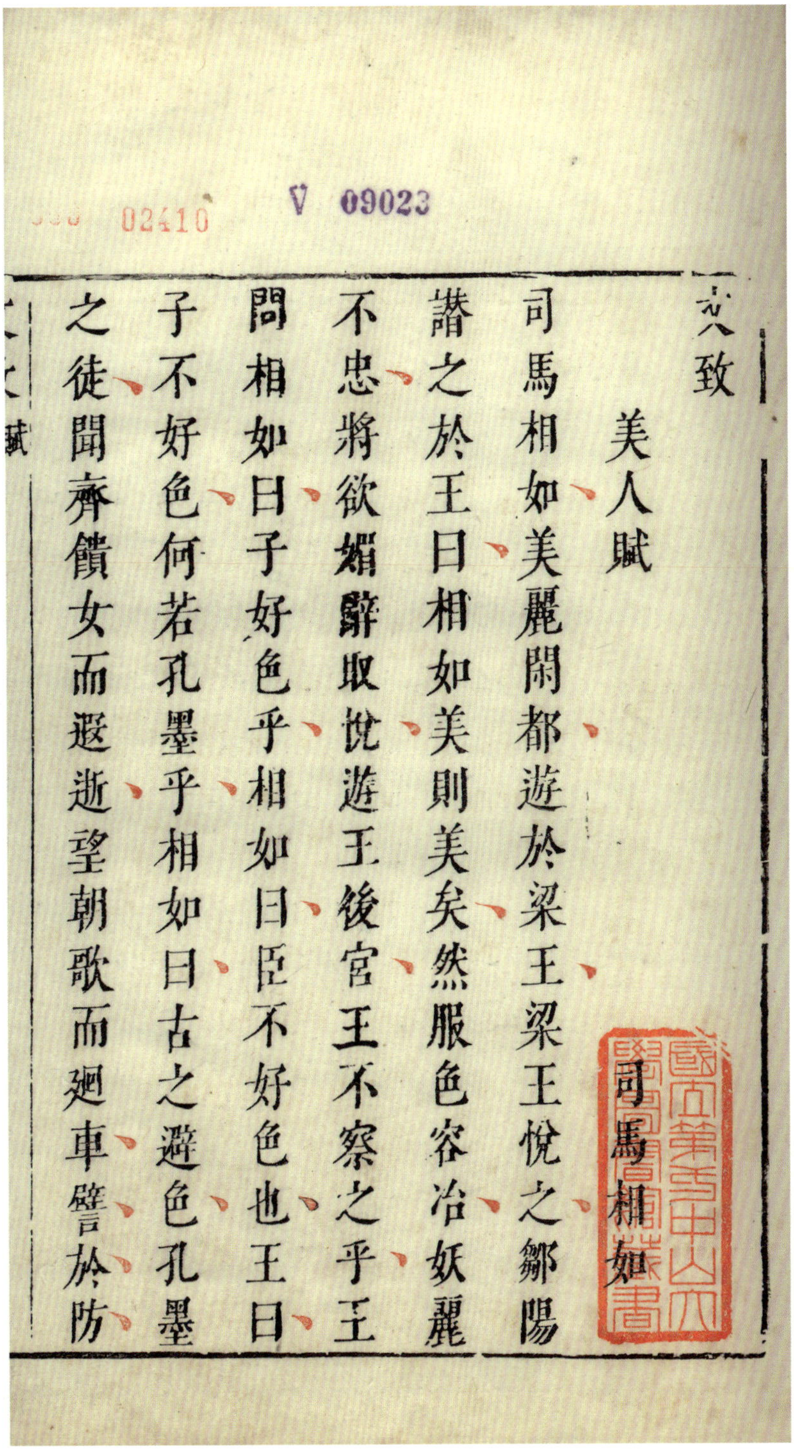
文致

美人賦

司馬相如

司馬相如美麗閑都遊於梁王梁王悅之鄒陽譖之於王曰相如美則美矣然服色容冶妖麗不忠將欲媚辭取悅遊王後宮王不察之乎王問相如曰子好色乎相如曰臣不好色也王曰子不好色何若孔墨乎相如曰古之避色孔墨之徒聞齊饋女而遐逝望朝歌而迴車譬於防

文致　賦

文致不分卷　（明）劉士鏻輯　（明）閔無頗　閔昭明集評　明末刻朱墨套印本　十四册

匡高 20.9 厘米，廣 13.9 厘米。半葉八行，行十八字，白口，四周單邊。有“遺流真韻”“宗伯學士”印。中山大學圖書館藏。第一批國家名録號 02217。

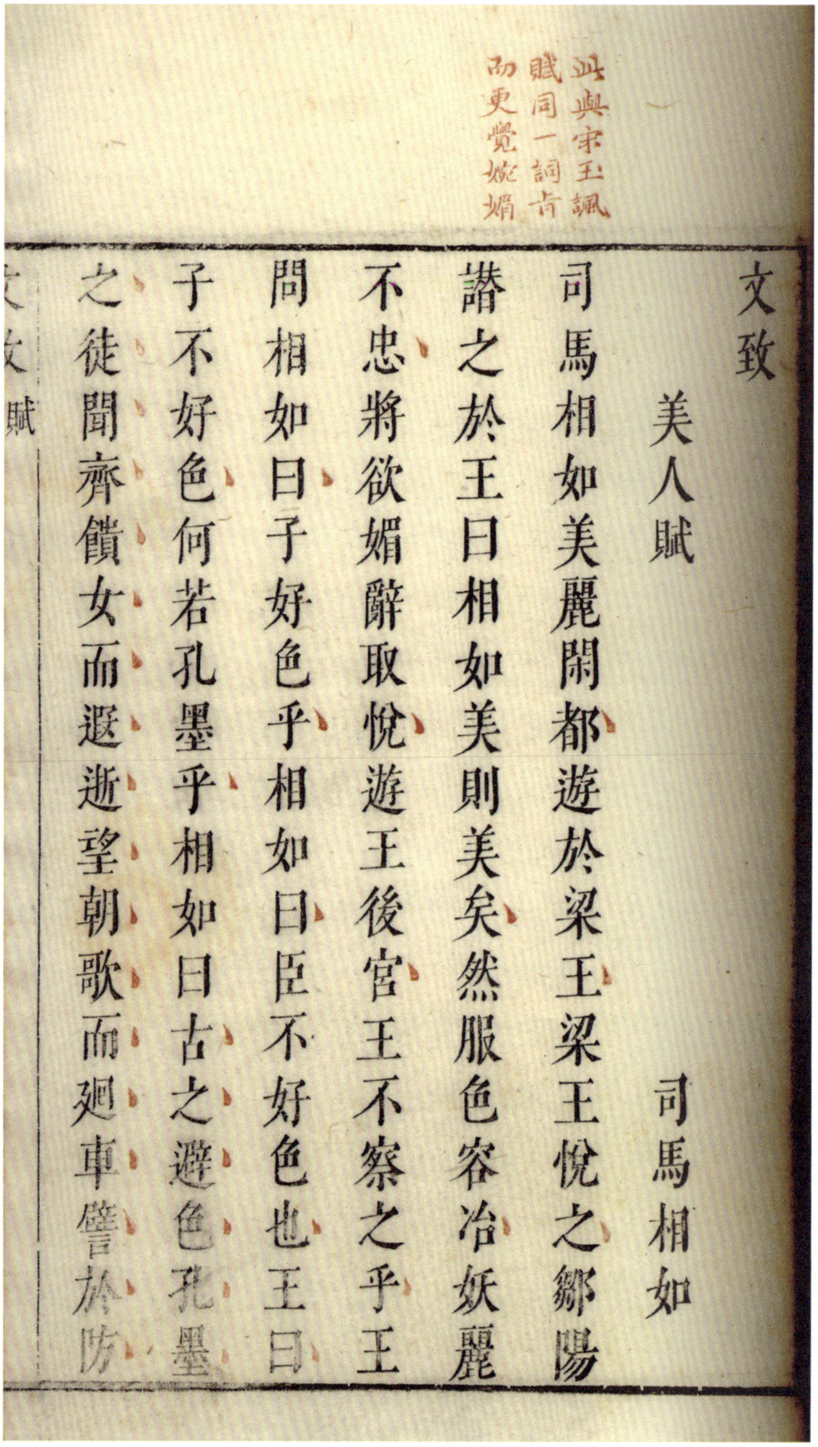
此與宋玉諷賦同一詞旨而更覺嫵媚

文致

美人賦　　司馬相如

司馬相如美麗閑都遊於梁王梁王悅之鄒陽譖之於王曰相如美則美矣然服色容冶妖麗不忠將欲媚辭取悅遊王後宮王不察之乎王問相如曰子好色乎相如曰臣不好色也王曰子不好色何若孔墨乎相如曰古之避色孔墨之徒聞齊饋女而遐逝望朝歌而迴車譬於防

文致　賦

文致不分卷　（明）劉士鏻輯　（明）閔無頗　閔昭明集評　明天啓元年（1621）閔元衢刻朱墨套印本　八册

匡高 20.6 厘米，廣 14.6 厘米。半葉八行，行十八字，白口，四周單邊。廣東省立中山圖書館藏。第三批國家名録號 09458。

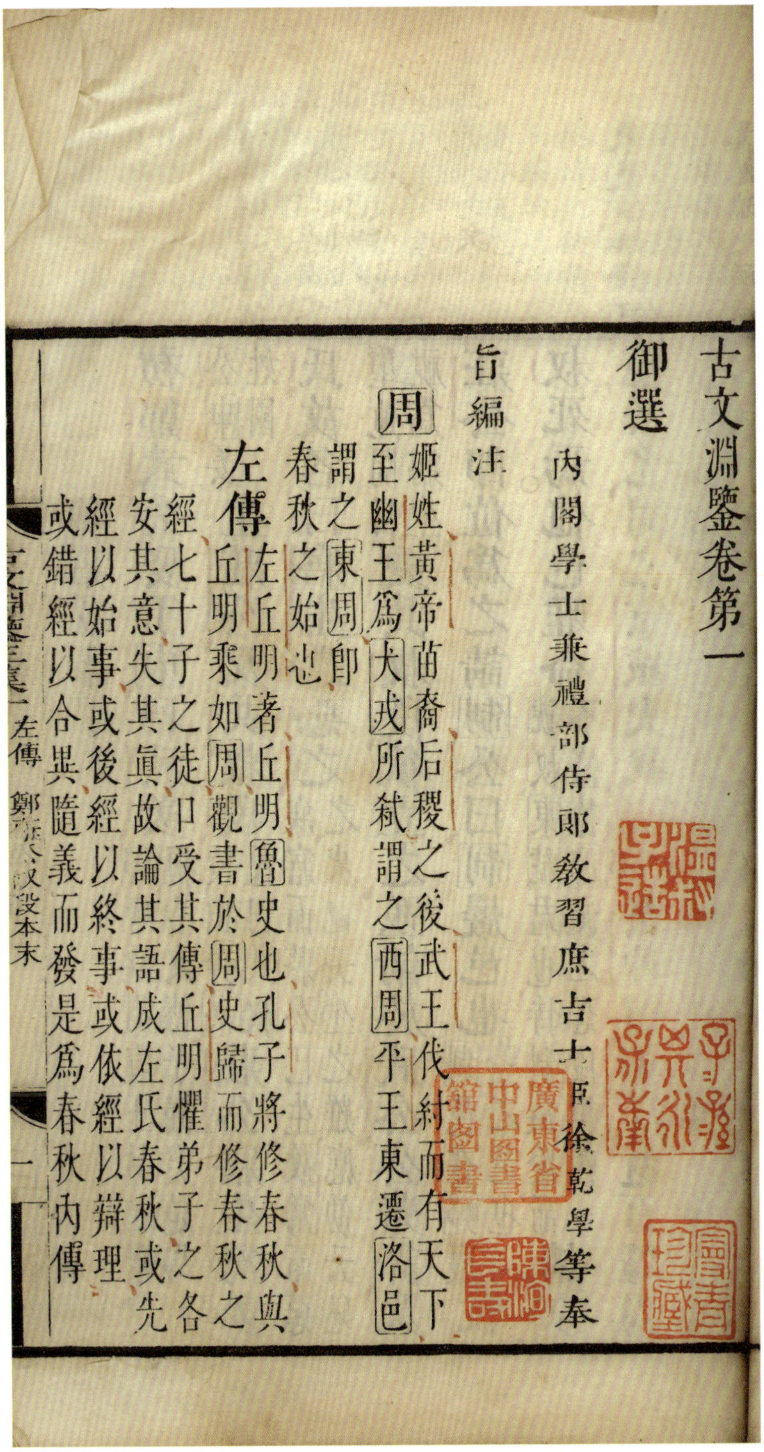

古文淵鑒六十四卷　（清）徐乾學等輯並注　清康熙内府刻五色套印本　二十四册

匡高 18.2 厘米，廣 14.1 厘米。半葉九行，行二十字，小字雙行同，黑口，四周單邊。有“秦更年”“陳洵長壽”等印。廣東省立中山圖書館藏。第一批國家名録號 02222。

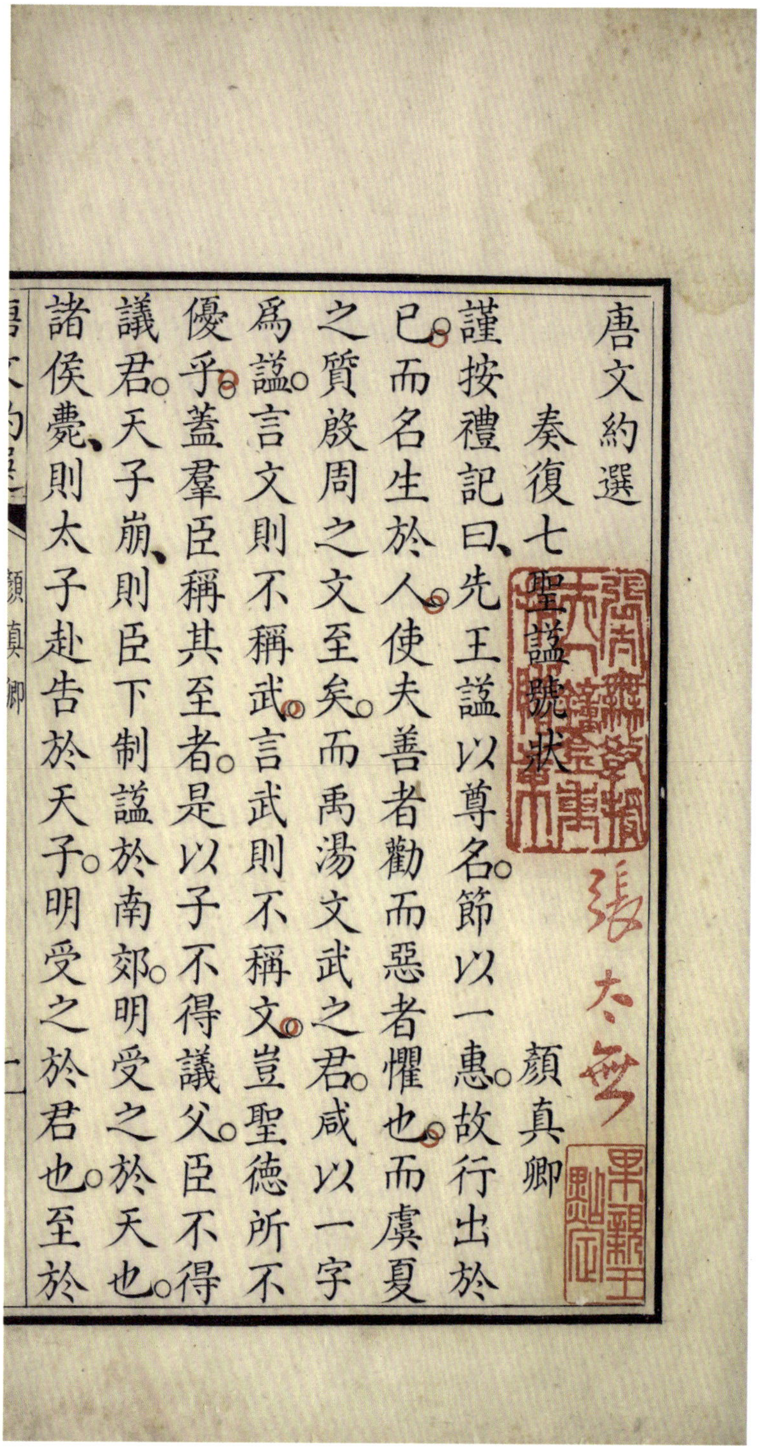

唐文約選

奏復七聖謚號狀　顏真卿

謹按禮記曰先王謚以尊名節以一惠故行出於已而名生於人使夫善者勸而惡者懼也而虞夏之質殷周之文至矣而禹湯文武之君咸以一字爲謚言文則不稱武言武則不稱文豈聖德所不優乎蓋羣臣稱其至者是以子不得議父臣不得議君天子崩則臣下制謚於南郊明受之於天也諸侯薨則太子赴告於天子明受之於君也至於

唐文約選不分卷宋文約選不分卷元文約選不分卷　清雍正果親王府抄本

二十四册

匡高 21.2 厘米，廣 14 厘米。半葉九行，行十九字，白口，四周雙邊。有“果親王點定”“琪園李鐸收藏圖書記”等印。深圳圖書館藏。第五批國家名録號 12041。

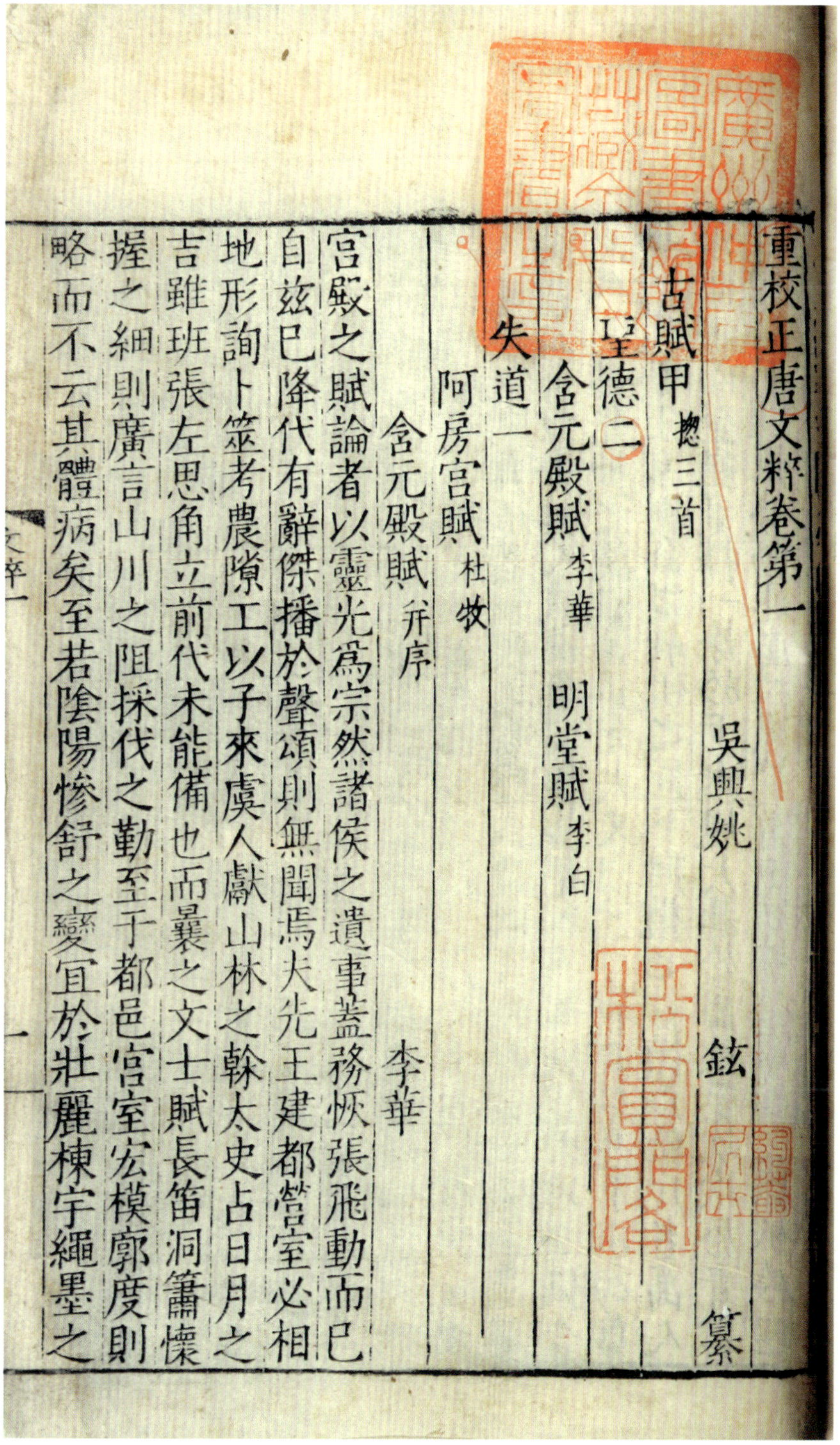
重校正唐文粹卷第一
吴興姚　鉉　纂
古賦甲 總三首
聖德二
含元殿賦 李華　明堂賦 李白
失道一
阿房宫賦 杜牧
含元殿賦 并序　李華
宫殿之賦論者以靈光爲宗然諸侯之遺事葢務恢張飛動而已
自兹已降代有辭傑播於聲頌則無聞焉夫先王建都營室必相
地形詢卜筮考農隙工以子來虞人獻山林之榦太史占日月之
吉雖班張左思角立前代未能備也而曩之文士賦長笛洞簫懐
握之細則廣言山川之阻採伐之勤至于都邑宫室宏模廓度則
略而不云其體病矣至若陰陽慘舒之變宜於壯麗棟宇繩墨之
文粹一　一

重校正唐文粹一百卷　（宋）姚鉉輯　明嘉靖三年（1524）徐焴刻本　十六册

匡高 20.2 厘米，廣 14.3 厘米。半葉十四行，行二十五字，白口，左右雙邊。有“約菴居士”“松圓閣”等印，辛耀文録江沅、王芑孫跋。澳門大學圖書館藏。第二批國家名録號 06422。

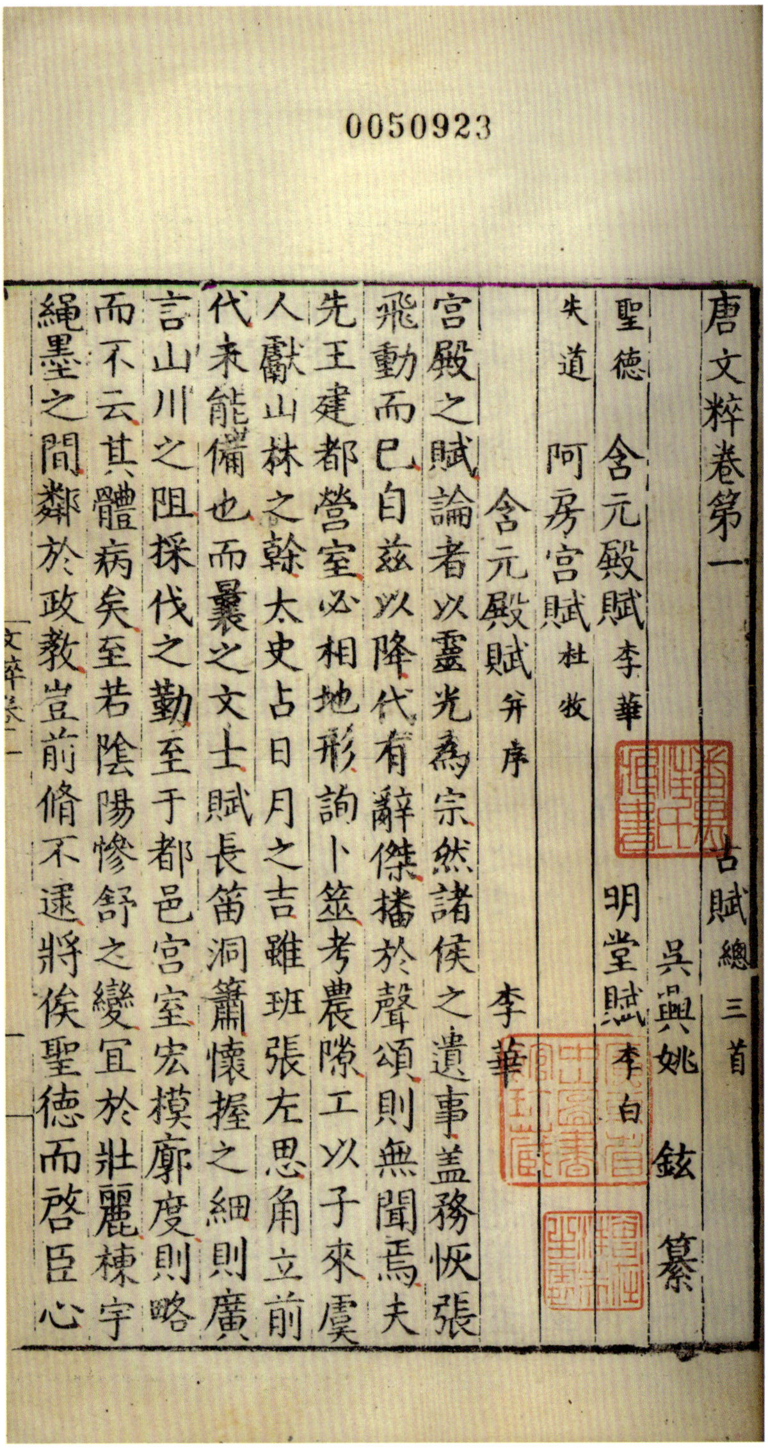
0050923

唐文粹卷第一　古賦總三首
吳興姚鉉纂
聖德　含元殿賦李華　明堂賦李白
失道　阿房宮賦杜牧
含元殿賦并序　李華
宮殿之賦論者以靈光爲宗然諸侯之遺事盖務恢張
飛動而已自兹以降代有辭傑播於聲頌則無聞焉夫
先王建都營室必相地形詢卜筮考農隙工以子來虞
人獻山林之榦太史占日月之吉雖班張左思角立前
代未能備也而曩之文士賦長笛洞簫懷握之細則廣
言山川之阻採伐之勤至于都邑宮室宏模廓度則略
而不云其體病矣至若陰陽慘舒之變宜於壯麗棟宇
繩墨之間鄰於政教豈前脩不逮將俟聖德而啓臣心
文粹卷一

唐文粹一百卷　（宋）姚鉉輯　明嘉靖八年（1529）晉府養德書院刻本　二十册

匡高 21.1 厘米，廣 14.8 厘米。半葉十三行，行二十一字，白口，四周單邊。有“曾在汪芙生處”“番禺汪氏藏書”等印。廣東省立中山圖書館藏。第三批國家名録號 09467。

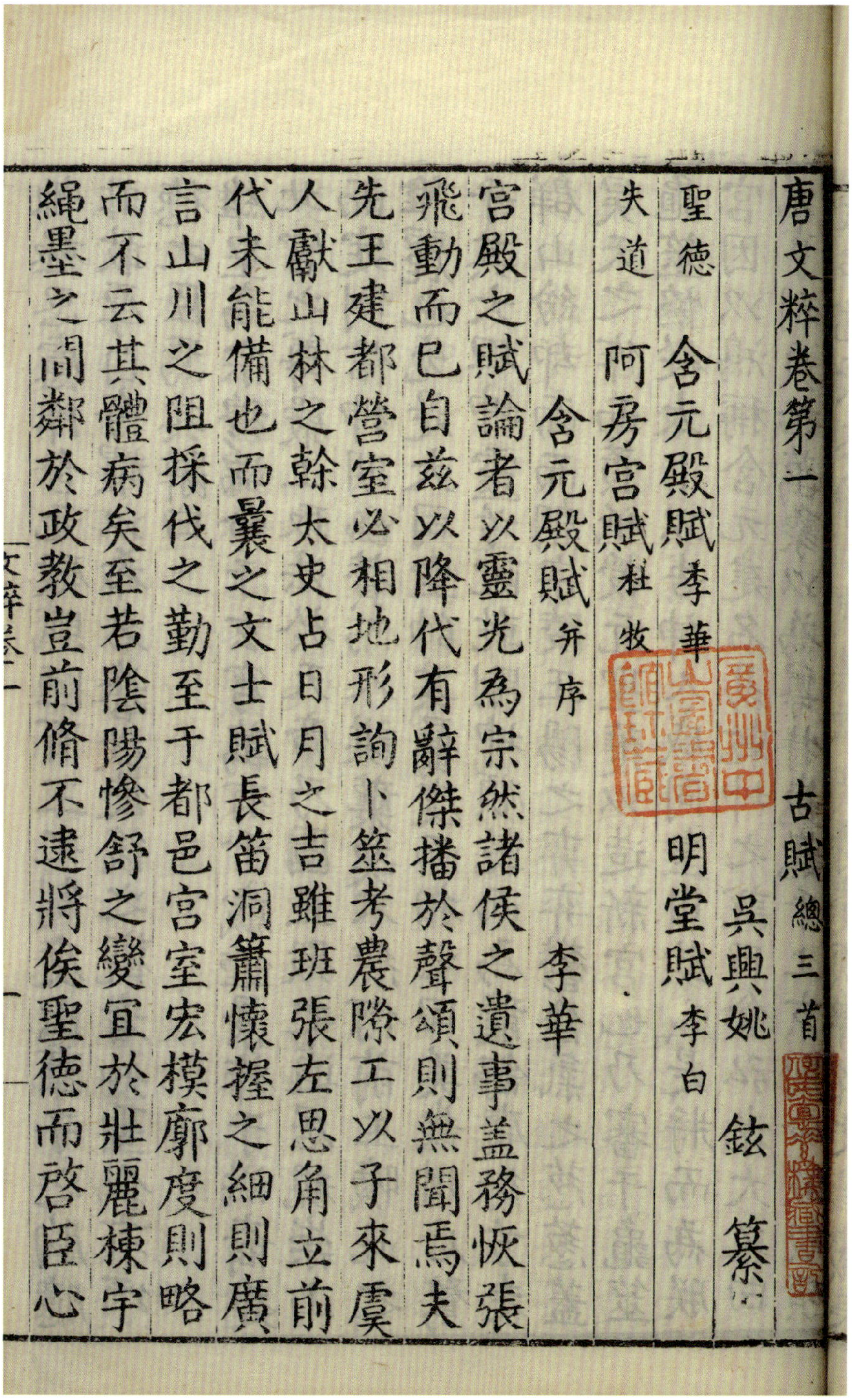
唐文粹卷第一　古賦總三首
吳興姚　鉉　纂
聖德　含元殿賦李華　明堂賦李白
失道　阿房宮賦杜牧
含元殿賦并序　李華
宮殿之賦論者以靈光為宗然諸侯之遺事蓋務恢張
飛動而已自兹以降代有辭傑播於聲頌則無聞焉夫
先王建都營室必相地形詢卜筮考農隙工以子來虞
人獻山林之幹太史占日月之吉雖班張左思角立前
代未能備也而曩之文士賦長笛洞簫懷握之細則廣
言山川之阻採伐之勤至于都邑宮室宏模廓度則略
而不云其體病矣至若陰陽慘舒之變宜於壯麗棟宇
繩墨之間鄰於政教豈前脩不遠將俟聖德而啓臣心
文粹卷一　一

唐文粹一百卷　（宋）姚鉉輯　明嘉靖八年（1529）晉府養德書院刻本　二十册

匡高 21.1 厘米，廣 14.8 厘米。半葉十三行，行二十一字，白口，四周單邊。有“何氏抱素樓藏書記”“東莞莫氏五十萬卷樓”“養貞書院之記”等印。廣東省立中山圖書館藏。第四批國家名録號 10924。

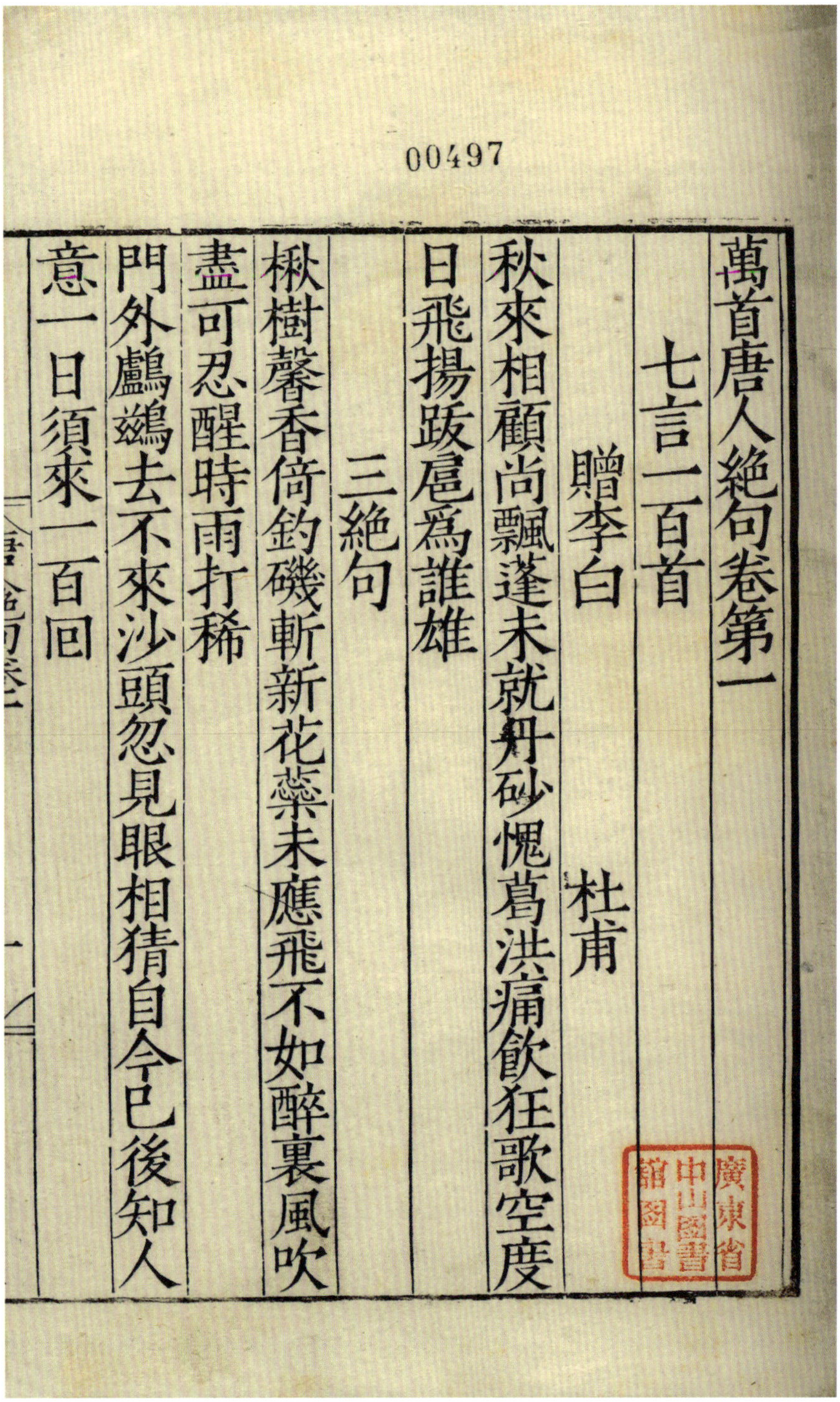
00497

萬首唐人絶句卷第一

七言一百首

贈李白　杜甫

秋來相顧尚飄蓬未就丹砂愧葛洪痛飲狂歌空度日飛揚跋扈爲誰雄

三絶句

楸樹馨香倚釣磯斬新花蘂未應飛不如醉裏風吹盡可忍醒時雨打稀

門外鸕鷀去不來沙頭忽見眼相猜自今已後知人意一日須來一百回

萬首唐人絶句一百一卷　（宋）洪邁輯　明嘉靖十九年（1540）陳敬學德星堂刻本　三十册

匡高 19.6 厘米，廣 14.5 厘米。半葉十行，行二十字，白口，左右雙邊。有“左將軍司馬”“芝蘭室”“曹士穀堂”等印。廣東省立中山圖書館藏。第二批國家名録號 06431。

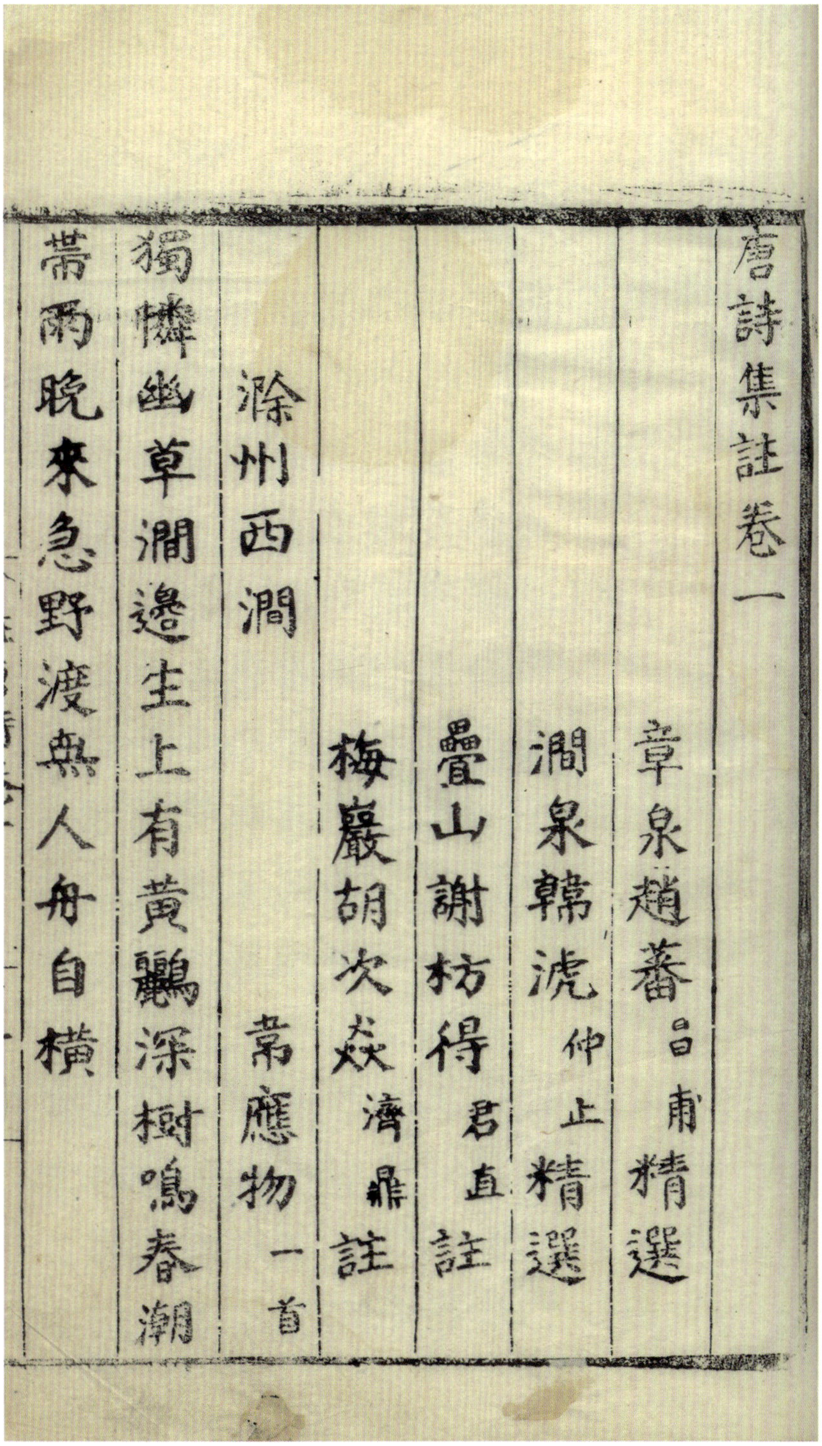

唐詩集註卷一
章泉趙蕃昌甫精選
澗泉韓淲仲止精選
疊山謝枋得君直註
梅巖胡次焱濟鼎註
滁州西澗　韋應物　一首
獨憐幽草澗邊生上有黃鸝深樹鳴春潮
帶雨晚來急野渡無人舟自横

唐詩集註五卷　（宋）趙蕃　韓淲輯　（宋）謝枋得　胡次焱注　明正德十三年（1518）潘選刻本　一册

匡高19.7厘米，廣13.5厘米。半葉八行，行十六字，小字雙行十五字，白口或黑口，四周單邊。中山大學圖書館藏。第二批國家名録號06436。

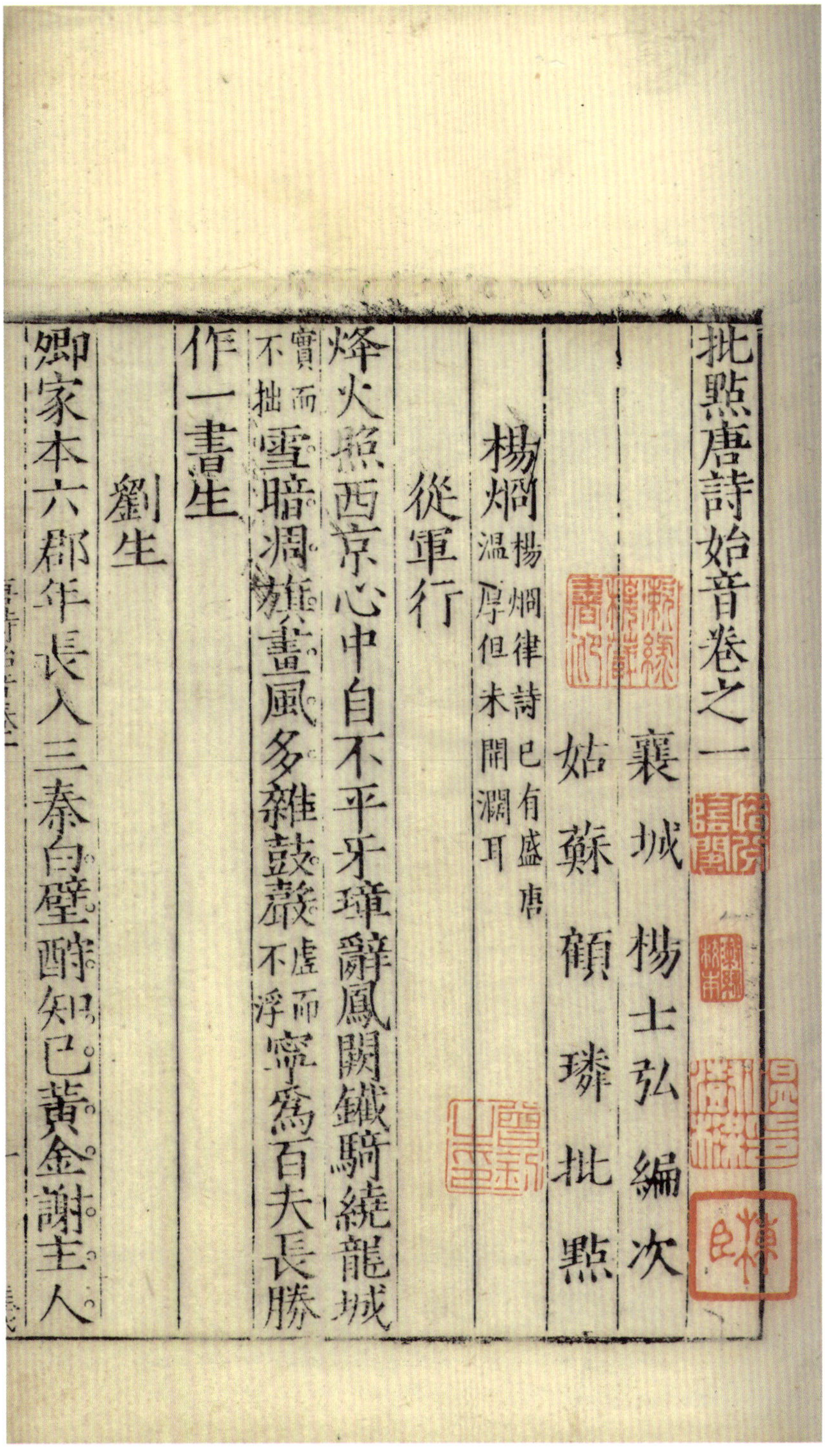

批點唐音十五卷　（元）楊士弘輯　（明）顧璘批點　明嘉靖四十年（1561）顧履祥刻四十四年（1565）李蓑重修本　五册

匡高 20.1 厘米，廣 14.8 厘米。半葉十行，行二十字，小字雙行同，白口，四周單邊。有“曾釗之印”“温澍樑印”等印。中山大學圖書館藏。第二批國家名録號 06441。

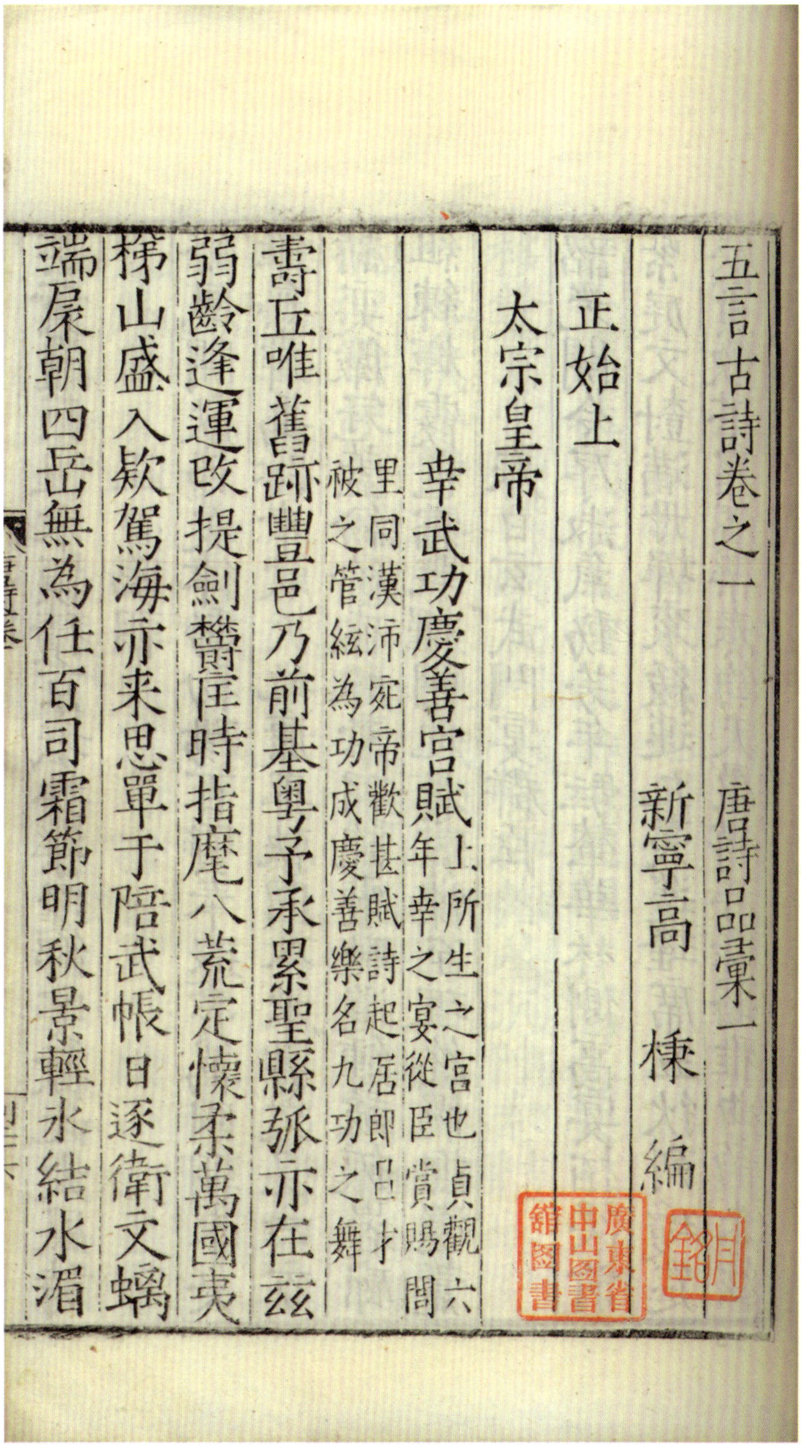

唐詩品彙九十卷拾遺十卷　（明）高棅輯　明刻本　十八册

匡高 21.8 厘米，廣 15.5 厘米。半葉十行，行二十字，小字雙行同，白口，左右雙邊。有“丹銘”“方功惠藏書印”等印。廣東省立中山圖書館藏。第四批國家名録號 10927。

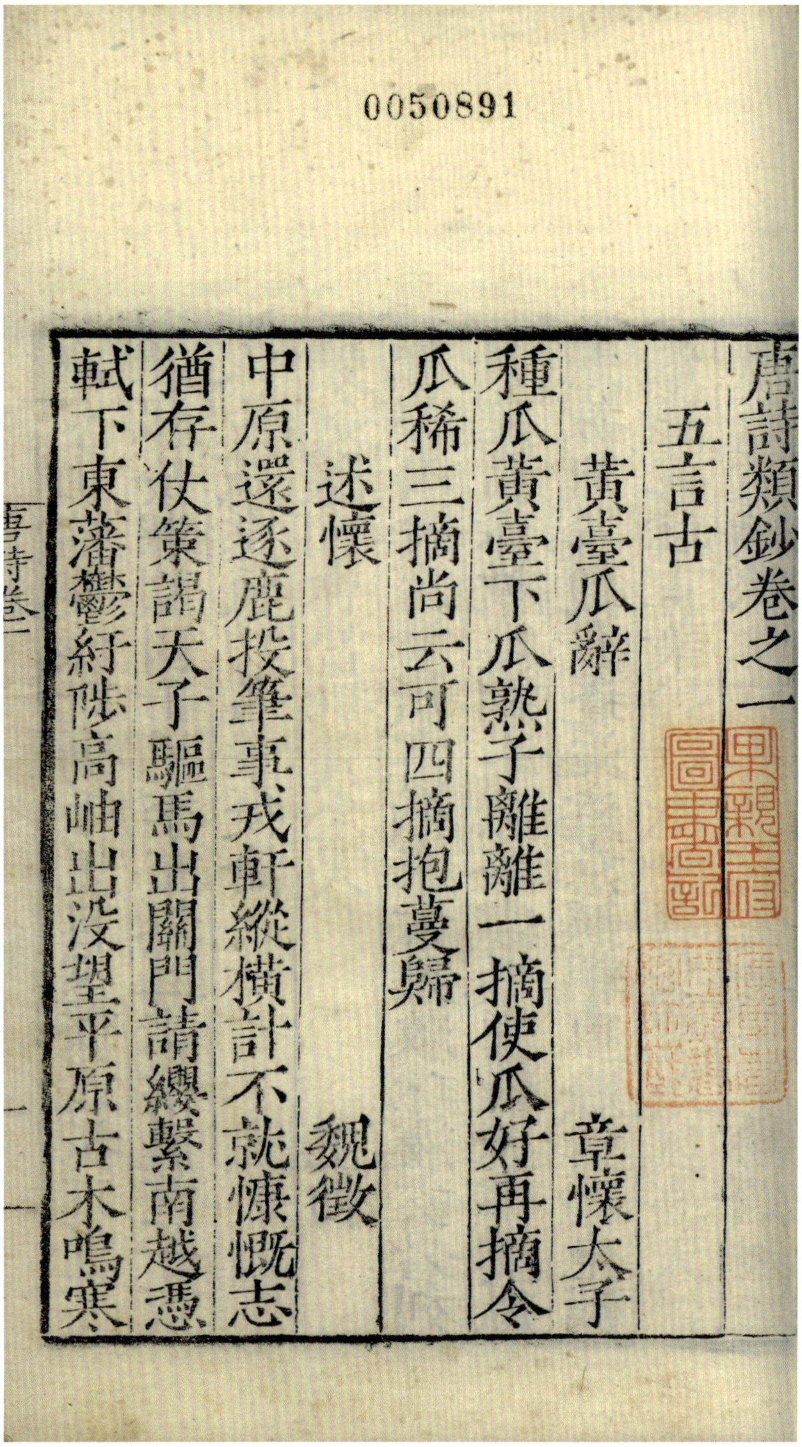
0050891

唐詩類鈔卷之一
五言古
黃臺瓜辭　章懷太子
種瓜黃臺下瓜熟子離離一摘使瓜好再摘令
瓜稀三摘尚云可四摘抱蔓歸
述懷　魏徵
中原還逐鹿投筆事戎軒縱橫計不就慷慨志
猶存仗策謁天子驅馬出關門請纓繫南越憑
軾下東藩鬱紆陟高岫出没望平原古木鳴寒

唐詩卷一　一

唐詩類鈔八卷　（明）顧應祥輯　明嘉靖三十一年（1552）自刻本　六册

匡高 18.9 厘米，廣 14.2 厘米。半葉九行，行十八字，白口，四周單邊。有“果親王府圖書記”等印。廣東省立中山圖書館藏。第二批國家名録號 06447。

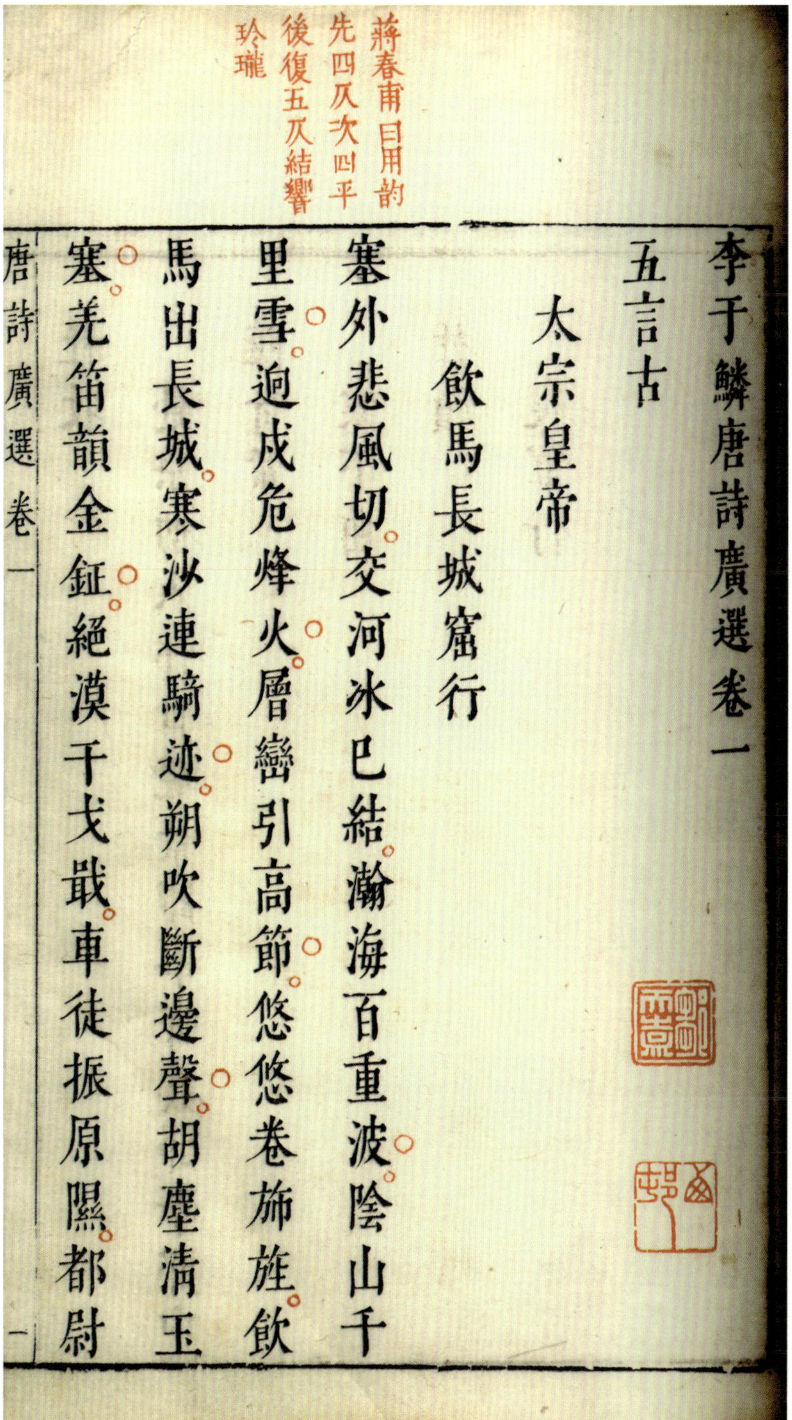

蔣春甫曰用韵先四仄次四平後復五仄結響玲瓏

李于鱗唐詩廣選卷一

五言古

太宗皇帝

飲馬長城窟行

塞外悲風切交河冰已結瀚海百重波陰山千里雪迥戍危烽火層巒引高節悠悠卷旆旌飲馬出長城寒沙連騎迹朔吹斷邊聲胡塵清玉塞羌笛韻金鉦絕漠干戈戢車徒振原隰都尉

唐詩廣選卷一　一

李于鱗唐詩廣選七卷　（明）李攀龍輯　（明）凌瑞森　凌南榮輯評　明萬曆三年（1575）凌氏盟鷗館刻朱墨套印本　六册

匡高 27.4 厘米，廣 14.5 厘米。半葉八行，行十八字，白口，四周單邊。有“西邨”“柴門月色”等印。廣東省立中山圖書館藏。第三批國家名録號 09481。

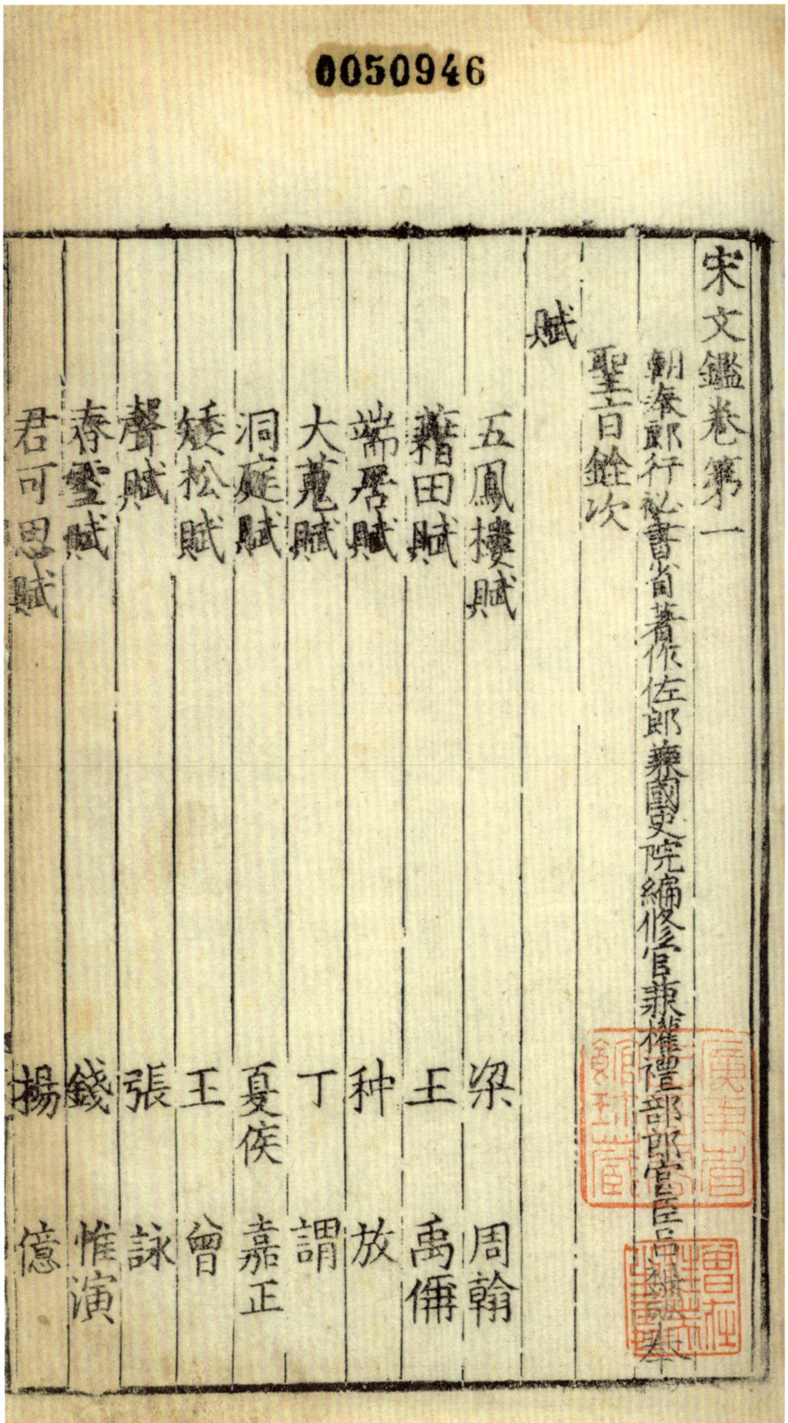

宋文鑑一百五十卷目録三卷 （宋）吕祖謙輯 明嘉靖五年（1526）晉藩養德書院刻本 六十册

匡高 19.6 厘米，廣 13 厘米。半葉十三行，行二十一字，黑口，左右雙邊。有“曾在汪芙生處”等印。廣東省立中山圖書館藏。第四批國家名録號 10934。

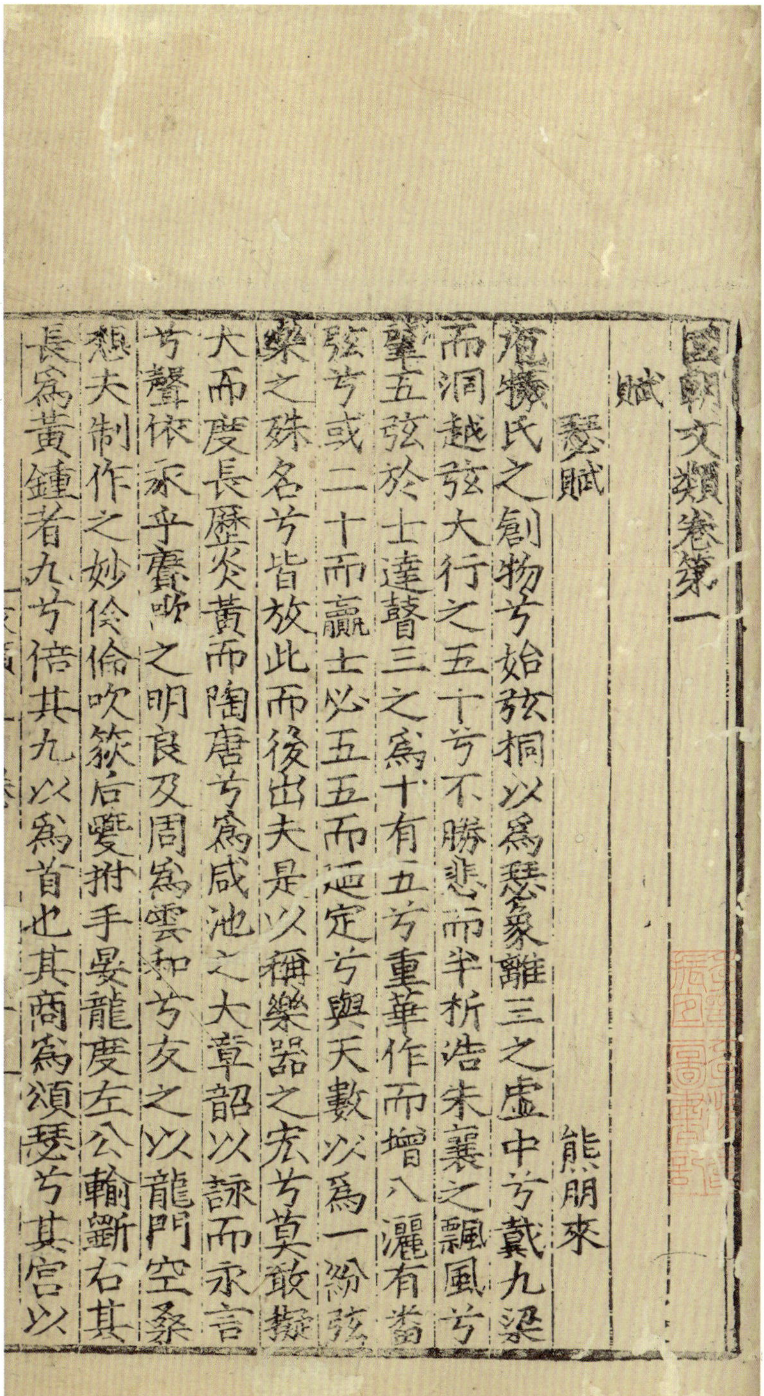

國朝文類七十卷目録三卷　（元）蘇天爵輯　元刻本　二十册

匡高 18.7 厘米，廣 13 厘米。半葉十二行，行二十三字，小字雙行同，黑口，左右雙邊。有“季振宜印”等印。中山大學圖書館藏。第一批國家名録號 01234。

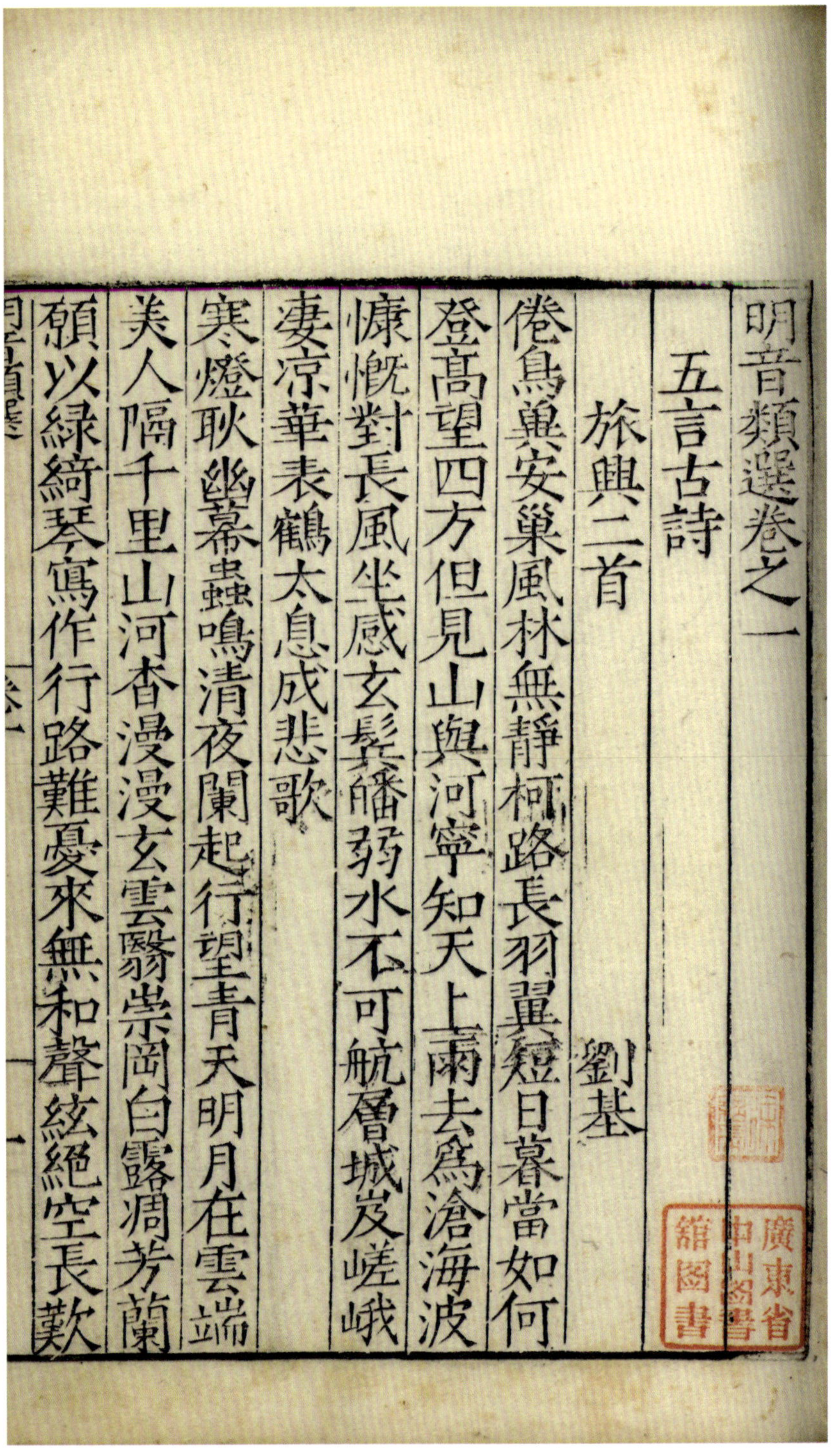
明音類選卷之一
五言古詩
旅興二首　劉基
倦鳥巢安巢風林無靜柯路長羽翼短日暮當如何
登高望四方但見山與河窮知天上雨去爲滄海波
慷慨對長風坐感玄鬓皤弱水不可航層城岌嵯峨
凄凉華表鶴太息成悲歌
寒燈耿幽幕蟲鳴清夜闌起行望青天明月在雲端
美人隔千里山河杳漫漫玄雲翳崇岡白露凋芳蘭
願以綠綺琴寫作行路難憂來無和聲絃絕空長歎
明音類選　卷一　一

明音類選十二卷　（明）黃佐　黎民表輯　明嘉靖三十七年（1558）潘光統刻本　六册

匡高 18.5 厘米，廣 13.7 厘米。半葉十行，行二十字，白口，四周單邊。有“徐紹棨”印。廣東省立中山圖書館藏。第二批國家名録號 06466。

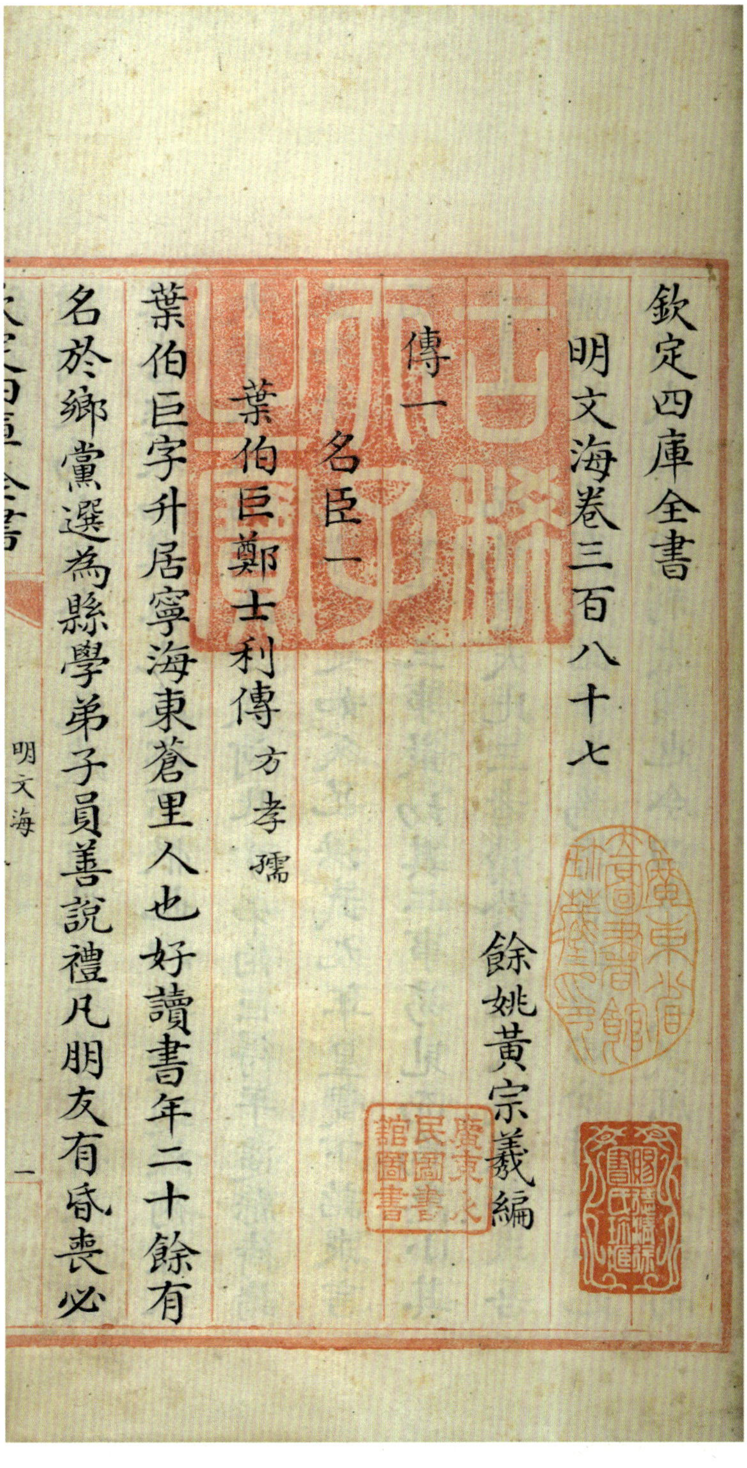
欽定四庫全書
明文海卷三百八十七
餘姚黃宗羲編
傳一
名臣一
葉伯巨鄭士利傳 方孝孺
葉伯巨字升居寧海東蒼里人也好讀書年二十餘有
名於鄉黨選為縣學弟子員善說禮凡朋友有昏喪必
欽定四庫全書
明文海
一

明文海四百八十二卷 （清）黃宗羲輯 清乾隆内府寫南三閣四庫全書本 一册

匡高 20.9 厘米，廣 14 厘米。半葉八行，行二十一字，紅格，白口，四周雙邊。有“古稀天子之寶”“乾隆御覽之寶”“賜書德清徐氏珍藏”等印。廣東省立中山圖書館藏，存二卷（三百八十七、三百八十八）。第六批國家名録號 12867。

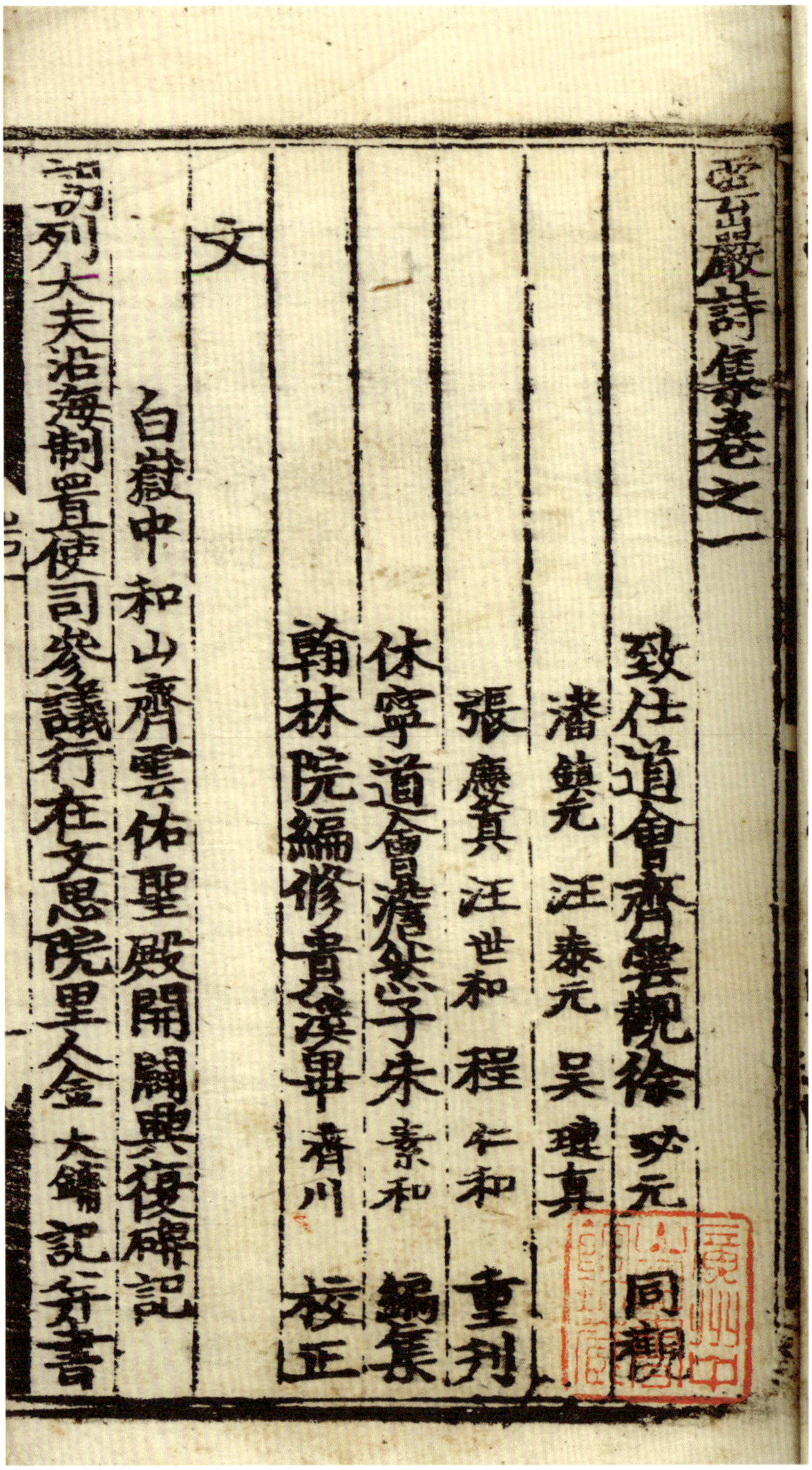

雲巖詩集六卷 （明）朱素和輯 明正德九年（1514）刻本 四册

匡高 20 厘米，廣 12.3 厘米。半葉九行，行二十一字，黑口，四周雙邊。有“壽祺經眼”印。廣東省立中山圖書館藏。第二批國家名録號 06480。

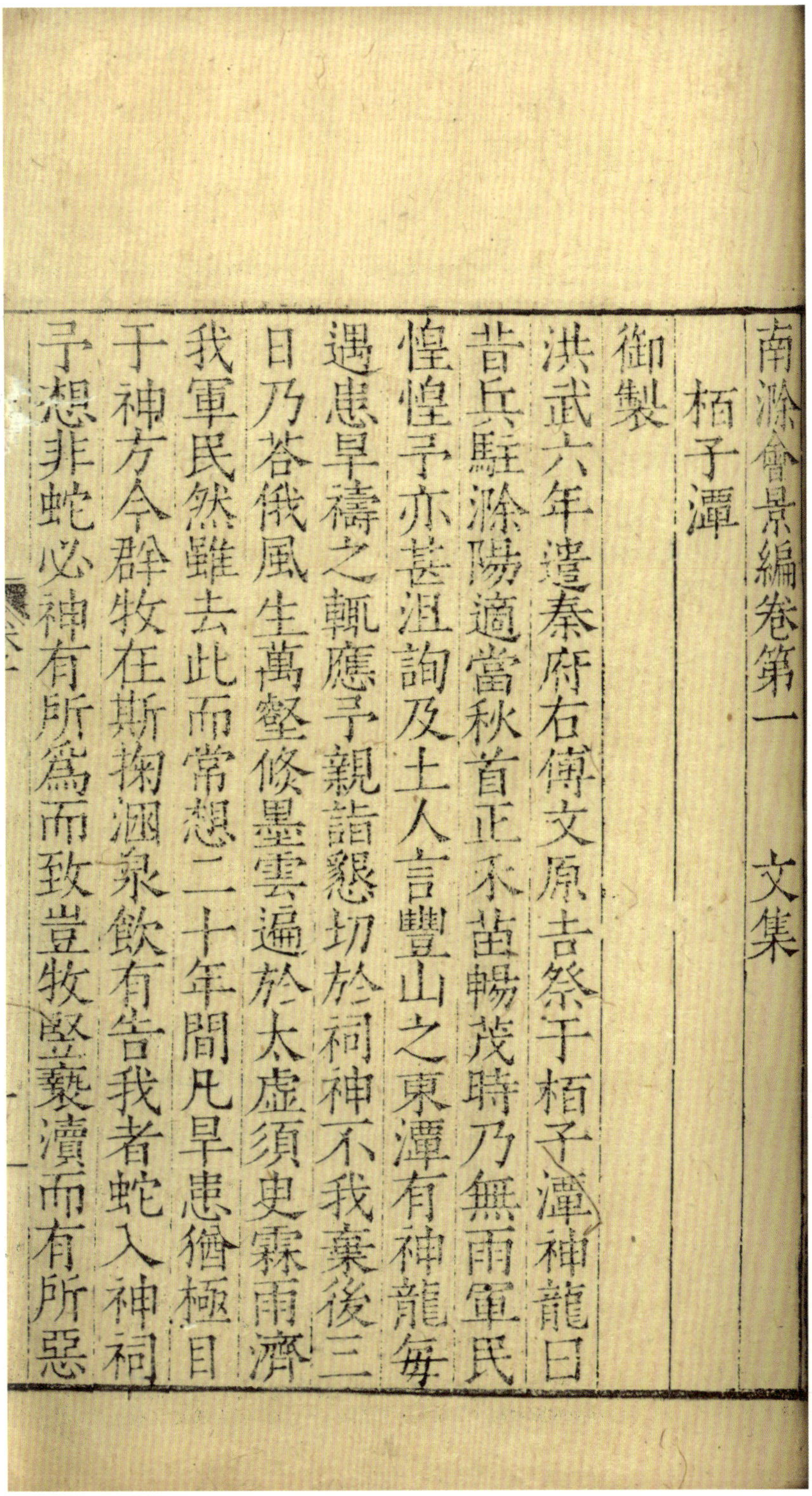

南滁會景編卷第一　文集

栢子潭

御製

洪武六年遣秦府右傅文原吉祭于栢子潭神龍曰
昔兵駐滁陽適當秋首正禾苗暢茂時乃無雨軍民
惶惶予亦甚沮詢及土人言豐山之東潭有神龍每
遇患旱禱之輒應予親詣懇切於祠神不我棄後三
日乃苔俄風生萬壑倏墨雲遍於太虛須臾霖雨濟
我軍民然雖去此而常想二十年間凡旱患猶極目
于神方今群牧在斯掬泅泉飲有告我者蛇入神祠
予想非蛇必神有所爲而致豈牧竪褻瀆而有所惡

南滁會景編十卷　（明）趙廷瑞輯　明嘉靖三十四年（1555）刻本　六册

匡高 18.8 厘米，廣 14.3 厘米。半葉十一行，行二十字，白口，左右雙邊。中山大學圖書館藏。第三批國家名録號 09520。

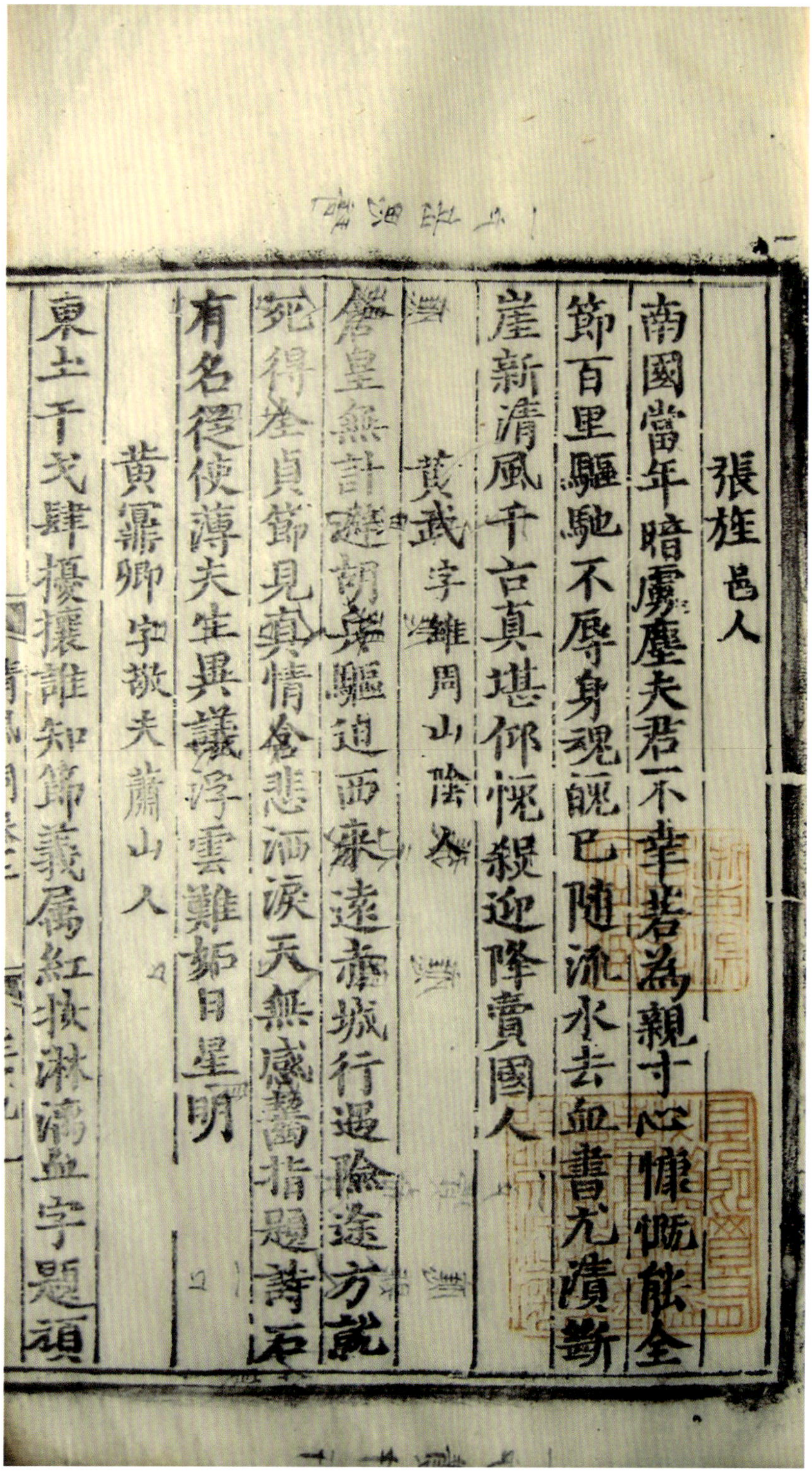
張旌 邑人
南國當年暗虜塵夫君一不幸若為親寸心慷慨能全
節百里驅馳不辱身魂魄已隨流水去血書尤潰斷
崖新清風千古真堪仰慨殺迎降賣國人
黃武 字維周 山陰人
倉皇無計避胡塵驅迫西來遠涉城行過險途方就
死得全貞節見真情倉悲洒淚天無感囓指題詩石
有名從使薄夫生異議浮雲難掩日星明
黃霈卿 字敬夫 蕭山人
東土干戈肆擾攘誰知節義屬紅妝淋漓血字題頑

清風祠録六卷　（明）王琥輯　明正德九年（1514）刻本　二册

匡高 19.4 厘米，廣 13.3 厘米。半葉十行，行二十字，白口，四周雙邊。有“浙東湯氏白玨宧藏”等印。廣東省社會科學院圖書館藏。第二批國家名録號 06485。

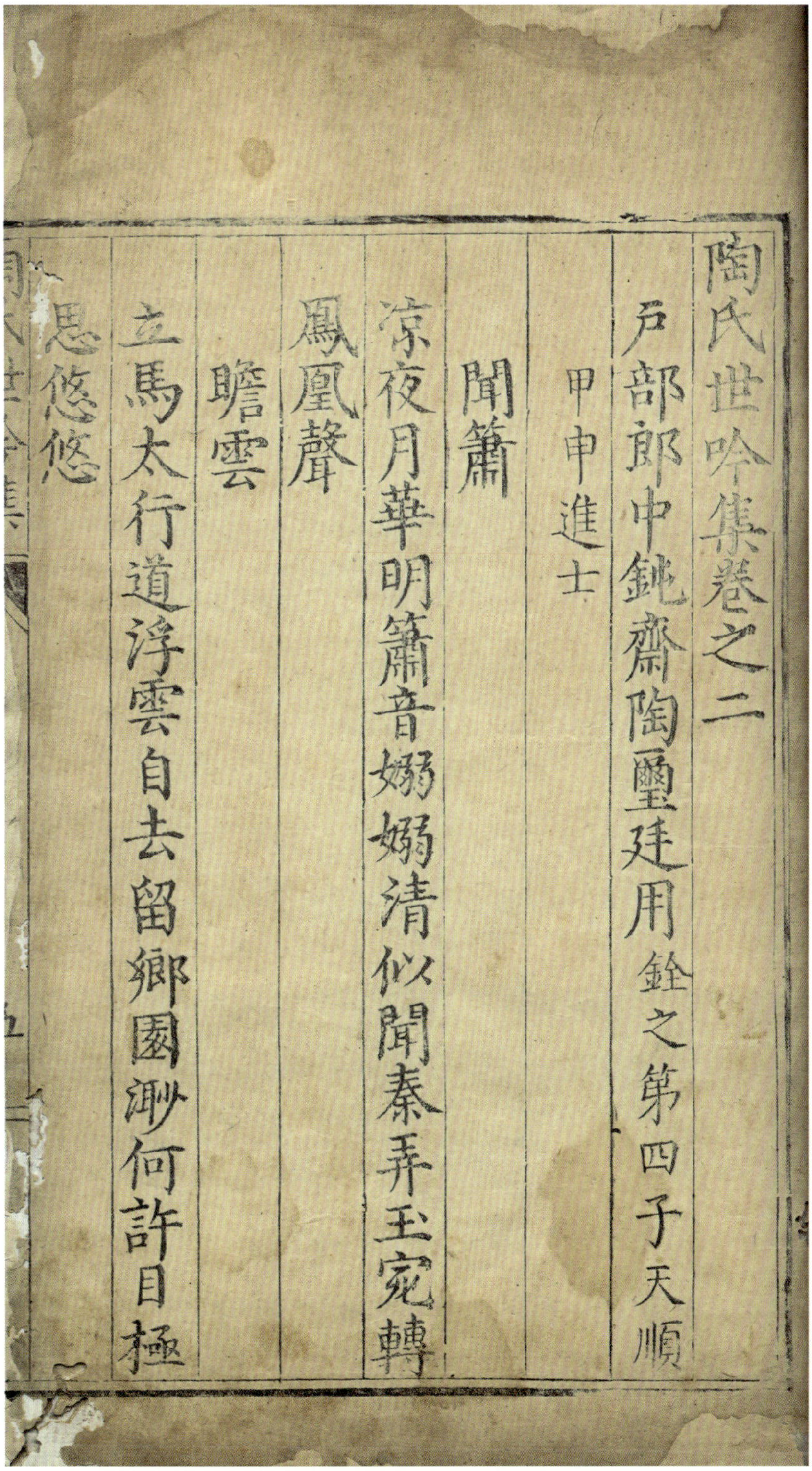
陶氏世吟集卷之二
戶部郎中鈍齋陶壆廷用銓之第四子天順
甲申進士
聞簫
凉夜月華明簫音嫋嫋清似聞秦弄玉宛轉
鳳凰聲
瞻雲
立馬太行道浮雲自去留鄉園渺何許目極
思悠悠

陶氏世吟集五卷　（明）陶登輯　明萬曆二十七年（1599）自刻藍印本　二册

匡高 21.3 厘米，廣 14.2 厘米。半葉九行，行十八字，白口，四周雙邊。中山大學圖書館藏。

第二批國家名録號 06490。

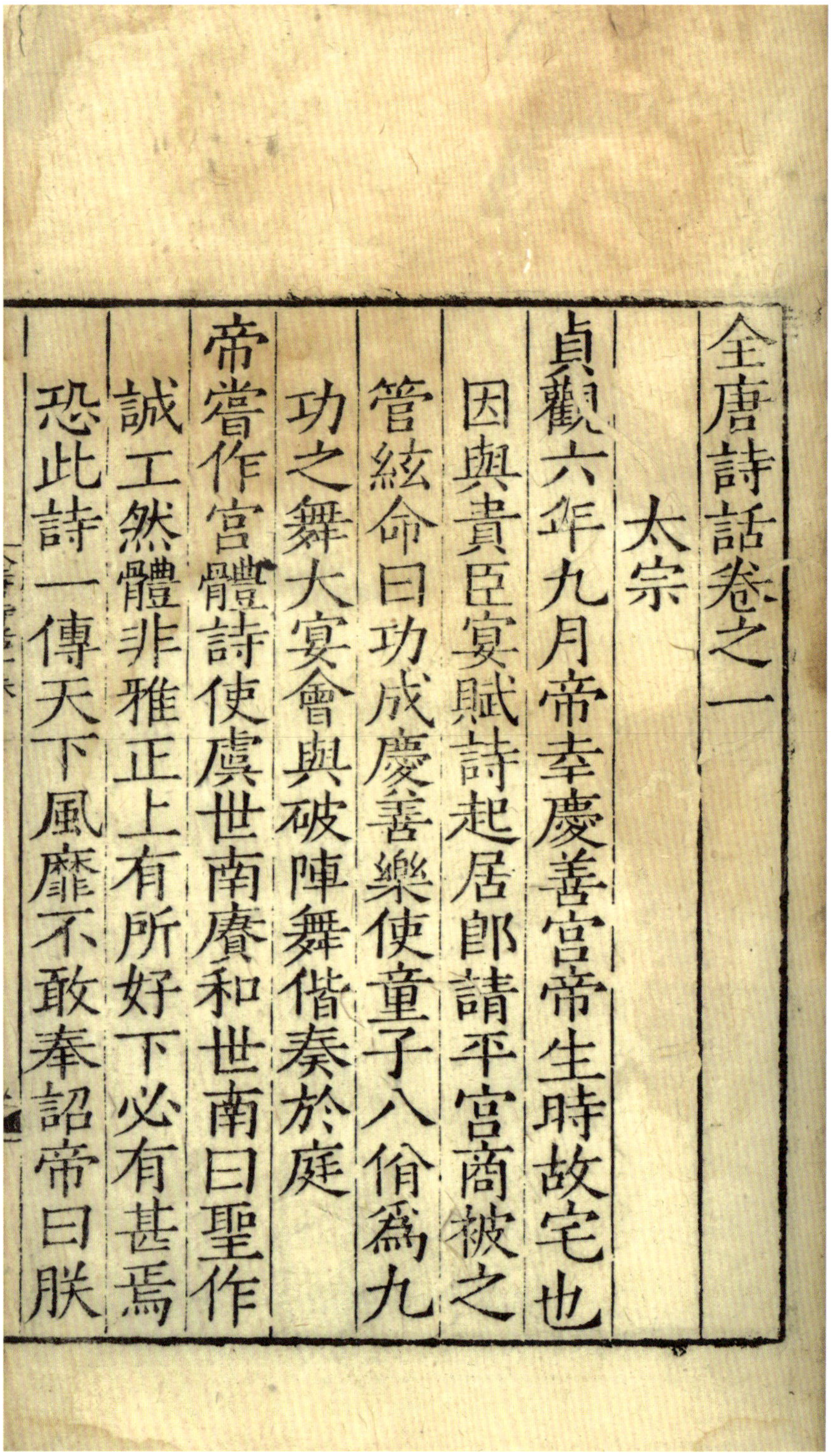
全唐詩話卷之一

太宗

貞觀六年九月帝幸慶善宮帝生時故宅也
因與貴臣宴賦詩起居郎請平宮商被之
管絃命曰功成慶善樂使童子八佾爲九
功之舞大宴會與破陣舞偕奏於庭
帝嘗作宮體詩使虞世南賡和世南曰聖作
誠工然體非雅正上有所好下必有甚焉
恐此詩一傳天下風靡不敢奉詔帝曰朕

全唐詩話六卷　題（宋）尤袤撰　明嘉靖二十二年（1543）王教、王政刻本　十二册
匡高 19 厘米，廣 14.3 厘米。半葉九行，行十七字，白口，四周單邊。中山大學圖書館藏。
第二批國家名録號 06513。

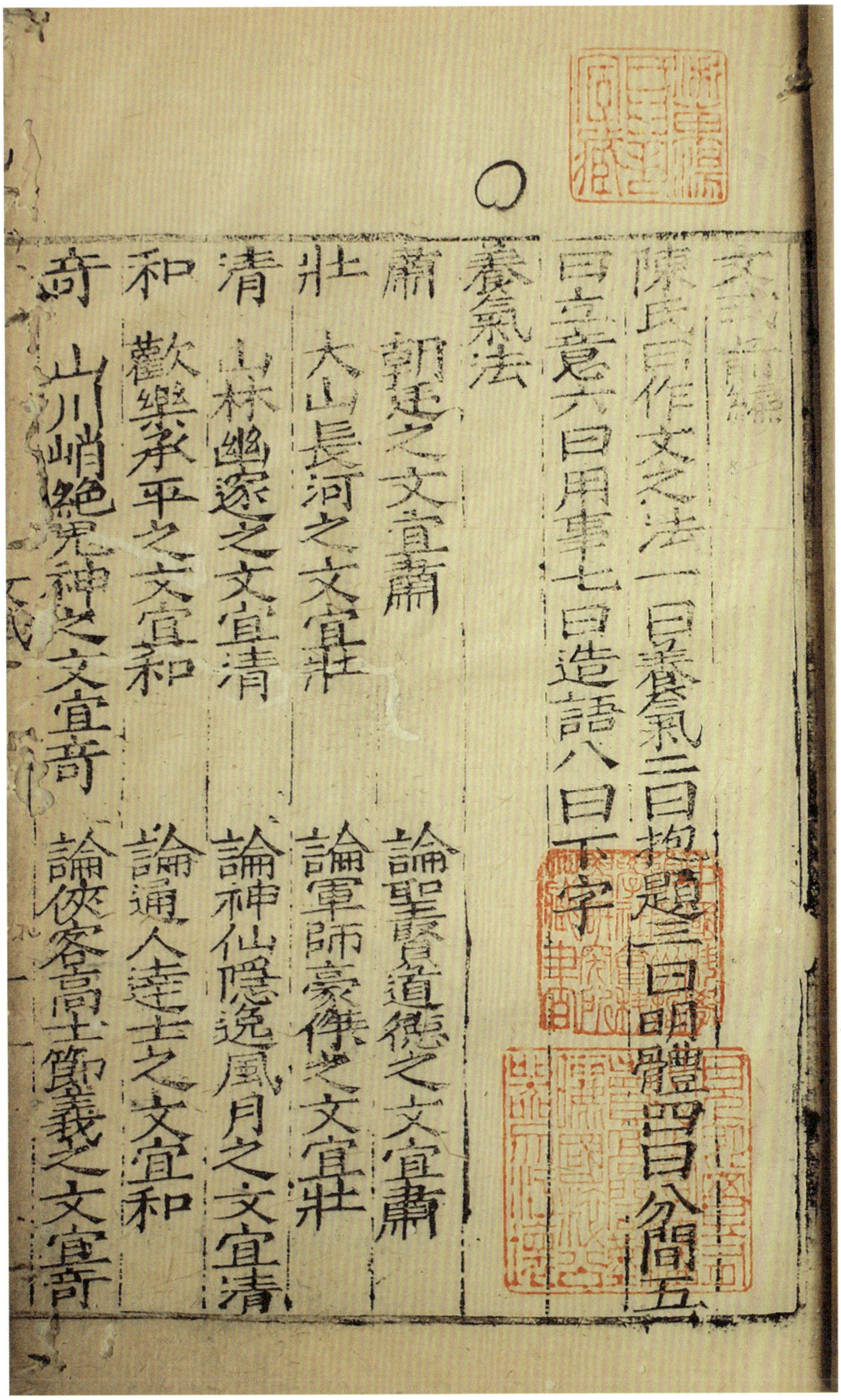
文式前編
陳氏曰作文之法一曰養氣二曰抱題三曰明體四曰分間五
曰立意六曰用事七曰造語八曰下字
養氣法
肅　朝廷之文宜肅　論聖賢道德之文宜肅
壯　大山長河之文宜壯　論軍師豪傑之文宜壯
清　山林幽邃之文宜清　論神仙隱逸風月之文宜清
和　歡樂承平之文宜和　論通人達士之文宜和
奇　山川峭絶鬼神之文宜奇　論俠客高士節義之文宜奇

文式二卷　（明）曾鼎撰　明嘉靖八年（1529）高仲芳刻本　二册

匡高 18.6 厘米，廣 13.6 厘米。半葉九行，行二十四字，白口，左右雙邊。有“浙東湯氏臼孔宧藏”等印。廣東省社會科學院圖書館藏。第四批國家名録號 10966。

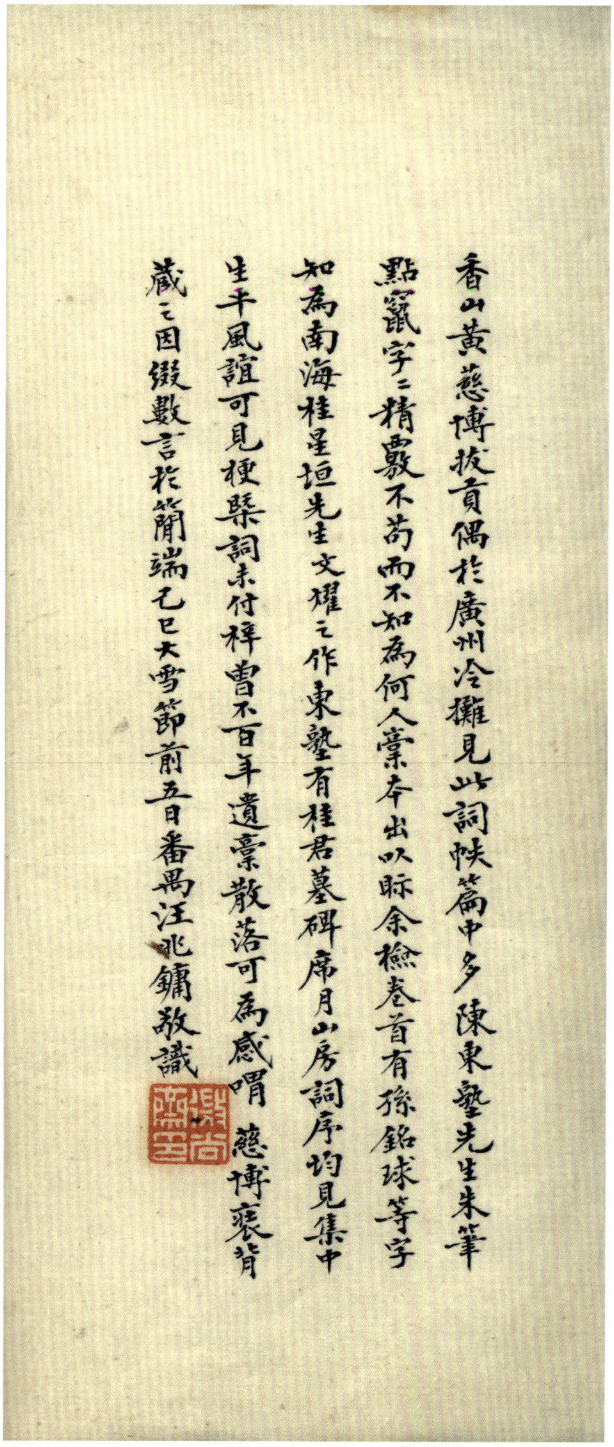
香山黄慈博拔貢偶於廣州冷攤見此詞帙篇中多陳東塾先生朱筆點竄字字精覈不苟而不知為何人稾本出以眎余檢卷首有孫銘球等字知為南海桂星垣先生文燿之作東塾有桂君墓碑席月山房詞序均見集中生平風誼可見梗槩詞未付梓曾不百年遺稾散落可為感喟 慈博襃背藏之因綴數言於簡端乙巳大雪節前五日番禺汪兆鏞敬識

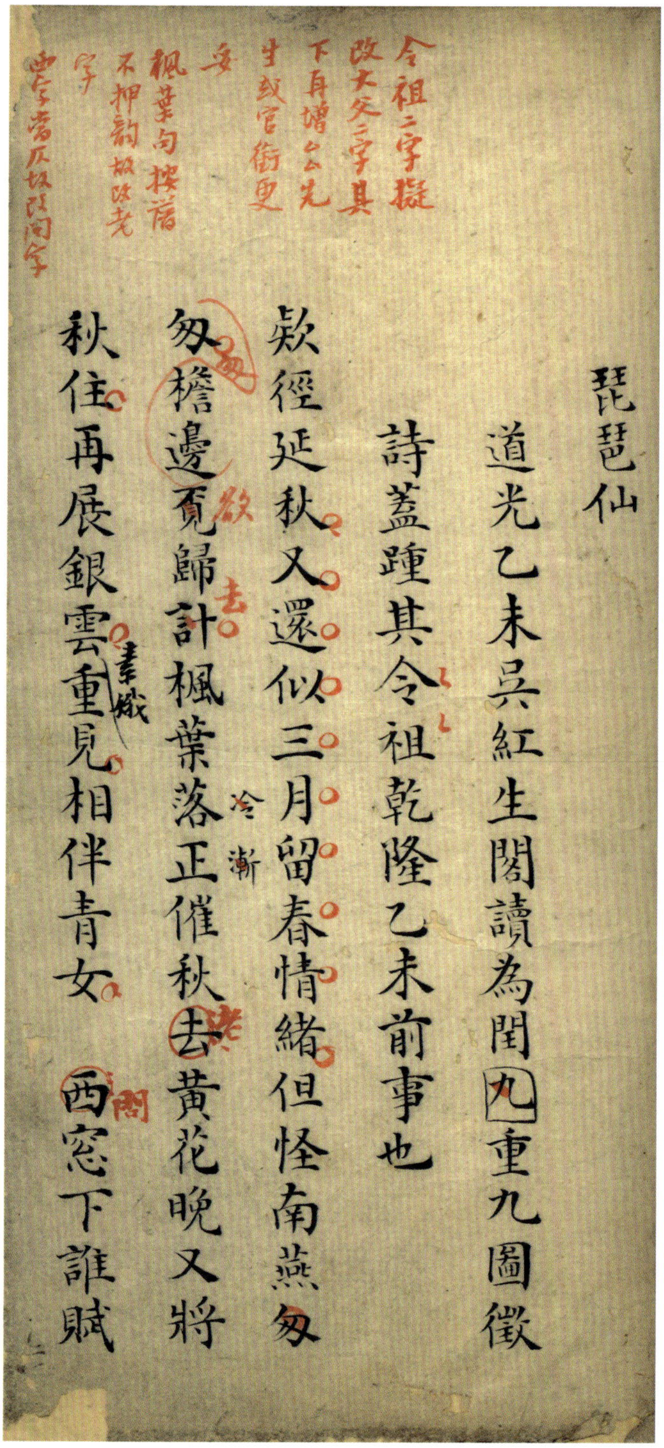
琵琶仙

道光乙未吳紅生閣讀為閏九重九圖徵詩蓋踵其令祖乾隆乙未前事也

欸徑延秋又還似三月留春情緒但怪南燕匆匆檐邊覓歸計楓葉落正催秋去黃花晚又將秋住再展銀雲重見相伴青女 西窗下誰賦

席月山房詞一卷　（清）桂文燿撰　清抄本　一册

有“陳澧”“微尚齋印”等印，陳澧批校，汪兆鏞、葉恭綽跋。中山大學圖書館藏。第四批國家名録號 10975。

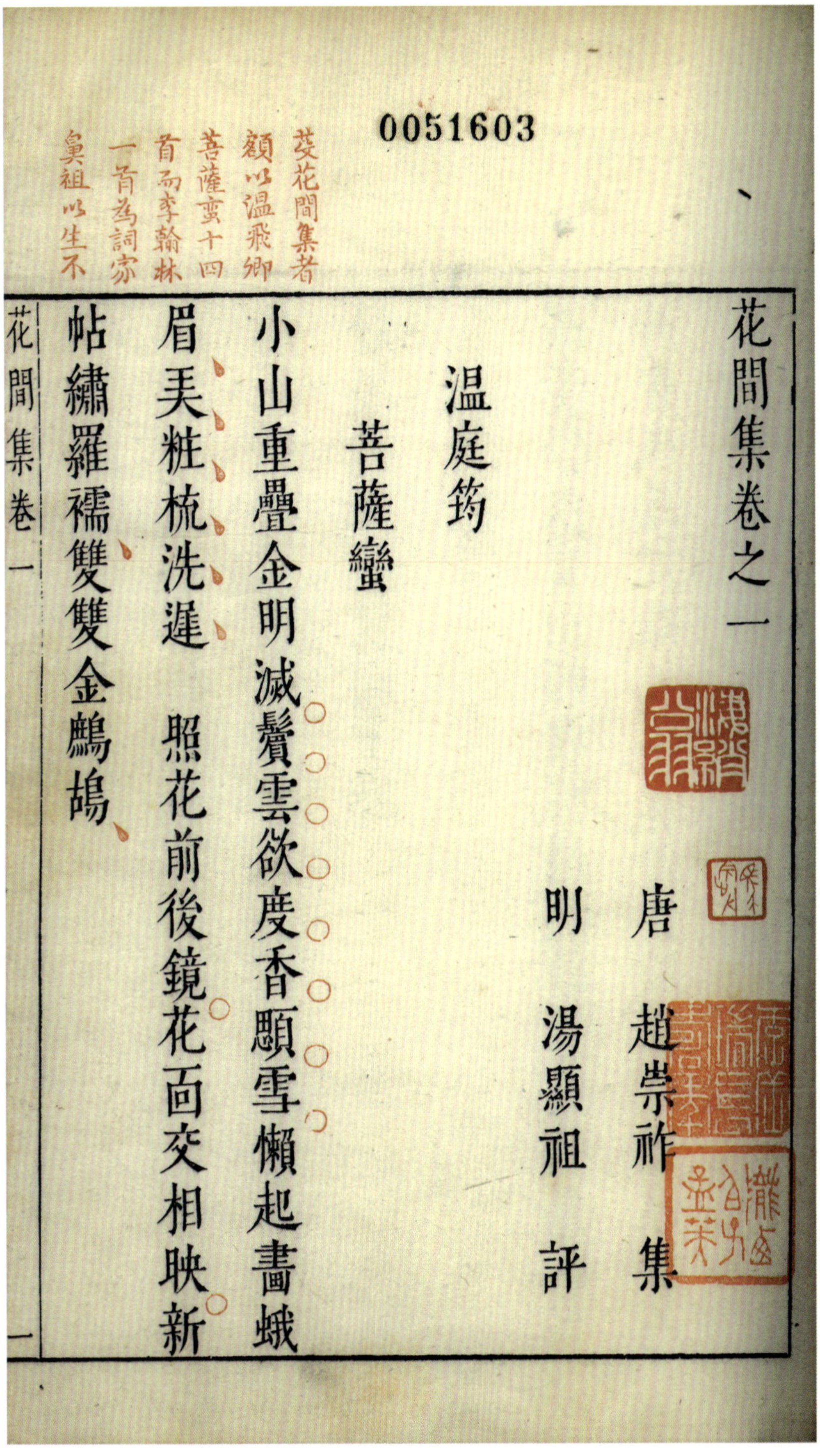
0051603

芟花間集者頗以温飛卿菩薩蠻十四首而李翰林一首為詞家鼻祖以生不

花間集卷之一

唐 趙崇祚 集

明 湯顯祖 評

温庭筠

菩薩蠻

小山重疊金明滅鬢雲欲度香顋雪懶起畫蛾眉弄粧梳洗遲 照花前後鏡花面交相映新帖繡羅襦雙雙金鷓鴣

花間集卷一 一

花間集四卷 （後蜀）趙崇祚輯 （明）湯顯祖評 明萬曆四十八年（1620）刻朱墨套印本 四册

匡高 19.9 厘米，廣 14.6 厘米。半葉八行，行十八字，白口，四周單邊。有“隴西伯子孟芙”“海綃翁”等印。廣東省立中山圖書館藏。第一批國家名録號 02268。

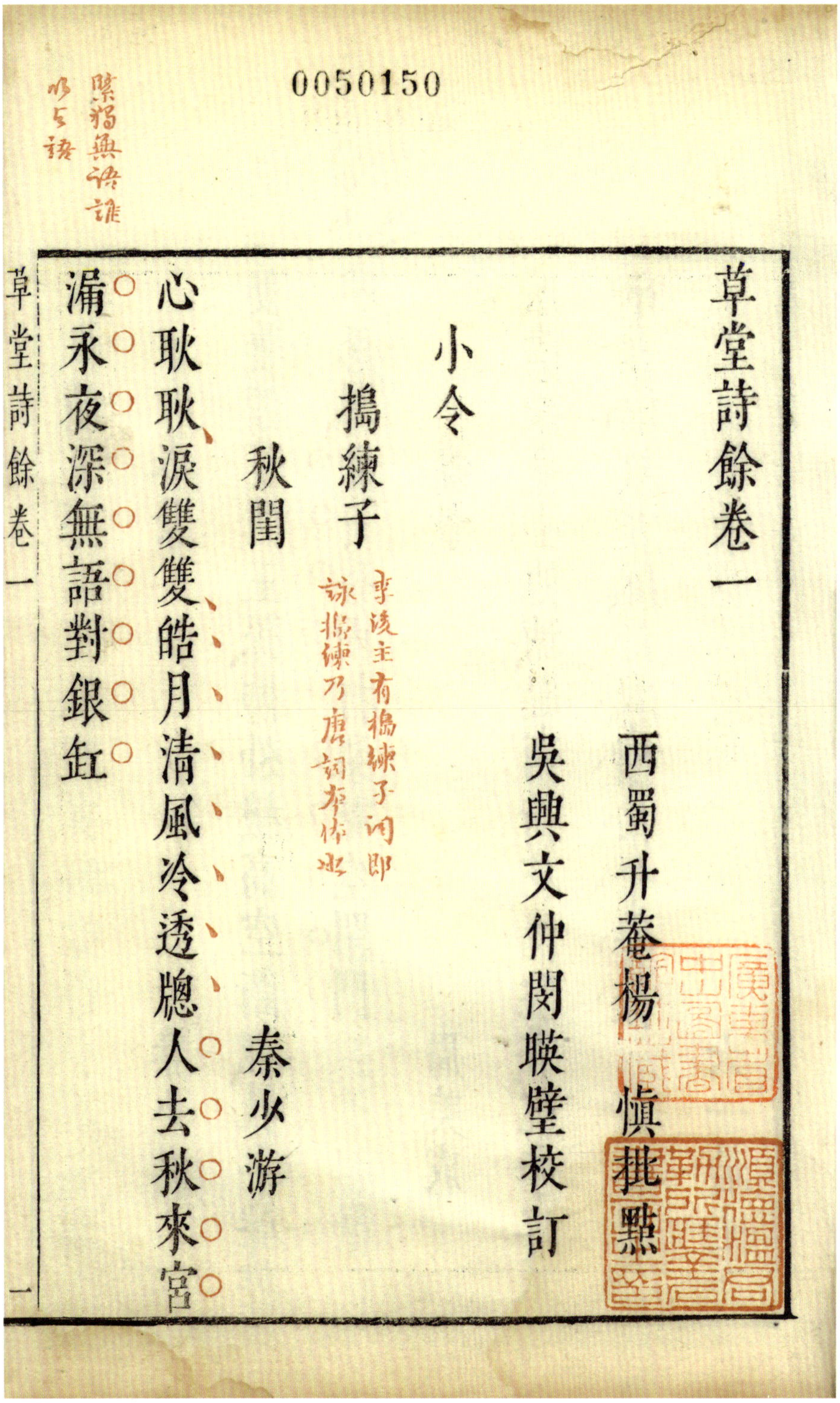

0050150

草堂詩餘卷一

西蜀升菴楊　慎批點

吳興文仲閔暎璧校訂

小令

擣練子

秋閨　秦少游

心耿耿淚雙雙皓月清風冷透牕人去秋來宮漏永夜深無語對銀釭

草堂詩餘卷一　一

草堂詩餘五卷　（宋）何士信編選　（明）楊慎批點　明閔暎璧刻朱墨套印本　五册

匡高 20.5 厘米，廣 14.8 厘米。半葉八行，行十八字，白口，四周單邊。有“順德温君勒所藏金石書畫之印”。廣東省立中山圖書館藏。第一批國家名録號 02270。